商都富路

龚献明 著

中国商业出版社

图书在版编目（CIP）数据

商都富路 / 龚献明著. -- 北京 : 中国商业出版社,
2023.1

ISBN 978-7-5208-2379-1

Ⅰ. ①商… Ⅱ. ①龚… Ⅲ. ①区域经济发展－研究－
义乌 Ⅳ. ①F127.554

中国版本图书馆CIP数据核字（2022）第 244218 号

责任编辑：刘毕林
策划编辑：王　红

中国商业出版社出版发行
（www.zgsycb.com 100053　北京广安门内报国寺1号）
总编室：010-63180647　编辑室：010-83120633
发行部：010-83120835/8286
新华书店经销
金华市三彩印业有限公司印刷
*
889 毫米 × 1194 毫米　16 开　27 印张　490 千字
2023 年 1 月第 1 版　2023 年 1 月第 1 次印刷
定价：98.00 元
*　*　*　*
（如有印装质量问题可更换）

目 录

引 子

每一个深爱着家乡的人，一提到家乡的那些人和事，说起话来就滔滔不绝，如数家珍：独特的物产、美丽的传说、家乡的名人……那么，义乌的“金名片”是什么呢？

高楼林立，万商云集，热闹非凡，言必称海内外驰名的小商品市场，是中国最富裕的地区之一，被称为世界小商品之都。

从摇动拨浪鼓的“咚咚”声，到摊位前此起彼伏的叫卖声；从敲击电脑键盘的“嗒嗒”声，到中欧班列驰骋在“一带一路”上的汽笛声，在声音的更迭交响中孕育出了一个奇迹，叫“鸡毛飞上天”。

这就是义乌，一座享誉世界的商城！

早在20世纪80年代末，义乌即被称为是中国的“小商品王国”。“独特在这儿到处都五彩缤纷，令人眼花缭乱。独特在这儿一派生机盎然，令人振奋……”1989年11月28日，中央电视台第一套节目播放了《独特的王国》专题片，对义乌小商品市场作了全方位的介绍，使得全国电视观众尽人皆知，在浙江中部的小县城义乌，有这么一个“独特的王国”。

称义乌为“独特的王国”并非空穴来风！据统计部门的《2021年义乌市国民经济和社会发展统计公报》：“全市拥有有证市场建筑面积611万平方米，市场经营户数8.58万户，市场从业人员23万人，总成交额2172.1亿元，其中中国小商品城成交额1866.8亿元。全年义乌城区公、铁、航客流量2332.7万人次，外商入境34105人次；市场周边金融网点实现资金、现金总流量23571.1亿元。”

有人曾经计算过，如果在义乌小商品市场的每个商位前停留3分钟，按每天8小时计算，逛完市场就得约花一年半时间。

这就是“小商品海洋，购物者天堂”！义乌市场从无到有，从马路市场到国际商贸城，一个个“鸡毛飞上天”的故事在这里上演。义乌人从自己创富，到帮别人致富，进而达到共同富裕，共同发展，用真情和汗水浇筑帮扶之路。

但是，正如英雄总需经过诸多磨炼才能成就一生，义乌人的创富之路并不平坦。曾经是一个“七山二水一分田”的贫困落后县，由于自然资源匮乏，交通不便，早在清乾隆时期，每年农闲季节，就有义乌人肩挑货郎担，手摇拨浪鼓，在外地走街串巷，敲糖换鸡毛，以取微利。

在历史发展的进程中，义乌人也从不为困难和逆境所折服。自20世纪六七十年代，不少义乌农民开始沿街摆摊，接着便在廿三里、稠城两地悄然兴起了小商品市场，很多义乌人从中淘到了第一桶金。义乌人的“勤耕好学”品质在这些“敲糖人”的身上表现抢眼。

历史总能给人以深刻启迪。改革开放初期，正当全国各地发展个体私营经济还处于犹豫不决之时，义乌已铆足了一股劲——放手发动、放胆发展、放水养鱼，全力推动小商品市场的发展。

这在当时可是要冒风险的，但义乌却敢冒风险、敢为人先、敢于吃螃蟹，这正是义乌人身上透露出的“刚正勇为”的一面。从“敲糖换鸡毛”摆地摊起家，到明确提出并持续推进“兴商建县（市）”发展战略，发展到如今建设全球数贸中心，义乌人历经风风雨雨，不断创新产品生产经营销售模式，将一个贫穷落后的农业小县一跃成为“买卖全球”的“全球超市”，生动演绎了一座城市的传奇。

人民是历史的创造者。在义乌，有 80 万市场主体带动全民创富，除了义乌本地的，更汇聚了来自全国各地的创业创富主体，“诚信包容”成为义乌人的又一写照。根据第七次人口普查数据：2020 年义乌市常住人口 185.94 万人，是浙江省人口最多的县市，每 10 个人里至少有 3 个老板。在常住人口中，16 岁至 59 岁劳动年龄人口增加了 45.15 万人，占全省增量的 10.8%；常住人口中外省流入义乌的人口有 88.02 万人。

义乌集聚着各类外资主体 8000 多家，每年到义乌采购的境外专业客商超过 56 万人次，商品出口到世界 219 个国家和地区。义乌还通过多种渠道将周边的乃至全国的小商品制造加工企业与全球经济联系在一起，扮演着世界制造业枢纽的角色，吸引全球客商在此淘金“创富”。

在全球新冠疫情仍未完全缓解的情况下，以外贸立市的义乌积极寻找着新机遇，广大商户纷纷由“线下”转战“线上”，试水网红经济和直播经济，网络直播从业人员约达 2 万人，网红、直播、带货……越来越多的创业者来到义乌，凭着一部手机直播未来。

这，就是义乌，一座全民“创富”的城市。开明开放，活力迸发，魅力绽放，不断演绎着这座城市新的传奇。

“创富”是义乌人的一种自觉，高质量发展建设共同富裕示范区是党中央赋予浙江新的光荣使命。锻造高质量发展建设共同富裕示范区成功案例，义乌有这方面的基础和底气。2022 年，义乌的农村居民人均可支配收入 47042 元，城乡收入倍差缩小至 1.85。在全国农村居民收入前 100 名县市中，义乌位列全国前茅。城乡统筹一体化迈入新发展阶段，省委省政府把义乌列入浙江高质量发展建设共同富裕示范区缩小城乡差距领域首批试点。

锻造高质量发展建设共同富裕示范区成功案例，更是贯彻习近平总书记殷切嘱托的重大政治任务。习近平同志在浙江工作期间，专题调研县市所到的第一个县就是义乌，第一站就是农村，指出“在全面小康的道路上不落下一个，实现共同富裕”。2005 年，习近平同志在考察义乌城乡一体化工作时，鼓励“尽管有些想法不是现在一下子能够实现，但可以继续探索下去，走扎实一点，可能会探索出一条很有启示、很有推广价值的路子”。2006年，习近平同志亲自推动总结“义乌发展经验”，指出“学习义乌发展经验，必须把推进经济发展同促进社会全面进步紧密结合起来”。

锻造高质量发展建设共同富裕示范区成功案例，开展在缩小城乡差距领域的试点，义乌已走在了全省的前列。这些年来，义乌始终牢记习近平总书记殷切嘱托，不断深化“义乌发展经验”，推动城乡融合发展，促进社会全面进步，在推动共同富裕中走在前列。特别是“十三五”以来，义乌从经济和城市转型切入，以产业结构调整带动人口结构、城乡结构、生态环境、社会事业全面提升，共同富裕有了坚实基础。

响鼓重槌，奏出时代强音；先行先试，迈向共富新征程。从“创富”到“带富”再到“共富”，在义乌，有数以万计以“义利并举”为要义的“创富者”，他们是义乌改革开放的生力军，也是推动共同富裕的践行者。

从马路市场、室内市场到现代化市场，义乌市场的每一次飞跃都走得扎实，走得稳健，把共同富裕作为实践要求来不断推进；从创富、帮富到共富，在不断追求创新的道路上，义乌人更是有了几分坚定和豪迈，在朝着实现共同富裕的目标不懈努力。

作为中国改革开放的重要窗口，义乌的各项事业取得了显著成绩，成为一座充满魅力、动力、活力、创新力的国际性商贸城市。义乌充分发挥市场的辐射带动作用，把先发优势转化为先行责任，实施产业帮扶和对口支援，增强市场服务功能，开创了优势互补、长期合作、聚焦扶贫、实现共赢的良好局面。

助力精准扶贫。义乌以来料加工、共建产业基地（中西部地区和东北等老工业基地，东部沿海地区产业转移）、推进劳务合作（开通务工专列）等形式，带动全国许多欠发达地区脱贫致富。其中，义乌来料加工业务在近五年已辐射浙江省内各地区和全国25个省（市、自治区），累计发放来料加工费100余亿元，解决农村剩余劳动力就业近500万人。

提供展销平台。义乌在实施“百县万品”行动中，深入帮扶300多个经济欠发达县市，根据当地物产特色及市场欢迎度等标准，精选了1万多款中西部地区农副产品、手工艺品，与500多家供应商开展合作，为其提供展销服务，共促东中西部联动发展。

做好对口帮扶。对口帮扶四川省汶川县、巴州区，落实帮扶项目，发挥电商优势，引导和鼓励义乌电商企业与当地开展合作，为当地构建“造血式”电商人才培育体系。在莲都—义乌山海协作乡村振兴示范点项目建设中，义乌加快形成整体推进、共建共富态势，全力打造山海协作升级版，携手谱写山海之情。

共建“三环”快速路。利用现有国道、省道提升改造，义乌主动共建浙江自贸区金义片区，联合周边县市跨行政区域规划建设“三环”快速路，打通周边县市的一级公路通行圈和共富圈，有力地推动了区域协调发展、协同发展、共同发展，拓宽了对内对外开放新空间，有助于实现先富帮后富、最终实现共同富裕目标。

历史，总是裹挟着时代的浪潮汹涌而来又激荡而去。眺望前方的奋进路，义乌要蹚出具有义乌辨识度、影响力的标志性成果：到 2025 年，在物质富裕、创业创富、区域共富、城乡共富、民生福祉、共建共富、联动共富等七个方面走在前列，率先形成“一个市”市域一体发展格局，成为“标准化”城乡融合发展样板，农村集体经济收入全部超过 50 万元，城乡居民收入比缩小到 1.75 以内，为全省全国共同富裕做出重要贡献。到 2035 年，市域范围实现高水平共同富裕，现代化基本单元、基本场景全面覆盖。

“治国之道，富民为始。”“共同富裕”这一社会主义的本质要求，因为顺应了人民对美好生活的新期待，彰显了中国共产党的初心和使命，如今在义乌已实实在在落实到了行动上，义乌大地上的一幅幅新场景，定格了义乌人对美好生活的向往：

义乌加入自贸区“朋友圈”了，双江湖工程开工、科教园区开课了，义乌有自己的植物园了；

全域有机更新了，所有村集体年经营性收入超 20 万元，老百姓的钱包更鼓了；

老百姓在家门口也可看省级医院专家了，每个镇街都有养老院了，校园面积更大、变得更美了；

斑马线前尚礼让、志愿服务遍城乡，文明习惯根植于心、践之于行，文明城市建设迈向更高水准了；

……

奋力谱写中国式现代化义乌篇章，义乌在创富的旅途中迎来了一个个闪耀的黎明。

第一章 歇担成市

义乌小商品市场的最早起源，可以上溯到20世纪60年代的廿三里。而且，当年的廿三里农村集市，已在国内颇有名气！

1969年9月18日的《人民日报》第4版，就刊发了由义东区革命领导小组撰写的《古老集市换新貌 农村商业是否由贫下中农管理好》一文，该文中写道："从义乌县城向东，步行二十三华里，有一个古老的农村集市，叫作廿三里。提起廿三里集市，周围的群众都知道……集市上一度秩序混乱，投机倒把分子趁机活动，妄图破坏社会主义经济。""……横扫了集市上的污泥浊水，打击了一小撮阶级敌人，把这所古老集市办成了社会主义的新集市。""现在，每逢集日，社员们挑箩筐、推手车，带着自己辛勤劳动得来的农副产品，从四面八方来到廿三里。他们有的把农副产品卖给国家收购站，有的按照国家规定的价格，在集市进行互通有无，调济余缺。有的从集市上买回自己需要的商品。"

无独有偶，1973年1月17日的《人民日报》第2版，再次刊发了由新华社记者和通讯员采写的《古镇集日》一文。文中这样描述道："从浙江省义乌县城东行二十三里，有个古老的集镇名叫'廿三里'。每逢集日，人来人往，十分热闹，一派繁荣兴旺景象。""……肩挑手提的赶集人群、数不清的手推车，从四面八方向镇上汇集。供销社农副产品收购站门口，出售各种农副产品的人越来越多。""来到镇中心街头，更是熙熙攘攘。这里到处摆满了鲜鱼、水果、蔬菜和手工业品。""到镇上赶集的社员，卖了辛勤劳动得来的各种产品，又购买了各种生产资料和生活日用品。这一天，供销社的生产资料、副食品、棉布等门市部和百货商店，也是挤满了顾客，营业额比前年同期增加百分之二十一。"

一个乡间集市，竟能连续上《人民日报》，可见当年的廿三里集镇在全国所具有的影响力和知名度。在物资匮乏、买卖不便的时代，烟火气十足的集市，是老百姓日常生活的剪影，也是经济脉动的微缩景观。集市的一头连着老百姓的需求，一头连着地方经济的发展，既承载着人民群众对美好生活的向往，也为生产经营者提供发展契机。乡村集市上那些渗着汗水的乡土特产，那些不加修饰的儿童玩具，还有那些生活的日常用品，都氤氲在升腾翻滚的人间烟火气中，梦萦在货郎们的乡土乡音里，让幸福之花开在梦想枝头，带动地方经济发展。

第一节 走街串巷

1

我叔在15岁时，就从事敲糖换鸡毛的营生了。

那是在1966年2月的一天，雪花挟裹着雨丝，在空中交织飞舞，闪着冷冷的银光。田间地头，我叔拖着一副货郎担，正在小径中艰难地行走，寒风像刀子一样，肆无忌惮地吹打着他的脸颊。干巴巴的树枝在寒风中摇曳不定，不时发出“咔嚓咔嚓”的声音。

虽然时令已到了立春，冷空气势力已不如隆冬时节强了，但乍暖还寒，全能型的冷空气持续发力，除了大风降温以外，寒潮、雨雪、道路结冰一个不少悉数送上，那真正温暖的春天却还远远没有到来。

这年是个年前春，乍然响起的爆竹声时不时地从远近山村传来，春节的气味已在孩子们的欢声笑语中弥漫开来。在临近春节的日子，又遇上这样一个雨雪交加的天气，人们都恨不得要立刻飞奔到家，与家人团聚在一起欢度春节，这使得在这静寂的乡间小径上更是难见行人的踪影。

老天常常捉弄人啊，我叔第一次感受到人生之路是如此艰难。

我叔这是第一次出远门，希望自然是满满的。选在春节前后“敲糖换鸡毛”，这正是义乌敲糖佬的习惯，因为年关也是生意最好的时候，这时鸡毛杂货多，为了多赚钱，他们放弃了春节与家人团聚的机会，在春节前两天就动身出门，一般要到农历正月十五才回家。回家后又要忙着拣“三把毛”（公鸡的颈毛、翅膀毛、尾巴毛），每年的农历正月至三月也是收购“三把毛”的旺季。这时，各外贸单位和羽制品厂纷纷来廿三里抢购，“三把毛”的售价也高。过了三月，价格就要下降，所以“三把毛”必须在三月之前拣好卖掉，再把下脚毛交生产队记工分，作肥田用。

但我叔却与其他敲糖佬有所不同。因为父亲死得早，母亲在不久也过世了，他只得与两位哥哥和姐相依为命，受生活所迫，导致他在15岁就萌发了经商的念头。加上营养不良，15岁的他长得又矮又瘦，人家去“敲糖换鸡毛”都挑着竹编箩筐，当他挑起这大箩筐时，箩筐底就只能沿地拖着。

就这样，他走上了“敲糖换鸡毛”之路。因为没有本钱，又缺路费，他只得就近到金华地区附近换鸡毛。

这一次，我叔是到金华银坑附近换鸡毛。第一次出门，就遇上了这样一个雨雪交加的天气。人家见下雪可引发出许多诗情画意来，但对于争分夺妙算时间挣钱的敲糖佬来说，心中只是连连叫苦。阴沉的天气，寒风刺骨，双脚踩在“咔嚓咔嚓”作响的冰冻路上，时刻要谨慎防止滑倒。

肩挑着糖担，摇摇晃晃地一个人冒雪往前赶路，我叔从心底里感到孤单，直想哭，却没有哭出来，只是一遍又一遍地替自己鼓勇气。

过一条溪流时，水面无桥，只有一个个石磡，当我叔一步一抖地走到了溪流中间，虽不忘提醒自己“小心小心”，但脚下一滑，人一个趔趄，就连人带担一起跌落到了溪流中。我叔被水流压得忽沉忽浮，人也迷迷糊糊了起来，但有一点是清醒的，即意识到“这次是死定了”。

或许是命不该绝，一位挑山货的汉子正从溪边走过。发现我叔在水中挣扎，马上搁下担子，跳入水中把我叔和担子一起打捞上来。

这时，我叔的棉衣棉裤已经浸湿，山风一吹，不一会儿就结成了冰凌，走起路来都“铃啷”作响。汉子直把我叔带到银坑村的家中，让我叔换下湿衣服，拧干水后，放在灶间烘烤。

进屋后，大嫂连忙喊醒了还在里屋睡觉的儿子，让他们赶快起床。等两个小孩起床后，大嫂就请我叔先上床暖暖身子。她对我叔说：“你先睡一会儿热被窝，小孩子早点起床没关系。等你身子暖和了，再起来吃早饭。”

义乌人外出“敲糖换鸡毛”

眼前的这两个孩子，一个10岁，一个12岁。大嫂在给孩子们准备好早饭后，再送他们上学去。我叔的突然到来，使大嫂提早半个小时叫醒了兄弟俩。

“天下就有这样的好人，宁愿让自己的儿子早起，也要先腾出暖被窝让客人暖身子。”睡在热被窝中的叔叔，自是一股暖流涌上了心头。

接着，大嫂给我叔炒了一大碗蛋炒饭。直把饭吃完，他才感到有了力气，人也渐渐缓了过来。

谢过大嫂一家，我叔就挑起担子，走村串户做生意去了。

这是第一次，他心里总有些虚，不敢吆喝。到下午三四点钟时，走到了一个村子中间，看看边上没人，就扯起喉咙叫了两声“鸡毛鹅毛鸭毛兑针兑糖啰”，声音也不是很大。忽然从一扇门里走出个老太太，拿着捆鸡毛说要换头发罩。我叔卸了担子与她交换物品，第一笔生意就这么顺顺当当地做成了。

想想其实也没什么，挺简单的嘛。我叔心里一高兴，勇气大增，喊也喊得响了。

那天晚上，随便找了一户人家住下，用秤一称，总共收了4斤鸡毛，还成交了两块钱生意。那个高兴劲呀就不用说了。

生活就这么简单，也这么容易满足。就这样，我叔的生意从此开始。

我叔走的这条线路，河溪多，溪上大多没有桥，有的甚至连石磡也没有。为了做生意，只得打赤脚，在刺骨的流水刺激下涉水，抢滩过溪。一上岸，脚都麻木了，等走发热时，冻伤的地方又开始发痒，直痒到骨头里去。

有时好不容易在河边看到有一只渡船，但找不到艄公，就自己动手撑船。船在摇晃，竹篙又不听使唤，手忙脚乱的，在风雪夹击下，真让人恨不得痛痛快快地哭一场呢。

2

20世纪60年代对于敲糖换鸡毛的农民来说，是一个不同寻常的年代。物质生活水平不高，生活必需品的极度匮乏，就如一首民谣唱的：“四个兜的中山装，小米高粱吃得香，几户人家一个庄，走亲访友靠步量。”

但，生活物资的短缺，也给像我叔这样的敲糖人带来了机遇。

1963年12月9日，刚成立半年的义乌县工商行政管理局，向义东区各公社和联合、苏溪、新新、福田人民公社发出《关于支持生产队利用冬闲季节集体外出以小百货换取鸡毛什肥的通知》。

该通知称：“我县有少部分地区在历史性的利用冬闲季节外出敲糖、小百货换取鸡毛什肥的副业，是部分地区农业生产中一项重要肥料来源之一。冬闲季节快要开始了，为了发展农业生产，巩固集体经济，争取 1964 年农业丰收，经研究，支持这部分地区外出组织什肥，我们计划从 1964 年 1 月 5 日开始办理临时外出小百货换鸡毛等什肥登记发证工作……但必须严格制止以零售价套购紧张物资和以换鸡毛什肥为名，进行投机倒把活动。”

在当年，首次就办理了上千份小百货换取鸡毛等什肥临时许可证。

而在廿三里一带，由于地少人稠，土地又普遍贫瘠，粮食产量低，不足以供，群众生活清苦。当地许多农民为了求生存，肩挑货郎担，手摇拨浪鼓，踏上艰辛的商旅之路，形成了一支略带有传奇色彩的队伍——“敲糖帮”。我叔后来就成了众多“敲糖帮”中的一员。他们昼行夜宿，不畏来路风雨，勇敢地向前走去，创造了盛极一时的“敲糖换鸡毛”营生。

就这样，人们亲带亲、邻带邻地又成群结队走向了邻县，并跨出了省界，竟然如天女散花似的在全国各地铺开了。而在这个日用品奇缺的年代，延续了几百年的“敲糖换鸡毛”营生，竟然有了质的提升：在以物易物的经商活动中，“敲糖换鸡毛”演变成了利润更高的“小百货换鸡毛”，开始了小商品的经营。

关于这一点，从至今还保留着的一本由义乌县工商行政管理局颁发的证书——《农村人民公社副业登记许可证》足以证明。在这本发于 1966 年 12 月 22 日的证书中写道：廿三里公社莲塘三队社员任章东，到嵊县从事“小百货换鸡毛什肥”。

1969 年 1 月 19 日，由义乌县平畴公社下湾大队革命领导小组开据给村民吴高松的《集体经营副业证明》也写有“串乡经营以小百货、糖换鸡毛及废品等”内容。

1974 年 1 月 2 日，由义乌县工商行政管理局发放给义乌县联合乡新新生产大队社员陈樟达的《临时副业许可证》中，在其经营业务一栏写着“小百货换鸡毛什肥”。

可见，当时人们虽说的是“敲糖换鸡毛”，其实就是“小商品换鸡毛”。我叔当年到各地敲糖换鸡毛，便是以小百货换鸡毛。

廿三里老街

在当年，有关部门发放给“敲糖帮”的这一张张看似普通的临时经营副业的许可证，实际上是一张张为改变贫瘠土壤、增强土地肥力而发放的“什肥采购证”，一张张为边远山区的群众送去日常生活用品的“商品供应卡”，一张张为贫困家庭赚取微利、补贴家用的“最低生活保障证”，从中我们既可以看到义乌人不甘贫穷，勇于闯荡的坚韧品质，也是那个特殊的年代，政府部门关注民生、把握民愿、体恤民情的一份“证明信”。

用小百货换取鸡毛什肥，这种经营形态的变化，直接导致了当地针线、纽扣、板刷等小百货需求量的剧增。这群不屈于命运的“敲糖帮”，他们一头挑着贫困，一头挑着希望，继续在这一片神奇的土地上行进着！

3

敲糖换鸡毛的黄金季节是从农历腊月末开始，这时家家户户都在杀鸡宰鸭。除夕夜，孩子们有了压岁钱，这些都是敲糖人做生意的对象。春节后鸡鸭毛就没得收了，他们就用手中的气球、小喇叭等小玩意儿与小孩换压岁线。

春节期间，寒风刺骨，雨雪交加，路面往往冻得像玻璃路面。我叔因为年纪轻，皮肤嫩，手与脚更容易冻伤，每到一个村庄，当看到村里有人在用“火熜”烘手时，他也会凑上前去，暖一暖被寒冷天气冻麻木的手脚。等人缓过劲来，就可以再做生意了。

见我叔年轻，春节前后还要走村串户，有不少好心的老乡就催他回去过年。其实，看到小孩、姑娘、小伙子们穿上崭新的衣服，他心中就羡慕，还不由得一阵阵心酸：人与人真是不一样，他要这么背井离乡地受苦，而人家却可以安安心心地在家享福；他受冻挨饿无人理睬，而与他同龄的人却在读书、工作、欢乐……

真是越想越悲，越想鼻子越酸！于是，他就干脆放开喉咙哭了起来，直哭得累了、乏了，才止住哭声，继续赶路。饥寒交迫中，耳畔仿佛传来父母的絮语。他的心也被昔日父母的爱抚和暖阳融化了。

古人语：“人贫不语，水平不流。”人在穷的时候，要懂得少说多做，要下定决心，要有志气和勇气，少在家里，多在外头，选择出去闯荡一番，到外面去寻找并追求实现自己的梦想。

在当年，敲糖换鸡毛的经济收入至少要高出集体劳动的十倍，甚至更多，利益观念促使这支队伍的不断扩大。因此，为了生计，即使外面再苦再累，人们还是愿意到外面从事敲糖换鸡毛的营生。

在一个寒风刺骨的清晨，我叔又挑着货郎担，赶往一个小村子。担子刚卸下，生意就来了，小孩、大人围住了整个货摊。

正在交易的时候，一位五大三粗的汉子扒开人群，气势汹汹地找上来说，他是当地的民兵连长。还没来得及说明，就被来人连训带斥带担要拉扯他去工商所。民兵连长要把他这个外地来的“投机倒把”给抓起来，所有货物统统没收。

暗暗叫苦，毕竟货担里还有几十块钱的货啊。“我不是投机倒把，我光明正大来的，是工商局同意的。”我叔面红耳赤地争辩道。

边上的老乡看不下去，都起哄道，你这是以大欺小！人家还是个孩子，就一个人出来收购鸡毛了，看他多辛苦，怎么也不像是投机倒把。后来，“民兵连长”似乎也生了几分同情，就悻悻地走了。

委屈、汗水，卑贱、铁骨，毋庸置疑，这就是所有敲糖人所要承受的苦。但是，生活还得继续，因为他们能吃人家不能吃的苦，能负人家不能负之重，敢干人家不敢干而今后必定要干的事。

在那个商品短缺的年代，敲糖人的生意越做越精明，利润也越来越高。到了 20 世纪 70 年代，小百货换鸡毛走向了历史高潮，廿三里有上万副糖担出门经营，出门人多，所带的小百货就多，换回的废旧物品和毛类也特别多。

俗语说：货多成市。在这一时期，义乌的许多地方都办起了羽毛加工厂，而独特的小商品市场、畜毛市场、废旧品市场也自发地在廿三里产生了。

第二节 山货市场

1

廿三里的山货市场，是紧随着小百货换鸡毛而产生的。20 世纪 60 年代后期，廿三里敲糖换鸡毛走向了兴盛，而随着小百货换鸡毛的兴起，山货市场应运而生。两者相互依存，相互补充，不断发展扩大。

“山货”原是指山区用竹、木制成的农具和家具，包括棕皮、砧板、搓衣板、锄柄、犁轭、小松树编制的木椅，还有中药材雷公藤（俗名菜虫药）等。人们把经营这一类商品的商店称为山货店，后改为杂货店。至今，人们仍习惯把日用百货商店叫作山货店，与竹木制品缘分较少的小商品市场也称为“山货市场”。

敲糖换鸡毛的传统习惯在义乌已经有着数百年的历史。义乌盛产红糖，同时土地贫瘠，为了提高粮食产量，地方有鸡毛肥田的习惯，俗称“塞毛”，为了收集鸡毛，农民们便于冬春农闲季节肩挑货郎担，手摇拨浪鼓，走村串乡“敲糖换鸡毛”。在清朝乾隆年间，全县约有糖担万副，早期的敲糖佬通常以糖粒、糖片、糖饼等，偶尔也带一些针线类的小百货，换取鸡毛、鸭毛、鹅毛和废铜烂铁等其他杂物。好的鸡毛换回来绑成鸡毛掸子换钱，次品则拿回地里沤肥。“百样生意挑两肩，一副糖担十八变；翻山过岭到处走，混过日子好过年。”这是旧社会时流行在义乌敲糖帮的顺口溜。

实际上，在廿三里一带的农民，依然习惯称“鸡毛换糖”为“敲糖换鸡毛”。他们说，“鸡毛换糖”这个称呼，大致自改革开放后才传播开来。1979 年 3 月 24 日的《浙江日报》2 版刊发了《鸡毛换糖的拨浪鼓又响了》的文章，从中可知“鸡毛换糖”的提法已经存在。在当年，经济学界与文史界对平凡的“敲糖帮”竟能干出如此不平凡的事业而感到神奇，于是纷纷研究起其中的奥秘，并对“敲糖帮”取了个新名字——“鸡毛换糖”。

如果从“鸡毛换糖”字面上的理解，应该是用“鸡毛”来换“糖”，其实从义乌敲糖帮的行为来定义，应该是用他们糖担中的“糖”来换取“鸡毛”，主语和宾语刚好相反。早先敲糖帮所带的是糖饼，换取鸡毛时即从糖饼中敲取一块来兑换，所以，时至今日，在义乌民间还是习惯叫“敲糖换鸡毛”。但“鸡毛换糖”和“敲糖换鸡毛”，尽管叫法不同，其实质是相同的。他们手摇拨浪鼓走遍了大江南北，演绎了小人物的悲欢离合，传递着义乌人平凡而执着的奋斗精神。

廿三里是义乌的东部重镇，从此西去稠城镇，南到东阳县城吴宁镇，东至上卢镇，北至苏溪镇均为 23 里路，故古镇即以廿三里扬名于世。它原是义东区政府所在地，也是中心集市所在地。镇上有前溪、后溪犹如两条龙环抱着整个廿三里村落，前溪溪水蜿蜒，犹如盘龙，故而又称之为盘溪。

镇上有一条长长的老街穿插其中，南北走向。街的中心由两块青石板并列纵向铺设，每隔 10 米左右横铺 1 块石板，青石板的两边均铺着细细的鹅卵石。老街分上、中、下三段，呈南低北高之势，其中上街、中街都沿盘溪而建，但老辈人却把低的这一头称为上街，寓意是锁住财气、肥水不外流之意。当年在下街头有个猪市，中街这段分布着理发店、灯笼店、竹篾铺等店铺，而上街头就是著名的山货市场了。

古镇沧海桑田，古意盎然；盘溪流水环绕，一条水环淌出老街无限活力。

在上街，有一幢远近闻名的西式小洋房，房子的主人名叫吴可夫，小名吴华春，是国民党军队的高级军官。小洋房的正式名称为“盘溪小筑”，精致典雅且又华丽。“盘溪”即为房前沿老街流过的盘溪，“小筑”是指规模小而比较雅致的住宅，多筑于幽静之处，古时多为文人墨客或者隐居者所青睐。小洋房为三开间三层半的楼房，砖木结构。这在 20 世纪 30 年代的乡间小镇上造起这么一幢漂亮的小洋房是非常轰动的，因此四乡八邻无人不知。中华人民共和国成立后这里曾经是义东区委的办公室（撤区后为廿三里镇政府的办公场所，义东派出所也曾设在这里）。

廿三里老街上的吴可夫民居

在老街中，还有一幢由民国时期廿三里著名火腿商号“金永和”老板金重辉建造的民居格外醒目。这是一幢三层楼高的木结构回廊式建筑。在 20 世纪六七十年代，这里成了廿三里人民公社的办公场所。

在上街头，有一座钢筋水泥造的盘溪新桥，老辈人叫它“洋桥”，它是廿三里镇最早用钢筋水泥作为建筑材料的建筑物。在 20 世纪 40 年代的乡镇，这样的建筑物显然是超前的。独资赞助建造洋桥的人名叫何菁。

古时的廿三里老街是通往东阳、永康、诸暨、杭州等地的交通要道，再加上附近一些村民到苏溪、大陈等地赶集，地处上街头跨盘溪上的独木桥前就会排起长队。1922 年夏天，东阳、义乌一带大雨连天，导致山洪暴发，义乌多地成水乡泽国。何菁写了《义乌壬戌水灾概况》一文，以一位地理学者特有的敏感对洪灾进行了详尽的叙述。为了方便百姓出行，民国十二年（1923 年）何菁出巨资捐建了钢筋混凝土结构的拱桥——渔溪桥（也叫盘溪桥），桥长 19.8 米，桥跨 15.6 米，宽 3.4 米，与镇中老街、古建筑构成了一幅古色古香的风貌画。因当年老百姓还不知道水泥为何物，只知道这是从外国进口的洋货，桥造好后，人们就一直称它为“洋桥”。

2

义乌人多地少土质差，尤其是义东这边土质更差。当年化肥供应少，人畜肥又一时难以解决增产增收，历史上在苏溪一带就有用头发作肥料来提高单位面积产量的惯例，而义东一带则用鸡毛作肥料来提高产量。为了广收鸡毛，在每年的农闲季节，义东区都要放出一大批劳动力到外县、外省去“敲糖换鸡毛”。

野无人迹非无路，村有溪流必有桥。古时人们称敲糖换鸡毛是“讨饭生意”，也有人说是“烂肉骨头”嚼嚼鲜。但敲糖人始终有着一种不怕吃苦、敢为天下先的精神在负重前行。他们的生活写照就是“踏遍千山万水，走进千家万户，说尽千言万语，吃尽千辛万苦”。

敲糖换鸡毛辛苦，那是不假。挑着糖担，常年翻山越岭，走村串户，辛苦是在情理之中的事，但收入也不菲：一个人每年出去两三个月，总能换回来几百斤鸡毛等废旧品。他们说，收旧利废，可谓一举三得，既有利于国家变废为宝，又有利于集体增加肥料，同时还有利于个人经济收入的提高。

敲糖人将废旧品收回来，经过清理，将鹅毛、鸭毛及鸡内金、废铜、废铁、废锡牙膏壳等送到国营收购站去，再雇人拣鸡毛，分出公鸡毛（红毛）、母鸡毛，红毛里面分类也不一，收购价格亦有高低之差。例如，公鸡的尾巴毛、项颈毛是由国家收购去加工鸡毛掸帚，作外贸出口商品的，其余的杂毛与母鸡毛都属肥料毛，交生产队作肥料，再由生产队按重量给农户个人记工分。

那么，敲糖换鸡毛的本钱从哪里来？全靠猪栏出来。当年每家都养猪，一年到头喂头猪，到农历十二月出售后，就把这笔钱做本钱，配好小百货出门。出门几天后稍挣得几个钱，就马上寄回家中，给小孩扯布做新衣。过了正月元宵后回家，所挣的钱马上缴清欠生产队的“缺粮款”（劳动工分所得不敷口粮价款的那一部分），才能把生产队扣下的粮食拉回家。

在常人的概念中，义乌人从事“敲糖换鸡毛”生意，似乎仅以“糖”换鸡毛，其实不然。在清末民初，义乌人即广泛参与到了商品经济和商业活动中。起初的时候，敲糖人把生姜糖放在箩筐上面的木盒内，再带些针、线、顶针圈，成为一副货郎担，挑到外地去换鸡毛、鹅毛、鸭毛、鸡内金，以及废铜、废铁、废锡牙膏壳等。

敲糖人的小百货在哪里配？来自集贸市场。

古时的集市称“墟市”，市日也称“墟日”。“墟市”，即在废墟（空旷土地）上兴市，“日中为市，日昃罢市”。

义乌的集市贸易自建县（公元前 222 年）前后就有。明代万历年间，县境集市贸易日趋繁盛。据明万历《义乌县志》载，境内有湖塘、上市、青口、廿三里、酥溪、八里、楂林、花溪等 16 个集市。清嘉庆年间，商业和手工业已相当繁荣，即所谓的“乾嘉盛世”，是时已有市场管理，主要在于征收税款。

据清嘉庆《义乌县志》载，境内有县市、湖塘、大元、廿三里、华溪、何宅、尚经、骆宅、酥（苏）溪等集市 29 个。民国三十四年（1945 年）秋调整集期，县市夏历（也称为农历）逢双，佛堂逢单，其他多循旧例。廿三里把集市日期改为农历逢单，随着商品交易频率增快，沿街摆摊的市场也作了专业分工，并在廿三里村的老街逐渐形成了一个“山货市场”。

中华人民共和国成立初期，为了树立人民币在集市中的信誉，义乌县政府布告严禁银圆买卖和流通，禁止物物交换，集市贸易一律以人民币为流通手段。其中，物资交流会便是一种特殊形式的集市贸易，它的特点是间隔时间长，一般一年或半年举行一次，交易时间一般二三天，最长五天，交易的货品主要是农业生产用具、家具、衣帽、服装鞋袜等用品。

利用传统旧庙会举行物资交流会，在义乌较著名的有稠城镇的农历十月十五日，相传是城隍爷显佑伯的生日；佛堂镇的农历十月初十，相传是救助洪水灾民的南朝时天竺僧达摩的生日；曹村德胜岩的重阳庙会，农历九月初七至初九 3 天，是胡公（永康人胡则）庙会；义亭铜山岩的重阳庙会，农历九月初九前后 3 天。此外，还有楂林农历五月十三日（相传是关公生日）前后 3 天的庙会等。

由政府举办的大规模物资交流会始于 1952 年。这一年义乌共举办交流会 10 次，由县长红士亲自挂帅组织交流会。6 月 22 日，县工商科通知于 6 月 28 日至 30 日在稠城镇举行物资交流会，要求“各区乡领导应充分发动群众参加”，同时还以县政府名义向杭州、萧山、诸暨、东阳、浦江、金华、兰溪、永康等县发出公函，请他们大力组织人员和商品前来参加。

接着，佛堂、上溪、苏溪、廿三里、后宅、江湾、东河、倍磊等地都举办了物资交流会。1952 年 11 月 2 日第 2 版的《人民日报》，以“从浙江初级市场物资交流中看农民的购买力”为题，报道了佛堂交流会的消息：“义乌县佛堂镇物资交流大会上，市场零售十三亿余元（为第一套人民币，与第二套人民币兑换比值为 1∶10000），其中棉布销路占第一位，为百分之三十四（34%），百货占第二位，为百分之十七点四三（17.43%），南北货占第三位，为百分之十一点五五（11.55%）；棉布中又以哔叽、斜纹、蓝布等销路最好。”

在 20 世纪五六十年代，粮食和农副产品由国家统购统销，农业生产资料和农民生活消费品的流通也由国营商业和供销社统一调控，义乌人敲糖换鸡毛的行为遭到了不同程度的限制，但也不是说完全禁止。

义乌至今保留着最早的一本营业证，是由义乌县人民政府工商科颁发、盖有义乌县长红士印章的《浙江省义乌县人民政府行商营业证》，颁证日期为 1953 年 10 月 5 日，持证人为洪牌乡陶界岭的朱洪伦，证中圈定的经营地区为江苏、浙江、江西、安徽及本县廿三里，业务范围是“杂毛、杂货、田料、茶叶、豆腐皮、杂皮”等。“红士”于 1951 年 6 月至 7 月任义乌县代县长、1951 年 7 月至 1953 年 9 月任义乌县县长。可见，在中华人民共和国成立之初，县政府就许可广大乡民走南闯北从事“敲糖换鸡毛”了。

3

敲糖换鸡毛是行走着的销售渠道，是“行商”，见多识广，虽是尝遍了人生百态，却能感知市场“冷暖”。因此，在 20 世纪 60 年代，敲糖人在了解到农村商品的短缺后，感到如果只是敲糖换鸡毛，那就太冤屈这副行头了，于是，就对传统的敲糖换鸡毛渐渐双管齐下，最后演变成了“小商品换鸡毛”。

敲糖人发现，小商品换鸡毛比敲糖换鸡毛更受欢迎，也更有利可图。在他们的糖担中，除了各种花色的糖粒外，已经有了相当品类的小商品了，如放一些妇女所需的针线脂粉、篦网木梳等。于是，在廿三里的山货市，在那些自发服务“敲糖帮”的小百货路边摊上，就多了一些既实用又价廉的小商品。我叔当年外出换鸡毛时，在糖担中盛放着用来换鸡毛的小商品，就是在廿三里老街的盘溪桥头等处采购的。

按规定，“敲糖换鸡毛”在经政府批准，领到营业许可证和购货簿后，即可向国营商店批发小商品。但是，这些国营商店的商品缺少变化，难以满足敲糖人所需要的商品，而廿三里的山货市场，当时就有这类商品，敲糖人便常在廿三里老街的地摊中进货。

市场是商品交换的场所，只要存在商品生产和商品交换，就必然存在市场，而廿三里小商品市场就这样发展起来了。当地不少农民在不知不觉中开始走向了市场。廿三里每逢农历一、四、七日集市，不过，虽叫集市，却没有固定场所，那时候只是几个，最多十几个货郎担，即挑着扁担的农家商户，他们像游击队一样在廿三里街头转悠。

为了给“行商们”配货，人们提着篮子、背着布包，在这里交易各种所需之物。但在当时的集市上禁止这类工艺品上市，一些人便将货物样品放在手里或小提篮里招徕顾客，碰到买主，就陪他们到寄放货物的农家取货。

20 世纪 60 年代，市场上的“看家品种”有顶针、线球、缝衣针、胶木纽扣、橡皮圈、气球、板刷、鞋扣、小鞭炮、女人纳鞋底用的锥子、用人力车辐条折成的火柴枪，还有永康产的小铁皮哨子（每 100 个 0.8 元），用红颜料染色的木哨子（2 分钱一只）。至于吃的，以蚕豆般大的白糖制的红红绿绿的糖粒为最多。虽说是偷偷摸摸地做生意，但当时的市场已经比较兴旺。

1967 年 7 月，义乌县打击投机倒把办公室建立，各区也设立相应机构。因此，义东也从供销社、税务所、区医院、粮食管理所等单位抽调人员，成立了义东区打击投机倒把办公室（简称“打办”）。而“打办”的办公场所，就在廿三里老街上。当年 10 月，农村集市的粮食、红糖、木材市场全部关闭。

“打办”的工作任务本身就是按当时的政策规定，去打击、取缔这些“非法”行商活动。除了蔬菜、柴草、粗饲料、仔猪可以上市外，其他一律不准上市。一经发现立即取缔。轻者经教育后，叫违规者马上离开市场；性质严重的就押送到有关归属部门，将货物作收购或没收上缴处理。

当时，除了“鸡毛换糖”这一合法生意外，别的生意是一律不准做的。俗话说“庄稼一枝花，全靠肥当家”。农民外出敲糖换鸡毛，以换来的鸡鸭鹅毛作肥料塞秧根，提高贫瘠土地的肥力和粮食产量，这总没错。但是，如果你擅自去做其他生意，那就是违法。

4

到了20世纪70年代初，外出小百货换鸡毛的农民在不断增加，几乎村村都有人参与其中。敲糖人所需要的小商品也越来越多，除了从当地百货商店采购，便在廿三里老街的地摊中进货，当数那些不容易买到而在日常生活中又不可缺少的东西最为畅销。

那谁给他们提供货源呢？又怎么满足敲糖人的这些需求？于是，当地群众便在参加集体生产劳动之余，就争分夺秒地加工制作一些小工艺品，一来是为了填补市场上某些手工艺品或小商品的缺乏，更主要是为了解决自己的经济困难。

据有关资料记载，原在廿三里综合商店上班的朱宝球，算是在老街上摆地摊的第一人。

朱宝球的丈夫原是廿三里供销社的采购经理，夫妻俩都在供销社上班，自是让人羡慕，但天有不测风云，在朱宝球生下第四个小孩时，丈夫即因病去世了。一个女人要养活四个孩子，生活之艰辛不言而喻。单位为解决她的实际困难，就给她批了一张个体营业执照，允许她经营小商品，以解决生活出路问题。

朱宝球从百货商店批发来一些针头线脑，就在廿三里老街摆起了“米筛摊”。但见她一手抱着孩子，一手招呼着来客，起初的生意并不好，因为当时适逢“三年困难期”，外出敲糖换鸡毛的人不多，每天收入甚微，勉强度日。至1963年后，农民生活有了转机，敲糖换鸡毛的人又多了起来。这也使得朱宝球的生意立即红火了起来。

因为朱宝球经营的小百货，售价要比商店略低，所以敲糖人很乐意从她处拿货。每逢廿三里集市，她的生意就忙得不可开交。而在非集市日，她就带大女儿到金华、兰溪、衢县、东阳、永康、萧山等地的百货公司批发部进货。待熟悉了套路后，她就让大女儿带着二女儿外出批货了，朱宝球则留守廿三里老街，经营着自己的地摊生意。

但“人无千日好，花无百日红”。在1964年，原与朱宝球在同一单位上班的另两位女职工，看到了朱宝球发家后，也辞去了单位的工作，跟着朱宝球摆起了地摊。人多了，给朱宝球无形中增加了压力。好在当时外出小百货换鸡毛的人也增多了，所以她们的生意都还不错。

其实，老街上这三个摆摊者所经营的小商品也十分有限，不外乎针、线、纽扣、发夹、橡皮圈、头梳之类。为了寻求小商品供应与敲糖人所需之间的平衡，更为丰富老街上的商品品种，一些信息灵通的人也自觉加入了小商品经营的行列。

老街上有一对名叫丁凤珠与施爱兰的妯娌，算得上是一对心灵手巧的生意人。她们在得知敲糖人急需供销社长期脱销的橡皮圈时，就灵机一动，用独轮车的废旧内胎剪而代之。她们带着自己的产品，在敲糖人经常出现的场所推销。没有橡皮圈产品，敲糖人只得向她们买这些内胎剪成的替代品。后来，丁凤珠又发现义乌西门有人做压发扣，在廿三里供销社却没有这样的新产品，她们先是从中进货在老街出售，初尝甜头后，就学会了自产自销。

丁凤珠有个外甥女叫朱田仙，经常到上海做鸡蛋生意。1971 年，朱田仙偶尔见到塑料线带结成的小鱼虾十分可爱，她就好奇地买了一对回家，将其拆开后反复研究其中的工艺，终于学会了这门技术，于是一口气结成了 20 只。朱田仙时有孕在身，不便在市场上走动，就托舅妈丁凤珠试卖。结果“小鱼虾”一在老街亮相，即被某客户全要了，还问再有否？

丁凤珠觉得这玩意如此好销，就请外甥女教会自己如何织“鱼虾”。但织“鱼虾”是手工活，日产量有限，丁凤珠妯娌虽夜以继日地拼命干，依然不够供应一家买主，就请来村中妇女帮忙。就这样，一传十、十传百，几乎全村妇女都干起了这一行当。她们纷纷拿到廿三里老街去卖，时价每只 1 角，成本 2 分。

这么多妇女都来结“鱼虾”，需要大量原料，以致让供销社经常断货。丁凤珠经人指点，就径直到兰溪批发，并将原料以低于供销社的价格供应给村民加工，既方便了村民，又增加了自己的收入。

老街上这种用牛筋编织的小鱼、小虾的畅销，又催生了一种叫“纸蛇”的产品。一个叫陈政的村民，用图画纸与白纸作主要原料，做成了一条既会摇头摆尾又能盘旋自转的小纸蛇，时价每条 1 角，成本不到 2 分。小纸蛇在老街上试销后，一时成了“热门货”。陈政就发动大小孩子一起制作，但还是供不应求。有买主为了得到货，就以预付货款的形式与他交易。陈政一家无法应付众多顾客，只得按付款日期进行排队。

村民只要肯动脑筋，就会有做不完的生意。等那些头脑活络的村民带头做出了五颜六色活蹦活跳的鱼、虾、蛇等手工艺品，以及发扣等日常用品时，这种做小工艺品的技巧便会传给邻舍、亲戚或朋友，就这样一传十、十传百地扩散，廿三里周围的村庄有许多人从事这类小工艺品的生产，花色品种亦日渐增多。敲糖人将这些小工艺品放在玻璃盒里，走村串户，颇受欢迎。青年人将它们买去当钥匙串上的挂件，小孩买去当玩具，由于买的人多，产品供不应求。

廿三里是义东的重镇，古时便是商人云集之地，人们常常来此寻找经济出路。邻近的东阳县也是个穷地方，出门人多，他们以做手艺为主。因为离廿三里近，他们也常把手工制品拿到廿三里集市上卖，他们的产品主要有毛夹、针夹、铁针架、猪毛夹等铁器，这些小商品也正适合换糖人的胃口。

此外，在 20 世纪 70 年代初期，廿三里一带还出现了一些专营小商品批发生意的商贩，有四五十人。他们从地下转到地上，除了销售自制的玩具、日用品，还想方设法到江苏、上海等省市四处探寻门路，从百货公司正规渠道进购小商品。因此，廿三里老街的盘溪桥头，见证了小商品生意的兴起，可谓是义乌小商品市场的萌发阶段。

5

盘溪桥头是个体商贩的聚集地。他们在这里叫卖，必须避开“打办”的人，一般只拿着样品兜销。但，合法的敲糖人又需要这些小商品。

廿三里的小商品生产就在既禁止取缔，市场上又迫切需求的矛盾冲突中逐渐发展了起来。廿三里公社如甫大队的施美奶、施文光等人，从温州买来两台加工塑料玩具的手压机，便放在了山沟里加工玩具。

那时有句顺口溜：吃饭靠集体，花钱靠自己，敲糖做生意。不去“敲糖”，生活就难以为继。后来，“打办”的人在管理市场时，也按照教育大多数、打击极少数的指示精神，开始了“人性化”的管理。他们以“打大雷下小雨”的方法，看到人们出售自产小工艺品时，就大喊大叫地把他们赶散了事。除了那些经营危险品、非处理不可的除外，其他的也就不去穷追猛赶了。这才使那些聪明人的小工艺品有机会可卖。

1973 年，义东区“打办”依靠贫下中农管好农村集市的经验得到了省和中央的肯定，先后两次派代表上北京，参加全国市场工作会议，并吸引了 5 省 2 市 1700 多人前来参观取经。但这种经验在本县却推广不开，只能是“墙内开花墙外香”。

在这一时期，那些长期外出的敲糖人也开始持证上岗了。

而此时，在他们的糖担中，小商品品种也在不断增多，并有了更新。比如，黄瓜刨原先是小竹板上钉一薄铁皮，后改为用铁丝扎成，这是义乌曹道、莲塘村民的制造。还有小鞭炮与小纸炮，这类危险品大多是金华新亭土制的，义乌人到金华去贩这两种商品，还曾发生过几次意外事故。这时，市场上已出现了有机玻璃扣，还有铁丝发夹等。

不过，在这时从事小商品批发的商贩，依然没有固定摊位，只能提篮叫卖，篮子里只装样品，货物多藏在附近农家，便于拎起篮子逃避市场管理人员，减少货物被没收的风险。

20 世纪 70 年代后期，国家的政策逐步宽松起来，市场也逐步繁荣起来，集市日又恢复到一、四、七的老规矩上。特别是在党的十一届三中全会以后，改革开放的春风吹拂了大地，使绵延在义乌土地上几百年的“敲糖换鸡毛”的商业活动绽放出新的枝条和绿叶。

紧跟改革开放的步伐，敲糖人以其特有的悟性和勇气，渐渐地开始歇担摆摊，从事多种小商品的经营，吸引着四面八方的顾客纷纷前来做买卖，这也促使了廿三里市场的快速发展。在廿三里集市上的小商品品种也日趋繁多，有自产的，也有从外地贩进来的，供需两旺。

从当时形势的发展看，盘溪桥头这个自发的市场是太小了。于是自 1979 年后，移至廿三里后溪街裁缝店（一家集体企业）边的弄堂里。在这里，每逢集市日就成了专门批发小百货的集贸市场。一些来自永康的小五金，如毛夹、针架、铁锁、钢丝枪等，也开始大批进入廿三里市场。最畅销的还是小朋友喜欢玩的铁皮哨，吹起来声音清脆，每副“糖担”

多少会带上一些。

到了下半年，在此设摊的糖担增至100多副，经营小商品成了廿三里敲糖人的主业。一时间，廿三里、深塘等村庄的一些头脑活络者，也都出来摆摊了。

我叔此时早已不再敲糖换鸡毛了，而是放下了糖担，干起了倒卖小百货的生意。每次进货回来后，他就把货藏在家中，每天手拿几包样品，招摇过市，寻觅买主。

1980年的春节即将临近，我叔与大婶一起坐上了前往蚌埠的列车，此去准备批一些气球来，以备春节市场之需。到了蚌埠街头，街上挂满了“春节大减价”“过节大甩卖”等标语，叫卖的声音此起彼伏。在百货批发站的门前，我叔停止了脚步。进门一看，样品柜里放着有包装的和散装的塑胶气球。

“这气球不正是换鸡毛的上好材料吗？”我叔见了心中一喜，就立刻提问，“气球什么价？”

“原价5分1只，现为清仓压库大减价，每只1分。起批点为1万只，也就是100元。”营业员答道。

我婶接着问：“批多能再便宜点吗？”

营业员看了看我婶：“你们要多少，报个数字好了，我请示一下，应该能满足你们的要求。”

“我们要5万只。”

营业员见两位回答得诚恳，高兴地说：“经理说了，可以给你们打个8折。”

过了一会儿，营业员戴上老花眼镜，用算盘拨了又拨：“一共是400元。”

支付完了现金，营业员开出了提货单。货分四只袋包好，每个人负责拎两袋。为了赶在春节前把这些气球卖出去，夫妻俩一刻也不敢耽搁，在百货站营业员的帮助下，雇了一辆三轮车将两人送到了火车站。

太阳已经西沉，给大地罩上了一层暮色。我叔带着5万只气球，坐火车从蚌埠返回义乌。列车进入义乌车站后，我婶先下车站在车窗旁，当我叔刚从车窗递出装有1万只气球的包给我婶时，突然，几个便衣检查员冲过来一把扭住了我婶。一看这情景，吓得我叔再也不敢下车。“这一下全完了，400元本钱，半年的辛勤劳动所得啊。”我叔这样想着，但马上又意识到身边还有4万只呢。

我叔暗暗注视着车厢外的情况，这时有位青年检查员上了车，我叔判断出这位检查员是来查车上接应人的，好在他并没有看清我叔的脸。我叔便迅速脱去外衣，并换了个座位，装出一副若无其事的样子，同对面一位老同志攀谈起来。

那位检查员在车厢里来回走着，却始终没有发现我叔。过了十几分钟，列车到了前方的官塘车站，我叔见那位检查员下了车，在对面的那位老同志的帮助下，即从背对车站出口的车窗爬了出去，直到晚上10点钟才返回义乌城里，并将货物寄放在了朋友家中。

回到家后，我婶说：家中已被搜查过了，幸好没搜出什么。

我叔暗自庆幸当晚没有立刻回家，并把货寄存在了朋友家里。

除了“打办”的人，当时税务所的也只管收税，有的还乱收费，造成管理干部与小商贩矛盾激化。

6

20 世纪 80 年代初，全国各地的商品分布不均，有的地方某种商品多余积压，但同样的商品却在某地买不到。义乌的小商贩便走南闯北，从中调节着各地商品的余缺，由此获利。在廿三里市场，也渐渐出现了分工，进货的专门进货，卖货的专门卖货。于是，廿三里市场也就成了一个小商品的集散地。

而在廿三里市场摆地摊的人多了，市场规模在日益扩大，商品的种类逐渐增多，档次也有了提高，义乌周边的商贩也跑到了廿三里市场销售。温州的塑料制品和装饰品，江苏的花边、气球、有机扣，兰溪的塑料线带、元宝扣，金华的小鞭炮、打火纸，东阳的木梳、篦子、头髻网，浦江的铁锁，还有丽水的棉鞋扣等，商品种类有上百种，摆摊者有 200 多。

不过，当时在市场上摆摊的，也多是小本生意，因为要经常受到“打办”的人骚扰，看到“打办”的人来了，就把东西紧紧地抓在手里，如老鼠见了猫一般，可谓是斗智斗勇。最气人的是，这些人不仅在市场、在火车站监管，有时还上火车跟踪。他们躲在暗处，手段无所不用其极，让人防不胜防。

但，我叔却是一个天生不服“管”的人。有一次，我叔决定从苏州采购一些花边来卖，在坐火车的途中突然发现有几个廿三里“打办”的人在跟踪他，心里自然就多了几分紧张，脑子也在飞速运转。怎么办？路过嘉兴时，我叔急中生智，便来个“虚晃一枪”，先在嘉兴下车，再转车到苏州去。不料，“打办”的人也跟着下了车。我叔走出了车站，他们便守在了嘉兴车站，以为等我叔采购到商品后，会再从这里上车，来个“守株待兔”。

等我叔在苏州采到了货后，事先知道了“打办”的人已在嘉兴车站等候，故为了避开他们的检查，就先转道到上海，再改乘从上海到南昌的火车，然后在南昌下车。不在义乌下车，那也考虑到了义乌下车风险太大，会依然逃不过守在车站检查站“打办”的人的手掌，而南昌的管理相对宽松。

可是，“道高一尺，魔高一丈”。最后机关算尽，依然难逃一劫。从上海乘至南昌，途中依然要路过嘉兴、义乌。当列车到达嘉兴时，四五个“打办”的人便自嘉兴上了火车，在每节车厢来回搜查，看看有无“投机倒把”的人。我叔因常在廿三里市场交易，时间长了，与“打办”的人都相互认识。

他们认为我叔是“投机倒把”的惯犯，一旦“人赃俱获”，便可以向上邀功，所以格外卖力地在火车上搜寻，以致被他们盯得无处可藏。不一会就被他们看到了，人被他们看管了起来，货也拿走了。列车到达了义乌，“打办”的人拎着我叔的两件货，准备下车。

货没收了，岂不亏大了？两个包内有价值700余元的货，这可是一笔巨款，一般农户连房子卖掉也凑不起这个数。我叔强作欢颜，向他们提出可否自己替他们提一件下车。但“打办”的人怕我叔带包逃脱，坚决不从。

到了车站，“打办”的人即把两个包分别交给了一男一女拎着下车。我叔眼看着自己多年辛苦的积累就这样白白地被拿走，于心不甘。当列车到达义乌站后，旅客们纷纷拥挤着下车，我叔瞅准时机，奋不顾身地冲向那个正准备下车的女拎包者，猛地抓住包一拉，女人不防这一招，再加上她的力气不大，包就被我叔夺了过来。我叔一抢到包，飞身下车，快速从火车底下钻了过去，不往出口跑，而是朝着煤场方向狂奔。

“人跑了，大家快追啊！”这时，“打办”的人急了，手下有两个人率先冲了过来，边追边大声喊叫。

我叔背着沉重的货包拼命地跑，起先还有力气跑，但毕竟是身上背着包，跑了三四百米，人进入了煤场，身体就垮了下来，累得上气不接下气了，脚也抬不动了。

见后面还有两人紧追不舍。他们赤手空拳，我叔自然跑不过他们。其中一个大个子已追至离我叔仅30米的地方，另一小个子还在后面奔跑（或许有意不追）。

既然没了力气再跑，我叔索性豁出去了，就一屁股坐在了地上，手里捡起了一块煤渣，向来者大吼一声：“老黄！我与你前世无仇，今世无冤，已有一包货被你们拿走了，还要做得如此绝吗？如果你做得出，我也做得出。你胆敢再上一步，我就与你同归于尽。”

这一喊，真把老黄给镇住了。对方站在原地，没再往前一步。

这时，天空乌云密布，雷声大作。后面那位小个子的便向老黄喊话:“老黄，天要下大雨了，其他人都走了，我们也回去吧。”

老黄看了看我叔，又看了看黑压压的天，也终于回头走了。我叔紧绷的心顿时松弛了下来。虽被拿走了一包，但手上还有一包，损失也不至于很大。

一阵狂风刮过，接着暴雨倾盆而下，势不可挡。我叔背起了这只装满货的包裹，顶着狂风和暴雨，踩着积水和淤泥，艰难地踽踽独行，“瑟缩”用在此刻的他身上恰如其分。

雨下得好大。流在脸上，不知是雨是泪，模糊了双眼，点点滴滴都是心的呼唤 。面对着未知的未来，这种“猫抓老鼠”的游戏，或许就是成长中的一个阶段吧。

生活还在继续。那是秋日的一天，我叔从江苏进了一批塑料票夹，这种货非常笨重，不好随身携带，只能通过火车托运。

货在次日早上就到义乌站了，我叔叫了一辆拖拉机，直接把货提了出来。不料，廿三里“打办”的人获知了“情报”后，也派车来火车站托运处提货了。但是，他们来晚了一步，只得空车返回了廿三里。

事后，“打办”主任碰到我叔时还明知故问：“你又在搞投机倒把了？还用拖拉机装运，胆子越来越大了。那天没抓到你，算是你的运气。否则，连拖拉机一起没收。”

我叔也没给他好颜色，就回敬了他一句：“拖拉机值几个钱！我的货是由国家的火车运回来的，火车比拖拉机值钱多了。下次你还是把火车也直接没收了吧。”

与“打办”的人打交道，既是一场“猫抓老鼠”的游戏，也是需要斗智斗勇。虽然这些“打办”的人如影随形，但在义东一带用小百货换鸡毛什肥的营生依然屡禁不止。因为他们认准了一个简单的道理：不去敲糖，日子难过；出去敲糖，能养活一家老小。

于是，他们就变着法子，顶着压力，依旧偷偷摸摸外出敲糖换鸡毛。这就是人们常说的，“穿鞋的怕光脚的，光脚的怕不要命的”。

“打办”的人在这边赶，老百姓就偷偷到另外的弄堂里或晒场里搞出一个市场，犹如成了一支卖小工艺品的“地下游击队”。

7

在 1980 年前后，温州十大专业市场已经声名鹊起。有许多义乌商贩在风吹日晒中摆路边摊，有的商贩则停下了奔忙的脚步，变身织造能手，廿三里一带的家庭工业开始兴起。一些原来偷偷办在外地的“地下工厂”也陆续搬到村里来，从温州买来的塑料手压机，由最初的 2 台发展到 4 台、8 台，最后发展到全部更新成全自动塑料压机，并且雇请了许多外地工人。而有的廿三里村村民，还在这时办起了织袜厂。

受限的场地，已经无法容纳日益扩张的经营队伍。1980 年上半年，这些做小百货生意的小商贩又自发集中到了廿三里桥头殿的那块空地上。

1980年8月，中共中央召开了全国劳动就业工作会议。会议指出，在解决劳动就业问题上，实行在国家统筹规划和指导下，劳动部门介绍就业、自愿组织起来就业和自谋职业相结合的方针，鼓励和扶持个体经济适当发展。

可以说，这是最早允许个体经济发展的会议，并下发了有关这次会议内容的“中发〔1980〕64 号文件”。文件中还专门对个体经济下了这样的定义：“个体经济是从事法律许可范围内的，不剥削他人的个体劳动。这种个体经济是社会主义公有制经济的不可缺少的补充，在今后一个相当长的历史时期内都将发挥积极作用，应当适当发展。有关部门对个体经济要积极予以支持，不得刁难、歧视。一切守法的个体劳动者，应当受到社会的尊重。”

个体户是我国从单一经济成分转到多种经济成分并存之后才大量出现的。承认它的合法地位，是一个重大突破。

1980 年 9 月 14 日至 22 日，中共中央召开了各省、市、区党委第一书记座谈会，并形成通过了《关于进一步加强和完善农业生产责任制的几个问题》的会议纪要（中共中央〔1980〕75 号文件）。这个纪要第一次表示："要充分发挥各类手工业者、小商小贩和各行各业能手的专长，组织他们参加社队企业和各种集体副业生产；少数要求个体经营的，可以经过有关部门批准，与生产队签订合同，持证外出劳动和经营。要继续鼓励社员发展家庭副业，以活跃繁荣农村经济。"这个文件还第一次表明，允许农村中的个体劳动者外出劳动和经营。

国家一系列相关政策的出台，打消了人们对发展个体经济及多种经济成分的顾虑，让农民从土地里解放了出来。整个中国大地处于冬去春来、蓬勃兴盛的初期，改革开放的春雷激荡大江南北。从此，农民不仅仅热爱着脚下的这片土地，还能感到"外面世界"的精彩。

义乌的农民在翘首以盼，等待送来"甘霖"润民心。

1981 年春节前后，县委在深入调查研究的基础上，决定进一步放宽政策，全县外出到全国各地从事鸡毛换糖的队伍不断扩大，形成了第一次敲糖换鸡毛的高潮，常年从事红鸡毛加工有 2000 多人。义乌县土特产公司因势利导增加收购点，加紧培训红鸡毛加工技术骨干，扩建、增建 16 家羽毛厂。

俗话说："在家靠父母，出门靠朋友。"每个商人总要在所到之处结交一些朋友，以便遇到困难时有人帮助。那时义东的男人基本上都出外经商，经商大军足有几万。而出门的人多了，义乌人又喜欢把外地朋友带到义乌，让他们配点小商品做点小生意。就这样一带一，几万人带来几万人，外地客也纷纷往义乌跑。

由于购货人的增多，商品销售量供不应求，在家的义乌妇女们开始做手工制品。她们用一双双灵巧的手，做出了许多漂亮的玩具，有栩栩如生的小纸蛇、塑料鱼虾，有色彩鲜艳、造型美观的塑料花等，那时妇女们的产品几乎占领了廿三里半个小商品市场！

在廿三里桥头殿的空地上，经营者达到了 500 人之众，其中还有来自东阳、永康、杭州等地的客商，商品种类多达数百种，并出现了袜子、围巾、毛领、内衣、电珠等产品，日成交额超万元。

显然，这块地方又变小了，已容纳不下这么多人。在 1981 年上半年，人们又自发地转移到了前店村门堂。这里是一块空阔地，大家用门板搭成了一个个摊位，形成了一个简陋的小百货市场。然而即使在这里，从事小商品经营依然没有被上级认可。一到县里开会，当时的义东区委书记就害怕，不敢往前排坐。因为义东区农民从事敲糖换鸡毛和小商品经营者甚多，怕被领导问起。

8

1981年年初，义东区委办公室闯进了一位哭泣的妇女。从她声泪俱下的诉说中得知，她在廿三里小百货市场卖线头（棉纱的下脚料）时，被义东区工商所的工作人员给处理了，不仅线头没收，还要罚款。

看着这个可怜兮兮的妇女，区委领导认为，既然中央对发展个体经济的政策已经明确，我们总不能还停留在老观念中。出于良知，区委领导就想放她一马。

因对工商方面的具体规定还缺乏了解，慎重起见，这位领导便拨通了县工商局郑松青局长的电话，郑局长回答说："你们区委领导懂政策，你们说怎么办就怎么办。"为此，区委领导当即叫来了义东区工商所的经办人员，当面作出处理：此类事不能作为投机倒把，不能罚款，没收的线头予以返还。

此事虽不大，但在义东地区产生的影响却颇大，因为农民从中闻到了市场开放的信息。或许政策真的变了，大家可以自由做生意了。

在这个时期，义东区各公社的小百货经营者生意已经做得风生水起，廿三里市场更是生意红火，热闹非凡。但是，当时对个体户不得从事批量购销依然有明文规定。

作为家乡的领导们在苦苦寻找着答案。有一次，义东区委、廿三里公社党委的干部在中共中央编印的《内部参考》上看到了一篇介绍河北辛集组织引导办市场、发展经济的文章。这让他们心头一亮：廿三里一带有成百上千的"敲糖帮"，有经营小百货的丰富经验和迫切要求，而且已经有了小百货市场的雏形，这里开办市场的条件远比他们强。

用心用情想一想，让老百姓过上好日子是一切工作的出发点和落脚点。面对以经营小商品为主业的敲糖帮脱贫致富的炽热眼神、面对因小百货经营而让交通受阻的客观存在、面对政府有关部门对小商品经营者采取围、追、查、禁的一贯态度，义东区委、廿三里公社党委及区工商所领导多次学习了上级有关文件与文章，分析了当地的优势，认为廿三里已经具备了开办市场的条件，已经到了放手发展家庭副业，活跃繁荣农村经济的时候了。

1981年7月，义东区委、廿三里公社党委和区工商所领导与廿三里大队协商，由区工商所实施，租用廿三里大队第二生产队靠公路边的晒场，暂时将该晒场划为小商品市场摆摊用地。他们用木头、木板搭起了200余个摊位，建立了廿三里第一个棚架式小百货市场。市场由区工商所实施管理，每人每天收取1元管理费，区税务所向经营户收取每人每月30元的定额税收。至此，一个由政府部门参与管理的小百货市场应运而生。

1981年注定是不平凡的一年，廿三里市场开放迈出了一大步，开启了新征程。在这个市场里，既有形形色色的小商品，如论斤卖的纽扣、发夹等，也有敲糖帮从外地带回来的鸡毛杂物，他们把鸡毛、鹅毛、猪鬃等捆成一把把整齐摆放在摊位上，还有龟壳、鸡内金、破铜烂铁等废品废物也拿来销售，整个市场人声鼎沸，密密匝匝的人群，连一口露天粪池，只要盖上水泥板也被派上了用场。

为了呵护这个新生市场，义东区委和廿三里公社党委力促县信用联社在廿三里试行向个体经商户贷款，打破了信用社当年只给“种田郎”贷款、不给经商者放贷的陈规。1981 年，廿三里信用社就给 860 户个体经营户发放了贷款，解决了他们在经营小商品时流动资金不足的困难，还成了全县存款最多的信用社，实现了双赢。

廿三里区社领导还要求邮政部门扩大邮寄服务，准许商贩邮寄小商品大包裹，不仅为客商提供了方便，解决运输渠道不畅的困难，廿三里邮电支局的资费收入也高居全县各支局之首，双方受益。随着场地、资金、运输等难题的一一破解，廿三里山货市场日渐红火，进入发展的快车道。

时势造就了廿三里市场，廿三里市场也成了义乌县最早出现的小商品市场，即人们所说的义乌小商品市场的策源地，这是由政府部门参与管理的义乌小商品发展的真正源头。为何这么说呢?

所谓的市场，一是有场地，二是有卖主和买家，三是要得到政府的认可。前两者不难理解，至于第三条，因为这个市场是由义东区委、廿三里公社党委参与兴建，而且政府部门在市场征税和管理，这实际上也是一种认可的行为。因此，从市场主体、市场形态、要素构成、配套设施、市场管理等方面结合分析，义乌的市场从这里发祥；从群众创造历史的观点来看，义乌的第一代市场从这里起步。

在 1981 年至 1983 年，这个具备市场主体资格，形成一定市场形态，由政府部门参与管理的义乌最早的小商品市场——廿三里小百货市场发展进入鼎盛期。其中在 1982 年年初，廿三里小百货市场的经营者已经超过了 500 人。从他们活跃着的身姿、浓浓的乡音中可以看出，曾经的他们经历过无数的风雨，却也多了一份苦中作乐的滋味，更可以看到在这片土地上的人们对美好生活的无限向往与拼搏奋进。

第三节 稠城街头

1

稠城镇的小商品市场，是从廿三里小商品市场派生出来的。当年从事敲糖换鸡毛的人数义东区最多。

因为稠城是县政府所在地，且有火车站，一些在廿三里摆地摊的经营者，也要来稠城街头设摊，只有常年两头奔忙，多设一个摊点，小百货销路才会更广。此外，一些在廿三里市场摆摊的外地客商，在义东区货郎的陪同下，也会来到稠城。于是，在稠城街头也逐渐兴起了这种“地摊经济”。

稠城集市在农历逢双的日子，而且仅大半天时间便收场了，廿三里每逢农历一、四、七日为市日，两个马路市场交替开市。不过，这时的这两个市场还处在初级阶段，生意并不是很大。稠城至廿三里汽车票每张0.3元，为了节省3角钱，许多人就骑着自行车在两边赶场两地摆摊。

两个市场，遥相呼应。这也让一些看风使舵者发现了商机：哪边工商所、税务所查得紧，就跑到另一边去摆摊。

金益洪自高中毕业后，便在家务农，有亲戚曾劝他去敲糖换鸡毛，但苦于没有资金，就决心在家里寻找赚钱门路。1971年9月，“双夏”抢收抢种结束后，田间劳动空闲了，他开始制作销售一种小玩意儿赚钱：将染色过的纸做成水仙花模样，放在装有水的盐水瓶内，即做成了水花瓶子。当时，金益洪夫妻与岳母一家一起做这小玩意。

这种花草放在瓶内，约1个月不褪色，不腐烂。他们把花一捆一捆扎牢，每捆一百朵，由他的爱人偷偷地拿到县前街孟宅弄堂口去卖。不料，生意很好，最高价卖到每捆1.80元，而成本只有0.5元。一家人每天可做上千朵花，每天就可挣20元。因为白天要参加生产队劳动，否则每天要被罚款2元，所以只能在晚上加班，往往要做到深夜。

可是好景不长。当时稠城街头根本不允许做这种小生意。在街口的买卖，一旦被“打办”的人看见，就要被没收。他的妻子就有几次被没收了地摊上的纸花。后来听说在廿三里做生意要比稠城宽松，且只要缴市管费每天2角，不用缴税，于是就由他的妻子挑上担子，每逢农历一、四、七市日到廿三里出卖纸花。因为赚钱辛苦，在廿三里与稠城两地间奔走，都不愿花钱坐汽车。可喜的是，这种小花还颇受敲糖人的欢迎。

生意好了，别人也跟着做，一时用纸较多，县百货公司的纸张吃紧，就跑到金华去采购。因品种单一，竞争非常激烈。金益洪就应用学到的知识，用矿蜡试验开发新产品。即先把石膏粉做成小模子，再将矿蜡熔化，注进模子里面，待矿蜡一冷冻，再将绿色的尼龙布剪成尾巴形状，粘在鱼的尾部，便成了一条活生生的花缸鲤鱼了。

就这样，金益洪在别人仿做水纸花时，他又将鲤鱼和纸花草一起出售。虽是小本经营，每朵花的成本仅为6厘钱，一条鱼的成本是1厘钱，而卖出价每朵花却有1.8分、每条鱼为1分，利润也不少。

生意人的聪明才智不是与生俱来的，它往往通过仔细的观察，在调查和实践中产生。在这个过程中，他们对待各种活动的不同态度，往往导致不同的结果，而这一点又与各自所要实现的目标密切相关。

稠城街头成规模的地摊生意，最先出现在县前街的新华书店旁（义乌饭店、北门街口附近），以竹篮、箩筐、旅行袋、塑料布为工具，随地摆摊，沿街叫卖，人员主要来自廿三里公社、福田公社。这些敲糖佬跑着跑着，就索性卸下了担子，悄悄做起了只允许公家经营的批发生意。于是，在1974年春节前后，稠城镇县前街也兴起了经营小商品的地摊市场。

在那个特殊年代，地摊市场是上级明令禁止、所要取缔的，而半合法的“敲糖换鸡毛”又需要市场存在，就处于这样的矛盾冲突中，廿三里、稠城两个提篮叫卖、批零兼营的季节性市场在悄然孕育。

原义乌县五交化公司的大楼所在地，在未建造前原是一块火烧屋基。1977年至1978年，货郎担们开始将摆摊阵地转移到了这块火烧屋基上，人员以老年人为主。买卖双方讨价还价，一手交钱，一手交货。大家提着一篮货来回走，商品主要有顶针、缝纫机针、木柄钻子、铁丝发夹与黄泥哨子等，后来发展到卖纽扣，一二十颗包成一小包。

进入1978年后，改革的春风已渐渐强劲，但各地落实政策的进度和程度不尽相同。由于国家对能不能搞自由市场还没有明文规定，政策仍然不允许农民弃农经商，不允许个体户批量购销，不允许集市贸易经销工业品，长途贩卖、“弃农经商”摆地摊做小生意等都视为“盲目外流”“投机倒把”“走资本主义道路”加以打击。管理部门对此也是一如既往地采取劝、堵、赶的简单做法查禁小百货经营。

经营者在买卖时要时时顾及是否有税务人员或工商人员出现，他们的做法就是与之灵活周旋，见赶就跑，跑而不散。他们被赶了北门跑南门，赶了南门跑北门。但对于那些年纪大，干不动农活的老年人、回城找不到工作的下放人员来说，就更是无可奈何了。

日渐一日，管理和被管理双方成了一种表演式的“游戏”，管理一方在上面抓得紧时就赶一赶应付了事，另一方是风头一过迅速返回照干不误。工商管理部门不断地抓，但抓得了今天抓不了明天，抓得了明的抓不了暗的，直到后来，除了那些卖明星画片、针织品等特殊管理商品外，也就睁一只眼闭一只眼，大家都乡里乡亲的，也就听之任之，随他们去了。

这样一来，参与进来的人就越来越多，县前街一带交通经常严重堵塞，不要说单位的小车开进开出成了问题，群众自行车都骑不过去。

市场日益扩大已成为事实，县里批评工商部门工作不力，工商部门则无从着手，要管起来，就意味着认可市场正式存在，而工商部门又没有这样的权力。

面对现实，县工商局和城阳工商所工作人员总结了经验教训，先后组织三批人员深入农村进行调查研究。他们了解到，敲糖换鸡毛在义乌县是一种传统习俗，随着经济的发展，敲糖帮歇担摆摊，积极推销社队企业和家庭工副业产品，同时还从外地采购了一批批小商品，开始批量销售，这样既促进了小商品的生产，又满足了群众的多种需要。这样的行为，为什么要“赶”要“堵”？

于是工商部门就采取了“明管暗放”的办法。岁月不居，时光的脚步再一次迈向辞旧迎新的时刻。

1979 年 1 月中旬，全县 28 个集市恢复原来的传统市日，加上社队企业和家庭农副业生产的发展，在稠城街头流动的小百货经营队伍也在日趋壮大。每逢市日，经商者便不约而同地在同一地点，贩卖各式各样的小商品。

这年春节期间，时任县委书记王明新带着秘书杨守春来到义东区平畴公社，对当地农民“敲糖换鸡毛”的做法进行调研。调查中发现，平畴公社党委在 1978 年春节前后即对敲糖换鸡毛之风松了手。公社党委负责人认为敲糖换鸡毛是社会主义经济的补充，利多弊少。随王明新一起调查之后，因当时走得比较匆忙，没有详细了解情况，后来杨守春又独自一人再次返回平畴公社作了详细了解，最后写出了《“鸡毛换糖”的拨浪鼓又响了》一文，刊发在 1979 年 3 月 24 日的《浙江日报》第 2 版。

杨守春说，当年的县委书记王明新对农民外出敲糖换鸡毛、摆地摊等做法也是默认的，持肯定态度的，文章在《浙江日报》上发表，也是经领导审过稿的。如果领导不同意，这样的文章也就发不出来。正因为有了县委的默认，所以在县前街、廿三里等地出现农民摆地摊的现象屡禁不绝。

1979 年农历十月十五，稠城镇恢复传统的物资交流会（旧庙会），现场盛况空前，交易活跃，参加集市的人不计其数。在常人眼里，农民经商是“走资本主义道路”，认为“无商不奸”，但从这样的物资交流会反映出，农村集市对群众生活来说是何等的必要。自这年起，全县有选择地批准一些个体户，并发给正式或临时营业执照，默认这种马路市场的存在。在这年年底，稠城街头经营小百货的经营户发展到 200 余户。

1980 年 4 月 6 日，义乌县革命委员会打击投机倒把办公室和各区打击投机倒把办公室、稠城镇市场管理委员会同时撤销。日常工作由县工商行政管理局和城阳工商行政管理所负责。

2

义乌古县城北依山麓，西带绣湖。城南河自绣湖出，三分之一居民依河凭水而居。因受地形所限，建筑有难度，故义乌县城“自始建来，未有雉堞之迹（没有城墙）”，但在东西南北各设一座城门，设在县城之北的城门，先后称为会稽门、大槐花门、拱辰门等（在县城东北还有一座通惠门，旧称小槐花门），到了民国时期，明末所建的城门敌楼仅剩门壁。在 20 世纪 60 年代，县城因道路拓宽，门壁被拆除，城门由此淡出人们的记忆。

北门街的兴起，始于义乌开通火车之后，地处稠城小三里塘的义乌火车站，始建于 1930 年，离县城约 1.5 公里。抗日战争爆发后，火车站至北门街路段于 1941 年建起了公路，满足军用，全长约1400米，后取名车站路。这年5月间，义乌火车站遭日机炸毁。还在这一年，义乌城区暴发了鼠疫，疫情首先在北门一带蔓延，太祖殿7间房里堆满了尸骨。日军占领县城后，在北门街73号当年是驻义日军情报部的工作室，掠夺义乌物资的“东和公司”也设在北门街。

北门街的路面由低至高，坡度缓上。早先北门街店铺寥寥，自从出现了货运行业，火车站至北门街的店铺增加，人气渐旺。20世纪60年代街面拓宽后，加之交通优势，义乌城区的商贸业也随之兴起。北门街南接县前街，北连车站路，是连接义乌火车站到县城的重要街道，也是外地人进城的必经之路。但当时的北门街却只有过往之客，而没有经营之店，这也成了商家青睐之地。

1980年11月，县五交化公司从义乌县五金燃料公司析出，在火烧屋基上要建造五交化公司新大楼，加上在该处的经营者太多，妨碍交通，在当时工商部门的组织下，摊贩们撤出火烧屋基后向比较开阔的北门街北面路段两侧人行道转移。在义乌城区经营的摊贩们占据了北门街后，他们开始在这里歇担设摊，出售小商品。

于是，北门街也成了义乌小商品市场的“星星之火”。当时即有124副批发零售兼营的糖担。

既然是马路市场，那是简陋得不能再简陋了，摆摊的人没有固定的位置和摊位，没有营业执照，也不一定每个市日都去摆，来去自由。大家各显神通，架子上面摆只团箩、米筛，在两条凳子上铺一块门板，或放一块一米见方的木板就算摊位了。只是那时的工商所、税务所的同志为了控制市场规模，经常要来驱赶。于是，那些生意人就像打游击一样，打一枪换一个地方。而住在附近的农户，在门前抢占地盘后，可以以5角钱一天的价格租给小贩们当摊位。地摊移到了北门街后，经营的商品也丰富了一些，有顶针、针、线及简陋的纸花（可浸在灌满水的瓶中）等。

没有一滴水能独自成为大海，也没有一个春天不拥有万紫千红。1980年11月，义乌县委、县政府根据中央〔1980〕75号文件精神，恢复颁发了“小百货敲糖换取鸡毛什肥临时许可证”7000余份，为敲糖佬外出提供方便。县百货公司对每份许可证批发供应不超过50元的小商品，但这个数量远远不能满足农民经商的需要，不少农民转向外地寻找货源。当中也有一些女青年，他们拿着棉毛裤，偷偷摸摸地在百货商店门口叫卖。

然而，为敲糖人提供“小百货敲糖换取鸡毛什肥临时许可证”，只是允许他们外出走村串户提供方便，像这样集聚成市便是属于商业贸易范围了，按当时的政策规定，毫无疑问是要禁止的。于是，工商部门又“责无旁贷”地担起了制止市场继续扩大的责任。可是用教、劝、阻等办法用尽，收效却甚微。

“你这样做是不允许的，你要走村串户去。”工商部门领导曾对一位沿街叫卖的老人说。

可是老人却说："我年纪大，走不动了。"

当时，像他这样的情况大有人在。在大多数情况下，他们也只好睁一只眼，闭一只眼，实际是放任自流了。尽管县领导说要加强管理，批评工商部门工作不力，但当时的情况是，光靠行政命令已经毫无用处了。市场搬到了北门街，发现工商部门并没有解散集市的意思，似乎有"放任"的意图，结果集市参与者越来越多。

3

市场移到了北门街后，家住北门街的楼香云自然成了最大的受益者之一。

"市场恰好就在我家门口。"楼香云说，"北门街市场在农历逢双日子到市交易人数已超过千人，摆临时摊的以义东区的人为主，摆固定摊的以解放、农协两村社员为主。当时，我因工作单位丝毯厂的销路不畅，休业在家，我婆婆是一个退休的百货公司营业员，精通小百货经营之道，我就在婆婆指导下，先是卖橡皮圈、塑料发夹、松紧带，货源是从县百货公司批发来的，每个集市日挣到的钱不过 2 元左右。由于赚得少，一些身强力壮的农协村社员还会临时放下手中的货篮，回到生产队抢活干。"

北门街地处火车站至城区的必经之路上，过路人知道这里有个市场，也来参与进来零售，由此也吸引了来自邻县东阳、浦江的人的加盟。他们来这里买货，市场就这样越来越兴旺了。到 1981 年春节，经营的品种更多了，发夹、皮圈、缝衣针、顶针、揿扣、鞋眼、小气球、印有歌曲的相片、板刷、鞋刷、瓜刨，还有曾是稠城市场起步时的商品主角纽扣等。其中，外地正规厂的产品超过了本地传统的手工制品。

在市场初期，同一种商品从来没有涨价的，只因进货的门路增多或生产量的增加而降价的，所以货进来后，越早卖掉就越好。如黄岩产的九联环（一种女人用的发扣），起初进货价是每只 0.13 元，没有半个月，因大量货涌到，货供过于求，即降价到 0.085 元，直至后来不到 0.05 元的价格也要出售了。正因为如此，许多市场经营户就只能在稠城、廿三里两个市场间穿场经营，目的就是让小商品能尽快脱销。

"那时候，我手头的九联环是每只以 0.05 元不到的价格卖掉的，亏了 1000 元。我不怕辛苦，总是乐意在稠城与廿三里的两个市场间跑，就是为了这个原因。"楼香云说，"大家都不愿让货囤在那里，因为一怕影响资金周转；二怕货物掉价。"在 1981 年间，廿三里市场她每集必赶，用自行车载着军用皮带、量衣尺、九联环、黄岩产的童鞋、围巾、小方巾等到廿三里去卖。

市场规模日益扩大，交易日趋兴旺，又面临着交通严重受阻的状况。究竟要不要对其实行行政管理呢？为此，工商局会同税务部门召开了几次部门会议，针对管与不管的问题进行讨论，大多认为应该管起来，给予发证、纳税，以避免市场经营杂乱无章。但也有人主张不管的，认为以放任自流为好。因为一旦管起来，就等于承认市场的正式存在，而这种先例在全国还没有，如予明确承认，前途吉凶难测。

压力最大的自然要数工商部门了：县政府因交通问题要求加强管理，但工商部门却无从下手；群众对工商部门则有怨言，骂他们不近人情。形势逼迫他们需要尽快作出选择。

1981 年 4 月，县工商局在北门街划定固定摊位 200 余个，并有选择地颁发了一部分临时营业许可证。开始先对老弱病残、下放人员等特殊对象，以及待业青年及没有工作的城镇居民发证，农村户口不能领证。临时营业许可证由县工商局监制，经营有效期限一般 3 至 6 个月。同时，安排工作人员维护市场秩序，收取市场管理费，每天向每个摊位收取 0.1 元至 0.2 元管理费；抓好税务管理，由收税员到地摊上巡回计日征收，当场开票，经商户须每天上缴 0.5 元至 1 元的税，其中米筛摊 0.5 元，门板摊 1 元。

但，仍有人连这点钱也不肯缴，见收税的人走过来就赶紧躲。话虽如此，有些来自农村的摆摊者，只要多动动脑筋还是可以争取到营业执照的。

农村户口的金益洪当时通过多方面努力争取到了一本营业执照。营业执照就是做生意的通行证，总算在城市的街路边上，有了一个站脚的位置了。从此，他曾相继到过诸暨、东阳、金华、兰溪等地的百货公司批发小百货，其中有鞋带、手帕、扎头发用的皮圈、松紧带、面油、烟咀等，每一样东西都可以挣几分钱。一天挣个 10 多块钱那就算生意好了（那时猪肉每斤只有 0.65 元）。

在北门街，经过了约 1 年时间，政策再次放宽。1982 年 1 月 20 日，县工商局向县政府上报了《关于个体工商户的登记发证和管理问题的报告》，报告规定：三类零星小商品和鲜活商品，可以从宽掌握；二类工业品的商业活动，要从严控制。2 月 9 日，县政府下发了《批转县工商局〈关于个体工商户的登记发证和管理问题的报告〉的通知》（义政〔1982〕19 号）。

该通知指出：在国营经济和集体经济占绝对优势的前提下，恢复和发展城镇非农业个体经济，是党和国家的一项重要政策。从事个体经营的公民，是我国社会主义的劳动者。他们的劳动同国营企业、集体企业职工的劳动一样，都是社会主义所必需的，都是光荣的，应当受到社会的尊重。发展城镇非农业个体经济，发挥劳动者个体经济拾遗补阙的作用，不仅对于发展生产，活跃市场，方便群众生活，加强城镇建设有着重要的意义，而且是目前安排劳动就业的重要途径。各区、社、镇和商业、供销、工业、二轻、物资、财政、工商行政管理、公安、交通、粮食、基建、劳动、卫生、宣传等有关部门，都要以严肃认真的态度，积极扶持城镇非农业个体经济的发展，切实加强对个体经营户的教育和管理。对个体经济的歧视、乱加干涉或者放弃领导的消极情绪，都不利于社会主义经济发展，要努力注意避免。

笑意写满了市场经营户的脸。虽然此时市场的大门还未正式打开，但县政府的政策已经逐渐放宽，市场经济的大潮也正冲击着他们的思想，使他们不再为五谷六畜和柴米油盐所束缚，每天可以忙碌在长途贩运的路上。

第四节 县长办公会

1981 年秋冬，义乌有 6196 个生产队落实了家庭联产承包责任制，占全县生产队总数的 86.94%。随着农村家庭联产承包责任制的推行，农民有了生产经营的自主权，劳动生产率大幅度提高，出现了大量的剩余劳动力和剩余劳动时间。农村剩余劳动力和少量资金开始转移到商业、服务业上来。

随着临时营业许可证的部分发放，人们似乎察觉了工商部门的“暖昧”，短短几个月时间，摆地摊的人多了，米筛摊、门板摊、钢丝床摊相继出现，北门街马路市场经营人员增加近一倍，此时的地摊经济相对“火爆”。因挤得连地摊也无法放下，有的人甚至在自己家门前收起了地摊费。

北门街是义乌北区群众和火车站通向城区的人流货流主要通道。类似县前街的交通堵塞情况在北门街上再度出现。环境卫生不好、市容市貌不佳、治安偷盗等问题随之而来，社会各界议论纷纷，指指点点的人开始多了起来，由此引起了上下激烈争论。

“应该采取有力措施，坚决制止个体经商活动，否则要吃后悔药。”

有人甚至要求工商部门予以取缔。

不过，也有人认为，要解决北门街“乱”的问题，首先要允许农民经营小百货，最好是采取“全部搬迁，易地经营”。

这确实是一个非常棘手的问题。由于政策不太明朗，有关部门对地摊经济采取了“批、打、管、刹”的政策和措施，却怎么也禁不住、打不倒、关不掉、赶不跑，百姓为此也颇有怨言。

那又应该怎样来看待这个“乱”？其中首先要搞清楚让老百姓经营小百货在政策上允许不允许。

再就是怎么治这个“乱”？是沿用老思想、老办法，还是采用新思想、新办法来解决这个问题？新思想、新办法又能提供怎样的良方？

当时，稠城镇政府和职能部门领导根据几年来组织举办稠城镇物资交流会的成功经验分析：既然交流会上也有很多个体生意人在搞经营，却没有任何人或任何组织对此提出过批评意见；既然政府部门可以创办物资交流会，而物资交流会又可以允许个体户参与经营，是否可以套用这个方法允许农民经营小百货呢？由此，他们共同认为，要解决北门街马路市场的“乱”，首先要允许农民经营小百货，再就是另选地址，“全部搬迁，易地经营”。

经过一段时间调查研究，县工商局提出稠城市场摊贩整顿的方案。此时，义东区委也向县委、县政府请示廿三里市场是否允许办下去？县政府就集市整顿问题专门召开了县长办公会议。

1982年3月9日下午，受范华福县长的委托，常务副县长吴璀桃主持召开义乌小百货市场开放前的第一次县长办公会议。其中，市场问题于3月10日上午继续开会时作专题研究。

会议先由县工商局领导作汇报，他们认为：“稠城镇个体商贩近几年发展较快。小百货成为大百货，零售转为批发，不少人已成为万元以上的暴发户，有必要进行整顿。”

听取县工商局领导关于小百货市场的情况汇报后，会议主持人、常务副县长吴璀桃作总结：“工商局最近做了许多工作，市场整顿，市场摆布，都是需要解决的。汇报对市场情况的调查，整顿的步骤、措施等都基本上是好的。我以为，为了慎重起见，工商局再作研究分析……关于市场摆布，事情确实很重要。市场场地一定要扩大，这是一致的。放到哪里，需要研究。工商局再作勘察准备，等大陈开会回来，再会同基建局一起来解决。”

为此，县工商局先后组织了三批人员深入廿三里、深塘等农村，对经营对象、经营方式，对商品品种和价格，对商品来源和去向等几个问题作了调查。

工作人员一走进当地农户，发现他们正忙着做泥制玩具，或用剪刀剪自行车内胎做橡皮圈。屋里的人心里都很紧张，工作人员就告诉他们，这次不是来处理你们的，是下来了解情况的。于是气氛就融洽了，他们开始畅所欲言。

调查组在调查中发现，外出的敲糖帮有两个特点：一是人员众多，二是信息灵通。初期发放的证件虽然写明只准在省内换鸡毛，但大多数人的活动范围并不局限于本省，如到本省开化等地的敲糖人，有的也常跑到毗邻的江西婺源、德兴、玉山和安徽的休宁等县活动。

广阔的活动范围和长年累月在外奔波的经历，使他们对省内外各地的小商品供需情况十分熟悉。其中就听到有人介绍了不少关于少数民族地区对各种小商品需求的信息。有的经营人员甚至说：“如果政府允许我们经商，国营供销社积压的老产品我们都可推销出去。”

由此可见，人员多、信息灵已成了义乌集贸市场发展的一大潜在优势。

根据对上市商品的调查，主要有三部分：一是家庭加工制作的板刷、鸡毛掸子、泥制小玩具、塑料钥匙扣等；二是从商业供销部门批发来的小商品；三是少数文化制品（如年画、小孩玩的图片等）和童鞋、童袜、手套等。这些小商品的上市流通对国计民生有利无害。

从市场现状看，当时参与集市经营的人，基本上都是义东、义北地区的农民。不少经营者持有县工商局颁发的“小百货换鸡毛杂肥临时许可证”，也有持公社、生产大队外出证明的。在义东、义北一带，因土地少而薄，农民生活困难，过年过节的零用钱都要靠“敲糖换鸡毛”赚回来，否则连柴米油盐等基本生活必需品都难以解决。可见，集贸市场的形成和发展，已是事关群众生存的大事，其势不可阻拦，也不应限制。对已形成一定规模的集市，如果任其自流，经营秩序将更混乱；不正式开放，则市场管理费、国家税收都不能收取，对国家、对群众、对经营者都不利。

调查组通过广泛听取了区公所、公社领导，生产大队、生产队干部和社员群众，以及一些集市经营者的意见，进行专题分析，再向县政府写了要求开放小商品市场的报告。

1982 年 3 月 26 日上午，就稠城市场整顿等问题，县政府再次召开县长办公会议。会议先由县工商局副局长叶荣贵汇报了对稠城市场的整顿意见。

整顿市场，着重面临着这样一些问题："一个是个体商贩问题；一个是市场建设问题；一个是服务态度问题。其中主要是个体商贩问题，即农民一头。"

为此，他们还组织学习了《工商通报》上刊登的余姚县余姚镇通过办市场解决农村剩余劳动力和待业青年就业问题的报道，认为"从这点出发，农民经商问题不大，但要控制。而无证经营问题，'取缔'两字是没有的。但可以作违章罚款等，重点是怎么实施，工作量大，需稠城、福田、桥东等一起来统一。关于组织问题是好办的。现在主要的就是要把无证的一头动员好"。

接着，会议主要围绕小百货的批发购销和自由市场管理等政策方面展开热烈的讨论。有副县长说："关键是不准批发。对发过证的经营户也只能零售，不能批发。"有副县长说："可参照商业部门的（规定）多少为批发。"有副县长则认为："要综合治理，以尽我们的责任。"

常务副县长吴璀桃认为："要明确经营方向、经营范围、经营对象。对无证经营的要劝阻，劝阻不听的进行罚款。"

吴璀桃接着又说："我的意见是，小百货市场实际上是个自由市场，不能作为摊贩。所谓的摊贩就是长期摆在那里的，即固定的算是摊贩，赶集的算自由市场。对小百货市场，必须进行全面管理：一是进行全面登记；二是发临时执照；三是建立组织；四是收税按营业额。销售要有发票，没有发票，都要处理。"

会议最后由吴璀桃小结，并形成了统一意见："小百货"作为自由市场，需要建立一个成交组织，进行全面登记，（发）临时执照，自己建账，税收按营业额征税，发现投机要打击，运用这个办法来整顿。县政府要建立市场整顿组织，成立由县工商局、工商所、派出所、镇、社爱委会参加的整顿办公室。县政府确定一名副县长分管。

由于当时政策滞后，问题敏感且涉及方方面面，这种敞开观点的热烈讨论，让这次会议持续了一个上午。对农民经商、农民进城、批发购销、自由市场等敏感问题，在你一言、我一语的提问中作了再一次研究。由于讨论激烈，其他需要研究的六项议题不得不放在下午进行。

对市场要进行整顿，在这两次县长办公会议上都是明确的，但市场是否要开放？经商对社会利弊如何？都没能形成统一的意见。年纪大、思想保守的人认为弊多利少，坚决反对开放市场。国营、集体商业系统更是激烈反对，说“市场开放了要我们干什么”？基层政府领导的意见是，开放市场，农民都去经商了，那么田地谁来耕种？但有的副县长则认为有利无弊，认为义乌市场是发展本地商品经济的一大优势，应予扶持、引导。工商部门的意见倾向于利多弊少。

1982 年 4 月，全县 99.5% 的生产队落实了家庭联产承包责任制。由于获得真正意义上的生产经营自主权，广大农民的生产积极性空前高涨，当年粮食大增产，其他经济作物产值也有所增长。在县委、县政府出台的一系列富民政策指引和鼓励下，农村专业户、重点户和经商办厂的能人不断涌现。在亲戚朋友的影响和带动下，有更多的具有一定经济头脑的义乌农民闯入流通领域，加入到了小商品的采购、销售行列。

廿三里、稠城两个小百货市场的兴起和工副业的发展，使许多农户摆脱了贫困，走上了致富之路。因为经商给人们带来了过上好生活的福音，参与经商的人越来越多。当时，在全国像稠城和廿三里这样，所售商品能基本满足个体户所需的市场或批发单位，也是数一数二的。两个自发形成的市场如火如荼，商业经营活动越来越活跃。

第二章　兴商建县

大街小巷熙熙攘攘，路上行人匆匆忙忙，唯恐走得太慢，就会耽误了瞬息即逝的商机。在本身并不宽敞的街道上，不时有载着货物的自行车驶过，留下一串清脆铃声；那满载货物的脚踏三轮车也挤在了马路中间，吃力地竞相爬行，驶向进货人的旅店。

众所周知，整顿和开放市场之难，其主体和对象都在于政府。但如何放权给市场，让政府与市场各居其位、相得益彰，始终贯穿于开放市场的全过程，考验着地方政府的智慧和担当。当时的义乌，尤其是县城附近的农民，想从事小商品买卖的很多，但又怕挨批受处理，那种欲罢不能的情绪日益滋长。

一遇雨露就发芽，一有阳光就灿烂。自从以谢高华为班长的义乌县委拍板决策，最后以稠城镇市场整顿领导小组名义正式开放了小商品市场，确定了小商品市场的合法地位后，义乌小商品市场就如同从缝隙中艰难生长出来的小苗，迎着改革开放的春风，生根发芽，不断生长。

市场的大门被打开，禁锢民众的枷锁也随之被打破，他们的创业热情和致富冲动如同闸水般倾泻而出。为了进一步释放群众致富激情，在 1984 年间，县委、县政府又把“兴商建县”确定为了义乌的战略目标，不断改善经营环境，放宽企业审批政策，持续为市场主体松绑减负，给民众吃下了一颗安心搞活经营的定心丸。

“兴商建县”路上，商业一马当先，百业竞相跟进。而市场的繁荣发展又带动了交通运输、旅馆饮食、金融邮电等服务业的相应发展，从事小商品生产的专业村蜂拥而起，全县粮食和经济作物的产量有增无减。这里的每个人，都在这个车水马龙的商城里忙碌着。

小商品成就了大舞台。

第一节　新书记上任

1982 年，初夏。因前往火车站的吉普车没接到人，以至于当身背行囊、脚踩大号解放鞋、身着卡其布中山装的谢高华出现在义乌县政府门口时，几乎没有人认识这位远道而来的新任县委书记。

“你就是新来的谢书记吧？县里还派人去接你了，怎么就没有接到呢？”“谢书记，先到县委招待所坐坐吧。”在县政府门口等待新书记到来的县委办同志，怎么也料想不到会在这里遇上一个人前来上任的谢书记。

赴任义乌，可不是什么好差事。“穷”，是义乌给谢高华的第一印象。

农民穷，县城也穷。当时义乌的主城区仅 2.8 平方公里。“七山二水一分田，粮食高产贫穷县”“一条马路七盏灯，一个喇叭响全城”这些顺口溜，就是当时义乌县城的真实写照。县委机关大院内的“三大”景象，也让谢高华直观地体会到了义乌的“一穷二白”：一个排长队等吃饭的大食堂，一个桌椅破败的大会堂，再加一个正对着机关宿舍窗户的露天大茅坑。

“怎么会调到那么穷的一个地方去，能不能找个借口，换个地方？”还在衢州老家，当谢高华把赴任义乌工作的消息告诉老母亲时，老母亲顿时流下了眼泪，心疼地说。她不会忘记，当年在她家中住着敲糖换鸡毛的义乌人的情景：很多义乌人连像样的鞋子都没有，冰天雪地里，只穿着一双用一根棕绳捆绑着的草鞋。

此时的义乌，虽然在党的十一届三中全会之后，以家庭联产承包责任制为主体的农村经济体制改革已经全面推行，但受“左”的干扰依然严重，县委班子内部闹派性，社会各种利益关系复杂，社会矛盾和问题交织叠加，经济发展明显落后于周边地区，大家纷纷要求从外地调领导干部。义乌正面临着多重困难和严峻挑战。

受命于这样的艰难时刻，以干部交流的名义，谢高华调任义乌县委书记。在他还未到义乌上任前，省委、金华地委的领导在找谢高华谈话时，就多次提到了义乌县委班子闹派性的问题。让谢高华这个闯劲十足的外来干部到义乌任职，就是想让他来平“山头”的。

中华人民共和国成立前受尽了苦难的谢高华在考虑了几天后，就暗暗下了决心：“作为一名共产党员，服从组织安排是不容置疑的天职。既然组织信任，让我去义乌干，我就要好好干一番事业，干出点名堂来。”

初来乍到，谢高华听得最多的果然就是派性问题，看得最多的就是人民来信，各种上访喊冤者接二连三，每天向他反映问题的材料就一大堆：“告状信是一摞一摞的，都是揭发某人某人政治上的鸡毛蒜皮事，看了头疼。”

其实，早在改革开放之初，我们党就明确提出了把工作重心转移到“以经济建设为中心”上来。这个转变是里程碑式的。而在义乌，派性斗争还依然这么严重，依然在搞窝里斗，哪还有精力来发展经济？

谢高华虽然文化程度不高，但他对中央精神吃得更透、把握得更准，并善于从实际出发带领群众去建设。面对实际存在的派系斗争，谢高华打定主意，要当着县委班子的面挑明，来一次彻底的摊牌。不久他在全县干部大会上说："那些'你斗我、我告你'的信谁也别写了。不管是哪个派系反映的材料，写了我也不看。今后我们要结老账，团结一致向前看，一心一意搞现代化。想搞现代化的你就来，不想搞的，你就走人。"

接着，谢高华又补了一句："现在只有一个标准，那就是全心全意为人民服务的干部才是好干部！"但是，向领导告状已经成为当时干部群众的习惯，如何刹得住？但谢高华说到做到，见招拆招，自有他的办法。有一次，一名干部来到他的办公室，说要向他汇报工作。他就说什么事？对方说要反映某个干部的问题。谢高华就立即亮出他的观点：除了触犯刑法，或者有其他违法行为的，须追究党纪责任的，其他一切免谈。最后那名干部只得灰溜溜地走了。这样的事经历了几次，向他反映派性问题的人自然就没有了市场。

谢高华做事勇敢执着，果断坚决，并且考虑事情既周到又全面。为了当好"班长"，增强党的团结，提高党的战斗力，放开拳脚地干，谢高华以身作则，工作上带好头，带头冲锋在一线。每次下乡回来都很晚，经常吃不上热饭菜。这对于大部分的胃已被切除的他来说，是个很大的挑战，他却处之泰然。晚上，他经常要工作到凌晨，甚至通宵达旦。开会时，对所研究的问题讨论不出个所以然来就不休会，直到大家的思想高度统一了为止。

实际上，谢高华到义乌任职后，除了要处理好县委班子的派性纷争，增进班子团结，当时需要主抓的，是控制人口增长和对违章建房的处理。当时义乌的计划生育名次排在了金

敲糖人向谢高华赠送拨浪鼓

华各县市的末尾，在 1982 年 5 月 31 日至 6 月 1 日，县委、县政府召开全县控制人口紧急会议，决定采取果断措施，下决心扭转计划生育工作的被动局面。6 月 6 日，县委、县政府发出《关于国家干部职工违纪建房问题的处理意见》，县委集中人员、集中时间，处理违章建房，狠刹了这股歪风，提高了保护耕地的自觉性。

依法处理了眼前几项非抓不可的棘手问题，谢高华把工作重心转到经济建设上来。党派他到义乌来工作，最大的工作目标就是让义乌的农民早日走上致富之路。但义乌是个农业小县，因为人多地少，土地贫瘠，资源优势不突出，很多老百姓吃不饱饭，不得不远走他乡鸡毛换糖，或偷偷摸摸地做些贩卖日用小商品的生意。

对于这个有着 400 多年历史的鸡毛换糖的营生，对于这支“鸡毛换糖”大军的经营头脑，谢高华早有耳闻，还在衢州工作时，他就曾领教了。在衢州老家，有一次家里杀了鸡，就有人闻着鸡声敲门入院。谢高华一看，正是挑着货郎担的义乌人，再凑近担子看仔细，这担子里摆放着的，就似一个小百货集成，基本的吃穿用都有。

“义乌人的脑袋就是灵，做生意也会赶形势，当时正在抓计划生育，糖担里甚至有了避孕套。”谢高华感叹道。

到了义乌后，就不时有人向谢高华反映这支队伍的现状，关于自发市场的汇报和反映也是不绝于耳，但多是负面的信息。由于长期以来受“左”的思想影响，当时许多干部的思想都未转变。说白了，有些县委领导干部还是怕犯“方向性”错误。对于小商小贩摆地摊，对小百货经营态度，他们认为“只要上面没有开口，对农民的经营即不予支持”，让摆摊做生意存在于半合法的矛盾冲突之中。也有人竭力要求取缔，说“堵不住资本主义的路，就迈不开社会主义的步”。

因为上面没有明确的政策出台，经营者和工商部门一直在玩“猫和老鼠”的游戏，就算对经营者以“刁民”“奸商”为名加以批判，也禁不了、赶不跑、关不掉这些自发形成的市场。这也成了当时县委、县政府和有关部门头疼的一大“包袱”。当时的县领导，放，怕犯方向性错误；管，又管不住；禁，也禁不了。稠城、廿三里这两个市场时不时出现在工商部门的眼前，也成了他们一道“禁也不是，放也不是”的难题。

听了各部门的汇报后，谢高华没有表态，因为没有调查就没有发言权，没调查就做不出正确的决策。义乌的经商传统到底有多大的生命力？他想先看看。

第二节　一场争论

1982 年 5 月下旬的一天，刚理完发的谢高华从南门街小弄堂的理发店走出，突然呼啦一下涌上十几位老百姓，拦住了谢高华，并七嘴八舌地说着话：

“谢书记，县里为什么不让我们做生意……”

“谢书记，我摆地摊、做点小买卖养家糊口，可政府的人为啥老赶得我们天天无处落脚，或是拿高得吓人的收费逼我们干不下去呢？”

看着激动的人群，大家你一言我一语，听起来就像在吵架，凑热闹的人一下子里里外外围了好几层。为搞清原委，听不懂义乌话的谢高华见理发店前来往的人多，就摆了摆手说：“这样说不清楚，你们派代表到我办公室谈。”

然后，一个叫冯爱倩的妇女跟着谢高华进了办公室。这个叫冯爱倩的妇女，是5个孩子的母亲。因为生活所迫，早些年就开始摆起了地摊。以贩卖纽扣、鞋带、别针等小百货为生，常年与“打办”人员“打游击”和“捉迷藏”，为办小商品销售许可证曾到省城“讨说法”。为了每天能挣8角钱，她曾跑到建筑工地当小工。

“你是干啥子的？”来到办公室，谢高华用手指重重地点着桌面责问道：“你们在县政府门口吵吵嚷嚷，成何体统？哪来这么大的胆子，敢拦住县委书记闹着要摆地摊？现在，你坐下说吧。”

但是，冯爱倩却无法坐下来。说实在的，对于这次“单刀赴会”，冯爱倩还是心有余悸的。毕竟，人家是县委书记。但因实在无法忍受“打办”人员的驱赶和罚没山货，又苦于无处讲理，情急之下才来找新任县委书记谢高华讨说法的，责问政府为什么不允许农民摆摊。

于是，冯爱倩开始先反映家里情况，她说她上有老下有小，如果不做生意，靠爱人一个人工资没法活，再讲到义乌情况……不料，冯爱倩越说越激动，向谢高华大倒苦水，直至后来是一把鼻涕一把泪的：“在义乌做小买卖要被赶来赶去，你叫我怎么活吗？今天你同意我要摆，不同意我也要摆！”

谢高华见冯爱倩说得动情，口气也缓和了下来，还给她泡了杯茶、递了香烟说：“政策开放要慢慢来，不能这么急。”

为了缓和气氛，也为了给自己压惊，冯爱倩也给谢高华递了一根烟说：“大重九，差一点，要不要？”谢高华接过烟，让她坐下慢慢说。显然，对于这送上门的民意，谢高华还是很乐于接受的。

冯爱倩说，义乌人祖辈受穷，穷就穷在人多地少田又薄。摆地摊是为了赚钱换口饭吃，如果有的选择，谁愿意去摆摊？但只要允许大家摆地摊，就不信义乌人不如别人。

说着说着，冯爱倩的嗓门就大了起来，并用手指无奈地敲打着桌子哭诉道：“谢书记，我们也是实在没有出路了呀。义乌农民苦啊！”

女人一哭，男人的心更软了！顿时觉得对方肯定受了很大委屈。接着，谢高华又听冯爱倩讲述了摆地摊的心酸苦楚。听了冯爱倩的讲述，谢高华在办公室来回走动了几分钟后，最后对她说："你先回去，你们先干着，再让我好好想想。"

"如果还是有人来查怎么办？""就说是我谢书记同意你摆摊的，我会告诉有关部门先不查你们。"

听了谢高华的这句话，冯爱倩自然是感到十分高兴，觉得今后的生活是有希望了，于是一边向谢高华道别，一边还不住地回头看他。

这是一个打破坚冰、思想启蒙的时代。1981 年召开的党的十一届六中全会指出：在社会主义初级阶段，我国社会的主要矛盾是人民日益增长的物质文化需要同落后的社会生产之间的矛盾。这个主要矛盾，贯穿于我国社会主义初级阶段的整个过程和社会生活的各个方面，决定了我们的根本任务是集中力量发展社会生产力。只有牢牢抓住这个主要矛盾，才能清醒地观察和把握社会矛盾的全局，有效地促进各种社会矛盾的解决。

与冯爱倩进行了一两个小时的长谈，听了冯爱倩的诉求，谢高华的心久久不能平静。看着冯爱倩离去的背影，在不知不觉中又点燃了一根烟，细想道：

"我们党干革命、搞建设、抓改革，不就是为了让人民过上幸福生活，努力为群众解决生产生活上的困难？人穷到了头就自然要想办法活命啊！义乌人祖辈受穷，可为何还能在此生活繁衍至今呢？不就是因为义乌人头脑活，有多年的经商传统？既然义乌人有着善经商的传统，只要把敲糖换鸡毛的积极性发挥出来，开放市场就能够解决相当一部分人的生活出路，百姓生活就能从中改善，又能解决人多地少的矛盾，为什么我们不好好因势利导，网开一面呢？"

谢高华是农民出身，知道农民的困处。他认为，解放和发展生产力，提高义乌人民的物质和文化生活水平，光靠农业发展肯定不行。做小生意，对义乌农民来说都是不得已而为之，生意人不但被人们看不起，还可能随时被扣上"投机倒把"的帽子。但是，在义乌摆地摊还是极其有用的，如果不摆地摊，许多农民的生活就会陷入困境。

"人穷到了头就自然要想办法活命啊！"真正要让商品经济火起来，关键是松绑，让政府这只"有形之手"起到关键性的作用。开放集贸市场，让农民进城做些小买卖，再由政府管理起来，这个就是尝试。

"方向和路子没有错，是符合中央文件精神的！"谢高华认为，只要大家统一了思想，至于那些不正当的东西，可以慢慢扭，慢慢引导。

就这样想着，在谢高华的心里，对实现义乌农民脱贫致富的梦想似乎有了突破口。

第三节 思想交锋

没有调查就没有发言权。为了更多地了解情况，探求真相，谢高华决定开展重点调查研究，不但自己带头把敲糖换鸡毛的经商传统作了深入的了解，而且还发动县机关干部下基层，召开座谈会讨论、个别交谈，面对面地了解反映情况、听取意见。进行这种系统性的调研，目的就是听取各方面的意见，到底是该刹还是该放？

谢高华带了县委办的同志到稠城、廿三里、苏溪、佛堂、义亭、下骆宅、吴店、徐村等地调查走访了一个星期。因为谢高华初来乍到，他这个县委书记也没多少人认识，所以下去很容易获得第一手材料。看老百姓的生活，倾听老百姓的诉求，了解后才知道，义乌人多地少，为改善当地的贫瘠土质，特别是义东一带，一直有“塞禾毛”（用禽畜毛、人粪尿、草木灰、氨水调和而成）肥田的传统。收鸡毛的时候，顺便贩卖一些小商品，不但解决了肥料来源问题，其中的收益，也部分改善了生活。

在调研的过程中，也有白跑的时候。有一次，县工商局局长郑松青坐在吉普车上跟他一起下乡。由于县工商局曾与打击投机倒把办公室（人称“打办”）合署办公，当地一些参与小商品经营活动的人被“打”怕了，听说工商局的人来了，就纷纷出门躲避，谢高华想找个摊主问问情况都找不到。

晚上在食堂用餐时，谢高华就对这位工商局的干部说：“以后下乡我不要你陪同了，人家都怕你，我会连一个调查对象都找不到的。”接着又半开玩笑似的说，“你待在家里喝茶看报，义乌经济发展或许会更快”。

通过调查摸底，大家汇总的结果是：55%的人认为开放经商市场没问题，觉得义乌的“鸡毛换糖”是一个很好的经济苗头，应当大力提倡；40%的人认为问题不大，可以试着办；只有5%的人反对。有了这样的调查摸底，让谢高华心里有了底。

讨论小商品市场究竟要不要由政府来开办的县委常委会专题会议，是在1982年6月23日下午举行的。此时，谢高华来义乌上任才一个多月。

灯火通明的县委常委会议室，桌椅洁净。椭圆形的桌池中间，还摆放着红花绿叶的塑料制品，其中大多是常委们在调查中采来的杜鹃花、月季花和大菊花。围坐在桌旁的常委们，每人都备有笔记本、茶杯。

“环境布置得不错。从这些在调查带回来的样品中，也让我们感受了农村这个广阔天地确实是百花盛开、香气袭人。这也是大家对美好前景的共同祝愿吧。”谢高华拼命吸了儿口烟后开始主持起了这次会议。在他面前放着一个独有的“烟灰缸”。

会议开始了。谢高华要大家谈谈对这次农村调查的情况和体会。常委们都谦逊地说，书记跑的地方多，看问题尖锐，还是第一把手先开口吧。

“还是先让财贸办的同志汇报一下市场的现状吧。”经过这次调查，谢高华感触颇深，似乎有一肚子的话要讲，但他还是觉得先听取部门的声音最为妥当。

于是，县财贸办的工作人员便开始了他们的书面报告。在汇报中重点反映了市场上存在的“三多”的现象，即经营工业品的单位多，除商业外，工交、二轻、社企都设了店；农民经商多，758 户摊贩没有许可证，待业青年只有 49 个，其余都是农民；小百货摊子多，459 户是小百货，都是农民，还搞商业批发，直接与国家竞争，与国营批发企业抢生意，弄他不过……

县财贸办的汇报一结束，一场激烈的争论随即爆发：“应不应开放贸易市场”“允不允许农民进城经商”等议题再次摆在了县委领导班子的面前。

比较正统的观点是，这闸门开不得，持这一意见的常委占据多数。

他们认为，“三不准”（不准农民经商；工业品不准进入集市贸易；工业品不准市场批发）是明文规定的，正式开放小百货市场违反政策；大量的农民转向经商，荒地增多，农作物也没人管理，粮食生产必定会受到影响。

另一种观点是允许农民进城经商没啥不好的，现在田里不是缺人，而是劳动力富余，如果都挤在田里，就养不活那么多人。既然眼下禁不掉小商小贩，还不如开放市场给他们一条出路，管起来总比不管强，只有加强引导和管理是可以的，还可以增加税收、增收管理费……

有人则认为，政府正式宣布开放不必要，由工商部门管理起来就可以了。

会议开到这里，常委们你一言，我一语，争论不休。

当然，由于当时改革开放开始不久，存在姓“社”姓“资”的争论。在与旧体制激烈的碰撞中，有些人则选择了观望或逃避。他们认为，既然现在政策还没有具体明确，那还是不要去冒风险。即使真想干，也只能悄悄地干。

“既然大家都放开讲了，也到了亮出自己观点的时候了。”谢高华又吸了口烟，清了清嗓子说，“我看，义乌这个地方确有神奇之处。像我的家乡衢州，耕地多、水利好，产粮丰富，但是经济收入不多，农民一年的人均收入也只有 300 多元。但在义乌，我在调查中发现有一家四口，4 个月在小百货经营中的人均收入就有 1575 元。那些挑货郎担出门贩卖小百货的人，收入可能更多。”

“我又想，包产到户以后，多种经营，万紫千红。各种副业，门路很多，但都有它的局限性和时效性。”谢高华猛吸了一口烟后，把烟蒂灭掉，接着又说道，“你看，运白砂糖到北方青枣产区做蜜枣，可使青枣价值倍增。但当北方人学会技术以后，义乌人只得打道回府。山区百姓做豆腐皮到大城市出售，生意很好，赚钱不少。但是做豆腐皮灶头要烧柴火，山林受损严重。县委下达封山育林的文件后，捞豆腐皮的副业就不能大发展了。而在市场做小百货生意却是前途无量。百货虽小，样样都是人民生活必需品，而且种类繁多，货源丰富，销路广泛，生意的空间大得无边无际，到处都可闯荡，到处都可赚钱。”

“经过这样的县与县之间、行业与行业之间的两个对比，我深深感到，在敲糖换鸡毛基础上形成的小百货市场，是义乌的一大优势。”没有过多牵扯到理论、政策等敏感问题，针对一时难以达成的共识，谢高华旗帜鲜明地表明了自己的看法：“义乌的市场是个好的市场，很有发展前途。贯彻三中全会精神，把工作重点转移到经济建设上来，就要为小商品市场大开绿灯。”

谢高华话音刚落，会场安静了片刻，接着大家就不约而同地鼓起了掌来，气氛逐渐开始活跃。大家认为：“谢书记的发言，深入浅出，含义深刻。一大优势之说，是对义乌县情的深知深解，更是对农民首创精神的充分尊重；而大开绿灯之举，也是顺着民意，有利于推动小商品市场的蓬勃发展。这为义乌今后的发展指明了方向。”

“农民经商太多！”突然，一位参加会议的领导插话道。

“某某，你这个看法我不大苟同。”谢高华立即反驳道，然后他又点燃了一根烟，吐出一圈烟雾道，“义乌市场条件：一个是交通条件，义乌做生意比衢州要强，我很感兴趣。那些不正当的东西，要慢慢扭，有个引导问题，从我们义乌实际出发，商业、农业都可以搞，从把我们义乌搞富的大局出发去搞，怎么富？光搞粮食不够……而商业就是个很好的优势，很有发展前途，对工农业影响很大，我们要发挥我们的优势。”

接着，谢高华继续说道：“至于市场管理问题，允许它什么？反对它什么？要搞清楚。投机倒把的当然要抓，搞市场哪可没规没矩，但不能把搞活的经济搞得死死的。中央的政策是搞活经济，长期不变。前几天在义东，我听到这个东西，我就宣传这个观点。义东农业并不错，既搞好农业，又搞好商业。我看这个市场就很好。要解放思想，我看这个就是优势。要搞好登记、税收，那些违法的，要打击，慢慢来可以搞好。大陈以前没有搞这个东西，现在开始走新路，搞加工业。”

“小商品买卖不是义乌的包袱，而是一大优势，要想法发挥。”谢高华的提法，干部们听了当场就炸开了锅，有的喜笑颜开，有的眉头紧锁，有的当心头上的“乌纱帽”不保。

“义乌穷是由于环境的原因，老百姓做生意也是迫不得已。搞点小商品贩卖，不但不影响农活，还能发展经济，补贴家用，让日子过好，有什么不可以？我们的目的不就是让老百姓过上好日子吗？为官一任，就得造福一方。”谢高华喝了一口水，继续分析道，“当然，由于小商品经营是个体性质，在经营中难免出现一些不良现象。于是社会上出现了‘个体经营是挂羊头卖狗肉，是投机倒把，不法经营’的说法。若果真如此，那开放小商品市场岂不成了复辟资本主义？但根据调查，真正有投机倒把行为的，仅占百分之四到五。”

话讲到此，谢高华亮出了自己的观点：“我们在入党时要经过严格审查，还须两个介绍人，结果还有少数人要出问题。这么大的一支鸡毛换糖小商品经营队伍，不可能一点问题都没有。有问题并不奇怪，只要加强教育、加强管理，市场肯定会走上正规的道路。义乌过去的穷困，就是因为打压了这些经营活动……”

“小商品经营活动不是包袱而是优势！义乌财贸，大有前途。”谢高华对开放市场的态度、把小商品市场合法化，可谓一针见血。

深入浅出的道理，很新鲜，也很能服人。不过，话又说回来，这样的想法虽好，但要付诸行动，要真正开放义乌市场，谢高华的心中自然明白：“在当时既无明确政策规定，又无先例的状况下，要做出这样的决策，是要承担很大的风险的。但是，我们共产党员应该是为人民服务的，只要对群众有利的事情必须做，哪怕是顶风冒险，也得干。”

针对不少人的顾虑重重，谢高华一锤定音：“共产党员连死都不怕，还怕冒风险？我是县委一把手，开放小商品市场，出了问题我负责。如果开办小商品市场让我丢了‘乌纱帽’，那也值得。”最后，县委常委们统一了思想，县委班子集体表态：开放市场，发展经济，出了问题集体负责。

其实，谢高华对开放市场持有这样的态度，为了农民的利益而不考虑个人安危得失的做法是有惯例的。早在担任衢县县委书记时，谢高华就曾因“助长高价买卖橘子”而挨过批评。当年国家对柑橘实行统购统销，衢县一年共产 8 万担柑橘，却要统购上交 6 万担。“这个样子怎么行！”谢高华在一次会议上大胆提议，“在完成国家计划的前提下，农民多余的自留橘，哪里价格高就去哪里卖……”这样一来，外地人纷纷来衢县收购柑橘，农民收入增加了，但也导致当年国家订购的 6 万担橘子任务没有完成。

调到义乌任职，衢县时的作风再次重演。谢高华坦言：“让老百姓吃饱肚子就是天大的事。只要对老百姓有益，打破条条框框，我们干部自己的得失又有什么关系？”

思想解放与观点交锋的背后，必须建立在扎实的调查研究基础上。尊重经济发展的规律和基层实践，不唯书、不唯上、只唯实。为给鸡毛换糖正名，开放小商品市场，此后的谢高华又花了几个月时间，继续带领干部下基层进企业了解情况，多次找工商部门同志座谈。

谢高华坦诚地对大家说：“过去我在衢县也干过‘割资本主义尾巴’的事，结果事与愿违，影响了当地生产力发展，百姓怨声载道。而今党号召改革开放，干工作要实事求是，我到义乌工作时间虽然不长，但从百姓的话里，从干部的深切感受里，我觉得‘割资本主义尾巴’没道理。”

1982 年 7 月 11 日，县委召开区、镇书记会议，县委提出要进一步解放思想，放宽政策，让农民劳动致富。

第四节 开放市场

1

县委强调放宽政策、劳动致富，但放宽限制，政策怎么推？为了掌握情况，谢高华再次来到县工商局调研。

按照谢高华的要求，县工商局副局长叶荣贵与城阳工商所的同志一起展开了全面的调查，当时调查内容主要分四个方面进行：一是参与经商的是些什么人；二是经营的商品有哪些；三是这些商品的来源和去向情况怎样；四是经商对社会利弊如何。

叶荣贵于1981年12月被任命为县工商局副局长，此前他在县水电局工作。也正因为他是从农口系统调过来的，对农村的情况相对比较了解，加上刚刚参与工商工作，脑子里没有那些旧框框，反映的情况也就比较客观。初调入县工商局工作时，他先在城阳工商所蹲点了6个月，对基层工商所的情况也比较掌握。

经过一段时间对小百货市场管理情况的调查，大致形成了这样的调查结果：

人员构成：（至7月初）稠城镇市场共有摊贩743户，其中经营小百货459户，已发证的67户，未发证的392户，都是农民户。

经营范围：1. 日用化妆品；2. 塑料制品；3. 小五金；4. 小针织品；5. 小玩具；6. 纽扣等。数量多，有几百种花色品牌。

商品来源：1. 从国营商业批发来的，多系有证；2. 大部分从江苏、上海、广州、福州和本省一些厂进来的。多以批量经营为主，零售极少数，价格不一，利润有大有小。

利弊分析：敲糖换鸡毛的人多；工厂残次品能销掉，沟通产销有好处；经营灵活，有赚有亏；税收不错，1—6月税收4万元，市管费1.5万元。少数人投机贩卖，偷税的也不少。

对于这次调查，叶荣贵即专门向谢高华作了情况汇报。对于第一个问题，经营人员大多是农民，有些还是“敲糖帮”出身的，他们头脑灵，信息面广，也有部分是城乡待业青年，这对开放市场肯定是有利的，搞投机的毕竟是少数。听完汇报，谢高华说：“疏导总比赶好，管总比不管好。只要加强领导，不会出大问题。”

1982年7月13日上午，由县长范华福主持召开了第三次县长办公会议，对“稠城镇市场管理问题”作为一个专题，再次进行了讨论。会议先由县工商局领导汇报了对小百货市场管理情况的调查结果（见上述四个方面）。工商局对此给出的意见是：暂时维持现状。

这次会议，贯彻了上次县委常委会的思想，形成了“允许市场存在，要加强领导”的统一认识。会议由常务副县长吴璀桃作小结，提出了对小百货市场加强管理的6条意见：

1. 建立小百货市场管理机构，税务、工商、商业三部门参加，三、五、七人均可，由工商行政管理部门领导；2. 所有上市经营户要清理登记，发给经营卡；3. 建立交易手续；4. 按营业额收税；5. 场外交易非法，可以罚款；6. 经营范围要限制。

2

县里已经定下了开放市场的总基调，稠城镇就搬迁北门街的马路市场，确定市场选址专门召开了会议进行研究。当年的稠城镇委、镇政府办公楼就坐落在北门街53号。随着在北门街经商人员的增多，一个“乱”字让广大干部群众议论纷纷。那么怎样搬呢？又搬到什么地方去呢？搬到太小的地方不利于发展，搬到太远的地方又不方便。会上，大家结合县委、县政府领导的一些意见，共提出了三种方案供选：一是放在绣湖边，即义乌师范门前一带，但因道路太差而被否决；二是放在县人武部通往菜市场这段路上，但因市场出入口经过菜市场，会引起道路堵塞而又放弃了这个方案；最后一种是选在湖清门。

这个地方的优点是：场地比较开阔，居民集中，周围有房屋，比较挡风；进出比较方便，湖清门南连县前街，北接新马路，还有3条巷道，距离北门街很近，只有100多米，对交通影响不大，来往车辆不多，便于引导管理。可是，在这个地方建市场，最麻烦的事是有一条宽6米多、长20多米的河道从中经过，不便整体设摊，但只要在河道上加盖水泥板就可以形成一个整体。要盖河道水泥板就需要较多的资金投入，镇政府没有资金可投，大家商议创办资金可全部由城阳工商所来筹措。同时还把市场名称定为“稠城镇小商品市场”（注：也有人后来回忆说，当时湖清门市场叫“稠城镇小百货市场”，但根据当年的一枚“义乌县稠城镇小商品市场管理服务站”印章可以看出，湖清门市场应为“稠城镇小商品市场”）。

方案确定后，由县工商局副局长叶荣贵向县委、县政府作了汇报。县委书记谢高华专门向县工商局交代了市场设址湖清门的意见，并直接向稠城镇党委交代了在湖清门办小百货市场的具体任务，要求镇政府派1名干部配合工商局工作。

“我与工商局郑松青（局长）讲过了，在湖清门通向解放大队服装厂的地段，架上成排的多孔板，再用红线划成一个个摊位，用来经营小商品市场，把马路边不好管的分散经营者集中起来。”六七月的一天，从下乡调研回到办公室时天已经黑透了，谢高华顾不上身体疲劳，即把主持稠城镇委全面工作的副书记王培根叫了过来，当面给他落实了任务。

谢高华继续说道：“为了搞好集中经营，我已让工商局指定一名副局长专管，你们镇政府再派一名干部来配合做好这项工作。周边单位如有什么问题，由你来负责协调解决！”

可是，派谁去呢？王培根正琢磨着，他立即想到了一个人——杨守信。这个人不但工作能力强，而且在稠城镇恢复为县属镇之前担任过镇委书记。

湖清门是城区的一条街名，因在该街过去曾有名为湖清的城门，故名湖清门街。义乌县城旧时在东、南、西、北四个方面分别设有东阳、绣川、金华、会稽等四门，后历经多次重建重修和改名。明嘉靖三十四年，为防倭寇，知县曹司贤始用石料修筑门楼，这次共设7门，东为朝阳、东北更创一门称金麟，南为南熏、西称迎恩、西北为湖清门，东北二门称大、小槐花。崇祯十一年（1638），知县熊人霖扩建七门，增设敌楼，并赋《七门诗》。其中在《湖清门》一诗中写道："西北高楼雄古都，远吞云影入平湖。人夸草木明如锦，我识山川聚可图。"义乌旧城西北部曾是湖水迂曲、湖面广袤的绣川湖，致使熊人霖描绘出了湖清门外高楼雄峙、平湖倒映之胜景。

在清康熙三年、十四年、三十年，乾隆三十年对城门相继重修。至清嘉庆年间（1796—1820年），7个城门的名称有些变化，分别为：东为朝阳门，东北为卿云门（旧名金麟），南为文明门（旧名南薰），西为迎恩门（国有诏书至，从此门入），西北为湖清门（绣湖纡曲绕其西），东北为通惠门（旧名小槐花），北为拱辰门（旧名大槐花）。以上城门到清末大多坍塌。民国时期，仅存朝阳门、文明门，但城楼已颓坏；拱辰门只剩门壁。

由此可知，湖清门之名早在明朝时即存在了。而古时的县城街道也大多狭窄，明代主要街道有县直前街（县前街）、下市街（南门街）、上市街（西门街）等3条，中铺石板，旁砌卵石，两边为店铺。从清代到民国，朱店街逐渐繁荣兴盛，西门街则日趋衰落。朱店街又名解放街，因昔有朱姓十八派宗祠而得名，它北接县前街，南至红星街中部，仅长170米。新中国成立后，位于县城西北的湖清门街经过修整，将原来卵石街的一段浇筑成水泥路面，并与朱店街连接。湖清门街南起县前街与朱店街交接处，自县前街至义乌服装厂段约50米；北接新马路，全长220米，宽8米。1982年地名调整时，将湖清门街并入朱店街内，即朱店街1~70号门牌的地段。

因此，不论是原先的湖清门街，还是并入朱店街后，湖清门地段始终是商贾繁华的市井街巷，是县城内最繁华的街道，其所有的营生都与经商有关。在小商品市场开放之初，湖清门的繁华基本表达了义乌市场萌起的商业特质，亦是义乌小商品兴盛的一个支点。1983年，朱店街中段改造工程开工，次年年底竣工。由于道路加宽，商业环境大大改善，街面的商店如雨后春笋，越开越多。在这条狭长而区区仅几百米路程的街巷中，当时依次密布着几十家琳琅满目的商行，百货公司、医药公司、五金店、副食品超市等，北门居委会和西门居委会也在这条街上。此是后话。

在湖清门小商品市场开放前，在城建部门支持下，县工商局下属城阳区工商所（稠城镇交易所）投资1.5万元，在湖清门河道上铺设水泥板，使市场占地面积达到4252平方米；

在县计委和森工站的支持下，投资 0.5 万元，在空地上用预制钢筋混凝土多孔板架成长条，设置水泥板摊位 291 个，木板架摊位 240 个。到 1982 年 8 月，盖河道的工程全面竣工，基本形成小百货市场雏形，建成一个因陋就简的露天市场。

开放市场的重大决策就这样定下来了。但由谁来发布开放市场？ 1982 年 8 月 7 日，县政府办公室颁发了义政办〔1982〕60 号《关于成立稠城镇市场整顿领导小组的通知》，由稠城镇委和工商局领导带头，财税、公安等部门领导参加，由曾任稠城镇委书记的杨守信任组长，叶荣贵任副组长，组员由孙樟宝等 5 位同志担任，孙樟宝同志兼任办公室主任。由此，把开办市场的担子交给了稠城镇市场整顿领导小组。

接着，稠城镇市场整顿领导小组专门召开会议，在不打无把握之仗和务必取胜的要求下，讨论和检查了小百货市场开业前的各项准备工作。出席会议的有工商、税务、卫生、交通、公安部门的负责人，出席会议的全体同志还到现场进行检查，发现问题及时解决。

县委、县政府还召集工商、财税、公安和市场所在地政府共同协商，联合成立了义乌县稠城镇小商品市场管理服务站，从各部门抽调了 13 位政策观念强、勇于负责的管理人员进站，参加市场管理工作，并以月租金 25 元租赁了巷口的一间约 14 平方米的旧平房作为管理站的办公用房。在调查研究、排队摸底的基础上，进行登记发证，拟定小商品市场管理通知，对市场、税务管理人员分专业、分地段，明确职责。

3

1982 年 8 月 25 日，一个普普通通的日子。经过精心准备，在各有关部门密切配合、职责分明、全力以赴、各就各位的基础上，县委、县政府以稠城镇市场整顿领导小组发布了《关于加强小百货市场管理的通告》（第一号），宣布“稠城镇小商品市场定于 9 月 5 日开放”，“市场地址设在湖清门”。

小商品市场设址湖清门，让这个县内幽古的老地名注入了生机。在《关于加强小百货市场管理的通告》中规定：“进入市场的经营者必须持有‘三证’（营业许可证、税务登记证、摊位证）才允许经营”“个体经营者是劳动者，合法权益受法律保护”“经营方式为批零”“要按时交纳税款和市场管理费”“要遵守治安管理，搞好卫生，遵守交通管理”“携带有关证件到稠城镇市场整顿领导小组办公室报名登记”……

这份由稠城镇市场整顿领导小组名义发布的通告，它的起草人实际上主要是工商局的同志。它强调的是加强管理，更看重的是放开市场。这在当时是全国仅有的事。如此“举重若轻”的重要通告，为什么要以稠城镇市场整顿领导小组的名义而不以义乌县委、县政府的名义发布，或县工商局署名发布？其实这也有谢高华自己的考量的：因为当时的政策并不明朗，县委、县政府出面宣布市场开放不方便，怕与相关政策相抵触，产生不好影响，万一出了问题可就没有退路了，那只得关门；而以稠城镇市场整顿领导小组的名义发布通告，职权范围小，既符合地方政府事权划分原则，又为力主改革的谢高华和义乌县委找到“进退自如”的空间，万一出了问题还能及时掉头，还有进行整改的伸缩余地，出了问题处置起来也相对方便。

最后经过反复推敲确定，就临时组建了这么一个“稠城镇整顿市场领导小组”，以该小组的名义来发布通告比较稳妥。实际上，这也是县委、县政府在背后支持的，其尺度把握之微妙娴熟，体现了谢高华的智慧和担当！在市场开放后，许多上级领导来视察都说好，但谁也没有对市场开放到底对不对这个问题表态。而有些领导一听说经商者都是农民，就都不开口了。这就很能说明情况了。

当年，义乌县辖有城阳等 5 个区，在城阳辖区同时设有稠城镇和稠城公社稠城镇在 1982 年 4 月恢复为县属镇后，公社党委隶属稠城镇委，直到 1983 年撤社建乡，稠城公社并入稠城镇；1984 年 7 月，稠城镇与城阳区合并，区镇两块牌子，一套班子；1985 年 8 月，区镇分开，稠城镇单独建立领导班子。

《关于加强小百货市场管理的通告》是用手抄了十几张沿街张贴的。最初的几天里，每张通告前都站满了围观的人群，人们交头接耳地议论着，争相传告这件新鲜事，场面蔚为壮观。在整顿市场领导小组办公室前，每天前来报名登记摆摊的人络绎不绝，把门口围了个水泄不通。与此相反，国营商业部门意见很大，因为市场的开放，意味着商业流通不再是国营商业一统天下了，他们将面临着大市场的激烈竞争。

通告发出后，县工商局装起高音喇叭大力反复宣传，提醒大家“小百货市场的经营范围是国家规定的三类小商品和家庭工副业产品。同时，对符合条件经商的人员均发给营业许可证。按经营商品的范围分别编制了十五个小组。”

市场被正式认可，这在当时并非后来人们所认同的是“石破天惊”的消息，也没有使整个义乌都“沸腾”，人们也没有“奔走相告，很快就传遍了整个义乌”。在市场开业时，没有喧天的鼓乐，没有飘扬的彩旗，也没有领导在现场露面……其实这也很好理解，因为在当时政策还不十分明朗的环境下，要“大张旗鼓”地开放市场也是不可想象的。

事实上，当时连官方的宣传都没有搞。“先干起来再说”，这也符合县委对开放市场的总基调。不过，在政府和群众的共同努力下，稠城镇小商品市场总算是瓜熟蒂落，水到渠成。

开放湖清门市场，当时也绝不会料想到后来的市场会有如此之引力，竟然把一个小小的县城带向了世界瞩目的巅峰。即使在过了 5 年之后，在 1987 年 9 月出版的《义乌县志》，对这段历史也记录得十分简练，还不足 150 个字。

在湖清门小百货市场（注：湖清门市场是个俗称，实际名叫稠城镇小商品市场）正式开业的当天，持有营业许可证的个体商贩达到了 200 户，加上持临时许可证和提篮叫卖工副业品的共有 600 多人。用两根竹竿顶上一块塑料布遮风挡雨，1 米宽、离地 50 厘米高的多孔水泥板就是个体户们的经营“柜台”。经营方式转为批发为主，上市商品主要有：家庭加工制作的板刷、鸡毛掸帚、泥制小玩具、塑料钥匙扣等；从商业供销部门批发来的小商品；少数文化制品（如年画、小孩图片）和童鞋、童袜、手套等。后来又增加了塑料玩具、塑料日用品、装饰品、打火机、各种帽子、手提袋以及原先不准经销的服装、针织品等。货物来源有从本地或外地百货公司批发的，有从外地生产厂家直接进货的，还有自己加工生产的本地产品。

实际上，在市场开放之初，当时工商部门对商品的种类限制得很严，只准卖些零星的小商品，连袜子、童装一类的商品也不准卖，但还是有人把袜子、童装等偷偷地拿到市场上销售。于是又出现了工商干部抓、赶、没收等不利于市场发现的局面。

既然大家销售的都是商品，但为什么有的允许上市，而有的却要禁止销售呢?

存有这样的疑虑，何海美、冯爱倩、黄昌根等几个胆子大点的市场经营户就去找县委书记谢高华说理。

“谢书记，上海城隍庙市场都可卖童装、袜子，为什么义乌市场就不能卖？”

“哦……”虚怀若谷的谢高华对大家的质问和批评毫无反感，也没有急着回答他们所提的问题，反而先了解起眼下的经营情况，“现在市场上的生意还好吗？你们销售的产品是自己生产的，还是从哪里批发来？”

“谢书记，现在义乌市场的名气大了，湖北汉正街也有人来采购。我们销售的袜子、童装主要还是从外地生产厂家直接进货的，还有从外地百货公司批发的。”

“那请你介绍一下你的生意情况。”谢高华把眼光投向了何海美，似乎在征求她的意见。

“经商确实好啊，比干农业强多了。像我一个人做生意，老公空的时候再搭一把手，市场开放以来，我已经赚了近千元。”何海美说。

“副业门路很多，做生意这条路最好，很快就冒出了万元户。”在旁的黄昌根也搭腔道。

“农村妇女也会做生意，是我们义乌的一大特色。”冯爱倩说。

“那做生意为什么能赚钱，请谈谈具体经验。”谢高华问大家。

“做生意能赚钱，我想有两个原因。”何海美说，“一是义乌敲糖的农民多，他们需要带出大量的小商品；另一个原因是摆摊人能直接到厂家进货。”

“就拿我们经营的袜子来说吧。过去只有城市里才办袜厂，不是国营的，就是二轻集体的。产品由国营商业批发一级站按计划收购，再按计划调拨到省二级批发站，又按计划调拨到地区三级批发站，然后再按计划分配到县级百货公司和供销社。货到基层门市部，要经过五道关口。中间环节多，不但费用大，周转时间长，而且因怕滞销积压，各个环节的计划宁少勿多，袜子这种不起眼的小商品，流到基层就很少了。”在旁边的冯爱倩插话道。

“包产到户以后，农民可以自由办袜厂，成本低，价格廉。我们避开旧体制中的五道环节，直接向诸暨农民厂家进货，所进袜子深受敲糖人的欢迎。”黄昌根补充说。

谢高华一听几位商户的问答，自感到“义乌农村妇女的知识水平不低，竟把商业体制改革的道理也给讲清楚了”，于是才回答商户们起先提出的问题：“是市场管理人员不让你们卖袜子，还是文件上有规定不让卖？”

“这个……反正是他们就不让我们卖！”

“好吧，那就过段时间再给你们答复。”谢高华说。

一个月后，何海美等几位接到县委通知，请他们列席全县重要的劳动致富经验交流大会——义乌县农村专业户、重点户代表会。

在会上，谢高华提出：“党的十二大提出要全面开创社会主义现代化建设的新局面。实现十二大提出的任务，义乌的条件很好，义乌这块地方是发展农业的宝地，是发展工业的宝地，也是发展商业的宝地，因为义乌有很好的经商传统。义乌的小商品市场与十几个省有生意来往。商业有相当的规模和基础。”

最后，谢高华还明确提出：“要引导农民进城经商，大家（指干部）不要眼红，谁若眼红就要整顿，决不允许。”

一番话直说得几名经营户代表热泪盈眶。

4

市场开放，深得人心。特别是随着政策的调整，湖清门臭水沟边的百米小街涨潮般地满了、堵了，蜂拥而至的摊贩们为当时的短缺经济提供了一个无比饥渴的市场。

在湖清门的一条街，商户们在露天的场地里摆着摊，如鱼得水，所有摊位在头几天就爆满，日客流量达到3000至5000人，日销售额约6万元，大家彼此心照不宣，在市场的发展过程中大显身手。然而，这却是一个冒着极大政治风险的决策，由此打开了义乌市场经济的决口，确定了小商品市场的合法地位。

稠城镇小商品市场于1982年9月5日开放后，有关部门同时发出通告宣布正式开放廿三里小百货市场。由此，这些之前一直在“地下”的市场，都得到了政府的承认，获得了合法地位。

不过，正如“过河碰上摆渡的”，事情也真是凑巧了。1982年9月1日至11日，党的十二大在北京胜利召开。大会提出，从1981年到20世纪末，我国经济建设的总的奋斗目标是：在不断提高经济效益的前提下，力争使全国工农业的年总产值翻两番。

党的十二大胜利召开，像春风吹开了小商品市场个体商贩的张张笑脸。因为有了党中央撑腰，小商品市场势必进一步得到发展，对符合条件经商的人员均要发给营业许可证。长期短缺经济造成的供应严重不足，为市场爆发积聚了难以想象的需求压力，湖清门小商品市场发展的速度超出了任何人的意料。

1982 年 9 月 19 日，国务院批转国家物价局等部门《关于进一步开放小商品价格实行市场调节的报告的通知》。该通知下发后，不少领导的心理压力才得到解除。

只做不宣传，这是开放湖清门市场时的总基调。然而，党的十二大召开后，就有了政策依据。自 9 月 25 日开始，县领导批准同意报道小百货市场。“开放和加强管理小商品市场，在当时被认为是贯彻落实党的十二大精神的一项具体行动。”谢高华回忆起市场开放的情景时说。也正因为如此，才有了由县广播站记者陈泽银撰写的有关湖清门小百货市场的消息稿，该文是经县领导认真修改的，堪称是“报道小百货市场第一文”。

5

市场顺利开放，一切安排就绪，接下来就是要抓好具体管理。

湖清门市场的开放，虽然给广大个体经营者提供了勤劳致富的平台，但商品穿插摆放，也没有及时加强管理，曾一度出现混乱状况，占道经营普遍，显示出一派杂乱无章的景象。而有些人则没有坐摊经营的习惯，提着个货篮，哪里人多就往哪里钻，市场秩序显得相当混乱。这类情况比较难处理，像有些女个体户就不听劝导，甚至还反问：“坐在那里没生意，我的东西怎么卖得出去呀？”

大量无证商贩入市经营，一些商贩一证多用、偷税漏税，少数人欺行霸市、违法经营禁销品等情况也时有发生。广大有证商贩深感合法经营得不到维护，纷纷要求加强管理。

为了加强市场管理，维护好市场秩序，经报县政府批准，稠城镇政府于 1982 年 11 月 10 日发布了《关于加强市场管理的通告》。其主要内容有五条，强调未经登记核发执照的一律不准开业，并要按照工商行政管理部门核准的经营地点设位摆摊，除工商行政管理部门核准者外，任何单位、居民、社员，不论白天晚上都不准在县前街（一招至美容理发店）、南门街（县政府至城阳食品站南门鲜肉门市部）、北门街（邮电局到义乌饭店）、朱店街（美容理发店至中百第三百货商店）等的街道上（包括人行道）摆摊和各种交易。

除了对市场管理人员强化工作职责，劝导市场经营户各就各位，坐摊经营外，为使混乱的局面变得有序，促进入场经营者能做到自我教育、自我管理，提高其政治素质和经营水平，以便更好地维护经营者的权益，搞好市场管理，市场管理方又将市场内的个体商贩按小百货、小五金、小针织、小玩具、塑料等 5 个行业组织起来，划分为 15 个小组，分别选出组长，实行专管、自管相结合。有正式摊位的个体户按月缴纳税金和管理费（流动的经营户还是按天收）。

同时，积极筹备成立稠城镇个体工商户联合会（“个体劳协”前身）。个协成立后，又组织召开稠城镇首届个体工商业劳动者代表大会，最主要的工作是选出代表和确定领导班子人选问题。工商管理部门经过多方调查，提出领导班子人选名单。对先进个体户进行表彰奖励。

1982年11月14日，在县文化馆三楼礼堂召开了稠城镇首届个体工商业劳动者代表大会，选出了联合会主任1人，副主任2人，委员11人，通过了《个体工商户管理守则》。

专管人员与个体商贩骨干相结合的这支管理队伍建立后，首先进行了凭证经营、挂证经营和无证不得经营为内容的三次大整顿大检查，坚决取缔了无证经营和非法经营，打击了歪风邪气，健全了市场规章。同时利用市场上的有线广播和小组会、代表会等各种形式，向商贩宣传党的有关方针政策，宣传市场规则，表扬好人好事。他们还组织商贩订立了文明经商公约，开展了人与人、组与组之间的竞赛。

6

放权让利，让市场之“虎”归山。市场如巨大的磁场，将人们从四面八方吸引过来，无论是义乌的敲糖帮，还是普通的义乌人，甚至义乌周边的农民，都会聚到了这个无比饥渴的市场，义乌一下子成了小商品批发的“特区”。开业初，就有甘肃、宁夏、黑龙江、陕西、湖北、山东、安徽、江西等省客商前来采购，商品货源除本地外，还有来自河北、江苏、福建、上海、天津、广东等十多个省市，摊位迅速爆满。

市场开放，交易兴旺，经营人员剧增，个体经营户的优势也得到明显发挥。如义乌针织厂有价值50万元的袜子积压在仓，工人工资几乎发放不出。后来，他们在市场设了两个摊位，承包给两个本厂人经营，结果几个月时间就把积压的袜子销光了。原因很简单：该厂生产的袜子花色太浓，而南方人则喜欢素色。与此相反，云、贵、川等省的一些山区农民则很欢迎这种袜子，50万元的货基本上都是销往这些地方的。

湖清门小商品市场的开禁，经商农民有了合法地位，让几十万善经营、敢干事、肯吃苦的义乌人解脱了多年束缚在身上的枷锁，纷纷加入了经营行列。当时做生意所需资本不多，获利虽不太丰厚，但风险也很少。一大批农民从田埂走向了城镇，有的重操鸡毛换糖行当，更多的则上街摆摊开店，到外地批发进货。一些能工巧匠则从事着制糖、产枣等传统加工业，把祖先留传下来的产业做大。

市场开放后的交易像发酵般飞速膨胀，大大超出了开业时所限的小百货经营范围。据义乌城阳区工商所当年总结，至年底，湖清门小百货市场每个集市日（农历逢双为集市日）有700多个摊位、800多名小商贩：其中有营业执照的333户，有单位证明、经工商行政管理部门登记的297户；另有家庭工副业者近200人。经营小商品2100余个品种，其中小百货505种、小五金425种、小针织455种、小塑料361种、小玩具254种。小商品来源，由县国营集体商业批发的占10%；县社队企业和家庭工副业生产的占25%；从江苏、上海、福建、湖北、河北、天津、广东、辽宁等10多个省市及杭州、宁波、温州等省内地区进货的占65%。每个集市日参加购销交易人数有两三千人，多时5000余人。

到1982年年底，小商品市场实现年成交额为392万元，成交额较上一年增长221%。上缴国家税收3.8万元，收取市场管理费2.6万元，工商、税务、银行等部门也开始进入市场。商品主要销往义乌周边县市，市场实现了由小农经济特点的集贸市场向区域小商品市场的转变。市场到处一派新生气象，繁荣兴盛，人流熙熙攘攘，川流不息。

1983年4月28日，县工商局成立“义乌县稠城镇工商行政管理所”，管辖湖清门小百货市场；税务部门也在市场内设税收稽征管理组，个体工商户开始向税务部门注册领取税务登记证，依法纳税；坐落在湖清门北头的稠城信用社，利用地理优势，开设小百货市场服务专柜，自觉地为市场经营交易者提供存、贷业务。由于管理介入，政策透明，服务跟上，市场上个体工商户人心稳定，到1983年年底，市场摊位增至1050个，成交额达1444万元，上缴税收达38万元。

第五节 定额计征

1

做一个合格的领导，最核心的事情就是有坚定的方向，有自己的主见，有绝佳的判断力。谢高华嗓门大、气场足，做事风风火火，雷厉风行，一旦下定了决心，不顾前方有多大困难，都会咬紧牙关，努力闯过去。

湖清门市场的开放，只是为老百姓打开了一扇门，为未来指了一条路，只能算是“扶上马”，如何让市场红起来、火起来、旺起来，这更是谢高华日思夜想的课题。他深知给市场经营户创造优良宽松营商环境才是最重要的，才算是“送一程”。

在谢高华的积极推动下，解放思想，勇于改革，成为当时机关单位和领导干部的共识和主流。但也有少数领导干部脑子里只有条条，对县委、县政府已经决定的事，还要请示他们线上的领导，上面的领导说“不行”，他就把县委、县政府的决定推翻了，老是顶着不办。对此，谢高华放出狠话："你们所有部门都是义乌县委、县政府的机构，谁不执行县委、县政府的决定，你那个庙我拆不掉，但庙里的菩萨随时可以搬掉！"

义乌市场开放初期，生意一天比一天红火，同时也时不时地传来少数"恐资者"的声音："稠城镇小百货市场是搞资本主义的市场，总有一天要进行批判""公家出巨资兴办市场得不偿失，总要后悔""允许个体商贩搞零售还可以，允许搞批发是错误的"……还有人甚至说稠城镇小百货市场是"小台湾""小香港"。

对于各种不同的言论，谢高华没有过多的反驳，而是由事实去答复。有一次，谢高华到湖清门市场考察，就与经营户交谈起来，详细了解了大家的经营情况。当得知大家最担心的是生意能否长期做下去时，他爽朗而真切地答复道："你们好好地做生意，大胆地做生意，天塌下来，由我谢高华顶着！"

这样的鼓励话语也同样表现在管理者的身上。有一次，谢高华对城阳区工商所负责人孙樟宝说："市场要开放，上面追查下来，责任我来承担。"孙樟宝则回答："谢书记，不要你承担的，我们基层干部会来承担。"

但市场开放后不仅仅是风言风语多了，发现的问题也是一个比一个棘手，特别是税收管理矛盾突出。当时，我国仍沿用着工商业的八级累进税制，这种方法以营业额为依据，即经营得越好，税率也就越高。县财税、工商部门根据小商品薄利多销、个体商贩机动性大的特点，规定批量购销一次成交额达到30元以上者，就向小商品市场管理服务站开具发票，缴纳税收和市管费。

然而，由于市场的迅猛发展，这种税收政策和传统的征管办法遇上了新的难题：上千个摊位，几万人加工、经营小商品，商品种类多，价格随行就市，有的商品上午卖1元，下午则卖1角。加上当时市场经商的个体户资本少，做的是小买卖，靠薄利多销，大家都不习惯设账簿，根本无法得出营业额的数据，故而很难累计税，无法凭税票征税，偷税漏税现象时有发生。

一段时间以来，税收干部为了足额收税，只得利用盯梢的办法，抓住一个算一个，有时却把来进货的客商也当成了经营户征税，搞得人们怨声载道，影响极坏。同时，他们还采取频繁突击抽查的办法，操作起来如"南征北战"，自己也是苦不堪言。而商贩们则被追来赶去，怨声载道，有的经商户甚至说道："税收干部整天像抓贼一样打击逃税。"

2

在1983年5月间，税务部门要向每个摊位征收4.4%的营业税，而对外地来购货的也要收1%至2%的管理费。在一个晚上，税务部门还对所有旅社进行了突击检查，凡是没有税票的客商一律补税，有经营许可证的补 4.4%，没有的则加倍。这样一来，客商不敢来义乌了，市场在一周后就处于萧条状态。

“生意真的没法做了。”商贩们就找谢高华反映情况。当税务干部和市场经营户的意见反馈给了谢高华后，见此情景的他也是十分焦急，即到小商品市场和加工小商品的村、户进行了一番调研，亲眼所见很多商品都没有标明价格，也没有发票，往往上午一个价，下午一个价，确实不好收税。

“义乌小商品市场的开禁，百姓增收，政府增税。但如果这种以营业额计征税额的办法继续搞下去，恐怕连生意都做不成，还哪来的税收？”谢高华细细地想着，“现在要‘放水养鱼’，不能‘杀鸡取卵’。但是，在既缺乏资源要素支撑又没有政策资金扶持的情况下，怎样放水养鱼、壮大市场？这种老的税收制度显然已不适应新的形势了！”

于是，谢高华马上召集工商、税务及部分个体户开会，要求与会人员不能录音，并明确表态:“义乌小商品市场只能办好，不能办糟。如果义乌小商品市场办糟了，我就请你们走。”他还要求每位与会者提出一条繁荣市场的好建议。

接着，谢高华又与当时主管这块工作的副县长陈正兴商量：“如果想增加点税收，却打压了群众的经商积极性，这种税收制度必须改变。对于小商品市场所面临的这一实际问题，县委、县政府要组织力量搞调研，得想个切实可行的办法，为小商品市场开绿灯。”

通过深入小商品市场和加工小商品的村户调查，谢高华对财税部门的领导干部谈了他的观点：“政策、法规若有利于调动农民积极性，有利于发展生产力，它就是正确的；若不利于调动农民积极性，不利于发展生产力，那它就是错误的。我们无权改变税法，但我们要敢于从实际出发，制定既有利于小商品市场开放、发展，又有利于国家收税的办法。”

陈正兴和税务部门经过反复调查研究后，提出将营业税和增值税两税并一税，试行已在小厂、小店实施的“定额包干计税”的税收征管办法，即按摊位地段和商品类别，经自报公议，确定每个摊位设固定的计税额，不管你经营状况如何，一律按定死的税额缴纳，目标额度之外的营业收入不再计税。一年一定，按月份缴。

这种方法有三个好处：一是税务干部收税有了依据，无须盯梢收税了；二是经营户不用担心税收多少，可以一心一意扩大经营，提高营业额，再也不要动逃税的歪脑筋了；三是来市场进货的客商不用担心被征税了。对纳税人来说，亦即除了上缴国家的、留足市场的，余下的都是自己的。

“该办法简单易行，不但可以提高经营户的积极性，还有利于增加国家的税收。”谢高华在听了税务部门提出的“定额计征”办法后，十分支持税务部门进行大胆改革，对每个摊位设固定的计税额，目标额度之外的营业收入不再计税。

“定额征税”在全国尚属首创。县委、县政府决定在推行“定额征税”的办法时，也向金华地委书记董朝才汇报了义乌小商品市场所遇到的严重税收问题，提出了县委、县政府的税收办法。董书记所取了汇报后，对此作了充分肯定，并给予了大力支持。

然而，想法很好，执行力却不足。

当时，“定额计征”具体由县财税局一位副局长负责操作。事也凑巧，那一天到县政府开完会，这位副局长刚走出人民大会堂，谢高华就拦住了他，问他“定额计征”的事执行得怎么样了？当得知税务部门依然采用老办法征税，并没有将“定额计征”付诸行动时，谢高华撂下了狠话：“你们不执行县政府的决定，你那个庙我拆不掉，那庙里的菩萨随时可以搬掉！”

其实，税务部门没有立即执行县里的决定，也有着他们的顾虑，这毕竟是违反税法的事，是要承担法律责任的，一旦被上级税务部门知道，是要处理的。怎么办？不执行县政府的“定额计征”，要被县委免职；执行“定额计征”，又要被上级税务部门处理。横竖都要免职，但执行了“定额计征”，上级税务部门没有这么快就知道，即使知道也要先来了解情况，因此离免职估计还有缓冲时间，至少不会马上被免职，但要是不执行县委的规定，则马上就会免职。因此，他决定豁出去了。

就这样，“定额计征”就开始在小商品市场付诸了行动。

新的税收办法一出台，就受到了经商户的欢迎。这一“点石成金”的举措，较好地解决了小商品市场征税中的难题，公平了税负、稳定了秩序，个体商贩不用开发票了，税负也降低了，周边市县的小商贩们蜂拥而至；“定额征税”试行后，财税部门的工作也顺利多了，逃税的现象大大减少，既有力地促进了市场的发展，又增加了国家的税收。据统计，“放水养鱼”当年的税收竟比两年前提高了3倍。

3

在湖清门巷口的一间旧平房内，两张写字桌并列放在一起，几位税务干部看见谢高华在财税局领导的陪同下，走进了税务室内，了解定额征税情况。

“实行定额征税后，这比以往象征性地平均收税要合理多了，这应该是集市贸易征税工作的一大进步。”税务人员回答说。

“定额不能太高了。”

“定额就低不就高。”

“对。这是农村改革经验在城镇工作中的具体运用。农业大包干，除了上缴国家的，留足集体的，余下都是自己的，硬碰硬；因此，农民积极性就高。”谢高华说，“在市场搞定额，除了上缴国家的税收，再收点市管费和卫生费，余下的也都是自己的，简单明了；

因此，经商人的积极性也会高。”

当然，对于这个“定额计征、源泉控管”的办法，谢高华也是打心眼里赞成和支持。因为这一破天荒的创举，可以说是对义乌市场的可持续发展挖了个“大金矿”，由此可以不断吸引着来自全国各地的“淘金者”。“要致富，到义乌！”一时成为南来北往客商的口号。

但，好事多磨。由于这种税收办法开了全国的先河，因此，引来的争议很大，有拥护的，也有反对的，有的甚至说义乌是在支持偷税漏税。在此期间，有人向省里写信告状，对义乌这种做法提出批评。有位新华社记者来义乌采访调研后，认为这种“定额征税”的做法简单易行，对各地搞活市场也有借鉴意义，就写了一篇关于义乌税收办法推出过程的报道，并刊登在“内参”上。

有关部委领导看到这篇文章后则明确态度，认定义乌的“定额征税”属于税收包干，违反税法政策，就把这份材料及批文转到了浙江省委领导处，要求浙江省严肃处理。省委领导就此作出批示，由省财政厅税务局派员到义乌调查，并提出具体的处理意见。

1984 年年初，省财政厅根据上级的指示，派调查组专程来义乌小商品市场了解情况，引起了较大的反响。对此，谢高华也决不推脱责任，自觉地扛下了来自四面八方的压力。不过，他知道当时拍这个板会有风险，却没想到会引发这样一场震动，这在当时确是引起了一场很大的“税收风波”。

省财政厅的同志到义乌后，谢高华向他们介绍了义乌的情况，谢高华说：“像义乌这样的小商品市场，以个体经营为主，有几千个摊位，几万名从业人员，几千种商品，价格也是随行就市，有的商品上午卖 1 元，下午可能只卖 5 角，加上个体户都不设账簿，根本无法计算其营业额。若按国家现行的计征税收法，怎么计算税款？”

“你总不能一个摊位派一名税务干部去守着吧？义乌又有多少税务人员？”谢高华还举例指出一些税收政策在贯彻中存在的问题。在义乌，有生产文化用品的，也有生产烟花爆竹、花圈及香烛等迷信用品的企业。按当时规定，生产封建迷信祭祀用品（焚化品类）的税率为 55%，文化用品为 5%。因税收过重，成本过高，使得义乌生产鞭炮、烟花的工厂纷纷倒闭，以至于义乌市场上的鞭炮几乎都是从外地运来的。但爆竹、烟花是否属迷信用品？在征计税收时，其中的税率又该怎么定？

于是，谢高华对省财政厅的同志说：“税率我是无权改的，这类厂定为生产迷信用品还是生产文化用品，税务部门是有权决定的。我觉得对这类厂，财税部门应定其为一半生产文化用品，一半生产迷信用品。税收也折中处理，征 27.5%的税。”对此，谢高华建议他们要亲自到义乌小商品市场走走、看看，“我们在市场搞定额征税，指导思想是要养鸡生蛋，而不能杀鸡取卵。”

省财政厅的同志听取了义乌县委、县政府的意见，对义乌小商品市场的税收办法作了全面调查。

稠城镇小商品市场，是一个批发市场。在现行税制当中，对小型零售商店，可以实行定额征税，是有明文规定的。但对批发商业，除农产品集市贸易以外，一向都是按实计征的。“那么，在这个小商品批发市场实行定额征税，你们对商户的征税定额又是怎样确定的呢？”

“经过调查摸底和自报公议，按照摊位的地段和类别，事先确定每个经营户的应税营业额，按税率计算出纳税定额。一年一定，按月分缴，盈亏全由摊主自享自负。”

“一年的销售，超过应税营业额怎么办？”

“市场上做生意不开发票，超定额销售很难掌握。但是，大体的情况同行中是有数的，我们的协税员也掌握了一些动态。快到年底时，我们又发动经商户自报公议，对少数生意特别好的、群众公认的经商大户，其超过全年定额 20% 以上部分的营业额，按章补收税款。一般来说，补税数也只能就低，不能就高，因为缺乏账据。”

“怎样才能做到有账有据呢？”

“像国营商业那样，件件有单据，笔笔有账目，个体批发商是做不到的；我们也是管不起的。不过市场税收年年增加，去年比前年增加 1 倍多，今年比去年可增收 7 成。全县税收总数，年年超额完成上级分配的任务，增幅超过国民经济增长的比例。我看，对上对下都交代得过去。”

这次应对上级财税部门的调查，与其说是实事求是的汇报，不如说是畅所欲言的讨论。调查组通过几天调查走访，听取各方面意见，写了一份调查报告，结论是：义乌推出的税收办法是可行的，但是还欠妥，还需要在实践中不断地加以完善。

“不作处理，在实践中不断完善”，这事实上已是对义乌小商品市场所推行的税收办法的理解和支持！因此，谢高华也从心里感谢省财政厅的同志的理解和支持。根据调查组的建议，县政府向市场派出专职税务干部，设立税务稽征组，加强征管。

强化市场税收稽征，必须以有利于发展生产，促进市场进一步繁荣兴旺为指导思想，根据税收政策、权限，结合市场实际，力求做到依法征税、合理税负、取之有度、涵养税源。“跟农民打交道，就是要把复杂的问题用简单的办法去处理。这样不但能调动生产积极性，老百姓心里也高兴。”谢高华说，开放、发展义乌小商品市场，本身就是义乌人观念更新的具体体现。

推行“定额征税”利国利民。县财税部门通过持续实施“放水养鱼”、涵养税源的“定额计征”办法以后，放水养鱼养出了鱼群。

至 1984 年年底，市场上缴国家税收 129 万元，管理费（包括摊位费）66 万元，分别为上一年的 2.16 倍和 3.47 倍。市场成为一个以个体商贩为主、经营小商品为主、批量销售为主的综合市场。

第六节 四个允许

1

开放义乌小商品市场，冲击着旧的计划经济体制，也促使人们特别是义乌县各个部门的领导转变思想观念。而对谢高华来说，想得最多的就是如何使义乌的工农业产值翻两番，努力实现党中央提出的在20世纪末国民生产总值翻两番目标。要实现这一目标，就必须进一步调动群众的积极性。为此，县委、县政府通过典型引路，开展了一系列宣传教育活动，形成了学习先进、争当典型的鲜明导向，使全县各种经营能手层出不穷，榜样的力量得到充分发挥。

这是一个群星璀璨的年代，也是一个“有点雨水就发芽，给点阳光就灿烂”的年代。随着市场的不断扩大，经营小商品品种不断增多，如鞋靴、针织品、棉织品、小五金、服装、塑料制品等都源源不断地涌入了市场，市场开业月余，经营品种即有2000多种，大大超出开业时所限的小百货经营范围。

自1982年11月1日起，县工商局决定大量发放本年度小百货敲糖换鸡毛杂肥的许可证。由于在农村和城市鼓励劳动者发展个体经济，在国家规定的范围内和工商行政管理下适当发展，城乡个体工商户有新的发展，政府允许私人办厂，县工商局开展个体工商户登记发证工作。

开放市场的形势在逐渐好转，靠血汗打拼到“第一桶金”的个体工商户在逐渐增多。1982年11月26日，义乌县委召开农村专业户、重点户代表会，一批勤劳致富的经商能人受到隆重表彰，颁发“劳动致富光荣证”。为了让百姓克服一个“怕”字，表彰大会上，不仅县委、县政府、县人大、县政协的领导坐在主席台上，还特地让公、检、法、工商、财税等部门领导也坐在主席台上，让领导们表态，要大力支持小商品市场开放，让大家放开手脚，勤劳致富。

在这次大会上，谢高华指出“义乌有很好的经商传统，义乌的小商品市场与十几个省有生意来往”“义乌也是发展商业的宝地”“商业也有相当的规模和基础”，他要求“县级机关部门对专业户、重点户要大力支持、开绿灯”“工商部门对专业户、重点户只要符合政策的，就要发证、开放”“各行各业都要支持，要打破一些条条框框的束缚，放开手脚大胆干”。

面对专业户、重点户存在的“怕挨批斗、怕露富、怕政策变”的“三怕”心理，谢高华给经营户撑腰：“要引导农民进城经商，不是违法的商品不能没收，政府要支持老百姓致富。”“要一户带十户，让专业户、重点户更多地发展起来。”“农民生活很不容易，今后谁要再为难农民，我就处理谁！”

而为了更好地解放思想，搞活经济，谢高华在这次召开的专业户、重点户代表会上首次提出了“四个允许”。接着县委专门下发了《中共义乌县委关于大力支持专业户、重点户发展的几点意见》。在该意见的第七条对“四个允许”进行了明确：一是允许专业户、重点户（包括干部、教师、职工家属）在生产队同意下将承包的口粮田、责任田自愿转包给劳力强的户；二是允许专业户、重点户在生产需要的时候经过批准雇请三至五个学徒或帮手；三是允许专业户、重点户在完成国家征购、派购任务按照合同缴足集体以后，将自己生产的农副产品继续卖给国家，也可以向市场出售；四是允许专业户、重点户在国家计划指导下，在完成国家征购、派购任务以后，对自己的产品搞长途运销（除粮食及其制品外）。

“允许一部分人先富起来！”稠城镇小百货市场的威名已经在广袤的中国大地快速传播，一批不甘贫穷的义乌人早已开始了他们在创业致富道路上的实践和探索。

在 1983 年 1 月 14 日，义乌县政府下发的《关于对农村专业户和各种经济联合体工商登记发证和银行开户的通知》、1983 年 3 月 3 日谢高华在全县农村工作会议上的讲话等，都对“四个允许”的内容作了进一步的补充、延伸和完善。“人的思想一解放，禁锢被打破，不要说四个允许，五个六个允许都有。”谢高华曾回忆说。

这些“允许”，最终归纳成目前流行最为经典、最为广泛的“允许农民进城经商、允

谢高华在义乌市场了解情况

许长途贩运、允许城乡市场开放、允许多渠道竞争”等具体内容。

县委推出的这“四个允许”，也是经过长期调查后得出的。因为从市场发展的角度来看，仅仅是政策上的放开，允许搞商品经营还是不够的。小商品市场开放后，农民要进城、要经商的愿望很强烈，这在过去看来是“弃农经商”，是绝不允许的；许多经营小商品的人，要经常往返于义乌与杭州、北京、上海、南京、广东，甚至偏远的少数民族聚居地之间，这又是“长途贩运”，一直都被视为禁区的；个体经商的兴起，与国营、集体商业形成了竞争，在当时政策不允许的情况下，有些人悄悄地把责任田转包给了他人……

“四个允许”推出后，可以说是解除了对农民参与商品经济的束缚，农民们放开手脚，大搞商品经济，给农民勤劳致富吃了“定心丸”，涌现出了一大批敢想、敢干、肯吃苦的能人，从而促使了生产力的发展。“农村的专业户和重点户，有权在国家计划指导下，安排自己的生产经营活动，任何单位和个人不得干预。”为了解除专业户、重点户的疑虑和困惑，谢高华频频为他们说话、站台。

有一次，谢高华带着义乌县工商局局长到佛堂镇调研，看到一个村庄开了三家代销店。这个工商局局长就不高兴了，他质问村民“你们这样做是违规的，一个行政村只能开一家代销店”，责令村干部要关掉两家。

一旁的谢高华听了，当即对这位局长说：“我看你是吃饱了没事做！”谢高华和工商局长一样，两个人都是大嗓门，对于工商局局长的这番言论，谢高华已忍无可忍，“只要村民需要，就可以经营。他们喜欢开几家就开几家，只要他们开得下去。出了事情，有我谢高华负责。”

2

1983年3月9日，义乌县召开“劳模、先进表彰大会”，谢高华作了“全县人民放下心来，放开双手劳动致富，为国家为人民作出新的贡献”的报告。报告中表彰了骆关生、吴李芳、金序龙、朱志清等第一批万元户。

1984年1月6日至8日，县委、县政府再次召开重点户、专业户代表大会。会议继续为重点户、专业户、新的经济联合体鼓劲，针对他们中存在的“怕露富、怕增税、怕政策变、怕搞大”等问题，谢高华鼓励他们“要敢于勤劳致富、善于勤劳致富、放下心来勤劳致富、放开手脚勤劳致富”。“要继续解放思想，搞活经济，大规模发展商品生产。”

“要给致富能人一个发展才华的舞台，他们是勤劳致富的模范，具有强大的生命力。”谢高华说，义乌有很多经商方面的能人怪才，市场就是靠这些“不安分”的人兴办起来的。

当时，出席义乌县“二户一体”表彰大会的个体户代表有黄昌根、冯爱倩、何海美、楼香云、陈荣山、金益洪等 8 人。“在这次会上，县委书记谢高华的讲话使我们个体户吃下了定心丸。之后，我们的生意也越做越红火，门路也越做越多了。”金益洪说。

金益洪早期通过做些类似小花草的小玩意在县前街销售赚钱，后在公社养蜂，在湖清门第一代市场摆地摊，那时纽扣生意比较好做。“别人有地方进纽扣，我却没有，一个堂堂正正的男子汉，这样可没出息，要争口气。后来，我打听到生产纽扣的厂家地址，就跑到了嘉善亚中纽扣厂、虎头纽扣厂去进货。”在当年，金益洪这样想着，也这样干着。

令金益洪刻骨铭心的就是第一次进货拿纽扣的事。当年他向别人借了 400 元人民币，加上自己家的 200 元，首次出远门做生意。在嘉善虎头纽扣厂，他看中了男子用的中山装纽扣二等品，就和厂负责人讨价还价，最后以每粒 2.8 分价格买进了 2 万粒，合计人民币 560 元。货一到手，就挑起 80 多斤重的纽扣，走了 15 多里路，赶到火车站，乘夜车返回义乌。没想到第二天一拿到市场上，就一售而光，售价是 3.5 分一粒，盈利约 110 元。

第一趟出远门进货，就赚了 100 多元钱，别说心里有多高兴了。尝到了做生意赚钱的甜头，往后的生意就一发而不可收，再苦再累都感到值了。

当年的虎头纽扣厂临近倒闭了，为了能保证货源，在这年的 10 月至 12 月间，金益洪就承包了嘉善西塘镇虎头纽扣厂的 10 台纽扣机，专门做起了 36 号女子西装扣，共有 7 种颜色。产品除了供应义乌市场外，还发往广东汕头等地。那年仅 3 个月，他就净赚了 8700 元。当年打响的这场硬仗，赢得漂亮，也令他终生难忘。

3

陶界岭村的朱关龙也是当年受表彰的万元户之一。在 1983 年三四月间，朱关龙由内兄黄允财引路，到市场摆摊。当时家中只有 170 元钱，跟内兄到上海城隍庙福民街进童装在湖清门市场销售。童装、童裙、童裤，每条进价 0.5 元至 0.9 元，一般一二天内即能全部售完，卖完后每条能赚 0.2 元至 0.3 元。每趟生意，除却开支，能赚几十元。

“这是很好的买卖。后来就学会了自己进货自己销售，妻子在家种责任田。”朱关龙说，生意好的时候，当天就能销掉所进的货，当晚又赶回上海进货。这样日夜奔波，非常辛苦，往往是一上火车就钻进座位底下，很快就进入了梦乡，等第二天早上抵达上海时刚好醒来，有时身上的衣裤常常被小孩的尿或旅客的茶水弄湿。

在上海城隍庙进货或上火车时要格外小心。这里经常会遇上工商人员，若货被查扣、罚了款，麻烦就大了。至于火车上一些旅客的谩骂、呵斥什么“投机倒把”之类的，更是司空见惯了。当然，其中也有同情和支持者，还有出手相助的，每当他们在拿货物时有困难，有好心人会搭一把手。

到义乌下火车时更须小心谨慎，站台出口处的检查是十分严格的，一旦被守候在车站的工商人员查获，就要被没收货物或处以高额罚款。当时针棉织品不准贩卖，一经查获，全部没收。朱关龙曾先后多次遭上海和义乌两个火车站的工商人员罚款或没收，所以，从进货到回家，一路上都担惊受怕。久而久之，他们也就学会了逃避，或找关系变通等。

经商是要冒一定风险的。1983 年 7 月 24 日，朱关龙在湖清门市场上摆摊销售童装，他的小学同学楼樟楠刚从福建漳州回义乌，和他商量说："漳州塑料太阳镜非常畅销，价格每副可卖到 2.8 元至 3.2 元，而义乌的价格每副仅 1.45 元，漳州那边已讲定，货运到统统包销。"其实当时正是农忙双抢季节，脱不了身，但他说来回只须四五天，不会耽误农活。于是，两人一合计，就带上了家中仅有的 800 多元钱，再向廿三里卖太阳镜的熟人赊了 1400 余元的货，两个人各投资 2000 多元，合伙进了一批塑料太阳镜，并于 7 月 26 日赶到了漳州。

到了那里才知情况有了变化。在前一天，正好有温州人来此推销了一大批太阳镜。于是，原先讲好的那个货主就不要这批货了。而市场上太阳镜的价格还在不断下跌。无奈之下，两人就去厦门推销。

到了厦门，先被当地流氓抢走了几十副太阳镜，他们还动手打人，幸好被身边的好心人及时劝解，才没被他们打成重伤，但手表被他们抢走了。没过几天，又被厦门市文安工商所查扣了所带的全部太阳镜，连身上所带的零花钱也全被查扣了。后来不知讲了多少好话，才给了每人 40 元的饭钱。

此后每天去催问他们的处理结果，他们就是不理不睬，说没有时间来处理。其实，这塑料太阳镜是浙江省生产的，为什么不允许推销？他们说不允许长途贩卖，长途贩卖是违反工商法规的，应全部没收。经多方努力，仍无效果，丢下眼镜不要，实在于心不甘，而回家参加双抢劳动，又无路费，真是叫天天不应，呼地地不灵。怎么回家向家人交代？又拿什么偿还欠款？

就这样百感交集地在厦门度过了漫长的十多天时间，人也变得又黑又瘦，像生了一场大病。8 月 6 日，空着两手回到了家中，眼看晚稻农活已被耽误，还欠了一大笔债，妻子一时想不通，竟喝盐卤自尽，幸亏发现及时。同时要求再也不要外出做生意了，就在家里种田，安稳过日子。

可是，不做生意不行啊！靠在家种田，一辈子也还不清所欠下的债！哪里跌倒哪里爬起来，朱关龙发誓一定要东山再起。妻子也被他说服了，支持他继续干下去。整理行装重新上路，到上海和嘉善进货，由于本少利薄，基本上隔天去进货一次，非常辛苦。妻子干农活之余也经常来市场帮他经商。

在夫妻俩的齐心协力下，他的生意越做越兴旺。家中养了 4 头大肥猪，地里的庄稼种得也比人家好，经商、种田两不误，夫妻俩不但还清了当年所欠的债务，而且家庭经济状况也大为改观。1984 年下半年，家里添置了全村第一台彩电，又造了五间房子，令村里人羡慕至极。

第七节 改革扬帆

改革是动力，更需要勇气。领导干部不能只当“收发员”“广播员”，首先要从思想上突破，带头解放思想，要从本地实际出发去研究问题、解决问题。只要有利于发展生产力、有利于人民，就要有敢于冲破阻力的信心和勇气。

义乌小商品市场率先实行开放后，即进入了快速发展期。正当农民们欢天喜地，甩开膀子大干时，有人因为没有政策支持而认识不到位，社会上对县委的做法仍有不同声音。特别是那些国营和集体商业的干部职工却大呼其苦，说谢高华这一放，把整个义乌搞乱搞烂了。

小商品市场的兴起，对国营和集体商业的冲击是显而易见的：同样一粒纽扣，百货公司卖一角六分，市场直销只需几分钱。尤其是城内几家国营商业单位大叹苦经：“我们的生意都让小摊小贩冲光了，我们‘公家人’还怎么活？”“谢高华不关心国营和合作集体经济，只关心个体经济。”一时间，县里收到的告状信就多达两麻袋。有人甚至堵住了县委大门，要求谢高华撤回“开放市场的通告”。严厉治下，谢高华还收到过一颗匿名寄出的子弹。

“相互竞争，百姓受益，有何不好？有本事就生存，没本事就关门！”针对这些国营单位的埋怨，谢高华力排众议，毅然支持“饭馆门前摆粥摊”：“看准了，就要下决心，不能举棋不定。这样干也可能有错误，但错了不要紧，改过来就是了。改革哪会不出一点问题？如果我们都能从实际出发，从群众利益出发，就不怕丢‘乌纱帽’。”

老百姓为何喜欢向小摊小贩购买商品，除了国营、集体商店商品少、网点少，还存在服务态度差等深层次问题。

谢高华以自己到国营商店消费为例，列举了其中的种种弊端。当时，义乌城区集体饮食店的数量也很少。谢高华到集体饮食店——东风饭店吃早点时，必须手拿三张票——买油条、烧饼和豆浆都需要凭证，还要排三次队，每支队伍都排着像长龙，一排就要半个多小时。一顿早餐要吃上一个上午。遇到急事，来不及吃就得匆匆离开。

小商贩摊上的商品花色品种多样，经营灵活，服务态度好，而国营、集体店家的商品品种太单一，服务态度也差。有一次，谢高华到一家国营文具用品商店买批阅文件用的铅笔，看见一位营业员正埋头看小说，谢高华问她有没有铅笔卖，她头也不抬就说“没有”。谢高华分明在玻璃柜内看到有那种笔，就说：“同志，这儿不是有笔吗？”结果这营业员很不耐烦地站起身，从柜台内拿出了一支笔往柜台上一扔，也不说价，又只管看她的小说了。

国营、集体企业的这些现象引起了谢高华的深思，并得出了这样的结论：不是因为国营、集体企业的干部职工不好，而是因为这种“大锅饭”的体制，才导致了这些现象的产生。他觉得这种“大锅饭”的体制不打破是不行的，即使一时打不破，能打开个缺口也行。

后来，谢高华到义乌县商业局了解情况，向局领导问到有关国营、集体商业的经营情况时，对方诉苦说：“生意被小商品市场冲掉了。”

“国营商业单位存在着类似的经营态度和服务水平，小商品市场上的经营户怎么可能不把你们冲垮？堂堂国有、集体单位如果不解决这些问题，如果被小商小贩冲垮，那也是活该！”谢高华说。

开放市场后，佛堂镇几个农民办了田心火腿厂，这是义乌县第一家乡镇火腿厂。消息传出，省、地、县食品公司找到县委，要求关闭佛堂镇农民办的火腿厂，理由是金华火腿在过去几十年里一直由国营食品公司独家经营，农民无权参与。

谢高华听了很生气，说：“金华火腿是金华人民的创造而不是食品公司创造的。只要质量和产品出口达到有关要求，服从上面的计划安排，农民咋就没有加工火腿的权利？”

“谢书记，你这么说，就等于放纵农民破坏国家政策。如果你不下令关停，我们就到省里、中央去告你！”“告随你的便，但要我下令关停农民的加工厂，就是撤我的职我也不会去做！”谢高华毫不妥协。

敢于碰硬是谢高华的一大特性，而他善于学习、勤于工作的日常习惯更是为身边的工作人员做出了表率。他不打牌、不钓鱼、不善喝酒，眼里只有工作，工作特点就是吃透上头精神实质，潜心研究当地实际，抓住有可能成为“热门”的“冷门”，创造性地贯彻上级指示，干出地方特色。

红糖、青枣都是义乌的传统特产，但由于国家实行计划收购，计划供应，独家经营，而收购价又低，税收又重，农民无利可图，严重影响了糖农、枣农的生产积极性，义乌红糖的收购计划往往完不成，有着几百年历史的义乌枣子的生产也受到了严重影响。此事成了县委、县政府颇为头疼的一大包袱。而在义乌，农民常常用红糖、枣子来加工生产蜜枣，每斤蜜枣中红糖的含量占60%～70%，而蜜枣的价格要比红糖高好几倍，蜜枣中的红糖的价钱就比普通红糖的价钱要高出好几倍，大有利可图。

通过调查，谢高华认为要放手让农民去干。于是，蜜枣生产由国营、集体企业独揽的局面被打破了，许多农民办起了蜜枣加工厂，当地产的枣子不够加工，许多人还从山东等地买来枣子加工蜜枣。农民发展枣子、红糖生产的积极性被调动起来了，枣子、红糖的产量也大有提高，既增加了农民收入，又丰富了市场供应，增加了国家税收。

由于小商品市场的冲击，国营、集体商业都面临着严峻的挑战。义乌县委经过认真调查研究提出：国营、集体商业要实行改革，打破“大锅饭”体制，并向国营、集体企业的干部职工宣传，开放小商品市场是得人心、顺民意的，是利国利民的，是有利于生产力发展的。面对小商品市场的冲击，国营、集体企业的出路就在于“改革”两个字，要借鉴农村改革实行家庭联产承包责任制的经验，在国营、集体商业企业中推行经营承包责任制。

在县委、县府及有关部门的支持下，义乌城阳供销社率先实行经营承包责任制，挖掘内在潜力，提高了经济效益，从而很快就摆脱了困境。当年的《人民日报》还刊载了他们的改革经验。

与此同时，义乌国营、集体企业很快行动起来，大胆地改革，打破“大锅饭”“铁饭碗”，实行各种形式的经营承包责任制，调动干部职工的积极性。通过发挥国营、集体经济优势，积极参与小商品市场竞争，适应和开拓了市场经济的发展，进而促进了义乌国营、集体工商业的发展。

杨守春曾是谢高华身边的文秘人员，谢高华留给他的印象就是朴实务实、不图形式，一心为公、为而不争。谢高华虽然个头不大，但胆魄过人；文化程度也不高，但学思超群。他理论联系实际，反对形式主义，用白天80%以上的时间跑基层，用每晚近5个小时的时间在办公室吸收消化各种信息，笔记本上都是五颜六色的备注。

“改革是很难的，我们要知难而进；改革会遇到很大阻力，我们要敢于冲破阻力，冲破一切束缚商品生产的条条框框。”在1984年5月召开的一次干部大会上，谢高华更是高声疾呼：“我们要大胆改革，不要怕冒风险。有多少道理，我讲不清楚，但有一条，农民的积极性不高，生产不发展就是错误的；农民的积极性高了，生产上去了就是正确的。”

义乌小商品市场的异军突起，使义乌县大批农民进入流通领域，也彻底改变了流通领域“死水一潭”的状况，义乌国营商业与供销社两家相安无事的局面也宣告结束。面对竞争，他们不得不以积极的态度来部署自己的工作。特别是国营商业，既要面对个体经济迅速崛起的挑战，又要面临供销社集体经济的“宣战”，使其腹背受“敌”，一时间利润指标急剧下降，首当其冲的是百货公司。原先，供销社有不少商品要从国营商业那儿批发；如今，基层供销社向百货公司的进货量，一下由原先占该公司批发量的60%下降到20%左右。国营零售商店更是感到生意难做。

但改革就须动真碰硬，要顶得住压力。而随着改革的持续发力，发展动力持续增强，活力也不断激发。为了能在竞争中取胜，县百货公司不但落实了企业责任制，还通过聘用农民采购员，采购计划外商品，将批发下伸点增加到10多个，设法去占领农村市场。

因小商品市场繁荣而蓬勃兴起的服装、食品等行业，急需大量布料及其他商品，但又苦于短缺资金。供销社虽然在做这些企业的生意，但无法做足。于是，县百货公司不仅把商品送下去，还把他们请上来开座谈会。

“你们要什么货？我们就去进。”“你们资金短缺，不要紧，先供货，后付款也可以。”

这些招数还果真灵，光是与乡镇服装厂的成交额就由原来的60万元一下子增加到300万元。在做好城镇供应的同时，又以国营商业资金雄厚、渠道多、信息灵的优势，竭力向外扩张。1984年利润达137万元，比上年增长了13%之多。他们在竞争中发展自己，又有力地支持了乡镇企业、家庭工厂的进一步发展。

在改革前进道路上，国营商业和供销社既是竞争对手，又是贸易伙伴，大家互助合作和互相竞争，不但促进了生产，也促进了市场的繁荣。供销社在与个体、国营商业竞争中获得令人兴奋的收获，更激发了他们的经营积极性。

第八节　兴商建县

事物的发展有着自身的规律，是不以人们的意志为转移的。党的十二大提出了翻两番的奋斗目标，义乌如何实现翻两番？靠工业？义乌的工业基础不好，当时没有几家工厂。实现农村的富裕生活，似乎只有靠土地一条出路，但义乌的农业资源少、土地少。而义乌小商品市场的开放、发展，就像一个个冲击波，一次又一次地冲击着计划经济体制和人们旧的思想观念。这种“还没建成已嫌小”的节奏，既意味着义乌小商品市场必须进行扩建，也预示着发展小商品市场之路是走对了。

“就连我自己也没有估计到小商品市场的生命力会有那么强，其冲击力会有那么大。”谢高华说，“所以，从义乌实际出发，提出‘兴商建县’的口号，这是义乌发展一个比较大的战略思考。”于是，自1983年起，谢高华即在不同场合和会议上多次提出“贸易立县”“贸工兴县”“以商兴县”“兴商强县”的区域经济发展设想，并付诸行动中。

谢高华是个“工作狂”。他有熬夜的习惯，每天不在办公室工作到凌晨一二点钟不回宿舍睡觉。这可“苦”了他身边的工作人员，因为他还在办公室工作，他身边的人也不敢回家休息。但他却时常劝身边的工作人员，这只是他的工作习惯而已，大家没必要跟他一起熬夜。其实他是在研究问题，通过阅读一些国内外城市经济发展的资料，通过学习人家的长处，注意学习借鉴全国各地乃至世界其他国家的发展经验，为义乌发展厘清思路。

有一次在下乡的车上，谢高华对秘书杨守春说：“小杨，你看过日本人写的《激荡的百年史》吗？”杨守春发现，谢高华在这方面早已做过深入研究，并已紧密联系义乌实际，总结出独到见解。比如，资源小国的日本能在战后东山再起，“贸易立国”“科教兴国”是两大法宝，义乌可以借鉴。他还联想到马克思《资本论》中的那句话——“从产品到商品要经历惊险的跳跃”，认为流通环节尽管不增加产品价值，但没有市场交易和商品流通环节，就只能回到自给自足的农耕时代，无法扩大再生产。

1984年1月15日至25日，金华地委书记董朝才率领地委调查组，到义乌调查农村商品生产的现状、困难，探讨解决问题的途径。随后于2月9日在《金华日报》发表题为《农村经济正处在历史性转变之中——义乌县调查》的调查报告，对义乌县商品生产发展中逐步形成的廿三里、稠城两个专业市场表示明确的肯定和鼓励。

1984年2月，谢高华在全省农村工作会议上发言时提出：“发展商品生产是使农村富裕起来的必由之路。而要发展商品生产，就必须搞活经济。”“县委对小商品市场进行了调查研究，明确地提出：这两个市场（稠城、廿三里）不是义乌的一大包袱，而是义乌县发展商品生产的一大优势。”“一年多来，这两个市场不断扩大，不但为我县开辟了新的财源和税源，而且带动了当地的交通、邮电、饮食、旅馆等服务行业的发展，带动了以家庭经营为主的小商品生产的发展。”

事物与事物之间都是相互联系，相互渗透，相互影响的，所有的事情发展都是有规律可循的。义乌小商品市场的开放、发展，就像一个个冲击波，一次又一次地冲击着计划经济体制和人们旧的思想观念。

从义乌的实际情况，特别是小商品市场开放后的发展状况来看，义乌的商品经济发展是很有潜力和前途的。而从城市经济发展的规律来看，都是先有市场，后有城市。那么，如何树立大市场、大商品经济的观念？如何使义乌经济发展得更快？在1984年，谢高华最终提出了“以商兴县”的发展思路，此后又上升为了一种战略主张，指出要“以贸易为导向，贸、工、农相结合，城乡一体化，兴商建县”。

谢高华与杨守春在一起探究问题

理由来自这样一些方面：开放小商品市场，可以带动义乌国营、集体、个私经济的发展。当年的义乌，国营工业数量少，关系国计民生的产品很少，再加上在“大锅饭”“铁饭碗”的体制下，生产经营状况也不太景气。如原义乌糖厂生产的味精，虽然质量很好，但由于销售渠道不畅，产品库存积压严重。小商品市场开放后，由于个体商贩的灵活经营，把义乌糖厂的积压味精销售一空，从而促使了生产的正常运转与发展。原先的义乌乡镇工业并不发达，小商品市场开放后，大量的小商品从外地涌入，农民们看到外地的这些产品在小商品市场上的销路很好，就自己办厂加工生产小商品，于是出现了“前摊后厂”的现象，他们晚上加工制作产品，白天拿到小商品市场销售，由此促进了义乌乡镇工业、家庭工业的大发展。又如，义乌的农副产品较多，具有历史传统的名特产有红糖、藕粉、三花梨、枣子、生姜等，由于市场的开拓，使这些农副产品广泛销售到全国各地。

谢高华曾开玩笑地说：“再没有本事的义乌人，通过摸螺蛳卖也可以致富。”

市场的繁荣兴旺又催生了交通运输业的发展。义乌地处浙赣铁路沿线，但由于小商品市场的发展，造成了当时交通状况十分紧张，于是有一种被称为“天目山”的三轮车成了重要的交通工具。面对着不断增大的人、货流量，谢高华找到在上海石化总厂工作的义乌籍老乡傅一夫帮忙，要求他支持家乡的经济建设，支持义乌发展交通运输业。

后来，上海石化总厂出了两辆客车，义乌县政府出了两辆客车，另一个单位也出了两辆客车，组成了一个“三联运输公司”。客车即停放在义乌小商品市场，直达杭州、上海等地，大大方便了客商。此后，义乌又开通了全国各大中城市的公路交通运输线路。由于人流、物流的增加，铁路义乌站也由三级站上升为二级站。

小商品市场的兴盛发展，更是带动了第三产业特别是餐饮服务业的发展。饮食店的数量急剧上升，甚至还出现了杀羊、卖羊肉的专业户。一些村庄仅仅通过车辆和货物寄存、供应开水等服务，农民就获得了不少收益。

为了进一步解放思想，开拓眼界，找到差距，学到办法，1984 年 5 月 7 日至 13 日，由谢高华带队，组织了义乌县委、机关部门负责人，以及区、镇、乡党委书记共 102 人赴温州考察，“沿途所见所闻，到处都是商品生产发展的春天”。在考察回来的学习讨论会上，谢高华指出“这次重点学习他们尊重客观实际、解放思想、放宽政策、敢于冲破一些条条框框的束缚，大胆改革、发展商品经济的经验”。

通过学习“温州经验”，消除了“左”的错误影响，县委提出“立足市场，面向全国，闯入港澳，打进国际市场，振兴义乌”的经济发展思路，确立小商品市场在义乌经济发展中的带头地位。

1984 年 5 月 26 日至 29 日，中共义乌县第六次党代会召开，县委书记谢高华作了《沿着党的十二大指引的方向开拓前进》的报告。党代会报告认为：“稠城、廿三里两地小百货批发专业市场和全县二十几个集市，已成为促进物资交流、带动本地加工业发展的贸易中心”“商业是联结工业和农业、生产和消费的纽带，是产品转化为用品的桥梁”“小商品专业市场和众多的农民购销专业户，是我县经济活动的一大优势”。党代会提出“解放思想，立志改革，大规模地发展商品生产，促使人民尽快地富起来和全面搞好整党，提高党的战斗力”等工作任务。

1984 年 10 月 5 日，在全县区、镇、乡党委书记会议上，谢高华正式提出了“兴商建县”的区域发展思路并得以明确。谢高华指出，“义乌的人民有经商的传统。有一批人才很有经商的本领，再加上交通较好，要发挥这个优势，发挥这个传统的作用，要‘兴商建县’，把商业搞大、搞活，促进商品生产发展，加速我县的经济建设”。“各种流通渠道都要放开大搞……要面向全国市场，面向世界，争取打进国际市场。”

第九节 棚架市场

1

湖清门小百货市场是一个典型的占街为市的马路市场。设施简陋，经商者在鳞次栉比的临时摊棚里经营，夏晒冬冻，雨淋风吹，苦不堪言。在湖清门市场开放时仅有摊位 500 余个。由于群众经商热情高涨，新增商户越来越多，市场迅速爆满，3 个月内摊位数增加至 700 多个。到了第二年年底，市场摊位达到了 1050 个，每市参加购销人数少则五六千，多则近万，4000 多平方米的湖清门市场开始人满为患，犹如“螺蛳壳做道场”，已经根本无法满足需要。

湖清门的现有摊位容纳不下了，附近街道都被挤得水泄不通，于是不断向县前街、新马路两侧延伸，许多市场经营者便自带门板，搭起了塑料棚架“扩容”。摊位向新马路端延伸，致使摆在新马路上的摊位越来越多。

市场侵占到了公路。当时的新马路是金华—义乌—杭州公路（原杭金公路），是金华车辆开往杭州的必经之道，路边设摊的结果是人、货往来越来越频繁，从而导致了交通严重堵塞，给南来北往的人行车流带来诸多不便，汽车无法再在新马路行驶，每逢集市过往车辆被迫改道行驶。

有人说当时的义乌是：“80 年代的市场，80 年代的人口，80 年代的交通（各种机动车、手拉车、自行车很多），却只有 50 年代的马路。”怎能不堵？社会各界要求搞专业市场的呼声越来越强烈。

蓄势扬帆，要求市场扩建的热潮在涌动，一浪高过一浪。

1983年间，时任浙江省省长的薛驹去温州，路过义乌。“当时的县委要求省政府能批准改道，在城外建一条新的公路，把老公路让给市场。我回到杭州后，就与沈祖伦商量，同意公路改道，帮助解决市场拥挤问题。这就是当初非常简陋的市场。”薛驹在他所著的《历史的回顾与现实的思考》一书中写道，“义乌会发展这么快，这是我们当初没有想到的。”

顾客在新马路市场选购小商品

发展商品生产是农村富裕起来的必由之路。为了解决市场拥堵这个新问题、新矛盾，县、镇领导和职能部门领导开始酝酿、策划建设一个新的市场。诸多有识之士也纷纷建言献策，提出了不少有价值的建议。时为稠城镇工商所所长的孙樟宝就扩建市场的问题，向谢高华作过汇报，谢高华说可以造五层楼。

当时孙樟宝没说什么，而是跑到市场里去了解经营户的意见。他们却不同意造五层楼的市场，说：“最多只能造二层，那么高的楼，我们又背着货，谁耐烦爬上爬下呢？”后来孙樟宝把群众意见向谢高华作了汇报，他就没有再说什么。

1983年6月5日，时任浙江省委常委、副省长的沈祖伦来义乌视察，住在县第一招待所。上级派城阳区工商所所长吴望南和稠城镇工商所所长孙樟宝去汇报稠城镇小百货市场的情况，他们顺便提出要征用3亩至5亩土地扩建市场。沈祖伦回答说，可以造二三层楼的市场，这样可以节省土地。他们连忙解释道，这里不比大城市，城市商厦有人上楼买东西，农村人不习惯爬楼购物。沈祖伦沉思了一下，说：“那你们先打个报告上来吧。”

2

1984年2月至3月，徐至昌准备向县委书记谢高华提建议。徐至昌在写建议时虽为佛堂区工商所副所长，但他曾先后在城阳区工商所、稠城镇工商所担任过1年多的副所长，因此对稠城镇小百货市场的经营情况相当熟悉。这位于1951年参加工作，在1957年被打成“右派”，至1979年平反后即在佛堂区工商所工作的基层干部，被打成“右派”后曾打过工、养过蜂，也干过杂活儿，走过了一条艰辛曲折的人生道路，但他那种心直口快、心里有事根本憋不住话的性格却依然没变。

1982 年 9 月 29 日，徐至昌从佛堂工商所调到稠城，任城阳区工商所副所长，负责刚开业不久的稠城镇小百货市场的管理工作。1983 年 4 月 28 日成立了专门管辖小百货市场的稠城镇工商所后，他又转任稠城镇工商所副所长（所长为孙樟宝）。因此，他对小商品市场情况比较清楚。

当时在湖清门管理小百货市场时工作条件很差，办公室是向农民租的，只有一间约 10 平方米的小房子，内放 1 张办公桌，1 台扩音机，2 条用来接待顾客就座的木凳，另有 1 张钢丝床是晚上值班人用的。办公室接待顾客、处理纠纷的工作由另一位同志负责，徐至昌则连办公桌也没有，每天上班只能同经营户一起，边听取群众意见，边做一些调查研究工作。在一年的管理实践中，让他学到了许多市场管理和经商方面的知识。1983 年 10 月，因家庭原因，徐至昌调回佛堂任佛堂区工商所副所长。

在城阳区工商所工作时，就有很多经营户向他诉苦，建议扩建市场，改善经营环境，要他向上面写报告，弄个地方搭个棚，上面盖一点能够遮风挡雨的东西，让他们有安稳一点的经营场地。到了佛堂区工商所后，还有一些人找到他。对于经营户提出的要求，徐至昌也看在眼里，记在心里，也认为自己有责任把经营户的心声向上反映。

基于对小百货市场存在的一些问题，以及结合自己多年来对义乌经济和社会的研究，觉得义乌就应该发挥经商人才众多的优势，紧紧抓住农民经商这个积极性，大力开发和拓展小商品市场。于是在 1984 年 2 月至 3 月，决定将自己的想法和经商者的意见，汇总成一份报告呈给县领导。

不过，工商所的同事和一些朋友看到他要给县领导写报告，就劝道：“老徐，你刚平反才几天，20 多年的飘零生活不会忘记吧？应吸取心直口快的教训，现在你只要完成本职工作，空的时候看看报纸，锻炼锻炼身体，就比什么都好了，更何况你又不是市场工商所所长，能省的力气干吗不省呢？”

徐至昌认为他们的话虽有道理，但后来回想到自己于 1979 年“右派”平反时曾向党组织作过保证：要大胆努力工作，把已失去的 20 年抢回来，报答党的培育之恩。如果自己不履行这些诺言，良心上怎么过得去？况且，县委书记谢高华思想开明、办事果断，自己只是写个建议而已，如果被采纳，于国于民都是一桩好事，万一不被采纳，或者又被当作右派言论看待，大不了再受一次“双开”，反正现在已年逾不惑，儿女也长大了，一切都无所谓了。

更让他欲罢不能的是，那些善良的市场经营户和群众的鼓励：“你为我们写报告，如果被开除，我们带你做生意，去赚比你工资更多的钱；如果坐牢，我们给你送牢饭。”

1984 年 3 月 15 日，徐至昌将自己的想法和经营户的意见，汇总成《建议中共义乌县委采取强有力措施，迅速建成规模巨大的小商品专业市场》的报告，并于 4 月 15 日送到了县委办，呈送给了县领导。信的开头写道："中共义乌县委、谢书记：你工作忙，按理我们基层干部不应再来打扰领导，但出于一个党员义务和尽一个工商干部的天职，我今天冒昧向你写这封信，如有不妥，愿受批评。但我深信县委的领导是会接受人民有益的建议的。"

徐至昌在给谢高华的信中写道："1982 年 9 月在您的指示下，正式开放了小商品市场，经过一年的实践，证明县委的决定是正确的。""一年多来县委和您曾多次提出办好小商品市场，去年（1983 年）6 月 5 日沈（祖伦）副省长来义视察小商品市场时，个体户曾面对面要求省政府解决市场建设问题……总之，县委、省委领导都非常重视义乌小商品市场建设问题，但为什么现在未落实呢？"

信一共写了 15 页，七大部分内容大致如下：第一，首先肯定了市场开放后所取得的迅速发展的成就，接着又反映了省、市内外的经营户及部分国营商业部门提出的扩建市场的强烈要求，并提请县委、县府领导进一步解放思想，顺应民心，为扩建市场解决实际问题；第二，建立市场信息服务部，这是商品经济发展的客观要求，有信息才有流通，有流通才能搞活经济；第三，市场基地的选择和解决办法；第四，资金解决办法，可通过多渠道筹集解决；第五，市场可从简先建；第六，市场建设组织领导机构设置问题；第七，各有关部门具体任务安排。

信送出后，徐至昌一直忐忑不安，直到 4 月 29 日，当时的县委办主任给他回信说："佛堂区工商所徐至昌同志：你在 3 月 15 日写的信，提出了很多合理化建议，县委书记谢高华同志专门作了批示，相关部门专门进行了研究，现已处在规划、落实和行动之中。望今后仍然能多提一些建议，为振兴义乌而努力奋斗。"收到县委复信的那一刻，徐至昌激动万分，感到了县委领导又恢复了广开言路、倾听人民心声、为人民办实事的优良传统。

1984 年 10 月，徐至昌调回稠城，任稠城镇工商所所长。

3

话分两头，其实在此期间，县工商局也已经在提扩建市场的建议了。

1984 年 3 月，义乌县委提出解放思想、勇于改革、大规模发展商品生产的号召。县工商局多次研究市场扩建方案，并于 4 月 5 日和 4 月 7 日，先后两次向县政府递交《关于要求建造稠城镇小商品室内市场的请示报告》。

自从小商品市场开放后，所涉街道人满为患，车辆无法通行。

"到底怎么办？"谢高华对此事陷入了沉思，而县工商局、徐至昌等关于移址扩建市场的建议，无疑给谢高华和县委决策"以商兴县"的大目标点了一把火。

1984 年 4 月 23 日，县委、县政府召集工商行政管理、城建等部门领导，专门研究筹建义乌小商品专业市场问题。经过分析比较决定，新的小商品市场选址在靠近浙赣铁路的太祖田畈上，规模为占地 18 亩左右，1800 个固定摊位。

太祖田畈本为太祖殿畈，是“文化大革命”后改的。太祖殿原为义乌城里的四大太祖殿之一，这是当地百姓在逢年过节、外出做生意或家中办喜事时祭拜的地方，祈求丰年稔岁、保佑平安如意。

小商品市场选址太祖殿畈，这里自然成了义乌人的“福地”。根据当时的条件及便于采光、通风的要求，决定市场建筑采用钢管玻璃瓦棚；为方便经营者，在场中间划出 300 平方米建一幢 1000 平方米的综合服务楼，内设餐厅、招待所、银行分理处、寄存处、小卖部等；规划时还要考虑留有一定空地，作为旺季临时摊位用地，预计总投资为 60 万元左右。

1984 年 5 月 6 日，县政府义政〔1984〕86 号文件“对工商局《关于要求建造稠城镇小商品室内市场的请示报告》的批复”：经一九八四年第七次（五月五日）办公会议研究，同意在稠城镇北太祖殿畈建造稠城（镇）小商品室内市场，需占用的土地征用手续由你们抓紧办理，争取在今年国庆节前市场交付使用。

4

筹建太祖殿畈小商品市场的方案批复后，征地等工程的前期工作和市场建设资金的筹集工作等随即展开。

筹建市场，首先遇到的是土地问题。在沈祖伦副省长的亲自过问下，省农业厅仅批了 5 亩市场用地；省工商局帮助解决了“三材”困难，分配了用于市场建设的 10 吨专用钢材、10 立方米的木材；金华地委领导多次关心，解决了超过省审批限额的 13 亩用地。经县工商局领导多次上门协商，解放大队同意将太祖殿畈以每亩年产 2000 斤水稻，每平方米折价 13 元的价格征用。

筹建市场预算要 60 万元资金。可是，义乌县工业基础差，财政比较困难，这笔资金相当于市场 1983 年的税收贡献，没有能力支持市场建设。

为此，谢高华还在一次会议上呼吁：“我们希望各个部委给予相应的支持，让我们能够享受一些特殊的待遇，支持我们尽快把市场搞起来。”

为解决启动资金，只有向个体工商户集资一点，采用预收摊位费、管理费的方法，由县工商局组织，市场个体劳协配合，向每个摊位预收 300 元的摊位费、管理费，一下子就筹集了 5.6 万元。有了这部分资金，就可以一边进行工程的前期准备工作，一边研究筹集资金的其他渠道。由于稠城镇政府和解放村都给予了很大支持，筹建工作进展顺利，工程于

1984 年 7 月 4 日破土动工。在市场的施工中，为保证大门通道宽敞、美观，县委领导亲自做有关单位拆围退缩工作。

接着，县工商局从本部门仅有的 23 万元市场管理费中拿出 13 万元投入市场建设（另 10 多万元用于廿三里小商品市场等建设）。其余的资金只能采取向银行贷款。但是，向哪家银行贷款？又由谁去贷？

用贷款建市场，银行从无先例，这在当时是一个新问题。考虑到稠城信用社已参与为市场经营者提供存贷业务的现实，当时已由县政府办公室主任升任副县长的陈正兴先找县农行领导商谈贷款问题。县农行的同志说：“这个市场建在稠城镇内，按照银行业务分工，这笔贷款应由工商银行解决。”

为了多听听各个银行的意见，他又分别找县工商银行和县建设银行负责人商谈。县工商银行的同志说：“城镇企业贷款是以我们为主的，可是市场虽然建在稠城镇上，但市场内的经营者以农民为主，从这个道理上说，贷款仍应由农行解决。另外，这也是基建项目，基本建设贷款是由建行负责的。”

县建行的同志也有他们的理由：“在我建行贷款政策内，从来没有市场建设项目，按基建贷款渠道是无法办的，还是作为其他性质贷款为好。从地域上讲，该工程贷款应由工商银行解决，从市场上做生意的人看，应由农行解决。”

一言以蔽之，三家银行都不愿承担这笔贷款。究其原因：一是信贷政策上没有明文规定；二是怕市场效益不好，贷款收不回来，此事又是政府拍的板，无处可讨还。对于这一点，陈正兴在商谈中尽可能分析了市场发展的前景，说明贷款无风险，然而因迫于当时各银行的上级所施加的压力，依然不能消除他们给市场建设贷款的顾虑。

几次接触下来，他觉得需要加点行政手段。所以，在做通县财税局领导工作的基础上，向县政府主要领导通报了银行的态度，提出“贷款由农行解决，还贷以县财政为后盾”的想法。征得同意后，即明确通知县农行：“1. 太祖殿畈小商品市场建设所需的 40 万元贷款由农行解决；2. 贷款到期如因市场停办等原因还不了的，由县政府负责，必要时由县财政承担；3. 市场发展了，进场设金融机构，农行有优先权。”在行政的、经济的手段同时使用下，县农行最后同意解决这笔贷款。

贷款有了着落，那么由谁去贷呢？鉴于县工商局是市场主管部门，又是工程的承建单位，所以，确定以县工商局为贷款单位。但是，当时的县工商局主要负责人也不愿承担这笔贷款的风险，以“行政单位贷款，无还款来源”为由推辞。此时，刚好准备成立义乌县工商行政管理局小商品市场管理所（简称小商品市场工商所）。1984 年 10 月 18 日，任命徐至昌为小商品市场工商所所长。经多次做工作后，县工商局同意以小商品市场工商所名义向银行贷款。

县农行行长亲自跑到省农行要求批贷款，最终省农行同意以农业设备贷款名义下拨义乌县农行 35 万元贷款。同时，县财政也拨款支持了 5 万元。通过向经营户集一点、工商部门筹一点、银行贷一点、财政拨一点“四路进财”的办法，建设稠城镇小商品市场的 57 万元资金得到了落实。

1984 年 10 月，党的十二届三中全会召开，作出了《中共中央关于经济体制改革的决定》，提出我国社会主义经济是“公有制基础上的有计划的商品经济”。这是党在计划与市场关系问题上取得的新认识，给义乌小商品市场的发展带来了春风，义乌全县掀起经商办厂热潮。

资金有了保障，稠城镇小商品市场的施工进度加快。在市场建设者日夜加班加点地努力下，占地 13590 平方米，固定摊位 1849 个的小商品专业市场于 1984 年 11 月底基本竣工。

5

1984 年 12 月 6 日，对于义乌人来说，是个值得纪念的日子。位于义乌太祖殿畈的新建稠城镇小商品市场举行开业仪式，来自全国各地的客商和数以万计的义乌农民，兴高采烈地聚集在这一新的小商品贸易中心，庆贺开市大吉。

同日，全县第一家为专业市场服务的金融机构——中国农业银行义乌县支行小商品市场分理处也开始营业。义乌县个体劳动者协会负责人何海美坐在自己的摊位上高兴地接待着客人。她说，党和政府为我们经商提供了这么好的条件，真是做梦也会笑出声来。

这是义乌首个正式的专业批发市场。这个位于县城西北角的棚架式小商品市场为钢架玻璃瓦棚顶、水泥板摊位，场地为水泥地面。在 40 排整齐排列的绿色和白色玻璃钢棚架下，按经营门类设有 1886 个摊位，每个摊位占地面积约 1.5 平方米，摊主座位统一定制有编号的靠背椅。市场内道路宽敞，按小百货、小五金、服装、纱巾、针织等商品种类设置。

整个市场营业面积由湖清门的 4000 多平方米扩大到 1.35 万平方米。市场中心建有 300 平方米的 4 层综合服务大楼，内设餐厅、招待所、小卖部、小商品寄存处、银行营业所、问讯广播室等服务设施。个体客商可以在这里汇款、信贷、存放货物。市场还留有绿化地，东北角辟有池塘，开业后还兴建了游览亭、曲桥和假山，为经商者提供小憩的园地。有关部门特地赶制了小餐车，送饭菜到摊位，让经商的农民吃热饭、吃好饭。

在当年，这样的大型市场在省内仅义乌一家。为了建造新的大型小商品市场，让农民安安心心做生意。县里采取多方集资的办法，仅花了 4 个多月时间就保质保量完成了这项工程。当然，这个市场也是地面市场，而当时批准筹建的是小商品室内市场，但最终并没有建造几层高的建筑，可见当初义乌县委、县政府以至省里有关领导的工作，也是实事求是的，是尊重了当时群众的经商实际情况的。

自从两年前县政府决定开放小商品市场以来，广大农民和全国各地的经商者蜂拥而至，使稠城小商品市场很快成为全国闻名的小商品集散地。至1984年上半年，市场的固定摊位已发展到1000多个，每市成交额达10多万元，交易的小商品2400多种。由于市场日益兴旺，经商的农民越来越多，广大农民纷纷要求在小商品市场上摆摊设位，进行交易，这就给市场建设提出了新要求。

新建成了稠城镇小商品市场后，义乌小商品市场也告别了原始的沿街为市、逢集为市的“马路市场”传统方式，改变了古老的农村集市贸易的性质，开始了进场为市、日日为市的新历程，成为拥有专门经营场所、服务设施和管理机构健全的新式市场。除了义乌人，浦江、东阳、慈溪、萧山、绍兴、温州等地的商户也入场经营。市场一开张，全国各地客商接踵而来，每天吸引着近万名购销人员进场交易，其中六成以上为外地人。商品辐射南至海南，北至黑龙江，甚至跨越边境进入了尼泊尔和缅甸。

一时，太祖殿畈的小商品市场成了全县最集中、最热闹的贸易场所。在一排排一列列整整齐齐的摊位上，陈列着来自四面八方的小百货，琳琅满目；市场上客商如云，有增无减。在当时的温州乐清，曾有过一个规模不小的服装市场，但随着太祖殿畈小商品市场的兴起，经商农民也纷纷迁巢义乌。道理很简单，无论人气、名气、信息还是交通，当地与义乌小商品市场都不好相比。有一位温州干部后来做过统计，20世纪80年代初在温州从事小商品经营的个体户中，此后就有超过一半的人到了义乌。

由于这个市场紧靠浙赣线，铁路高过屋顶，每一趟列车经过，旅客都可清晰地看到这一片棚架全景，都说这个市场真大，义乌市场成为旅客眼里的一大奇观，犹如天天向全国做免费广告。

但，新市场建成了，此时谢高华已经调离了义乌。

6

俄国著名作家车尔尼雪夫斯基曾说过：“没有痉挛，历史就不能向前迈进一步。”改革是勇敢者的事业，改革没有“可口饭”吃，不可避免会遭到旧势力的阻挠，会触怒既得利益者的利益，不可能一帆风顺。要啃下改革中的硬骨头，牙齿就要比它更坚硬，所以说，改革需要大智，也需要大勇。面对错综复杂的矛盾和问题，必须敢于攻难关、涉险滩、破藩篱、动奶酪。

1984年11月28日，谢高华在义乌主持召开了最后一次常委会。他说：“实事求是是一根红线，我们要敢于实事求是，要花点功夫调查，解放我们干部的思想，克服一个‘等’字，一个‘难’字，要从人民利益出发，大胆开拓，敢于创新。”

然而就在市场开业前几天，谢高华被免去义乌县委书记职务，调离义乌赴金华就任金华地委农工部长。“当时，我十分盼望能在新马路小商品市场开业了再走，但这是组织上的安排，必须服从。”谢高华最终怀着对义乌的一片深情离开了。

谢高华调任金华地委任农工部长，表面上看是平调，在 1985 年任衢州市（1985 年 5 月 15 日，衢州市升为地级市）常务副市长。

屡闯“禁区”的谢高华虽然调离了义乌，可由他催生培育的小商品市场发展势头正劲，热度不减，继续成为各路草根热捧的“香饽饽”。在顽强、坚韧的义乌人手中，市场迅速产生了积聚效应，规模持续上升，义乌的市场发展之路从此踏上了快车道。

“‘兴商建县’这条路要坚持走下去。”一句肺腑之言，既道出了这位小商品市场催生培育者对义乌的不舍，也彰显了一名领头人高瞻远瞩谋划未来的战略决策智慧，成为留给后人的宝贵财富。于是，在义乌这片土地上，开始了以无数民众为主体的朴素的脱贫致富的伟大长征。此后，他还以《赞义乌》为题，写了一首七言律诗，既流露出了他对义乌魂牵梦萦的那份不舍，又洋溢着对义乌的赞美和所寄予的殷切希望：

凯歌阵阵喜融融，经济腾飞冠亚东。
四海联姻多硕果，五洲贸易畅流通。
并肩互惠与时进，携手双赢美誉隆。
迈步小康先致富，辉煌再造立新功。

有了专业市场，农民的经商热情进一步高涨，并从单纯的经商向产供销一条龙发展，市场上出现了多种适应小商品市场发展，适合当时生产流通特点的经营方式：有的联合采购，分散经营，即几个摊位共同派出采购员，购进的商品按股份分销；有的联合采购原材料，分散加工，自产自销，出现“前摊后厂”的供产销联合体；有的到外省、外县产地或销地建立信息网络，扩大经销覆盖面；有的运用现代化的通信工具和运输工具，加快商品物流、资金流的周转速度等。

灵活的经营方式不断推陈出新，“小、多、廉、快、信”的市场运行特点吸引全国各地客商纷至沓来，市场成交额直线上升。到 1984 年，小商品市场成交额达 2840 万元，摊位达 2000 个左右，经营商品 3000 多个品种，本地产工业品约占三分之一，其余大多来自省内乡镇企业及江苏、广东一带的产品，而销往地多为长江以北及云贵等省份；日均交易人数为 6000，其中六成以上是外地人，以温州和台州为主，小商品市场辐射范围从周边县市延伸到省内外。

与此同时，商品物流也带动了义乌家庭工厂的发展，年底购销专业户突破 1 万户，达 10490 户，很多商贩在市场里摆摊、在家里搞家庭工厂，所谓“前店后厂”的模式油然而生。

很明显，一个跨越省界，辐射全国的市场网在当时已显雏形。此后，稠城镇小商品市场更名为义乌小商品市场。

从“稠城”到“义乌”，从“镇”到“县”，不仅仅是名称改了，区域范围大了，办市场的主体也更“硬”了，它直接代表的是哪级政府开放了市场。此时此刻，说明县政府不再仅仅是幕后指挥，而是直接站在了前台。

看，呈现在人们眼前的这片浩瀚的商海，一直连到了天边，一望无际。与蔚蓝的天空相连，水天一色。近处的海面上，一米多高的浪涛一层追赶着一层向岸边涌来，使人感觉此时的海水是那么波涛汹涌。胆小怕事的人，会在海浪面前惊慌失措，望而却步。但是大多数义乌商人，特别是换过鸡毛的敲糖人，却是义无反顾，纵身一跳，投入商海之中，尽情地搏击、游弋，不怕浪有多高，不惧海有多深。

第三章 接力赛跑

谢高华调离义乌后，他的继任者赵仲光接过接力棒，继续坚持“兴商建县”不动摇，把小商品市场建设作为政府促进地区发展的主抓手。

在谢高华担任义乌县委书记时，他任义乌县政府副县长，当时他就力主开放市场，认为开放市场有利无弊。因此，由这样的领导来接棒担任掌舵人，对“兴商建县”大政方针的延续无疑是有利的。实际上，这一任的县委书记对能否贯彻既定的方针更是十分关键。

义乌市场成为发展本地商品经济的一大优势。义乌人是幸运的，义乌“兴商建县”的发展战略，更是得到了地委、省委的重视和肯定。

1984 年 12 月，义乌县委被浙江省委列为 1985 年 2 月省农村工作会议典型发言单位。省委常委、副省长沈祖伦在接见义乌发言材料撰写人员时，开门见山地提出：“义乌农村商品经济发展势头很好，要好好总结。义乌这个发言材料的题目就是‘兴商建县，振兴义乌’八个字。”也是在这次会议上，县委明确提出了“立足市场，面向全国，闯入港澳，打进国际市场，振兴义乌”的奋斗目标。

在党的十一届三中全会精神指引下，在历经种种探索与曲折之后，在大胆创新实践中逐步形成的“兴商建县”发展战略就这样被正式确立了下来。从此，历届政府一以贯之，始终保持政策的延续性，并不断根据发展阶段与外部变化，在延续中进行战略升级，形成了推进“兴商建县”发展战略的强大合力。

在改革开放初期，一个地方领导的改革创新意识起到十分重要的作用，观念的解放与否往往也是一个地方有没有可能发展起来的关键因素。这比当地的产业基础、政策扶持、人文素养乃至地理区位等客观条件还要重要。一些工业基础雄厚、地理位置优越的城市地区，由于计划经济色彩浓厚，民营资本难有萌芽的机会，倒是在一些偏远地区、国有经济薄弱的边穷地区，却意外地激发出了自谋生路的勇气。

义乌市场经济的率先发展已震动了祖国的四面八方，使全国范围成千上万的人把目光投向义乌的市场，并关注义乌市场的进展状况。这就是义乌市场经济率先发展的深远效应，也是党的十一届三中全会政策逐渐深入人心的一个有力例证。

第一节 城中路市场

1

义乌的发展模式，几乎是20世纪80年代中国民营经济成长的标本。“货多价廉款式新”，义乌的名声以令人难以置信的速度在中国农村传播，这里很快聚集起来自天南地北的商贩，构筑出了一张辐射农村及中小城镇的商品网络。

“我还是第一次见到这样规模的小商品市场：在一万四千平方米的水泥地上，鳞次栉比地排列着二千个个体式货摊，它们被经营的门类，整整齐齐地排成四十行。每个摊位占地一米，上盖绿、黄两色的玻璃棚，下有水泥板货台，摊主坐的是统一定制的有编号的靠背椅。”这是上海《文汇报》记者沈吉庆在《小山沟里的大市场》一文中对义乌小商品市场“盛景”的描写。这也是义乌市场第一次被省外媒体报道。

该文的开头生动呈现了义乌小商品市场的繁荣景象。在该文的引题中，沈吉庆还写道：“在义乌县山区，生意做到了海南岛、黑龙江畔，甚至做到尼泊尔、缅甸”。文章从“敲糖换鸡毛”谈起、“兴商建县”的口号提出、“这才是真正的扶持”、五大好处等四个方面进行了阐述。

沈吉庆写这篇文章，缘于熟人的介绍。1984年年底，他听熟人说，在浙江有个叫义乌的地方，一种新颖小商品或新技术只要在国内的城市商场一出现，没过多久，人们就可以在那里的市场上找到。

于是，他饶有兴致地赶到了义乌。“看到市场，我的眼前一亮，第一感觉是繁荣，第二感觉是活力。”当晚，他住在县政府招待所，又领略到当地“夜市”的繁荣：“商人们打了烊，晚上出来逛，出来消费，又带动了市场。”工商所同志请他吃义乌有名的狗肉，“感觉热乎乎的”。趁着热乎劲，他写下了关于义乌小商品市场的这篇报道，发表在1985年1月24日的《文汇报》上。

他在“五大好处”部分写道：“（商贩们）带来了全国各地的生产技术。当地的塑料加工是从广州学去的，针织技术是从绍兴、嘉兴引进的，童鞋制作是从温州移植的。”他还讲了一个很生动的故事：年初，有位商贩听说在城市里太阳帽的生意非常好，就特地赶到杭州去买了一顶回来，钻研了三天就生产出了类似的太阳帽，价格却比城里的低了一半。半年后，在义乌市场上加工经营太阳帽的商户就达到3000人，成了全国最大的太阳帽产销中心。

俗话说：人往高处走，水往低处流。一个地方的发展，人气很重要，正如大海处于低洼之地，所以能海纳百川。这就是人们所说的“凹地效应”。义乌凭什么吸引远方的客人驻足？是市场的先发优势、灵活的税收政策，还有就是对市场信息的快速把握，从事“敲糖换鸡毛”的上万贩销大军，编织起了一张及时、准确、全面的小商品购销信息网络，助力商家不断开拓新市场。

“凹地效应”的形成，使市场的发展完全超出了人们的想象。位于太祖殿畈的稠城镇小商品市场（后来所称的“新马路市场”）开业后，县政府本想喘一口气，着重研究市场管理方面的问题。然而，市场发展的速度出乎意料：到1985年年初，市场摊位猛增2000多个，每天前来交易的超过万人，其中六成以上为外地人，要求申请进场经营的络绎不绝。

显然，刚开业不久的市场又显得太小了，变得拥挤不堪，为此不得不动用了预备用地，再架起300个临时摊位来缓解供求矛盾。由此，县政府在研究市场管理的同时，又不得不就市场规模的扩大问题作进一步的研究。

2

1985年4月25日，县政府召集了县工商局、小商品市场工商所负责人及个体工商户研究市场扩大问题，商量市场如何才能适应形势，解决市场进一步发展的问题。讨论内容主要有三点：一是分析小商品市场的现状和发展趋势；二是研究扩建方案；三是讨论扩建所需的土地和资金问题。在讨论中大家一致认为，从目前市场的发展势头来看，扩大市场规模很有必要。

但对如何扩建市场，当时却出现了两种意见：一种是在现有市场的基础上扩大，通过征用附近可征用的土地，即把电力公司的土地买过来，再征用义乌剧院后边的空地，在市场（靠近铁路一边）建一幢四层楼的室内市场，把规模扩大到3000个摊位以上；另一种意见是另找地方建一个大市场，规模先搞4000个摊位左右。

这两种意见比较对立。由于第一种意见的工作量小，投入少，风险也略小，在会上赞成的人略多一点；第二种意见有超前意识，从规模、效应分析很有吸引力。会议最后裁定：一是市场规模太小，必须扩大；二是扩建方案待进一步论证后再定。

好的意见从群众中来，问一问群众再决定。在会后，主持这次讨论会的县领导即带着如何扩建小商品市场这个题目，走访了部分个体劳协负责人和市场内的经营者，征询意见。大家的意见也不一致，但他们从有利于经商的角度提了一个共同建议：市场只能一地，不能分处两地。

接着，县领导又与有关同志一道考察了市场周围的发展余地、市场交通出口等。因为市场规模太小，当时有 100 多人申请设摊而无法进场交易，预计到年底摊位要发展到 2500 个以上。另一问题就是市场门口交通阻塞，眼下亟须解决，要进行疏通。新马路市场北靠浙赣铁路线，东西面为楼房，仅有南面一条主要通道，而外面仅有 10 米宽的新马路。当时，为市场服务的天目山牌三轮车已有 280 多辆，每天进场交易的人已有 1.3 万 ~1.6 万人次，市场出入口非常拥挤，马路经常发生堵塞。再就是管理服务跟不上，必须改善。

通过座谈、走访、考察，大家统一了认识：如果在现有的市场基础上扩建，上述这三个问题都不可能从根本上解决。

这是因为，如果在原市场内扩建四层大楼，需将市场旁边的一些房子及空地买过来，不仅投入与产出不理想，而且周期太长，没有 3 年时间无法办成。同时，即使建起了大楼，虽暂时解决了摊位和管理用房的需求，但市场必将进一步发展，摊位供求等矛盾仍然突出。另外，随着市场的扩大，人员流、物流的增加，交通阻塞将进一步加剧。

针对现有市场中存在的问题，再比较两个扩建市场的方案，从发展的角度看，在原市场基础上扩建的方案因地理条件的限制而不很理想。那么，要新建一个能容纳 4000 个左右摊位的大市场，并且要留有发展的余地，地点又放在何处？

此时，县城建部门、稠城镇政府正在研究稠城镇 1984 年至 2000 年建设总体规划。其中，义乌的城建工作也由陈正兴分管（1984 年至 1986 年）。至 1984 年年底，县政府将稠城镇的建设总体规划上报金华地区行署后，行署有关部门对规划中的小商品集散中心的性质、人口总量、发展方向等尚有不同看法，准备到这年 9 月来义乌召开论证会。而按稠城镇的总体规划，建设需向县城南面的义乌江方向发展。

城市向义乌江方向发展，抓手是什么？能否把新市场选址与稠城镇城市规划结合起来？这样既可以通过建一个市场带一片城镇建设，又能满足新市场发展的各种条件。于是，一个扩建市场的设想油然而生：一是新建一个小商品市场，占地 60 亩，规模 4000 个摊位；二是地点设在稠城镇朝阳村附近，即将市场从稠城镇的北面搬迁到南面；三是将太祖田畈的小商品市场改为农贸市场。

这一方案向县委、县政府主要领导汇报，在得到初步认同后，再提交县委、县政府领导班子成员会议讨论。讨论中，大家对于新市场的规模、只建一个小商品市场、将原市场改为农贸市场等均无异议。但新市场要占用 60 亩良田，大家提出“能否选一块山坡地或用占良田较少的地方来建市场”？

将县领导班子讨论的意见向县工商局、小商品市场管理所负责人通气后，县工商局个别领导仍坚持不同意新建市场，还说这是县工商局多数人的意见。为此，县政府分管领导专门到县工商局，召集了股长以上干部讨论小商品市场的发展情况，并将方案的初步设想征求大家意见。在讨论中，除少数同志没发表意见外，多数同志都认为新建一个市场比在原市场上扩建好，表示支持县里的决定。

基本统一了县工商部门中层骨干的意见，就开始设计建设方案：第一，市场总体规模为占地 60 亩，占地 16000 平方米，摊位 4000 个，结构为火车站月台型的钢筋混凝土棚架；工商、财税、银行、邮电、派出所、饮食服务、联托运等管理服务用房占地 10500 平方米，市场内通道及中心花坛等 5800 平方米，道路征用 6000 平方米，停车场 2600 平方米等。第二，总投资为 400 万元左右，资金来源采取县财政拨一点、银行贷一点、单位自筹一点、摊位集资一点的方法筹措。

最为关注的就是关于选址的问题。按县委、县政府会议要求拟出两个方案，方案之一是选在朝阳村与篁园路之间，即东靠朝阳村，西至篁园路，北紧贴杭金公路（新马路拥堵后新筑的环城路，即后来的城中路），南为今后的市场发展留有余地。方案之二是选在北门汽车站后面仓后村边的小山坡上。

1985 年 7 月中旬，县委召开班子联席会议，对新建小商品市场的设想方案进行专题讨论，工商、土管、财税、计委、城建等部门和稠城镇政府领导列席会议。参加会议的同志还到朝阳村附近、仓后路实地察看，仓后村小山坡因场地太小，无发展余地被否决。大家都把目光移到了正在拓展中的南边新城。会议原则同意选址确定在朝阳村与篁园路之间，市场称为篁园路小商品市场（城中路小商品市场）。

但是，扩建方案提出后，社会各界出现了不同的声音。持反对意见的人认为：新马路市场刚刚开业，继续建市场步伐过快，对新建市场是否有必要？有些态度激进的人则以这一地带是良田为由，反映到了省里和中央，说："这么好的田毁掉建市场太可惜了，光靠市场能吃饱饭吗？"对此，县工商局有的同志也在思想上顾虑重重，并向省工商局作了情况汇报。省工商局派人到义乌了解情况后，明确支持扩建方案，认为应继续兴建市场。个体经营户自然是积极支持了。

针对这种情况，时任县委书记赵仲光亲自带领县班子领导进行实地调查，最后作出决定：兴建新市场，场址就选在城中路以东、前大路以西地段，并指示说：有意见只听不改，定下来就快上，要求市场在 1986 年 10 月 1 日前建成并交付使用。

3

一场兴师动众、规模宏大的兴建新小商品市场的战斗打响了。为保证市场建设进度和工程质量，县政府专门成立了市场扩建领导小组，由县政府办、计委、工商局、财税局、农业局、乡企局、城建部门和稠城镇等单位领导组成，副县长陈正兴担任组长。

对市场的土地征用，省、地两级政府及有关部门很重视。当时除了 60 亩的用地指标，还涉及3000个农转非的指标，都需要省政府审批。但国家还没有明文放开建设县域农副产品和小商品批发市场，对农民进城也有诸多政策限制。时任县政协副主席严智满直接找省政府汪弘毅秘书长汇报，请求帮助。因为严智满在省委办公厅工作时曾与汪弘毅是同事，两人交往颇多。

在汇报时，义乌就与海宁县相比较，认为义乌虽缺省、地属工业企业，城镇人口不足，社会消费水平低，但义乌的小商品市场发展快，潜力大，产业影响大，资金积累快，农民进城经商的愿望强烈。要加快改变义乌落后面貌，就迫切需要省里从政策上给予倾斜与扶持。汪弘毅答应亲自向省领导沈祖伦汇报，并召集省职能部门协调，最终解决了义乌小商品市场用地与农转非指标的问题。

随后，靠近城中路的搬迁户在几个月内动迁完毕，确保了工程的顺利开工。设计部门对这项工程建设也很支持，设计图纸在两个月内就全部完成了。

然而，资金筹集虽比建造太祖殿畈小商品市场时容易，但也颇费周折。恰恰相反，这次是出现了几家银行争着要贷款的局面。新马路市场的成功兴建，在短短几个月内就产生了良好的社会效益与经济效益，显示了符合实情的市场建设的巨大发展潜力，各家银行都看中了这个阵地，农业、工商、建设三家银行都以承担市场建设资金贷款为条件，要求进入市场设立营业机构。

县农行同志说："以前有过承诺，农行承担了太祖殿畈小商品市场的贷款，今后新造市场农行有优先权，这次应由我行一家解决市场建设贷款。"县工商银行的同志要求："市场建在稠城镇，我们可以解决建设资金贷款。"县建行也主动提出，由他们来解决市场建设贷款。而且几家银行都搬出了上级银行领导来做工作，其中一家地区银行的同志甚至扬言，如果这项工程贷款不交给他们，不让他们进驻市场，将削减义乌县的工商企业贷款。

公说公有理，婆说婆有理。银行信贷是发展经济的主要杠杆，每一家银行都得罪不起。最后县领导分析利弊后，决定还是应尊重历史，选定向县农行贷款180万至200万元，对其他两家银行进入市场，则采取其他变通办法解决。

资金落实后，整个市场扩建工程采取了边设计边施工的办法。在落实建设单位时，采取统一规划设计、统一领导指挥、统一招标投标，分单位负责施工，合理分摊统筹资金的办法实施，这样既保证了工程建设的速度，又保证了质量。

这年7月9日，县委下发了〔1986〕16号文件《关于进一步搞活义乌小商品市场的若干意见》，从组织领导、税收稽征、工商行政、银行信贷、改善服务等五个方面，为做好市场的管理、服务工作指明了方向。经省公安厅批准，设立了义乌小商品市场民警值勤室，配备了5名专职民警；建立了由市场经营者组成的市场治安保卫委员会；税务部门也在市场建立了小商品市场税务所。所有这一切，都为新市场建设、繁荣、规范、稳定和发展打下了基础。

4

新市场主体工程从1985年11月破土动工，到1986年9月中旬，占地44000平方米，摊位4096个，总投资为440万元，场内建有综合商业服务楼及工商、税务、公安等管理机构齐全，银行、邮电、托运、饮服等服务设施配套的大型集贸市场基本建成，前后只用了10个月时间，新一代小商品市场就诞生了。

这年9月26日，位于城中路与篁园路交岔口东南角地块的小商品市场（后称城中路小商品市场）正式开业。省委常委、常务副省长沈祖伦参加开业剪彩，并对市场的进一步发展作出指示。

新开业的城中路小商品市场场地为混凝土地面，水泥台板固定摊位，车站月台式“Y”形钢筋混凝土棚架，石棉钢瓦盖顶。市场内经营小商品、服装、针织等三大门类。市场门口，写着由时任浙江省省长薛驹的题词“活跃市场流通，发展商品经济”。场内除了排列整齐的固定营业摊位外，还建有一处花坛，手执拨浪鼓女货郎塑像——“拨浪鼓女神”竖立在花丛中。场内还有餐厅、旅馆、浴室、游艺场等生活设施。

新市场开业第一天，参加交易人数有4万余，成交额有百万余元。县委书记赵仲光要求市场管理部门领导：“市场上要增加税收一定要经县委同意，以免市场产生波动。”

这年10月25日，《人民日报》在头版以“开发民间市场带动农村各业 义乌‘兴商建县’变富步伐快”为题，盛赞义乌市场“成为全国少有的小商品市场”，使义乌“成为浙江省发展较快并颇具特色的一个县”。文中写道：“1984年县里更明确地提出‘兴商建县’的口号，促进民间市场的发展，在工商、税收、法制建设等方面创造良好环境，并在信贷和非农产业开发等方面给予积极支持。”

该文中还写道：“‘兴商建县’实行的结果，使该县的农贸市场稳步发展，生产资料市场也逐步解冻开放。发展最迅速的是小商品市场，从1982年小商品市场在街头出现到现在，市场由小到大、三易其地。今年国庆节前新开放的第三代小商品市场已占地四万四千多平方米，拥有五千余摊位，经营包括服装、玩具、生活用品等小百货三千余种，开张第一天成交额近百万元，参加人数近四万人，与义乌县城市人口总数差不多，成为全国少有的小商品市场。义乌小商品摊商和商品如今来往于全国各地，在西南、华东、东北的某些大中城市出现了由义乌人经营、专售义乌小商品的‘义乌街’；他们的生意甚至做到了尼泊尔、缅甸等国。”

在该文中继续写道：“民间市场的兴起，最大的收获就是成千上万的农民积极参与经济的开发，进入市场经济的大课堂。去年全县乡镇企业产值已为1978年的十二倍，农民人均纯收入已逾五百元。”“民间市场的崛起，带动了饮食、旅店、运输、维修、包装以至邮电等各业的兴旺发展，去年县财政收入比 1979 年增长了 143%。”

城中路小商品市场开业半年时间后，新任县委书记到任。1987 年 3 月 24 日至 27 日，中共义乌县第七次党代会召开，新任县委书记作《团结务实，开拓进取，为建设文明、富庶、繁荣的义乌而努力》的报告，其中有 4 处提到“兴商建县”。该报告认为：“过去三年‘兴商建县’决策得到有力的贯彻执行”“‘兴商建县’，搞活流通，创出义乌市场特色”。同时在该报告中又提出：在“七五”期间“‘兴商建县’的文章要继续做下去”“小商品市场是我县商品流通中的一颗明珠”“小商品市场不只是商品集散地，更要成为指导商品生产的重要信息来源，成为干部群众学习价值规律、认识商品经济的社会大学校”。

1987 年 4 月 30 日的《人民日报》第 2 版，刊发了“建座市场不亚于建座工厂——义乌小商品市场纪事”的文章。文章开头描写道：“市场占地 44000 平方米。走进大门，只见由钢筋混凝土构架、玻璃钢瓦盖顶的月台型绿色摊棚排排摆开。摊棚之下，经营者摆出的各类小商品五彩缤纷；摊棚之间，人头攒动，购买者背着大包小包穿行其间。在这里，仿佛置身于某一大城市的大商场之中。”

该文继续写道：“全市场有 5000 多个摊位，如果顺着这一排排摊位走过去，观赏各种不同的商品，恐怕半天时间也走不完。市场经营的商品有 3000 多种，至于花色，管理人员说：没法统计。反正属小商品范围之内的，可以说应有尽有。商品的 40% 来自周围农村，其余部分则是经营者们凭借市场的敏感，从上海、温州、广州等地采购来的，再通过这个市场销出去。挂牌营业的主要是本县农民（也有少量邻县的）。至于采购者，那就全国各地都有了。有华北几省的，有云贵高原的，有东北的，有新疆的。一座小小的小商品市场，把义乌和全国各地广泛而又紧密地联结在一起！”

“就这个小商品市场，每日成交额有 40 多万元，最多的有 100 多万元。去年成交额有 1 亿多元。这难道不可和大城市的大商场比美！我来这里，还未到市场的旺季。据说旺季的景象，那更令人赞叹不已！”这是在该文第一部分“义乌的骄傲”中的一段总结文字。

5

城中路小商品市场开业后不久，摊位迅即占满，而要求进场摆摊的经商户却有增无减，于是又在场内增加了 2000 多个临时摊位。为应急需，在 1987 年投资 25 万元，把原自行车停放场地改建为摊位；并在朝阳一街、二街和篁园路沿街两侧设置水泥板露天摊位，因晴雨皆不便，不久拆除。

经商的人数不断增加，县委、县政府又决定增设针织品市场。1987 年 11 月 5 日，投资 125 万元，在小商品市场东北角（稠州中路）新建针织品交易区，扩大市场面积 9500 平方米，设摊位1382个,并于1988年11月6日投入使用。不到半年时间,即建成了一个新的棚架市场,相关经营户搬进了新的针织品市场经营。这个针织品市场的原址是块城郊的荒地,野草丛生。

1988年11月22日，位于城中路与丹溪路交岔处的生产资料市场建成开业。

由于新增个体户依然成倍增长,摊位异常紧张,决定再开辟篁园路、保联东街、朝阳一街、二街和直街为小商品市场临时摊区。

1989年下半年，投资50万元，沿市场旁边的篁园路上搭起了一长200米的天穹式钢架棚，将其扩建为水泥板摊位的篁园路沿街小百货市场，占地4548平方米，增加摊位1386个。10月8日正式投入使用，9日至11日在义乌剧院召开大会公开抽签安排摊位。

“利用好家门口的市场”“把全民集体企业推向市场，促进全市经济发展”……凡此种种，都给义乌小商品市场注入了新的活力。因为当时义乌几个国营、集体企业正面临着产品积压的状况,企业没有经济效益。当时的市领导号召个体户骨干要重视“推销本地产品”。有些个体户带头承包了义乌城南袜厂等企业，把企业积压的袜子等产品销往市场，使一批快倒闭的厂家起死回生。

义乌小商品市场以发育早、规模大、辐射广而闻名全国。但在同城的一些全民集体企业却与这个市场老死不相往来。一些工厂以为与地摊一起参加竞争，会影响自己的声誉；国营商业、供销社则埋怨个体户抢了他们的生意，在这些个体的“肥皂大王”“火柴大王”面前无可奈何。对此，当时的市主要领导就明确指出，随着商品经济的发展，有的企业却老像幼儿离不开娘一样，把希望寄托在政府部门身上，这阻碍了企业的健康发展。政府为企业做好服务，就是要把企业推向市场，参与竞争，鼓励市内全民集体企业进场设摊。

1990年下半年以来，全民集体企业先后在市场设立了48个摊位，初次“下水”的一些厂家，马上在市场上找到了产品销路。丝线厂、针织总厂、鞋伞厂、皮塑公司等单位推销了数百万元的产品。扑克厂设摊经营后，该厂95%以上的产品通过小商品市场销出，不但直接销售了150多万元，还利用这个窗口与全国各地的客户建立业务联系。许多企业在推销产品的同时，还从来自全国各地的客户中了解市场信息，及时调整产品结构。市印刷厂注意到小商品市场有300多个摊位经营彩色挂历，大多从外地进货，就主动加压，添置了设备，增加了彩印业务。

国营商业部门面对一些商品的批发被个体户蚕食的局面，认识到多渠道、少环节的流通格局正在形成，于是主动参与到市场竞争中去，依靠自己的优势把失去的市场夺回来。批发部门减少中间环节，上门与产地工厂挂钩，在掌握大量货源后，通过挤进市场摆摊，延长营业时间，薄利经营，促使业务量月月上升。市供销社通过成立小商品批发公司，与18个省市280多家单位发生业务联系，为300多个摊位的个体户推销了商品，成交额有400多万元。

第二节 篁园市场

1

计划永远赶不上变化，变化赶不上现实的残酷。

随着义乌小商品市场在全国的知名度越来越高，城中路小商品市场在经过了一段时间的稳定之后，市场规模不够大、市场层次不够高、市场内容的发展后继乏力等问题开始显现。虽然市场规模在不断扩大，但由于各地客商如潮水般涌来，要求进场设摊的经营者在不断增加，使得城中路小商品市场又显得过于狭小且简陋。

市场空间的不足如何破局？筹建新一代小商品市场又已是箭在弦上了！1988 年 5 月 8 日，已任浙江省省长的沈祖伦在与先进个体户代表座谈时指出："办义乌小商品市场比办 10 个工厂还要有作用。义乌小商品市场已经扩建了 3 次，现在可能面临着第 4 次扩建问题。我的观点是再扩展一些是必要的。"

1988 年 5 月 25 日，经国务院批准，义乌撤县设市。虽然行政级别从县升格为市，但是义乌历届党委、政府围绕"兴商建县（市）"的发展战略并没有改变，坚持一张蓝图绘到底，从"兴商建县"到"兴商建市"，一任接着一任干。

在撤县设市过渡期，市工商局就早已有了扩建市场的设想，并以口头向市委作了汇报。市委、市政府在多次听取汇报后，于 1988 年 6 月 9 日召开会议研究决定，将位于城中路小商品市场的后侧，过稠州路向东延伸的 120 亩土地作为新的小商品市场的规划区。规划区内实行建设红线控制，停止安排一切其他建设项目。1988 年 7 月 22 日，由中共义乌市委办公室发出了 2 号抄告通知。

不过，对于市场要不要再建？要不要建室内市场？建室内市场的资金从哪里来等问题，也一时拿不定主意。对新建市场抱有怀疑态度的人认为：城中路小商品市场在全国已是首屈一指了，再这样拓展下去，还会像原来一样兴旺发达吗？他们对义乌市场的发展潜力表示怀疑。

20 世纪 80 年代末，社会上对"个体经济要不要发展"、市场究竟是姓"社"还是姓"资"的争论激烈。有的上级领导对义乌小商品市场也产生疑虑，他们到义乌参观市场时，一问及扩建市场有何想法就默不作声。他们只看不说，要说也只是说"哦，这市场很大"，仅此而已。电视台的摄像镜头对准他们时，他们也是摆摆手示意别拍，躲到一处不敢露脸。

总之一句话：怕承担政治风险。

一些外省市来义乌考察的干部团队，甚至对市场的商品都存在质疑，把义乌市场的商品价格便宜，归结为“假、冒、伪、劣”，只看看，却不敢下手。

金九银十本是市场商品的销售旺季，然而此时的义乌市场却一度呈现出旺季不旺的局面。

2

义乌小商品市场的发展正处在这样一个紧要关头。市场扩建问题更是拖了较长的时间都未能形成统一意见。

然而，广大经营户要求安排摊位的呼声却越来越强烈。一些来自东阳、金华、温州等市内外的经营者都谈及了没有摊位的苦衷，要求兴建市场。为此，市委、市政府决定从加强舆论宣传入手，通过邀请中央电视台、《经济日报》等央媒记者到义乌小商品市场实地调查采访，以全景式展现义乌市场的真实现状，来扭转世人对义乌市场的看法，增强对义乌小商品市场的信任感。

1989 年 10 月 24 日，中央电视台节目主持人赵忠祥率领摄制组抵义乌，拍摄义乌小商品市场电视片《独特的王国》，《经济日报》等 6 家报社记者也陆续到达。11 月 28 日，中央电视台第一套节目播放了义乌小商品市场专题片《独特的王国》，播放画面展现了义乌小商品市场花色品种繁多、万商云集的盛况，对义乌小商品市场的前店后厂、产销结合的独特生产经营方式，亦农亦商亦工的农民迅速走上脱贫致富之路等做法作了全方位的介绍。此片播出后，立即引发了“小商品王国效应”，各地商贩慕名蜂拥而至。

义乌人心稳定，市场又一次度过危机，重新出现繁荣景象。

1990 年 3 月召开的义乌市第八次党代会，在市委所作的《坚定信念，艰苦创业，谱写义乌社会主义建设事业的新篇章》报告中，有 5 处提到“兴商建市”战略，“兴商建市，以贸易为导向，贸工农结合，城乡一体化的发展战略继续得以实践”“以民间商业的繁荣为主要特征的义乌经济格局进一步巩固。义乌小商品市场经过两度拓展，更具规模。生产资料市场、副食品市场、文化市场以及人才劳务市场、金融市场的相继建成开放，完善了市场体系，为‘兴商建市’战略的实践赋予了新的内容”“坚持完善发展‘兴商建市’的战略，巩固和发展有义乌特色的经济格局就是贯彻一切从实际出发思想路线的典范”……

该报告提出，要继续“实施‘兴商建市’的战略”，始终不渝地坚持“兴商建市”的经济发展战略；“市场发展要立足于提高层次，认真抓好小商品市场、副食品市场、农贸市场等市场建设，培育、发展新一代市场，完善市场体系；不断提高市场的产品质量档次、综合服务水平和信誉程度；切实加强对市场的管理，努力达到活而不乱，管而不死”。

“培育、发展新一代市场”，在本届市党代会上已经十分明确，再不扩建就要失去机遇了。在此期间，市工商局分别在这年的2月27日、4月28日、6月4日，先后3次向市政府打报告，要求扩建第四代小商品市场。市委书记、市长分别在扩建报告上批示，请市人大常委会和计委进行调查论证。市人大常委会调查组经过为期10多天的调查论证，于1990年5月19日写出了6000余字的《关于扩建义乌小商品市场问题的论证报告》。

该报告的结论是：扩建小商品市场时机已成熟，势在必行，建议市委对这一大事早作决策。

1990年6月8日，市委召开班子会议，听取了人大的报告后，表示同意报告所作的结论，作出扩建市场的决定。并明确规定：市场定址在稠州中路东侧120亩控制区内，建设工程分两期进行，除一期市场和服务设施外，其余土地留作以后市场发展用，任何单位、个人不准占用。另外还提出几条实施方案：一是规模大小要适当；二是设计方案上要做到几万人进得去，出得来，一至二层经商，三层管理服务用房和展销厅整体要美观，空气要流通，使用要舒适。

8月3日，由市长任组长的市场建设领导小组成立，开展市场筹建工作。扩建工程由市工商局承办，由经营者集资兴建。

3

建设大型室内市场，项目审批是难题。当年恰逢控制非生产性基建项目建设时期，按照规定，此项资金金华市级不能超过300万元，义乌市级只有50万元。怎么办？后来了解到绍兴柯桥轻纺市场扩建项目是省长沈祖伦批准的。当时，市工商局领导与市政府领导商量，希望市政府向省里打报告。但市政府领导要求市工商局先去省里审批，这样的话，“万一审批不成，还有个退路”。

1990年10月4日，由市工商局局长周关福和小商品市场工商所负责人徐至昌，带上市工商局写给沈祖伦的信，一起到杭州向沈祖伦汇报。沈祖伦问：“省工商局意见怎么样？”并指示周关福、徐至昌把省工商局的意见拿来，他就马上给义乌批。于是，周关福、徐至昌马上来到省工商局，向局长作了汇报。省工商局非常支持扩建义乌小商品市场。

10月5日，沈祖伦在省工商局的报告上批示：“市场扩建确有必要，征地问题应予支持。”项目审批一锤定音。于是，市场建设的前期准备工作包括征地、规划设计、市场模式、资金筹集等，都在各方面的配合下，紧锣密鼓地进行着。

但，要筹建5万平方米以上的室内市场，在全国尚无先例，没有经验可借鉴。如何做好采光、通风、消防、消噪，以及人口集散，能促进楼上楼下共同繁荣，等等，都提出了极大的考验。为了降低造价，减轻经营者的负担，首先否决了采用机械或电力通风与采光的方案。

当时，建德白沙市场是室内市场，但规模很小不在一个档次。于是，市领导决定组成赴粤、闽建室内市场考察组。考察组一路考察了广州江南西市场、花县新华市场、揭阳县马牙市场、进贤门市场、澄海县中心市场、福州市台江市场等6个室内市场，重点了解如何解决好采光、通风两大难题，同时解决楼上楼下共同繁荣及通道、防火等问题，既汲取人家的长处，又避免其中不足。

在考察中，全体人员白天看市场，晚上研究义乌市场设计方案，整个考察过程时间排得满满当当。从1990年9月12日出发，仅半个多月时间考察组就返回了义乌，最后提出了三种扩建方案，供市领导班子定夺。

市委于10月19日召开会议，由考察组先详细汇报了赴粤、闽考察的情况，并播放了6个市场的录像片。会上大家统一了意见，决定由省建筑设计院进行设计。

11月1日，省计划经济委员会下达《关于扩建义乌市小商品市场的批复》，同意义乌小商品市场扩建项目：小商品交易用房37500平方米，管理用房2250平方米，拥有相应的停车场、供水、供电、通信、污水处理等公共设施，总投资为2500万元。

在筹集建设资金方面，经过了前几代市场的建设，市工商局早已有了较为丰富的经验。12月12日，根据“取之于市场，用之于市场”的建场原则，市工商局提出了《义乌小商品市场扩建集资办法》，得到市政府批准。按规定，凡在市场内经商并领有营业执照而要求入场摆摊的经商户，每户集资2000元，分5年归还。集资工作分二期进行，其中一期7710户，集资1542万元；二期5989户，集资1197.80万元。两次集资2739.8万元，用于建场的资金已绰绰有余。

万事俱备。1991年1月10日，篁园路小商品市场建设工程开工，到12月底市场营业大楼建成，占地面积6万平方米，政府投资1.05亿元。市场平面布局呈“L”形，为室内商场式结构。市场大部分为2层，局部为3层或4层，二层采光通道连接采用跑马廊型，通风采光通道顶部采用轻型钢拱架结构，屋面采用塑料瓦，饰面局部采用玻璃幕墙，楼地面采用彩色现磨水磨石。在市场转角处建有13层的商城宾馆。

1992年2月13日，篁园路一期市场——“小商品世界”如期试营业。5月27日正式开业。其间，6000门程控电话进入市场摊位，场内电话铃声此起彼伏，很多经营户和采购商开始使用电话洽谈生意。“只闻其声”的单点沟通方式，令当时市场经营户的需求得到很大满足，无形中为市场繁荣提供了支持。

1992年5月28日的《人民日报》在头版以“义乌现代化小商品市场开业”为题，报道了这个现代化室内市场"总建筑面积六万平方米、主楼十三层。场内设置了电视监控、广播、通信等现代化设施"的概况。实践证明，第四代一期市场的采光、通风等问题解决得很好，整个建筑得到时任建设部侯捷部长的肯定，并获优秀设计奖。

4

如果说，湖清门市场被称为是马路市场，新马路、城中路市场同属棚架市场，那篁园路市场则是一个融综合性、实用性、现代性为一体的新型小商品专业市场了。其"新"在哪里？这是一个大型的室内柜台式市场。篁园路市场的开业，也由此实现了从棚架市场向室内市场的转变。

篁园路市场也称为"小商品世界"，在市场周边的拱门上都写有"小商品世界"几个大字。市场内分设小五金、小针织品、鞋类、服装等 4 大类，共 4000 多个品种。在"小商品世界"外，还有服装市场、副食品市场、针织品市场、纺织品市场，共计总面积 10 万多平方米，摊位 13900 多个。

1992 年 3 月，国家工商局召开全国十大市场新闻发布会，义乌小商品市场居全国十大市场榜首。在这一年，义乌小商品市场开放迎来十周年。6 月 10 日，《人民日报》在第 2 版刊发了"中国第一集市——义乌小商品市场十年发展启示"的长篇通讯，报道介绍说："这里一万多个摊位前，每天熙熙攘攘，五光十色，吸引着数万名南来北往的商贩。年成交额超过 10 亿元，上缴税收 3000 多万元，跃居全国十大集市之首，成为'中国第一市'。"

"建一处市场，活一片经济，富一方农民。义乌小商品批发市场十年发展的成功，使义乌这个原先并不开放的山区小城经济走上了以贸易为导向、贸工农结合、城乡一体化、兴商建市的道路，商业区域经济特征日趋明显。当地的乡镇企业，特别是家庭加工业飞速发展。义乌小商品市场内有 2700 多个'前摊后厂'式的产销一体化经营户。全市涌现了 130 多个'一乡一品''一村一品'专门为小商品市场批发加工的生产基地。现在义乌全市围绕小商品市场经商务工的农民约 11 万人，占全市农村劳力的 38%。"这是该文最后的总结。

1992 年 7 月 30 日至 31 日，浙江省委副书记沈祖伦考察义乌小商品市场，指出"义乌要以全国性小商品流通中心为目标，建设商业城"。这年 8 月 3 日，国家工商局市场管理司下文，批准将义乌小商品市场更名为浙江省义乌市中国小商品城。

1992 年，注定是不平凡的一年。这一年，小商品市场成交额达到 20.56 亿元。

1992 年，又是特殊而难忘的一年。国运兴衰，个人浮沉，从未像 1992 年一样，捆绑得如此紧密。

这年春天，南方谈话将人们从"姓社姓资"的思想禁锢中解放出来，由此掀开了新一轮改革大潮。随后出台的《有限责任公司暂行管理条例》和《股份有限公司暂行条例》，标志着现代企业制度正式启航。许多人的命运，因此改写。10 月，党的十四大确立了建立社会主义市场经济体制的目标。企业和企业家迎来了属于他们的春天。

“1992 年又是一个春天。有一位老人在中国的南海边写下诗篇。天地间，荡起滚滚春潮，征途上扬起浩浩风帆。”歌曲《春天的故事》讲述着中国在惊涛骇浪中迎接春天的故事，也是义乌市场昂首阔步迈向新发展阶段的故事。

改革开放扬起新风帆的 1992 年，扑面而来的是经济发展的滚滚热潮，放眼乌伤大地，市场建设昂首阔步，好戏连台，处处洋溢的是跨越发展的十足干劲……

这一年，篁园路小商品市场开放，此时距湖清门市场正式认可开放正好 10 年。10 年间，市场从当初几百个水泥摊、木架摊起家，四易其址，数次扩建，义乌人民的生活水平、城市的发展格局已经有了比较大的改变。10 年间，义乌乘上市场拉动的快车，用 10 年时间达到了 20 年翻两番的目标。

众多数字同时显示，1992 年义乌中国小商品城已攀上全国 70000 多个集贸市场的顶峰：它的面积最大，10 万多平方米；它的客流量最大，超 15 万人次；它的成交额最大，10.25 亿元；它的摊位数量最多，将近 1.5 万个；它的入场经营业主最多，超过了 3 万人……

模特在篁园路服装市场走秀

这一年，浙江义乌小商品市场更名为“中国小商品城”，义乌成为中国市场的一面旗识。义乌开始以最大的专业批发市场吸引着来自全国的目光。

这一年，来义乌考察市场的，省内有706批15000多人次，外省和外宾835批6800多人次。

这一年，全国50多个大中城市市长等170余人集聚义乌，专门探讨一个问题——市长要抓市场。面对源源不断的参观考察大军，市委、市政府的领导、市场主管部门的当家人，整日招待、介绍，再招待、再介绍，不再有平静的工作、假日。并且接待有时还遇到难处，不时会有一些相当高级别的参观者，急急而来，匆匆而归。

十年生意，十年市场，十年收获，十年信誉，使义乌小商品市场声名鹊起，耳闻目睹者无不为之赞叹，为之倾倒。

然而，只要有滚滚春潮，必定会有暗流和旋涡，遍地机遇与面临挑战并存。

1992年后，全国出现了兴建市场的热潮。中国小商品城要不要继续扩建？这一问题又再次摆在了眼前。通过考察学习，市委办写出调查论证报告：小商品市场必须再次扩建，而且必须作为一项刻不容缓的工作提到议事日程上来。

于是，曾一度摇摆的领导决策也不再纠结，他们笃信中国的改革开放不可能走回头路。1992年11月，市委、市政府决定，年底前动工建设篁园路小商品市场二期扩建工程，地址确定在一期工程东侧，规划市场容量达7000个摊位。

5

1993年3月召开的义乌市第九次党代会指出：“‘兴商建市’是符合义乌实际的战略决策”“坚持‘兴商建市’的战略不动摇，并在实践中不断加以发展和完善”。同时，提出要“在新的起点上实施‘兴商建市’”，要“把义乌建设成为全国性的小商品流通中心和浙江中部较为发达的中等城市”，要“以加快商品市场建设为突破口，建立较为完善的市场体系”。该报告将“加快培育市场体系，在新的起点上实施‘兴商建市’”列入抓好事关全局十个方面工作的首位，开义乌市历届党代会报告的先河。

义乌市场建设再次阔步向前！

1993年6月6日，总投资7000万元的篁园路二期市场开工建设，于1994年6月6日竣工并通过验收，7月8日试营业，10月28日正式开业。该市场拥有7000个商位，主要经营文体用品、电子、音响制品、箱包、鞋类等。1995年6月28日，二期市场电子钟表精品交易区开业。至此，市场室内摊位达到15000个，总摊位数达到23000个（包括城中路小商品市场）。2000年10月，作为篁园路小商品市场组成部分的眼镜市场建成开业。拥有经营面积3000多平方米，店面110间，主营各色太阳镜、光学镜、驾驶镜、防护镜等。

1993 年 12 月 28 日，浙江义乌中国小商品城股份有限公司成立。这是全国第一家专门培育、建设和发展市场的公司，由此实现了传统集贸市场与现代企业的嫁接，从政府办市场、管市场转向企业建市场、经营市场，在运行机制上得到了变化。市场开展工作交由股份公司开发，工商部门腾出精力抓工商执法。

义乌小商品市场步入了新的更高的发展阶段。原来的小商品市场是一个由政府、工商行政管理部门创办管理的商品集散地，它的主要功能是为商品的生产者、经营者和购买者提供交易平台和各种服务。随着市场的发展，经济界要求市场管办分离的呼声不断升高，中国小商品城股份有限公司的成立，把政府办市场的职能由企业承担，政府集中精力管好市场，更加顺应了社会主义市场经济发展的要求。

1995 年 9 月 26 日，中国小商品城股份有限公司更名为浙江中国小商品城集团股份有限公司（简称“商城集团”），标志着公司开始从市场经营转向资本经营，在更深更广的领域拓展。2002 年 5 月 9 日，商城集团股票在上海证券交易所挂牌交易，股票简称“小商品城”。这是义乌市第一家在证券交易所上市的企业“轻纺城”股票上市后的又一公司。股票上市后，公司充分发挥集团化规模优势，有效地实施中国小商品城国际化战略，全面进入以国际化为目标的发展阶段，促进市场主业的快速发展。

第三节 宾王市场

1994 年 1 月 6 日，义乌市政府新年颁布的第一号文件，就是《关于开发建设 21 世纪商贸中心的决定》。

在全国市场热开始降温的背景下，义乌市场建设逆势上扬。1994 年 12 月 28 日，总投资 4.2 亿元、建筑面积 28 万平方米的宾王市场开工建设。中国小商品城股份有限公司首次扛起了承建市场的使命，该市场按照专业城、商业街、特色店、大众场的格局规划，整个体现了场街结合、摊店结合、商住仓储结合的经营特色。

在资金筹措方面：一是采用房地产开发形式，通过招标出让 1~6 号市场店面房筹集；二是向宾王市场内服装、副食、纺织等店面、摊位的经营户集资；三是把 3 层以上的商住房作价出售给个人。至 12 月上旬，基本完成商位的招商工作，12 月 18 日开始推出配套商服用房的预售。

让人始料不及的是，招商工作吸引了成千上万的认购者，仅 3 天交付押金达 5.3 亿元。

1994 年，义乌小商品市场成交额达 101.17 亿元，首次突破 100 亿元。

宾王市场外景

1995年11月8日，由5个交易区块和室内文化市场（原由市文化局建设）、国际贸易中心等7个部分组成的摊店结合式的宾王市场通过竣工验收，11月29日开业。

宾王市场设有摊位8900个，店面600间，主要经营服装、副食品、纺织品、床上用品等。这是一座集各类专业市场和现代化商住、仓储、停车、办公、宾馆、娱乐于一体的大型综合性市场，附设315套配套商住（仓储）房，以及大型停车场等。市场由6大经营区和3幢高层建筑（银都酒店15层、银都商务楼15层、国际贸易中心12层）组成，经营区之间有15米至20米宽的道路进行分隔。原篁园市场服装交易区、副食品市场、丹溪路纺织品市场整体迁入经营。

宾王市场的投入使用是义乌小商品市场建设史上的一个里程碑，其硬件建设达到了一个新高度，停车场、货物托运、四星级宾馆等场馆配套一应俱全。至此，义乌中国小商品城的整个占地面积已达46万平方米，经营商位达到3.2万个，成为全国最大、档次最高的室内小商品批发市场。

一业兴带动百业旺。在宾王市场附近，又先后涌现了家电市场、出版物市场、化妆品市场、数码城通信市场等，各个市场生意兴旺，众多经营户财源广进。如在宾王市场一侧的家电市场，1997年11月由义乌电力实业有限公司投资主办，与市工商局共同管理。整体由主楼义乌大酒店与裙楼义乌家电市场组成，总占地面积9325平方米，总建筑面积38500平方米。其中，家电市场营业面积7800平方米，有市场经营户70余家，主要批零经营家用电器、音响影像设备、厨房设备、通信器材及小家电产品，也是浙中地区规模较大的现代化室内家电专业批发市场。

第四节 国际商贸城

1

一年又一年，义乌市场经济蓬勃发展，小商品市场规模不断扩大。义乌发展的奇迹，既是义乌人敢为人先、追梦逐浪、诚信包容的明证，也是义乌历届党委、政府敢于担当、锐意进取的结果，更是中国特色社会主义强大生命力的生动阐释。

义乌市场规模不断壮大，经营自由度不断提高。这为义乌广大农民出身的创业者提供了致富的平台。当这群人赚到了钱后，他们的创业故事口口相传，成为亲朋好友、乡里乡间学习的榜样。如果说在创业初期还有很多人抱着观望的心，害怕做生意会带来麻烦，那10多年过去，害怕的情绪在前人的光环里已经成了一种羡慕、向往，甚至是一种渴望。

大家都渴望在市场闯出自己的一片天。

1998年3月13日至17日召开了义乌市第十次党代会。本次党代会在总结前5年工作的四条基本经验时，强调的第一条就是“必须不断地解放思想，抓住机遇，坚持并深化‘兴商建市’发展战略”。本届党代会提出了今后5年的任务：要通过“再创业、再发展、再提高”，把义乌建设成“初步现代化的中等城市”，“形成以稠城为中心，以若干卫星镇相环绕，以建制镇为基础，以快速通道网络为纽带的中等城市新格局。城区建成面积达到20平方公里，人口达到20万以上，城镇化水平显著提高，达到60%以上”。

围绕市场建设，第十次党代会提出了要“巩固小商品城在全国的龙头地位，辐射面覆盖全国，走向世界，逐步建设成全国小商品批发中心、信息中心、展示中心”的任务，并把“提高市场素质，巩固和发展市场优势”作为今后五年八个方面重点工作的第一项工作来部署。

1999年3月19日，市委出台了《关于进一步繁荣商品市场的若干政策意见》，指出小商品市场已确立全国最大的小商品流通中心地位，市场已成为义乌市经济发展的最大特色和优势。今后市场发展的着力点，要从注重拓展国内市场转移到既注重巩固国内市场，又注重开拓国际市场上来。中国小商品城是市场发展的龙头，要大力推进市场制度创新、功能创新、交易手段创新、流通网络创新，逐步把中国小商品城办成具有现代化水平、与国际接轨、全国最大的小商品流通中心、信息中心和展示中心。在拓商引商方面，积极鼓励国内外名优产品生产企业进入市场直销或设立总代理、总经销；对名优新产品进入市场，要优先安排经营用房，提供相应的配套服务。

世纪交替，千年更始。站在新旧世纪交替的连接点上，义乌继续坚持和深化“兴商建市”

发展战略，经济外向度大大提升，以跨入21世纪的豪迈气概，大步迈向现代化、国际化的新征程，向国际性的商贸城市进发。2000年1月召开的义乌市委十届六次全会扩大会议提出，以现代化总览全局，“大力实施‘兴商建市—强商强市’的发展战略”，进一步加快义乌现代化建设步伐。

一座大型的现代化商场式的市场——国际商贸城将进入人们的视野。

2000年7月21日，市委常委扩大会议决定，在稠城镇福田地块，新建一个小商品市场，新的市场要高起点规划、高档次建设，使之成为功能齐全、设施配套、特色明显、符合现代商贸交易要求的现代化专业市场；要按照政府调控、业主建设、企业运作、行业管理的原则开发建设；具体由商城集团负责操作。8月10日，市委办〔2000〕105号文件批准成立建设指挥部。

2001年6月1日，义乌市新一代超大型市场——福田市场首期工程动工，标志着义乌城市化进程步入新的发展时期。义乌福田市场园区是实现现代化商贸名城的标志性工程和全国集贸市场的样板，集购物、旅游、休闲、商住、仓储于一体。当年5月初，总体规划通过专家审定。

2001年底，中国小商品城成交额达211.97亿元，突破200亿元，连续11年荣登全国集贸市场榜首。特别是出口贸易发展迅速，常驻外商增至3000多人。4000多家知名品牌企业在中国小商品城设立总经销或总代理；来自全国各地专业外贸公司和100多家国外贸易机构在义乌设立办事处或分支机构。

2

2002年，又是一个十年。从前十年到后十年，时间将我们每个人的脉络轻轻地改写，唯一不变的就是一切都在“改变”。

这一年，市场开放迎来20周年。5月，新市委书记到任。7月15日，义乌市委十届十二次全会扩大会议暨市政府第十次全体会议召开，会议提出了要把义乌建成为国际性商贸城市的目标，决心把义乌市场建设成交易成本最低、信誉最好、服务最佳、手段最新、信息最灵的国际性小商品集散中心。

同时，市委市政府还调整了国际商贸城园区规划，面积从原来的6.6平方公里扩大为20平方公里，力争把国际商贸城建成为高档化、配套化、智能化、国际化的现代商贸中心。

2002年9月20日，福田市场（一期）竣工，9月28日试营业，10月22日开业。开业之际，福田市场更名为国际商贸城。国际商贸城（一区）市场共5层（地上4层，地下1层），主体市场分A、B、C、D、E等5个交易区，共有商位8000余个，是国内最大的饰品、工艺、玩具、花类集散中心，篁园市场和专业街的工艺、饰品、玩具、花类4大行业搬入经营。

这是献给新世纪与新千年的一份豪礼，是对义乌“兴商建市”发展战略的弘扬与展示，是对美好未来的企盼与追求，是对民心的又一次凝聚与迸发。但见主体市场的五个单元沿曲线排开，每个单元之间的连接体采用玻璃外墙，每个连接体外采用乳白色膜，好似一片片白帆迎风展开，象征着小商品城将扬帆启航，在商海中一帆风顺。西侧的主入口上悬挂着一片巨大的橄榄形张拉膜结构，隐喻着“鸡毛飞天”的义乌小商品城神话般的奇迹。

在以往，义乌小商品市场的名称一直以“新马路”“城中路”“篁园”等地名冠之，到了这一代市场，把起先命名的“福田市场”改称为“国际商贸城”。

名称的变化绝非偶然，与以往相比，硬件设施一流的国际商贸城运用电子商务、物流配送等现代流通方式嫁接提升传统市场，实现有形市场与无形市场的功能对接。宽带网接入每一家商户，主人足不出户，就可以与万里之遥的美国下单交易。义乌国际商贸城成为一个超越了“三现”现场、现金、现货交易方式，集商品展示、外贸洽谈、购物旅游、电子商务、现代物流、订单交易等功能为一体的现代化商品批发市场。

二十年的市场发展之路，二十年的“蜕变”之旅，很多人，很多事，很多习惯都不在是我们记忆里最初的样子，一串串数字令人振奋，一项项决策催人奋进。

二十年来，义乌市场就像是一本变幻莫测的小说，不断迈上一个又一个崭新的台阶，

国际商贸城一区西大门

实现一次又一次成功的跨越……

回首义乌市场20年来发展壮大的历程，人们深深感悟到，培育市场，固然靠丰富的商品、商机和场地，但是更重要的是要靠人的精神、人的品质、人的智慧和诚实守信。因此，在建设市场过程中，义乌始终重视经营者的职业道德建设，一手抓市场秩序整顿，打击不法经营，优化营商环境，提高市场信誉，一手抓经营者素质的全面提升，以应对我国加入WTO的挑战，迎接21世纪知识经济时代的挑战。

2002年，以加强公民道德教育为契机，义乌市在市场大力开展诚实守信、文明经商教育活动。在市场内开展信用商位评选，建立市场信用评价体系，每个经营户的信用状况可通过在市场的触摸屏上查询，促使“信用商位”不断涌现，努力打造“信用市场”。同时，对经营者大力开展WTO规则培训，组织他们学习英语，提高文化业务素质，让义乌商品到国际市场上寻求出路。一支国际化经营队伍在商城形成、壮大。

2003年1月，中共义乌市第十一次代表大会召开。市委书记楼国华作《解放思想，与时俱进，开拓创新，为建设国际性商贸城市而努力奋斗》的报告。报告提到要“不断深化完善‘兴商建市’战略，使义乌始终保持较快的发展速度和良好的发展势头”，提出“国际化战略是‘兴商建市’战略的深化和发展”。

义乌市场，在国际化进程中得到进一步的提升与繁荣。

到2003年，中国小商品城发展呈现出鲜明的国际化、信息化特征，商品大量输出国际市场。已有200余家国内贸易机构，247家境外商务机构，5000余名外国商人常驻义乌从事小商品出口业务，60%以上的市场经营户从事外贸经营，商品已出口到188个国家和地区。外贸方式向多样化发展，除市内外贸企业自营出口外，还出现市外外贸、货代机构、国外商务机构、华侨代理商等。一头在义乌组货，一头在国外市场销货的跨国外销方式，形成了具有义乌特色的外贸形态。经营主体公司化现象明显，拥有知名品牌的总代理、总经销、专营专卖4000余家。

3

融入国际化，首先抓市场建设。2003年10月22日，国际商贸城二期（一阶段）开工建设（现称为国际商贸城二区市场），市场由F、G等2个市场交易区，1幢四星级宾馆（海洋酒店）、1幢写字楼（海洋商务楼）组成。2004年3月16日，国际商贸城二期一阶段工程结项。2004年9月20日，F、G区块竣工，10月18日开始试营业（酒店和商务楼于2003年11月10日开工，2005年8月底竣工使用）。

其实，在市场还未竣工之前的3月30日，义乌市政府就未雨绸缪，已出台了《中国小商品城行业布局调整方案暨义乌国际商贸城二期工程入主行业方案》，确定小五金、电子、电器、文化用品、体育用品、箱包、雨具、化妆品、钟表、眼镜等10个行业将分当年、次年两批分批迁入国际商贸城二期市场营业。

二期一阶段建筑面积60万平方米，总投资约20亿元，设商位8011个，聚集箱包、雨具、五金、小家电、钟表、电子6大行业。主体市场除单位面积14.4平方米的标准商位外，还设有国际小商品生产企业直销中心、韩商馆、香港馆、四川馆、旅游购物中心、中国小商品城发展历史陈列室、联合国难民署义乌采购信息中心等。

在二期一阶段试营业当天，我记下了当天的情景：

从义乌篁园市场群通往国际商贸城（俗称福田市场）的几条街道上，随处可见一辆辆装满小商品、柜台的柳州五菱和三轮车。这是一些市场经营户在搬自己的摊店，准备迁入义乌国际商贸城二期市场营业。

通过这种经营户各自“蚂蚁搬家”的方式，义乌将在18日和19日两天时间内完成其小商品市场6个行业的大搬迁，实现8000多经营户经营地点从篁园市场、各专业街向义乌国际商贸城的大转移，并为国际商贸城二期市场22日开业、义博会同时开幕做好准备。

这次搬入二期一阶段的有小五金、电子、电器、箱包、雨具、钟表等6个行业。其余的4个行业将于次年搬迁。

在18日下午，在篁园市场五金经营区台州苏明阀门有限公司直销店店铺内，老板娘刘金凤和员工们正忙着拆墙上的样品。而这次搬迁，终于让刘金凤等从外地来义乌承租摊位、店铺经商多年的经营户有了属于自己的店铺。按有关规定，在2002年9月28日前已办理工商营业执照且承租店铺、摊位，并一直正常纳税交费的经营户可享有国际商贸城二期入场资格。

“在义乌租用商位已有4年，一直盼望能有真正属于自己的商位，现在终于等来这一天。”小家电经营户朱金良高兴地说，他早在一个多月前即把家搬到国际商贸城附近了。

在国际商贸城二期市场，各店铺门面由商城集团统一设计装修，内部则由经营户自己设计装潢。大多数店铺内，装修工人仍在紧张地进行扫尾工作。

“这次要搬迁的经营户包括市场内、专业街上共有8000多户，全部要按规定在10月19日17时前搬进新市场。”按有关规定，篁园市场腾空场地将于10月19日下午5时封闭，拥有国际商贸城二期一阶段商位使用权的专业街经营户10月19日以后也不得再在专业街上经营。

各经营户如不按规定时间入场经营，有关部门将依双方签订的协议予以处理。“情节严重的可依约收回商位使用权，以防一部分人炒摊卖摊！”

10月22日，国际商贸城二期一阶段正式开业。在开业当天，时任浙江省委书记、省人大常委会主任习近平出席竣工开业仪式，并出席“2004 中国义乌国际小商品博览会”开幕式并致辞。

4

国际商贸城二期（二阶段）市场（现称为国际商贸城三区市场）于 2004 年 6 月开工建设。市场由 H、L 等 2 个市场交易区组成，其中二期 H 区块于 2005 年 1 月 8 日竣工。2005 年 10 月 22 日，二期（二阶段）市场建成开业，总投资约 10 亿元，营业面积 46 万平方米。主体市场 1 层至 3 层拥有商位 6000 个，汇集文化用品、体育用品、化妆洗涤用品、眼镜、服装辅料 5 大行业，并建有电子商务、智能安全、物流短驳、金融服务等系统。4 层、5 层的生产企业直销中心设有 50 平方米以上展示厅 650 余个，引进全国文化体育用品、化妆品、拉链、纽扣、眼镜等行业的知名生产企业和经营大户。

国际商贸城二期市场平面呈“之”字形曲线，由稠州北路蜿蜒延伸至诚信大道，六座双车道的转盘成为镶嵌在这幅立面“长卷”上的神来之笔，车辆可以直达各个楼层。整体建筑曲线造型婉转流畅，龙行曲折。

义乌国际商贸城是顺应国际化贸易需求而发展起来的具有全新理念的现代化专业市场，是具有全球性质的小商品流通与展示中心，秉承了“科学规划、一流设计、现代化建筑”的理念，拥有现代化、信息化、国际化的特点。义乌国际商贸城一期、二期市场的数万个商位，全部采用店面式构造，电信宽带进入每一商户，经营者只要鼠标一点，就可以与万里之遥的客户在网上交易。

义乌早已声名在外。为推动市场国际化发展，义乌不遗余力地实施开放带动战略，出台扶持外贸出口、促进会展业发展等一系列政策，对外贸自营出口、企业赴境外参展、企业和经营户到境外设立分支机构的，分别给予不同的奖励。在市场的建设上，充分发挥了大商场、店面结构、展览厅等优势，让广大经营户彻底告别了传统的现场、现金、现货等“三现”交易，到后来用支票和信用卡的货款支付方式，为经营户搭建一个集商品展销、电子商务、订单交易等于一体的现代化交易平台，现代化服务和管理体系日益完善，促进市场转型升级。

到 2005 年，义乌国际贸易额超过国内贸易额，标志着义乌从以内贸为主向内贸、外贸并举的成功转型。正阔步迈入了国际化行列的义乌市，也成了中国国际化氛围最为浓郁的县级城市。这一年，义乌国际商贸城被联合国、世界银行与摩根士丹利等相关权威机构称为“全球最大的小商品批发市场”。

2006 年 10 月 22 日，国际化的义乌再一次走向世界：由商务部和义乌市政府联合向全球发布了“义乌 · 中国小商品指数”！

这是中国发布的首个小商品指数。这个以世界上最大的小商品市场为依托所编制与发布的义乌指数，不仅为中国广大生产小商品的中小企业提供信息引导，平衡国际供需关系，还有利于增强中国小商品市场对于全球小商品定价的话语权，并对全球小商品价格形成机制产生积极影响。义乌小商品价格的波动，将直接影响世界小商品的价格。

第五节 三期市场

1

市场是义乌的命脉。

沐浴着改革开放的春风，义乌人在声声拨浪鼓中，摇出了一个世界大市场。“华夏第一市”也伴随着义乌人不断追求、不断开拓、不断创新的行动不断地远行。特别是随着义乌国际商贸城一、二期的建成并投入使用，义乌小商品流通中心的位置不断加强，国际进出口贸易呈现良好的发展势头。

但是，随着全球竞争的进一步加剧，义乌要进一步繁荣市场经济，参与国际市场竞争，把义乌建成为全球最大的日用消费品采购基地、全国甚至世界中小企业品牌产品的销售中心、世界小商品新技术新产品的展示平台，对义乌市场的建设又提出了新的更高的要求。只有通过对义乌市场进行结构调整和战略重组，合理布局市场资源，建立健全适应内外贸经营需求和功能配套的市场体系，完善国际商贸城作为现代化有形市场设施的功能，才能更好地增强核心竞争力，为义乌小商品开展国际贸易提供更广阔的空间。

更让市场决策者要思虑谋划的是，即使在国际商贸城一、二期已经投入使用的情况下，一些市场经营户还因为得不到商位向市政府提出相关要求。所有这些问题，都给进一步扩大市场规模，促使市场转型升级提供了有力依据！

扩张，扩张，扩张……建设国际商贸城三期市场，一个声音，在义乌市领导层中回响。为了谋求更大的发展，义乌再一次加快了市场扩张的脚步，寻求更广阔的市场发展空间。

从 2005 年 8 月进行前期可行性研究，成立市场建设领导小组，到 2006 年 8 月委托设计单位着手设计方案，对整个市场定位、规划方案、功能设置等提出了立意高远的要求；从充分吸收一二期市场建设的成功经验及其他地方的先进经验，组织专家评审论证，到接受公示后接纳经营户及广大市民的反馈意见，最后由市长办公会议研究同意通过，三期市场扩建方案前后五易其稿，凝聚着市级班子领导的集体智慧和心血，也是全市人民万众一心、众志成城的结晶。

因此，从三期市场扩建方案通过的那一天起，就把它提到了这样的高度：创新三期市场规划，突出“绿色、环保、节能”等理念，继续保持国际商贸城国际化、现代化、信息化特色，同时在国际商贸城一期、二期市场的基础上，彰显集约化，提高市场土地利用率，增加市场容积率，创新市场功能，大力引进国内外采购商外贸机构等商业组织和个体，成为一个集小商品展示交易、商务办公、贸易服务、物流配套等功能于一体的国际商务场所。

2007 年 1 月召开的义乌市第十二次党代会，继续强调“国际化战略是‘兴商建市’战略的深化和发展”，提出要“又好又快建设国际性商贸城市”。

从成立国际商贸城三期市场建设办公室，到 2007 年 1 月 26 日举行土石方开工仪式，仅仅用了几个月时间；从国际商贸城三期市场土石方工程开工，到 2007 年 9 月 8 日举行国际商贸城三期市场工程奠基仪式，前后也不过经历了半年多。

2007 年 9 月 26 日，国际商贸城三期（一阶段）正式开工（现称为国际商贸城四区市场），概算总投资 30 余亿元，设商位 16000 余个。义乌，吹响了建设国际商贸城三期市场工程的号角！

2008 年 10 月 21 日竣工开业，该市场聚集了日用百货、文胸内衣、围巾、手套、帽子、毛巾、其他针棉、鞋类、线带、皮带、袜类、领带、毛线、花边等 14 大行业。市场导入可开启移动天窗、雨水回收器、屋面光伏发电系统等先进设施，成为义乌市场现代化的标志性建筑。同在这一天，国际商贸城三期（二阶段）奠基，总投资 14.2 亿元。

国际商贸城四区市场

2

2008年10月18日，国内最大的单体建筑工程——国际商贸城三期市场开始试营业。一大早，就迎来了全国各地的商家，开始了首日的经营。经营户们个个脸上绽放出灿烂真诚的笑容，喜气洋洋地迎接着来自五湖四海的客商和宾朋。

到处都是忙碌着的人群。有的在擦洗门店玻璃，把商位擦得窗明几净，清爽迎客；有的在张贴“开业大吉”“财源广进”“生意兴隆”等吉祥语；大多数经营户都在摆设样品，店内商品精致亮丽，陈列得各有千秋；有的则还在忙着搬运……商位内的设备，一切都是新的。大家都对新市场充满了希望。

在市场一楼通道边的店面里，经营户唐淹秋正忙着和妻子陈列袜子样品。从原来针织市场的窄小摊位，一下子转移到如今拥有15个平方米的标准店面，并且中央空调、宽带接头、网络电视、智能安全系统等配套服务设施一应俱全，唐淹秋这个做了多年袜子生意的老经营户忍不住手舞足蹈，用了一连串的赞美词：“新市场漂亮、大气、舒适，实在是太完美了。”

在二楼的“红雀日用品”商位经营户还未把商品从大背包中陈列出来，就已有客商找上门。经营户是义乌本地人，主要经营布娃娃暖水袋，就在搬迁的前一天下午，还接下了来自广东、安徽的三宗生意。当天在搬到新市场之际，生意不但没受到影响，而且商品未上架就先迎客。前来谈生意的是安徽蚌埠的客商。当天来义乌进货时，看到篁园市场已关门，就通过电话联系，找到了国际商贸城三期市场。他一下就与“红雀日用品”签订了价值为1.8万元的货，然后满载而归。

在宾王市场经营了10多年毛巾生意的王忠根，这次分到了三楼靠南大门处的一间店面。“原来那地方冬天冷，夏天热，通道窄，交通堵，进货送货都不方便，客商来了老是要抱怨，搬到这边就不会有这样的尴尬了。盼了多少年终于盼到了搬进新市场的这一天，做梦都要笑醒呢。”王忠根乐哈哈地说，这两天陆续有客户过来参观新市场，这里的环境条件，让他们羡慕得不得了，都说在义乌市场开店做生意，比在机关单位上班还要舒服呢。“唯一美中不足的是，这次我只分到了一间小店面，要是有间大的该多好。”

“浪莎”商位内人头攒动，顾客正在装饰一新的商位内选购袜子。为了吸引顾客，“浪莎”还搞起了时装秀及萨克斯表演。工作人员说，他们在凌晨4点钟就赶过来了，等一切都准备充分，在上午8点开门营业，交易十分红火。

“这么大的市场，真是一辈子都没见过。”为新市场搞卫生，搬运垃圾的张玉明说。张玉明是桐庐人，他与同伴在三期市场搞卫生已有20多天了。卫生搞好了，新市场投入使用了，他们的使命也就结束了。因此，趁当天休闲，要好好看看这个自己为之付出了心血的市场，直到把整个市场走遍了再离去。

据参加三期市场管理的商城集团第四分公司负责人介绍，为给广大经营户创造一个良好的环境，广大工作人员齐心协力，一边开展环境整治，布置停车场，为客户提供便利；一边引导经营户提高商位档次，并在商位装修、商品陈列等方面做好参谋。

经营户们对新建市场充满新奇，纷纷抽空“逛”了起来。

“市场太大了，转得头都晕了，我连自己的店面在哪个方位都搞不清楚了。”经营日用品生意的小碧正跟着几位经营户兴致勃勃地东看西看。“市场里有太阳能发电设施、雨水回收器，为了换气，屋顶的玻璃天窗还能整幅开关电控呢，多现代化呀！”“听说，东辅楼那边要开 10 多家快餐店，还有肯德基、豆浆店、咖啡店，以后吃饭问题不用担心了。”听着大家喜形于色的议论，小碧心里乐滋滋的，觉得在这个市场当经营户实在是一种幸福。

“我觉得这里的行业布局本身就决定了不用愁人气，多数义乌人习惯到宾王、篁园市场购买鞋类、毛巾、针棉、日用百货等日用消费品。搬到这边来后，零售、批发一样会好，三期市场应该会红火。”原在篁园市场卖鞋子的王老板夫妇信心十足。

时任义乌围巾行业协会秘书长金春明，之前在篁园市场周边的专业街租店经营，现在国际商贸城有了自己的店面，就像吃了一颗“定心丸”，感觉特别踏实。谈起以后的生意及新迁店面会不会对生意产生影响，金春明说，市场交接这段时间，生意受点影响是难免的，但现在电话和网络这么畅通，再加上早与客商打过招呼了，生意很快就会好起来的，“专业街和老市场内的经营户全部搬到三期市场后，能产生行业集聚效应，可以把客商资源全都汇拢过来，这样会更有利于今后发展。”

做帽子生意的温州经营户张老板，这次拿到了一个半商位，心里别提有多高兴了。他把一款款新潮冬帽摆设得颇为别具一格，吸引路人纷纷驻足。“商品摆放得富有艺术性，才能吸引人眼球，以前的摊位只有 2.2 平方米，只能重重叠叠堆放，哪顾得了艺术。”他边说边比画道：“这不，今天一大早，两个菲律宾客人就和我订下了 2 万多元的一个单子，这是一个好兆头，我对在新市场扩大营业额非常有信心。”

大学毕业就帮父亲打理生意的陈俊，在篁园市场卖了一年多的腰带、皮带，颇有心得。他认为，市场环境变优变美了，出售的商品档次也要跟上去，要做到外在美与内在美高度统一。专门学了商科的他对腰带行业有自己的见地，前段时间，特意聘请设计师研发新产品，还从深圳、广州等地引进高档时尚腰带系列。“设计费和成本费虽然上去了，但商品标价也高了，而且还有了自己的品牌。”他打算，借三期市场这股东风好好创新研发，把质优产品打进欧美国家的市场，还要在上海、杭州等大城市建立批零销售渠道，“外销内销都走高档路线。”

3

国际商贸城三期市场的建筑面积约为一期、二期面积的总和。从开工到试营业，总共只用了 386 天。让三期市场在“2008 义博会前建成投用”，这是市委、市政府向全市人民作出的庄严承诺！

为了这一庄严承诺，上至市领导下至各部门和全体建设者，众志成城、齐心协力、攻坚克难。在一年时间里，经受住了台风暴雨、雨雪冰冻和较长梅雨期等多种极端恶劣天气的影响，经受住了宏观调控、原材料价格上涨等的严峻考验。他们以如虹的气势抢进度、保质量，如期建成了雄伟的三期市场（一阶段）。

面对这样一个技术要求高、建设工期短，而面临困难又异乎寻常的省重点工程，市委、市政府主要领导时刻牵挂在心，随时关注工程进展。在工程的每一个困难关头、重要环节和关键时刻，他们都亲临现场指导。市委、市政府领导的高度重视和亲切关怀，为三期市场全体建设者鼓足了斗志。

三期市场建设作为一项特别庞大的重点工程，需要方方面面的支持和配合。从土石方开挖到工程土建开工，平均每天有 12000 吨建筑材料进场和大量的废土外运，运输上的巨大压力给建设现场周边的交通、管理和环境整治带来了巨大困难。创建、执法、交通、交警等相关部门主动参战，通力合作，优化运输线路方案，为工程顺利开展创造了良好环境。

三期市场共有 86 个招投标项目，除了少部分由三期市场建设办自行采招外，绝大多数都由市采招监管办集中采招。招投标项目数量相当于整个采招中心全年一半的工作量，而且采购金额巨大、门类繁多、专业性强、时间要求紧。任何一项采招项目如果不能按时完成，将会极大地影响工程整体建设进度。为此，采招办紧密配合三期市场建设进程，统筹安排，精心组织，确保了各重大采招项目的顺利完成。

2008 年春节恰逢多年不遇的冰雪灾害天气，奋战在三期市场工地的近万名外来建设者因买不到返乡车票而忧心忡忡。义乌火车站闻悉后，千方百计为他们调剂返乡车票，体现了对这些投身三期市场建设者的特殊关爱，也使他们为义乌各级领导和部门的关心关爱所感动，春节后绝大多数民工都纷纷自觉回到义乌继续参加三期市场建设。

受国际油价影响，柴油供应曾经一度紧张。而三期市场大量的施工机械每天需要“喝掉”30 吨的柴油，万一柴油“断供”，许多机械无法工作，工程将陷入“瘫痪”状态。中石化义乌分公司急三期市场所急，即使在柴油最紧缺的阶段，每天都确保三期市场建设的用油需要。

在三期市场开工建设初期，平均每天就有 1.2 万吨的钢材、砂石、水泥等建筑材料出入工地，给城市交通造成很大压力，市创建办、市交通局、市综合行政执法局及交警部门等总是全力以赴，优化运输线路方案。工程每天的耗材就达万吨，每天耗资约700万元，相当于每天完成一个重大工程。每天的施工人员有近万人，生活工棚的用地就占50亩；施工现场有32台机械同时作业，并且搜罗了全省范围所有可租用的脚手架钢管，工程宏伟程度超乎人们的想象。

一桩桩、一件件，凡牵涉到自己部门的，都不遗余力、千方百计帮助解决，破解了三期市场建设中的重重困难，为工程“无障碍”施工提供了强有力保障；建设者众志成城迎难而上，尤其是在工程进入百日倒计时的攻坚阶段，建设办提出了“奋战百日，建好三期”的奋斗目标，放弃所有节假日，日夜加班加点奋战在工地。保证了“义乌速度”的完美实现。

一个气势磅礴的雄伟工程，一座世界一流的现代市场开始呈现！国际商贸城三期不仅在规模上超过以前任何一个市场，而且结构合理，设施先进。更值得一提的是，该市场在规划、建设中突出功能创新，秉承绿色、环保和节能等理念，充分彰显了时代特征，成为义乌市场现代化的标志性建筑。

亮点一：三期市场规模刷世界新纪录，该市场占地840亩、总建筑面积175万平方米（其中三期（一阶段）占地面积524亩、建筑面积108万平方米），由地上5层和地下1、2层组成，预算总投资50亿元；与一、二市场呈长条形格局不同的是，三期市场是一座呈“田”字形结构的现代化建筑，设计商位数15537个。作为主入口的南大门，在建筑造型上彰显个性，强调前挑的气势，通过立面弧形玻璃的运用，加上点缀其中的观光电梯从屋顶升起，形成极富特性的入口形象，是我市最重要的城市标志性建筑。

亮点二：市场建设突出“四个化”，即“数字化、国际化、标准化、人性化”的要求进行规划、建设；充分运用现代化手段，进行国际贸易，具有快捷、高效、便利等显著特征，成为全球信息化和智能化程度最高的商品批发市场。

在每个商位设置了4个容量达125兆的宽带接口，为以后全面实现有形市场与无形市场的无缝对接提供了网络支持。同时设置了金融电子结算中心、电子商务功能网上交易中心，引入导购标志的全程数字化、数字媒体发布与媒体查询系统，构筑数字化平台，使经营户不出市场就可以完成全部交易。市场内专门设置了外商接待处、名特优新产品发布中心、市场金融结算中心等更多的新功能。此外，为方便外商进场采购，对路标、商品信息发布全部采用中英文标识，着重体现了国际化程度。

秉承标准化的理念，考虑到差异性问题，按照行业特点，设置了两种类型的标准商位。除提供完善的工商、税务、金融等服务外，在功能的设置和布局上，内部“日”字形流线更通畅，无死角。而且市场内安装有188座电梯，屋顶设有停车泊位，通过引进国际航空港中惯用方式，在市场底层增设了自动步行道，可以把人流从主入口带入市场各部分，更加注重人性化。

亮点三：秉承“绿色、环保、节能”的理念。墙体设计采用了240厚页岩多孔砖，外贴

25厚挤塑聚苯板保温层。“这样不但使建筑物冬暖夏凉，还可以起到节能的作用。”全年采暖、通风、空气调节和照明的总能耗可减少50%，并且能防止建筑物内表面出现结露现象。

引进了太阳能光伏发电系统，对太阳能实行有效利用和开发，成为当年国内最大的太阳能发电厂。按总容量为1.295兆瓦计算，每年的发电能力约为120万千瓦时，25年的设计寿命期内可产生约3000万千瓦时的电能，与火力发电相比，相当于累计节约标准煤约1.175万吨，减排5200吨二氧化碳、230吨二氧化硫、150吨粉尘。

三期市场引入开启式的移动天窗技术，在市场中庭顶部安装可平移的100多个天窗。通过天窗的开闭，利用室内温差，不但可有效调节室内的气温和小气候，达到节能的目的，而且如遇火警，天窗就会自动开启，加快烟雾的排放，从而起到减灾的作用。同时，增设了雨水回收系统，把天上的雨水全部贮存在4个大型的回收器内，可供市场周边的绿化用水、洗车等，有效地保障了水资源的综合利用。

在这里，建有面积为306平方米的全国最大LED电子显示屏。这个显示屏与北京奥运会主体育场“鸟巢”使用的属同一类产品，光用于支撑的钢结构就重约26吨。

亮点四：引入全休闲、全配套的市场服务。在市场的中部区域设置一条中央休闲内街，不但可以使来到市场的客商逛累时有了稍加停留的场所，消除疲劳，而且可以把人流集聚到中间市场服务体系，从而带旺中部商铺的商气。这样，就可以将单一的批发的经济行为，变成一次购物休闲的合家欢之旅，充分体现和谐市场的理念。

在市场中间设置两个大的天井，通过一系列小的中庭空间，与南北主入口串成一线，形成一个形断意不断的中部空间序列和商业mall式的配套中心，紧跟现代商业发展的潮流。在功能上，除导入咖啡、快餐、自动售货机、超市、洽谈、联合售票、金融网点等休闲配套功能，还强调娱乐的功能，如配备了溜冰场、室内游乐场等，实现了市场服务的系统化、专业化，商业购物休闲化、人性化。

4

三期市场的投入使用，加上原有的一、二期市场，义乌国际商贸城形成了一座集商贸、旅游、休闲、购物于一体的市场“巨无霸”，“超级航母”的地位也由此显现。

假如你能够鸟瞰到整个总占地面积达32平方公里的义乌市场集群规划区域，那么呈现在你眼前的“S”形长条状分布的国际商贸城一期市场和二期市场，恰似矫健的龙身，处在中心位置、刚刚建成的三期市场，正是一个高高昂起的龙头！

搬进新市场后，店面宽敞了，陈列的样品多了，各方面条件都改善了，市场是越办越红火。

新市场一流的环境设施给经营户们带来巨大的惊喜，不过陶醉之余他们心中自有打算。

"政府千方百计创造条件，让我们在这么舒适的地方经营，我们一定会实实在在做生意，不弄虚作假，不缺斤少两，以质量和诚信创业致富。"原在篁园市场经营日用百货的吴琅华说，这年他打算再取得一两个总经销、总代理权，提高产品的质量和档次，扩大销售范围，把生意做到更多的国家。

2008年，义乌被中央确定为改革开放30周年18个典型地区之一，中央调研组认为义乌"充分利用市场先发优势，以创业创新为动力，以小商品流通为载体，推进市场化，带动工业化，催生城市化，演进为国际化，把一个贫穷落后的农业小县造就成'全球最大的日用商品批发市场'和实力雄厚的经济强市，创造出'无中生有、无所不有'的义乌奇观"。

实际上，此时的国际商贸城已经成为全球最大超市。在联合国与世界银行联合发布的一份专题报告中，对义乌曾有过这样的一段描述："义乌距上海300公里，是全球最大的小商品批发市场。"在这份报告中，义乌是中国唯一被录入的县域经济体。

2011年5月5日，国际商贸城三期（二阶段）建成开业（现称为国际商贸城五区市场），拥有商位7000余个，主营进口商品、床上用品、DIY手工艺、针纺布类、窗帘布类、婚庆用品、针织原材料、小商品配送、宠物（水族）用品、汽车用品及配件等行业。

当天，总投资14亿元、总建筑面积42万平方米的篁园服装市场同时开业。该市场的地上八层为经营区，其中一至五楼有4992个商位，批发、零售、外贸、进口多元化经营业态。

第六节 进口市场

1

进口市场是义乌开启经济全球化新的发展机遇之门而打造的一块"国"字号"金招牌"。

每天，数不清的商人和商品从全球各地汇聚于此，又从这里流向全球各地。义乌早已坐稳我国最大的小商品出口基地和全球最大的小商品集散中心的宝座，"包罗万象、物美价廉"成为全国乃至全球闻名的义乌印象。

商品性价比高、商务成本低、采购效率高，构成了义乌小商品市场强大的生命力和国际竞争力。物美价廉、薄利多销，义乌小商品市场能够做到极致；市场商位租金相对较低，其他生活消费价格也不高，商务成本有竞争力；市场内商品种类包罗万象，集聚了全国10多万家企业的各类商品，包括众多知名品牌，加上海关、运输等"一条龙"配套服务非常便捷，一般来说国外客商在这里待上一个星期，采购、发货全部可以办妥，效率很高。

在坐拥"小商品出口王国"的盛名下，义乌为何选择腾笼换鸟、加快向进口市场转型，促使进口出口并驾齐驱？事实上，把进口市场作为战略性产业，并非莫名其妙的决断，而是蕴含着义乌人对贸易发展潮流的天生敏锐感和义乌市政府的大局观。

义乌市场是“中国制造”迈向全球的重要平台，义乌的出口产业经历了数十年的蓬勃发展，出口总额约占全国出口总额的1/62，浙江的1/8。在市场红利已充分释放、潜力已基本挖掘的情况下，产业发展也触碰到了“天花板”，再实现跨越式发展很困难。

如何在日益错综复杂的国内外贸易形势中逆流而上、逆势增长？发展进口贸易、培育进口市场成为重点突破对象。通过以进口贸易为支点，以更高更新的站位、更强的辐射力和影响力，推动开放型经济向纵深发展，促进进口市场与出口市场相融合，让义乌与世界共享市场机遇。

为了适应国际化发展的需要，擦亮“进”字招牌，市委、市政府一手抓国际化时代新义乌人的培育，由政府组织免费对10多万市场经营主体进行外语、电脑、报关业务及国际贸易知识等培训，提高经营人员的外贸经营水平，一手抓硬件设施，加快基础建设，持续扩大了进口市场的面积，提高了进口市场的硬件支撑。

2

培育进口市场，义乌自2007年开始探索，着手建设了进口商品馆。2008年10月，原先设在国际商贸城的三区市场五楼的进口商品馆开业，经营面积2万余平方米，分19个主体馆，吸引意大利、日本、巴西、西班牙、马来西亚等30个国家和地区的近万种商品入驻经营，是集经营、展销、洽谈于一体的进口商品展贸中心。

到次年6月底，成立8个月的进口商品馆共引进境外商品经营主体32家，各经营主体共发展批发商、代理商474家，展示经营来自日本、巴西、意大利、泰国、越南等44个国家和地区的将近2.3万种特色商品，涉及日用品、工艺品、食品（含红酒）、服装鞋帽、运动健身器材等10余个大类。其中，大部分商品为首次进入中国市场。

利用义乌原有的销售平台和渠道，这些境外商品经营商户以义乌市场为中心开辟中国市场，或实现转口贸易，销往其他国家和地区。而为培育和发展进口商品馆，商城集团进一步加大了招商力度。商城集团向馆内商户提供很大的优惠和扶持，仅免除场地租金一项就涉及金额近千万元。至2009年6月底，进口商品馆实现销售额约1946万元，整体经营效果初显。

2011年，随着国际商贸城三期（二阶段）建成开业，为扩大规模，促进进口商品规模化、品牌化发展，进口商品馆搬迁至义乌国际商贸城五区市场一楼。旨在把进口商品馆打造成为国内规模最大、最富知名度的进口商品集散地，此后进口商品馆更名为中国进口商品城。

在义乌中国进口商品馆2街“富宴堂”店铺内，陈列着各种燕窝的店铺，展示着旗下的几款销量非常好的燕窝。店主王清在义乌已打拼了十多年，正在店铺里忙着接待客户之时，还不时接打着电话，对接业务和洽谈生意。“每天都很忙碌，全国几十家加盟店铺，一些业务上的事情，需要我亲力亲为。”王清说。

王清店面拥有140平方米面积。2004年从马来西亚来到北京学习设计美学。2年后，本来结业后想做艺术设计项目的他，受到在义乌经商的表姐的邀请，帮助家族做生意。2006年，王清来到义乌后，即被这座富有活力的商贸城市深深吸引。他家族很多人都已移民到马来西亚槟城，在当地经营燕窝生意、销售小商品等，因为义乌的小商品物美价廉，非常受当地消费者青睐，生意很是红火。

随着中国经济的迅猛发展和人们对生活品质要求的不断提高，对进口商品显现出强劲的消费需求。而在国内批发市场占据重要地位的义乌市场，国内外货物交融十分频繁，是最有条件成为境外产品进入国内市场的“桥头堡”。自2007年开始，位于义乌国际商贸城三区五楼的进口商品馆开始筹建，并招引优质的客商进驻。王清也在偶然间听到这一消息，便有了转型做进口生意的想法。

这期间，王清按照进口馆的招商要求，进行了报名申请和资料填写，很快就获得了通过。2008年10月21日，义乌国际商贸城三区五楼的进口商品馆开馆营业，王清带着“富宴堂”

俄罗斯客商在国际商贸城采购

燕窝，作为义乌首家原厂燕窝品牌入驻其中。从此，王清的身份也从最初开始的外贸出口商，变成了进口贸易商。

那时候，王清的店铺面积只有70平方米，除了销售燕窝，同时兼卖马来西亚“三宝”和其他产品，为了打开产品销路，他组建了销售团队，当时国内消费市场对燕窝需求量非常大，很快就打开了销路。2011年3月，国际商贸城三区市场五楼进口商品馆的原经营户整体搬迁至国际商贸城五区市场一楼进口商品馆内经营。王清把“富宴堂”开到了五区二街后，店铺规模从70平方米扩大到140平方米，展示的燕窝产品也越来越多，生意走上了快车道，在全国有几十家加盟店铺，“富宴堂”品牌燕窝也因高品质，积累了很多忠实客户和消费者。

2017年8月30日，中国商业联合会对商城集团进行授牌，义乌进口商品馆正式更名为义乌中国进口商品城。中国进口商品城经营面积达10万平方米，商位数量400多个，经营着来自亚洲、欧洲、非洲、北美洲、南美洲、大洋洲100多个国家和地区的9万种特色商品，包括食品、酒类、保健品、日用百货、珠宝饰品、母婴用品、化妆品、家居用品、厨房用品、服装鞋帽、工艺品等，是海外产品进入中国市场的桥头堡。王清可谓亲历了义乌进口市场演变的全过程。

义乌中国进口商品城也是境外商品拓展国际市场的“桥头堡”。走进义乌的中国进口商品城，德国馆、白俄罗斯馆、韩国馆等星罗棋布。在这里，游客不出国门便可逛遍全球、尽享购物乐趣。为了导入高质量游客到进口商品城消费，义乌中国进口商品城提出了“200公里周边景区+1”战略，创新市场引客引流方式，主动列入200公里周边景区旅游产品线路，日均客流量约达1.2万人次，为义乌中国进口商品城带来年销售额增量超过12亿元。

“这款黑山共和国的国宴用酒，如今已进入中国市场，摆上人们的餐桌。”义乌维拉酒业销售负责人李云德说，义乌市场的进口商品越来越多。作为国外日用消费品进入中国市场的重要平台，外商来到义乌，除了购买中国小商品，还可以带点其他国家的特色产品回去。依托综合保税区，聚焦进口市场建设，义乌正在建设“境内关外”新型进口市场，成了一站式采购全球商品的理想场所。

以前卖“中国制造”，优势就是小商品；现在卖“全球制造”，优势仍然是小商品。在义乌已形成以义乌中国进口商品城为首，篁园市场进口韩国服装城、进口副食品市场为辅的进口商品分销体系。但在义乌乃至中国进口产业高速发展的大背景下，仍需进一步探索集展示、销售、洽谈于一体，功能更齐全、覆盖面更广的展销平台。

3

2019年11月，义乌中国进口商品城孵化区开业。这是浙江省首个进口商品展孵化区。

进口孵化区的开业，与进口商品秋季展无缝对接，“一区一展”互融互通、资源共享，助力义乌进口市场跨越式发展，构建“买全球、卖全球、买卖全球”的全方位贸易格局。

建设新型进口市场，是义乌打造第六代市场的核心标志。市委、市政府将国际生产资料市场一层3区至10区，约14万平方米作为义乌新型进口市场孵化培育场地。进口商品展贸孵化区建成，意味着可以轻松便捷地买到全球各地的特色产品。“以前想买法国的红酒还要找代购，没想到今后在家门口就能买到了。”一位市民欣喜地说。

孵化区有贸易经营主体202户，内设34个国家馆，汇集了红酒食品、日化用品、工艺品、建材、家居生活用品等100多个国家和地区约15万种进口商品，吸引了京东海囤、考拉海购、网易严选、豌豆公主等国内知名跨境平台纷纷抢滩入驻。

孵化区的建成，意味着在义乌就可以轻松便捷地买到全球各地的特色产品。在孵化园区内的每个商位门前都安装有触摸显示屏。显示屏可与市场高清大屏、客商手机互联互通，可实现便捷的信息化采购。在孵化区内进口商品选品、导航、下单、支付、提货等采购环节可实现在线“一屏购”。

为形成有别于传统进口市场和港口报税市场的核心竞争力，运营主体积极开展“保税+”业态功能研究，服务企业发展需求。目前，义乌数字综保区进口孵化区内共应用了“保税+转口”“保税+跨境”“保税+展示”三种业态模式。

“保税+展示”模式，具体来看就是孵化区内经营主体通过缴纳关税保证保险，可以先从保税物流中心拿出少量的货物样品用于展示，在达成销售后，再从保税物流中心通过分送集报的方式清关出货，延缓关税、增值税、消费税等缴纳时间，减少经营主体资金占用。“保税+跨境”模式，主要利用电商的传播力，把保税仓的商品用邮购的方式直接销售给消费者。

“保税+转口”模式，则是依托义乌常驻的1.5万外商和年均55万人次的入境外商资源，在开展市场采购贸易的同时把进口商品也拼入集装箱出口，这种模式充分运用了义乌的集货优势和物流优势，出口商可以同款、同步、同价在中国完成海外工厂不肯经营的小批贸易，真正让中小微企业自由而充分地参与到国际贸易中。

格鲁吉亚国家馆负责人傅秀峰常年从事与格鲁吉亚的进出口贸易。自2019年孵化园开业进驻以来，傅秀峰认为，格鲁吉亚是红酒的发源地，有8000多年的历史，借助孵化园的平台力量和义乌广阔的市场，有效地推广格鲁吉亚红酒的知名度，拓展了市场。以前这个红酒要找代购，没想到现在在家门口就能买到了。

孵化园区工作人员介绍，随着各种配套措施和设施的完善，未来义乌数字综保区进口孵化区将是一个融贸易、展览、文化、餐饮、旅游等多种功能，集综保区、大型仓储冷链区、进口产业专区等若干配套区块为一体的进口产业发展园区。孵化区将源源不断地为义乌新型进口市场集聚优质进口商人、进口商品，形成千亿级进口市场规模，撬动更高水平开放。

第七节 扩容升级

1

2011 年 3 月，国务院批复同意义乌开展国际贸易综合改革试点。6 月，动工兴建城西义乌国际生产资料市场。

2012 年 1 月 9 日，义乌市第十三次党代会召开，在党代会报告《深化改革创新，推动科学发展，为率先建成更高水平的惠及全市人民小康社会而努力奋斗》中，提出要不断深化“兴商建市”发展战略，“赋予发展战略新的内涵”，要加快推进商贸特区、市场新区等“两区六城”建设，“体现国际性商贸城市、国际商贸名城的传承与创新”。其中，加快推进“市场新区”建设，拓展市场发展新空间，首要的任务便是建设国际生产资料市场，并明确了新市场的建设工期：国际生产资料市场一期确保在 2013 年建成开业。

2013 年 11 月 19 日，总投资 29.5 亿元、总建筑面积达 75 万平方米的国际生产资料市场开业，共设商位 4000 余个。市场主营皮革原材料及辅料、灯具、食品加工机械（酒店用品）、五金、电动工具及设备、印刷包装机械、缝制设备、针织机械、注塑机、花类配件等。

此后，在国际生产资料市场一楼增设了义乌中国进口商品城孵化区。

市场是商品之“舟”、信息之“窗”、交易之“桥”。而义乌市场的发展，它的每一次蝶变也并不是简简单单地扩大建筑面积，更多的是义乌小商品市场的更新换代。

2016 年 1 月 6 日，国际商贸城一区东市场试营业，建筑面积 37 万平方米，有商位 2500 余个。市场一楼主要经营饰品配件；二楼主要经营饰品、饰品配件；三楼主要经营饰品。

2022 年 7 月，一个崭新的数字化市场——国际商贸城二区东市场建成。该市场位于国际商贸城二区市场 F 区的东侧，紧邻轻轨国际商贸城站，建筑面积约 13.1 万平方米，一、二楼共有商铺 490 余间，地下两层与地上 4~5 层均为停车区域。其中，二区东市场与二区市场之间有 2 条连廊相连，主营范围也将延续二区的相关行业。

作为第六代市场的样板，二区东市场摊位面积大了不少，面积在 16 平方米至 60 平方米不等，其中以 20 平方米至 30 平方米居多，这将更有利于商户展示多元化的产品，也给商户个性化装修提供更多选择。在该市场内还设有新能源产品展示交易专业市场。

更重要的是，二区东市场植入了一系列数字化应用场景，构建数字化市场体系。例如借助 AI 摄像头、互动屏等智能设备，提供 AI 互动等智能化服务，借助小程序、依托场内各触点盘活线下数据，以用户需求为导向，切实优化市场资源配置能力，提升市场数字化

客商在国际商贸城一区市场采购

服务水平。镶嵌在市场外立面的巨幅裸眼3D大屏，也成为展示产品信息、宣传市场的重要平台，成为义乌市场一个全新的网红打卡点。

2022年11月25日，义乌全球数贸中心项目破土动工。作为义乌新一代市场的“地标”，全球数贸中心位于国际商贸城五区东侧，总用地约570亩，总建筑约130万平方米，总投资80亿元，建设工期为2022年至2027年。该项目围绕新贸易、新地标、新市场三条主线，统筹生产、生活、生态三大空间，规划建设市场、写字楼、商业街区、酒店公寓等四大功能板块，布局服务贸易、产业培育、创新创意、活力商务、进口百货、品牌选品六大中心。顾名思义，项目的主要特点即以数字化平台为载体，运营数字新基建构筑智能高效的管理服务体系，为采购商、经营主体等提供商务、工作、生活、休闲的一站式服务。自此，义乌市场将从展示型贸易向服务型贸易转变。

2

在义乌，除了以国际商贸城为龙头，还培育了众多的专业市场和专业街，市场实体呈现组团式、群落型分布格局。几易其址的义乌国际家居城便是其中之一。

义乌国际家居城由一区（原义乌家具市场）、二区、三区和花卉市场4大专业市场组成，总投资约6亿元。市场占地260亩，总建筑面积约34.8万平方米，营业面积约22万平方米，共有各类商位2300多间，经营户1000余户。市场主要经营各式家具、家居、装饰材料，以及盆栽花卉、绿化苗木、花盆、假山等行业，高中低档商品齐全、批零兼营、内外贸并举，是义乌市内率先实现家居行业一站式集聚采购的专业市场，也是浙江省内单体规模最大、配套设施最齐全的家居建材类专业市场之一。

2008年10月22日，一区市场（原义乌家具市场）建成开业。市场共七层，分地下两层，地上五层，总建筑面积约16万平方米，营业面积10万平方米，主要经营各式家具及软装饰品等行业。

2014年5月25日，三区市场开业。市场共四层，投资1.5亿元，建筑面积10万平方米，营业面积约7.5万平方米，有商位1150余间，经营户480多户，主要经营板材、扣板、木地板、木楼梯、装饰五金、橱柜、集成吊顶、衣柜、移门、木门、防盗门、木条、木线、整体定制家居等行业。

2016年元旦，二区市场建成开业。市场共五层，分地下一层，地上四层，总建筑面积约8万平方米，营业面积约3.8万平方米，主要经营瓷砖、卫浴、灯具、墙纸、窗帘、智能家居、光伏太阳能等行业。

随着城市有机更新和综保区的建设，市政府对几个家居市场有统筹思考，并由市场发展委牵头，规划布局国际家居城四期项目，对三个市场相关行业进行整合，实现行业规范、集群经营，更加便利市民采购。其中，义乌国际家居城四区新建工程，工程概算投资4.6亿元，总建筑面积约10万平方米，建筑主体地上4层，地下2层，局部设计研发用房8层，建筑占地14062.13平方米，可满足大面积商铺的多种经营需求。

位于义乌农贸城内的义乌副食品市场占地3.3万平方米，建筑总面积14.8万平方米，总投资2.8亿元。市场建筑独具一格，微微膨胀的弧形设计简洁典雅又灵气十足，凸显现代时尚之美。市场硬件档次高，配套服务完善，设有中央空调、大型电子信息屏、人脸识别门禁系统、智能安防系统、智慧停车系统、宽带网络系统、手扶电梯等先进设施，为浙江省四星级文明规范市场，2020年通过浙江省首批“五化”市场（便利化、智慧化、人性化、特色化、规范化）考核。

市场主体三层，局部五层，地下一层，于2007年8月17日奠基建设，2008年10月21日正式投入使用，原在宾王市场经营副食品的商户随即迁入市场。其中，市场地上一层和二层为传统经营区，内设标准商位2176个，实际经营面积2.54万平方米；三层为精品展销中心，以进口商品和国内最具地方特色的产品设馆，有157个大型展馆；地上局部的四层、五层为综合办公区，让经营户不出市场就可办理所有事务；市场两端、地下一层以及屋顶为停车场，可安排停车位1985个。

义乌副食品市场是浙中最具规模和影响力的农副产品展示中心、销售中心和集散中心，经营品种齐全。现有市场经营户 1623 户，主要经营非定型包装干果炒货类、参茸等高档补品类、酒饮料水果罐头类、非定型包装糖类、茶叶类、调味品食用油类、其他副食类以及杂货类等 8 大类 3 万余种商品。另在三层还设有“百县万品”消费助农展销中心，展厅面积 6100 平方米，展品涵盖了全国 421 个县的特色农产品及手工艺品共 1 万多款。

义乌副食品市场也是全国同类市场中最为高档的现代型批发交易市场之一，市场日客流量 15000 人次，车流量 12500 车次，日成交额达 1900 万元以上，商品辐射浙中、华东及周边地区。

3

2016 年 1 月 29 日召开的中共义乌市委十三届十次全会扩大会议描绘了“十三五”期间的新蓝图，提出了“全力打造世界小商品之都，勇当高水平全面建成小康社会标兵”的目标。为全面深化“兴商建市”发展战略，2016 年 8 月，义乌市委市政府出台了《关于加快推进市场创新发展的若干意见》。

2016 年 12 月，义乌召开第十四次党代会，提出“建设世界小商品之都是义乌‘兴商建市’发展战略的深化和拓展”，“是深化兴商建市发展战略的必然抉择”，提出要“始终坚持‘兴商建市’，创新发展义乌经验”，朝着世界小商品之都奋勇迈进。

2021 年 12 月召开的义乌市第十五次党代会提出，要坚持“兴商建市”不动摇，“必须一张蓝图绘到底、一任接着一任干，以一往无前的奋斗姿态开启世界小商品之都建设新征程”。

2022 年，义乌市场迎来创办 40 周年。义乌小商品市场 40 年的发展，画出一道漂亮的上升轨迹。市场组织形态已从 20 世纪 80 年代初毛竹搭棚、水泥台子上摆摊的马路市场、简易棚架市场，到成交额连年位居全国市场榜首的中国小商品城，再到 2001 年开始兴建的设施先进、配套齐备的现代化国际商贸城，义乌小商品市场的形态每两三年就要“升级”一次。义乌市场的建设汲取了国际大型商业中心设计理念，融合高科技、信息化、人性化等特点，实现了市场硬件设施、配套服务大跨越。

历经了 40 多年的建设和发展，义乌市场总体功能日趋健全、市场主体日益多元化、市场规模和辐射能力不断增强。义乌市场已成为全省、全国小商品制造业集中展示的窗口，市场功能由单一的商品交易向商品展示、信息汇集、价格形成、产品创新等方向拓展；交易方式由传统的“三现”（现金、现货、现场）交易，向洽谈订单、电子商务、物流配送等现代交易方式转变，构建了完备的现代物流、电子商务、会展经济体系，驶上了对外经贸交流的国际“快车道”。

历史是永不停歇的车轮，梦想是照耀未来的明灯。义乌从历史的深处走来，市场的风雨，早已冲掉了旅途的尘垢与疲惫。从驱赶市场、恐惧市场、躲避市场，到寻找市场、建设市场、耕耘市场，义乌市场的发展充满了艰辛，但它的脚步转换节奏就是这么快，又如此不可抗拒。这一方面是因为义乌人有那么一股子闯劲，那么一股子不畏任何艰难困苦的韧劲；另一方面，历届党委、政府领导班子的正确决策和及时引导，在市场培育和发展中起了十分关键的作用。

从“兴商建县”，到建设“较为发达的中等城市”“初步现代化的中等城市”“现代化商贸名城”“国际性商贸城市”“国际商贸名城”，再到高质量高水平建成“世界小商品之都”，随着时代的进步和经济社会的发展，对于义乌未来的发展定位，也在随着人民群众对美好生活的向往追求中和市委主要领导的变化而不断加以修改提高，但义乌不断深化“兴商建市”的发展战略没有变，一任接着一任干，始终为赋能城市未来不遗余力。而从大趋势来看，中国改革开放的强劲东风吹遍每一个角落，义乌市场的率先培育和发展，虽然出人意料，却也在情理之中。

新时代的义乌，发展进口、出口、转口贸易风起云涌，“兴商建市”道路越走越宽、越走越远。目前，义乌市场有营业面积 550 余万平方米，商位 7.5 万个，180 多万种商品，从业人员超过 20 万人，日客流量 21 万余人次，产品销往全球 219 个国家和地区。如果在每个商铺停留 3 分钟，按每天 8 小时计算，需一年半才能逛完。近年来，义乌市场功能已逐渐由传统展示中心、信息中心、订单中心，向订单后的仓储、物流和供应链金融等履约业务延伸。

市场动力，生生不息。从马路市场到传统集散型市场，再向现代化国际市场、数字化旗舰市场的飞跃，从“买全国货、卖全国货”，到“买全球货、卖全球货”，再到“买卖全球货”转型升级，在不断迭代创新中，义乌市场正以独特的商贸特色吸引着各地客商纷至沓来，沿着现代化、信息化、国际化的康庄大道不断前进，开建万亿小商品贸易枢纽，演绎着拨浪鼓的全新传奇。

第四章 市场拓展

这可能是全球经济版图中一个不多见的现象：

一座城市内就分布着十多个不同类别的专业批发市场，依托专业市场集群的发展，在其周边又密布着数不胜数的专业街区；

如果你在白天逛市场还不够尽兴，华灯初上的夜晚，喧闹了一天的商城又开始了夜间的繁华，地处城区的三挺路、青口、贝村路等夜市在等着你的到来；

义乌人开拓市场并没有局限于一个狭隘的天地，而是打破地域界限，放眼全国乃至全世界开拓新的市场；

凭借独特的市场优势，让义乌走出了一条“以贸兴展、以展促贸、展贸互动、共促繁荣”的会展业特色发展道路；

基于互联网的发展，义乌又较早就开始了电子商务网站的建设，繁荣的市场造就了新一代货郎……

这个现象源自义乌的小商品市场。从不起眼的小商品中闯出了一个名扬天下的大世界，崛起了一座雄心勃勃的商业城，义乌人从改革开放实践中找准了发展商品经济的广阔道路，也让市场变成了一座巨大的反应堆，引发了资本、人力、信息等生产要素的连续裂变，市场疆界不断拓展，变出了一个辐射全国、接轨国际的“义乌经济圈”。

兴商建市，义乌选择了市场，选择了因地制宜走向市场经济的发展之路。“众星”拱月间，拥有全新观念、破门而出的义乌人，又不断拓展着专业市场的自身边界，引发专业市场的连锁反应，确保市场长盛不衰。

义乌，正与全球深度融合，继续书写社会主义市场经济的传奇。

第一节 场街融合

1

专业街是义乌市场发展的伴随者，也是义乌市场建设的一大特色。市场在一次次扩建，规划在一次次调整，建城区的范围也随着市场的变化在扩大，各具特色的专业经营街在悄然形成规模，对城市的扩大所起的作用不容小觑。特别是随着篁园市场、宾王市场的投入使用后，在市场周边迅速建起了一条条专业街。

产生各类专业街的原因是多方面的。首先是经营规律在起作用，专业街可以弥补市场商位不足，缓解商位供求矛盾。随着义乌小商品市场知名度的提高，一些想进场经营的人因没摊位、有摊位的生产经营大户又嫌摊位小而难以施展，于是他们转向市场周围的门店，自发形成专业街。因此，初期专业街的形成，实际上是市场“外溢”的产物。但是，分散在大街上的单个店门，无法满足顾客“货比三家不吃亏”的购物心理，对经营者来说，也不便掌握市场信息，达不到灵活经营的效应。由无数经营相同产品的门店形成的专业街，正迎合了供需双方的要求。

义乌最早形成的专业街为前大路松紧带、拉链一条街，形成于 1986 年。这一年，城中路小商品市场建成开业，经营主体急剧增长，市场知名度迅速提高。当时的部分温州松紧带、拉链厂家和经销商，向义乌市场代卖其商品的摊主探知，义乌市场生意很好，于是他们便慕名来到了义乌。可市场商位有限，而且禁止市场摊位租让，他们到了义乌才知一时无法进入市场摆摊，只得另辟蹊径。

因前大路紧临着市场，地段优势明显，房租价格低廉，前大路就成了这些松紧带、拉链经营户的首选。他们租用前大路两侧的民房作为经营商铺，这也是他们的权宜之计。至 1987 年，松紧带、拉链同类商品自行组合、集聚，便形成了经营相同产品的专业街。当年，一走进这条前大路专业街，但见狭长的街道店面内，各式松紧带、拉链摆满货架、柜台，有的房子甚至被成捆的松紧带堆满。窄窄的前大路一天到晚人流如梭，来来往往的三轮车、客商挤满了道路，生意兴隆。

形成什么样的专业街，这与义乌各专业市场的发展有密切关系。义乌城区专业街大都分布于各大专业市场的周边。在 20 世纪 90 年代初期，义乌城区就有篁园市场、副食品市场、纺织品市场等一批规模较大的专业批发市场，每天吸引了全国各地的客商近 20 万人。大批客商进义乌城区后，购物、消费量大增。专业街的形成，便于让各地客商货比三家，可以满足他们的购物需求。

在专业街兴起的前期，市政府本着“以场为主、场街结合、合理布局”繁荣商城的指导思想，实行场街统一管理，并从政策上予以扶持，使得专业街得以兴起和发展。1991 年年初，城中路小商品市场周围的篁园、东风、方台等地段，便是由政府统一规划与集资建设的。

促成专业街形成的另一个因素是，市场商位面积太小、转租商位的价格太高。篁园路小商品市场投用后，市场内许多经营大户感到仅 1 平方米的商位无法满足经营需要，他们想扩大商位面积，可以同时展示更多的商品，而专业街上的店面面积显然要比市场商位面积大，商务成本却比市场内低，而且经营环境比市场宽松，没有营业时间限制，在货物进出、行业转变、仓储设施等方面都较灵活。

1991 年 3 月前后，一些塑料制品经营户选中了离城中路小商品市场不远的保联东街，租起了保联街的店面。第一批进入的经营户就有 10 多户。到 1992 年下半年篁园市场投入使用后，部分获得了塑料制品摊位的经营户很快发现，因商位空间过于狭小摆不了多少品种，他们看到在保联东街已经有一部分塑料制品集聚起来，也纷纷搬离市场转到了那里。就这样，全街有三分之二的店面都驻进了约 80 家塑料制品经营户，使保联东街形成了塑料制品专业街。

但当时的保联东街并不全部都经营塑料制品，还有三分之一经营户从事布料批发。当时在保联西街西边的丹溪路上，临时搭建有一个纺织品市场，布料经营户有增无减。部分纺织品市场的经营户，便逐步从丹溪路向保联西街蔓延，此后又向保联东街扩展。到了 1993 年下半年，保联东街 150 多间店面被 110 多家布料经营户占满，原先的塑料制品经营户则退让出来，转移到了毗邻的桂林街、漓江街、庐山街，保联东街又变成了名副其实的布料一条街。

一边是篁园市场，一边是专业街，这场“场街争夺战”即在仅隔一条篁园路的两侧产生。客商们可以货比三家，因此产品的质量、款式，以及客户的服务等都变得重要起来。市场内的经营户笑脸相迎的多了，花色款式转换也更快了。原来头花、鞋子等摊位是零散经营毫不起眼，有了竞争后头花每天都有新款面世，而鞋子一跃成为市场里仅次于服装的紧俏货。

2

专业街的形成，有利于公平竞争。同类商品相处同一条街，价格、质量、服务水平等方面势必存在竞争，竞争的结果是让价格更合理、品种换代快，质量不断提高、服务水平不断改善。这正是义乌专业街不断增多和持续发展的内生动力。

市场繁荣发展，专业街迅速形成，也推动了市场商品结构的变化。1993 年，义乌集贸市场总成交额达 57.27 亿元，比上年增长 130.13%，各条专业街的经营额也在快速增长，各个店面的生意普遍红火。这些处于居民住宅纵横交错的街巷，如保联街、桂林街、漓江街、庐山街、黄山街等，不但与小商品市场隔街相望，而且通行便利，且房东初收房租的价格较便宜，占尽了天时地利人和。

在 1994 年篁园路小商品市场二期投入使用前，市场周围有 13 条专业街。除前大路拉链、松紧带一条街，保联东街的布料一条街外，还有篁园路电器一条街、下车门巷的打火机一条街，稠州路的鞋子、领带一条街，以及袜子经营一条街，编织袋一条街等。在距篁园市场稍远的一些街道上，也出现了朝阳门精品一条街、工人路娱乐饮食一条街，还有老城区一带的朱店街服装一条街、新马路地方风味小吃一条街、北门街家具一条街等。

1996年宾王市场开业后，义乌城区有专业街38处，经营户1676家，涉及约20个大类商品。1997年年底义乌专业街增至45处。

1998年，有12条专业街首次列入小商品博览会的布展范围，其中在黄山街（皮具、箱包）、桂林街（日用塑料）、漓江街（毛巾）、五台街（饰品、文胸）、春江路（工艺品、钟）、朝阳街（皮带、花边）、桥西街、前大路东段、稠州中路39街（化妆品）等建起龙门架，每块店面上方进行装潢，并挂灯笼，一派喜庆气氛。

从2000年12月开始，把部分专业街划入了中国小商品城工商分局管辖，由14条紧靠篁园市场和针织市场周围的专业街组成了篁园片区，拥有经营户2369家（企业191家），主要汇集了10多类商品。其中，包括内衣文胸在内的针棉织品经营户有400余家，约有500间店铺，分布在保联东街、桂林街、漓江街和庐山街、下车门东巷南段、篁园路6弄和8弄；工艺饰品226家，分布在稠州中路、五台街、春江路；头扣饰品436家，分布在市场路3弄至9弄；文化用品183家，分布在篁园新村、篁园路；电子钟表、打火机54家，分布在春江路和篁园新村；鞋类53家，分布在市场路13弄；还有家用电器、通信器材、皮革、电池、头梳、假发、承接印刷业务等，分布在稠州中路和篁园路。在各专业街内均有从事旅馆、饮食、理发等服务业的门店，方便经营户的日常生活。

2002年后，国际商贸城一、二期市场先后开业，有关专业街的经营户可以进入市场分配商位，使城区出现了新一轮兴建专业街的热潮。由于国际商贸城店铺不足以及租金（转租）太高、行业发展受限等因素，在国际商贸城周边的专业街又接二连三地兴起，有时一个月内就出现了几条专业街。义乌市工艺品行业协会发起创办的福田工艺品专业街，位于义乌国际商贸城西侧，共设店面704间，分装饰

模特在茶叶专业街走秀

工艺、花类、油画、水晶、器皿、山海协作六大区域，其中外地企业占60%以上，形成集国际贸易、展示、批发、零售等功能于一体的工艺品交易平台。福田工艺品专业街的开业，对确保义乌工艺品行业的龙头地位、突破行业发展瓶颈起到积极的促进作用。

2005年5月19日，市政府召开市场工作会议，进一步确立了“以场为主、先场后街、场街结合、互促共荣”和划行归市、兼顾各方利益促进专业街有序发展的举措，也为推进市场的持续兴旺营造了良好的外围环境。

至2005年年底，城区约有45条专业街（块），经营户约5800户，承租店面房约8200间，其中篁园市场周边有27条（块），宾王市场周边有9条（块），国际商贸城周边有4条（块），如福田工艺品、长春汽车用品配件、长春围巾等，各专业街经营户中半数以上为总经销、总代理。经营户除市内商户外，市外经营户主要来自东阳、浦江、温州、广东、福建、绍兴等地，形成针棉织品、日用百货、线带、皮具、玩具、文胸、内衣、文体用品、化妆品等约28个大类，商品年成交额占义乌市场成交额的15%左右。

随着中国小商品城行业布局的调整，以及一些专业市场的兴衰，专业街也随之发生变化，有的归并入市场，有的变更了街巷，有的在新兴的市场周边街巷兴起。至2008年年底，又有汽车用品与配件、装饰用品等专业街兴起。

义乌专业街多是自发形成的。众多专业街分布于各大专业市场周边，由此培育了一批新兴行业和经营大户。当然，在国际商贸城开业后，专业街也不再局限于市场周边而存在，有的甚至离得很远，如梅湖库存商品专业街、黄杨梅灯具建材专业街、石桥头室内装饰专业街、鹏城旧货市场等，涉及汽车用品、灯具、文化用品、日常生活用品等10多个行业，各专业街广泛分布于义乌福田、稠城、江东、稠江、北苑等城区主要街道。各专业街与专业市场相得益彰，互补共荣，它对义乌市场的长远发展与繁荣，起到了较好的辅助和补充作用，为保持商城的长期繁荣注入了活力。

3

专业街的发展经历了从无到有、从少到多，从无序竞争到规范化的过程，走过艰辛，走过坎坷。窥一斑而知全豹，透过保联东街这条专业街的发展史，可以一窥义乌专业街的演变。

保联东街在当年曾红极一时，堪与义乌小商品市场相媲美。从混乱到有序、从分散到合作，该专业街的演变史，是义乌众多专业街发展史的一个注脚。

保联东街变成布料一条街的时间并不长。在1995年11月宾王市场开业后，根据市场布局和划行归市的要求，丹溪路纺织品市场和城中路服装市场整体迁入宾王市场。邻近的保联东街布料经营失去了依托，经营户纷纷离开，保联东街人去店空，只得另谋出路。后经保联东街房东集体协商，一致同意主动招租，公推 5 名代表，组成专业街筹备小组。

刚好，一位首饰商人向一名房东打听房租，顺口抱怨他们原本所在的稠州路店面租金涨得太快。说者无心，听者有意，保联东街的房东们马上开始招商。

他们制作了上百份通知，挨家挨户送到工艺饰品店面。通过招商宣传，与稠州路首饰经营户取得联系，几经协调，谈妥了合理的租金价位，签订了 3 年期租房合同，并一次性付清租金。1995 年年底前，约有 100 户工艺饰品商贩搬进了空荡荡的保联东街。1996 年元旦正式开业。

不过，热闹并没有持续多久。当时进驻保联东街的饰品经营户多为小户，多数经营大户（包括来自广东、台湾等地的厂商）认为稠州路交通更便利，且与篁园市场工艺饰品交易区连成一片，故不愿搬迁，仍留在稠州路。到 1998 年，保联东街经营户大多撤离，有的搬回稠州路，大部分则落户于五台街。保联东街办专业街再次受挫。

眼看到三年租约马上到期，保联东街专业街筹备小组开始调整工作思路，筹谋引进合适的行业，先把经营大户吸引到保联东街来。后来听说内衣文胸发展势头好，它们主要集中在五台街、市场路两地，共有经营户 240 余户，但因店铺分散，缺乏集聚效应。而此时，原城中路小商品市场已改为针织市场，于 1997 年 6 月开业了，市场规模达到 2150 个摊店，主要经营袜子、针织内裤。

针织市场的经营品种与内衣文胸是相近行业。筹备小组决定把内衣文胸经营户引进保联东街，集中经营。这样，即可让针织市场内的袜子与保联东街、桂林街内衣文胸专业街连成一片，共存共荣。

经居委会牵头，并多次召集了房东和经营大户双方代表进行协调，磋商店面租金问题。筹备组和居委会则不断动员地段较好的房东要为大局着想，为长远考虑，相应降低租价，以吸引内衣商们的整体搬进。约定第一期店面租期为 2 年，在不断的讨价还价之后，保联东街从篁园路口至下车门路口一段租金按地段定价，依次分为 5 个档次，第一档 2.1 万元，第五档 1.3 万元，每隔一档，差价 2000 元。

吸取了上次没能引来大多数大户、结果分散了市场的教训，这一次，房东们各显神通找到了几十个内衣大户，基本摸清了整个行业。经半年筹备，有 120 余家内衣文胸经营户搬进了保联东街，并于 1999 年 1 月 1 日开业。这时有很多经营者都看中了内衣文胸专业街，有 240 多家经营户都准备统一搬迁，但保联东街没法容纳。这时附近的桂林街也在效仿保联东街准备招商，于是筹备小组即与桂林街筹备小组进行了联合，开展集体招商，即把桂林街也辟为了内衣文胸专业街。保联东街的二期开发也一同进行。

保联东街等内衣文胸专业街在经济杠杆调节下自觉实现“划行归市”，形成绝对优势。

经过多年发展，在相邻的几条街都卖同一类商品，于是就形成了一个“专业区”，生意开始进入旺盛期。2000 年年底，市场内的部分经营大户也陆续迁来，附近的庐山街、漓江街也依样画葫芦，相继辟为内衣文胸专业街。保联东街西段（下车门至南门街段）原是模具加工专业街，到 2005 年年初，模具加工也全部让位于内衣文胸经营户，甚至附近的弄堂也成了内衣文胸经营场所。经营规模进一步扩大了，最后竟连成了一个“内衣城”。

2008 年 10 月 17 日，篁园市场在运行了 16 年后关闭，市场内的经营户搬迁至国际商贸城，保联专业街失去了依托，也随着篁园市场的关闭而整体搬迁。此后，篁园服装城在原篁园市场崛起，但此时的保联专业街的众多经营户已乘“黄鹤”而去，当年的辉煌成了“过去时”。

第二节 开办夜市

夜间市场是日间市场的延伸。义乌夜市的繁华与市场的繁荣发展密切相关。每当夜幕降临，微风徐徐，在灯火辉煌的城市中，逛一逛夜市，想必是很多人都非常喜欢的一件事。而夜市也点燃了城市夜生活，无疑是城市中最热闹的地方。

“近坊灯火如昼明，十里东风吹市声”，夜市在我国坊间已经流传了千年，如今的城市夜市更是活色生香。灯火通明的街巷，人头攒动，热闹喧哗，鳞次栉比的摊位，十里连街的小贩……难怪人们常说：“夏天的夜晚就是属于夜市的。”

而在义乌这座城市，更是不缺少夜市。每到晚上五六时，夜市经营者就开始忙碌起来，到了晚上七时许，夜市内已是人头攒动。夜摊中的各种小饰品琳琅满目，让人目不暇接；各种熟悉的叫卖声此起彼伏，奏响了商城夜生活的乐曲！

“夜经济”点燃“烟火气”。商城的夜市实际上也是白天市场的拓展。如果白天没有在市场上采购到满意的商品，仍可以在夜市上得到补充，做到“白天也懂夜的黑”。

义乌的夜市伴随着市场的繁华而出现。1988 年 7 月 20 日，设在县前街与南门街的稠城夜市开业。当时义乌城区还没有进行大规模的旧城改造，县前街向西延伸至新马路交岔处，向东延伸到市政府大门前；南门街则由市政府大门前向南伸展约 200 余米的地段上。

稠城夜市起初摊位仅有 34 个，但在高峰时曾达到过 500 多个。夜市经营者自备钢丝床作摊位，营业时间每天 18 时至 22 时。经营品种有各类小百货、服装、鞋袜、书籍、日用杂货、水果、饮料等成千上万种，经营方式为零售。货源大多来自义乌小商品市场和个体加工户。日上市人数有三五千人，年成交额 60 余万元。

1993 年 4 月 14 日，总投资约 2 亿元的工人西路（新马路—城中路）拓宽改造工程竣工（1994 年被评为浙江省规划建设一等奖）。12 月，为繁荣新建成的工人西路两侧门店的经营，县前街夜市搬至新建成的工人西路，从城中中路路口至人民医院。随着夜市的繁荣发展，致使许多店主、摊主及居民，让夜间的营业款无法储存，存放家里又不安全，为改变银行服务滞后的状况，市农业银行率先推出储蓄夜市。在 1994 年 6 月 6 日开业当晚，即吸储存款 15 万元。

1997 年 6 月 28 日，位于城中路 93 号的原小商品市场旧址内的针织市场开业。12 月，工人路夜市搬至针织市场。但是，在针织市场内设夜市，存在一定的消防安全隐患，因此又于 2001 年 8 月 10 日搬至三挺路。三挺路夜市设有摊位数 760 个，实行下岗人员优先。

义乌会聚了来自全球各地的客商，三挺路夜市也就成了商城夜晚人气最旺的场所，摊位数也在不断增加。在这个长 350 米、宽不过 29 米的夜市内，足足容纳了总计 839 个百货、饮食摊位，便民服务摊点。在新冠肺炎疫情未发生前，三挺路夜市每年可接待游客和消费者近千万人次，其中有 40 万人是外国友人。受疫情影响，三挺路夜市曾一度休市，开了又停。重启后的夜市运营情况一路高开高走，日均客流量即与往年同期相当。

根据外国人的生活习惯，晚上往往是他们夜生活最为丰富的时间，他们往往三五成群前来逛街，因此，在各家摊位前总能见到几张外国面孔，这里也成了诸多外国商人在义乌必定要“打卡”的地方。于是，三挺路夜市也就有了“联合国夜市”之称。

和外国人做生意，在义乌实在是件再平常不过的事情。看，几名非洲客商正想买蓝牙耳机，其中一个刚拿起包装盒，老板便操起手边的计算器，噼里啪啦按了一阵，然后把数字展示给对方：“这个价钱，cheap（便宜）！要不要，friend（朋友）？”

民以食为天。在三挺路夜市的美食区，不但可以找到国内各种特色美食，如北京的烤鸭、重庆的麻辣烫、沙县的小吃、金华的火腿，等等，就连法国大餐、日本料理、巴西烧烤、美国牛排，以及俄罗斯等特色餐饮，等等，都用不着出国，在这里都可悉数品尝。各国风味汇聚，这里俨然成了“美食联合国”。

针对多元化的社会环境，如何让众多的国外人士在义乌这座“新移民”城市和谐相处，满足各国客商的餐饮和娱乐需求？市委、市政府在充分征求外籍人士意见的基础上，按照不同国度客商的饮食特色、宗教信仰、民俗风情，进行统筹规划，在宾王商贸区开辟了异国风情街，从而吸引了各国风味餐馆和娱乐场所进驻这里。

随着城市扩大，各地打工人员的涌入，给夜市注入新的活力。出租车司机说，车辆每次驶到夜市，路就走不动了，即使连日阴雨天，客流有一定的流失，但依旧可观。其实出租车司机所说的夜市，也不仅仅指三挺路，目前，在义乌城区就有贝村路、凯吉路夜市，其中贝村路夜市有 450 余个摊位，凯吉路夜市有 200 余个摊位，还有其他如青口夜市、城店夜市等，规模都极为可观。而在义乌的各镇街，也都相应设起了夜市，热闹非凡、烟火味十足。

热闹夜市，点亮商城“夜经济”，赋能精致新“夜”态。

第三节 边贸商潮

1

发展商品生产就得有市场。市场是反映社会供求信息、销售商品和为再生产提供原料的重要场地，是多渠道流通的中心，是连接城市与乡村、生产和消费的纽带。因此，兴商必须从组织市场、开拓市场入手，而开拓市场又不能局限于一个狭隘的小天地，必须面向全国乃至全世界。

义乌小商品市场正式开放后，许多义乌农民打破地域界限，到省外开拓新的市场。

1985 年 2 月，县委书记赵仲光在全省农村工作会议上作了《兴商建县，振兴义乌》的典型发言，他说：“去外地经商的农民有一万人左右。在广西柳州、云南昆明、江西景德镇、江苏徐州、四川重庆、新疆乌鲁木齐等地，都有为数不少的义乌人在那里开店、设摊经营小商品，有的城市还出现了‘义乌街’。他们经营的商品，一部分是从义乌贩运过去的，更多的是从外地组织货源。据下骆宅乡调查，全乡在外省经商的农民有 633 户、1638 人，分别占全乡农户的 25%和劳力的 34%，他们多数是个体经营，也有联合采购、分散销售。他们在全国各地为沟通小百货流通渠道发挥了积极的作用。”

小商品，大市场。为了摆脱区位、交通等劣势，义乌人纷纷走出本地，迈出全国化、全球化的步伐，把市场开到了离消费者更近的地方。到了上世纪 80 年代末 90 年代初，义乌小商品市场已在国内声名鹊起，几乎关联着每一个中国人的生活。1990 年，山东省德州市城隍庙小商品市场开业前到义乌招商，原计划安排义乌经营者 400 个摊位，却有 800 多人拥入德州，90%左右的摊位被义乌经营者占领。当地群众称这个市场为义乌小商品市场分部。

城内的义乌人主动走出去，城外的商家也主动到义乌抢人。1992 年，义乌小商品市场在全国十大市场评定中名列榜首，义乌被誉为“神州第一市”。当年，市工商部门接待前来义乌参观者即达 1596 批 22165 人；参观热带动招商热，外地市场到义乌招商的有 79 家。于是，义乌小商品市场的管理者开始尝试在外地（主要是边疆地区）建立分市场，向外扩展、辐射。

这主要基于三个方面的考虑：一是义乌商品要走向边远省份、走向国际，必然要发展边贸、外贸，通过分市场这块“跳板”，可使义乌小商品市场来一个腾飞；二是义乌要求经商的人员越来越多，而义乌市场又呈饱和状态，无法容纳这批人员进场，建立分市场可帮他们找到经商门路；三是边远省份的市场经济尚不发达，在当地尚未考虑建市场时，正可“乘虚而入”，以先发之势，在当地站稳脚跟，立于领先地位，谋求进一步的发展。

2

自1992年下半年开始，小商品市场工商管理处先后分三批出外考察：一批是到黑龙江省的绥芬河一带，考察中俄边境贸易状况；一批是到黑龙江省的哈尔滨、黑河（还到过俄罗斯的海兰泡市）及北京通县（现为通州），考察中俄边境贸易及在北京地区建分市场的可行性；再一批是赴新疆乌鲁木齐市、独山子与阿拉山口等地，考察建立分市场、发展中俄边境贸易的可行性。

待三批考察人员陆续回到了义乌后，大家一致的感受是：“外部的世界好精彩，办分市场可行！”

1992年11月，小商品市场工商管理处、个体劳协的有关负责同志率先行动，赴北京通县（今通州区）筹办分市场事宜。在北京市通县八里桥市场，建有一幢建筑面积2800平方米义乌营业厅，希望与义乌合作办市场，共同发展通县市场。市工商局、市场个体劳动者协会同志到达北京后，不但积极为义乌营业厅招商引资，个体劳协还在市场内投资建设管理用房。共投资160万元，在通县八里桥市场内建立了义乌街与义乌营业厅，设商位200个，于当年12月5日开业，有200多名义乌经营者入驻经营。这也是由义乌经营者集资（购买营业用房）、个体劳协参与投资、在省外开办挂名“义乌”的第一家分市场。

乌鲁木齐分市场，起源于义乌人创造的旅馆市场。当时在乌鲁木齐摆地摊的吴华源和吴有根等义乌人尝尽被排挤被驱赶的辛酸后，决心为在乌鲁木齐经商的义乌人找个市场，以集中做生意。1987年，选中位于市中心的

客商选购进口商品

一座俄式建筑群众饭店，费尽周折，整体承租饭店1层至3层80多个客房，由自己招商、自己管理。第一年招商基本就绪，200多家义乌经营户陆续入驻旅馆市场。“旅馆市场”每个房间不到12平方米，摆3个摊位，小百货、服装堆满地板、挂满墙壁，房内挤得转不过身来。一个小摊位一年交300元管理费，卖的大多是义乌货，价格公道，生意红火。

在乌鲁木齐，除了群众饭店，类似的旅馆市场还在长征饭店和新华饭店出现，义乌商贩分别有近100人、600人；还有部分义乌人在农垦第六师招待所、自治区军区第二招待所摆摊。由义乌人自己创办、自我管理，义乌人的群体优势在自办的市场形成以后，让有眼光、有胆识的义乌人看准了西部开发带来的商机，从而萌生在当地创办市场的想法。以施仲谋为代表的一批义乌经营户，他们一边寻找合适场所，一边回到义乌，要求家乡政府伸出援手，与乌鲁木齐有关方面联合创办市场，以共图发展。

1992年，市工商局、市场个体劳协赴乌鲁木齐，与施仲谋等义乌经营户取得联系后，同新疆建筑木材加工总厂达成联合兴建市场意向。1993年6月28日，市工商局与新疆建筑木材加工总厂正式签订《联合兴建集贸市场合同》。根据这份合同和会议纪要，由市工商局与新疆建筑木材加工总厂联合兴办中国小商品城乌鲁木齐分市场，个体劳协驻乌鲁木齐分会具体承办征用场地等事宜；市工商局在市场租赁期内对市场营业用房及摊位有自主安排权，两年使用权到期后有整体优先承租权；进场商户每户集资4000元，前两年免收摊位费；乌鲁木齐分市场可以协调处理内部事务。

1993年8月18日，由义乌经商户集资630万元建成的浙江义乌中国小商品城乌鲁木齐分市场开业（属同期建设的新疆商贸城一个交易区）。这是一座呈“日”字形、封闭式的三层楼房，分市场有1400多个摊位，392间营业房，213间地下仓库，有近3000名义乌人开始在那里经营，约占整个新疆商贸城经营者的一半。分市场建立管委会和个体劳协分会，由市工商局管理。

有市场的地方就有义乌人，没有市场但有义乌人的地方，也会逐渐形成市场。北京通县八里桥、乌鲁木齐等分市场的创办，为义乌人在其他地方创办分市场提供了经验。从此，义乌市场的对外拓展呈快速发展趋势。特别是由民间自发组织，以各种形式参与省外市场建设与管理的分市场分布全国。

乌鲁木齐分市场挂牌后，迎来了1993—1995年边贸大繁荣时期，乌鲁木齐火车站托运处每天收到发自义乌的货物120吨~150吨，全年总计发货总值约8亿元。

1993年，地处边贸最前沿的伊犁，由义乌个体经营者与伊宁市工商局等单位联合出资2300万元，筹建股份制企业中亚国际贸易市场（即伊宁义乌商城）。1995年，该市场开业后，有100多家义乌个体经营户常驻做小百货服装生意。边贸生意兴旺时，从义乌发到伊宁的货物，每天有20多车，高峰时每天可达30多车。（后因边贸生意清淡，伊宁义乌商城于

2002年改为家具城，大多数义乌经营户撤走，只留下20多家服装经营户转到中亚服装市场）

3

继新疆之后，义乌商人又把义乌市场管理模式嫁接到甘肃、青海。1997年11月，在兰州义乌商贸城开业之初，1000多个摊位被经营户抢租一空，日营业额很快突破百万元，发展成为兰州地区最大的室内综合批发市场。1999年10月，西宁义乌商贸城开业。市场管理方提出“让品牌充满‘义乌’”的理念，对市场商品实行统一分区，划行归市；提倡总经销总代理制，商贸城集中上百种名牌产品，提高市场竞争力。

看中了中国小商品城这一品牌所蕴藏的巨大含金量，懂得如何创办、运营市场的义乌人充分发挥自己的聪明才智，抢杌在祖国各地办市场的机遇。据2000年5月市工商局调查，1992年以来，义乌人已在新疆乌鲁木齐、伊宁，甘肃兰州，青海西宁，山西太原、大同，黑龙江哈尔滨、黑河，江苏徐州、淮阴，以及北京通县、广西凭祥、福建建阳等全国20多个省、市、自治区，分别以投资、合作、合资、承包、协议管理或以配送中心等多种形式，先后建立了45家省外市场。它们有的直接挂名义乌分市场，也有少数由义乌人创办但不挂名义乌的市场，分布在全国20个省、市、自治区。其中西北地区7家，华北地区11家，东北地区3家，中南地区13家，西南地区3家，华东地区7家，华南地区1家。

在西北、华北地区，挂名义乌的市场有10家，即呼和浩特义乌小商品批发市场（1993年开业）、浙江义乌中国小商品城乌鲁木齐分市场（1993年8月开业）、伊宁义乌商城（1995年开业）、兰州义乌商贸城（1997年11月开业）、大同义乌小商品城（1998年12月开业）、太原义乌小商品城（1999年5月开业）、西宁义乌商贸城（1999年10月开业）、义乌中国小商品城宝鸡分市场（2000年1月开业）、义乌中国小商品城西安分市场（2002年1月开业）和武威义乌商贸城等。

在西北、华北诸多分市场中，义乌货源所占比例较大。兰州、西宁分别达到45%、55%；乌鲁木齐为70%；太原、大同分别为20%、30%。大同分市场通过设立连锁中心，组织义乌厂家、商家集中进驻设置在市场内的精品区，实行“义乌人、义乌货、义乌价格、义乌管理”的模式经营。2000年4月起，由义乌市场拓展有限公司组织“义乌产品西部巡回展”活动，组团拓展义乌本地产品。仅太原一地，参观者超过5万人次，巡展活动还为参展企业、市场经营户牵线搭桥，设立总经销总代理60多家。

进入新世纪，省外以“义乌”冠名的市场还在陆续拓展中。2001年4月28日，义乌中国小商品城徐州分市场开业；2003年9月28日，文登义乌小商品批发市场正式开业，结束了胶东半岛地区缺乏大型商贸流通集散地的历史；2004年12月28日，淄博·义乌小商品城顺利开业；2005 年 8 月，河南漯河新天地义乌小商品城开业……当然，也有的因管理不善或经济纠纷等原因中止合同而歇业，截至 2008 年继续存在的各类分市场还有 26 家。2013 年，在中国与哈萨克斯坦边境创办了霍尔果斯义乌国际商贸城，这个义乌中国小商品城分市场，成了中国与亚欧大陆桥中心枢纽地带规模最大的小商品集聚地。

义乌的行商坐贾遍及西北、华北。据新世纪初的一份调查，义乌人拥有兰州、西宁义乌商贸城的摊位数分别为 140 个和 320 个，经营户 38 户和 170 户；伊宁义乌商城，义乌经营户 100 多户；在乌鲁木齐分市场，义乌人约占总经营户 30%。山西太原、大同 2 个分市场，义乌经营户分别有 380 户、60 户；呼和浩特义乌批发市场开业时，有 30 多家义乌经营户入驻；义乌中国小商品城西安分市场，有 400 多人入驻，其中许多人已常驻西安十几年。当年的各地分市场，便是义乌商人集聚的重要场所。

省外分市场以及挂义乌名的市场建立，有利于全国二级批发市场形成，实现义乌商品的大流通、远吞吐，充分占有全国市场份额，使义乌的母市场辐射面进一步扩大，行销渠道更为畅通，真正成为全国小商品流通中心。市工商局对 13 家分市场做过统计，其货源大多来自义乌市场，最高的占 85%，最低的占 15%，平均为 49.9%。

第四节 外拓市场

1

义乌人素有外出闯荡的禀性和传统。20 世纪末，经过改革开放的风雨洗礼，敢为人先的义乌人把眼光瞄向了世界。特别是在中国加入世界贸易组织后，义乌迅速开拓国外市场，成为小商品出口的先行者，同 200 多个国家和地区有贸易往来。

在实施开放带动战略中，义乌相继出台了一系列政策和措施，积极推进经营主体、贸易方式、出口商品、出口市场的多元化，鼓励企业和经营者跨出国门，参与国际竞争和合作。在政府的大力扶持和推动下，义乌人大举挺进海外，构成蔚为壮观的“义乌军团”，在国际经济竞技场上施展拳脚。

在中东，精明的义乌人在那浩瀚无边的大沙漠中开发出同样浩瀚无边的市场“绿洲”。仅阿联酋迪拜市，就有 200 多名义乌人在那里经营服装、文具、工艺品、饰品等，买卖做得红红火火。在俄罗斯，50 多家“义乌店”在莫斯科安营扎寨，拓展市场。

中国加入世贸组织以后，义乌人骆云才深知今后市场竞争会越来越激烈，必须走出国门，扩大视野，开拓新发展空间。而袜子是人们冬季的生活必需品，越寒冷的区域消耗量就越大，在俄罗斯一定走俏。在朋友的引荐下，骆云才带上百双样品袜子，于 2002 年 4 月去莫斯科实地考察。去莫斯科乘飞机约 9 个小时，去一趟还是较为方便的。骆云才上午去，傍晚就到达了莫斯科。

在莫斯科及其他城市，有大小不等的商品贸易市场，其中由华人主办的商贸市场就有：大环中国商品批发市场、燕山住宿批发楼、天客隆批发楼、莫斯科友谊商场、中国商场深圳馆、广东商贸中心批发楼、新莫大住宿批发楼、海宁楼等。除此之外的其他市场中，中国货亦占绝对优势。

集装箱市场位于莫斯科市，是东欧地区的最大轻工业商品批发市场，市场占地面积约 7 平方公里，20000 个销售摊位，分老、中、新三大部分，其中均有大小不等的中国鞋城、中国皮货大世界、中国服装批发区、中国裘皮区、中国廉价商品区等，称得上是国际性的轻工业商品交流集散地。整个市场被华人买下使用的摊位约有 4000 个，有上万华人在这里从事着商贸经营活动。

在集装箱市场，有较多的福建人、温州人，义乌人在这市场中不多，仅 20 余名。骆云才拿出随身所带的一百双样品袜，刚一亮相，就围上来许多摊主抢着要货，最后以单价 10 卢布（当年汇率约 2.5 元人民币）脱手。俄罗斯有近两亿人口，加之各大市场中的外商，从这一点可以想象到其吞吐量之大。骆云才觉得前途光明，就下决心拿下这块经商要地，于是立即返回义乌发货。

一个月后，骆云才又踏上了莫斯科的征途。这一次运去 10 万双袜子。他在市场上租了一个摊位，并请来一位翻译后开始正式营业。好袜上市，顾客接踵而来，争相选购。小则一包，多则 5 包，不多时，就卖掉七八万双。

“看！这袜有点像义乌来的货。”

“可能是，去看看！”在骆云才的耳边，忽然响起了义乌话。顿觉得无比亲切，不禁眼睛

客商选购日常用品

一亮，忙停止手中生意，向来人招呼。“喂，同乡侬，你们怎么来这里啊？”

真是天下无处不见义乌人。二位见状，果然是同乡人，亦感一阵惊喜，忙大步进内亲热起来。

虽然此时摊前顾客催着要货，但今日有贵客临门，只得暂停营业，骆云才叫他们明天再来。在与两名义乌人的交谈中，骆云才得知一位是义乌西门人，叫王岳云，已娶俄国女郎为妻，已居此10余年，能讲流利的俄语，在这市场上经营小商品生意。另一位佛堂人，叫叶胜荣，在此经营服装生意。

出于乡情，王岳云将骆云才请到家中做客，三位同乡在异国相聚畅饮。边饮边介绍起莫斯科与经商有关情况。

次日，骆云才精神饱满地又去摆摊。不料，有一位俄罗斯人早在摊前等候，说包内掺有质量较差的袜子。

义乌人出外经商，格外注重信誉。“这袜是自家产的，根本不可能掺假。”骆云才便对俄罗斯人说：“有一双掺假，赔你十双。”俄罗斯人通过翻译说：“不要赔十双，换了就是。”

骆云才打开包检查，里面果然混有七八十双自家生产的薄型春秋袜。“这是内销袜，怎么会运到这里来呢？必是包装人失误装入包了，回去非按厂规严肃处理不可。”骆云才对俄罗斯人说，“我已有话在先，假一赔十，这包内果然有薄袜近百双，这几百袜就送你吧。我再赔10倍的钱给你。”

骆云才说着，就拿出了3000卢布赔付给对方。对方却手摇不止，拒不接钱。骆云才通过翻译说：“中国人从来说话算数，请收下吧。”俄罗斯人听了佩服不已，高举大拇指连连称赞：“中国人好样的，义乌人好样的！”

骆云才的摊前本就人多，经他这么一宣传，就更热闹了。其中有位乌克兰客商，见这袜子如此旺销，又见摊主如此真诚大方，也上前要买几包去乌克兰销售。但他不懂汉语，又不会俄语，只是干着急。

不一会，他突然有了主意，匆匆往外跑。经过约一个小时，他带了一个会讲汉语的乌克兰人，又飞跑着回到骆云才的摊位前，通过翻译说，他要采购10包的货。但，骆云才的袜子已经卖完了。但见乌克兰商人叹息不已。骆云才告诉他，过两个月后货就能运到。

首战告捷，骆云才在俄罗斯从设摊点开始，继而买房开店，设立了公司的销售处，生意一直十分红火。而顾客急着等货，远远不能满足需要。为此，他下定决心要在这里建立规模较大的分公司，长期扎寨，争取上档次，谋求大发展。

根据俄罗斯人的胃口，骆云才认为自己公司规模太小，必须迅速增加设备，扩大生产。于是回义乌后就添加了购袜机，从原41台增加至141台，一下子扩大了两倍多。

由于义乌市场的袜子销路不好，许多袜厂的袜子处于积压状态，而骆云才自家的袜仅存5万双左右。当时正处生意旺季，是生意人赚钱的黄金期，骆云才除了扩大再生产，又临时向兄弟厂家约货，一下子购了600万双袜子，运了几个集装箱去莫斯科。

商场如战场，限于厂房太小，必须购地扩建。骆云才即向当地政府呈报了申请报告，继续扩大再生产。

俄罗斯的第三产业和轻工业不像中国这么发达，小商品市场容量惊人，是义乌商人较早挺进的第三大出口国，是义乌商家熟悉的出口市场，也是义乌外贸最快的增长点之一。

义乌小商品进入俄罗斯主要有以下几种渠道：通过边贸或外贸公司进入、俄罗斯商人直接到义乌采购、通过外商订货和采购转销、通过参加俄罗斯展销会、博览会达成交易进入市场或者通过厂家直销，等等。义乌商品进入俄罗斯后主要在集贸市场和超市内销售，其中塑料制品、拉链、防盗门、毛毯、保温瓶、锁具、笔类等日用品、小五金产品出口增长快速。

对义乌商人而言，俄罗斯市场是一片值得开垦的处女地，而且土壤肥沃，在国内外竞争日趋激烈的环境下，值得开发和拓展。

2

非洲，一个人口仅次于亚洲的地区，由于历史原因和长期的战乱，这里多数国家的经济发展缓慢，生产力水平低。虽然自然资源丰富，但加工生产能力弱，商品短缺，市场潜力巨大，进驻非洲市场正逢其时。其中，南非和尼日利亚可以说是了解非洲市场的窗口，也是进入非洲市场的跳板。

1998年10月，由47位以手摇拨浪鼓起家的义乌商人，在南非的约翰内斯堡创办了一座占地3900多平方米、配有仓储、住宿和停车场的义乌小商品市场南非分市场，与有“华夏第一市”之称的义乌小商品市场实行连锁经营。

南非是非洲最富有的国家，是世界十大工业国之一，其工业发达程度不亚于欧美国家，但它的轻工业却相对弱小。日用消费品、大小家用电器、装饰材料、厨房用具、卫生洁具、文化用品、针纺织品、服装鞋帽、园林工具、小型农具等小商品在那里都很有市场。南非还是个市场辐射性强、转口贸易活跃的国家，许多非洲国家进口贸易都依赖南非市场和它的基础设施，同时它还与周边10多个邻国结为关税同盟。这种经济关系为中国商品通过南非打进非洲其他国家的市场创造了更便捷的销售和批发条件，对抢占非洲市场有极强的渗透性和辐射力。这也给了先行者以更多的商机。

1999年11月，嗅觉灵敏的义乌民企再次把商业触角伸向了非洲大陆，在南非约翰内斯堡创建的中华门商业中心开业，它将中国商品市场直接办到非洲，占据了进军非洲市场的一片“滩头阵地”。

尼日利亚是非洲人口最多的国家，矿产资源极为丰富，而工业基础又相当落后，大多数人收入水平不高，消费能力有限，对来自欧美的高档日用消费品市场不大，而更需要大量经济、实用的商品去满足多数人的消费需求。同时，尼日利亚采取的是低关税政策，所以转口贸易也相当活跃，主要辐射到尼日尔、乍得等国家和地区。因此这里也是我们进入非洲市场的一个重要门户。

截至上世纪末，义乌人已在南非、乌克兰、乌拉圭和尼日利亚建成了4个境外分市场。而义乌人在乌克兰基辅创办的中国小商品批发中心，拥有营业面积6200多平方米，是当地最有影响的商品市场。当时在这些分市场经营的义乌商人最多时足有7万多人。

为扩大义乌小商品市场的影响力和义乌商品的辐射范围，1998年3月，商城集团组建了商品配送中心，利用当地市场商品丰富和联托运发达的优势，专门为境内外分市场的经营者采集商品、代办托运，以降低分市场经营户的进货成本，形成了以义乌小商品市场为物流中心、境内外分市场连锁配送的网络经营体系，增强了义乌市场和商品的辐射力。

3

2016年3月，在波兰首都华沙，义乌中国小商品城首个海外分市场——波兰华沙中国商城正式授牌。该市场有建筑面积15万平方米，1000余家商户入驻，主营日用小商品、服装、鞋帽、箱包、床上用品等，商品辐射到波兰全国及德国、匈牙利、捷克、乌克兰、白俄罗斯等周边国家，成为中东欧地区最大的小商品批发市场。

2022年6月30日，由商城集团联合DPworld共同投资建设的迪拜·义乌中国小商品城开业，项目总占地80万平方米，其中一期占地20万平方米，共有市场和保税仓库两大部分，共有市场商位1600间，保税仓库324间，市场与迪拜EXPO2020同期开业。

迪拜·义乌中国小商品城位于杰贝阿里自贸区内，入驻企业可享受零增值税、零关税、无企业所得税、无个人所得税，以及100%企业所有权等政策。市场位置优越，可有效辐射中东、北非、部分东非地区近10亿人口消费市场；距马克图姆机场及中东地区最大港口之一的杰贝阿里港仅15分钟车程，物流运输、转口便利。

义乌从输出商品、商人到现在输出市场，这是市场建设的一个飞跃。这些连锁分市场和流动的义乌商人，把义乌小商品快速地销往世界各地，确保了小商品市场持续兴旺和发展。

时至今日，义乌中国小商品城已在三大洲的5个国家开办了分市场，常年在国外经商的义乌人已多达数万。面对“义乌军团”的壮大和义乌商品的风采，人们发出了由衷的赞叹：“义乌商人走天下，义乌商品遍天下，义乌美名扬天下。”

距离义乌万里之外的卢旺达，如今多了一个微型的“义乌市场”——在占地约1万平方米的海外仓里，义乌企业备货上万款产品。许多无法来到中国的非洲采购商，在“家门口”就能完成看样、选品、下单。

不仅是卢旺达，在西班牙、澳大利亚、捷克、德国、阿联酋、埃及等国家，如今也有了这样浓缩版的“义乌市场”，义乌已在全球52个国家和地区以自有和加盟的形式布局海外仓181个。这些海外仓，不同于一般的海外前置仓，它既是商品的展示中心，更能方便采购商海外直采。其中金凤凰匈牙利仓等8家海外仓被列为省级海外仓，义网商城与马来西亚最大物流商合作，打造马来西亚专线，共建海外仓，网络覆盖马来西亚18个省州，基本实现马来西亚全境当日达或次日达。

“未来3年，义乌计划在全球设立200个这样的海外仓。”商城集团国际公司相关负责人说。同时，环球义达国际物流专线平台上线国际物流专线124条，覆盖67个国家600多个城市，进一步畅通小商品跨境流动。

第五节　购物旅游

1

义乌因小商品市场而凸现购物旅游特色和优势。义乌的购物游，也不愧为“莫名其妙”，国际商贸城开创了全国“以商带游、以游促商”之先河。

2002年9月，义乌国际商贸城一期市场投入使用，市场经商环境和市场在国内外的知名度进一步提升。同在这一年，国际商贸城被国家质量监督检验检疫总局授予“重质量、守信用”称号，2003年被浙江省工商局授予全省首个“五星级市场”称号。

当年，国家旅游局领导来义乌考察时曾说，一个地方，只要来的游客多，就是一个好景点。对此，义乌旅游人深受启发。这，也让义乌旅游人看到了希望：抓旅游就抓市场，依托市场优势，独辟蹊径，开辟出一条全新的购物旅游之路，真正做到产业围绕市场育，工作围绕市场转，义乌的旅游产业破茧而出，引来生机。

2003年2月，市政府下发了义政〔2003〕16号文件《义乌市人民政府关于加快发展我市购物旅游的若干意见》，就完善市场服务功能，完善购物旅游软、硬件设施，鼓励购物旅游，相关部门分工协作等事项明确意见，提出了“打造全球最大超市，建设国际购物天堂”的义乌旅游发展思路，强调义乌旅游必须立足于购物旅游这一主题，走多元化发展的创新之路。

由此，义乌拉开了创建购物旅游品牌的序幕。为提升购物旅游档次，市旅游部门会同商城集团联合提出走创建 4A 级景区的思路。

2005 年 5 月份，义乌成立了创 4A 景区办公室，并按照国标《旅游区（点）质量等级的划分与评定》，进行相关设施的改造。如在国际商贸城专门设立了“购物旅游团队接待处”，配有服务接待人员和翻译人员全天在岗服务；建立了游客中心旅游观光车、医务邮政服务等基本设施。

为了增加购物旅游景区的文化内涵，在义乌国际商贸城二期的旅游购物中心三楼，专门开辟了以展示义乌独特商业文化、反映义乌市场变迁为主要内容的中国小商品城历史陈列馆。它以实物展示、情景再现、图片模型等形式，再现了义乌市场的发展历程。游客在这里可以了解到义乌货郎担的历史演变，义乌市场的发展历史，兴建市场背后的故事及市场所具有的强大孵化效应等，由此也增加了国际商贸城的可游性，丰富了购物旅游的内涵，完善了购物旅游体系。

2005 年 8 月、10 月，国际商贸城先后顺利通过省旅游局、国家旅游局 4A 级旅游区评定小组的审核，并于年底正式被命名为国家 4A 级购物旅游景区。国际商贸城创建全国 4A 级购物旅游景区，这是全国首创，开创了国内“以商带游、以游促商”的先河，由此也迎来了义乌购物旅游业的春天。

2

2005 年，国际商贸城游客总数达 366 万人次，其中境外游客达 20.85 万人次。国际商贸城成为浙江省旅游局指定的购物旅游定点单位，成为浙江省最具人气的十大景点之一。在 2005 年由浙江日报主办、60 多个县（市、区）参与、7 万多人评选的活动中，义乌凭借强劲的城市综合竞争力和旅游购物的独特魅力，高票入选浙江省十大旅游休闲城市，同时义乌也是金华地区唯一入选的城市。在此次评选中，参与者对义乌评价最多的两句话是：“义乌打造了世界旅游购物的新时尚”和“一个小小拨浪鼓，摇出了世界创富奇迹；浙中聚宝盆，旅游购物两相宜。”

“到浙江旅游，没到过义乌同没到过西湖一样会感到遗憾，不能算真正来过浙江！”这成了中外游客的共识。初到国际商贸城 4A 级购物旅游景区的游客，不妨先到游客中心走一走。位于国际商贸城 F 区北 8 号门的游客中心就是专门为游客提供服务的。在这里，配套设施齐全，可以为游客提供信息、咨询、讲解、休息等旅游服务。在这里，共有 14 名专职讲解员可以为游客免费讲解，同时还为游客配备了残疾人轮椅，孩子推车、三人自行车、雨伞，拐杖等。游客中心配备了电视、电子触摸屏、邮政信箱等，还为游客免费提供义乌市内地图、景区内公交路线及游览路线图，提供义乌市宣传资料和游程信息服务。通过游客中心总游览图，游客还可以查询到整个购物游程线路分布及各种服务信息的位置。

车子在国际商贸城西大门停下，放眼看去，这座全球最大的室内批发市场四周正被数以万计的汽车、摩托车等簇拥着，黑压压得宛如万车列阵等待检阅。而那用张拉膜结构设计而富有个性的景区入口也会首先映入游客的眼帘。其外形就像一根鸡毛，又像在大海中航行的帆船。鲜亮的白色与蓝天白云相映，显得格外璀璨夺目。知道义乌市场发展历程的人就不难理解，其寓意正是取自于义乌“鸡毛换糖”的历史。由此可以了解到这里的鸡毛是怎样飞上了蓝天的。同时也寓示着义乌的事业正在乘风破浪，在大海中一帆风顺，永往直前。

客商展示旅游商品

国际商贸城是目前世界单体面积最大的商品批发市场。游客来到国际商贸城购物，往往不知从何处入手，展现在前面的购物商位一眼望不到尽头。正因为它以批发为主，零售很少，为了配合购物旅游的需要，在国际商贸城特设置了 3000 余个购物旅游“推荐商位”，签订合同必须零售，分布于市场各个行业，游客要购物，就可以直奔这些商位。同时，国际商贸城旅游购物中心位于 F-G 区连接体二、三楼，经营面积有 1 万余平方米，拥有 17 个人场行业 1000 余个商品品牌 200 家独立经营主体。游客要在这里购物，也足够你花一天时间的。“推荐商位”与“旅游购物中心”的结合，形成了义乌购物旅游的基本模式。

旅游购物中心集粹了中国小商品城 26 个大类 210 万种单品中的精品，实行厂家源头价供应，价廉物美，品牌保证。现经营的商品有五金，电子、电器日用品，服装针织，鞋类，袜业，化妆品，工艺品，饰品，文化用品，体育用品，玩具，雨具钟表，眼镜，箱包，土特产品等 18 个行业上万种商品，品牌有“飞利浦”“金得利”“浪莎”“红双喜”“毛源昌”等，是一家集购物，旅游，休闲于一体的零售商场。琳琅满目的小商品不仅可以零售，而且零售价格与当地市场同类产品的批发价格相同。

3

购物旅游在义乌曾有过辉煌的成绩。每天平均 1.5 万人进出义乌中国小商品城旅游购物中心！这样的游客量在全国所有的 4A 级景区只有西湖、庐山等少数景区才能达到，然而义乌做到了。自从建起了旅游购物中心，来义乌购物旅游的游客总人数一年一个台阶，增幅大致保持在 25%左右。2006 年接待游客再创历史新高，总人数达 437 万人次，其中入境游客达 25.74 人次。全市旅游收入 36.89 亿元。

国际商贸城三期市场建好后，“旅购中心”搬到国际商贸城四区市场的五楼。在这里所设的“旅购中心”经营面积为 2.6 万平方米，有 498 个商位，经营玩具饰品，工艺品、箱包·皮带、钟表、五金、电子·电器、化妆品、眼镜、文化体育用品、针织内（睡）衣、袜类、围巾、鞋类、日用品·汽车用品、床上用品、服装、土特产（食品）等 19 个行业 2 万余种特色商品。这也是目前我国较大的购物旅游星级景区品牌直营广场。

在游客结束了一天的购物之旅，步出国际商贸城时回首一望，整座市场曲折前行，蔚然壮观，就像一条巨龙腾空而起。义乌这条世纪巨龙，在改革开放的大潮中，在高质量发展中促进共同富裕的大环境下正在腾空而起，腾云驾雾，并飞得更高更远，飞向了新的目标。

经过几年的发展，义乌的购物旅游成为国内外一块具有鲜明特色的旅游品牌，并受到了时任国家旅游局局长邵琪伟的充分肯定。他说，义乌市原本的旅游资源并不丰富，其旅游事业之所以有今天的成就，是因为当地政府和主管部门有一种超常规的发展眼光和思维，找准了“购物旅游”这个切入点，把“小商品海洋”和“购物旅游”有机地结合起来。义乌在国际上的知名度很高，义乌小商品的国际化程度很高，义乌市场的旅游商品不但品种齐全，研发能力强，而且市场营销能力也很强，产业带动就业率高。旅游业的发展必须转变旅游发展方式，要从数量型向效益型转变。

大力发展商贸旅游，加快旅游国际化的进程，义乌成为浙江旅游业发展的一个缩影。通过不断努力和艰苦营销，让义乌在短短几年之间孕育了一个新产品、催生了一条新线路、培植了一个大市场，发展了“购物旅游”这条品牌线路，并相继被评为“浙江省十大旅游休闲城市”“中国优秀旅游城市”“国际商务旅游目的地城市”。

第六节　以贸兴展

1

义乌会展业起步于 1995 年举办的中国小商品城名优新小商品博览会。经过 20 多年的发展，凭借独特的市场优势、良好的会展环境、突出的经贸实效性，义乌走出了一条“以贸兴展、以展促贸、展贸互动、共促繁荣”的会展业特色发展道路，已成为在国内外具有一定影响力的新兴会展城市。义乌市先后被评为中国十佳会展名城、年度中国会展名城、金五星优秀会展城市、中国最具魅力会议目的地等称号。

许多人会认为，1995 年举办的中国小商品城名优新小商品博览会是义乌举办的第一个展会，其实在此之前已经有其他展会在举办了。

20 世纪 80 年代，由传统集市转变而来的商业展览开始出现在义乌的经济舞台上，1984 年 5 月举办的食品工业产品展销会、1986 年 9 月举办的秋季工业产品交易会、1988 年 7 月举办的首届工农业产品联展会、1992 年 5 月举办的义乌市商品交易会等，商业展览作为一种经济存在，在义乌市得以一定程度的发展。

1992 年 12 月 5 日，中国小商品城三楼大厅开始试营业。这里原先是作为展销大厅的，但利用率极低，仅在这年的 4 月 18 日至 25 日，由市场信息中心和日中商会三联东京办事处联合举办过一次“’92 海外最新小商品展示会”，以后就一直闲置着。

在这寸土寸金的市场内，存在这么一块“未开垦的处女地”是极大的浪费。为此，市场决定把三楼大厅也辟为经商地带，为企业进市场铺路搭桥，并在 10 月底，定出了三条原则：“国营集体为主，名优新特为主，外省外地为主”。经过短短一个来月的面向全国企业招商，近 400 家企业进场设摊了。其中国合企业近 300 家（内有国家二级企业 4 家），个体私营企业近百家。国合企业毕竟是企业中的“领头雁”，产品也更具竞争力，后来，三楼营业厅的经营状况证明：国合企业进入市场是大有作为的。

1995 年 5 月，义乌市实施“为市场找产品、为产品找市场”战略，引导传统市场功能和市场营销方式创新，由省工商行政管理局、义乌市政府举办义乌历史上首届商品展览会——中国小商品城名优新小商品博览会，开创集贸市场举办大型博览会之先河。标志着义乌市场不仅是追求数量的扩张，而且是转向商品质量档次和商品品位的提升。

义乌国际博览中心外景

首届小商品博览会在篁园市场内主通道举办。《人民日报》1995 年 5 月 26 日第 2 版，报道了“名优新小商品博览会在义乌举行”的简讯：为期 5 天的首届中国小商品城名优新小商品博览会，5 月 18 日在浙江义乌拉开序幕。来自国内外 338 家企业的千余种名优新小商品参展。首届小商品博览会的举办，其意义在当时被总结为：“市场经营举办博览会之先河，实现市场发展战略性转移。标志着义乌市场不再追求数量上的无限扩大，而向提高商品质量档次和市场品位迈进。”

由于义乌市场的成功，浙江乃至全国掀起办市场之风，批发市场竞争激烈。基于对市场经济与义乌市场发展的准确定位，市委、市政府决定举办小商品博览会。关于举办此次博览会的背景和目的，时任市长魏超然在 1995 年 4 月 21 日《提供机会 牵线搭桥 创造条件 入驻商城 努力把中国小商品城建设成为全国小商品流通中心——在首届中国小商品城名优新小商品博览会新闻发布会上的讲话》中都有提到。

世纪之交，中国批发市场的发展也已曲曲折折地走过了 10 多年的历程，各种商品市场、要素市场在各地蓬勃兴起，给中国小商品城的发展既提出了挑战，又提供了有利的机遇，加上市场发展在各个阶段上，均如同每一项改革探索一样，没有现成的模式可言。就义乌今后发展而言，不是以量上的扩大来衡量、来竞争，而在于质上、品位上的提高，引导经商者上档次、上规模，才能提高市场强大竞争力和生命力。此外，流通渠道销售形态的变化，厂商直接见面这种销售形式的不断扩大，为市场的发展也提供了机遇，迫使市场承办主体在培育市场经营主体上深做文章。

全国各地学习义乌办市场，市场同质化竞争，必须找到新的竞争突破口和经济增长点。如何在竞争中保持优势，通过举办博览会提升产品和市场档次、促进交流与合作不失为一个良方。义乌举办小商品博览会的目的有二：一是促进市场商品朝着“更多、更新、更好、更优”的方向发展，以适应国民消费水平日益提高的新要求。二是帮助引导各地厂家认识中国小商品城这个大市场，为厂商双方更好地牵线搭桥，提供直接见面商贸洽谈的机会。

事实上，篁园市场一二期全部建成，为小商品博览会的举办提供了必要的场地，这也是博览会优于露天物资交流会的重大特征之一。第一届博览会还没有专业的会展场所，展会场馆设在“中国小商品城一期、二期市场的主通道内”，但是这次尝试取得了巨大的成功。当时的展区面积近 5000 平方米，设展位 348 个。展区日均客流量在 20 万人次以上，实际成交额 1.01 亿元。

2

1996 年开始被命名为中国小商品博览会，10 月 8 日在霏霏细雨中拉开序幕，并举行了航模表演，“’96 中国小商品博览会”由市政府主办，得到了当时国家国内贸易部的大力支持，国内贸易部市场建设管理司、消费品流通司参与协办，成为真正意义上的全国性展会，展区规模一度扩展到 16000 平方米，参展商增至 448 家，总成交额 2.83 亿元。

从 1997 年开始的第三届中国小商品博览会改由省政府主办，国内贸易部消费品流通司、综合计划司、市场建设管理司支持。9 月 12 日，部分新老市（县）委书记谢高华、严高文、赵金勇等共同参加了开幕式剪彩。

1998 年 10 月，第四届中国小商品博览会由省政府、国家轻工业局、国内贸易局（1998 年 3 月国务院机构改革，将国内贸易部改组为国家国内贸易局）主办。演员阵容强大的大型文艺晚会为本届博览会的开幕添上了浓墨重彩的一笔。当天，“1998 中国小商品博览会”还在银都酒店门前举行了开馆典礼。

第二届至第四届中国小商品博览会改在宾王市场 C 区、D 区二楼举办。第五、第六届博览会改在中国小商品展览中心（由室内用品市场改建）举办。

1999 年 10 月，中国小商品展览中心在原文化市场正式挂牌，结束了义乌无专业展馆的历史。本届博览会展览面积 3.3 万平方米，设展位 1100 个，于 10 月 8 日至 12 日举行，由省政府、国家轻工业局、国内贸易局主办。其间除了举办大型文艺晚会，还举办了大型民间艺术踩街活动。特别值得一提的是，本届展会在篁园市场、针织市场、宾王市场、家电市场设立了 4 个主展区，并在 23 条专业街设立了分展区，展期成交额达 35.2 亿元。

2000 年 10 月 26 日至 30 日举行的第六届中国小商品博览会，除了上述三家单位外，中国国际贸易促进委员会还参加主办。除了举办文艺晚会，还举办了焰火晚会。

2001 年 10 月 22 日至 26 日，第七届中国小商品博览会在新展馆——中国小商品城会展中心举行，主办单位有省政府、中国轻工业联合会、中国国际贸易促进委员会、中国商业联合会等，并继续举办文艺晚会和“商城之夜”焰火晚会。参会外商约 3000 人，参展企业来自全国 30 个省（市、区）及 26 个国家和地区的 1026 家。启用当年，会展中心全年举办各类活动 12 个。

客商参加进口商品博览会

中国小商品博览会的

参展企业和产品不断增加，成交额不断提高，经贸性、外向度、实效性也不断增强，并向规范化、专业型、全国性展会发展。2002 年 1 月 16 日，义乌市委十届十次全会扩大会议进一步明确提出大力发展以小商品博览会为龙头的会展经济，按照国际化标准、市场化运作、专业化组织、产业化经营的要求，办好首届中国国际小商品博览会，力争通过几年努力，把小商品博览会办成国际知名展会。

3

2002 年 3 月，经国务院批准，由对外贸易经济合作部作为中国小商品博览会的第一主办单位，中国小商品博览会升格为中国（义乌）国际小商品博览会（简称义博会），正式纳入国家外经工作，将“国际化”目标正式写进主题。在该届义博会新闻发布会上，市委书记楼国华说：“义博会将遵循面向世界、服务全国的办展宗旨，坚持国际化标准、市场化运作、专业化组织、国际化方向发展。”

2002 年义博会分两期举行。一期展于 2002 年 10 月 22 日—26 日举行，二期展于 10 月 28 日—31 日举行。展会突出国际性、经贸性，注重展览效益、展会服务。共设 1500 个标准展位，经贸展览洽谈成交额 51.02 亿元。首届国际小商品博览会的召开，标志着义乌会展业正式提升国际化水平。

2003 年起义博会改由商务部等主办。10 月 22 日，“2003 中国义乌国际小商品博览会”由商务部、省政府、中国国际贸促会、中国轻工业联合会、中国商业联合会等主办。

这一年，义博会被载入《中国展览业发展现状白皮书》，并被评为 2003 年全国面积最大的十大国际性展会之一。为解决展位需求和展馆容量不足的矛盾，义博会首次搭建室外展篷，对参展企业进行展位抽签选号，展览规模、外商与会人数首次双双超过华交会。

2004 年 3 月 11 日，会展中心入选《中国市场·会展财富》杂志社等单位联合组织评选的“2003 年度会展业十大新秀企业”。

2004 年 10 月 22 日，2004 年中国义乌国际小商品博览会开幕。义博会首次设立山海协作工程专区。展览面积超过 7 万平方米，有国际标准展位 3000 个，设立七大展区，共有来自海内外的 1700 家企业参展。在本届展会 74.3 亿元人民币交易额中，外贸额为 5.63 亿美元，占总交易额的 63%，比上届增长 26.6%。

2005 年，义博会荣获 2004 年度中国会展业最佳展览会称号，中国小商品城会展中心被评为 2004 年度中国会展业最佳展览场馆。是年，中国小商品城会展中心加入全球展览业协会（UFI）。

2008 年，义博会国际色彩更浓郁，首次设立国际展区（开设了国际馆、非洲展），集中展出美国、英国、日本、意大利、巴西等22个国家和地区的知名品牌产品。另外，商务部开始在展会期间同期举办非洲商品展览会，展现非洲特色。国际馆的设立，把义博会的国际化水平提升到了一个新高度，参会外商猛增至16107人，参展企业增至来自全国25个省（市、区）及30个国家和地区2512家。境外采购团、国际连锁超市也纷至沓来。

4

新场馆，新气象。2009年10月21日—25日，第15届义博会在新建成的义乌国际博览中心如期举行，来往的参展人们脸上无不洋溢着对本届义博会的期待。本届展会展览成交额达115.43亿元，其中外贸成交额为10.17亿美元，占总成交额的61.7%。境外客商来自157个国家和地区，亚洲客商仍占大多数（62%），接待境外贸易团队79个。网络洽谈会成新宠。

2009年的第15届义博会，还直接将展会办到了境外——首届义博会迪拜展，143家企业、近300人远赴阿联酋参展，实现成交额2.36亿元。义乌会展业于2007年获出国办展资格，它不仅为企业搭建了一个出口平台，进一步扩大义博会的国际影响力，更通过规模效应宣传了义乌市场，达到展会、市场、城市三位一体推介的效果。

2010年，义博会首次设立电子商务展区，国内知名的电子商务企业等积极参展，涉及供货商、专业卖家、电子商务平台、物流等完整电子商务产业链；内地首个“非洲产品展销中心”落户义乌，它的成立意味着中非贸易往来将拥有更便捷的常设平台。

2010年，义博会又增加印度孟买展、意大利展。

2011年10月举办的第17届义博会，首次采用“综合展＋专业展”的组织模式，对参展行业进行优化调整；首次设立贸易采购洽谈区，洽谈区内采购商带着订单设展位等候，供应商则带着样品与采购商洽谈，实现买家、卖家的“角色反串”，有效促进展会成交。展览规模再次超过华交会，在商务部主办的经贸类展会中列居第二。

2012年，义博会启动“义乌购”上线仪式。“中国小商品城网”更名“义乌购”，旨在打造网上小商品交易平台。“义乌购”对中国小商品城线下7万多个商铺实现基本信息全覆盖，建造一个与线下实体商品一一对应的网上义乌小商品城。

2016年，展会首设“浙江制造”专区及“一带一路”进口展区。展示来自全球各国的精品，特别是“一带一路”沿线国家精品。

2017年，将“标准”主题引入义博会，与“标准”共舞。在义博会上举办了标准展，汇集47家国内外知名标准化机构、知名企业和科研院所，展现标准对提升产品质量的重要作用，强调标准对助推产业发展的现实意义，凸显标准对促进国际贸易的巨大影响。

2018年10月21日举行的第24届义博会，主办部门新增国家标准化管理委员会，并更名为中国义乌国际小商品（标准）博览会，自此成为国内首个植入标准化元素的国际展览会。展会以“标准引领质量提升 标准畅通国际贸易”作为主题，以“标准 + 展会”“标准 + 企业”“标准 + 商品”“标准 + 服务”为四大核心要求，特设标准主题展区和“品字标浙江制造”品牌主题展区。

展会同期举办的第十五届中国标准化论坛、中小企业标准化（国际）大会暨“品字标”品牌成果发布会、2018 中国零售业百货商品采购（义乌）峰会等多项经贸配套活动，促进小商品贸易洽谈，推动中小企业交流合作，推动浙江和义乌成为全球小商品标准的策源地。

5

会展业是现代服务业的先导产业，综合服务平台功能非常强大，被誉为经济发展的“助推器”。凭借独特的市场、产业和客商资源优势，按照市场化、专业化、国际化的发展要求，义乌会展业走出了一条“以贸兴展、展贸互动”的会展业特色发展道路，成为重要的国家级会展平台。

义博会作为义乌会展业的主导展会，它一步一个脚印，经历了从无到有，从稚嫩走向专业、成熟的发展历程，其规模、展览效果、专业化程度在不断扩大、提高，成为义乌人响当当的“金名片”。从最初的政府主导、服务本地市场经营户到面向世界服务全国，义博会的“国际范儿”越来越浓。义博会的龙头地位日益巩固，已成为国内最具规模、最有影响、最有成效的日用消费品展会。

全国很多地方修建了展馆，会展业却没有发展起来，义乌却逐步形成了特色鲜明的会展经济，这主要的还是得益于义乌独特的市场优势，同时也与政府部门的重视和完善的配套体系分不开。

义乌成立了专业的中国小商品城展览公司，市政府先设有会展业行业主管机构——市场贸易发展局会展科，接着成立了主管会展工作的部门——义乌市政府会展管理办公室，市旅游与会展管理委员会，此后会展组织机构并入市场发展委员会，在展会服务体系方面，要求各相关部门、单位积极配合，各司其职，形成会展业发展合力，办展环境日益优化。义乌市现代服务业高度发达，有三星级以上涉外宾馆30多家，可满足不同层次客商吃住需求；交通便利，物流体系完善，海关、商检、保险、出入境管理、知识产权保护等配套组织齐全，翻译、广告、旅游、娱乐、设计等会展综合服务体系与国际接轨。

以建设新场馆为标志。2000 年 3 月，投资 1.5 亿元，总建筑面积 4.65 万平方米的专业展览场馆——中国小商品城会展中心（又称梅湖会展中心）破土动工，2001 年 5 月 20 日建成投入使用。5 月 26 日至 30 日举行中国浙江旅游商品交易会暨中国小商品城会展中心落成开馆典礼，标志着义乌会展业步入一个新的历史发展时期。交易会由中国商业联合会、浙江省旅游局举办，义乌市人民政府承办，十多个国家和地区的570多家企业参展。

梅湖会展中心占地7万平方米，分主展厅和东、西两个展厅，有标准展位1500个，集国际国内展览、会议、智能网络、餐饮等多种功能为一体，北侧附楼为服务、会议、办公用房，分区明确又联系便捷。展品车辆均可直接进入各个展厅。在建筑造型方面体现大跨度空间特点。三段曲线优雅的弧形屋顶，增加建筑的水平舒展感，整个形象轻巧、优美、起伏有致，和谐统一。

2001年6月，市政府出台《加快培育会展业的若干规定》，指出"依托中国小商品城集聚辐射能力，确立会展经济的现代产业地位，推进中国小商品博览会向国际化展会发展，经常性地举办各类特色专业展会，打响义乌商贸名城品牌，逐渐把会展业培育成义乌新兴产业，把义乌市发展成为国际性的小商品会展城市"，正式将会展业提上政府议事日程。7月，市委十届七次扩大会议上提出"会展业""会展经济""会展城市"的概念，明确将会展列入义乌新兴产业。提出积极培育发展会展经济，加快发展旅游业，争取把义乌建设成为国内外知名的会展城市和以购物旅游为特色的新兴旅游城市。

2008年，义乌市荣获"2007年度中国十大最佳会展城市"等称号。义博会成为继广交会、华交会后国内第三大专业展会。至此，义乌拥有1家展馆单位，18家展览机构，直接从业人员367名。这一年，举办80多个会展活动，拉动直接消费2亿余元，义乌市荣获"中国十大最佳会展城市"称号。自2001年至2008年年底，共举办各类专业展览会204个。

义博会带动义乌会展业的发展，会展业作为新兴产业在义乌崛起。依托独特的市场优势、扎实的产业基础和发达的现代服务业，走出了一条"以贸兴展，以展促贸，展贸协调发展"的路子。

6

2008年7月，义乌市提出建设"国际商贸名城"，核心是打造"三中心两高地"，即国际小商品贸易中心、创造中心、会展中心和区域物流高地以及区域金融高地，提出要把义乌打造成为国际小商品会展中心的宏伟目标。

2008年6月18日，义乌国际博览中心举行奠基仪式，6月27日破土动工，2009年10月10日"重磅登场"，正式投入使用。义乌国际博览中心建成并投入使用，现代化配套设施又为义乌会展注入新活力。新建成的义乌国际博览中心成为中国第三大会展中心，总展位数仅次于广交会和华交会。

义乌国际博览中心由会展展馆与配套五星级酒店两个项目组成，总占地面积219亩，总建筑面积29.6万余平方米，总投资18亿元。建筑主体会展展馆总建筑面积24万余平方米，展馆主体地上2层，共设10个标准展厅，由五个两层的矩形展厅呈扇形围绕中心广场展开布置，中间设23.3米高的通高序幕大厅，可设国际标准展位5300个。展馆布局新型独特，气势恢宏。展厅都采用一体化的设计模式，厅与厅之间通透畅达，又相对独立，火险疏散功能好，又可保证不同展览同时使用。其中有一个展厅可以作为宴会厅兼用，地下一层设4个小型展厅及停车场。

2011年3月，国务院批复《浙江省义乌市国际贸易综合改革试点总体方案》，其中明确提出："支持义乌做大做强国家级展会，做精做专各类品牌展会；支持发展中国义乌国际小商品博览会等特色展会，培育具有国际竞争力的大型展览集团，探索会展产业化发展道路，创新展贸联动发展机制；全面提升义乌会展在商品贸易、投资合作、服务贸易、文化交流等方面的影响力，把义乌打造成为重要的国家级会展平台。"

国贸改革试点工作的全面启动，揭开义乌经济社会发展的新篇章，也吹响打造重要的国家级会展平台的号角。结合国际贸易综合改革试点，《义乌市会展业"十二五"规划》出台，进一步提升了会展业战略，产业扶持政策得到强化。网货会、环保展、创意展等一些新技术、新业态、新行业开始在会展领域出现，传统产业展会进入结构性调整期。展贸联动模式进一步创新，展会和市场进入产业的良性循环阶段。

在这一期间，相继举办了成都、黑龙江等多场义乌市场万里行活动，会展业对相关产业的带动效益更加显著。结合罗马尼亚、马来西亚等境外经贸合作区建设，展会作为"走出去、引进来"战略的有效载体，先后组织1960多家企业，3220多个展位，参加境外220多个国际性展会，为义乌企业走出国门开拓国际贸易渠道搭建平台。

2011年义乌共举办各类会展143个，其中商业性展会36个，展览面积1万平方米以上商业展会13个，展会内容涉及文化用品、日用品、房地产、建材、饰品、灯饰、五金电器、服装纺织、机械工业设备、汽车摩托及配件等15个题材。

2016年12月，市政府办下发的《义乌市关于进一步促进会展业改革发展的实施意见》中指出：以"创新、协调、绿色、开放、共享"发展理念为统领，以打造重要国家级会展平台、浙江省展览品牌城市为目标，遵循市场化、专业化、品牌化、国际化、信息化的原则，充分发挥市场在资源配置中的决定性作用，加大展会招商力度，引进和培育优质品牌会展项目，推动义乌会展业持续、健康、快速发展。

此后，义乌出台促进会展业发展联席会议制度。义乌市会展办重组为义乌市旅游和会展管理委员会，义乌市作为国内首个获批的"国际商务旅游目的地城市"等，义乌会展业进入一个以"一带一路"合作开放为大背景的新的发展阶段，大型展览和国际会议越来越多，一个以义博会、文交会、旅博会、森博会等国家级展会为龙头，以电商博览会、进口商品博览会、装博会、五金会、袜机展、框业展等专业品牌展会为支撑，“展、会、节、演、赛”全面发展的大会展格局得以形成，会展业日益成为国民经济和城市发展的重要产业，成为重大外交主场。

2017 年义乌举办商业性展览会 51 个，其中围绕时尚、信息、健康、装备四大新兴产业新创办的专业性展览会 10 个。各类展会全年总展览面积 94.3 万平方米，展位数 43750 个，共吸引来自 100 多个国家和地区的客商 193.97 万人次，展会贸易成交额 461.78 亿元。

义乌会展在突出龙头引领、办好政府主导展会的同时，也实现了商业性展览的平稳发展，成为经济发展新动能。2018 年 1 月，在中国贸促会发布的《中国展览经济发展报告 2017》中，全国 26 个城市年展会平均规模达 2.5 万平方米以上，义乌排名第九，居浙江省首位。2018 年，全市共举办各类会展活动 162 个。其中，商业性展览 64 个，展览总面积首次突破 100 万平方米，达 104.02 万平方米，参会客商 232.9 万人次，成交额 432.25 亿元，被评为 2018 年浙江会展业十大新闻事件。

7

义乌会展业与市场密不可分，市场催生了会展业的快速发展，会展业又促进了市场的持续繁荣。全球最大小商品市场的优势，使义乌成为国内外商品流、资金流和信息流最集中的地方，为发展会展业提供了得天独厚的优势，培育了一大批专业性展会。

2000 年 3 月，中国制笔及原材料、零配件展览会举行，这是义乌成功申办的第一个全国性专业展会。

从 2004 年起，义博会不再是一枝独秀，专业展会迎来百花齐放的春天。这一年相继举办了首届五金电器博览会、首届中国（义乌）文体用品贸易博览会，开了在义乌举办的五金展（国家级行业协会主办）、文交会（中国文教体育用品协会主办）的先河。此后又开始举办旅博会、森博会等国家级展会，同时吸引了一大批国家级行业协会来义办展，如电商博览会、进口商品博览会等。

会展业蓬勃发展的同时，五金会、消交会、袜机展、机械展、汽配展、汽车展、文具展等一批本土专业展会也在迅速成长，在国内同行业中的地位不断提高。其中袜机展于 2006 年获 UFI 认证，是国内县级市首个获 UFI 认证的展会。

在 2004 年 4 月 21 日至 24 日，市五金家电协会首次主办全国性的五金电器博览会——民间五金电器贸易博览会，举办期间刚好处于当年春季广交会一期与二期之间，共有 530 多家企业参展，设展位 720 余个。2005 年 4 月 21 日至 23 日，中国五金交电化工商业协会加盟，使全国春季五金交电交易会（已举办 127 届）落户义乌，改为固定在义乌举办的中国国际五金电器博览会（义乌五金展）。一年一届，至2015年止在义乌举办，此后移师外地。2017年5月8日，第十四届中国国际五金电器博览会在永康国际会展中心举行。然而，在2017年4月20日，2017中国义乌五金电器博览会暨智能电子及数码配件展开始在义乌国际博览中心举行，共设国际标准展位1400个，同期举行小商品配送春季采购会，设国际标准展位600个。截至2022年7月13日，中国义乌五金电器博览会举办了第六届。

2008年10月31日至11月2日，2008中国义乌（国际）森林产品博览会在梅湖会展中心举行，展会由浙江省林业厅主办，以"森林生态、绿色时尚、创新创业"为主题，以产品展示和订单、合同销售为主要内容，同时举办产品推介、产业发展论坛、浙江名牌林产品评选、网上森博会等活动。

2009年11月1日，以"森林产品、健康时尚"为主题的2009中国义乌国际森林产品博览会在浙江义乌国际展览中心开幕。本届森博会升格为由国家林业局和浙江省人民政府共同主办，被评为2009年度中国十大最具发展潜力展会。

2011年11月1日至4日，第四届中国义乌国际森林产品博览会与第二届中国国际林业产业博览会（每四年举办一届）同时在义乌召开。首设国家林业局主题馆和省市馆，集中展示了我国林业产业发展取得的辉煌成就。

2013年11月19日至22日，2013中国义乌国际装备制造业博览会在义乌梅湖会展中心开幕，本届装博会是首届，由省政府主办，为期4天，共设3200多个国际标准展位，有来自全国16省（区、市）以及美国、德国、日本、意大利等15个国家和地区的800多家企业参展。

2015年11月30日，中国义乌国际装备博览会暨第五届中国智能博览会同时在义乌国际博览中心举行。2017年11月23日，中国义乌国际装备博览会在义乌国际博览中心开幕，同期举办2017年中国人工智能博览会。2018年11月29日在义乌国际博览中心开幕的装博会，更名为2018中国义乌国际智能装备博览会，以"智能、绿色、创新"为主题。

8

2001年，义乌中国小商品城会展中心启用后，专业展会大幅增加，专业展会项目和展览面积快速上升。2001年5月27日，由中国商业联合会、浙江省旅游局举办的2001年中国浙江旅游商品交易会在刚落成的中国小商品城会展中心举行，十多个国家和地区的570多家企业参展。交易会上还举行各国外交珍贵礼品展等。

浙江旅游商品交易会的举办，也是在义乌举办旅游商品博览会的一次成功尝试。2009年11月12日至15日，由国家旅游局、浙江省人民政府联合主办的"2009中国国际旅游商品博览会”在义乌国际博览中心举行。这是首届中国国际旅游商品博览会，是国家旅游局和地方政府共同主办的第一个以旅游商品为主题的经贸类展会，全国31个省、市、自治区和新疆生产建设兵团都参展参会，第一次以“全家福”的阵容亮相。日本、韩国、美国、西班牙、巴西等25个国家和地区的企业预定了123个展位。除举办大型展会外，还举办了中国旅游商品开发论坛、首届全国旅游商品大赛、“2009中国旅游投资座谈会”等相关活动。

第二届中国国际旅游商品博览会举办时间改在2010年6月24日至27日，同时举办“2010中国旅游商品大赛、德国风情啤酒节”等。2018年5月28日，由国家文化和旅游部、浙江省人民政府主办第十届中国国际旅游商品博览会在义乌国际博览中心落下帷幕。通过十年的培育和发展，旅博会的综合竞争力全面提升，展贸成效更加突出，引领作用日益彰显，为推动旅游业和旅游商品制造业的转型升级注入了强劲的动力，逐步得到了业界人士的认可。

2019年4月27至30日，第11届中国国际旅游商品博览会和第14届中国义乌文化产品交易博览会在义乌国际博览中心同期举行。该两大展会首次同期举办，是文化和旅游部组建后致力于助推“文化+旅游”深度融合的一次新探索和新尝试，为加快文旅产业的联动发展和转型升级带来全新的视角和机遇。这也是最后一届旅游商品博览会。

在旅游商品博览会举办之前，文化用品博览会已经在义乌举行。2004年6月，市福田展览服务有限公司瞄准义乌文化用品展览的商机，与中国文教用品协会联合创办中国（义乌）文化用品贸易博览会，成交额9000余万元。2005年继续举办义乌文体用品贸易博览会。

2006年4月7日至9日，由省文化厅、省新闻出版局、省广播电视局、中国文教体育用品协会、省文化产业促进会主办的2006年中国义乌（国际）文化产业博览会在梅湖会展中心开幕。

作为浙江省首个国际性文化产业展会，这次“文博会”吸引了102个国家和地区的3112名客商，参加展会人数超过5万，成交额13.6亿元，其中外贸成交额为7.36亿元，占成交总额的54.1%，成为国内文体行业唯一的外贸主导型展会。

2007年4月29日，中国义乌文化产品交易博览会在梅湖国际会展中心举行。2007中国义乌文化产品交易博览会由文化部文化产业司、新闻出版总署出版物发行管理司、浙江省文化厅、浙江省广电局、浙江省新闻出版局、中国文教体育用品协会、浙江省文化产业促进会主办，以“扩大文化产品出口，壮大提升文化产业”为办展宗旨，以“文化交流，创造商机”为办展主题。4月28日至5月2日举行的“2008中国义乌文化产品交易博览会”，在上届由文化部文化产业司、新闻出版总署出版物发行管理司作为主办单位的基础上，国家广电总局社会管理司首次成为主办单位，商务部服务贸易司成为支持单位。2008年被评为“中国最具影响力的文化行业品牌展会”。

2010年举办的第5届文博会正式升格为国家级展会，由国家文化部、浙江省人民政府主办，是文体行业唯一外贸主导型国家级展会。自 2014 年的第 9 届起，义乌文博会新增中国国际贸易促进委员会为主办单位，并正式更名为中国（义乌）文化产品交易会（简称“中国文交会”）。更名后，展会更加注重经贸性和实效性，坚持“市场化、专业化、国际化”的办展思路，是原文化部在“十二五”“十三五”期间重点扶持的品牌展会之一。

2020 年 4 月 27 日至 30 日，第 15 届中国义乌文化和旅游产品交易博览会在义乌国际博览中心举行。本届展会由文化和旅游部、中国国际贸易促进委员会、浙江省人民政府联合主办，这也是文化和旅游部组建后举办的首个“文化 + 旅游”深度融合展会。自本届开始，展会增加了旅游板块，以“融·合文旅、创·新时代、美·好生活”为主题，遵循“以文促旅、以旅彰文”“宜融则融、能融尽融”的理念，用文化理念发展旅游、以旅游方式传播文化，讲好“诗和远方”故事，将“吃、住、行、游、购、娱”等旅游六要素融入其中，多渠道多方式增强展会的互动性体验性，提升展会人气，全力打造文化和旅游融合发展的“中国样板”。

9

中国义乌进口商品博览会创办于 2012 年的义乌进口展，当时的名称为“2012 第七届义乌消费品交易会暨首届义乌进口商品展”。展会紧紧围绕“一带一路”国家倡议，以经贸为主轴，积极开拓海外源头渠道，以国外中小企业二三线品牌产品为重点，成为国外日用消费品牌进入中国市场的首选展贸平台之一。

首届义乌进口商品展设有 400 多个国际标准展位，当时该展会执委会相关负责人接受采访时表示，义乌进口商品展虽然刚起步，但展位已达到培育多年的中国进出口商品交易会（广交会）的近半数，可谓一鸣惊人。首届义乌进口商品展展区分为进口食品、进口日用品、进口工艺装饰品及礼品、非洲特色商品四大行业区块，带来了德国、法国、西班牙、澳大利亚、韩国、日本、越南、尼日利亚等全球 80 多个国家和地区的产品。

2013 年，第二届义乌进口商品展依然与第八届义乌消费品交易会不分家，并与第十届中国国际五金电器博览会同期举办。这一年，展会被列入商务部 115 项引导支持展会之一。2014 年，第三届进口商品展与消交会分家。为让展会与市场紧密结合，从而达到“展”“商”融合，共促义乌进口贸易繁荣的目的，义乌进口商品展首次从国际博览中心移师到义乌国际商贸城五区市场。这届进口展共设展区 10 万平方米，其中常年展示展位 380 余个，现场新设标准展位 100 个，有来自 100 多个国家和地区的 5 万多种进口商品在现场集中展示。

2015 年，为进一步响应国家“一带一路”倡议，积极推进“义新欧”及“义甬舟”大通道的建设，努力打造义乌“中国进口商品城”，进口展升级为中国义乌进口商品博览会，打响了独立品牌展的第一枪。更名后的义乌进博会参展企业达 1495 家，设标准展位 2000 个，展览面积5万平方米以上，展会规格有了质的飞跃。博览会水平和规模升级，开始由中国国际商会、中国商业联合会主办。

2016年5月，义乌进博会在义乌国际博览中心开展。这届展会以“汇聚全球精品，引领中国消费”为主题，共设国际标准展位2113个，展览面积5万平方米以上，吸引了五大洲100多个国家和地区的1560家企业（组织）参展，展会规模和档次已经位居全国同类展会前列。2016年6月顺利通过UFI（全球展览业协会）认证，成为全国首个通过该认证的进口消费类主题展会。

2018年，进口商品博览会成功列入省重点支持展会。展会分二期，其中在5月份的春季进博会吸引了100多个国家和地区的参展商，集中展示了10多万种境外的消费品，累计参观采购人数达到11.81万人次；首次开办的进博会秋季展，于2018年11月12日至2019年1月15日举行，50多个国家的420家企业带来了超过10000种商品。主旨是为了承接在上海举行的第一届中国国际进口博览会的“溢出效应”，义乌举办进博会延伸展，重点展览日用消费品、食品等，展览面积达10万平方米，充分利用义乌市场的强大营销网络和辐射功能，为全球中小企业提供“6+60+365”的常年交易对接服务（其中“6”为中国进博会举办时间，“60”为义乌进博会秋季展举办时间），为全球中小企业寻找开辟进入中国市场的通道。

2020中国义乌进口商品博览会于11月13日至16日在义乌国际博览中心举行，以“百国万商聚义乌，共享自贸新时代”为主题，共组织国际标准展位2020个，展览面积5万平方米，设有品质生活馆（葡萄酒 & 咖啡）、亚洲馆、欧洲馆、美大非 & 友城交流馆及品质生活馆（家居建材）五大主题馆，展品来自全球78个国家和地区。吉祥物“进进”首次亮相。作为本届进口展主宾国的俄罗斯，邀约了以俄罗斯农业集团为代表的30多家优质企业，俄罗斯驻上海领事馆、俄罗斯北京文化交流中心、俄罗斯国家出口中心等驻华官方机构代表与会出席，展会现场围绕经贸往来、文化艺术交流及美食品鉴等主题，参展规模创历年之最。

第七节 网上商城

1

新时代的光泽，抹去了历史的风霜；繁荣的市场，造就了新一代货郎。

在做大、做强、做深实体市场的同时，义乌也不断创新发展思路、丰富发展内涵、提升发展层次。基于互联网的发展，义乌较早就开始了电子商务网站的建设。依托于实体市场，电商、微商、直播等新业态新实体市场和电子商务的共同繁荣，让义乌兴商建市的道路更宽广。

互联网改变了生活的方方面面。面对着流通业态和交易方式的变化和挑战，义乌有关部门积极研究相应对策，引导和促进个体经营户从传统交易方式向现代交易方式的转变。1996 年 7 月，义乌率先开通全国首个县市级 Internet 节点，为义乌接轨世界打开了新的通道。

1997 年，在义乌电信技术的支持下，由商城集团与义乌电信联合投资 1200 多万元创建的“商城信息”网站开通，成为全国批发市场第一个信息库，展示推介义乌的商品信息。该网站共设 10 大栏目，利用先进的因特网平台，收集、整理、发布中国小商品城 3 万多个摊位、3000 多家厂商的商品信息。同时，在中国小商品城入口处设立了与信息库实时相连的多媒体触摸屏系统，免费为国内外批发商提供查询服务。

轻击键盘，鼠标代步走天下。“商城信息”开通 3 个月，上网发布信息的商家达到 2200 多户，吸引境内外 4 万多客户进网访问，相当于办了一个大型的“网上集贸市场”，被誉为“网上永不落幕的小商品博览会”，深受市场经营户的欢迎。“用上电脑，信息来得既多又快，做生意、谈业务方便多了。”市场经营户何斌做起网上生意后，交易额因此翻了近一番。

信息网络工程的运用，使义乌市涌现了一批“网上”商人。在位于北门街的信息网络展示中心，义乌开始在这里举办上网技术培训班，期期爆满，在一个多月中就有 400 多人参加了培训。通过因特网结识了许多新客户，且常常是大客户和境外客户，让他们足不出户就可以做跨国生意，这对他们来说确实是个无限的市场。

1999 年，阿里巴巴在杭州成立。义乌电子商务起步比阿里巴巴还早了一年。“商城信息”网站经历了几次改版。

2000 年 10 月 24 日，义乌“中华商埠”电子商务平台开通仪式在北京人民大会堂举行。

中华商埠自开通商务平台以来，截至 2001 年 1 月 20 日，有 5 万多名用户注册加入会员，每天访问量达 13000 多次，其中有 3000 多家企业和经营户制作网页，把 12 万多条图文并茂的商品信息，20 大类数千种商品搬上中华商埠，供全球的客户查询和看样订货。

基于义乌市场知名度高，辐射功能强，开通了中华商埠小商品电子商务平台，目的是要把义乌市场搬上网站，不但便于全国客商来看样采购，而且要通过这个商务平台把小商品卖到世界五大洲，把中国小商品城建成全球性的电子商务中心。

从“三尺摊位打天下”到“鼠标漫步大市场”是一个曲折漫长的过程，现在这场长跑还只是刚刚开始，“中华商埠”们能否冲到终点尚要取决于自身素质、外部资源等许多变数，显然，“中华商埠”无疑为传统市场向电子商务转型提供了一种新模式。

义乌双环玩具厂把厂里生产的地球仪、沙滩排球、充气玩具等 50 多种产品制成网页，

繁忙的义乌邮政跨境电商基地

在中华商埠网站亮相后，访问者接踵而来，纷纷发来订单，2个月内就做成了几笔大生意。其中上海一个专做出口业务的客户发来电子邮件，一张订单140多万元。

不用出家门，生意通五洲。此后，中华商埠又开通了英文、俄文、日文、韩文等多种语言的版本，以适应国际商务大市场的创新发展需求，2001年网上成交额破亿元。

关于中华商埠的发展，当时的市政府主要领导也是十分重视的。在2001年6月，时任市长周启水在接受记者采访时就曾表示："我们要进一步发挥义乌信息网站的作用，尤其是中华商埠的作用。可以说，这是义乌的网上市场，现在已有4000多户上网，要进一步发展。我们要通过网络，把义乌的产品辐射到世界各地。"只是到后来，没把中华商埠继续做大，这是后话，这不得不说是义乌市场发展史上的一大憾事。

2002年，商城集团创办"中国小商品数字城"网站。2007年，"数字城"网站改版为"中国小商品城网"。至此，义乌已有5家网站从事电子商务服务，市场内建成可扩充式的数据中心，每个商位设有数据信息点，与国际互联网相沟通，实现商品信息网上发布和网上交易。

席卷而来的互联网购物浪潮，带来了与传统购物截然不同的交易模式，也使义乌的有识之士未雨绸缪，为市场经营户打造了硬环境条件，也开通了电商平台。不过，虽然义乌市场电子商务建设起步早，但由于体制机制、定位、团队等种种原因，这些网站没有真正做大做强。

任何事情都有酝酿的过程，都不是一朝一夕形成的。就在这电子商务浪潮刚袭来时，义乌市场内的许多商户也是不以为意的，"守着铺子就有生意找上门"成了他们的惯性思维。互联网上有这样一句话，无论进驻不进驻电子商务，网上的亿万消费者都在那里，有增无减；无论你关注不关注电子商务，整个的电子商务旁边的人都会抢占先机。

面对着"互联网+时代"的机遇与挑战，对于义乌这种传统流通市场而言，怎么发展电子商务？线上线下是什么关系？依然在纠结着。

电商市场需要破局，电商破局还需"天时地利人和"。

2007年，马云曾进入义乌，希望与义乌合作，在互联网上打造一个虚拟义乌小商品市场。

但最后不了了之，原因是“怕对实体市场造成冲击”。

就在义乌纠结于如何做电商的几年间，以阿里巴巴为代表的电子商务企业开始做大，尤其是在2008年金融危机后，迅速冲击商贸行业格局。

2

有人曾戏言，义乌工商学院犹如义乌电商领域的黄埔军校。背靠义乌小商品市场，网上创业尤其是开网店成为义乌工商学院学生自主创业的首选。因为网上创业启动资金少、创业门槛低、经营风险小，特别适合初涉商海的创业者。

2005年，义乌工商学院第一批创业学生开始在淘宝上淘金，开创了大学生电商创业的先河。

2007年5月1日，义乌工商学院国际贸易系2006级物流（3）班学生杨甫刚的网店开张，在市场上挑选了50余款小商品拍成照片，上传到自己在淘宝网注册的网店，开张的第二天晚上开始有人下单。此后，网店生意渐渐红火。次年，他的月收入超过了3万元。外界夸张地用“背着书包入学，开着宝马毕业”形容这所神奇的院校。

因为学生从事网上创业的人数较多，义乌工商学院于2008年成立了创业学院，设电子商务、跨境电子商务、商务数据分析与应用、网络营销与直播电商四个专业。为了方便学生网上创业，义乌工商学院在2008年5月就引入了邮政、圆通等快递公司，给创业学生承接订单、收货发货提供了很大便利。

2009年，义乌工商学院与敦煌网、ebay两大跨境电商平台合作分别开设了敦煌班、ebay班，成为全国高校跨境电商创业教育先行者。

在院领导的倡导下，利用电商平台创业的学生越来越多，义乌工商学院也由此打造了“市场共舞、师生同创、专创融合”的创新创业人才培养特色，曾被阿里巴巴授予“全球最佳网商摇篮”。

“2000多名学生创业，一边上课一边接单，没有午睡也没有双休。有些彻夜接单的学生，床铺就在讲台下。”义乌工商学院负责人贾少华回忆起当年的情景说，“学生的积极性被极大地调动了起来，创业像打了鸡血一样。”

在电子商务时代，义乌小商品市场吸引着越来越多的年轻人来此创业。一些上了本科线的学生也慕名报读了义乌工商学院，许多学生毕业后也留在了义乌创业，他们认为义乌拥有全国最好的电商环境。

租一套房子，买一台电脑，引一根网线，接入财富之路。距离义乌工商学院咫尺之遥的青岩刘村，在册人口1700多人，聚集了2.5万多名电商从业者，年销售额近50亿元，被誉为“中国网店第一村”。

2007 年，青岩刘第一家淘宝店“邻家实惠小店”开业，这个并不起眼的小村庄开始进入公众视野，接着，一个个电商奇迹不断诞生于此。

网红直播带货

2008 年，篁园市场搬迁改造，原先租住在村内的大量租户搬离，青岩刘的空房越来越多。村民的房租收入大为减少，如何带领青岩刘转型？受与村庄相毗邻的义乌工商学院影响，青岩刘村两委率先尝试，专门出资 50 万元引入光纤，并低价出租房屋，邀请时任义乌工商学院副院长贾少华为全体村民普及电商知识。随后，与义乌工商学院合作，引入第一批 100 余名淘宝创业大学生。

优质的硬件条件，充足的人才储备，加上政府的各项扶持政策，江西、安徽、河南、湖北……来自全国各地的追梦者来到义乌，纷纷向青岩刘村聚集，把青岩刘村作为落脚的第一站。至 2010 年年底，村里聚集发展了 2000 家网店，销售额 20 亿元，日均出单量达 3 万单。在这里，许多人也由此改变了自己和家人的命运。

青岩刘村成为义乌电子商务发展的缩影和样板，越来越多的年轻人来到义乌找到了人生新坐标，在青岩刘村发掘了创业的第一笔财富。

3

中国的电子商务行业迅速崛起，对一些综合性商场产生冲击。这对以商贸流通业为支柱的义乌，不啻是巨大挑战。而义乌也在一度抗拒、犹豫不决之后，开始下定决心迎战新电商时代。

电子商务大潮来袭，义乌做好准备了吗?

2009 年国庆节前就任义乌市委书记的黄志平，开始扭转义乌官方对电子商务的态度，认可电子商务的地位、组建行业协会、出台相关鼓励扶持政策，并投资 80 亿元建设义乌国际电子商务城。

从2001年到2009年的这十年，也曾被观察人士认为是义乌“失去的十年”。有些事情，即使一开始不小心失去了，只要肯努力，失去的还能夺回！比如，义乌的电子商务市场。

失去了，最大的弥补不是后悔，是奋起直追。实际上，截至2009年，中国电子商务交易额达3.8万亿元，网络购物交易额达到2586亿元人民币，同比分别增长21.7%和105.8%。网络购物用户规模达1.08亿人，年增长45.9%，网络购物交易额占到社会消费品零售总额的2.06%；网络经商人数（截至2009年9月底）达6300万。

在全球金融危机冲击下，电子商务成为中国现代服务业的重要组成部分，帮助企业拓展市场、降低成本、提高效率，有利于推动传统产业的转型升级，有利于现代商贸流通体系形成，在促进国民经济发展中占有重要地位。因此，当人们还在争议电子商务对传统市场是“更迭还是互补”之时，义乌官方对电子商务的发展态度已经十分明朗。

2012年，商城集团提出因时而变、因势而变，要破除传统市场的路径依赖，建立新的运营机制，重新定位电子商务发展战略：依托实体市场、服务实体市场，以诚信为根本，推动线上线下融合发展。

在此背景之下，在2012年10月21日，“义乌购”正式上线运营。从字面上理解，“义乌购”就是到义乌采购商品的意思。“义乌购”名字与网站域名对应，简洁好记，易传播。组建“义乌购”电商市场大平台，就是为了促使实体市场的转型升级，实现线上线下融合发展，让传统的小商品专业市场成为全国网货的主供应地。

义乌购网站把义乌实体市场商户搬上了网，在线商品300万种。在市场所有实体商铺都有相对应的“义乌购”网上商铺，商户可以登录“义乌购”发布商品信息、在线交易、管理订单等，并通过360°全景视角技术真实展示商铺内琳琅满目的商品。

不仅如此。在一个多月后的12月16日，网商服务区正式进入义乌小商品市场。新建成的国际商贸城五区市场五楼开辟了10万平方米570多个商位，汇聚了知名网络交易平台、第三方运营、摄影、信息技术、物流、培训、金融等多业态电子商务服务商，以及传统企业转型网商、混批型网商、小额贸易网商、网货品牌网商等多种形态的电子商务企业。

网商服务区内的上百万种网络畅销产品，由几万家小额批发企业直接供货，形成完善的电子商务产业链，实现有形市场和无形市场的有效融合。义乌正致力于“互联网+”，通过线上线下互动，在网上闯出一片新天地。

网上商城来了，为了让市场经营户熟悉网络操作，推动线上线下融合，商城集团提供各种平台培训商户。

4

义乌市委领导高度重视电子商务的发展。义乌市委领导认为，义乌应该居安思危，要有危机意识，义乌实体市场必须以积极姿态，来应对电子商务的井喷式发展。在这期间，义乌市场对电子商务的认识和反应已经今非昔比，且迅速得多，将义乌电子商务的发展快速向前推进。

2013 年，为推动义乌专业市场升级转型，义乌市在浙江省率先成立了由市委书记挂帅的市电子商务工作领导小组，下设办公室作为配套工作机构，从各部门抽调精兵强将，并邀请国内 18 名专家成立义乌市电子商务专家组，将商务局电子商务相关职能单独划入“电商办”，全面保障义乌市电子商务产业发展。

当电子商务对传统行业、实体市场带来的影响日益显现，当人们不约而同地关注起义乌这个巨大的实体市场该何去何从之时，义乌已经决定将电子商务作为市场转型升级的主引擎，喊出了全力推进“电商换市”的口号！通过不断优化产业发展环境，进一步加快电子商务的发展路子。

什么是电商换市？“电商换市”的“换”字，旨在告诉义乌市场的广大商户，电商将是除实体店面之外另一个可以带来利润的新通道，也是一种与传统贸易方式不同的新型贸易方式。

把电子商务定位为战略性、先导性产业进行重点培育，作为深化创新驱动战略、促进市场转型的“一号产业”来抓，义乌已经找到了自己的答案：义乌将来要走“线上线下”融合发展的道路，义乌将不仅拥有丰富、海量的全球网货资源，其庞大的电子商务脉络和体系，将为全国、全球客商服务，让他们通过义乌将生意做到全世界。

确定电子商务为义乌战略性、先导性行业后，义乌分别委托中国国际电子商务中心、复旦大学、武汉大学围绕“全球网货营销中心、全国网商集聚中心、国际电子商务之都”的目标，编制义乌电子商务发展战略规划，财政每年安排 5000 万元专项资金扶持电商行业发展。

义乌各街镇建设了 9 个电子商务园区，鼓励企业利用存量厂房创办了 4 个电子商务园区。

“主引擎”动力澎湃。2013 年，义乌打出电商换市“组合拳”，其中包括电商基础知识的普及培训。2013 年至 2014 年，义乌市开展“两年 30 万”电商培训行动，共培育 30.5 万名电商人才，为电商发展打下了坚实的基础。

在此背景下，“义乌购”则成了义乌“电商换市”战略的重要载体。2013 年 9 月，“义乌购”推出了诚信交易保障体系，通过商铺信用等级、投诉处理、担保交易、受欺诈买家赔偿计划四大内容，让“义乌购”上的每一笔交易都有诚信保障。

商铺信用等级指的是“义乌购”商铺经营主体的信用，征信范围包括经营主体线上和线下的经营活动。为市场经营户建立信用档案，建立线上线下相结合的信用等级评价体系，规范、约束买卖双方的贸易行为。担保交易即“义乌购”向买卖双方提供的货款代收代付的中介服务，是为买卖双方提供的一项保障交易安全的交易模式。投诉处理是买方在义乌市场内或“义乌购”在线交易过程中与卖方发生商业纠纷时，使用的维权渠道。受欺诈赔偿计划是针对买卖双方在实际交易过程中发生纠纷导致经济损失而发起的一项补偿服务。

2013 年，“义乌购”线上成交额 6000 万元。

“义乌购”做电子商务的最大优势，是以实体商铺为依托，诚信体系和供应链体系完整，对商户能够很好的管控，商户投资一个商铺都几百万元，如果因欺诈关门，成本会很高。在这一点上，“淘宝”没法比拟，因为它对小卖家管控相对较难。

在“互联网 +”推动下，义乌电子商务呈现井喷式发展态势，在国内外的知名度持续上升。

2013 年，义乌市电子商务交易额达到 856 亿元，网上交易第一次在数字上跑赢了实体市场交易；义乌市在各大电子商务平台网商账户总数超过 21 万个——是义乌国际商贸城实体商户的 3 倍；快递货运量仅次于北、上、广，居全国第四。

在体会到线上线下融合发展好处后的义乌商户，对电商与实体商铺的关系也淡定、自信了许多。义乌“吉茂科技”于 2010 年从上海搬到义乌，不到 4 年时间，交易额就从原先的 900 万元猛增到 1 亿元。

2014 年初，“义乌购”启动“合计划”方案，将“义乌购”线上线下融合模式推广到全国乃至全球，为合作伙伴建立专业市场电子商务网站并对接义乌市场。在义乌市场的走出去战略中，“义乌购”更是发挥了积极作用，在利用“义乌购”合计划项目与当地市场合作，让电子商务平台或销售渠道先走出去的同时，还把各地市场、产业基地都纳入义乌市场体系，为义乌市场提供强有力的产业支撑。

2014 年 3 月，义乌获批创建“国家电子商务示范城市”。

2014 年 12 月 26 日，义乌首个跨境电子商务园区正式运营，成为义乌跨境电子商务出口邮件、进出口快件的集散处理中心，并能办理个人物品进境通关处理。这一年，义乌电商成交总额达 1153 亿元，同比增长 35%。

跨境电商已成为拉动义乌电商经济发展的重要引擎。

2015 年，中国市场整体经济需求下降，但由于经济结构发生了改变，电商市场仍然处于持续的增长状态，电商在零售行业里的占比也仍在不断提高。义乌市场更是如此，在 2015 年，义乌电商交易额达 1,511 亿元，同比增长 31%。这年 12 月 31 日，义乌国际邮件互换局正式启用，实现当年申请、当年获批、当年建设、当年投用！

2016 年，首个综合性电商园区——义乌市陆港小镇开业。

2017 年 3 月，开通运营义采宝。作为小商品城官方平台，义采宝以小商品城为蓝本，致力以数字创新为商户赋能，帮助实体市场商户通过互联网、大数据工具，打开了线上线下深度融合的新局面。义采宝上线一年间，App 下载数突破 20 万，入住商铺数超过 8 万，在线产品量达 300 万，超过 50 万采购商在这里找到了合适的产品及供应商。

2017 年，“义乌购”在线总交易额突破 60 亿元，线下撮合交易额达 400 多亿元。

2017 年，义乌中国小商品城成交额达 1,226 亿元，同比增长 10.9%；义乌市电商交易额达 2220.03 亿元，同比增长 25.3%。义乌市场不仅是电商聚集地，也是网货供货地。

为了扶持和加快电子商务的发展，在 2013 至 2017 年，义乌累计投入农村电商相关资金超过 10 亿元，相继出台了《关于加快电子商务发展的若干意见》《义乌市促进电子商务发展扶持政策实施细则》《关于印发加快农村电子商务发展的若干意见（试行）的通知》《义乌市农村电子商务工作实施方案》，完善了《义乌市“百村电商”建设标准实施细则》等系列标准。

2018 年，义乌出台了包含农村电商相关内容的《关于促进商贸业高质量发展的若干意见（试行）》，保障农村电商高质量发展。

依托于小商品市场强大的产品供应能力，义乌电子商务快速发展，网商队伍不断崛起和壮大，形成了极具义乌特色的电子商务体系。

截至 2018 年，义乌各大电子商务平台网商账户总数超过 27 万户，实现网络交易额 2368.3 亿元，同比增长 16.74%。电商交易额连续 5 年保持年均 300 亿元的增幅。

义乌电子商务快速发展，对整个市场的经济结构和运行方式产生了很大的影响。2018 年，全市出口实现平稳增长，全年出口总额 2521.6 亿元，同比增长 9.4%，其中市场采购贸易方式出口 2037.3 亿元，同比增长 7.6%；实现跨境电子商务交易额 654.7 亿元，同比增长 17.79%。其中，跨境电商零售出口约占浙江全省的 50%。

2018 年 7 月，国务院批复义乌设立跨境电商综合试验区。内贸网商密度居全国第一，外贸网商密度居全国第二。电商园区建筑面积超过 200 万平方米。形成了电子商务园区—专业市场—专业楼宇—示范村平台体系。

“你有张良计，我有过墙梯。”线上线下的融合发展，让市场经营户的生意如虎添翼。既坚守实体商铺，又在网上闯出一片天地，打破了专业市场的物理空间，让义乌这座“市上之城”同时也成了“云上之城”，“电商换市”成了义乌经济社会发展新的增长极。

物流、大数据、网货供货地，等等，这些都成了义乌吸引全球电商奥秘所在。“每天 500 万件快递单，单件商品快递费用平均不到 2 元钱。”而这背后，是义乌电商企业的规模效应和营商环境。

5

2020年，新冠肺炎疫情的突袭，推动“宅经济”井喷式发展，直播电商带货成为“宅经济”的一个重要风口。

“直播电商”借用新媒体平台，创新营销方式，推动企业、消费者、平台实现三方共赢。它之所以受到各主体的广泛追捧，其所具有的强交互性、真实性、沉浸感等特征无疑成为消费者热衷于网络直播购物的重要原因。

直播带货利用文字、声音和图像等多种方式传递信息，从多个感官对消费者予以刺激，增强消费者沉浸感。5G应用于媒体行业使超高清的视频直播成为可能，直播的画质更清晰，细节展示也更真实。

在实体商店中，消费者可以通过近距离的观看、触摸和与推销员的实时互动获得对商品的认知和社交的情感满足，这也是直播电商相比传统电子商务所具备的潜能和优势，即通过沟通方式的优化、时空分离的衔接和真实购物体验的营造来引发线上消费者的社会临场感。

疫情之下，一场“数字贸易”巨变正在义乌发生。

离义乌国际商贸城2.2公里的江北下朱村的档口，即便晚上也热闹非凡，主播们正通过直播吆喝卖货，路上会不时出现一些装扮奇特的人在拍摄短视频。江北下朱被称为“网红直播第一村”，村内集聚了服装箱包、美妆美饰、网红食品、农产品等品类1000余个品牌，吸引了产品供应、直播培训、内容制作、网红带货等各类直播电商从业人员5万余人，光主播就超过5000人。

江北下朱是义乌借用“直播电商”平台推动“宅经济”井喷式发展的一个缩影。新冠肺炎疫情发生以来，义乌催生出了“网红+直播+电商”的热门新零售业态，这也成为众多中小微企业拓展市场、谋求转型发展的助推器。

为了网红直播行业的健康发展，义乌打出了“组合拳”：下发了《义乌市加快直播电商发展的行动方案》，对全市的网红直播发展进行了顶层设计；出台了《创建网红直播基地方案》和相关扶持政策，推动网红直播基地的发展；2020年5月8日，“带货网红”首次有了“官方认证”，参加电商直播专项职业技能培训的学员通过考核后，由义乌市人社局颁发“电商直播专项职业能力证书”；2020年6月15日，义乌工商学院成立了全国首个直播电商学院。

一支话筒、一台手机或电脑，就能完成一场直播销售。作为当下最大的风口，“无直播不电商”已成大势。2020年，义乌“网红直播”经济逆势爆发，开展网红直播带货18.33万场，销售额207.02亿元，增速达62%，成为实现内外贸发展的“优选项”。

2020年，全市电子商务交易额3125亿元。电子商务账户数量从2010年的1373户增至

2020年的28.07万户，连续七年获全国电子商务百佳县榜首。与商贸新业态新模式紧密互动的现代物流长足发展，快递量从2016年的6.3亿件居全国第八、占全国3%，到2020年升至超71.7亿件居全国第二、占全国8.5%。2021年1—4月，义乌快递业务量跃居全国第一。

从线下到线上，从“鸡毛换糖”到“全球电商”，义乌40多年来的传承与改变，也是因为这场疫情出现了新拐点。

受新冠疫情的影响，作为传统批发市场的义乌，出现外商进不来、货也出不去、订单碎片化等带来的“内外贸融合”新痛点。面临着原材料与物流成本上升，供应链向外转移，对出口带来了不小挑战。

数字化成为突破传统业务物理限制的关键一招。原先那些有红利可吃的“坐商”，由于线下缺客户，即使一些年龄偏大的商户，疫情之下也迫使其扭转传统思维观念，来积极拥抱数字化。

新冠疫情的冲击，迫切需要一个线上线下高度融合、贸易履约全链路服务的综合贸易服务平台，为中小微主体便利而高效地参与国际贸易赋能增效。这就要求有更好的数字化改革来匹配疫情之下的全球贸易现状，朝着更立体、更精细、更高效的数字化贸易转型。

6

重塑市场核心竞争力，义乌具有先天优势。义乌市场把此重任落到了Chinagoods身上。2020年，Chinagoods数字贸易平台运行，由此实现了“线下市场采购+线上跨境电商”融合发展。

Chinagoods数字贸易平台被视为跨境电商的重要渠道之一，其作为B2B的国际贸易综合服务平台，具备提供的国际仓储、物流、支付、订舱等贸易服务，是其他平台不具备的。作为内外双循环的数字贸易转型平台，其所做的事也是其他互联网公司不能替代的。

首先，因为有义乌形成的产业集群及贸易基础设施配套；其次，义乌小商品城线下7.5万商户的实名认证“背书”，可靠性、真实性有保障。义乌既是市场采购贸易方式的启航地，约占全国1/70的比例，也是中小微主体发展国际贸易的示范地。同时，义乌市政府还打通了商务局、税务局、海关等部门数据，开发了一套市场联网平台，同时授权义乌小商品城大数据公司与Chinagoods相打通，在数字化贸易全链路中提供服务，满足闭环治理要求。

针对外贸场景，在Chinagoods体系内，开放了独立工具型产品——采购宝。

采购宝自2021年年底正式上线。Chinagoods根据市场采购出口贸易中订单分散、拼箱申报、无票免税等特征，结合市场采购贸易“组货人制度”，推进市场采购的优化升级，实现一键“跟单采购”“数字验货”“装柜出货”“智能报关”，即把订货单、装箱单、报关单及结汇单，“四单”串联了整个贸易闭环，确保了贸易的真实性、可靠性。

不仅如此，“采购宝”还与Chinagoods体系内的“环球义达”打通，提供商城集团在国际物流、海外云仓、金融服务等方面的履约交付。其目的是让市场采购贸易更高效、更经济，让商户结汇更快，让外贸内贸化，实现指尖上的外贸，让出口阳光化、税务阳光化、收汇阳光化，比传统模式更阳光透明。

而Chinagoods作为贸易数字化的主要载体，依托义乌小商品城线下市场，配套交付服务体系搭建，包括仓储物流体系、数字云仓、环球义达供应链产业园等，共上线国际物流专线233条，累计发货量突破110万立方米，海外仓加速拓展144个。在西班牙站点开展“Chinagoods国家站＋海外仓＋展厅”运营模式试点。

目前，Chinagoods已有5.5万入驻商户，上传商品数超500万个，注册采购商超210万，采购商为二级批发商、电商公司、供应链公司、生产基地等。

从采购、出货、报税、回款的“一条龙”服务的外贸平台，Chinagoods的“接地气”，不但能触达更多海外采购商，还安排云仓发货，让经营户做好出口生意更便捷。特别是犇犇找货、采购宝推出后，平台活跃度和响应效率明显提升。

进入新发展阶段，传统国际贸易在加速向数字化国际贸易转型，义乌的外贸进出口同样展现出了强劲的韧性，促使电子商务发展再上新台阶。

2021年，义乌实现进出口总额3903.1亿元，增长24.7%；实现网络零售额2187.93亿元，位居浙江全省各县（市、区）第一。其中，跨境电子商务交易额达1013.57亿元，同比增长16.38%。在商务部出炉的“2021年跨境电子商务综合试验区评估”中，中国（义乌）跨境电子商务综合试验区评估结果为“成效明显”，综合排名第一档。

2022年1月至7月，义乌实现网络零售额1062.25亿元，再夺浙江省各县（市、区）第一。

第五章　建市大招

市场主体是经济社会发展的重要力量。从马路市场开始，义乌小商品市场的创建，激发了义乌人民的创业激情。

但是，开放义乌市场，背后的推手是“有为政府”。义乌市场创建后，历经了多次搬迁与扩建，其背后的推手依然是“有为政府”。至1990年，市场成交额跃居全国各大专业市场之首，此后年年保持这一桂冠。不管环境如何变化，市场就是义乌的“点金术”。市场每前进一步，都标志着它的提升与扩张，市场主体的活力持续发力，这就是义乌市场扩张的原动力，体现了有效市场和有为政府的高效结合的高超智慧，是“以人民为中心”的辩证法。

时任县委书记谢高华敢闯禁区，勇于担当，他对推动义乌市场的发展是开拓性的，因此谢高华也一直备受他的继任者们的尊重。小商品市场正式开放后，义乌县委又提出了“兴商建县”的发展战略，将市场摆在义乌经济发展龙头位置，把商贸作为义乌主导产业。此后的近40年，义乌历届党委政府一直坚守这张蓝图不跑偏，遵循抓市场就是抓经济的理念从未改变，推进专业市场硬件完善、功能拓展、业态提升的工作从未停止，真正做到了“工作围绕市场转，城市围绕市场建，产业围绕市场育”。

市场经济的发展离不开良好的营商环境，离不开高效的社会治理。义乌历届党委政府牢牢掌握市场资源的调控权、千方百计降低交易成本，坚持“质量立市”、“划行归市”、开展市场打击假冒伪劣、推进贸工联动等推进市场扩张的招数层出不穷。

在义乌，经商致富和市场富民是同一个概念，市场兴则义乌兴，义乌人民既是市场的建设者，也是市场的受益者。市场不仅让商户和客户受益，更是全体义乌人民的“命根子”。谁破坏了市场信誉，就等于砸了大家的饭碗。义乌人民和市场之间构成一个关系紧密的命运共同体。各政府部门充分发挥各自的职能，为市场保驾护航，围绕市场发展做好服务，从中也许更能深切地体会到政府“有形之手”尊重市场规律的内在动力。

社会主义市场经济下的市场智慧，在于辩证处理好政府与市场间的关系。而在辩证法的智慧背后，是“有形之手”携着市场之手，在“一护一放”间走向“琴瑟和鸣”的经济健康发展之路，是为了让你我一般的普通人，都能过上更加美好的生活。坚持党政有为和尊重群众首创精神相结合，把发挥政府这只“有形的手”与市场这只“无形的手”的作用有机结合起来，在义乌弹奏出了一曲美妙的协奏曲。

第一节 信誉兴市

1

“保持义乌市场繁荣的核心要素是什么？答案是两个字：“信用。”

走进国际商贸城一区西大门，首先进入人们视线的便是分别由原国家质量技术监督检验检疫总局、原国家工商行政管理总局授予的“重质量、守信用”“守合同、重信用”的两块牌匾。这是义乌市场的金字招牌，也是国家有关部门对义乌在提升质量、诚信文明经营等方面所做出努力的肯定，有着巨大的无形资产。

诚信是市场的生命线，是义乌市场繁荣发展的基石，也是义乌市场最嘹亮的主旋律。义乌之所以能成为世界小商品之都，它的成功并没有所谓的诀窍，唯有“诚信”二字是其最大的法宝，通过围绕信用“征集、评价、应用”三大环节，积极打造“信用义乌”，让“每个市场主体都有信用分”，让信用成为这座城市的通行证。

人而无信，不知其可也。诚信是为人处世的原则，也是一切道德的基础和根本，从步入商海的那一刻起，“诚信”就成为刻在了义乌商人骨子里的一杆秤。

叶美芳自1982年开始在湖清门摆米筛摊经营小百货，领到了1898号执照。1983年向亲戚借了200元钱采购了塑料鞋垫开始经营，后到杭州小百货批发部采购手帕在义乌市场销售。批发部的同志劝她先进些次品试卖。但次品总有毛病，不是漏纱就是有小孔，经不住他们的劝说，就先进了两箱（每箱1000条）试卖。

上级单位为义乌诚信市场授牌

回到家后打开箱子才知，这批货不但印有“西湖”商标，边上还印着“正品”。

显然是批发部的同志搞错了，将正品当作了次品发货了，两箱货的差价足有 200 多元。但对叶美芳来说，发错了货不是想着自己能额外赚到了多少钱，而是担心杭州批发部要因此亏损多少钱。于是，不顾路途劳顿，当天半夜，她就带上两箱货，又坐上了赴往杭州的火车去换货。

批发部的同志见她诚实得可敬，就请来记者将她换货的事迹登在了《杭州日报》《经济生活报》上表扬。此后，该批发部对她也是刮目相看，劝她以后别再拿次品了，还是拿等外品卖吧！她与该批发部的业务也维持了很长时间，向对方要货也从不推托和为难。而她呢，也帮了他们的大忙，批发部积存下来的几百箱存货，因她的帮助销售得一干二净。

见利不忘义，诚信值千金。因为诚信，让她找回了自己的良心；因为诚信，给她经商带来了便利；因为诚信，也使她的生意越做越大。“当你陷入困难之境时，说不定人家就会拉你一把。”叶美芳说。

事实也是如此。当年义乌人到杭州进货，都是肩背手提的，货少还可以顺利搭火车，货多麻烦就大了，因为个体户在车站办理托运很难。叶美芳进鞋垫原材料，车站不让上车，说是易燃品，对旅客安全构成危险；进手帕，又说是投机倒把，也不让上车。

有一次，叶美芳挑着一担货，热得浑身是汗，且连车票也买不到。这时，旅客开始检票进站了，急得她团团转。“干脆买张站台票，混上车再补票就行。”有人开导她。她真的手持站台票往里闯，却被工作人员拉住了，盘问她“送谁上车”。她也老实交代，说是买不到票，到车上补票。可对方却不同意，甚至挖苦说：“尤其是你们义乌人，钱要赚，票要逃，哪有这么高觉悟？到车上补票，嘴巴说得好听！”她一听，马上从袋里掏出钱，求对方办手续。可对方仍然不依，还拉住她的领口，把她带到了母子候车室，将她交给了值班员。值班员是个“狠角色”，比原先那个女的更严厉，要她卸下担子，盘问她是哪里人，有无证件？

火车马上要开了。怕耽误事，叶美芳即把营业执照副本掏出，放到对方面前说：“我有国家发的营业执照，国家批准我经商！”在营业执照中，还夹有多张杭州小百货批发部发的邀请书，托叶美芳带回义乌市场分发给经营户，邀请他们参加第二天在杭州举办的展销会。

值班员一见执照上的“叶美芳”三字，口气就软了下来，问她：“你是否就是上过《杭州日报》的、把正品手帕送回去换次品的那个叶美芳？”

“就是我。你其他事还是少问吧，我求求你了，快给我上车吧，火车要开了。”对方见她一副诚实相，看不出是有意逃票的，就说：“我信，我信。”接着，就给她开了一张补票证，让她上车……

过了一个多星期，杭州小百货批发部又寄信给市场劳协，邀她去杭州录制节目。杭州电视台要宣传她的诚信经商事迹，同时要求再挑选一位手摇拨浪鼓、肩挑货郎担的经营户一同前往，费用由杭州百货批发部报销。

真是“不打不相识”。叶美芳的诚实经商行为给火车站的值班员留下了深刻印象，此后，叶美芳在买不到票、货物难托运时，都找他，对方都很快给她办妥且给予了她极大的帮助。凭着自己的诚实，换来了一系列荣誉和方便，真令她没有想到。

义乌人在外采购商品时，每次到车站办理托运手续，都是行色匆匆，一踏上火车就启程了。有一次，叶美芳登上了火车后，才知钱包和提货单都放在了车站值班室。回家后，她即挂了长途电话，向对方打听钱包的事。多亏了杭州火车站值班员的帮忙，第二天上午即托 209 次车列车长将钱包带到了义乌，一分不少地送到了她的手中。

诚实守信给了义乌人最好褒奖。坚守诚信，才能赢得人心，才会有更多的发展机会。叶美芳说，她在市场经商多年，没有本钱，也没啥本领，之所以能在市场上站稳脚跟，靠的就是诚信经商这一条。

1989 年春节期间，有人向叶美芳批发了 20 多箱手帕，因时间紧，匆忙结了款，回到家中，她一复核，发现多出了 2000 多元钱。但她没有动心，毫不犹豫地把这笔钱如数退还给对方。1993 年 1 月，有位江西老表批发 3000 多元钱的手帕，结账时，对方又多付了 850 元。收摊后，叶美芳即找到他住的旅馆，把钱退还给他，对方还不知道是怎么一回事。这一年的 11 月，东阳的一位年轻人向她批发生日蜡烛时，也多付了 200 多元钱。于是，叶美芳即托一位东阳人带去口信，要那位年轻人下次再到义乌进货时，把钱拿回去。

2

人无信不立，商无信不兴，市无信不胜。“义乌”这两字散发出的不仅仅是创新创业的热情，还透露着守信的契约精神。义乌市场经营户注重商业道德，他们对出售的商品质量从不护短，是什么货就是什么货；对销售的商品也是保质保量，不掺假使杂。

有的义乌经营户，如遇客商在义乌所进的商品出现滞销时，只要保持原样、无磨损，还负责调换适销的产品。经营户们认为，义乌小商品市场是全国性市场，此处滞销的产品，或许在彼处却会适销。

“向拿货的经营户承诺：卖不掉可以退回来！诚信为本的传统一直传承了下来。”市场经营户何海美说，正因为有了这份诚信，不护短，顾客也喜欢向他们进货，回头客也多，生意就兴隆。

在 1985 年前后，义乌市场上的小百货基本上是转手销售的，自己生产或加工出来的很少。宗承英先后从萧山进过尼龙线、到石狮进过拉链，后来又到汕头峡山进过花边和彩带，生意一直做得比较顺利。到 1987 年年底，多种经营已经使他拥有了五六万元的积蓄。其中，他做生意的一贯宗旨即：“进价贵，卖价便宜。”

所谓“进价贵”是相对而言的，即进货时尽量不去压对方的价，以便长期保持业务联系，今后时间一久，双方建立起相互信任关系，对方就会先发货后收钱，这样对自己的资金周转大有帮助。“卖价便宜”就是尽量不卖高价，赚取利润要适当，这样货才能很快卖光，顾客才会多。这也是义乌市场发展的法宝——薄利多销。

这也正是义乌商人特有的品质，用义乌方言说就是“出六居四”：做生意多给别人一些，让顾客占点便宜，给人家六分，自己仅占四分，别人才会更愿意和你做生意，生意才会越做越好。

由于宗承英坚持自己的生意观，通过数年的业务来往，1990 年，汕头峡山的花边总公司对他已是十分的信任，能在延期结款的情况下毫无顾虑地先把货发给他销售。当然，他也从未失信于他们。如此循环往复，当人家都认为生意难做时，他却依然做得风生水起。其中的关键，还在于“诚信”两字。

市场经营户杨仲清自 1986 年开始向石狮的一家企业采购牛仔服，前两次都以高利息的借款付了现钱，当第三次去进货时，厂方对他的诚实守信深感敬佩，主动提出可先提货，等下次进货时再付款，但他依然不随便拖欠货款，双方由此建立了亲密关系。一次，厂方向他发来 6 个货包，在途中不慎丢失了 2 个，单成本就损失 7000 元。他得知后主动提出“这个损失由我负责赔偿一半”。并当场拿出 3500 元，这让厂方和送货人都感动不已。

为了保证商品质量，杨仲清经销的羊毛衫都从正规渠道进货，并在自己的摊位上挂了一块写着“本摊位羊毛衫均系真品，如有作假，愿承担一切责任”的牌子。正是因为有了这份诚信，他与顾客建立了十分友好的关系，并结交了更多朋友，生意不断向好。他所经营的商品也被客商誉为“三不”商品（不必还价，不必点数，不必检查），畅销不衰。有位姓郑的金华女顾客，在他的摊位进完货，匆匆付了款就走了。等发现该顾客多付了 1000 元时，因不知道她的具体住址，在时隔数月后，等这位顾客第二次来进货时，他主动退回了这笔多付的款，该顾客方知是自己多付了款。

给义乌十佳诚信外商授牌

市场经营户吴承先，为打消顾客对商品质量的顾虑，还主动在销售的腈纶衣裤上印上了自己的摊位号“3542”字样：一来是让顾客放心，二来也为自己打“品牌”，替自己做宣传。

义乌国际商贸城旅游购物中心五楼399号，是一个无人值守店。这里几十种商品全部10元，自动投币。店内横幅醒目地写着：“内不欺己，外不欺人”，“这里出售诚信，因为有信誉”。无人值守店开了多年，老板何强自豪地说，从没发现有人在店里拿了东西不付钱。

诚信经营，立业之根本。以诚感人者，人亦诚而应。

坚持礼貌待人，不坑蒙拐骗顾客，不经营假冒伪劣商品，保证所售物品货真价实，义乌人以诚信铸造金字招牌，靠信誉赢得发展优势。在诚信氛围的浸润下，义乌处处涌动着文明之风，为市场的发展注入了强大原动力，焕发着无尽的生机和活力。

3

在中国加入世界贸易组织前的一年，即在2000年，义乌未雨绸缪，将“诚信义乌”建设列入战略目标，把“信用市场”建设列为政府工作重点。新入场的经营户有一个特别的门槛：必须通过培训才能上岗。培训什么？诚信服务意识。

从这一年开始，义乌将信用监管作为新型市场监管理念和方式进行了长期探索和实践，构建了“以市场信用分类监管平台为基础，信用指数、品牌培育、质量监测三大中心为链接，知识产权保护、人民调解、合同履约、经营者自律四大机制为保障的市场信用体系”。

此外，义乌市场还充分发挥市场行业组织作用，利用行业自律维护市场经营秩序，避免恶性竞争，保障持续健康发展。其中，在工艺品、化妆品、内衣文胸、钟表等行业，都先后建立了行业知识产权保护公约，有效解决了一批知识产权纠纷，为营造公平规范的行业竞争环境开辟了一条新路。

自2001年起，在市场内成立了中国小商品城社会管理综合治理委员会，广泛开展矛盾纠纷调解和执法、诚信教育、普法进市场等活动。综治委成员单位包含了市场监管、商城集团、公安、检察、法院、司法、税务、检验检疫、海关等众多单位和部门，他们以“网格化管理、组团式服务”为载体，组建服务团队，将部门工作的各个环节与市场的实际需要相互交融和有机衔接，致力营造市场内诚信经营氛围。

中国加入世界贸易组织后，在义乌小商品市场上出现了越来越多的“洋面孔”。万商云集的义乌，与世界的距离越来越近。如何在与国外市场的同台竞技中始终立于不败之地？义乌人认为，以诚为本、以信立业，是遨游世界市场的通行证。

2002年，义乌启动信用体系建设。当年2月25日，市工商局成立实施“信用义乌工程”领导小组，市场监管、商城集团、公安、司法、金融等多个部门携手联动，拉开了“打造信用市场，争创信用商位”活动的序幕。

2006 年，“诚信包容”被确立为“义乌精神”的重要内容，从而成为全体义乌人共同的价值追求。为形成信用市场建设合力，义乌市在这一年专门成立了由市长任组长、分管副市长任副组长的信用市场建设领导小组，并由市场监管部门牵头建立信用市场建设协调小组，负责信用评价体系的模块组成、参数设置、指标设定以及各个部门信用信息的征集、评分等工作，建成了较为科学、符合大型批发市场特点的信用评价体系。依据这套体系，市场监管部门对不同信用等级实施不同频次、不同力度的分类监管，建立守信受益、失信惩戒的机制，有力推进了义乌市场的文明建设。

市场经营户在“诚信日”签名

2007 年，义乌开展星级信用商位评比。细心的客户发现，到义乌国际商贸城买东西，只要看每个商铺门旁的标识——政府制发的“诚信商户”小铜牌，就可知道该商铺拥有的信用等级，有的五星，有的只有一星，上面星星越多，信用越好。

同时，还可用手机扫一扫商户的二维码，或点一点处于义乌国际商贸城门口的“市场信用平台”显示屏，就能查到商户信用如何、是否准时发货、有无拖欠工资等。信用评级高的商铺，义乌给予低息信用贷款等优惠，等级越高优惠越多。而严重失信者，会受到收回商铺、逐出市场的惩罚。

经营电信器材的商户王国田与一位巴西华裔客商交易时，对方在询问了价格、品质、发货方式后，虽是头一回见面，就痛快地下了 10 多万元的订单。对方说，他在义乌并没有熟人，首先就在“义乌市场信用 APP”上寻找守信商铺，看到王国田的商铺是五星级，而且店主还是一名中共党员，便果断下了单。

诚实守信让商户尝到了甜头。在义乌经商，讲诚信的企业和个人在办事时也是一路绿灯。信用优良的企业和个人，可以用书面承诺替代部分审批材料，先行拿到证照。失信则寸步难行——信用等级最低的 E 级业主禁止入驻市场、园区，限制办理金融信贷、参与招投标等。义乌的信用信息共享平台上，汇集了众多政府部门、金融机构的 1550 项信用数据，覆盖了数十万的法人和其他组织、数百万的自然人，记录超过 1.8 亿条。

2008 年 1 月 23 日，义乌市场信用经济迈入了“指数时代”。由浙江省工商行政管理局、义乌市政府和北京大学中国信用研究中心联合编制的全国首个商品交易市场信用指数——“义乌市场信用指数”（YMCI）正式发布。

这是一套针对义乌市场信用发展变化趋势和变化程度的综合量化反映的指数体系。该指数以信用分类监管体系为基础，由商品质量指数、知识产权指数等共 8 个信用分类指数综合而成，能让市场监管部门及时监测和分析市场信用的波动状况及预测未来态势，及时调整监管重心。

义乌商品信用指数的诞生对中国商品市场的信用经济起到了一个“风向标”的作用，对全国乃至全球的商品市场管理都起到了积极的作用，同时也使浙江经济、义乌经济通过市场提升改造，真正进入了指数时代。

2008 年 2 月，国家工商总局在义乌召开全国工商系统推进商品交易市场信用分类监管经验交流现场会，介绍推广义乌经验。国家工商总局还授予中国小商品城“全国市场信用分类监管示范市场”荣誉称号。

诚信经营保证商品质量，热心真诚赢得他人信赖。义乌市场是大家的市场，信誉是义乌人的信誉，如果谁不顾信誉，那就是给义乌人抹黑，给义乌市场抹黑。多年的市场经营生涯，也让义乌人深深体会到：市场的繁荣兴旺让义乌人逐步摆脱了贫困，那我们只有规规矩矩经商，老老实实做人，才能招来八方客商。诚信是义乌市场持续繁荣的生命线，我们必须珍视它，爱护它。

4

2012 年 10 月，“义乌购”平台上线。“义乌购”依托实体市场，与线下一一对应，并实现了经营主体的实名认证，由此具备了“可管、可控、可溯源”的独特优势。

2013 年 9 月，“义乌购”推出诚信交易保障体系。体系由商铺信用等级、担保交易、投诉与处理、受欺诈赔偿计划四部分组成。其中，商铺信用等级采用五星级制标准，所有商铺初始信用等级默认为三星级 3000 分，分数 10000 分以上为五星级，信用分数与商铺日常经营活动挂钩，根据商铺信用评分规则进行加减分。这种市场的力量，正成为倒逼市场主体提升诚信水平的重要动力，为“诚信义乌”的打造奠定了良好基础。

义乌市场诚信体系的建设，不仅包含经营户在市场内的线上线下信用信息，还结合了经营户在全市各部门信用信息，并逐步形成面向社会信用征集、评价的诚信体系。为此，商城集团专门成立义乌中国小商品城征信有限公司，并取得企业征信牌照，初步形成了以政府数据、市场数据以及电商数据为核心的数据体系，开发了以企业信用记录、电商信用档案为雏形的信用产品。

诚信是一种品格、一种操守、一种境界。只要你在义乌市场里做生意，信用就一直跟着你走。

如今，义乌人还把“诚信”两字写在了互联网上，通过线上线下融合，在线上编织了第二张“诚信网”。无论在实体市场还是在“义乌购”，义乌要求所有商铺必须进行市场经营主体实名认证。工商、公安、司法、金融等多个部门的信用信息统一到义乌的公共联合征信平台上。外来客户登录“义乌商事主体信息公示平台”，就能查询贸易方的诚信信息，不诚信的商位会被列入“黑名单”。无论线上线下，商户的信用记录将一直跟随其在义乌经商的整个阶段，“可信、可控、可追溯”。失信者在这里则要付出惨痛代价，对违反相关规定的商位将被收回。

义乌市场的诚信体系建设，获得了社会的认可，也得到了各级领导的充分肯定。李克强同志 2014 年到义乌考察时肯定了义乌的诚信包容，提出“把市场经济做成信用经济，市场才会发展，要让守信者通行无阻，失信者寸步难行”。

2016 年，义乌市首设“诚信日”。为此，市人大常委会及市政府组织在公共媒体上还公开征集了市民意见，最后通过决定将 1 月 9 日设立为义乌市“诚信日”。1 月 9 日寓意为“一言九鼎”，将“诚信日”设在 1 月 9 日，更体现了诚信精神的内涵。

这年的 1 月 9 日，义乌市开展了“诚信日”万人签名、信用主题教育等活动。“信用义乌”网站也于“诚信日”当天开通，通过建立失信“黑名单”，增加对失信者的曝光力度，营造“讲诚信、守信用”的社会氛围。

设立“诚信日”，一方面凸显了地方对社会诚信建设的重视，以及不折不扣积极行动的真诚意愿，引导全市人民参与诚信社会建设，从而营造“人人参与诚信，人人受益于诚信”的环境氛围；另一方面，通过一个具体日子的设立，也能够在一定程度上唤起人们对诚信的重视，进一步增强市场经营户的信用观念，规范信用行为，让他们自觉不自觉地加入诚信的行列当中。

“我们知道各地有许多小商品城，为什么义乌的小商品城可以做到全球最大？”2016 年 8 月 18 日，中央宣传部、中央文明办在中国文明网向全社会公开发布了 10 个“诚信之星”的先进事迹。其中，商城集团成为浙江省唯一获此殊荣者。当天，在人民网演播厅举行的“诚信之星”发布仪式上，商城集团负责人赵文阁接受了主持人的现场采访。

商城集团负责人认为，“诚实守信、义利并举”是义乌市场风雨洗礼、得以不断发展壮大的文化基因。坚持“公平竞争、诚信守约”是义乌市场可持续繁荣的长远战略，也是培育和践行社会主义核心价值观的根本要求。

“八方客户义乌来，贸易门从信誉开。端木生涯存善念，陶朱事业赖英才。言出九鼎真神矣，利是双赢最美哉。天下浙商都知道，诚如金字大招牌。”在当天的“诚信之星”发布活动现场，还展示并诵读了反映商城集团获得“诚信之星”称号先进事迹的楹联和诗词。这便是写给商城集团的《诚信义乌歌》。

现代市场经济既是法治经济，也是信用经济。一直以来，义乌市场紧紧抓住经营主体这个核心，大力构建全方位诚信体系，通过对市场实行统一规划，统一布局，将商品进行分类，同类商品集中经营。这种做法不但有效提高了市场集聚效应，营造了充分竞争的经营环境，更对经营主体的诚信行为提出了要求，不断催生商品交易信息透明化，为广大客商营造了便捷安全的采购体验。

针对完善管理制度体系，商城集团制定并实施了《国际商贸城诚信文明经营积分管理规定》和《国际商贸城商位使用权转让、转租管理规定》等，对有损市场声誉的不诚信经营行为，视情节予以处罚，情节严重的还将收回商位使用权，有效净化了“小商品海洋”，维护了市场声誉。

2017 年，义乌获得“国家城市信用建设创新奖”。商务部、原工商总局、原质检总局等国家 9 个部门联合发文，向全国推广义乌小商品市场主体信用分类监管机制经验。

2018 年 1 月，义乌成功获批国家首批社会信用体系建设示范城市。

2022 年 1 月 9 日，义乌市迎来第七个“诚信日”。当天，“诚信日”活动通过线上微信、线下点对点等形式开展，以“信用进市场、信用进医院、信用进校园”的形式扩大信用服务普及面。

诚信，做大义乌市场。目前，义乌建成了覆盖 80 万市场主体、255 万自然人、1550 余家社会组织、508 家政府机构和事业单位，总量超过 5.4 亿条的多维信用数据库，建立了涉及信用归集、评价、奖惩、修复的全流程管理机制，构建了“事前承诺审批、事中分类监管、事后联合奖惩”的信用闭环体系，推出了百个以上信用应用项目。

无论时代如何变化，无论经济社会如何发展，无论商业模式如何创新，对一座城市来说，万变不离其宗的永远是诚信这杆标尺。如今，在义乌活力无限的大小市场中，诚信的“软准则”已量化成“硬指标”，一项项个人和企业信用深化应用的场景，让每一步都有“迹”可循，不断激发出信用的强大力量。

第二节 铁腕打假

1

如果说实现诚信主要以“自律为主，他律为辅”，那么开展铁腕打假，更多的是表现为一种政府行为。

市场能否持续繁荣，关键在于商品质量和市场信誉。曾几何时，“义乌货”甚至被指是假冒伪劣的代名词。为此，义乌市痛下决心，将打假列为全市工作重心，一再强调“打假”工作不但是规范市场行为，维护市场秩序的经济问题，而且关系到市场声誉、政府形象和取信于民的政治问题。为此，政府还出台了举报制售假冒伪劣案件有功人员奖励办法，通过重赏吸引勇者举报制售假冒伪劣行为，以显示打假的坚定决心，其最高奖励可达30万元。

1998年，义乌提出了“质量立市、信誉立市”的响亮口号，并公开宣称：“谁砸市场牌子，就砸谁的饭碗。”“谁砸大家的饭碗，大家就联合起来先砸他的饭碗。”

这一年，全市工商部门先后开展了“打假保节日”“打假保春耕”“打假保名牌”等行动和对行业垄断、限制公平竞争等行为的整治，开展了以“反欺诈、护权益”为主要内容的执法整治及打假净市场、打击走私贩私、“扫黄打非”等行动。同时，还集中对假冒食品、饮品和对燃气具的专项整治，开展对经营销售全国重点商品等14项执法行为。当年仅工商部门立案查处各类违法违章案件就有1126件，其中大案126件，捣毁制假窝点186个。

在这一年，市检察院设立了知识产权案件办理小组。

实际上，义乌的打假治劣并非自1998年才开始，只是这一年可以看作分水岭，政府部门开始联合主动出击，打防并举引导市场发展。在此之前，义乌打假治劣主要集中在服装、鞋帽等一些生活用品上，打假的主力大多是工商部门，多数情况是种“不告不打”的事后治理状态。

1998年，义乌市政府主动协调各地各部门共同打假，并提出了“质量立市”的战略，下发了《关于打击假冒伪劣产（商）品，提高产（商）品质量若干意见的通知》，引导市场规范发展的同时，不失时机地调整产业结构，扶植本土企业壮大。市委书记办公会议也专题研究打假治劣、深入推进质量立市工作。

为了造大声势，义乌还在宾王市场召开了打假专项活动公开大会。在全市打假治劣及产品质量会议上，义乌市提出了要把市场的产品质量视为命根子，要以“谁砸市场牌子，就砸谁的饭碗”的决心深入开展打假治劣活动，不得以任何理由搞地方保护主义，把树立商品整体质量形象提高到市场商品能否巩固农村市场、拓展城市市场和国际市场的高度。

2

打假治劣既要形成行政部门与司法部门的协同作战合力，还需要通过其他途径来推动企业与执法部门的资源整合和良性互动，共同探索构建及时有效的违法发现机制、精确精准的侵权打击机制、长效长治的规范监管机制。

为了充分发挥行政部门与企业联手打假维权协作机制，发挥企业自主维权的积极性和快速鉴别优势，构建强强联合的执法大平台，义乌市专门成立了保护名牌产品的群众性团体组织，在 1998 年更名为中国小商品城保护名牌产品联合会。这是全国首个以保护企业自主知识产权为目的的维权组织，成为开展知识产权保护的重要法宝。全国 20 多个省、市、自治区的名牌企业纷纷加盟。

这种强强联合的执法模式，充分发挥了保护名牌产品联合会年会制度及会员企业档案式动态管理的作用，发挥了以保护名牌产品联合会多途径举报、多渠道拓展案源、会员企业真伪鉴别等 3 种优势，通过建立行业联合整治、跨区域协同打假、知识产权保护联席会议等 3 种工作机制，加强了知识产权行政执法与刑事司法的衔接，为企业打假维权提供全方位服务，在后来最终发展成为国际化的知识产权保护协作机构。

进入 21 世纪后，义乌提出了“信誉兴市”的战略，开始探索市场商品溯源制，打假治劣进入了从“源头”上进行遏止的新阶段。随着市场的繁荣发展，一些心术不正、私欲膨胀、见利忘义的不法分子，趁机利用义乌庞大的市场鱼目混珠，进行制假、售假，坑害客商和消费者，严重损坏了义乌市场的形象。

对此，一场声势浩大的打假治劣行动随即展开，对制假售假者起到了一定的震慑作用。

2000 年 12 月 19 日，在宾王市场小广场，义乌市举行打假专项斗争公开处理大会，14 名制假售假和假冒注册商标的涉案人员，分别被判处有期徒刑，依法逮捕和刑拘。在这一年，义乌市查获制假售假案件 2190 件，捣毁制假窝点 207 个，涉案人员中有 30 人刑拘、27 人依法逮捕、15 人判刑、4 人直诉，依法严惩了一批造假售假的元凶。

这年 10 月，中国小商品城的 5000 多名党员、文明经营户联合发出“坚决抵制制假、售假，杜绝经营假冒伪劣商品，争创客商放心摊位，维护市场声誉”的倡议，并响亮地向不法分子提出：“谁砸市场牌子，就砸谁的饭碗。”

打假是一项全社会的系统工程，市场经营户也深切感受到这一点。义乌市工商、公安、技术监督、卫生、烟草专卖、文化、广电等职能部门联手出击，在一年内就先后开展了查处劣质文教用品、仿冒名牌产品、非法出版物、假冒注册商标等 30 多次拉网式打假治劣专项行动。同时建立防范机制，设立打假举报网络；实行三牌（红、黄、白三色）悬挂警示制度；推行“厂摊挂钩、定点定摊、挂牌经营”的营销机制，促使打假行动取得明显成效。

3

周朝的《礼记·王制》记载：“用器不中度，不粥于市；兵车不中度，不粥于市；布帛粗精不中数、幅广狭不中量，不粥于市；奸色乱正色，不粥于市。”这个规定说的是如果当时的商家卖的商品不达标，就不准在市场上出售。可见早在3000多年前，我国就已经开始保护消费者的合法权益。

商品质量关乎国计民生。如何让假冒伪劣无所遁形？义乌始终保持打击侵权和假冒伪劣的高压态势，成立了由分管市场副市长任组长的打假治劣领导小组，专门设立了打假治劣举报网络和奖励基金，建立了常态化工作机制。中国小商品城工商管理处还组织100多名协查员，在市场巡查值勤，阻断假冒伪劣产品流入市场的途径。

有人发现某温岭人在制售假“中华”“两面针”牙膏，打假人员通过一查到底，并将制假售假的另三人一起抓获归案，最后四人均被判刑。有人在宾王市场兜售假冒“舒肤佳”“夏士莲”“诗芬”“沙宣”等品牌的洗涤用品，被打假人员当场抓获，不法之徒通过义乌至广东托运处，从广东潮阳市胪岗镇发往义乌共4000余箱假冒的各种品牌洗发水、香皂，违法销售金额超过50万元，最后三人都被依法逮捕。有人在经营假冒上海“三枪”内衣，被执法人员查封后，却暗中将5300箱假冒的“三枪”内衣非法转移，侦查人员夜以继日，发动群众内查外调，控制监视居所，终于将被转移的假冒“三枪”内衣如数追回。

犯罪分子王某夫妇低价购进劣质葡萄酒，在义乌城郊租房设立地下工厂，购进制假用的包装设备，以及大量假冒“长城干红”“张裕干红”“王朝干红”等名牌葡萄酒的商标标识及包装物，进行大肆制假，且已经有1500余箱假酒销往到了安徽、福建、江西、江苏及浙江等地。打假人员通过深查细究，运用多种侦查手段，赶赴5个省20多个县市，秘密调查取证，最后一举捣毁了这一制假窝点。

持续严厉打假不手软！对发现的问题线索，义乌坚持一查到底、深挖彻查，进行全链条打击，坚决斩断黑色产业链。同时，义乌市又从规范市场管理、健全监督制度入手，在经营户中实行三牌悬挂警示制度：守法经营的挂红牌；查获假冒伪劣的，根据次数和情节，分别挂黄牌和白牌；屡查屡犯的吊销营业执照，并在市场内建立名牌产品展示区和假冒伪劣商品曝光台，建立常态化打假工作机制。对经营燃气灶、热水器、压力锅、副食品、化妆品、消杀类商品的摊位，必须向工商部门提供生产企业营业执照、产品合格证、检测报告、生产许可证等证明文件，并严格管理，建立档案，标明价格，挂牌经营。

一手抓打假治劣，一手抓提质创牌。义乌有关部门在全市经营户和企业中开展了专利知识、商标意识教育，鼓励自己打品牌，创名牌；在中国小商品城内开展守法经营，文明摊位，消费者信得过评比活动，在义乌形成了衬衫、袜业、饰品、五金、彩印、制笔、文化用品等一大批优势行业，撑起了市场的半壁江山。

义乌市坚持不懈打假治劣，换来了客户的放心、市场的繁荣，国内外一些知名企业看好义乌市场，在2000年年初即有4000多家企业在中国小商品城设立总代理和总经销。而完善的市场服务体系，公平的竞争机制，物美价廉的潮流新品，更是吸引了国内外客商纷至沓来。

第三节 划行规市

1

“划行规市”是义乌市场发展过程中的一大创举。所谓“划行规市”，即对市场内的商品进行空间调整，把同类小商品归到同一个市场空间，提升集聚性、专业性。

“一个简单的菜市场都有种类之分，更何况是有着七万余商铺的义乌市场。”这是当初谋划这项工作的基本出发点。伴随着义乌市场升级迭代，管理者遇到过各种烦恼，为了能让采购者一步到位寻找商品货比三家，也为了能有一个公开的市场竞争场面，不断激励市场经营户创业创新激情和推动市场发展，市场主管部门发挥了政府“有形之手”的作用，在“划行规市”中又一次释放出巨大的生产力。

湖清门小商品市场被正式认可的初期，工商部门按营业执照安排摊位时，对商品的分布大致进行了归类，因市场处于初步发展状态，办理执照有先后，各种商品陆续进场，因此对商品的摆放比较混杂，未形成规范化的管理。

在市场发展过程中，行业结构由单纯经营型逐步地发展为生产经营综合型；经济成分也由单一的纯个体经营户发展为国营商业、供销合作社商业、集体商业、个体商业和工业企业自销等多元经济结构。由此，义乌市场上的小商品也存在着这样几个特点：市场“杂”（市场主体多，成分杂）、“大”（客流量大，商品吞吐量大）、“快”（市场客体更新换代快，信息传递快）、“多”（商品花色品种多，管理部门多，服务单位多）的经济运行特点，给规范交易行为增加了不少难度。

1984 年年底，新马路小商品市场开业，市场规模迅速扩大，这既预示着市场经济的蓬勃发展，也暴露出市场发展中许多亟待解决的管理问题。当时对场内的商品初步划分为小百货、服装、袜类、针织品等大类，实行分片区包干负责。由于片面讲放开，对进入市场的主体资格和条件审查、控制、管理等都缺乏明确规定，甚至一度出现了对国企严、对个体宽的情况，以至掺杂使假、以劣充优、坑害消费者的行为屡禁不止，加上市场供求变化和价格波动，加剧竞争秩序的混乱。对此，经营者盲目被动，消费者议论纷纷。

同质化竞争成为困扰市场上所有小商品从业者的一个突出问题。针对市场管理中亟须解决的突出问题，在研究兴建城中路小商品市场之时，县政府就召集了有关部门和义乌小商品市场工商所的领导，以及个体劳动者协会代表，多次召开小商品市场管理座谈会，开始有意识地对市场进行“划行归市”，也就是让相同行业的商户聚集在一起，形成规模效应，以方便前来采购的客户。

城中路小商品市场开业后，“划行规市”开始付诸实施。不过，当时也仅按小百货、服装、针织、毛纺等几大行业，实行粗放式的划行归市。市场内的行业分布虽说大致上有所划分，但总的布局是你中有我，我中有你。尤其是在一些摊位转行或经营人员出现更改后，所经营的商品也随之变化。至于一些小本经营的人，更是虽有摊位却没有稳定的商品来源，处于“找米下锅”状态，有的干脆替人代销，拿到什么卖什么。为了增加收入，他们往往漫天要价，“斩”商没商量，使市场内的同一商品在不同地段的价格相差悬殊。

因市场内行业较为混杂，同一商品被分散在不同地段，客商也为自己进货时成了“冤大头”而向工商部门投诉。行业混杂分布，管理起来比较棘手。面对市场拥有 5400 多个摊位、3 千多种商品、上万名经营户状况，为了管理好市场，市场工商所采取了大呼隆行动，一大班人进场检查巡视，每天如此往复，却难以奏效，为了寻求管理新路，市场工商所领导提出了设管理区的办法。

1990 年 6 月，将市场划块分区，设 4 个大块（即 4 个管理区），下设 16 个服务台。由集中管理转变为市场工商所—管理区—服务台三级管理，以市场协管员为骨干，以工商所为纽带，负责辖区的亮证经营、违章查处、商品质量、收费等工作。通过转换管理机制，市场秩序有所好转，但行业混杂、哄抬价格问题依然没有解决，在一定程度上影响了市场公平竞争，交易环境没有从根本上好转。

2

在 1991 年 1 月发生的两件事对市场工商所的领导触动很大。有一位老太太到义乌进货，在靠边的摊位上看到 5 角钱一只的戒指，估算回去后能卖到 1.5 元一只，于是就下了单。但是转到另外一处摊位发现，同样的戒指却只卖 0.15 元，于是即与前一位摊主发生了激烈争执，并诉至市场管理所。也就在这个时间段，有一批卖温州鞋的商户要求进场摆摊，因一时没有抢到中心位置的摊位，只能被集中安排到了偏僻处。可谁知道，因这里的温州鞋被集中摆放，商品集聚度高，货多成市，生意反倒特别好。

同一商品，因为在不同地段，价格会相差悬殊，出现漫天要价、欺诈宰客等问题；而一种商品如果集聚安排，虽处偏僻，因可货比三家，生意反而兴旺。这实际上正是划行归市发生的效应。经验从实践中来，发生于实践中的这一正一反两个事例，让管理者感受到了划行归市带来的好处。从表面上看，划行归市只不过是为便于管理和理顺行业关系，其实它对于价格竞争，促使市场商品整体价格水平的下降有着不可忽视的作用。

1991 年 10 月 28 日，小商品市场工商管理所改称为小商品市场工商管理处，增加了全民事业编制25个。下设的管理区也改称为交易区，也相应地增加了各交易区的管理力量。此时，篁园路小商品市场营业大楼即将建成，如何安排好市场内数量庞大的摊位，做好市场行业分布，成为市场工商管理处的主要工作。

1991年下半年起，市场工商管理处开始对划行归市做准备。他们借鉴当时商业部门的商品分类办法，对市场上几千种商品进行分类，即把同类商品放在同一地段经营实行“划行归市”，要求每个经营户按经营行业种类申报登记。但是，前三天竟无人报名。工商管理处先做市场骨干和经商党员的思想工作，要求带头申报，在广大经营户的积极配合下，最终才完成报名阶段工作。

1992年1月17日，篁园路（一期）小商品市场通过竣工验收。1月21日，市工商局公布了对整个市场经营品种实行划行归市的方案，把市场按照文体、五金、电子、箱包、雨具、鞋类、纽扣、化妆品等8个行业分成8个交易区。当天，市工商局还颁布了《关于小商品市场摊位调整安排的第三号通告》，准备用一周时间让经营户进行行业申报。

大道至简，知易行难。很多事说起来很容易，但一旦实施起来，才知道比你想象中要麻烦得多困难得多。在让“划行归市”付诸实践时，由于看问题的视角与立足点不同，有的人认为“好得很”，有的人则认为“糟得很”。在当时，多数经营户想不通，经营者更愿意混在一起销售。他们认为“同行是冤家”，划行归市会使竞争更加激烈，认为这样做会把经营范围管死，阻力不小。特别是那些代销户，抵触情绪大，认为“糟得很”。他们还说，温州的虹桥市场、武汉的汉正街市场等，也都没有实现划行归市。

但从理论与实践方面都可探知，“划行归市”是一件“好得很”的事情：一是有利于顾客货比三家，不吃亏，外地客商进入市场能较快地找到自己需要的商品；二是有利于促进经营者改善服务态度，钻研经营规律，提高商品的档次和质量；三是有利于小商品生产者及时了解市场行情，生产适销对路的商品，促进商品的质量、品种、价格、科技含量等方面的新变革，形成产品的多样化、同一产品的系列化和生产的科学化；四是经营的商品更专业化，促进同类商品的集聚。

一切按计划进行。1992年2月13日，农历大年初八，篁园路小商品市场试营业。在此之前的1月26日至28日，已对市场内13910个摊位进行公开抽签，经公证处公证，使小商品市场摊位顺利落实到经营户，并根据划行归市原则，顺利进场交易。

虽然，对于划行归市的争论随着市场的试开业还尚有余波，但事实马上证明了划行归市带来的好处，短期内，市场摊位很快爆满，交易兴旺。原先城中路市场中的花类与鞋类的零星摊位都是不起眼的，转入篁园路小商品市场后，分别被集中到一处经营，它们就如异军突起，摊位数迅速增加，花色品种变换快捷，花类以每几天推出一个新品种的速度发展，鞋类则一跃而成为市场中仅次于服装、袜类的第三大类，摊位数达到1700多个。

当时，虞旭丹的店铺处于春江路上，这是与篁园路小商品市场相配套的一条专业街，电子产品和礼品商户聚集。当虞旭丹开始卖仿玉白菜没多久，同条街上有四五家铺子也开始卖起了差不多的产品。“先前，我还曾有过顾虑，认为市场大了，并且划行归市了，竞争加剧了，可能今后生意不太好做了。可结果却正好相反，实行划行归市后，生意比以前好做多了。我这才深深感到上级的眼光是远的。”虞旭丹说。

3

1994 年是市场大调整的一年。6 月 23 日至 26 日，在篁园路小商品市场二期市场即将开业前夕，有 19673 个新老摊位分别通过抽签或投标落实到摊主。在行业重新划分安排布局时，绝大多数经营户都表示了理解与支持，划行归市由早先的“要我划行归市”一变而成“我要划行归市”。

但遇到的阻力也不小，当时有文体类、雨具箱包类的几名摊主，因原经营地段好而不愿搬迁和重新抽签，让他们搬迁到篁园市场二期不乐意，对重新抽签定位更不乐意。他们开始联名写信向管理部门及向市委、市政府领导反映情况，后又成群聚集在管理处办公室外，向管理部门施加压力。

他们中间的几个幕后人员事先通知省内多家电视台和报纸前来曝光，设法激化矛盾。6 月 17 日，文体、雨具箱包类的部分摊主被煽动起来了，他们要挟管理者立即停止调整工作，答应他们的条件，并对在继续经营的摊主破口漫骂、威吓，甚至还动手掀翻摊位上的商品。这就是义乌市场史上从未有过的“6•17”事件。

事发不久，市委领导赶到现场，立场鲜明表示支持小商品市场工商管理处划行归市的决定，并一一阐明对肇事者应采取的措施，制止了这一事件的蔓延，5 名闹得最起劲的人，也成了“过街老鼠”。把真相摆明后，几名新闻记者也转为理解、同情、支持。

客商在义乌市场采购商品

1994 年 7 月 8 日，篁园路小商品市场二期市场建成并试开业，使市场总摊位数达到 23000 个，行业也扩大为 21 大类，交易区扩充到 13 个。按划行归市的要求，重新调整行业布局，把电子、鞋类、百货、雨具、化妆品、箱包等行业迁入二期市场营业。

1995 年 11 月宾王市场开业，把市场内所有摊位的数万种商品，划分为服装、内衣、领带、毛线、毛巾、皮革、纺织品、花边、床上用品、副食、干果、炒货、家具等 17 个行业，按行业申请登记，集中安排摊位。

此后，中国小商品城在市场搬迁、扩建、安排商位时，坚持按“划行归市、分类经营”的原则，对市场统一布局，对市场商品实行分类分区交易，有效地提高了市场商品的集聚效应，增强了人流、物流、信息流的汇聚，同时也使市场资源不断得到优化整合。

2002 年 10 月开业的国际商贸城一期市场，按照划行归市的要求，主体市场行业分布为：一楼经营花类、玩具；二楼经营珠宝、饰品；三楼经营工艺品。原篁园市场和专业街经营的工艺品、饰品、玩具、花类四大行业统一搬入福田市场（后改称国际商贸城）一期。

2004 年 10 月开业的国际商贸城二期一阶段市场，入场行业有箱包、伞具、五金厨卫、小家电、钟表、电子产品等 10 余个行业。主体市场行业分布为：一楼经营箱包、袋、伞具和雨披；二楼经营五金工具、配件和电工产品、锁具、车类；三楼经营五金厨卫、小家电和电信器材、钟表、电子产品等。

2005 年 10 月开业的国际商贸城二期二阶段市场，入场行业有文化用品、体育用品、化妆品、眼镜等。主体市场行业分布为：一楼经营笔墨用品、纸制品、眼镜；二楼经营办公学习用品、运动器材、体育休闲用品；三楼经营彩妆、美发美容器具、化妆品配件、洗涤护肤用品、拉链、纽扣。

在推行划行归市上，市委、市政府对各专业市场的经营范围予以明确规定。中国小商品城篁园市场按商品类别划分为 17 个经营区，各区均不得超范围经营。商城集团在和各经营户签合同、工商局在颁发营业执照时，都明确了各经营主体的经营范围。超范围经营的，市场管理方要对其处以罚款，市场主办方要收取其违约金。

在建设新市场时，政府就对其经营范围进行明确定位，制定一些优惠政策，使原旧市场同类行业整体搬迁到新市场时明确规定，一个专业市场经营的商品种类，其他市场不得经营。通过以上调控手段，各专业市场的划行归市得到规范，避免了无序竞争和不正当竞争行为的发生。

第四节 低成本优势

1

永葆义乌市场的繁荣，首先要确保低成本的运作和经营。义乌市场之所以40年始终保持全国领先地位，除了先发效应，根本原因是始终保持着这种低成本优势。这些年，模仿义乌市场的地方很多，但简单的克隆和物理拷贝并没有成功复制市场，很重要的原因是义乌小商品已形成了低成本、低价格、低税费等优势。

产品质优价廉、大多本地生产是义乌小商品市场一直以来的经营法宝。所有到过义乌的人，没有一个不认同义乌市场商品的价廉物美。他们对义乌小商品感兴趣，那是因为便宜，便宜得甚至让你不可想象。只要把义乌市场上的任何一种商品与商场超市相比较，同样的品牌、同样的质量，价格却要相差很多。而在国外，义乌小商品的价格更是要翻上几十倍。

这里的小商品为何便宜？这就要考虑到成本问题。成本的竞争来自生产成本和商业成本两个方面。在生产成本上，小商品生产属于劳动密集型。过去，义乌小商品价格低主要来自大批量的采购，货从低处进，以大进大出降低进货成本。当时义乌也没什么工业基础，所经营的产品几乎都来自温州、广东、福建等全国各地，义乌只不过是一个大卖场。此后，富有经商头脑的义乌商人便开始自己生产那些走俏市场的商品。

于是，本地生产便成为支持低成本的重要因素。义乌由此从一个纯中介性市场变成了产地市场。这也是竞争规律和价值规律在市场中的一种体现。不过，最早的小商品市场上的商品以中低档为主，义乌本地产品档次不高，甚至一度被人称为是“假冒伪劣”的代名词。但这只是暂时的现象，许多小商品生产企业在完成资本原始积累的基础上，不失时机地由家庭作坊式向工厂化生产转变，自觉地投入到高品质、低成本的竞争中。

大浪淘沙、适者生存是市场竞争的法则。低成本也并不等于就是低质量，而是在提高产品质量的基础上降低生产成本，从而赢得产品的竞争力和最大的利润空间。

随着全国各地市场的蓬勃兴起，市场竞争越来越激烈，加上客商越来越多地减少中间环节，商品的利润变得越来越薄，义乌的厂家、商家对高质量产品的竞争、低成本经营的意识也越来越强烈。他们千方百计地以引进先进生产设备，加大新产品研发投入，加强技术创新和生产管理，来提高生产能力和产品档次，从而有效地降低了生产成本。

在义乌市场上销售的产品，本地生产的占到了40%。现在义乌市场上的产品除了货真价实，而且不少都是精品。义乌市场也早已实现了从低品质、低成本的经营到竞争高品质、低成本的突破，为确保义乌市场的繁荣兴旺提供了源源不断的货源。

为什么其他地方复制义乌模式都很难成功？因为他们能复制的只是小商品市场，但义乌完善的产品生产基地是无法复制的，他们也无法从根本上解决成本低、品种全的问题，从而无法实现低成本经营。

义乌小商品市场的交易成本甚至低到了人家不能相信的程度，就是说同样的产品，这种价格在企业都不一定能买到，有的甚至已经低于生产成本。其中，薄利多销成为义乌市场一种靠销售规模来降低交易成本、扩大销售批发利润的经营方式。试想，如果销售一万件商品，就算每件赚一厘钱，加起来也就有很大的利润规模量，所以它会比零售更有优势。这就是义乌人所说的"一分钱的利可以撑死人"的道理。当市场经营者都意识到薄利多销比高价零售得到的好处要大得多的时候，也由此促进了批发市场的发育。

2

义乌模式不是一天两天形成的。义乌市场从小到大的发展，每一步都无不与政府的产业促进政策息息相关。义乌政府部门对商家发财不眼红，始终强化"放水养鱼"意识，降低经营户的商业成本，激发市场主体活力。

自市场开放之初，义乌即积极实行减税减费政策，为培育和发展市场铺路。如在湖清门市场开放后通过实行"定额征税"政策，经商人员除了上缴国家的税收，再收点市场管理费和卫生费，余下的便是自己的。在城中路小商品市场开业首日，参加交易的人数达到了4万人。面对生意火爆的市场，热闹繁华的场景，当时的县领导并非随之想到要多收点税费，而是告诫市场管理部门领导，"市场上要增加税收一定要经县委同意"，不得随意调整税收定额。

义乌的市场监管、税务、联运托运等部门在政策法规允许的范围内，也是努力降低各种费用，取消一些收费项目，努力给经营户"减负"。各市场业主则是给经营户提供价格低廉的经营商位，并连续多年保持低租金让利给经营户，通过竭力改善经营环境，想尽办法吸纳经营户到市场中来经营。

我们常说雁过拔毛，但全国各地的"雁"飞到义乌后，当地政府几乎不"拔毛"。因此，这些"雁"又可以远走高飞，飞到世界各地。这些年在全国各地办市场的很多，但许多地方的市场为什么会垮掉，其中一大原因便是当地政府拔的"毛"太多。由于商业成本居高不下，加重了经营户的负担，"雁"毛被拔光了，也就飞不动了，有的批发市场只能变成了零售市场，有的只能关门大吉。

其实，培育市场需要考虑的因素有很多，但对于客商来说，培育市场的关键是采购成本或者说交易成本的问题。只要采购成本低，人家肯定会到你这里来进货。当然，采购成本低也是相对而言的，是在与各地区、各城市、各国市场的比较中体现出来的。如果一个市场能够做到全国最低采购成本、全世界最低采购成本，这样作为采购中心的地位就确立了，人家就会到你这里来进货，一个有形的市场就会自然而然地形成了。

所以，努力降低客商的采购成本，这是培育市场的关键。那如何在竞争中降低采购成本？义乌市场原来是二、三级的批发市场。通过划行归市，把同类商品放在同一个交易区内统一设置，集中交易，比如设立饰品区、箱包区、玩具区等等，每个交易区的摊位都达到数千个以上，形成了竞争规模，让采购商从货比三家到货比千家，选择从花色品种多、款式较合适且采购成本较低的摊主进货。客商的采购成本自然就降低了。义乌也由此成为采购成本相对低于其他城市的批发市场，从而不断提高市场的批发层级和规模，成了全国一级批发市场。

马克思曾指出，商品生产出来如果在市场中不能实现交易，损害的不是商品，而是商品的生产者。所以作为市场的主办者，义乌在布置商位时坚持划行归市、进行专业化布局，形成竞争规模。让同一类产品至少要达到货比千家以上。当客商来到义乌时，即能以最低成本、最快速度找到最心仪的商品；客商只要进驻义乌，就能以最高效率、最低成本打开全球市场。

因此，降低采购成本是培育市场的一个很重要的手段。因为这里的商品质优价廉、品种丰富，而且可以货比三家，生意自然红火。在义乌购物旅游比较红火之时，全国各地机关单位组织的三八妇女节活动，都喜欢选择来义乌逛小商品市场；城市工薪阶层那些善于持家的妇女，在一年中也要到义乌市场集中购买几次，因义乌市场品种款式多、价廉物美，加上路费开支也觉得划算。

3

除了降低市场的采购成本，培育市场的其他因素也是不可忽视的，比如说交易秩序、交易环境，市场是不是讲信用，交易能否做到有序安全，这都关系到交易的风险成本，也是市场能否持续发展的重要因素。

在生意场上，义乌有句俗语叫“出六居四”，自己只占“四”，把“六”留给对方，意思是在做生意时利不可占尽，要多给别人一些，要先想别人，超越顾客的期待，让顾客多占点便宜，别人才会更愿意和你做生意，生意才会越做越好。虽然，义乌人早已不从事“鸡毛换糖”，但无论做生意，还是办企业，他们都延续了这一价值观。这实际上也是义乌能发展得越来越好的深层原因。

这实际上牵涉到一个人的信用问题，信用也是义乌市场最宝贵的无形资产。为什么外地并不能简单的复制义乌市场的成功，这是因为义乌市场积淀的浓厚的诚信内涵是无法复制的。

信用是义乌市场的一张“金名片”，信用建设对于义乌市场有着特殊而又深远的意义。市场的繁荣不仅需要硬件的扩容、提升，更需要不断强化自身的软实力。在市场经济背景下，信用是基石，是构建市场软实力的重要组成部分。为了打造信用市场，义乌在早些年就开展了“星级信用商位”的认定。2008 年，全国首个商品交易市场信用指数——“义乌市场信用指数”正式发布，义乌市场信用经济迈入了“指数时代”。

营造低成本优势，确保义乌市场的繁荣和稳定，义乌还围绕市场主体和贸易需求，形成了政策、产业、金融、物流等完备的配套服务体系，由此塑造了价格发现、信用维护、生产组织、拼箱集柜、渠道多元、贸易服务等一系列贸易生态圈的综合优势。如对联运托运市场的几次整顿，对市场周边出租房的限价规定，都在一定程度上促进了商业成本的降低。

第五节 便民服务

1

市场主体的活跃度，是一座城市经济发展的“晴雨表”。为激发市场主体活力，义乌敞开胸怀，精心筑巢，大力优化经济发展的硬环境：每年投入资金近百亿元，强化城市基础设施建设，国际商贸城等一大批重点工程相继建成；着力提高市民素质，大力创建文明城市，使城市面貌焕然一新……

市场有活力，发展才有动力。通过优化硬环境条件和注重软环境的建设，持续激发市场主体活力。市委、市政府明确提出：“按照国际化要求，建设服务型、效能型政府。”“三级联动”的 365 便民服务体系建立起来了，涉外服务中心成立了，“信用工程”启动了……作为激活市场经济的“春水”，义乌的市场主体正在春天里荡起更大的“涟漪”。

在 2002 年 10 月 22 日出版的《义乌日报》，刊发了我撰写的《开辟行政审批的“绿色通道”——市 365 便民服务中心工作纪实》的文章。

以下就是当年发在《义乌日报》上的文章。

10 月 8 日，阳光灿烂的义乌江畔。市 365 便民服务中心扬帆启航。

涤荡着陈旧的思想与观念，“依法行政、规范服务；优化环境、发展经济”——义乌江畔的巨轮，承载着这样的服务宗旨开始壮丽的远行。

虽然巨轮刚刚起航，但人们已真切地感受到了便民服务的独到创造力，让人们细细品味到了她的欢声笑语。运行第一天，中心共接待了各类咨询近 2000 件，办结率为 89%；到 10 月 18 日止，受理数已达 16506 件，办结数 16069 件，办结率达 97.4%。办事时间之短，工作效率之高，让人为之惊叹。

这就是义乌人巨大的创造力。这也恰恰体现了市委、市政府建立市 365 便民服务中心的初衷："让方便留给群众，把麻烦留给自己。"这是中心的承诺，也是所有窗口工作人员的共同追求。星驰月涌，时不我待。市委、市政府审时度势，决定在这年开展"调查研究年""作风建设年"活动，进一步转换政府职能，提高行政效率。于是，一项新生事物瓜熟蒂落——开展 365 便民服务，就是为推动"两个年"活动的一项实际行动。

市委书记楼国华对创办 365 便民服务中心的初衷一针见血。他说，创办 365 便民服务中心，是为了解决人民群众反映最强烈的办事难问题。创办 365 便民服务中心便是解决问题的一种最好形式。365 天，每天为人民服务。把各种服务项目、各种办事程序都集中安排在中心大厅，群众在这里办事，不用再跑来跑去，既为群众节省了时间、精力，也可以提高我们的办事效率。这样的好事又何乐而不为？

说干就干。干的目标："便民。"要达到便民，就必须把职能部门之间交叉、多头审批等问题彻底解决；把困扰着审批制度改革的事项多、环节繁、手续复杂的现象根除……

按照上级政府的要求，根据义乌经济发展的需要，市委、市政府在 2000 年开展的第一轮审批制度改革的基础上，进行第二轮改革，并把改革的成果统一进 365 便民服务中心办理。同时对这次行政审批制度改革还提出了具体的指标：必须达到两个 30%，即市级部门审批、审核、核准等项目再减少 30%，办理承诺时限再缩短 30%。

但要改革谈何容易。削减了审批项目就意味着削减了部门的"权力"。正因为如此，这也更坚定了市委、市政府改革的决心——群众的利益高于一切。对行政审批制度不但要改，而且定要改好！

市民在市行政服务中心办理业务

为了达到这一目标，市委、市政府对列入此次"二轮审批"的 45 家部门（单位）510个项目逐个分批进行严格的审批确认，并广泛征求了相关部门和企业的意见。通过项目的清理、削减，结果使全市审批、审核、核准项目由原来的510项削减为338项，削减比例为33.7%。操作频率高、含金量高、直接面对企业和群众的项目一律进中心，确立第一批纳入便民服务中心集中办理的项目160项（审批、审核、核准项目134项，服务性项目26项共28个部门和单位）。

这年7月18日，市365便民服务中心筹建办正式成立，经过建设者近2个月时间的日夜奋战，最终使中心以一流的硬件环境展现在了市民眼前。

走进365便民服务中心，首先映入眼帘的是一个超大显示屏，不断显示着中心承诺、中心宗旨、有关政策法规等，上下两层的服务大厅地面全部采用抛光砖铺贴，苍穹式的吊顶光线明亮，柜台上的电脑一律使用液晶显示。在大厅两侧还设有两台触摸屏，前来办事的人员只要在屏上一点，各办事程序及所需事项便会一目了然。

当然，中心的硬环境条件一流，中心工作人员的服务态度、服务水平也是一流。

在中心工作，其工作内容，政策性，专业性都很强。为此，各窗口单位都根据新岗位的特殊性，按照"素质好，业务精、能力强、服务优"的要求，派出了相应的工作人员。窗口工作人员二人以上的，由单位1名精通业务的中层副职以上干部为窗口负责人；窗口工作人员5人以上的，窗口负责人必须是单位精通业务的中层正职；市发展计划局、建设局、国土局、林业局等单位还派出1名副局长常驻中心工作。

在中心投入试运行的前一天，市委书记楼国华就告诉中心的广大工作人员，365便民服务中心不仅对义乌自身经济社会发展有巨大的促进作用，而且也是政府部门为民服务的窗口，是义乌干部总体精神风貌的一个重要体现。从这个意义来说，中心的干部是我们部门的形象大使，是我们市委、市政府的形象大使，也是义乌的形象大使。

正是基于这样的定位和保障，促使市365便民服务中心一开始运行就显示出了其强大的生命力。一位来中心注册登记新办企业的业主说："按照惯例，办完这个证要半个月时间，而如今一天时间就可办完了，现在办事真是方便，也实在感谢政府为民办了一件大好事！"

这就是群众的心声！

风正劲，帆高悬。义乌江畔的市365便民服务中心这艘巨轮，正乘风破浪一往无前，给无限生机的商城不断地增添着一道道亮丽的风景。

2

义乌市365便民服务中心运行了约8年时间后，至2010年12月开始搬迁了！乔迁新址后的它将被赋予一个全新的名称——义乌市行政服务中心。

2010年12月7日，市政府召开了搬迁动员会，吹响了打造全国一流“政务超市”的号角。12月8日，工作人员开始忙着搬运办公用品，这是中心下属的市政府采购中心、公共资源交易管理中心等率先搬迁。其他各窗口单位则等到12月18日至19日集中搬迁。12月20日，“国内一流政务服务超市”——市行政服务中心试运行，12月27日正式启用。

市行政服务中心地处望道路300号。整个建筑平面布局呈现“回”字形。大楼共八层，其中地下两层共设置700余个停车位。大楼一至三层为办事服务大厅，大楼设计的每个细节都以方便群众为首要因素，把最大空间让给群众：配备多形式的引导、信息发布、叫号评价、群众自助等系统；配备多种便民设施和休闲设施；降低窗台高度，开展“一对一”、“面对面”的座式服务，把最优质的服务提供给群众。

市行政服务中心增加了办事事项：进入新中心的一般行政审批事项原则上采用一审一核制，明确各行政审批项目的审查员和核准员；加大集中联合审批的力度，除了确需集体讨论、专家论证或确属特别重要需部门负责人亲自把关决定的事项，对涉及两个和两个以上部门审批的事项，由中心会同有关牵头部门，实行多部门集中联合审查、现场勘查，主推投资项目审批服务、企业设立、房地产契税“三证联办”等“三条龙”联合办理。

从义乌江畔到望道路上，市行政服务中心的启用，绝不仅仅是一个办公地点的转移，也不仅仅是进驻部门和服务项目的增多，更重要的是部门形象的转变、机关作风的转变。在一个星期的试运行期间，中心每天都以5000多件的办理业务量服务于民，业务量比原先的市365便民服务中心增加了近一倍。

《义乌商报》上记录下了启用时的情景：

它的启用，有效解决了原365便民服务中心硬件条件的制约，全市涉民涉企、办事频率高的事项均入驻这里。在市行政服务中心的一至二层为365办事大厅，共集中了全市35个职能部门，设立窗口291个，集中办理许可类和服务类项目726项。此外，中心还另设房产、评估、会计、税务等中介窗口24个，与相关行政审批职能部门形成良好的互补，可以真正实现“一站式办理，一条龙服务”。

该中心的启用，不但增强了办事事项间的关联度，建立了行政审批、资源配置、公共服务、效能监察、市民互动等五大平台，改善了办事空间与硬件设施，同时在服务理念、行政效能、审批效率、信息共享和与社会合作、市民互动等方面有了较大提升。

针对义乌外商数量众多的实际，2012年年初，义乌独有的“国际贸易服务中心”投入使用，极大地方便了外商来义乌采购。

2013年年底，义乌率先在全省晒出首份“权力清单”，42个部门共5139项行政职权上线接受社会监督。

义乌以开展政府“权力清单”、企业投资项目“负面清单”、财政专项资金“管理清单”、“责任清单”以及政务服务网等“四单一网”改革为总抓手，把权力关进“制度笼子”，管好“钱袋子”，政府部门挑起该挑的“担子”，同时，通过“一网”晒出“四单”，以此撬动政府全面改革。

2013 年 5 月，义乌开始试行商事登记制度改革，通过实行企业注册资本认缴制和取消最低注册资本限制，同步推进公司设立多证联办提速、简化住所登记手续等一系列配套改革举措，使更多的企业轻装上阵，市场主体活力喷涌而出。

如果说商事登记改革是制度创新，全流程无纸化网上审批则是政府服务方式的创新，让市场主体登记注册从传统窗口走向虚拟窗口，从线下搬到线上。

政府削减了权力、增添了责任，企业少了负担、多了自由。义乌市以权力减法换市场活力，换来市场主体井喷式发展。改革在极大激发市场活力的同时，也进一步促使政府简政放权，转变职能，突出在公共服务中的作用，实现市场经济秩序的健康有序运行。

3

2017 年，义乌高标准推进“最多跑一次”改革，深化基层政务公开标准化规范化试点，依托数据管理中心整合各类信息数据，构建服务集聚、数据集中、管理集成的大数据平台。在群众和企业到政府办事的 792 项事项中，有 773 项实现“最多跑一次”，其中 172 项“一次不用跑”。办件量每天达到 3390 件。

义乌市行政服务中心还率先取消了“复印机”、做到信息共享，证照免费快递送达等举措；设立数据管理中心，率先推行电子身份证、电子营业执照和不动产登记证，日均网上办件量稳居全省前列；简化投资领域办事，实施市域环评 + 环境标准和市域能评 + 能耗标准制度，以区域整体评价取代项目独立评价。

2018 年，义乌持续深化“最多跑一次”改革：精简事项 411 项，取消证明 270 项，窗口削减率达到 59%，材料削减率达到 64%，网上办结率达到 84%。行政服务中心大厅办事群众不断减少，行政服务中心大厅办事群众从改革前的日均 9000 余人次，下降到 3700 人次左右。

2018 年 5 月 2 日，在义乌市行政服务中心的市场监管窗口 5 家企业一次性办理了“既能做内贸，又能做外贸”新证照。这意味着义乌率先在浙江省实现“外贸主体资格和对外贸易经营资格”事项办理“最多跑一次”。

始终把服务群众作为第一追求，义乌市率先在全省实现“无证明城市”，并荣获第五届“中国法治政府奖”。率先设立跑一次没办成投诉与代办窗口；实施涉企“证照通办”；“义网通办”网办量全省县域最高，近三分之一在非工作时间办理，项目入选全国 50 强；平台对接的数据全省最多、材料全省最少、工商登记全流程电子化登记量高居全省第一；办理了全国第一本同时拥有内外贸资格的营业执照，企业投资实现全省首例“拿地即开工”。

2019 年，义乌秉持“只进一个门、只对一个窗、最多跑一次、最好不用跑”的理念，大力推进行政审批制度改革，大幅削减审批项目、简化审批流程，为市民、市场主体工作、生活提供了极大的便利。市委、市政府用最直接最真挚的语言承诺“干部干事不受礼，群众办事不求人”，对风清气正的政府办事环境提出了更高要求，并获二届“中国廉洁创新奖”。

2020 年，义乌以办事一次不跑、需求一号响应、监管一网通管、政策一次到位、信用一网通享、服务一生相伴等“六个一”，进一步深化“最多跑一次”改革。政务服务事项实现“零纸质”办理、即时办理、异地办理。“一件事”改革经验纳入省级标准。行政服务中心窗口获评全国最具标准化管理服务大厅，数字化转型走在全省前列。在全国率先开展“无费城市”建设，首批 16 项银行无费清单减费超 1 亿元。2022 年年底，行政服务中心更名为政务服务中心。

对标国际最高标准、最好水平，营造国际一流的营商环境，义乌积极参与国际竞争，参与规则制定，为义乌高质量发展开辟新路，也使义乌营商环境一直走在全国的前列。如今的义乌，快速通关、网上办税、手机结汇让生意更方便，1 天办理执照、1 天通电通水让创业更轻松……开放、包容，正让义乌成为最热门的投资热土。

第六节 改革赋能

1

义乌因市场而兴，因改革而盛。探究义乌市场长兴不衰，不断创造传奇的奥秘，正是在于运用辩证思维方法，综合平衡、统筹兼顾，在充分尊重群众首创精神的基础上，坚持改革创新，把发挥政府这只“有形的手”与市场这只“无形的手”的作用有机结合起来，不断增加市场发展的内生动力。

改革春风吹过来，市场主体大松绑。手摇拨浪鼓、肩挑货郎担，走街串巷的敲糖人，从历史的浪潮中走来，坚定围绕“商”字战略定力，与时俱进念好“商”字经，不断丰富合乎发展规律的新思路、新举措、新作为。义乌历届市委、市政府把继承前人同推进创新紧密结合起来，从马路市场起步，到如今打造“第六代市场”，坚持“兴商建市”一张蓝图绘到底，并根据客观实际的发展变化不断创新发展思路、丰富发展内涵、提升发展层次，推进市场业态、交易方式及软硬环境提升的脚步从未停歇，最终成就了闻名遐迩的世界小

义乌加入中国（浙江）自由贸易试验区

商品之都。

“鸡蛋从外部打破与从内部打破，有什么区别？从外部打破，流出来的是蛋白和蛋黄，而从内部打破，出来的是新生命。”曾任义乌国际贸易综合改革领导小组副组长的郑宇民用形象的比喻谈义乌的这场“自我革命”。用好“两只手”搏击商海风浪，不仅有市场主体的“冲锋陷阵”，也有“政府之手”的“保驾护航”。

有人说，改革是“顶层设计”，上面让怎么改，下面就怎么干。乍一听，似乎不无道理，但是，各地情况千差万别，真正落实好改革方案，并不能简单地“一刀切”，需要因地制宜、积极探索，解决好“顶层设计”同地方实际相结合的问题。政府的“有形之手”长袖善舞，该出手时就出手，不断破除体制机制藩篱，为中外客商牵线搭桥，从而不断创造新的奇迹。

义乌的市场采购贸易方式的创新实践便是如此。随着义乌市场外贸的迅猛发展，原来的货品杂、小批量的出口模式逐渐走进了灰色地带。如何让义乌重新步入发展的良性轨道？

2011 年 3 月，国务院批复《浙江省义乌市国际贸易综合改革试点总体方案》，这是我国首个由国务院批准的县级市综合改革试点，也是浙江第一个国家级综合改革试点。两年后，作为综合改革的首要任务和核心内容，商务部等 8 部委正式批复义乌试行市场采购贸易方式。

由此，义乌围绕国际贸易便利化的改革拉开了大幕，根据义乌市场特点量身定制的市场采购贸易方式正式落地。市场采购贸易方式，是指在经认定的市场集聚区采购商品，由符合条件的经营者在采购地办理出口通关手续的贸易方式。它也是为适应义乌小商品贸易多品种、多批次、小批量、拼箱组货、主体多元等特点的需要而采用的一种新型贸易方式，是现行旅游购物贸易方式的升级版。

义乌市场采购贸易方式的实施，是在总结升华义乌市场采购实践经验的基础上，通过出口货物监管方式创新，解决了出口小商品通关手续烦琐的问题，从体制机制上为小商品打开了远渡重洋之门，极大地促成了基层创新与顶层设计相结合。

此后，市场采购贸易方式得到了商务部的高度肯定，经国务院批准已在国内多个城市复制推广，为我国广大中小微企业走向世界搭建了一条便捷的贸易通道。

2

义乌是一座吃“改革饭”长大的城市，“无中生有”是义乌人擅长的事。从义乌市场的发展历程可以看出，市场的一次次重大突破与发展，无不源自基层的一个个生动改革实践，无不彰显着基层探索的智慧与力量，也使得义乌一次次在搏击商海风浪中名扬四海。

“纸上得来终觉浅，绝知此事要躬行。”为方便客商流自由流动，义乌为外商打造了本地服务“一卡通”，让外商办事“一卡通”、做生意“一卡通”，让他们可以享受准入前国民待遇；为方便物流，义乌加快打通公、铁、空、邮等通关节点，助力货畅其流，海关自动审放比例超过99%，实现秒通关；为方便资金流，义乌还允许境外采购商也可以开立外汇结算账户，并依托市场采购信息联网平台实现自助结汇。

改革创新激发了市场活力，但义乌的改革绝不单单在市场领域，不仅仅局限于经济领域，而是体制机制、社会经济、民生文化各个领域大破大建的全面改革。

为保证经济社会的持续发展，义乌的改革创举源源不断，从全国首单土地拍卖、发放全国首张“集地券”，到首试宅基地跨村安置、推进新社区集聚建设，再到农村集体经营性建设用地入市和土地征收制度改革，从全国首个水权交易，到深化金融体制改革，再到成为全国首个设立海关的县级市等，义乌以敢为天下先的胆力，创下了无数个全国第一。其中，义乌率先探索的农村宅基地“三权分置”上升为中央顶层设计，并写入2018年中央一号文件。

全面的改革，不断补足义乌发展短板，加速推进经济转型发展，为义乌发展持续续力。也正是这些先行先试，吹皱了义乌的一池春水，使义乌始终保持蓬勃的生命力。自2011年实施改革试点以来，义乌出台了200余项贸易和金融便利化举措，形成了700余项创新案例，贸易额增长了整整10倍。

改革需要保护市场主体的积极性。2013年下半年，一场“‘鸡毛换糖’再出发”解放思想大讨论在义乌全市展开。在充分调查研究后，义乌市委列出了九大问题，比如，“义乌市场如何由‘金丝鸟’变成‘金凤凰’”“怎样从‘打工乐土’变成‘创新天堂’”等，要求全市广大干部群众认真探讨未来发展之路。讨论聚焦在两个点上：即精神上要重新树立“鸡毛换糖”的奋斗精神，行动上要用实干和创新来落实讨论成果。

“改革”的紧迫性不能满足于坐等客户上门，必须迅速采取行动。如果说当年依靠联托运冲破域外运输关卡、动员银行向个体私营经济贷款等一系列改革措施，是义乌市场扩大规模辐射全国的重要因素，今天的贸易便利化改革则是服务经济全球化，实现从“买全国卖全国”到“买全球 卖全球”的转型升级的关键。

推进市场的持续繁荣，需要得到各方面的支持和配合，贸易便利化改革亦是如此。与之相适应，义乌海关、检疫等部门，加快清除体制机制藩篱，不断提高服务贸易便利化程度，激发市场主体创业创新的活力。在“义通关”平台上，义乌海关把出口集装箱信息搬上手机，货物通关速度已经大大加快。2018 年 3 月 1 日，浙江省海港集团与迪拜环球港务集团签署合作协议，合作打造义乌—迪拜直通仓项目。这意味着义乌市场的商品出口迪拜，可以提前在义乌办好清关手续。

3

“百尺竿头，更进一步。”义乌的改革是与时俱进、不断深化的。随着改革的深入，“硬骨头”和“拦路虎”越来越多。市场主体需要政府这只“有形之手”及时出手，才能保护市场主体的积极性。

2019 年 1 月 4 日，这是一个注定载入义乌史册的日子。这一天，浙江省委、省政府正式批复《义乌国际贸易综合改革试验区框架方案》，赋予省级权限范围内改革开放最大自主权。国贸改革进入 2.0 版。

这是新一轮改革开放征程上，浙江省委省政府送给义乌的大礼包，标志着义乌发展翻开了崭新的篇章。紧接着，义乌国际贸易改革试验区管委会挂牌，试验区条例正式实施，公布行使首批省级权限目录。在大胆探索、先行先试的过程中， 试验区共复制推广自贸区经验 131 项，形成创新案例 100 项，小商品集拼转口业务实现零的突破。

2020 年 4 月，国务院同意设立义乌综合保税区。

义乌综合保税区是在义乌保税物流中心（B 型）基础上的一次创新升级，规划面积 1.34 平方公里。根据批复要求，义乌综合保税区将开展保税加工、保税物流、保税服务等业务，重点发展现代物流业、先进制造业、战略性新兴产业、新型保税服务业等行业项目，打造具有国际竞争力和创新力的海关特殊监管区域，为义乌高水平开放、高质量发展提供强有力的开放平台支撑，不断为增长注入驱动力。

从全国首个县级市国际贸易综合改革试点落户义乌，到国际贸易综合改革试验区方案获批，再到设立义乌综合保税区，义乌的改革呈现了全面发力、多点突破、纵深推进的崭新局面，促使了一大批改革成果在全国复制推广，在全面深化改革的道路上取得了重大突破，展现了义乌硬核实力，交出了一份亮眼的成绩单。

2021 年 10 月 13 日，浙江省自贸办公布浙江自贸试验区第六批“十大”成果，义乌区块投资建设跨境电商产业园打造独具特色的跨境电商产业生态、义乌首批 29 位自贸高层次紧缺人才完成认定、铁路多式联运提单物权化改革正式落地、义乌区块走通“1039+6033”转口贸易集拼模式等四项目入选。

2022 年 2 月 17 日，浙江省自贸办又发布了浙江自贸试验区建设新一批“十大”成果。其中义乌有三项入围：2021 年，“义新欧”中欧班列提质增效，累计开行超 1900 列，增长 36%，首次跃居全国第三；1 月 6 日，义乌区块搭建全国首个县域级国际商事纠纷诉仲调一站式解纷平台，深化法院、贸仲委、贸促会协同合作，建立诉讼、仲裁、调解多元化解机制，为企业拓宽了解决纠纷渠道；RCEP 生效首周，浙江自贸试验区所在地市均成功申领 RCEP 项下原产地证书，其中，义乌率先发布行动纲要打造 RCEP 高水平开放合作示范区。

“幸福都是奋斗出来的。”改革的出发点和落脚点，是为了人民群众有更多的幸福感获得感；通过改革，将理顺体制机制，推动经济、社会、民生长足发展，稳步实现人民群众的热切期盼、满足人民群众美好生活需要。

在义乌国际贸易综合改革试验区的实践中，改革、开放、创新、融合的故事时刻在上演，靠“吃改革饭”长大的义乌始终立在潮头，承担着多项国家级的改革试点任务。是改革，为义乌经济发展注入强大势能；是改革，让义乌始终保持定力务实笃行；是改革，使义乌在全国众多专业市场的竞争中脱颖而出，稳坐龙头老大的位置；是改革，始终让义乌这座“建在市场上的城市”，正在以进取的姿态和日新月异的面貌，继续着开放发展、融入全球市场的生动实践。

“天行健，君子以自强不息。”国际形势在不断发生深刻变化，群众对美好生活的向往更加强烈。面对更加复杂多变的外部经济形势大环境，政府这只“有形之手”也在主动作为，以主动适应新形势新任务新要求，这些都意味着全面深化改革没有完成时，全面深化改革永远在路上。一个开放发展的制度环境，一张开放共享的贸易网络，政府和市场“两手”各就其位、各得其所。

改革，让营商环境更优，发展活力更强；改革，让市场主体不仅生存，而且活跃。正因为如此，在义乌每周举行的每一场“深改”会上，最平常的就是每一个人必须酝酿好足够的理由回答好“改革之问”：今天，你改革了吗?

第六章 铁流奔腾

时光从来都是如大河奔流，不会因任何人而改道；历史从来都是如车轮滚滚，不会因任何人而停滞！市场是义乌经济发展之源，而交通则是义乌市场发展之脉，是市场繁荣发展的先行和纽带，承载着一座城市的未来，也是人们日常生活中衣、食、住、行四大要素之一，关系到群众的日常出行。

义乌作为全国最大集贸市场的所在地，其社会经济的快速发展和流动人口的急剧增长，给“交通先行”提供了良好的发展平台。义乌小商品市场的开放繁荣，“交通先行”打通发展动脉，铺就共同富裕“快车道”。

按照市场取向原则，义乌加快交通基础设施建设，调整运输结构，改善交通环境，积极发展道路交通运输。从民间兴办联托运业务的出现，一批公铁联托运业迅速兴起，形成了检验检疫、报关验收及单证流、货物流、资金流、信息流相配套的“大通关”体系；强化运输行业管理，规范运输经营行为，形成了通达全国的旅客运输网络。

车轮滚滚，满载着商城的蝶变。如今的义乌，建有国内规模最大、设施最全的物流中心，航空、公路、铁路联托运直达天南海北。便捷的交通运输，已经成为义乌小商品市场最令客商称颂之处，在场内即可以办理到全国各地的水、陆、空快、慢邮件托运手续，一次结算，一票到底，全程负责，客货保险，大大加快了商品流通速度。

立体化多层次集疏运体系不断完善。以“一港一通道一班列”为牵引，义乌迭代升级“义新欧”中欧班列、“义甬舟”开放大通道等标志性平台，全面推进“第六港区”与宁波舟山港一体化，努力打造双循环战略节点。

大鹏一日同风起，扶摇直上九万里。构建“大交通”格局，义乌载着梦想前行。

第一节 托运市场

1

小商品市场开放后，刚刚尝到市场甜头的义乌人，很快就遇到一个更大的难题：小商品批发生意越红火，货物流通量就越大，如何让购销两旺的小商品进得来、出得去，成为义乌市场进一步发展壮大的关键环节。

在20世纪80年代初，义乌的物流活动仅限于短途驳运。小商品（不包括其他货物）通过打成大包裹到邮电局邮寄，或通过火车、汽车托运。用这种方法运输商品存在着诸多弊端：一是运输时间长，商品不能及时面市，耽误商机；二是运费昂贵，增加商品成本；三是要经过有关部门许可，手续烦琐，有些商品甚至根本无法出运或进入义乌市场。

当年火车只要经过义乌，必须把窗户全关上，否则一到站，就不断有人从窗户往里爬；旅客回到义乌，必须提前站到门口，门一打开立刻用力往外挤，稍不及时就会被蜂拥的人流顶回车厢。

进入新马路市场后，摊位不再是露天了，如湖清门市场那样时常有大风掀翻摊位棚顶的现象，以及在下雪天因路面结冰路滑难行，时常有连人带担摔倒的现象也不再会有了。而且，交通与邮电通信也方便多了，银行开始启用个体户的大额现汇，商家在出门时也不必再腰缠巨款而担惊受怕了，但货物托运却依然艰难。

1985年，新马路小商品市场已拥有两千多个摊位，全国南北各地都有客商前来进货，新马路、火车站货物堆积如山，但是这些运往外地的货物只能通过铁路作为慢件托运，没有汽车直达运输，更谈不上方便快捷。而且货物多了，铁路托运忙不过来，许多客商经常被耽误发货时间，为此很感到忧虑。

邻县诸暨是袜子生产基地，自20世纪70年代末80年代初就开始生产袜子。当年义乌新马路市场的经营户也常到诸暨采购进货。但是，义乌人去诸暨进货，必须路过设在浦江县郑家坞的检查站。一旦货被查到，就要被处以数额巨大的罚款。

1985年，在诸暨袜子产地草塔镇的一间民房内，出现了一个能把袜子安全运回义乌的“托运处”。该托运处收取的托运费用低廉（约为郑家坞检查站罚款额的几十分之一），还可讨价还价，因此深受客商欢迎。不久，该托运处便门庭若市，生意一下子火爆了起来。后来托运处搬到了杭金公路旁的大唐庵（现大唐街道），生意做得更是红火。他们，便成了义乌联托运业的始创者之一。

从事经商，人辛苦自不必说，更要冒着经济上的风险。他们从外地进货，以及将自己的货物销售出去，都要遇上交通“瓶颈”。有一次，市场经营户冯爱倩准备把200箱小百货运回义乌，在路上好不容易拦下一辆杭州至义乌的货车，可驾驶室内已坐满了人，她只得坐在了后面的车斗上。当时正下着大雨，她只得蜷缩在帆布下，闷得让人无法动弹，颠簸了10多个小时才到义乌。

由于长年累月在外奔波，常常会有意外发生，甚至会有生命之虞。1985年正月，义乌商人朱关龙与堂弟朱桂贤，以及楼华明一起到温州进货。因刚过春节，在温州一时找不到货源，大家只得回到以往曾经落脚的永嘉县朱涂公社白岸山头休息，等第二天一早搭乘机动三轮车，准备去永嘉县清水埠黄田一带再寻找货源。

不料，在三轮车刚开出 10 多分钟，就与一辆迎面开来的大客车相撞了。三轮车撞翻在地后，朱关龙首先爬出车厢，看到坐在驾驶员旁边的堂弟朱桂贤时，却一动不动地躺在了大路上，嘴和鼻子同时在往外喷血。“堂弟被压死了？”朱关龙惊恐万分，这时，他自己也感觉到了浑身酸痛乏力，鼻梁上和鼻孔里都有鲜血在流，鼻梁上还划掉了一块肉。再看看楼华明，他已被三轮车轧断了右腿，脚的朝向被扭了 180 度。

朱关龙在部队学过医，懂得一些医疗知识，于是迅速帮楼华明被撞歪的脚扭正位置，对其踝关节进行按摩，同时联系当地医师进行抢救。但是，朱桂贤终因伤势过重，经抢救无效而死亡。为此，朱关龙又联系了多辆汽车，恳请能把遗体运回。在新春佳节，许多车辆都不愿运输，最后遇到一位杭州司机，才将遗体带回家乡。当时朱桂贤才 25 岁，风华正茂，原定进货回家后，在正月十五日去完婚，不料在他乡遇上了车祸。

市场交易兴旺，铁路运输更是拥挤不堪。当时到火车站托运处办理托运的人，为能早一点办理手续，就出现了给车站工作人员塞钞票的现象。

急剧扩张的小商品交易需求，使义乌市场流通环节瓶颈日益突出，谁能控制货源，谁就能抢占市场。一时间，以打通各地线路关卡为主要业务的联托运业务应运而生，很快成为当时最赚钱的生意。在高额利润诱惑下，人们八仙过海，各显其能，运用各种方法打通市场流通环节。

2

1985 年 5 月，三里塘村民郑小毛率先创办义乌至南京浦口公铁联运货物代办点。一台磅秤，一张桌子，加上几位在市场拉货的三轮车夫，义乌第一家汽车货物联托运点也就诞生了。这也是联托运行业最早开通的线路，标志着义乌联托运行业开始从传统的运输业中派生出来，产生了一种新的规模化运输方式。

这年 10 月，县供销社储运站（后改称为义乌汽车长途运输公司）也开办了义乌至上海、常熟的客货运业务，实行个体业主挂靠式经营、门对门服务。当时主要为客商提供货代、货运和装卸服务，其本质上属于道路货物运输业的零担（快件）运输和道路货物服务业的货运代理服务的范畴。

郑小毛原为食品公司的职工，他的父亲在火车站工作过，岳父时任火车站站长。一开始，郑小毛和家人在火车站排队帮助客商托运货物，从中收取代办服务费。因他的特殊关系，在办理手续上，要比货主自己办理方便，客商也很乐意找他们，由此可帮他们节省不少时间。

因为人头熟了，到后来就和几个货主形成了比较稳定的关系。与家人商量后，就在新马路小商品市场门口开办了义乌火车站驻稠城货物托运代办点，由已经退休的父亲、岳母出面经营。

那时也不要上缴什么承包款，每件货收取2元代办费，受理货物后，先用汽车运到火车站，再由铁路发出。因为这是义乌第一家铁路运输代办处，开业后颇受客商欢迎，生意不错。

过了个把月，由于客商多，货物量大，且运输面也广了，单个站的托运代办已满足不了日益猛增的业务量，于是又跑到金华火车站联系，开办了金华火车站铁路运输代办处，并拿到了票据，收下货物后即可把托运票据开给客商。

1986年年初，郑小毛又与上海、蚌埠火车站达成了协议，为当地办理货物托运，开展了公路、铁路联运业务。

1986年，城中路小商品市场开业后，郑小毛在市场边上的望江楼底层租了几间门店，挂起了铁路托运处的牌子。为了一心办好业务，他就办理了停薪留职手续，“下海”投入到联托运行业中去了。为配合市场配套建设，经与小商品市场劳动服务公司协商后，取得县工商局的支持，挂起小商品市场托运处的牌子。到1986年年底，随着市场不断繁荣兴旺，托运处一下子发展到了二三十家。

因为有些政策还不明朗，人们对市场经济的认识不足，有关部门对货物托运查得比较严。当年在金华傅村、浦江郑家坞等地设有税务检查站，从义乌发出的货运汽车经常遭到他们的拦截扣留，理由是从义乌市场出来的货物有严重“偷漏”国家税收的情况，要驾驶员拿出交易发票，补缴税款，否则不予过境。

到了1986年年底，天气相当寒冷。一个夜晚，已是夜半时分，郑小毛躺下睡了，忽然传来消息，说有一车货被扣在了浦江郑家坞检查站。

第二天一早，郑小毛就动身赶到了郑家坞。车子停在一边，见货物已被卸下了，就找到了当地的税务所所长，跟他说明“义乌市场是现金交易，就是货主在场也拿不出发票的”，请求他能看在邻县的情面上，放车子通行，否则生意都没法做了，等等。最后，郑小毛还是被迫缴纳了7000元。

这趟生意，郑小毛不但没赚到钱，反而亏了本。

这种延续不断的拦、扣、罚行为，终于激起了义乌联托运人的不满，大家一起找到义乌市场税务所，向他们陈述苦衷。税务所的同志也很支持大家，就由他们出面，邀请浦江税务所同志开了一次座谈会，进行沟通。双方最后达成一致意见：由义乌市场税务所代扣税费，运输单位只要出示货主的代扣税票，就可以通过检查站。

3

小商品生意红火　物流畅行天下

1986年上半年，东河乡夏迹塘村民楼航卫、楼文威看到城中路小商品市场开业后，许多外地客商到义乌进货，常常为运货发愁，即与同村人和国有运输企业“下海”的职工等，合股开办了义乌至南京的托运处。后来又开通了至乌鲁木齐的线路。次年，还有部分具有一定经济基础、胆子比较大的村民也开通了一些汽车货物直达运输线路，实行代办托运。如村民王跃明、楼耀忠等，他们先后开通了义乌至石家庄、天津、南昌、淄川等的托运线路。

随着市场开放程度不断提高，联托运业日渐兴旺，至1987年7月，义乌县联托运行业增加到27家，几乎比原来翻了一番，并继续呈不断发展之势，但无序竞争和混乱状态已经初显。县经济委员会会同有关部门曾进行过一定的整顿，取缔无证经营6家。至1988年，仅有270户村民的夏迹塘村就有20多人办托运处，联托运业务遍及全国20多个省。其中村民楼春元就经营着义乌至青岛、广州、北京、即墨、伊宁、潍坊、珠洲、流沙等近10个托运处。看到办托运处有利可图，村内有一定经济基础和经营能力的村民便纷纷跟着办托运处，还有的劳动力则从事着货物托运这一行业，成为义乌闻名遐迩的联托运专业村。

从事联托运，最让人担心的就是安全问题。货物万一在运输途中遗失，什么快捷、廉价、方便等都无从谈起。因此，安全一直是义乌联托运人率先追求的目标。但对精明智慧的义乌人来说，都有自己的“杀手锏”。

比如哈尔滨是有名的冰城，路途遥远，气候寒冷，托运处只有在夏天才能雇到南方人开的车，天气一旦遇冷，一般的南方人都不愿意从事哈尔滨线点的货物运输。因此，托运处就只能找那些哈尔滨人开的车辆来运输，因外地车辆运输的可靠性相对要差，故托运处平时对外地车辆有关证照的检查上也相对要严一些。

为了保证货物能够安全、快速地到达当地市场，在艰苦创业中，许多托运处对运输车辆尝试建立了与货物流转相关的奖励机制。托运处规定：货物从义乌装车出发，经过2890

公里的途中运输，在顺利到达目的地哈尔滨后，将货物全部卸下，完成这样一个流程所需时间在 5 天内的（如无意外，在一般情况下，义乌出发的车辆经过 4 天 4 夜奔波后，就能到达哈尔滨），即给予奖励。这实际上也是一种诚信经营，目的是要保证把货物能按时送到对方的目的地。

义乌联托运市场形成之初，是不允许个体私营的运输企业存在的，故经营者都必须挂靠在原国有交通企业方能经营。其经营场所主要分布在小商品市场周围的大街小巷，从业人员主要来自稠城的几名国有运输企业的“下海”职工和东河乡夏迹塘村的几位村民。他们租用一两间民房，一台磅秤，一张桌子，雇用几个在市场揽货的人和装卸工，办理有关证照后，就开张营业。他们把收受的各种货物拼装起来，委托过境或返程汽车运输，实行一票到底、全程服务，运输成本很低，获利快而高，因而一些熟知内幕的人开始仿效，联托运行业随之逐步发展扩大。

曾经有人戏言，在当年义乌最有钱的人，并非市场上搞批发的商户，而是搞联托运生意的。他们走在了变化中的时代前列，靠联托运挖到了第一桶金。

联托运行业高额的利润回报，使类似公司如雨后春笋般出现，大批社会能人志士加入该行业经营，一些政府机关、事业单位、乡镇企业名目下都挂满了运输公司，这也为后来义乌政府整顿联托运乱象埋下了伏笔。到 1989 年，义乌已有托运处 59 家，其中 13 家为挂靠式经营，联托运市场进入快速发展阶段。货物流向 19 个省份 56 个城市，北到沈阳、哈尔滨，南到广州、福州、厦门，西到乌鲁木齐、兰州等地。运输商品主要是针棉织品、小五金、儿童玩具等小商品。

第二节　三次整顿

1

联托运是伴生市场发展的配套行业。

以商品市场为依托，集散货运输为主的联托运业，一开始就具有操作简便、利润高、回报周期短的特点，一批精明的本地人见有利可图，一哄而上开办托运处。由于对新兴行业的管理未能及时到位，相关措施未能实施，在经营队伍中出现了一批无证照（无经营许可证、治安许可证）户，经营秩序开始混乱，常常呈现出一条线路、一个城市多家组织货运。

但是，货源总量是有限的。由于门槛低利润高，加上管理不到位，竞争对手多了，加上当时托运行业没有规范的管理措施，也没有固定的管理部门，这个行业一度出现了欺行霸市、强抢货源、偷税漏税、打架斗殴，以及乱收费、乱宰客等乱象。有的线点为了争夺货源，时常发生拉帮结派、打架斗殴、强行拦货等恶劣行为，争斗由此而生。当时运输秩序也比较乱，不管什么地方的货都收、都运，争着抢生意，乱收费的现象也时有发生。更有甚者在强行组货的背后出现了权钱交易的端倪。加之社会保险机制未建立，货运出险无人赔付，一时间义乌商品市场进货客商怨声载道，当地的群众称联托运行业为义乌的“上海滩”——货物的联托运点每天都上演着打斗、抢客、抬价钱、强装强卸，甚至有人因此而被判刑。

“心惊肉跳”是许多人对那时联托运行业的描述。所有这些，不仅严重影响了义乌市场声誉，也制约了小商品市场的发展。为此，义乌市政府针对该行业的特殊性，先后对行业经营管理进行了三次整顿。同时，组织相关企业投巨资加快对联托运市场的场站建设，把分散在各大街小巷的马路市场集中到统一场地经营。

面对纷繁复杂的市场，该如何管理？一时摆在当地政府的面前。1990 年 6 月 11 日，新任市长上任不久，政府成立了“义乌小商品市场联托运行业整顿指挥部”，由市长任指挥，交通、公安、工商、财政、物价等部门领导为成员，决心把六七十条线路的经营权全部收回，以承包的方式发放，一条线路一家公司，时称“一点一线”。

对联托运业的整顿就是在这样的背景下展开了。

为了掌握一线实情，市长亲临一线调查，与经营户座谈，当告诉经营户“政府准备宏观调控联托运的设想”时，经营户对政府“能下来听听基层一线的意见”，自然感到很高兴。经营户说，联托运行业是个没有爹妈的“野”孩子，早就应该有个“婆婆”来管管了。大家都是做生意的，欺负外地客商，有损义乌市场名誉，对大家都没好处。

此次整顿历时一年零两个月（从 1990 年 6 月开始到 1991 年 8 月结束）。在整顿中，从四查（查税收、查执照、查收费、查治安）和建五证（营业执照、运输经营许可证、收费许可证、税务许可证、治安许可证）入手，用行政力量避免恶性竞争。由于整顿抓住了货源规范化管理这一关键症结，使许多不法分子、打手就缩了回去，促使整顿取得了明显的成效，整个市场形成了较好的运输秩序，托运处和客商都觉得比以前太平多了。

整顿到最后阶段，指挥部决定将哈尔滨、西安两个托运处公开向社会招认经营者。当时，除了少数几个贫困线点能得到优惠照顾外，绝大部分线点都公开向社会招标，避免“拳头股”“权力股”“人情股”的参与和干扰。在投标方法上也有一些严格的规定，对投标者、投标人数都有所限制，参投者需出示身份证，先买票，由指挥部对其进行资格审查，然后才能参加投标。每张票的金额高达 40 万元，如果不中标，票款退还给本人，如果中标了，票款可抵押承包基金。

通过这次整顿，义乌联托运市场在经营机制上实行定点、定线、承包经营，在管理上实行政府职能部门联合办公、统一管理，使联托运市场的运作经营纳入依法照章、有序管理的轨道。政府规定：每一条联托运线路（点），只能由一个联托运处经营，其他任何人不得参与。对线点经营权实行公开投标、公开审批、明码标价、平等竞争，对各托运处实行最高限价，按照“核定基数，定比增长，超收自留，歉收自补”的原则落实风险责任承包制，并进行年底考核。

在实行整顿的基础上，又于1991年7月至9月间，相继成立了义乌市联托运市场管理所、义乌市联托运行业管理委员会，由一名副市长任主任，市人武部部长任副主任，市府办、交通局、工商局、公安局、物价局、财税局、乡镇企业局等部门主要领导任委员。管委会下设办公室，属常设办事机构，定编人员30人，由各有关职能部门抽调，其职责是行使联托运线点的发包和其他管理权。并初步决定，今后所有托运线点全部向社会公开招标，实行承包经营。对第一代联托运创业者实行议标经营，即在原有基础上再增加一些承包经营应缴费用。

接着，又成立了联托运同业公会，配合行业管理委员会实施联托运行业和联托运市场自我约束、自我发展的管理机制。

1993年4月，组建义乌市联托运开发总公司。为方便客商托运货物和政府的管理，由市交通局牵头，经营者集资（集资款抵房租）及银行借贷投资，开建北方联托运市场。北方联托运市场位于稠州中路中段（原朝阳村），于1991年12月24日开工，1992年10月竣工，12月25日开放使用，占地232万平方米，总建筑面积235万平方米，集货运枢纽、停车、托运、仓储和服务于一体，是市内第一家集中经营管理的联托运市场。

该市场由6栋大楼围合而成，一楼为托运点经营用房，二楼为办公用房，三至五楼为职工宿舍。整个市场有托运点65家，主要经营义乌往北方向的零担货物运输，实行“一次托运，一次起票，一票到底，全程负责”的管理模式。1993年12月16日，由闭路电视系统和计算机系统组成的电子监控系统方案通过专家鉴定，对北方联托运市场进行电脑化管理（2003年9月搬迁，其中32家托运处迁至江东货运市场，10家迁到长途汽车站，其余迁入南方联托运市场）。

政府出台的一系列扶持政策，使联托运这一新生事物在义乌得以迅速发展。至1995年托运处已发展到115家，年货运量达到10万吨，国内铁路中转点有23个。货运线路除北京、上海、重庆、广州、武汉、沈阳等大城市外，还可直达黑河、满洲里、伊宁、喀什、凭祥等边境城市。义乌的小商品已销往俄罗斯、蒙古国、巴基斯坦、越南等邻国。

2

由于联托运行业发展较快，市场上又出现了一些新情况、新问题，主要表现在：主管单位及主管权力分散；市场上客运、货运、短驳、停车场四个主要货运环节条块分割，体制不顺，存在利益驱动下各自为政的现象；经营发包权、续包机制不健全；运价偏高，乱收费情况严重；社会不法分子、流氓恶势力卷土重来，行业治安形势严峻。

联托运行业带来的新麻烦，许多客商又开始怨声载道，服务不好不说，同样的路程，货物从义乌出去的价格比外地过来要高出许多。有安徽客商投诉，说三分之二的利润都被运输吃掉了。于是，在市场上频频出现客商越过义乌，直接找广东、上海等地厂家拿货的现象，而“黑点”（未经政府批准的私人联托运处）悄悄地从许多角落钻了出来，强装强卸又开始出现。而在 1994 年，义乌市场生意也比往年难做，于是社会上有议论，说这也是联托运搞乱的。

针对这种状况，市政府率先派出工作组，召集联托运人员开座谈会了解情况，并对违规收费的情况进行严肃处理，宣布只要发生两次违规收费情况，就要吊销线路运营权。结果一家义乌—湖州的托运处恰好被抓到了两次，尽管加起来也才多收了几十元钱，但还是毫不留情被吊销运营权，以期杀鸡儆猴。可是杀鸡并没有吓到猴子，只不过让猴子更加小心隐蔽。

行业管理中的各种“麻烦”依然在延续，抱怨声还是不断从各种渠道发出来。

1994 年 11 月，市政府成立联托运市场整改小组，开始对联托运行业进行第二次整顿。

这次是费尽心思让价格降下来。先是让利 1000 多万元，免收每公斤 5 分钱的市场建设基金；接着要求各托运处缴纳风险押金，少则 50 万元，多则 300 多万元。这次整顿后，所有联托运线路经营权收归政府，并指定一家公司统一发包。

1995 年，联托运行业第二次整顿期间，共处理治安案件 15 起，逮捕 2 人，治安拘留 19 人，调处纠纷 15 起，查处敲诈案件 2 起，为义乌客商和广大货主追回货物 517 件，现金 2 万元，为安徽客商追回 73 万元价值的赤豆，为瑞安客商追回价值 100 余万元的三车货物。对流氓、黑恶势力、不法分子给予沉重打击，使他们在该行业成不了气候。

在整顿期间，公安部门还成功破获了犯罪分子何某利用托运处之间争夺货源时机，自制炸弹企图毁坏对方托运处，以谋取一方托运处付给高额好处费的阴谋爆炸案。

第二次整顿历时一年。整顿后联托运行业运价降低了 10%左右，全市托运处增加到 123 家，有近 90%线点货源保持稳中有升。联托运行业还是朝着持续高速方向发展，初步达到“治散”目的。但是，尽管这次整顿对管理体制、经营机制都提出了比较科学、系统的方案，该方案的关键性如客货运管理统一由运管办负责、“三统一”等措施却未能落实到位，一些社会反映强烈的问题也未能从根本上解决。

也是在这一时期，由浙江恒风集团公司投资建设的南方联托运市场投入运行。浙江恒风集团公司成立于 1994 年 6 月，由原义乌汽车运输总公司、义乌市客运中心、义乌市联托运服务公司、义乌市客运汽车出租公司联合组建而成，以适应“大市场、大交通、大流通、大发展”格局的需要。为增强企业发展活力和后劲，该公司于 1998 年着手改制，当年 6 月份结束资产估计，7 月份确定改制方案，1999 年 8 月 16 日成立浙江恒风集团有限公司。

南方联托运市场位于稠州路与香山路交叉处以东，占地 5 万平方米，总建筑面积 3 万平方米，于 1993 年 3 月 20 日动工建设，1995 年 9 月启用，由 4 幢商业楼组成，分南方市场停发货运、客运两大区块，是集货运、客运、汽车销售、餐饮、娱乐等综合服务于一体的综合运输市场。

至 1997 年，联托运市场有线路 100 条，年运量 30 万吨。

3

随着市场繁荣，市场竞争不断加剧，联托运行业一些管理经营模式严重阻碍商品市场发展，突出表现在：一线一点垄断货源，限制了客商选择运输方式的自由，导致税费、运价偏高，货源外流，客货运矛盾引发了市场经营者私自拦货、强行组货现象；线点最高限价偏高，超出了客商托运低价值商品的承受能力和一些线点乱收费等现象，违反了商品市场低成本运行的规律；联托运市场硬件设施严重不足，布局不合理，影响运输效率，增加客商短驳费用。

1997 年年末，新市长到任。1998 年 1 月 8 日，成立由市长任组长的联托运行业整顿工作领导小组，在新任市长的领导下对联托运行业实行第三次整顿。

这次整顿，旨在打破行业垄断，形成同一线路多点竞争的新格局，使运输经营市场顺应经济发展规律。主要措施是：实行一线多点，门槛式开放，对于某一条线路，政府不规定设几家托运处，只规定经营线路和准入条件这道门槛；确定“投标点先放、到期点先放、热点先放”等方针，承包期未满的线点、新开发的线点暂时维持原状；调减最高限价，坚决制止乱收费；调整货运管理政策，允许客商自行选择运输方式出运货物；调整布局，增加投入，加快联托运市场硬件配套设施建设。

为了打破垄断，实行“一线多点”，整顿过程从货运量较大的北京、上海等线路开始，分 7 个批次开放 130 多条线路，至于谁跑哪条线路，不能挑肥拣瘦，由符合条件的公司一块抽签决定。此举一出，竞争激烈，运输价格应声下跌 30%，有的甚至跌破成本价，比如核准每吨每公里 0.8 元的运价，有人 0.25 元就干了。

在此期间，托运处也在大幅增长，最多时从整治前 136 家发展到了 203 家，不过很快数量又开始减少，因为合并不断在发生，有被兼并的，也有同一条线路上经营的好几家公司，从拼得头破血流到自发合成一家，提高价格后按股分成。同时新增东北、西北、西南及北京、广州五趟行包专列，每天发送 44 个车皮，市场年运量达 110 万吨以上。国际货运达到 1.2 万个标箱，行业税收从 1800 万元增至 2000 万元。

1998 年，为保障联托运行业第三次整顿顺利进行，维护行业社会治安，市委、市政府撤销运管办保卫科，成立市公安局公路运输市场派出所，以重点维护行业社会治安工作。1999 年 2 月，又成功破获了由于联托运行业不正当竞争引发的、使用自制定时爆炸装置进行报复对方托运处的智能型犯罪分子未遂爆炸等重大案件，为联托运行业发展保驾护航。

第三次联托运市场整治是历次整治中历时最长、投入精力最多的一次。这次整治工作从 1997 年 9 月份开始发动，1998 年 1 月正式组建班子着手调研。整治领导小组中包括市长在内有四名常委、副市长担任正副组长，整治机构一直存续到 2000 年 5 月初才宣告撤销。

经过两年多时间的整顿，成效也十分明显：大幅度调降了运价，整治一开始就采取面上调降运价 10% 的措施，经营权放开后经过一线多点竞争，全行业又下降运价 20%，扭转了因价格高引起货源外流的现象，并提高了服务质量，变周边市县货源到义乌进行中转，行业货运量大增；制定了于 1998 年 9 月付诸实施的《义乌市联托运经营权管理规定》，这是义乌联托运市场从计划模式向市场模式转变、从封闭垄断走向开放竞争的新起点尝试；硬件设施明显改善，整治期间，城区先后建成东方停车场、江东一期货运场，江东二期货运场在建，机场路国际物流中心土地平整工作着手进行，福田市场的物流园区在规划。

江东货运市场位于篁园路，工程分二期，一期于 1998 年开工，1999 年 8 月 8 日营业，二期工程于 2001 年年底竣工并投入使用。总建筑面积 56433 平方米，月台式装卸货台。至 2005 年年底，该货运市场内有托运处 159 家，卸货点 30 多家，年完成货运量 100 余万吨，成为义乌 2005 年最大的货运联托运市场。

宾王货运市场（东方停车场）位于宾王市场三挺路，占地 1.53 万平方米（23 亩），1997 年开工建设，1998 年年底竣工投入使用，集办公、仓储、商服于一体，内有托运处 20 多家。除托运处从事专线托运服务外，联托运总公司还设有省内快递运输服务。2005 年 10 月 1 日该市场停止经营，改建为东方街头绿地、停车场。

2001 年 10 月 16 日，义乌国际物流中心开工建设，2003 年 10 月 18 日建成开业。

第三节 “大通关”试点

义乌小商品市场的繁荣构筑了大流通的态势。

依靠市场“无形之手”，政府在每个发展阶段，都以“有形之手”时刻关注市场的细微变化，继而做到“调控有度”：一手把握市场控制权，也就是市场产权；一手把握物流场站资源，也就是最重要的配套设施。

联托运业是义乌物流业的初级形式。进入 21 世纪，义乌繁荣的国际商贸业和充裕的货源，产生了对现代化、高效率、集约化的现代物流业的强烈内在需求，以适应小商品交易国际化发展需要。

2002年，金华海关驻义乌办事处成立，2003年起，市委、市政府倾力推进“大通关”建设。是年7月1日起，义乌小商品出口实行“异地报关，口岸放行”模式，迈出浙江省内海关之间跨关区“大通关”的第一步，并建成配有海关、检验检疫、监管仓库、集装箱堆场、航空、船务等项目和配套服务的国际物流中心。

到2004年，随着《中华人民共和国行政许可法》的施行，道路许可证彻底退出舞台，这意味着义乌联托运将彻底放开。一场大讨论由此而生，有人认为线路全部放开难以管理，说不定“上海滩”又将重现，而更多的人则相信竞争只会对市场有好处，最后达成放开的共识。

2004年6月，市委、市政府决定对义乌市货运市场经多年发展而形成的“定线路经营、门槛式开放、成批次准入、动态化管理”的运作机制实行改革，成立以市长任组长，20多个部门领导为成员的义乌市货运市场改革和规范领导小组，并制定《联托运行业深化改革实施方案》。自10月起，进行分阶段改革。

从2005年起，政府取消风险押金，不再收取承包款。只要有执照和税务登记的公司，均可经营任何一条线路。不久，200多条线路一下就冒出700多个托运点，不过他们很快就发现，运输市场的利润并没有想象的那么高，数量又渐渐少了下来。至2005年年底有托运处398家，货运专线130多条，外来货源卸货点235家。北方联托运市场、南方联托运市场、江东货运市场、大陈联托运市场、宾王货运市场（东方停车场）和国际物流中心等场站，共同组成了义乌的联托运市场。来自义乌的小商品，通过这张庞大的物流网络，运输至国内90%以上的地级市。

市场繁荣构筑大流通态势

2005年，义乌被省政府列为全省“大通关”建设3个重点之一。在这一年，先后开通了东北、西北、西南、广州、北京等五趟铁路行包专列，铁路上海、杭州、金华、浦江、鹰潭等站都在义乌设有中转站，日货运量达8000吨以上。自这一年12月起，又相继开通了义乌至宁波“海铁联运”、义乌至杭州“卡车航班”、义乌至上海“卡车航班”等。

2008 年，杭州海关批准在国际物流中心设立保税仓库，进一步完善内陆口岸功能。这一年，国际物流中心完成集装箱作业量 48.25 万个标箱，平均日作业量 1400 余个标箱。

2009 年 7 月 15 日，金华海关驻义乌办事处升格为正处级隶属海关，是杭州关区唯一设立在县级城市的隶属海关。10 月，在义乌市运输场站建设经营有限责任公司基础上成立义乌市交通发展有限公司。

2010 年 1 月，撤销运管办，成立义乌市现代物流发展领导小组办公室，主要负责义乌市现代物流发展的组织、协调、指导和督查工作。

2011 年 10 月，义乌国际物流中心——内陆口岸场站（义乌港）一期工程建成投入使用。口岸场站占地总面积 70 公顷，总建筑面积 86 万平方米，设计年货运量 114.4 万标箱，概算总投资 31 亿元。

2012 年 3 月，“义乌港”海关监管场启用，监管区安装有高度智能化进出卡口，配有电子闸门放行系统等设备。集装箱车从进场卡口开进监管区，一般情况下 15 秒钟内便能完成识别、称重等程序。

2013 年 5 月，亚洲及太平洋经济社会委员会第 69 届年会将义乌列为国际陆港城市，此次全国共有 17 个城市被列入国际陆港城市，义乌是浙江省以至我国东部地区唯一被列入的内陆城市。11 月，义乌港二期工程竣工投入使用。12 月，原义乌市交通发展有限公司更名为义乌市国际陆港集团有限公司。

在 2013 年 10 月，“义乌—北仑”集装箱专列 81942 次列车首发，从义乌西站出发到达北仑港口，直接装船离境。这一年，又先后开通义乌至重庆、义乌至成都行包专列邮路。至此，义乌开通至北京、天津、广州等 9 条民航邮运专线，形成公路、航空、铁路三线齐备的邮运网络体系。

2016 年，义乌市被确定为全国首批 20 个现代物流创新发展城市试点，是唯一一个县级市，也是浙江省唯一入选的城市。依托全球最大小商品市场商流、物流、资金流和信息流高度汇聚带来的巨大流量，促进了义乌现代物流业持续快速发展，义乌成为我国首批 17 个国际陆港城市之一，列为全国二级物流园区布局城市，国际陆港纳入全省五大港口一体化发展的重大决策部署。

至 2016 年年底，义乌有国内物流企业 1639 家、国际货运代理 1056 家、航空货运代理 100 余家、进出口公司 4876 家，邮政速递、中通、圆通、联邦、DHL 等快递企业 134 家，跨境电子商务物流企业 100 余家。全年商贸货运量 6564.61 万吨。

2019 年 11 月，江东货运市场停止运营，整体搬迁至青口物流中心和福田物流中心。在这一年，义乌入选国家物流枢纽建设名单。这是国家层面启动布局建设的第一批国家物流枢纽。

2020 年 9 月 25 日，国家邮政局在义乌召开“中国快递示范城市”创建工作会议，并对 25 个“中国快递示范城市”进行授牌。义乌成为全国首个被国家邮政局授予“中国快递示范城市”称号的县级市。

如果你想吃舟山的海鲜，不必等；想吃阳澄湖大闸蟹，不必等；想吃新鲜出炉的比萨，不必等；如果你想吃新鲜出锅的汤圆、想吃冰淇淋也可不必等。你只要在家动动手指，想要的东西就会来到你的跟前，这种非一般的体验，就像阿拉丁的“神灯”，随时等待主人的使唤。如此发展迅猛、体型庞大的快递产业，就如神兽般来势汹汹，可以让你实现这种非一般的体验。他们也真的可称为“神递”了。

作为全球最大的小商品集散地，义乌从 2014 年起就由传统的零担货运向快递物流布局，先后引进“三通一达”、顺丰、邮政速递等快递企业，在全省以至全国率先完成快递园区建设。在这里，137 家快递企业风云际会，从业人员达 2 万多人，单月业务量超亿件。数量庞大的快递员队伍，通达四海的配送网络，各占山头的行业格局，使义乌成为快递江湖中的“兵家必争之地”。

义乌的电商伴随着快递行业迅速发展。当前，义乌即汇集了淘宝、天猫、京东、拼多多、唯品会、国美、苏宁等国内主流电商平台。回想一下在十多年前，中国邮政就是中国快递的典范，其他快递公司屈指可数。而在今天，背靠庞大的货源优势，义乌快递产业如雨后春笋，越来越多的私营企业加入其中。通过发挥快递园区的集聚效应，义乌快递行业实现了全天候、多频次收件，快递业务量远高于同期全国平均增速，形成覆盖金华、丽水、衢州，辐射省内及长三角的浙中处理中心，也成为全国最具影响力的快递集聚中心。

第四节 公路运输

1

义乌的公路交通，最早从佛堂至义亭公路和嵊东义线开始。

中华人民共和国成立前，义乌境内仅有两段公路，都与浙赣铁路相衔接：一是由佛堂商会投资兴建并具有专营权的佛（堂）（义）亭公路，长 6.06 公里；二是由义东长途汽车股份有限公司承租运营的义（乌）东（阳）公路，境内长 9.6 公里，路基宽 7.5 公里，路权归省所有，1932 年 3 月开工，1933 年 11 月建成。1931 年，杭（州）江（山）铁路已铺轨到义乌，随着浙赣铁路在义乌境内的开通，通过商会筹集和县政府从田赋中代征等联合投资修建了主要集镇与铁路车站的衔接公路，即嵊（县）东（阳）义（乌）线和佛（堂）（义）亭线。

1934 年 3 月，商营义东公司在火车站出口的三岔路口设义乌汽车站，义东长途汽车股份有限公司向省建设厅租用义东公路，置办客、货汽车 6 辆，3 月 2 日，投入运营。1941 年 6 月，曾停营。翌年 5 月，县境沦陷停业，抗战胜利后续办。1949 年 4 月，国民党溃军掠车毁坏设施再次停业，6 月，公司筹车复业。

1948 年 3 月，佛亭运输合作社置办汽车 1 辆，运营在佛（堂）（义）亭公路上。

1952 年 7 月 10 日，浙江省交通公司接收组建浦东运输段（段址设在东阳），车站改称省交通公司义乌站，隶属段领导，辖义（乌）东（阳）线、浦（江）郑（家坞）横（溪）线。同年 12 月 1 日，省交通公司撤销浦东运输段，成立浦江、东阳两个中心站，义乌站转隶东阳中心站。

1960 年 5 月 1 日，建筑面积 2252 平方米的义乌汽车东站投入使用。因浦江撤县并入义乌，浦江县站除留部分人员办理业务外，其他人员及车辆均集中于义乌站。7 月 1 日，佛（堂）（义）亭线运营的原有一台货车归义乌站。8 月 9 日，设稠城站。10 月 1 日，县站称为“义乌中心站”，从东阳运输段划出，直属金华专区公路运输局，拥有木炭客车 3 辆，木炭货车 12 辆 42 个吨位，挂车 11 辆 41 个吨位。

1961 年 1 月 15 日，汽车站 60 名工人组成烧（挑）木炭队，负责汽车用炭生产。4 月 10 日，站完成第一辆木炭车改装汽油车工作。1962 年 5 月 1 日，撤销义乌中心站，仍归属东阳运输段。1965 年 1 月 1 日，义乌站改属金华运输段。1971 年 5 月改称义乌汽车站。

1975 年 8 月，征地 1 万平方米开工兴建义乌西站（位于义乌剧院对面）。1979 年 10 月 1 日，义乌西站建成，职能部门全部迁入。原义乌汽车站改称东站，东站以长途为主，西站以短途为主。义乌小商品市场开放后，根据市场的发展又在城中路设站，办理跨省客运业务。

20 世纪 90 年代初期，义乌汽车站重新规建。至 1994 年，浙江恒风集团公司组建，义乌汽车站的行政使命结束。

1978 年，公路运输结构开始出现国营、集体、个体一齐上的局面。1981 年，全县个体运输者以集体名义购置汽车 3 辆。1982 年，增加到 20 辆。1984 年，伴随新马路小商品市场的开放，个体汽车发展到 97 辆。1985 年，稠城部分个体运输户也自发组成联合车队和汽车调度组。至 1985 年年末，全市个体运输者已拥有汽车 126 辆。

义乌小商品市场开放后，机动三轮车（卡）曾成为公路和乡间大道的主要运输补充工具。1983 年 5 月 5 日，苏溪首先出现一辆 0.4 吨位的“飞燕”牌三轮简易机动车，办理公路客运运输。1984 年，随着小商品市场的兴起，机动三轮车大量发展。特别是在新马路小商品市场开放后，市场大门的新马路上都停满了安吉产的“天目山”牌和临安产的“飞燕”牌三轮车。

至 1985 年年末，简易机动三轮车 496 辆。1995 年后，因为城市公共交通建设的发展，城区机动三轮车数量开始大幅度减少。1996 年，市政府决定取缔机动三轮车营运。

到 1985 年年末，全县已有载重客货汽车 599 辆。公路客运呈现出国营、集体、个体等多种经济成分相互竞争、协调发展的新局面，汽车运输的综合经济效益得到明显提高。

城中路小商品市场开放后，在望江楼前设有小商品市场第一停车场。1992 年 5 月，佛堂、上溪、义亭方向的面包车、出租车、公交车，金华至义乌的小客车、部分出租车在此停发。1996 年停发车辆迁入南方客运站托运市场。

小商品市场第二停车场位于稠州路旁的篁园路小商品市场南侧。1992 年 5 月，廿三里、下骆宅方向的出租车、农用面包车、公交车，佛堂、义亭、上溪方向的农用面包车，温州、丽水方向的长途车在此停发。1998 年将其改造为室内多层停车场，9 月 8 日后，把停发的车辆迁入宾王客运站。

1991 年 8 月，通过租用冷冻机厂 1.53 万平方米场地成立城中客运站。10 月，原停放在望江楼前广场的中长途客运班车搬入。1992 年 5 月，安排苏溪、大陈、湖门、后宅方向的出租车、公交车等短途车在此停发。

1991 年 11 月 11 日，位于城中北路与秦塘之间的长途汽车站开建，1992 年 12 月 10 日一期工程竣工。1993 年 1 月 1 日，占地 7333 平方米的二期工程开工，1996 年竣工。

1996 年 8 月 27 日，位于稠州西路的南方客运站启用。

1996 年 6 月 27 日，宾王客运站启用（位于今东方大厦地块）。1998 年 8 月 28 日搬入江滨路与宾王路交叉口。2003 年 8 月 28 日，长途汽车站与宾王客运站合并，宾王客运站更名为义乌市客运中心。

2000 年 4 月 12 日，江东客运站（前身为城东客运站）投入使用。

到 2005 年年底，全市公路客运线路 367 条，客运营运车辆发展到 999 辆，座位 27672 个，该年的客运量达 11700 万人次，周转量 273480 万人公里。不仅基本满足义乌城市客运的需要，而且有力地促进义乌小商品市场的进一步繁荣。

2015 年 1 月 22 日，位于工人北路和诚信大道交叉口的国际商贸城客运中心启用，乘客不出站就能无缝换乘。原宾王客运中心与秦塘客运站内所有班线（不含公交）整体搬迁至国际商贸城客运中心。该客运中心以“丝绸之路”为设计造型，总投资 2.4 亿多元，占地面积 8.37 万平方米，设计最大日均客流量达 3 万人次，班车发往全国 23 个省、市、自治区及省内杭州、宁波、绍兴、湖州、嘉兴、浦江等地。

2018 年 6 月 9 日，原南方客运站整体搬迁至龙回公交枢纽南方客运站。南方客运站（龙回公交枢纽）位于环城西路和西城路交叉口，主要有发往金华、衢州、龙游、兰溪、武义、开化、常山、淳安、千岛湖等地的长途汽车。

2

要想富，先修路。小商品市场开放后，通过广开筹资渠道，义乌路网建设进入快速发展时期，走出一条“依靠政策、广开言路、筹集资金、举债建设”交通建设之路。特别是在“十五”期间，杭金衢高速公路、甬金高速公路建成通车，03、37、20省道干线畅通工程完成，环城公路粗具规模，形成市内快速通道“10分钟交通圈”，稠佛、稠廿、稠义、义大线、佛赤、苏楂、城南等公路相继建成运行。

1999年9月9日，杭金衢（杭州经金华至衢州）高速公路义乌段开工，2002年12月28日正式建成投入运行，设计行车时速120公里，义乌段设有义乌、上溪两个高速互通出口，全长22.32公里，总投资4.31亿元。

杭金衢高速公路是交通部规划建设的上海至云南省瑞丽高速公路（即现在的G60沪昆高速）主干线的组成部分，为浙江省交通规划建设中公路网的主骨架，是实现浙江省“四小时交通经济圈”的重要通道，也是完善地区公路网布局、强化城市服务功能和改善投资环境的重大举措。

自2002年开通以来，车流量以年均10%的速率快速增长，原双向4车道的建设标准已很难满足浙江省经济发展和建设新兴产业带的需要，全路段交通日渐拥堵。经国家发改委批准同意，2015年1月，杭州（红垦）至金华路段正式开始改扩建，批复概算90.39亿元。全线按双向8车道标准改扩建，工程于2018年9月通过交工验收投入试运营。

杭金衢改扩建一期路段建成通车，杭州到金华，从此一马平川，为建设交通强省及加快环杭州湾产业带和金衢丽产业带的建设供给了新的发展动能。

2002年11月3日，甬金高速公路义乌段在江东街道候儿村举行开工典礼，2005年12月28日正式建成通车，并投入运行。其中义乌段全长31.80公里、投资10亿元，设计行车时速100公里，路基宽26米，双向四车道，设中央分隔带，有义乌东（青口）、徐村、义亭三个互通（收费站）和一个隧道管理所。

3

义乌是金华市域首个建成绕城高速的城市。义乌绕城高速圈总里程66公里，设有11个出口（杭金衢高速上为义乌、望道、上溪出口，甬金高速上有义乌东、徐村、佛堂、义亭出口，义东高速有湖门、苏溪、福田、廿三里出口），环绕市域面积265平方公里。2018年5月28日，随着绕城高速最后一个节点——杭金衢高速望道互通并网通车，标志着义乌绕城高速全部建成。

2018 年 1 月 12 日 0 时，S45 义乌至东阳高速公路（简称“义东高速”）和 G60 杭金衢高速、G1512 甬金高速正式并网通车，标志着义乌绕城高速大交通时代正式开启。

义东高速公路原称义乌疏港高速公路，也是义乌首条自筹建设的高速公路，主线全长约 21.6 公里，总投资 56.1146 亿元，双向六车道，最高限速 120 公里 / 小时，起点位于杭金衢高速后宅街道三里店村附近的后宅枢纽，经后宅、苏溪、福田、廿三里等镇街，终点位于甬金高速廿三里街道钱塘村附近的何宅枢纽，接入甬金高速，在义乌段共设湖门、福田、苏溪、廿三里四个互通。项目于 2015 年 1 月 12 日开工。

义东高速向东可直通东阳、嵊州至宁波市，向北与杭金衢高速相连可直通杭州、上海，让市内的廿三里、苏溪、后宅、大陈等镇街进出东阳、浦江等周边县市的交通更便利。

从 2018 年 1 月 23 日零时起，义乌疏港快速路正式通车，标志着义乌绕城高速实现闭环，绕城高速时代正式来临。当天，临安至缙云公路义乌城西至佛堂段（义乌疏港快速路），以及甬金高速公路增设佛堂互通工程通车。

义乌疏港快速路是临安至缙云公路中的一段，起于义乌城西街道夏演村与流下村之间、杭金衢高速公路望道互通（原名东河互通）收费站出口，与杭金衢高速公路相接，可直通杭州、上海；终于义乌市佛堂镇和溪村西北、甬金高速公路佛堂互通收费站出口，与甬金高速公路相接，可直通东阳、嵊州至宁波市。

义乌疏港快速路全长 8.816 公里，按一级公路技术标准设计，兼顾部分城市道路功能，主车道双向 6 车道，设计时速 80 公里，两侧辅道设计时速 60 公里 / 小时，与多条东西向的城市主要道路交叉。途经的车辆可以从 103 省道、四海大道、稠义路、五洲大道上下疏港快

义乌公路港外景

速路。佛堂互通工程位于佛堂镇堂楼下村西侧，全长6.2公里，路基宽26米，按一级公路技术标准设计，主车道双向6车道，设计时速100公里，投资4.25亿元。

第五节 银燕翱翔

1

在浙江中部，镶嵌着一颗璀璨的明珠——义乌机场，川流不息的旅客从这里走向世界，也从这里踏上义乌，开始美妙的旅程。

义乌机场原为修建于1970年的海军训练二级机场，1976年正式交付使用。20世纪80年代后期，义乌小商品市场已闻名全国。数以万计的义乌经商人员奔赴全国各地经商，同时各省（市）和港澳台客商，以及从上海、广州等地转来义乌采购小商品的外国客商每日达10万之众。生意场上，时间就是金钱，惜时如金的义乌商人和国内外客商，企盼义乌拥有民航机场。开通民用航空，也成了改善义乌交通环境和扩大对外开放的迫切需要。

原义乌场站部队的政委韦立汝是东阳人，对义乌有着特殊的感情，对外人讲起自己的籍贯时，就说自己是义乌人，他常说东阳义乌同饮一江水，是一家人。1986年，韦立汝到厦门开会时，听厦门市长作报告，讲到交通对地方经济的促进和关键作用，很受启发。回义乌后，即找当时的主要领导，以独到的眼光看到机场未来的发展潜力，首次提出义乌机场可以向上争取军民合用，开发民航，扩大义乌市场的影响，这样对义乌和浙中地区的发展将会有极大的促进作用。

这项提议受到县委领导的高度重视。1987年12月4日，东航参谋长来义乌场站检查工作，县委领导即去拜访并汇报此事。当时即得到了支持，双方形成共识，并商议了有关事项。事后，县委常委会对此事进行了专题研究，并同省有关部门和驻义乌部队进行磋商，最终把此事正式定了下来。

1987年12月15日，组成义乌民航开发筹备小组，由时任县委常委、常务副县长骆族法担任组长，筹备开发民航。

筹备开发民航是项全新的工作，筹备小组即组织人员前往已经先期开发军民合用机场的黄岩考察学习。当时黄岩民航站负责人毛祥堂是义乌人，他在黄岩工作多年，见到家乡来的客人分外热情，陪同考察了机场的方方面面，并详细介绍了筹备的全过程，以及遇到的困难和问题，提醒开发民航过程中应该注意的事项。因此，这次考察学习活动相当于举办了一次快速培训班，帮大家大致厘清了思路，对如何筹办民航心中有了初步的底数，为以后的工作开展打下了扎实的基础。

此次考察之后，筹备小组成员即向省有关部门作了汇报，以求得他们的支持。不料，省有关部门听后却认为，义乌作为一个县城，想开发民航几乎是不可能的，很多地级市都还没有考虑，还是打消这个念头吧！当时的义乌，虽说已经是万商云集，蕴藏着巨大的发展潜力，但在有些人的眼中，义乌可能还是原来的那个小县城，加上有些同志可能并没到过义乌，对义乌市场在认识上还有排斥心理。

1987年12月28日，县委、县政府邀请专家在对开发义乌民航进行可行性研究的基础上，完成了第一份开发军民合用义乌机场的调查材料，由县政府正式向省政府呈报《关于义乌开发军民合用机场的请求》。

经商议，由县政协主席严智满和骆族法直接向省政府汪弘毅秘书长汇报。严智满和汪弘毅曾经在省委办公厅共事，两人交往颇多。听完汇报后，汪弘毅个人认为省里应该给予支持，支持地方经济社会发展，并帮助联系了省计经委负责人，建议省计经委能否组织调研组先把情况摸清楚，然后再向省政府领导汇报。

1988年2月，浙江省计经委组织民航浙江省管理局、浙江省航空公司到义乌考察，认为义乌开发民航条件具备，切实可行，表示将尽快向领导汇报，争取早日报批。

2月28日，编写了《军民合用开发海军义乌机场可行性分析报告》，义乌县政府再次向浙江省人民政府请示。

开发民航离不开民航管理部门，当时省民航局对义乌开发民航已经表示支持，重点是向华东民航管理局汇报。当时华东局的部分处室同志一开始听了义乌的汇报后说，发展民航还没有义乌的规划，还是看看以后修改规划时有没有可能。

为此，领导小组又想办法通过市政府驻上海办事处和上海振兴义乌促进会等渠道，向华东民航管理局主要领导汇报，并诚邀他们来义乌考察。不久，由局长带领的考察组就来到了义乌。考察组通过详细考察后明确表示，支持地方经济发展也是民航发展的方向，将努力统一各方面的思想支持义乌开发民航，并积极向国家民航总局汇报。

3月24日，义乌民航开发筹备小组办公室成立。根据义乌已设有军用机场的有利条件，一个开发军民合用机场，发展地方航空事业，为义乌经济建设保驾护航的设想已经勾画出来。

4月27日，浙江省人民政府向国务院、中央军委呈报了《关于义乌机场军民合用的请示》（浙政发〔1988〕58号）。10月20日，《关于海军义乌机场实行军民合用的批复》正式批准义乌机场实行军民合用。

1989年1月15日，省政府在杭州召开开通义乌民航协调会。

1989年1月25日，建立义乌民用航空站，为全民事业单位，归口义乌市计委管理。2月11日，成立义乌民用航空站开通协调小组。

筹建民航和购置设备，根据预算约需 350 万元至 400 万元的资金，这在当时是一笔很大的数目。要知道，当时县（市）政府使用 1 万元钱都要县（市）长办公会议集体研究决定。市委、市府决定市内筹集一部分，外面争取一部分，财政安排一部分来解决。

根据中央“场外选址，自成体系”的精神，并考虑义乌当时的经济实力和长远发展规划，经民航专业部门实地考察，反复比较后确定在机场滑行道中段西侧建站。

1989 年 12 月 29 日，金华市计划委员会受浙江省计划经济委员会委托，在义乌召开义乌民用航空站建站工程初步设计审查会议。

1990 年 2 月 5 日，浙江省计经委下发〔1990〕6 号《关于义乌市民用航空站初步设计的批复》，原则同意义乌民用航空站初步设计审查会议纪要，建设规模：义乌民用航空站的建设按照自成体系、分期实施的原则，本期工程建设站坪按 3C 级两个机位设计；小型候机楼（含航管楼）的建筑面积控制在 1600 平方米以内；紧靠候机楼西侧的停车场面积 750 平方米；占地面积 1.87 公顷，工程总概算核定为 410 万元。

1991 年 1 月，义乌民用航空站候机航管综合楼工程竣工。该工程于 1989 年 8 月 8 日开工兴建。

1991 年 2 月 7 日至 8 日，在义乌召开义乌民航站建站工程初验会议。会议认为，义乌民航站按批准的建站设计任务书和扩初设计项目已基本完成，通过初步验收。是年 3 月 20 日通过竣工验收。

1991 年 3 月 21 日，义乌民用航空站举行建站工程竣工和试航典礼，浙江航空公司冲 8 型飞机试飞杭州到义乌航线获得成功。

1991 年 4 月 1 日，义乌航站举行隆重的首航典礼仪式，浙江航空公司冲 8 型飞机开通了义乌—广州、义乌—厦门两条航线，为义乌民航打开了崭新的一页。下午 3 点整，首班飞往广州的冲 8 飞机伴随着《在希望的田野上》的乐曲和人们的欢呼声，直冲云霄。从此，义乌经商农民也可以在自己的家门口乘飞机走南闯北了。

来自稠城镇解放新村的农民孟金仙在义乌小商品市场经营小百货已经有 10 个年头了，当天坐上了家门口的第一个航班去广州经商，直说自己是太幸运了。当天，有 80% 的乘客都是小商品市场的经营者。

作为我国最大的小商品集散地，当年每天约有 5 万名客商在义乌进出。义乌地方和群众通过集资 530 余万元，建成了浙江省内继杭州、宁波、温州、黄岩之后的第五个航空港。机场可起降波音 737–200 型以下，运阿、冲阿等机型飞机。先开通义乌至广州、厦门两条航线，随后将逐步开辟至北京、上海、南京、温州、宁波等地的航线。

2

义乌民航开航后，当时只能起降小型飞机。

但市场发展太快了，“兴商建市”战略不断推进，义乌市场日趋繁荣。特别是在1992年2月13日篁园路小商品市场（一期）试营业后，义乌市场主体呈井喷式增长，小商品市场成交额排在全国9万余个集贸市场之首；万商云集的义乌城，日均客流量突破13万人次，“华夏第一市”名声四处传扬；对俄罗斯、越南、缅甸、朝鲜等国的边境贸易日趋繁荣，境外客商也不断涌向义乌。显然，小型民航机场很快就出现了跟不上义乌发展需求的状况。

1992年7月，市委、市政府经协商，作出了扩建民航义乌机场的决定。当时市主要领导对机场扩建的决心很大，准备筹措9000余万元资金，在3C级基础上对义乌机场进行扩建，把小型机场扩建为中型机场。

1992年7月23日，义乌市成立民航义乌机场扩建工程领导小组，成员17人，组长由市长担任。

筹备工作紧锣密鼓，得到了有关方面的大力支持，进展顺利。省人大常委会领导还带队到义乌实地调查考察。省主要领导在听取了几位老同志的意见后，也都表示积极支持义乌机场扩建，请义乌抓紧把扩建工作抓起来……

正当义乌风风火火在构想扩建义乌机场之时，方知竞争之激烈，因为省内几个地级市当时也在争取建中型机场（包括金华市）。而且根据国家民航发展的规划，一般要把建中型机场的资源优先考虑给地级市。

是建在义乌呢，还是建在地级市？对此，扩建工程领导小组据理力争：“当前义乌市场繁荣兴旺，万商云集，来自全国和世界各地的客商越来越多，不少国外商人在广交会期间穿梭于广州、义乌之间，要求乘坐中型飞机的呼声很高；义乌市场的兴起，其影响已远远超出了义乌、金华、浙江的范围，义乌联托运的货运汽车直达新疆乌鲁木齐、黑龙江黑河、云南昆明、内蒙古呼和浩特等全国各地，客运汽车班车以每天200多班次开往全国几十个大、中城市。义乌有丰富的客源，深厚的产业支撑，对扩建民航机场十分有利，这不仅是义乌及周边地区经济社会发展的需要，也是我国民航事业适应地方经济发展的要求。”

最后还是由省里作了定夺：哪个成熟，哪个先上！而且资金必须自筹。原来就已开通的机场优势，加上扩建资金的基本落实，使义乌捷足先登。

接着，扩建工程领导小组向华东民航管理局作了汇报。华东民航管理局主要领导认为：“义乌机场的扩建条件基本具备，华东局积极支持服务。”随后，他们又对具体工作作了安排，一方面要请部队正式批准；另一方面也要请省里做好方方面面的工作。

9月15日，市政府呈报《关于要求扩建民航义乌机场的请示》。9月19日复函同意义乌机场扩建工程。

此后，机场扩建项目真正走上了快车道。机场扩建办各相关部门人员则马不停蹄，往返于沪、杭、甬，寻求支持。

1993年1月4日，可行性研究报告通过省计经委牵头的评审。1月19日，省计经委下发《关于义乌机场扩建工程可行性研究报告的批复》，批准立项，同意扩建工程按机场飞行区技术等级为4C级进行设计，并留有发展余地，使用机型为B737-V00、FOKKER-100、MD-82型。

1993年2月14日，义乌市人民政府向浙江省人民政府呈报了《关于要求上报准予民航义乌机场扩建的请示》（义政〔1993〕26号）。2月19日，浙江省人民政府向国家计委等部门呈报《关于扩建义乌机场的请示》（浙政发〔1993〕40号）。1993年5月8日，批准扩建义乌机场，总投资控制在5000万元以内，所需资金全部由义乌市自筹解决。

1993年12月28日，义乌机场扩建工程破土动工，拉开了义乌民航史上新的一页！

天时、地利、人和。在扩建义乌机场这盘大棋中，义乌市的方方面面、上上下下，形成了坚强有力的整体力量，展现了义乌干部群众齐心协力的时代风姿。

特事特办，急事急办，支援机场扩建已成为义乌人民的一项崇高职责。投资9000万元，对于一个县级市来说，不是一笔小数目。一些市政工程也急需上马，暂时缓建，市政府横下一条心，优先保证机场扩建。全市人民理所当然地把这一工程视作全市最大工程给予热情的关注和支持。“让义乌机场早日扩建成功，从义乌起飞的中型飞机早日飞向更广阔的蓝天！”这便是义乌人的心愿。

在扩建工程中，涌现出许许多多可歌可泣的先进人物。整个扩建工程需石料11.83万吨、黄沙近5万吨，供货时间特紧，质量要求高。负责备料的扩建办材料组组长王新昌，晴不歇脚，雨不止步，奔波于义乌江沿岸的黄沙场和采石场，组织人马加紧生产和运输。市委常委、机场扩建工程现场指挥朱礼盛，见“双夏”期间采石人员紧张，冒着高温酷暑，到金华某驻军，请来了一个连的救兵，缓解了采石人员紧张的矛盾。先后两次参加义乌机场建设的铁道部十四局义乌机场工地指挥王守峰，带领他的战友们在50多度高温的

澳门航班从义乌机场起飞

施工现场，挥汗拼搏，他们的口号是：“在义乌创一流建设和一流质量。”

众手浇灌常青树，齐心奏出丰收曲。1994 年 8 月底，民航义乌机场扩建工程基本完成施工任务。10 月 21 日，通过由民航华东管理局组织的工程竣工总验收。

1994 年 10 月 28 日下午，万里晴空，阳光明媚。市政府在义乌机场举行民航义乌机场扩建竣工验收试飞庆典大会，4 时许，来自上海航空公司的一架“麦道 82”中型客机，在一片热烈的掌声和鼓乐声中，徐徐降落在新扩建的义乌机场上。民航义乌机场试飞上海—义乌航线获得成功，这标志着义乌机场结束了只能起降小型客机的历史，从此掀开了义乌民航史上新的一页。

典礼结束后，部分与会代表和义乌部分干部群众代表分两批登机试航，绕义乌上空一圈。

12 月 17 日，历时 2 年零 5 个月，由地方管理和建设、投资近亿元的中型民航义乌机场恢复通航。当天，南京航空有限公司使用 Y–7 飞机开通义乌—南京、义乌—温州航线。

1995 年 4 月 10，波音 737 飞机执飞义乌—广州航线（复航），运 7 飞机执飞义乌—西安航线（首航）。义乌机场扩建后，波音 737 等中型飞机终于在义乌机场飞起来了。银色雄鹰展翅飞向了更高的蓝天。

3

随着义乌经济社会的迅猛发展，义乌机场航空业务量飞速增长，机场各主要设施及航站区、工作区其他生产辅助设施和公用配套设施，均处于满负荷或超负荷运转状态，民航机场又面临着再次扩建。

2001 年，机场年旅客运输量 10.5 万人次，货邮运输量 1128 吨。

2002 年 3 月，市政府决定对义乌机场进行二次扩建。2003 年，市政府下文成立机场扩建指挥部，并着手进行可行性研究、军地土地置换等前期准备工作。

2004 年 9 月，省发展改革委员会同意二次扩建，按 2015 年为目标年，满足旅客运输量 50 万人次，飞行技术等级为 4C 的建设规划和标准，总投资概算 3 亿元，并列入省重点建设工程。

2006 年 10 月，二次扩建开工。至 2008 年年底，民航义乌机场二次扩建主体工程航站楼、停机坪和附属工程基本完成。

2007 年 10 月，义乌航空口岸获准临时开放。义乌机场开通香港航线临时航空口岸正式开放，义乌机场成为内地首个开通地区航线的县级机场。

至 2008 年年底，义乌先后开通至广州、厦门、上海、武汉、温州、南京、深圳、西安、北京、大连、汕头、哈尔滨、宁波、成都、青岛等境内 28 个城市的航线，以及香港地区航线。

机场通航安全保障 27861 个航班，累计运输旅客 260.15 万人次，货物 2.52 万吨（不含行李），基本适应了义乌对外开放和国际性商贸城市建设的需求。

2009 年 1 月 20 日，义乌机场新航站楼正式启用。

2013 年 9 月，义乌机场国际航班航站楼竣工，完成三期扩建工程。11 月 15 日，民航义乌机场旅客年吞吐量首次突破 100 万人次，成为浙江省第四个年旅客吞吐量突破百万的机场，实现从小型机场向中型机场的历史性跨越。

2014 年 7 月 31 日，义乌机场航空口岸开放获国务院批复；10 月 13 日，义乌航空口岸正式通过国家级验收，成为浙江省第四个航空口岸机场；12 月 19 日，义乌至香港航班首航仪式举行，标志着义乌机场成为真正意义上的国际机场，也是国内第一个县级市国际机场。

2016 年 5 月 31 日，义乌机场飞行区开始改造，实施四期扩建工程，建设用地近 815 公顷，总投资 5.5 亿元。12 月 22 日，在海关、国检及相关部门的支持下，义乌机场顺利开办台北等国际（地区）航班腹舱带货业务，航空口岸货物运输实现了零的突破。

4

2017 年 8 月 18 日，义乌市政府与浙江省机场集团有限公司（原浙江机场集团有限公司）签订了《义乌机场委托管理协议》。

2017 年 11 月 13 日，义乌民航 4D 机场正式启用，全面进入 3000 米跑道新时代。2017 年 12 月 26 日，浙江省义乌机场管理有限公司揭牌，义乌机场成为浙江省第四大国际航空港。

2018 年 10 月，省民航强省建设领导小组办公室印发了《浙江民航强省建设行动计划》，提出推进义乌机场航站区扩建（二期）。

2019 年 1 月 22 日，义乌机场开通义乌至首尔国际货机航线，成为浙江省第三个开通国际全货机航线的机场。同年 8 月 20 日，义乌机场开通至日本大阪国际货邮航线，进一步提高了机场客货运保障能力。

2019 年 11 月 29 日，义乌机场创建国际卫生机场顺利通过世界卫生组织验收，成为全国县级市首个、关检融合后首批、杭州海关关区内首个“国际卫生机场”。2019 年 12 月 26 日，义乌机场管理有限公司作为全国机场首家国际劳工组织 SCORE 项目试点单位，顺利通过了国际劳工组织验收。

2020 年 12 月在全国军民合用机场联席会议上，义乌机场被中国民航局、军方机场主管部门授予军民航机场联合保障“达标单位”称号，成为全国 12 家获此殊荣的军民合用机场之一。

2021 年 3 月 2 日，义乌至菲律宾马尼拉全货机航班首航。

工作处处留痕。回首义乌机场的发展历程，这一个个难忘的瞬间，都在历史的长河中留下烙印，前进中的每一步都让人体味深刻，每一段历史瞬间都凝聚着机场人的共同记忆。斗转星移三十余载，义乌市政府先后投资15.5亿元，对机场进行了四次改扩建，反映了机场人撸起袖子加油干，不畏辛苦、开拓进取的精神。

作为浙江省中西部地区最大的航空港，义乌机场总用地3444亩，飞行区技术等级为4D级，可满足空客300、波音767等大中型客机及波音757货机起降。候机楼为二层式建筑，其中，国内候机楼共1.7万平方米，有4个登机廊桥，可满足1000人次同时候机；国际候机楼与国内候机楼主体相连，共1.3万平方米，有2个登机廊桥，设计年旅客吞吐量30万人次。停机坪面积5.8万平方米，有11个中型客机机位，并配套建设了联检大楼、航空配餐中心等。

至今，共有国航、南航、东航、东海航、中国邮政航空等13家航空公司共同开发义乌航空市场；执飞航线31条，通航城市34个；航线网络覆盖北京、广州、深圳、揭阳、沈阳、天津、青岛、哈尔滨、重庆、郑州、西安、成都、武汉、贵阳、珠海、三亚、昆明、乌鲁木齐等我国经济热点地区和重要城市，并开通了中国澳门、日本大阪（全货机航线）、菲律宾马尼拉等多条国际、地区航线，机场集聚与辐射能力在不断提升。多条国际、地区航线，多覆盖、高密度的航线网络布局，搭建起了安全快速高效的空中走廊，为义乌经济社会的发展插上了腾飞的翅膀。

一座机场，腾飞一座城市。和举世闻名的义乌市场一样，义乌机场的发展也在与时俱进，在做大做强的道路上勇往直前，用只争朝夕的态度，创造了令人惊叹的“义乌速度”，成为中国民航发展史上的一大传奇。义乌机场年旅客吞吐量实现202.8万人次，其中年出入境人数突破了18万人次，跨入中型机场行列。

一架架银燕从头顶呼啸而过，人们仰望蓝天欢腾着，一颗颗燃烧的心随之一起飞翔……如今，一个以建设“浙中地区重要的国际航空客运枢纽、华东地区重要的国际航空物流枢纽”为契机的新发展实践，让这片古老而神秘的土地重新焕发诱人的魅力。

梦想，随着银燕一起飞翔!

第六节 钢轨通衢

1

“呜！呜！呜！”一声声鸣叫，风驰电闪，电杆甩两边，向前，向前，向前……

义乌火车站是浙赣线上客货上下最繁忙的车站之一，几乎所有的客运列车都在这里停靠。金华、衢州、杭州、苏州、上海、南宁、蚌埠、合肥、徐州、鹰潭等火车站，还在义乌设立货运代办处。大批小商品由汽车运至各站，再装车皮发往全国。

世事无常态，变化是主题。翻开义乌铁路的历史画卷，更像是倾听一首时代的“变奏曲”。从冰冷的绿皮车到快捷舒适的高铁，从彻夜排队买票的窘境到网上购票机器取票的从容，时空在拉近，脚步变轻盈，我们的旅程也更有温度。火车站的风雨历程浓缩着一部义乌市场与城市的发展史。

在高铁建设突飞猛进时代，变更是一个家常话题。目前在义乌境内运营着的两条铁路：一是沪昆铁路（起点为上海站，终点为昆明站，由原沪杭铁路、浙赣铁路、湘黔铁路、贵昆铁路四条铁路组合而成，正线全长 2690 公里），在义乌境内为浙赣铁路；二是杭长高铁，即沪昆高速铁路杭长段，又名杭长客运专线，是一条连接浙江省杭州市与湖南省长沙市的高速铁路，它与沪杭高速铁路、长昆高速铁路共同构成纵贯中国东西向的沪昆高速铁路。

如果算上金义东轻轨，在义乌境内就有三条，它是利用浙赣铁路老路基建设的。此外，目前正在建设中的铁路还有杭温高铁，杭州至温州；甬金铁路，新建宁波至义乌段，义乌至金华利用沪昆铁路既有线路。

杭温高铁设计时速 350 公里，计划“十四五”时期建成。项目分为两期：一期正线长约 218 公里，经过义乌、东阳、仙居等地，最终到达温州城区；二期项目自湖杭铁路桐庐东站引出，经桐庐、浦江、义乌三县（市），接入沪昆高铁义乌站。杭温铁路是一条连接浙江南北的共同富裕之路和最美诗画走廊。项目建成后，杭州至温州旅时将由原来的 2 小时压缩至 1 小时，将紧密串联起杭州、金义、温州三大都市圈，助力浙江省实现“一小时”交通圈，形成一条从长三角核心区域辐射浙江东南地区的骨干城际轨道交通线。

金甬铁路将于 2023 年年底竣工通车。金甬铁路是建设中的浙江义甬舟开放大通道主轴，是双线电气化客货两用铁路，建成通车后将打造金甬铁路双层高箱集装箱示范线，是世界小商品之都义乌和世界第一大港宁波舟山港之间的物流捷径。

义乌火车站的变迁与市场的兴衰息息相关，也直接连接着经济命脉。如今的铁路义乌站是浙江第二大站，日均车次达到305列，比副省级的宁波站还多。义乌作为全球小商品市场，旅客和货物运输量并驾齐驱。

2

义乌的铁路源于杭（州）江（山）铁路，也就是浙赣线的前身。它起自杭州钱塘江对岸，萧山县的西兴江边，终于隶属江西省上饶市的玉山县，全长 359 公里（包括支线）。于 1929 年开始筹备，1930 年 3 月 9 日开工。

义乌火车站选址在小三里塘村。1930年建成的车站规模很小，站台长200米，站台墙为石料结构，仅有15平方米的售票房和15平方米的货物仓库，100平方米机务用房，站房和雨棚等均是临时性建筑。大陈、苏溪、义亭站也建成于1930年。

1931年12月4日，铁道工程队进驻义乌，铺轻轨，当月通车；1933年1月30日全线竣工，1934年1月1日正式通车，同年更名统称浙赣铁路，自东北向西横贯义乌。

杭（州）江（山）铁路工程设计和施工是本着“先求其通，次求其备”的原则进行的。钢轨采用35磅/码（17.4公斤/米）的轻轨，桥梁等级采用古板式的临时木桥。当时铁路为地方铁路，为节省成本而采用轻轨，机车轴重只有每米8吨半，只能行驶载重15吨的货车。

铁路在义乌境内长42.6公里，设6个站，途经大陈、苏溪、前店、福田、稠城、杨村、官塘、义亭、王阡和畈田朱10个乡镇。从此，沿着这条大动脉，义乌这座小城通向了外面的精彩世界。

1936年，当时的浙赣铁路联合总公司筹款，向捷克钢铁厂购买350公里63磅/码的新轨。1937年2月至3月间，除苏溪至郑家坞段外，县境内余段均换上重轨，运能才有所提高，但因路基铺石砟过少，加上线路弯道较多，车速和载重受到限制。

浙赣铁路历史上经历了巨大的沧桑，1937年9月杭州至株洲全线贯通仅三个月，国民政府为阻止日军南侵，炸毁钱塘江大桥及至涓池间的线路，以后各段也随着战争失利逐段破坏。

1941年4月，日军进犯浙东，浙赣铁路遭受日机狂轰滥炸，5月15日义乌火车站被日机炸毁。铁路被日本鬼子控制，义乌站也改名为义乌驿。次年5月，日军发动浙赣战役，义乌县境沦陷。铁路事先已经破坏，日军强拉民夫修复。1943年，杭（州）金（华）段通车，群众奋起抗日，毁坏铁路。1945年初夏，日军面临彻底失败，6月起，开始拆毁县境内的铁

运行中的金义东轨道交通

路设施。日军投降时，铁轨枕木被掠运一空。抗日战争胜利时仅存杭州至诸暨、江山至上饶两段线路通车。1946 年开始逐段修复，1947 年 3 月 25 日，诸暨至金华段修复通车。1948 年 12 月才全线修复通车。

直到中华人民共和国成立前夕，每天仅有 71/72 次、41/42 次两对客车和一对货车停靠义乌站，仅是浙赣线上一个不起眼的小站。最初有 5 股到发线，在抗战期间被日本鬼子炸毁两股，中华人民共和国成立时只剩下 3 股道和行车室。

新中国成立后，国家对铁路基础设施建设加大投入，义乌境内这段铁路也有过部分线路的移位改线，经历了由单线运营到复线运营的改造，经历了一些截弯取直，义乌火车站等站点也进行了改造、扩建，并增设荷叶塘、官塘两个车站。

1950 年 2 月下旬，完成大陈乡镜内路基加宽和大陈段截弯取直两项工程；1949—1950 年间义亭站迁移，1951 年春大陈桥修复。1960—1962 年，对大陈至苏溪区段的铁路进行截弯取直。1971 年起，换成 50 公斤 / 米新轨。1986 年起，又开始以 60 公斤 / 米重轨替换。大陈至苏溪间下行 10% 长大坡道改线后降为 6%，官塘至义亭间长大超道下行坡道 8%，其中一处半径 293 米的小半径曲线，改线后坡道降为 6%，曲线半径改为 700 米。至此，杭（州）金（华）段牵引定数由 16502 吨提高到 24000 吨，机车型号不限。

自 20 世纪 80 年代开始，先后进行浙赣铁路复线工程和自动闭塞工程建设。为提高线路利用率，加快行车速度，1982 年，大陈、苏溪两站间建复线 8.85 公里，并新建 K115 线路所。1984 年冬，开始建官塘经义亭至义浦信号所间复线。至 1985 年年底，路基已从官塘筑到畈田朱乡境内。至 1994 年 10 月，全市 42.6 公里全线开通。

1958 年，义乌站扩建，增加货物仓库三座。1959 年新增官塘站，1965 年又设荷叶塘站。到 20 世纪 80 年代中期，开行客车增至 16 对，年发送旅客 140 万人左右。虽然当时义乌站只是一个三等站，可由于地理位置优越，实际已成了浙中一大重要的交通枢纽，尤其在货运方面辐射到周边。

铁路义乌站是高普铁综合一等中间站

1985 年，改建后的义乌站有接发列车通道和货物装卸线各三股，货物专用线两股，是义乌、东阳、磐安和浦江的客货集散地，永康、仙居、嵊州、新昌等县市以及丽水、温州等，也有大批货物在此进出。物流优势逐步凸显，对日后小商品市场的兴起起到了推波助澜的作用。

交通便利后，给大批到各地从事“敲糖换鸡毛”的义乌老百姓带来了极大方便。1982年9月，湖清门小商品市场开放，第一批经商户踏上火车，到广州等地购入小百货，摆上水泥板摊位，赚取差价，有力地助推了义乌小商品市场的发展壮大。当时铁路运输在整个托运市场中占据的份额虽然不算高，但运送长途货物有优势。例如从义乌到乌鲁木齐，汽车夜以继日需要5天多，而铁路行包专列4天就到达。

3

义乌小商品市场以惊人的速度在发展，湖清门市场开放后不久，摊位很快就供不应求。1984年12月，在离火车站不远的新马路北端，一个政府总投资57万元的更大小商品市场又建成了。四面八方的客商乘火车慕名而来，带着大包小包而回，沿着铁路网将义乌小商品发往全国各地。然而，这时的铁路义乌站，依然是浙赣线上一个不起眼的三等站。

一场翻天覆地的变革悄悄在这片神奇的土地上上演，义乌站成了最直接的见证。随着市场的发展，南来北往客商穿梭其中，义乌站也随之改头换面。到1985年，车站行车系统装置半自动与电器电信设备。有接发列车通道3股，货物装卸线3股（含半股道2条），货物专用线2股。

1986年，在火车站一、二号站台之间架起人行天桥。

1988年3月，铁路义乌客站改造工程开工，开始对义乌站进行了较大规模的扩建改造。同期，铁路双轨建设逐步展开，至1990年9月25日，双轨线路开通。

1989年3月，投资2300多万元的铁路义乌站货场竣工（于1986年10月15日动工），4月15日正式开通启用。

1991年1月25日，站台竣工；1992年2月1日站房通过验收。1993年元月8日，举行义乌新客站暨广场启用仪式。站房面积扩展至5608平方米，候车大楼建筑面积4500平方米，并增设占地35290平方米的站前广场，连同高架桥建设，总投资1830万元。

篁园市场建成后，义乌铁路客流量更是逐年攀升。

1993年1月8日，义乌铁路客站扩建工程（稠城）竣工启用。至1994年10月，全市42.6公里双轨全线开通，新建立交桥32座。

而随着篁园市场、宾王市场的开放，火车货运更是得到快速发展，不仅开通了多趟货运列车，还开办了国际集装箱运输。

自动闭塞是由运行中的列车自动完成闭塞任务的一种设备，多用于铁路双线区段，由轨道电路来控制通过信号机的显示，这样自动闭塞可以自动反映列车占用闭塞分区的情况，并及时向后续列车发出指示，大大提高了列车的通行能力，而且能够有效地保证列车安全。义乌境内自动闭塞工程自 1996 年 1 月开工，至 1997 年 4 月开通。

国家对铁路基本设施建设投入不断增大，运输质量和数量也随之提高。义乌境内的官塘、苏溪火车站终止客货运输，义亭仅办理 1 对客车的到发和货物运输，大量客货运输集中在义乌站。

2001 年，铁道部作出对浙赣铁路进行 140 公里 / 小时电气化改造的决定，市委、市政府提出铁路义乌站东移至稠城镇十里牌村与湖塘村之间。2002 年 5 月 14 日，上海铁路局与市政府签订义乌火车站迁建协议，把新义乌站列入“浙赣线电气化改造”工程。

到 2002 年，义乌站开行客车达 40 多对，旅客发送人数 374 万，货物运输达 290 吨，发送行李 5 万多件，运输收入近 4 亿元，占整个杭州铁路分局的 1/10。

2002 年 11 月 5 日，义乌火车站由二等站升为一等站。

时代在不断地进步，社会在不停地发展，浙赣铁路给义乌人民带来诸多好处的同时，也严重制约着义乌的城市规划建设。处处受制于铁路，架桥铺路要上跨或下穿铁路审批特别困难，在铁路上方架条电线什么都很不容易。铁路运营带来的安全隐患，机车的噪声污染，煤场的粉尘污染，依托铁路而建的两座油库巨大的安全隐患始终困扰着地方政府；铁路义乌站是浙赣线上最繁忙的站点之一，客货运量居浙江省前列，由于受城市发展的限制，铁路自身的发展也遇上了天花板，没有空间，无法拓展。

2003 年，铁道部又提出铁路跨越式发展宏伟目标，再次决定将浙赣铁路电气化改造标准从 140 公里 / 小时提升为 200 公里 / 小时。从 2003 年开始到 2006 年 6 月，铁路进行了电气化改造并实现了移线大取直，这个时候正式更名为沪昆铁路。也是在这一时期，义乌作出铁路移线的重大决策，请求浙江省人民政府致函铁道部，要求将浙赣铁路电气化改造义乌移站方案优化调整为移线方案。该工程将义乌境内段 42.6 公里既有铁路实施移线重建，新线长 33.660 公里。

2003 年 10 月，市委、市政府成立义乌市铁路建设暨场站改造领导小组和指挥部。

2004 年 2 月 9 日，中华人民共和国铁道部以铁计函〔2004〕62 号《关于浙赣电化义乌改线方案的复函》给浙江省人民政府，对《浙江省人民政府关于要求将浙赣线电气化改造义乌移站方案优化调整为移线方案的函》（浙政函〔2003〕196 号）作出答复，批准了铁路义乌段移线方案。

浙赣铁路义乌段移线结合电气化改造同步进行。2004 年 4 月，铁路义乌移线工程开工。同日，浙赣铁路电气化改造工程中长 1835 米的大陈隧道贯通。

2004年11月22日，结合义乌铁路移线，铁路义乌新客站在后宅街道洪巡畈开工。2005年年底竣工。

2005年10月，铁路移线义乌段33.5千米铁轨铺设竣工。这一年，义乌外来人口突破80万；义乌站日发行客车48.5对，发送旅客达到了427.49万人次，客运收入2.42亿元；货物吞吐量330万吨。

义乌，一个昔日名不见经传的小城，已发展为蜚声中外的商贸名城。义乌火车站也是日新月异，在经过70多年的风雨变迁，特别是伴随义乌市场的更新换代，也成了浙中最大的客流集散中心，跃升为浙赣线上一颗璀璨的明珠。

铁路义乌移线工程，是义乌有史以来工程量最大、一次性投资最多、工作难度最大、建设工期最短的单项建设工程，也是国家、省市重点工程项目。从可行性研究到完工，铁路义乌移线用了两年多时间。其中铁路正线路基长21.23公里，完成建设和铺轨用了16个月；铁路义乌新客站站房建设，用了10个月；工程掘进隧道5座，总长10.20公里（义乌境内8891米）；架设特大、大、中型桥梁13座，总长3538.12米。

2006年6月16日6时，随着“呜——”的一声长鸣，一列从贵阳开往杭州（上海）的1516次列车缓缓驶离火车老站的一号站台，标志着具有70多年历史的老铁路、老火车站光荣“退休”。

这一刻，铁路义乌老站完成了自己的历史使命，退出历史舞台，成为永远的记忆。然而，在车站的对面，却有一个新的生命在悄悄降临。同时，这一天的早晨也已经来临……

4

2006年6月16日12时40分，随着首列上海—兰溪N509次列车缓缓停靠，以及开通典礼的举行，宣告义乌新客站的正式启用，浙赣铁路电气化改造工程浙江段全线通车。

原义乌站一直沿用的客货合一，随着铁路义乌新客站、货站的启用而告终，义乌站实行客货分设，义乌站为客运站，义乌西站为货运站。

义乌新客站总投资约1.2亿元，外观宏伟有气势，设施精良，是浙赣线上一流的标志性车站，也是全省第二大且设计标准一流的普客站。这是一个三层式建筑，底层西侧是地道出口，上面两层楼为候车大厅；底层前面设有广场、停车场和地下商铺，总用地面积46800平方米，建筑面积14927平方米，按一次集聚3000人设计。

新客站建有正线2条，旅客到发线5条，可同时办理5趟客运列车作业；有旅客基本站台1座，旅客中间站台2座，在旅客站台之间设封闭式天桥、地道、行包地道；站房首层中部有一个大厅，左右两侧分别是休闲厅和售票厅，站房后侧是候车室，分为上下两层，有若干大小候车厅。

新客站距义乌中心城区 10 多公里，新客站周边的道路四通八达。除了站前大道和广场大道外，商城大道、城北路、宗泽北路、机场路等都延伸至新客站。此外，到东阳、浦江也都有快速通道，十分便捷，为义乌站成为国家级铁路枢纽打下了坚实的基础。

铁路西站为新的货运站，是浙江中部最大的货运站，运能运量大增，成为浙中铁路货运集散地，为“义新欧”中欧班列开通提供了绝佳平台，成为新的“丝绸之路”的一个起点。

铁路新线路从浦江境内株州端龙王山隧道出口引出，跨过大陈江及 03 省道，穿越蟋狮岭、上金隧道，线路继续向西，经深塘下、下旺到义乌客站，再经下万，穿义乌隧道，过夏迹塘到义乌货站，通过流下、跨 03 省道、穿四海大道、上佛路、甬金高速，由先田、上宅进入金东区境内。

这次铁路移线，缩短线路近 6 公里，原大陈、苏溪、荷叶塘、义乌、官塘、义亭六座火车站和 40 多公里铁路用地无偿回收。

这一年，义乌至杭州、上海、泰州、千岛湖、南昌的始发终到列车 5 对。

自 2007 年 4 月 18 日起，义乌站开行义乌至上海南和谐号动车组始发列车一对，义乌成为全国唯一首发动车组列车的县级市；2008 年，义乌站日均办理旅客列车 57 对，义乌西站日均办理接发列车 115 对。

浙赣铁路电气化提速改造完工后，义乌到杭州坐火车不到一小时，到金华只需十几分钟。随着新客站的投入使用，四通八达的铁路快速通道将助推义乌经济越走越远。

5

2010 年 7 月 28 日，14 台高 10 多米的冲击钻为杭长铁路客运专线（杭长高铁）重点工程下万特大桥打桩，杭长铁路客运专线义乌段正式开工。

杭长高铁东起浙江杭州，西至湖南长沙，线路横贯浙江、江西、湖南省，线路全长 931 公里。其中浙江境内线路长度为 295.2 公里，包括桥梁长 214.9 公里，占 73.4%，隧道长 22.9 公里，占 7.9%。也就是说，杭长高铁浙江段桥梁和隧道占到 81.3%，八成以上是桥梁、隧道，基本上是在空中再造了一条线路。

杭长高铁义乌段全长约 35 公里，从浦江接入义乌大陈后，沿浙赣线的左侧建设，到后宅下旺村地段相交，之后沿浙赣线右侧进入金华。杭长高铁义乌段全线有 87% 是高架，剩余主要为桥梁和隧道，建设难度较大。其中，隧道 3 座，麻山隧道为金华段最长隧道，长 3000 多米，另有桥梁 12 座，包括大陈江、义乌西、下万等多座特大桥。在义乌境内，经大陈、后宅、北苑、城西、上溪、义亭五个镇街。

2013年5月，杭长高铁义乌段基础工程全部完成。2013年10月23日，杭长高铁浙江段开始铺轨，至2014年4月13日浙江段全线完成铺轨。7月23日，杭长高速铁路浙江段（赣浙边界至杭州东站）启动联调联试。

2014年12月10日，杭长高铁正式通车运营，义乌正式迈入高铁时代。杭长高铁设计时速350公里，义乌到杭州只需25分钟左右，到上海只需1小时左右。发车密集，约有25趟高铁。相比原先1个小时的车程，杭长高铁通车后，义乌至杭州在时间上缩短了一半。

杭长高铁开通后，义乌和诸暨一样，没有新建高铁站，采用普客站和高铁站合用，两条不同的铁路线，即高铁、普铁合用一个车站。车站增设高铁旅客到发线7条，并增设1条普铁到发线，共有线路15股道、站台11个，义乌站成为高铁与普铁共同运营的综合性车站。

然而，随着杭长高铁的建成，刚启用不久的新客站又暴露出一些不足与缺陷。

2017年6月，金甬铁路、杭温高铁义乌段送审方案获中国铁路总公司通过，义乌迎来铁路建设新时代。2018年10月19日，中国铁路总公司发函，同意义乌站建设全高架站房。

2018年7月1日，车站调整新运行图。这一年，义乌火车站发送旅客1300万人次，发送量位列全国县级市第一，日平均发送旅客35959人。义乌站成为全国县市级中最具规模和活力的高普铁综合一等中间站。

2019年10月29日上午，金甬铁路（金华段）、杭温高铁一期（先行开工金华段）、义乌站枢纽建设项目在铁路义乌站北广场集中开工。2022年11月29日，金义客专三四线举行筹备开工仪式。这些铁路项目落地后，杭长客专、沪昆铁路、金甬铁路、杭温高铁、金义客专三四线、金义东城际轻轨6条铁路在义乌站实现互联互通，杭州、长沙、上海、宁波、温州等多地旅客在义乌站实现零距离换乘，义乌站将由过境站成为一个真正的枢纽型大站。

目前正在建设中的义乌站枢纽项目，主要包括新建的铁路义乌站全高架站房、站前南广场、北侧配套、宗泽北路上跨、北站大道下穿等项目以及已投用的综合交通枢纽大楼，投资估算50多亿元。其中核心项目铁路义乌站全高架站房，是全国第一个在运行高铁上面实施的站房改造项目，总规模约为75000平方米，站型为线型+高架式，项目位于车场正上方，主体呈南北走向，建成后场站规模11台27线，全省第二，仅次于杭州东站。义乌站最高聚集人数可达万人，符合全国大型铁路交通枢纽建设标准。

2022年7月5日，作为义乌站枢纽项目配套工程的综合交通枢纽项目正式启用。该项目总投资15.49亿元，占地面积3.6万平方米，地下2层、地上5层，集铁路、公交、社会车辆、轨道交通等多种交通方式于一体，大厅内最多可容纳2500人同时候车。

11月19日23点53分，随着K348次列车从义乌站驶出，历经16年风雨的义乌站老站房告别了最后一批旅客，完成了它的历史使命。因沪昆铁路和杭长客专并站的义乌站高架站房建设需要，自2022年11月20日起至2024年1月25日时止，义乌站临时停办普速旅客列车客运业务（高铁列车客运业务正常办理），旅客候车区整体迁至综合交通枢纽的过渡站房内。11 月 20 日 6 点 43 分，义乌站过渡站房首趟列车 G7492 次开始作业，标志着一段新旅程的开始。

随着硬件提高及客流量增加，义乌铁路事业进入新的发展阶段。由中间站升为铁路枢纽站后的铁路义乌站，将以全新的面貌迎接八方来客。

6

“买全球，卖全球”，是义乌人孜孜以求的发展目标。“义新欧”中欧班列既是义乌对外开放“无中生有”的典型案例，也是义乌新商人的梦想延续。

2014 年 11 月 18 日，装载着 82 个标准集装箱的首趟“义（乌）新（疆）欧（洲）”中欧班列从义乌西站驶出，一路向西，到达目的地西班牙马德里，开启“义新欧”班列的新征程。

2015 年 12 月，国家口岸管理办公室发〔2015〕3 号文，同意将义乌西站设为国家临时对外开放口岸，义乌西站成为浙江省唯一的内陆铁路口岸。

2016 年 6 月 8 日，中欧班列统一品牌启用仪式在义乌西站举行。

2021 年，义乌海关监管“义新欧”中欧班列进出口货物总值 305.3 亿元，连续八年持续增长。

至 2022 年 12 月 4 日，“义新欧”中欧班列当年开行突破 1500 列，累计开行总量突破 4900 列，发运总量突破 40 万个标箱。义乌对“一带一路”参与国家贸易额占全市进出口总值的一半左右。

历史上，驼队是活跃在丝路上的主要交通工具。如今，列车飞驰的轰鸣声，代替了响彻千年的声声驼铃。这条“钢铁驼队”，打通了亚欧大陆“从太平洋直达大西洋、波罗的海”的互联互通，以“班列稳定、服务优质、价格合理”的特点在市场中树立了品牌效应和影响力，班列实载率 100%，年开行增长率超过 100%。

搭上了“一带一路”快车，也让义乌企业收获颇丰。浙江盟德进出口有限公司总经理周旭锋说，过去和西班牙的贸易往来基本走海运，货物抵达西班牙港口后，光转陆运到马德里就需要 3 至 7 天，不但成本高，资金流转还慢。如今搭乘中欧班列，约半个月时间即可到达马德里。

一趟班列，连接“一带一路”；一个货柜，就是一个“洋超市”；一届展会，就能对接全国采购商……义乌市政府搭建的一系列开放平台，为境外中小企业的品牌商品进入中国打开低成本、高效率的大门。市场与政府的“携手”，不仅为全球 210 多个国家和地区供货，还帮助 100 多个国家和地区售货。

“国际化”深度赋能，营商环境不断优化，国际影响力不断提升。现在，来自100多个国家的1万多名客商常年居住在义乌，其中很多来自“一带一路”沿线国家。

截至目前，由义乌始发的“义新欧”中欧班列开通义乌至哈萨克斯坦、俄罗斯、白俄罗斯、波兰、德国、法国、阿富汗、英国、土耳其等18个方向的点对点国际铁路货运直达班列线路，业务范围辐射境外50多个国家和160多个城市，实现丝路沿线主要国家与地区的全覆盖，运输货物品类达上万种。

同时，义乌还在“一带一路”沿线国家布局商品中转集散地建设，在捷克共和国首都布拉格，捷克站物流园建设已经启动，园区提供干线运输、保税仓储等跨境电商产业链综合服务，将建成欧洲产品采购中心，充分发挥义乌市场贸易优势。

汽笛声声向远方，“义新欧”踏上“一带一路”倡议之旅，中欧班列的线路网络越织越密，“朋友圈”越来越广。越跑越快的中欧班列已成为义乌推动高水平对外开放、深度融入“一带一路”倡议的重要支点，为沿线各国人民带去了实实在在的福祉，也让义乌和世界紧紧联系在了一起。

第七节 “四港”联动

义乌是浙江省唯一的“四港”联动示范市。聚焦海港、陆港、空港、信息港等“四港”联动枢纽建设，义乌紧扣“市场+商贸+物流+数字化”主线，积极推进“四港”高水平联动，培育壮大临港经济、临空经济、临站经济等枢纽经济，致力打造高效集散、快速流通、智慧共享的“世界货地”“义乌码头”。

根据“四港”联动发展目标，义乌从三个方面取得突破：货运能力显著增强，国际陆港贸易便利化达到国际先进水平；客运将全面形成以空铁枢纽为核心，轨道交通为骨架，公路客运为基础，联动长三角，辐射全国，面向国际的旅客空公铁联程综合运输服务体系；全面建成独具义乌特色的“四港”联动信息服务体系，实现多式联运信息采集交换、货物状态监控及作业自动化。

项目建设是转型跨越的载体，是加快“四港”联动发展的引擎。围绕“四港”联动发展示范城市总体目标，义乌编制印发了重点实施设施互通、港贸互联、信息互享等三大工程的16个示范项目，并列出了项目清单，全力加速重点项目建设，为全省“四港”联动先行示范提供强大支撑。

受新冠肺炎疫情影响，国际物流受阻，海运、空运均受到不同程度影响，中欧班列却凭借独特优势，开出一条逆势上扬的曲线，“义新欧”中欧班列整体品牌在不断提高，运量不断增加，为欧洲国家及时获得医疗物资和生活必需品搭建了绿色通道。

为进一步扩大“义新欧”物流联盟组成范围，做大“义新欧”品牌的进出口贸易、跨境物流国际服务影响力，在继“一带一路”捷克站已经投用后，义乌正在加快迪拜站、非洲站等境外站的建设，并在积极谋划印尼站建设。

西向依陆出境，东向依港出海。汽笛声声中，义乌海铁联运业务进入崭新时代！

作为一个不沿江、不沿海、不沿边的内陆港，义乌以“义甬舟”海铁联运班列为纽带，推动综合交通网络化，开辟出了一条沟通境内外、连接东中西的陆海运输通道。其中，眼下正在建设的金甬铁路，即由沪昆铁路义乌站引出，全长约 188.3 公里。该项目是全国首条铁路“双高”集装箱运输试验线，项目建成后，从宁波港出发到义乌货运里程可减少 78 公里，互联互通水平显著增强。

在全力推进金甬铁路、金甬高速拓宽改造、金甬高速复线、527 国道提升改造等干线工程规划建设的同时，义乌在加快推进义乌—宁波舟山港一体化进程，重点实施铁路西站口岸货场扩建、引入宁波舟山港港口 EDI 信息数据，建设义乌港直通仓，实现港口功能直通市场；延伸宁波舟山港海港功能，推动义乌国际陆港成为宁波舟山港“第六港区”，实现“同港同策”；深化义甬舟主通道货运联运协作机制，优化整合集装箱海铁联运平台资源，提高常态化开行密度。

在航空船运方面，目前每天有 1200 多个标准货箱，经义乌、上海、宁波、深圳等港口、内陆口岸和机场，运往中东、非洲、欧洲等世界各地。

打造高效集散、快速流通、智慧共享的“世界货地”“义乌码头”，这是义乌的奋斗目标。通过制度创新、通道创新、平台创新、布局创新、业态创新积极推进现代物流高质量发展，在义乌已经形成了“海陆空、铁邮网、义新欧、义甬舟”多位一体的综合物流体系。设施互通，让义乌无论在货运或客运能力上都得到了显著增强。

在推动港贸互联互动方面，义乌以多式联运模式组建了“四港”联动的运营联盟，通过统筹货源组织，建立运输服务和信息化联动建设等合作机制，提高核心业务专业化水平。

自国务院批复同意设立义乌综合保税区以来，义乌结合市场小商品贸易特色和多元贸易业态发展需求，打破传统综保区发展路径，提出以互联网为基础设施、以计算为生产力、以数据为生产资料、以综保区为生产关系的数字贸易理念，以贸易方式为生产力、以监管方式为生产关系的改革开放理念，致力打造一个独一无二的数字综保区。

随着大数据、人工智能、区块链、5G 等技术的发展，全球已经进入数字经济时代。义乌在推进贸易方式数字化改革的另一重头戏，就是要加快推进数字贸易的转型升级，通过在智慧物流网络、新型贸易金融、云计算和大数据、监管模式等领域协同先行先试，把义乌打造成为现代供应链主体集聚区、全球货物流通码头、跨境支付结算中心、模式规则创新引领区。

同时，义乌将进一步深化大众化贸易自由化便利化改革，优化国际陆港口岸服务，推进国际贸易“单一窗口”铁路运输项目试点，实现全程无纸化申报。依托义乌进出口贸易的高效集散和快速中转，拓展国际贸易供应链外延服务，打造“前港后厂”新模式。

推进“四港”联动，离不开智慧管理的力量。作为现代经济发展与社会生活的重要载体，城市正在成为一种信息化、智能化、智慧化的庞大系统。义乌以“四港”联动智慧信息服务体系为统领，加快新型智慧城市建设，推动管理智慧化。在义乌，对公司登记、出口退税、报检服务等，这些生活中遇到的所有事情，都可以动动手指就能完成。从“最多跑一次”到“一次不用跑”，“义网通办”可以说是“最多跑一次”改革的升级版。为了促进交通物流信息的互联互通，义乌结合“义网通办”建设，通过义乌—宁波海铁信息互联示范，实现信息发布、物流跟踪等功能集成，形成海铁联运集装箱状态信息的一站式查询，实现港务、关务、船务一体化。

此外，义乌还通过高水平构筑“四港”联动智慧信息服务体系，协同义乌城市大脑、宁波舟山港、海关等信息系统，构建开放、包容、融合、安全的“四港”联动大数据生态；优化提升义乌国际贸易综合信息服务平台，以采购商品认定、报检服务、报关单溯源、免税管理、外汇结算等功能为核心，打造信息集成服务综合平台，构建贸易信息服务应用、体系。

加快国际互联网数据专用通道建设进度、推进国际贸易综合信息服务平台提升、保障国家物流枢纽综合信息平台建设……眼下，义乌正在全力推进有关“四港”联动的各项重大建设项目，实现多式联运信息采集交换、货物状态监控及作业自动化，全面建成独具义乌特色的“四港”联动信息服务体系和“四港”联动的管理智慧化。

“四港”联动做大“义新欧”品牌

第七章 踏市造城

商，因市而兴；城，因市而名。

义乌的发展大部分与市场有关，城市建设也是如此。小商品市场让义乌无中生有、点石成金，紧随着义乌小商品市场日益繁荣的脚步，数以万计的商贾从全国各地接踵而来，义乌这个古老的县城显得太小了，太旧了。行路难，吃饭难，住宿难，通信难……种种难题接踵而来，由此上演了加快城市建设的一出出精彩“好戏”。

但，演“好戏”要花钱，钱在哪儿？人民城市人民建，谁受益，谁出钱。通过发动农民集资建城，实行土地的有偿转让，摸着石头过河，走出了一条前所未有的新型城市化建设之路。时代是出卷人，自觉践行人民城市理念，由此也促使政府部门挤出有限的资金用于县城的基础设施建设，这就是后来人们常说的“市场建到了哪里，城市就发展到哪里”。

市场不断扩大，城市不断拓展。义乌市场的繁荣发展推动了城镇建设，不但促进了城区面积的扩大，市政面貌也大为改观，市场周围形成了新的居民区和商业区，市区的道路、建筑、路灯、绿化旧貌换新颜。市场促使了交通、邮电、金融、饮食、旅馆、娱乐、旅游等第三产业异军突起，也加快了义乌从相对落后的农业小县发展成为实力雄厚的经济强市。

市场带来制造业集聚，促进传统商贸业崛起，特别是家庭工业大批涌现，为各类小商品市场提供了大约40%的商品。市场培养造就了一支会打拼肯钻研善经营的农民经商大军，为众多的农村剩余劳力和城镇待业人员提供了新的出路。这种“以市兴产、以产促城”的内生型城镇化之路，其动力来自经济规模的扩大和第二、三产业在区域经济中地位的逐渐上升，因此更具生命力。

办一个市场，兴一座城镇。从马路集市发展成为拥有全球最大的专业市场，从“汽车跳、义乌到”的小城镇到全国第十个“经济特区”，义乌借着市场的推力，进一步凸显了“市场化—工业化—城镇化—国际化”互动发展的城市化路径，市场见证了一座新型城市的崛起，义乌创造了县域城镇化发展的奇迹，把小小的县城带向世界瞩目的巅峰。

以市造城，方能生生不息。义乌，一座建在市场上的城市，城在市中，市在城中。

第一节 城市东扩

1

古时义乌县城无城垣，但有城门。至民国时期，仅存朝阳门、文明门。早期西门街有双桂巷，又名双贵途，城内居民俗例：娶媳自朝阳门进，嫁女从双贵途出，以求吉利；县官升迁往来必在朝阳门迎送，寓意步步升高。

1980 年前，义乌对县前街、朱店街和北门街进行过小规模改造，但随着社会经济的不断发展，城市空间不断扩大，人们在市政道路建设要求方面也不断提高，市政建设跟不上形势。县城的最大变化从小商品市场开放之始。

自小商品市场开放后，由此也带来了城市成长中的烦恼。农民进城、外地人涌入，使稠城镇人口倍增，这固然给义乌商品经济的发展带来了活力，但也带来了吃、住、行、就医、上学、通信、道路交通等一系列城镇建设问题。

小小的义乌城，随着人口流量的大增，加之当时市容状况相对较差，常给人一个又乱又脏又挤的感觉，市政建设跟不上经济社会事业不断发展的形势，特别是一些不符合城市总体规划的建筑物亟待改造。连当时县委仅有的一辆小车都开不出去，省委领导来义乌时，小车也无法开进县府，义乌旧的城市建设明显不能适应经济发展的需要。

于是，时任县委书记谢高华开始着手规划城市建设。1983 年 3 月 5 日，稠城动员 3000 余人，清扫街道，取缔街头巷尾露天粪缸 143 口。这一年，解放街（朱店街中段）改造工程开工，成为当时义乌旧城改造之始（到 1984 年年底竣工）。

1984 年 4 月 23 日，谢高华通过实地考察义乌古老的县城后，组织县委办、县经委、乡企局、二轻局、供销社、商业局、财政局、工商局、城建局、稠城镇委等部门参加的座谈会，提出改造老城、扩大城市建设的设想：计划建造义乌贸易中心，地点北门街菊芬理发店；建造农贸市场大楼，地点义乌酒厂旁；拓宽县前街，实行前店后厂；建造政法大楼、科技大楼、义乌宾馆、少年宫、邮政大楼等。

为实施完成这些计划，县政府在这一年成立了义乌县稠城建设工程指挥部及其办公室，负责对改造工程的动员、拆迁、安置和建设等事宜。谢高华要求，要改变过去那种“见缝插针”“修修补补”的城建现状。有人提出，资金和老城拆迁两大难题如何解决？其中最头疼的是老城拆迁问题，拓宽县委门口的一条街涉及二三十个单位百多家住户的搬迁。

谢高华说，资金困难问题可以通过依靠群众自力更生和各部门分工负责建设得到解决。抓城市建设规划，我们要敢于碰硬，县委将组织力量，努力做好干部群众的思想工作，要反复研究有关拆迁的政策，解决群众的搬迁安置。

可是，各部门负责人虽然在大大小小的多次会议上都曾表态“支持拆迁”，赞同所采取的政策和措施，却怎么也拆不动。谢高华听取了情况汇报后，发现最大的问题是有的部门领导搞本位主义。于是，他就亲自主持召开各部门领导会议，明确提出：“拆这条街（县前街）是县委、县政府的决定。我们今天不讨论这条街要不要拆的问题，只讨论一个问题，就是哪个部门领导顶牢不拆，县委就撤哪个部门领导的职。我率先对此表个态。”

县前街原名县前直街，因地处县署门前而得名。在明清年间，县前街便是县城的三条主街道之一。它东起县政府东侧的金山岭顶脚（后诸巷），西至平桥，后不断向西延伸。1947年，与朱店街平行的新马路修成，县前街向西延伸至与新马路交叉口；20世纪70年代，又向西延伸至原义乌电影院（2001年拆除）。对这一次的旧城改造，主要工程可算得上是对县前街、南门街的改造了。

1984年8月31日，县政府颁布义政〔1984〕191号、192号文件即《稠城建房实施细则》《稠城房屋拆迁实施细则》。根据其中规定，义乌开展了第一次大规模的旧城改造拆迁工作，拆迁范围为南门街全部，县前街（开关厂至朱店街）地段，约180户。在拆迁开始时，县委常委除留一人在家值班外，其余全部到省委党校学习，避免“说人情”“打招呼”，故拆迁工作由城阳区（当时城阳区与稠城镇是一套班子两块牌子）负责。拆迁指挥部临时设在县委大门口，由城阳区（主持工作）副区长何京月任副总指挥，具体负责实施拆迁工程，城阳区、稠城镇机关干部和工作员全力以赴参加拆迁工作。

由于县委、县政府一班人团结一致，齐心协力，城阳区、稠城镇克服了重重困难，仅仅用了一个多月时间就全面完成了170多户房屋的拆迁任务，为义乌更大规模的旧城改造工作提供了非常宝贵的经验。

1984年10月28日，南门街（至县前街）中段进行拓宽改造，县前街、南门街商业楼群建设开工。1986年7月10日，县前街、南门街商业楼群竣工。沿街的百货公司、蔬菜公司、粮食局、义乌县第二轻工业局、城阳供销社、稠城财税所等单位投资兴建，为此，这条街周边已林立着县政府第一招待所、百货公司及商场、医药公司第一药店、五金公司、二轻大厦、新华书店、糖烟酒商场、供销总社，等等。

紧随县前街的沿街楼群崛起的，还有一幢建筑比较受人关注，这就是随城中路小商品市场而建的望江楼。1986年9月22日，望江楼竣工开业。

这是一幢由商业系统承建的五层综合服务大楼。按市场总体方案初期设想，特在市场周围的建筑物中安排了乡镇工业产品展销楼和综合服务大楼，因当时牵头建设的单位积极性不高，乡镇工业产品展销楼改为个体户大楼，商业局牵头筹建的综合服务大楼最后由县饮服公司筹建。最后通过县财政筹一点（主要用于浴室等服务设施）、银行贷一点、主管部门筹一点、施工单位工程款支付延迟一点、县饮服公司自身解决一点的办法，使资金得到落实。

2

县前街久历沧桑，朝阳门气势恢宏。原城门残长 12 米、宽 7.5 米、高 4.9 米，其中门洞高 2 米、宽 3.45 米。

朝阳门建于明朝嘉靖三十四年（1555 年），是连接义乌新老城区的“咽喉”，是出入义乌城的主要通道，东区以及东部乡下老百姓都从此门出入，沿着金山岭石阶缓步上行，至金山岭顶，再往下，就进了城。城里的人，沿着朝阳门 43 级台阶，登至金山岭顶，隐约可以感受到黄大宗祠的古韵新风。

沿着县前街，踩着老石板路，拾级而上，能深切感受朝阳门所蕴含的深厚文化积淀。金山岭这个“岭”并不算大，仅十余米落差，但在城区中，这样的高度到底有些特别，从岭脚到岭顶，满目古迹尽珠玑，虽不孤峰突起，却也百看不厌。穿越时空隧道，还可以与元代大儒黄溍来一次倾心长谈，让历史传承与现代文明在古与新的温情对话中碰撞出精彩的火花，共同见证城市更新带来的改变。

朝阳门原是一条宽两三米的坡度很大的石阶小巷。1986 年 9 月，城中路小商品市场建成开业，朝阳门成了经营户们每天去市场摆摊的必经之路，上下台阶，十分不便。自从这个市场开放后，就不少有识之士早就呼吁拆建朝阳门，打通这个“咽喉”，造福后世。

1988 年 3 月，为延伸县前街与城中路连接，朝阳门拆建工程正式动工，开始破金山岭顶，修筑朝阳门段街道。

朝阳门拆建工程浩大。工程需拆迁 2.3 万平米的民房，共 187 户居民；需挖土石方 6.2 万多立方米，以及建设水、电、通信设施等。设计部门测算，总投资在 1500 万元以上。

资金从何而来？靠市财政是“杯水车薪”。在经过多方征询和反复论证的基础上，市领导提出了响亮的口号：人民城市人民建。利用义乌全社会的闲散资金、利用义乌商业城优势，集资建设朝阳门商业街！

1988 年 10 月，义乌市发出了集资建设朝阳门工程的通知，当即有 20 余家国营、集体单位和企业以及 150 余户个人要求投资，当月便筹集资金 712 万元。之后，随着工程的发展，各中标投资单位和个人又陆续把资金汇入工程指挥部。

1990 年 8 月，历时两年半，总投资为 1751.9 万元的义乌市区朝阳门工程建成并投入使用。县前街向东延伸至城中路。

新建成的朝阳门商业街，全长 280 米，宽 22 米，水泥街道两旁有 7 大幢相连的商业大

城市东扩见证义乌江两岸繁华

楼，沿街两侧新建四层以上商品房 114 间，建筑商品房面积 15960 平方米；底层为骑楼结构，二层也有店面。为方便到 2 楼商店购货，新建成的商业街建有两座跨街天桥，主营服装。

农民投资者进了商业街，开出了五彩纷呈的商店。浙江省设计院的一位设计师说："在国家不投资一分钱的情况下，能在两年内建成这样规模的商业街，这在全省是独一无二的。"

为了纪念朝阳门这个"利市"之门，当年经改造后的朝阳门商业街尚有文字残垣，写着"朝阳门遗址"。

2000 年 9 月，在建绣湖广场时，对县前街后诸巷东约 100 米（朝阳门段街道）至丹溪北路段进行拓宽改造，至 2002 年 2 月竣工。到了 2013 年 7 月，新建二十多年的朝阳门迎来再次换颜，有关部门对朝阳门商业街旧房实施爆破拆除，朝阳门彻底与过去告别，也慢慢淡出了人们的视野。

县前街见证了一座城市的变迁，是义乌城市化快速发展的缩影。作为义乌城区的一条核心主街，随着朝阳门的拆除，该街向东拓展至城中路，向西延伸至绣湖西路的义乌电影院，全长约 780 米，宽 16 米。如今，向东继续向稠州路、江滨路延伸，向西则延伸至了香山路。

3

在义乌小商品市场发展进程中，城市建设向来都与市场发展同步进行，因为公共设施、基础设施和服务设施解决不好，就会严重地削弱市场的竞争力，将导致市场在激烈的竞争中逐步萎缩。因此，要促进市场的可持续发展，必须搞好城镇总体规划，有计划、有步骤地建设城镇，不断完善和健全整个社会系统内各要素的协调发展。反之，廿三里小商品市场日渐衰落就是教训。

廿三里小商品市场虽然早于稠城镇小商品市场的形成，义东的货郎担也最多，在 1982

年曾发展到有 800 多个摊位，每天进场交易人数达万人以上，但为什么发展比稠城镇小商品市场乏力，直到最后竟然消失了？

其中固然与市场的经营管理有关。从营商环境上分析，从小商品市场的初期管理上看，城阳工商所比廿三里工商所更为宽松，在 1981 年就曾有一个姓吴的个体户从廿三里跑来稠城，跟城阳工商所的同志说：再也不去廿三里摆摊了，那边抓得太严。

由于廿三里小商品市场税收极严，摆摊人要缴税，配货的客商也要缴税，税额也高，有时税后要亏本，导致营商环境吸引力下降。而且，收取的管理费与税收也毫不规范，收多收少或不收全，由收费员临时决定。小商品经营者在外地进货时，货被当地扣留，“打办”的人不但不设法营救，反而支持外地扣货单位，致使经营者遭受到了较大损失。

而湖清门市场开放后，这里就变成了正式的市场，工商和税务人员对每摊每天只收 2 角管理费、5 角税，有些摊只有十几元资本，管理费和税也就免了。良好的环境、合理的收费很符合经商者的心理，于是，经商人员成倍增加，湖清门这条街短短几天就挤满了摊位，远近客商接踵而来，这里成了全城最热闹的地方。随着经商人员的大量增加和参与经商人员地域的扩大，两地经商条件的优劣差距越来越明显了。

除了营商环境，廿三里的基础设施建设没有跟上也是一大原因。一是廿三里的交通条件差。当时廿三里不但没有汽车站、火车站，而且到稠城没有一条水泥路，马路质量很差。再加上每天只有 4 班公共汽车来回于稠城与廿三里之间，有些客商赶不上汽车，只好步行 23 里路程去义乌火车站上车。相反在稠城，有火车、汽车直通各地。许多外地客商为了方便，都建议在廿三里的客商到义乌城区交货，开始时只约定交货地点，一般都送货到稠城湖清门。

二是城镇配套设施跟不上。当时的廿三里小商品市场，通信不便、金融结算渠道不通、饮食服务等配套设施跟不上。稠城镇是县城所在地，面积大于廿三里几倍，公共设施多，饭店、旅社（廿三里只有一家供销社旅馆）、银行（廿三里只有一家信用社）、邮电局、自来水、电力等配套行业设施，都大大好于廿三里。

三是城市环境建设没有跟上市场发展速度。市场经济的发展给城市建设带来了很好的契机，但沿街马路市场既不利于商品经济的发展，又影响着城镇的交通和市容。当经济上实行“放开搞活”的政策后，在市场发展到了一定阶段，廿三里对市场的规划和建设没有引起重视，导致市场场地与商品经济发展规模不适应，市场的规划和建设与城镇的发展建设不配套，结果不仅不能满足越来越多经商人员的需要，还带来了阻碍交通、影响市容、管理困难的新问题。而自从湖清门市场正式开放后，当地的整个市场环境管理就比较规范了。

从稠城、廿三里两市场的兴衰中可以认识到：良好的城镇基础设施是市场保持繁荣、进一步发展的重要条件，抓市场的建设和抓城镇建设必须同步进行，抓市场的管理等软环境条件同样重要。这也是稠城市场后来居上的重要因素。随着稠城镇小商品市场的兴起、发展，廿三里市场就慢慢地被稠城市场比了下去，义东籍的个体户也大多数在稠城市场设了摊位，廿三里小商品市场就逐渐萧条，走向了衰落，最后只好改为综合市场了。

4

1984 年 4 月，县城乡建设环境保护局负责编制了《稠城镇总体规划（1984—2000）》（1985 年 11 月 9 日，金华市人民政府批准实施），明确以商兴县主题。提出从发展商品经济的观点出发，对市场建设加以统筹安排，合理布局，加强基础设施建设，以实现相互促进，共同发展。

随着市场的开放，摊位一次次告急，市场几乎每两年就被撑满不得不搬迁、新建，但还是有许多商贩没法进入市场。自从新马路小商品市场开业后，由于摊位需求激增，在 1985 年 10 月 18 日，城中路小商品市场动工建设。当时（1984 年 6 月—1986 年）分管市场的副县长同时兼管城建工作，这对城市发展规划和城建工作的开展有利。随着城中路小商品市场的开建，城市面临东扩。而市场的发展又吸引带动了各经济层次的企业和单位围绕市场投资开店、办厂、建住宅，促进新城区的形成。在当年就组织了 300 多户个体工商户投资 1780 万元，建造了 11.9 万平方米的专业户商业街。

1987 年 8 月 22 日，城中中路（工人路至丹溪路）工程开工，路宽 30 米，时为金华市最宽城市道路（至次年 3 月竣工）；1988 年 6 月，丹溪路（城中中路至稠州中路段）开工建设；1989 年 6 月 1 日，城西公路（即环城西路，扩建后改为西城路）全线竣工通车，把城南的原杭金公路改为城中路，杭金公路搬到浙赣线以外建成环城西路……

1991 年 7 月 1 日，义乌又展开了工人西路的改造工程，至 1993 年竣工。规划、建设等部门对该路段的改造思路、建筑形式、空间布局、功能结构、交通组织等方面作了精心设计和思考。1994 年，工人西路拓宽改造工程获得浙江省规划建设一等奖。

在此期间，义乌先后对南门街、县前街、朝阳门、工人西路、站前广场、造纸厂地块、北门街等进行大规模的拓宽改造。通过多方筹资，集中财力新建、扩建、改建大小街道 20 余条，计 7.2 万平方米。

第二节 撤县建市

1

经过一系列的拓宽改造，立面整治，一条条不断延伸的道路，不仅丈量着幸福的长短，也深藏着幸福的轨迹，原来破旧低矮的平房或两三层砖木结构楼房普遍被改建成六七层以上的砖混或框架结构的新楼房。县前街、朝阳门、工人西路、北门街、新马路、南门街、西门街等原先一端没有直路连接的街道全部打通，缓解了交通堵塞拥挤的压力。同时，县前街、朝阳门、工人西路、丹溪路、城中中路、城中西路、新马路、南门街、北门街、义东路等道路拓宽后形成中心商业区。

同时，改善邮电通信，在义乌小商品市场中专设邮电支局，办理货物托运、电报电话，开通义乌直通杭州的邮电专线，到 1987 年市内新增 1200 多门自动电话，为众多的经商办厂者架起了“高速通信公路”。开展市容环境卫生整顿，1985 年 10 月 10 日，县财政拨出专款疏浚城中河、城东河，成立专门班子开展环境卫生大整顿，努力改变“脏、乱、差”的老大难问题。建立联防队伍，健全治安保卫网络，努力使经商者交易称心，寄存放心，住宿安心，生活舒心。

经济的发展，迫使义乌人开始树立形象意识。义乌城镇基础设施和通信、托运等服务设施不断改善，义乌的城市建设发生了质的变化，稠城建城区由 1978 年的 2.8 平方公里，到 1987 年扩大至 5.9 平方公里；人口从 3 万余人增至 6.2 万人。精彩演绎了一方土地重塑的破与立，城市面貌变得越来越美。吸引了全国各地客商，“江南明珠”的声誉随之响起，义乌作为区域性小商品集散中心闻名于大江南北。

1988 年 3 月 28 日出版的《解放日报》在头版头条刊发了《搞活一个市场，带来百业兴旺，义乌“兴商建县”名闻全国》的新闻。在该新闻中这样写道：“义乌小商品市场总面积不过四个足球场那样大，在一排排整齐的石棉瓦棚顶下，设有 5600 多个摊位。这是全国目前最大的以批发为主的小商品专业市场。这里的每个摊位，顶上挂的、摊上铺的、摊‘肚’里塞的，都是五光十色的小商品，从小百货、小玩具到服装、针织品，可说应有尽有。成千上万的外地客商，操着南腔北调，提包携款，忙于交易，日成交额高达 50 万元以上，生意兴隆时突破 100 万元大关……”

活跃的商品经济，给义乌城乡带来了一系列引人注目的变化。在该文中，作者就一口气列举了 6 个方面的变化：“乡镇企业，特别是家庭工业大批涌现；小商品大市场，造就了一支 15000 人的购销大军；饮食、旅店、运输等第三产业迅速发展；义乌火车站成了浙赣线上客货上下最繁忙的车站之一；邮电、金融信贷业务繁忙；城镇面貌改观。”

该文在最后写道：“义乌‘兴商建县’的做法，引起人们的极大兴趣和重视。各地来到金华市的人，几乎都要到义乌看一看；全国 18 个省、市、自治区的主要领导，都曾到这里考察。面对搞活一个市场，带来百业兴旺的生机勃勃的局面，人们称赞义乌为发展有计划的商品经济提供了重要的新鲜的经验。”

2

“1988”，这个数字在义乌两千多年的历史长河中，注定是一朵极不平凡的浪花。这一年，义乌“撤县建市”，乌伤大地由此翻开了新的一页。

根据当时中央精神，鼓励县级行政单位在人口、地域、经济、文化等诸多方面指标达到一定标准时，进行“撤县建市”。在 1987 年 6 月 30 日，县人民政府经金华市人民政府向浙江省人民政府呈报了《关于要求将义乌县改建为义乌市的请示》，陈述了义乌县具备撤县建市的 6 个条件：符合浙江省城镇布局规划纲要的要求；商品经济发展快；交通发达，具有区位优势；市场繁荣，商业兴旺；历史悠久，文化发达；县城建设粗具规模。

经过积极的筹备、申报，1988 年 5 月 25 日，国家民政部批复浙江省人民政府：“经国务院批准，同意你省撤销义乌县，设立义乌市（县级），由省直辖，以原义乌县的行政区域为义乌市的行政区域。”1988 年 6 月 21 日，省人民政府发出《关于撤销义乌县、东阳县，设立义乌市、东阳市的通知》：义乌市以原义乌县的行政区域为义乌市的行政区域；撤县建市后，原来的计划、财政体制不变，行政管理委托金华市人民政府代管。1988 年 7 月 1 日，经省委组织部批准，中共义乌县委改为中共义乌市委；市八届人大常委会第八次会议作出《关于撤销义乌县设立义乌市有关问题的决议》。义乌市市名在这一天正式启用。

从国务院批准义乌撤县建市的那一刻起，60 多万义乌人民成为“市民”的喜悦之情溢于言表，相关的庆祝活动被排上日程。市委、市政府所在地稠城镇的各主要街道张灯结彩，成千上万的市民穿着节日盛装载歌载舞，热情欢迎前来参加庆典活动的各级领导和海内外的各界友人。

“义乌撤县建市新闻发布会”于当年 7 月 11 日举行。9 月 20 日，市委、市政府在义乌剧院举行“庆祝义乌设市暨经济发展恳谈会”。在庆典活动当天，民政部、省人大常委会、省民政厅、金华市委等单位领导及兄弟单位代表 1000 余人参加了会议；43 家新闻单位的 70 多名记者到会后，有 20 多家报社、电视台、电台编发或播送了有关义乌撤县设市内容的新闻。

战鼓阵阵，杨柳新枝，义乌人民从此又迈上了“兴商建市”的康庄大道。

“义乌县”这三个字变成了“义乌市”，区区一个字的变化，却浓缩了乌伤大地经济社会翻天覆地的变迁。1988 年撤县建市后，到 20 世纪 90 年代初城区面积就迅速突破 10 平方公里。在城市的集聚效应下，城区迅速沿交通干线向经济强镇延伸，城市化进程明显加快。

3

一座高楼，就是一段历史；一座标志性的建筑，便是这个城市的坐标，体现了一个时代的风云变幻，沧海桑田。

1988年3月，位于原仓后路（现机场路）的天鹅宾馆建设竣工，12层框混结构，为义乌第一幢高层建筑。它的建成彰显了一座城市对未来的期盼，成为义乌对外开放的重要窗口。投入使用后的天鹅宾馆，即承担了当时的重要接待任务，如参加义乌撤县建市的各级来宾、全国中小城市市长会议等。

2002年5月初，天鹅宾馆开始拆除，前后不到15年时间。榔头声声里，“天鹅”被不断地折翅、斩腰，终于随之消失。人们的内心也随之一颤：“天鹅”飞了，历史的车轮也大步地驶向了新的时代。

天鹅宾馆自1984年7月30日批准建造，整个工程的名称为“工贸中心”。据义计〔1984〕50号文件记载：为适应我县商品生产的蓬勃发展，开拓市场，搞活流通，要求开建义乌县工业品贸易中心10000平方米的贸易大楼，投资250万元。“工贸中心”工程包括大楼、商场、餐厅、会议室、仓库等，大楼即指天鹅宾馆，高42.6米，建筑面积4890平方米。

义乌要建十二层的高楼？要知道，在当时义乌最高的大楼才七八层，即使在金华市也没有这样的高楼。因此，要造这样的大厦是想都想不到的。

但是，义乌小商品市场的迅速崛起，给义乌城市建设带来了生机。以1984年12月设摊1800个的新马路小商品市场为标志，市场建设进入了崭新的阶段。它对外的吸引力就如极强的磁场，吸引着四面八方的商客。

义乌，一个浙江中部的小县，仿佛从一只“丑小鸭”突然间长成了“白天鹅”。但正当人们细细品味她的欢声笑语，欣赏她苗条多姿的倩影时，义乌的领导也发现，义乌的经济在发展，但第三产业却相对滞后，当时县政府只有一招、二招，就连带有抽水马桶的房间也极少。

于是，当时的义乌县领导认为，城市建设与经济建设是相辅相成相互促进、相互制约的，要始终把市场建设和市政建设有机地结合起来，把改善投资环境、加快城镇建设作为全县一件大事来抓；要加强硬件建设，加速发展第三产业，从全方位配套服务带动市场发育，增强市场功能。同时提出要建“十大建筑”的构想，建比较有档次的宾馆，以便与经济社会发展相适应，其中天鹅宾馆便是“十大建筑”之一。就这样，义乌城区要建天鹅宾馆计划开始付诸实施。

从1984年起，几经周折，工贸中心的施工工程轰轰烈烈地展开了。但是，工程的筹备阶段却是十分艰难。250万元可不是一个小数目。

“250万元”是一个怎样的概念？1984年义乌的工农业总产值才5亿多元。

路是人走出来的，“有条件要上，没有条件创造条件也要上”。没有足够的资金，最终靠贷款解决。当时共向省建行借贷了几百万元，同时还通过其他渠道筹资，使资金落实到位。自1984年7月30日批准建造，直至1986年7月14日主楼才正式施工。

1987年11月28日大楼结顶竣工。1988年1月9日，经计委、经委、城建、设计院等单位组成的33位专家对天鹅宾馆工程进行全面评定，该工程被一致评为“全优工程”。至此，经过505天的艰苦奋战，“天鹅”雄姿兀然在义乌城区飞起。大楼正面一只冲向蓝天的“天鹅”即她的标志，引人注目。从此也结束了义乌没有高档宾馆的历史。

“天鹅”昂起了头。天鹅宾馆是一座现浇框架结构建筑，外墙面以玻璃马赛克为主，底层地面用水磨石。

天鹅宾馆的内部设施也是一流的。十二层高的天鹅宾馆，一次可供300人住宿，电梯直通。房内有地毯电话、闭路电视、浴室甚至空调。天鹅餐厅华丽大方，可供400人同时就餐，内设中、小餐厅，幽静清洁。天鹅商场有1400平方米，能经营五金交电、百货，食品、摩托车……

比大楼竣工早一年（1986年10月），占地44000多平方米的城中路小商品市场已交付使用。“天鹅”的诞生，正可为全方位配套服务、带动市场发育提供了条件。

“天鹅”飞起来了。

天鹅的建成，不仅为全县最高，也是金华市最高大楼，是义乌县有史以来最时髦、最高档的宾馆，在金华市都引起轰动。登上天鹅，如蟾官折桂，独领风骚。“切勿高声语，恐惊天上人”，有人登临“天鹅”时不禁感叹。从她的身上，人们仿佛听到了城市前进的脚步声：义乌，正迈着雄健的步伐，走向繁荣，走向光辉灿烂的未来。

事物的发展也不是一帆风顺的。人们还没有淡忘天鹅宾馆开业的热烈场面，宾馆的窘境却已显现。在义乌，每天有数万名流动人口，但有着200多张床位的天鹅宾馆，却是经常出现门前冷落的窘境，住房率很低，吸引不来顾客，天鹅餐厅，也是生意冷落。其中有所处地段的因素，更是因刚刚建起的宾馆缺乏管理现代化宾馆经验、人员素质不佳等原因所致。

坐落在鸡鸣山上的鸡鸣阁

面临上述情况，天鹅宾馆穷了，人心散了，员工有时连工资也发不出，到1988

年5月底，虽然企业全面营业尚不到半年，账面上已出现39万元经营性亏损。如果长此以往，不但建设性贷款无法偿还，还将给财政带来沉重的负担。

“天鹅”的困境迅速被反馈到义乌的最高管理层。县领导在会议上态度明确：广州的“白天鹅”已经飞向世界，义乌的“天鹅”可不能成为“灰天鹅”，一定要让她飞起来，飞向蓝天，飞向世界。

经过多方挑选，县里为“天鹅”物色了一位新的“领队”，他叫龚益彰。他接到市委、市政府交给的第一份试卷：7月11日，义乌举行撤县设市新闻发布会，主要接待工作由天鹅宾馆负责。这，是义乌有史以来最大的事情之一。

新领队上任接受了这项重大任务，准备时间只有十天，在制订出了周密的计划后，在大家的共同努力下，使这次接待工作取得了圆满成功。

从此，市委、市政府的领导看出了“天鹅”拥有的潜力，市里凡有什么重大活动，就很放心地把接待重任交给天鹅宾馆，如民航义乌机场扩建庆典、全国工商局长会议等，受到了与会代表的一致赞同，他们对义乌有如此高档次的宾馆称赞不已。杨成武上将还为天鹅宾馆题了词：高尚纯洁，友好向前。

1992年5月，阳光灿烂的日子，全国发展城市商品市场研讨会暨义乌第四代小商品市场开业典礼在天鹅宾馆举行。参加这次会议的各地来宾达500多人，其中有50多位是全国各地的城市市长，许多出席会议的市长好羡慕义乌有这么漂亮的会议中心。

通过一次次重大的接待任务，经过了几年的拼搏挣扎，辛勤的耕耘换来了丰硕的成果，连续几年，天鹅宾馆的客房住宿率都平稳地保持在90%以上，每年接待宾客8万人次，其中60%左右是回头客。

天鹅宾馆的投入运作，对义乌商业服务行业的蓬勃兴起开了好头。但以后的几年时间里，天鹅的翅膀却逐渐变得沉重起来，直至1998年宣布终止。

有人说，天鹅宾馆的兴起，是义乌实施“兴商建市”发展战略的见证，是义乌取得改革开放辉煌成就的代表性符号；也有人说，天鹅宾馆从立项到建设适逢经济困难时期，她的建成，是义乌的象征，是义乌的一大标志。

人往高处走。在1994年7月，篁园市场第二期工程投入运行，在市场上建起了一幢12层高的服务大楼（即商城宾馆），这样才有了与“天鹅”相媲美的对手。

随后的几年时间里，义乌的城建突飞猛进，有17层高的华丰宾馆投入运行，其他还有如“银都”“凯信”等大楼相继建成，鳞次栉比，一楼高过一楼，地处会展中心对面的时代广场共30层，还有达到了31层的东方大厦……

虽然一只天鹅飞走了，却有更多的“天鹅”在义乌驻足。更多更高的建筑，在商城大地尽显风流。

第三节 中等城市

市场建到哪里，城市就发展到哪里。1991 年 1 月 10 日，篁园市场一期工程动工。7 月 8 日至 9 日，《义乌市城市总体规划》技术鉴定会在天鹅宾馆召开。该总体规划修订历时一年零十个月，自 1989 年 10 月开始，由市城乡建设环境保护局和省城乡规划设计研究院共同修订，进一步强化“兴商建市”主题，突出城市综合中心功能的小城市规划为特征。

限于当时的经济条件和人们的认识水平，城区改造的深度和广度远远滞后于建设现代化商贸城市的要求。由于 1990 年总体规划提出的许多目标均提前实现，为适应社会、经济与城市发展需要，1995 年对原总体规划进行调整，调整范围主要在江东地区及城北部分，集居住、就业、公共服务、休憩等设施于一体，在宾王路、篁园路延伸至江东的道路两侧用地分别规划商业贸易、文化体育、科研教育、行政等公共设施中心用地，形成分区主、次中心；沿江东路纵向发展轴布置以居住用地、一类工业用地、公共服务设施用地为主的综合体。

然而，规划总是赶不上变化。1997 年，由浙江省城乡规划研究院和市城乡规划设计院共同修编了新一轮《义乌市城市总体规划》。规划基本内容为：继续贯彻“兴商建市”战略，突出现代化主题，以建设现代化中等城市为目标，以现代化的商贸城市为城市性质。规划人口规模为近期 27 万人、远期 35 万人；现状建成区 13.96 平方公里，中期规划建设区 25.76 平方公里，远期建设区 35 平方公里。该规划于 1998 年 12 月 29 日经市十一届人大常委会审议批准实施。

1994 年 1 月召开的义乌市委九届三次全体（扩大）会议，提出了全面建设宾王路 21 世纪商贸中心的规划蓝图。1994 年 3 月 9 日出版的《浙江日报》第 2 版，刊发了“义乌迈出跨世纪城市建设步伐——21 世纪商贸中心和香港城建设启动”的消息：“21 世纪商贸中心总建筑面积 130 万平方米，规划中有高层建筑 26 幢，建成后这里将形成综合市场、文化市场、金融市场、期货市场、房地产市场和劳动力市场，并与中国小商品城相配套，集购物、旅游、文化娱乐及少量居住于一体。1996 年完成各市场内 70% 的高层建筑。”这一工程建设也因此称为是跨世纪的工程。

根据规划，该商贸中心用地 1000 多亩，其间拥有宾王、文化、金融、电器、房地产、劳务等六大市场，还有一系列商服设施，规划区内有宾王路、工人北路、稠州路、宗泽路等 8 条主要街道，以及洪溪改造工程等，总建筑面积 130 万平方米，总投资约 23 亿元。至 1995 年 9 月，建造面积为 27 万平方米的宾王市场已全部结顶（除高楼外）；占地 104 亩、建筑面积 12 万平方米的文化市场 4 个交易区全部结顶；金融、电器两个市场相继破土动工，还有一些配套的商服设施项目陆续投入开发。

商城天天在变。特别是在进入 1995 年后，义乌城市建设进入高速发展阶段。这一年市政工程共安排 23 项工程，总投资 1.2 亿元，完成丹溪路、稠州西路、稠州北路、江东路、篁园路、义东路等城区道路共 11.10 公里，超过了 1991 年至 1993 年 4 年道路建设的总长度。依据农村集镇化、集镇城市化、城市现代化的方针，义乌正致力实现“过了一镇又一镇，镇镇像新城；过了一村又一村，村村像城镇”的宏伟蓝图。

到 1997 年，义乌城区面积扩大到 15.4 平方公里，城市人口达到近 20 万，城市化率上升到 40% 左右，从义乌撤县建市时期的 1988 年至 1997 年，实现了由小城市向中等城市的发展。此后，义乌城区平均每年以 5 平方公里的速度迅速扩大，人口也以平均每年 5 万人的速度增长。

1998 年 3 月 13 日至 17 日召开的义乌市第十次党代会，市委书记赵金勇作了《抓住机遇，再创新业，为建设初步现代化的中等城市而努力奋斗》的工作报告。从 1981 年的第五次党代会至 1993 年的第九次党代会，间隔时间均为 3 年。这一次党代会与上一次相隔 5 年。当时的义乌已经跃升为全省经济综合实力十强市、全国综合实力百强县（市）。

本次党代会提出今后 5 年要通过“再创业、再发展、再提高”，把义乌建设成为“初步现代化的中等城市”“形成以稠城为中心，以若干卫星镇相环绕，以建制镇为基础，以快速通道网络为纽带的中等城市新格局，城区建成面积达 20 平方公里，人口达到 20 万以上，城镇化水平显著提高，达到 60% 以上”。

也就在这一时期，在不知不觉间，一座座高楼像雨后春笋般拔地而起，华丰宾馆、电

宾王路的繁华是 21 世纪商贸中心的建设成果

信大楼等鳞次栉比。城市进程的步伐，远超我们的想象。

1994 年 10 月 8 日，华丰宾馆开张营业，当时为义乌第一高楼；1996 年 5 月 8 日挂牌三星级酒店，是义乌首家三星级旅游涉外宾馆，也是金华第一家三星级酒店。

华丰宾馆位于五岔路口，建筑占地面积为 12823 平方米，属于义乌最早的一批地标性建筑。华丰宾馆是义乌市对外接待的重要窗口，曾先后接待过朱镕基、温家宝、吴学谦、李德生等党和国家领导人 16 人次。解放军将领 50 余人次，是义乌对外接待的重要窗口，也是义乌民营企业充满活力和当地经济发展的重要标志。

华丰宾馆的创始人赵贤文更是义乌第一代商人，是中国第一个在海外办市场的人。1940 年 11 月，赵贤文生于义乌徐村岩店村，因为家境贫寒，只上到初中就辍学了。16 岁时赵贤文当了学徒，后来在义乌市起重机械厂做财务，一直做到副厂长。20 世纪 80 年代，他辞去副厂长职务，以 2000 元起家，创办义乌发电设备厂，1993 年组建了华丰实业有限公司。

华丰宾馆拥有豪华套房和标准客房等 127 间（套），小吃大世界充分体现了“五元吃饱、十元吃好，成千上万也做得了”的经营宗旨，成为义乌餐饮业独树一帜的“市民食堂”。赵贤文为什么会涉足宾馆行业？他曾在接受媒体采访时说，虽然机械设备生意做得不错，但人要居安思危，想要多涉足几个产业，“当时，来义乌的采购商很多，觉得宾馆的生意会好”。

2000 年 8 月建成的电信大楼，是义乌城市最有特色的标志性建筑，坐落于 21 世纪商务区。电信大楼建成后，成为一家四星级国际商务酒店——凯信大酒店。该酒店拥有客房 132 间（套），且全部配备电脑，是当年浙中地区唯一所有客房配备互联网电脑的酒店。10 月，义乌电信大楼工程被评为浙江省优秀建筑设计三等奖，国家优质工程银质奖。

电信大楼的最大特点就是在大楼顶部，有四面钟表样式的设计。义乌江畔整点报时声响彻天空，向周围居民准时“报告”时间，也给这个城市平添几分特色。

钟楼建设，项目不大难度却不小。为了保证质量，“房顶”采用不锈钢型材焊接而成。在“房顶”整体成型后，再将直径超 6 米的钟表安装到楼顶进行固定焊接。

现如今，物质条件的极大丰富，人们早已不再依赖钟声报时了，而是习惯把手机当作钟表看时间、查日历。只要手机在手，网络一连，便可以知晓天下事。但许多老人还是习惯用钟表看时间。以前，钟楼报时都很机械化。现在更先进了，自动化的调控，也更加准确了。

为了更好地操控、调节钟面，在建设钟楼的过程中专门建设了控制室。钟表的误差微小，甚至可以忽略不计。在遇到停电等特殊情况时，等来电后，后台即可以通过 GPS 自动跟踪定位，使钟面恢复到正常时间，就跟我们的手机一样。

2001 年 1 月 1 日 7 时，约 20 名义乌青年团员会聚在电信大楼的大钟下，挥舞着国旗和团旗，欢呼着新世纪的到来。

第四节　商贸名城

1

进入新世纪，国际氛围日渐浓厚。大街上，各种外文招牌夺人眼球，韩国料理店、美式快餐厅……各类外国店铺星罗棋布。在小商品市场周边的货运场点，大型国际集装箱每天都排成了一列列长队，成千上万的小商品从这里浩浩荡荡地流向世界。

绿草茵茵的绣湖公园和绣湖广场

实施“兴商建市”战略，做好国际化文章，使义乌告别了“小城春秋”，阔步走向世界大舞台。虽然，义乌城市发展进行了多次规划，但规划的想象，总是跟不上义乌人的创造力。从 1984 年第一次 8 平方公里、10 万人口，到 1991 年第二次 20 平方公里、20 万人口，再到 1998 年第 3 次，提出建立中等城市，35 平方公里、35 万人口，在过去的两年多时间内，义乌城区的面积就达到了 26 平方公里，人口也有 36 万之多。

此时的义乌，正酝酿着从中等城市向大城市发展的阶段性转变，城市功能、城市形态、发展方向等都随之进入结构性变化时期。

2000 年 11 月 5 日至 6 日，浙江省委主要领导提出，义乌要高水平、高品位、高质量地向 50 万人口以上现代化大城市发展，建设成为国内外知名的商贸名城，提出了“义乌能发展多大就多大，能发展多快就多快”的讲话。

为了适应形势，市政府委托省城乡规划设计研究院和义乌市城乡规划设计院，在 2000 年进行新一轮总体规划修编。规划基本内容为：强化产业支撑功能，突出国际性主题，以建设国际性商贸城市（大城市规模）为目标。

2001 年 1 月 9 日，市委十届八次全会扩大会议上，提出“十五”时期经济社会发展的总体目标，到 2005 年，义乌要在全省率先基本实现现代化，建成中心城区 50 万以上人口、建城区面积50平方公里以上的大城市。

2

每当行走在绣湖广场，义乌人就会想到造福这个城市的人。1997年8月，赵金勇任义乌市委书记。

新官上任三把火：要消除干部讲享受的倾向；要改变城市脏乱差的面貌；要整治机关办事门难进、脸难看、事难办的歪风。

1997年12月，全市开展“再创业、再发展、再提高”解放思想动员大会，会议报告明确提出义乌人应破除自高自大、本位主义、无为自治、放任自流、失权失利、自悲自弃、贪图安逸等七种不正确思想，要树立争创一流、市场繁荣人人有责、加快致富、加快发展民营经济、加快推进国有集体企业改革、实干兴业、协调发展等七种观念。

“三再”大讨论，不仅推动了义乌“二次创业”，也推动了城市的大建设大发展。赵金勇认为，加快旧城改造是改善城市环境、提高城市品位的客观需要，是加快推进义乌城市化的重要举措。对城区需改造的旧城，要进行一次性规划，要从单一沿街“剥皮式”的改造向片区整体式改造转变。

为求市场扩张，推进城市化，1998年4月12日，市委、市政府发出了《关于组织开展旧城改造暨市民广场规划构思方案征集意见活动的通知》，活动时间为半个月。通过新闻媒体，市政府开展对旧城改造暨绣湖广场建设构想方案的意见征集活动，97.6%人赞成实施旧城改造。

在群众热情参与和支持基础上，1998年12月29日，市第十一届人大常委会第六次会议对旧城改造暨绣湖广场建设方案进行审议，作出《关于旧城改造暨市民广场建设的决议》，同意在南

秋染绣湖公园

起城中中路，北至工人西路，东起朝阳门，西至义乌师范学校、义乌电影院（包括绣湖、湖清门、市政府四周等地块）的规划区域范围内结合旧城改造建设市民广场（建成后定名为绣湖广场），同时，对该规划区的路网进行必要调整，旧城改造由此正式拉开序幕。

1999 年 1 月 5 日，市委成立旧城改造暨市民广场、会展体育中心工程建设领导小组及指挥部，负责工程组织与实施。

按照市委、市政府提出的 2 年拆迁、2 年建设、4 年粗具规模的目标，指挥部立即开展编制项目建设建议书、可行性研究报告和环境评价，拆迁摸底调查、安置区选址、征地调研工作。为实施高档次建设，1999 年 2 月，在《人民日报》公开向全国发出规划设计招投标的广告，应征的有清华大学、东南大学、省建筑设计研究院、省城乡规划设计研究院、北京工业设计院、香港 LT 建筑有限公司等 10 家甲级设计院，由省建筑设计研究院中标设计。

旧城改造暨市民广场建设规划用地 71.63 万平方米。一期拆迁用地红线范围 55.87 万平方米，拆迁建筑占地总面积 23.5 万平方米，拆迁建筑总面积 59.69 万平方米，涉及 37 个主管部门的 98 个单位和稠城镇 2 个办事处，8 个居委会，8 个经济服务社，5000 住户，2 万人口。

工程规划建设的基本构造为一个中心，两条轴线。一个中心，即总体规划以市民广场（后改为绣湖广场）为中心；两条轴线，即主轴线和次轴线。市政府、市民广场与一组乔木组团同处在南北向主轴线上，东西向的绣湖公园、市民广场及大剧院（规划建设）为次轴线，改造范围设置“丫”形道路网，便于使整个范围形成广场区、公园区、行政办公区、商贸文化区、步行商业区等区块。

决策者和建设者在排除了诸多障碍后，使这项跨世纪的民心工程得以顺利推进。

1999 年 10 月 15 日，旧城改造暨市民广场（绣湖广场）建设工程正式动迁。所涉及的单位和住户，对该建设工程给予了大力支持和密切配合。许多单位、拆迁户都展现出了舍小家、为大家，识大体、顾大局的奉献意识和牺牲精神。

市二轻总公司机关 6000 多平方米的办公用房和汽车制动阀总厂等 8 家下属企业的 42 万余平方米生产、生活用房均在拆迁范围内。“二轻”人在关键时刻表现出了非凡的气度和胸怀，他们发扬“有困难自己克服，有矛盾内部解决，决不拖工程后腿”的奉献精神，主动、及时地签订了拆迁协议，腾出了旧房，为全面动迁带了一个好头。

市饮食服务公司和汽车制动阀总厂，比规定时间提前收齐了钥匙，腾空了旧房，未等指挥部工作人员上门，就主动派人把全部钥匙交到了指挥部。

老城区住户普遍认为，随着城区的扩大和条件的改善，旧城的基础设施相对落后，供水、绿化、交通道路不相配套，生活环境差，与现代化城市和居民自身提高生活质量的要求确实不相适应，旧城改造势在必行，迟改不如早改。

正因为如此，义乌在旧城改造的广大拆迁单位、拆迁户，在拆迁安置的各个环节，在补偿费标准、安置地块、过渡房租用等一系列涉及拆迁户切身利益的问题时，都能坦然面对，无人上访，更没聚众闹事，表现出高风亮节，展示了义乌人应有的气魄和精神境界。

1999 年 10 月 15 日 9 时 55 分，时任市委书记赵金勇按下了“按钮”，浙江历史上单项高层建筑爆破的第一炮——义乌旧城改造区域首次进行定向爆破成功。共安装爆破雷管 9780 枚，炸药 200 千克，在震耳的轰响声中，7 幢被爆破的大楼依次倒地，分别为原市府第一招待所大楼、二轻办公楼、百货大楼、原城阳供销社 2 幢大楼、解放村经济服务社 2 幢大楼，面积约 4 万平方米。

2000 年 3 月 26 日，义乌旧城改造房屋拆除再次实施定向爆破，对白金宫、建设局大楼、原医药公司、供销社宿舍楼等 7 幢高楼定向爆破，共安装雷管 2 万多枚，炸药 250 千克，爆破面积 4 万多平方米。这次爆破采用的是非电导爆破方式，利用国内最先进的毫秒微差技术，按设计的时间次序起爆。

这一次旧城改造，意味着义乌突破小城市建设的框框，高起点、大手笔开启了此后中等城市、大城市建设的大门。

3

千禧年的商城义乌，带着跨世纪的喜悦和期待，人们沉浸在改革开放的浪潮之中。时间带走了这座城市的贫穷落后，在这个日新月异的社会，一切都在飞速地发展，人们的物质生活水平也得到了极大的提升。城市里，一座座高楼大厦拔地而起，干净宽敞的马路、绿化优美的街道、公路两旁茂盛的树木、五颜六色的花朵，都将城市装点得分外美丽。

2000 年 7 月，新任市委书记厉志海在市委十届七次全会扩大会议上提出：“建设现代化商贸名城”的战略目标，进行高起点、高品位、大规模旧城改造。

2002 年 9 月 28 日，绣湖广场地下世纪商城建成开业。

2003 年 1 月，绣湖广场工程竣工（2001 年 5 月开工建设）。

仿佛是在一夜之间，市府门前老绣湖周边那旧房林立、污水横流、漆黑坑洼的场景不见了，茅檐低小的粗陋房舍统统消失了，取而代之的是宽阔的喷泉园林休闲广场、鳞次栉比的现代化建筑，充满现代气息的高楼建筑群。

建成后的绣湖广场占地面积 8.7 万平方米，其中条石铺装面积 3.5 万平方米。采用南北与东西两条轴线在旱地喷泉交叉布局。南北主轴线的南入口竖立 6 根 8.8 米高的廊柱；东西主轴线的西入口正对绣湖公园东入口牌坊。广场内以花坛、水池对称排列组成静水池、音乐喷泉、花卉、草坪等景观。由上海园林设计院、上海地下建筑设计院设计。2003 年 1 月竣工并向市民开放。

模特在绣湖广场走秀留影

绣湖广场地下，建有世纪商城及地下停车场。其中地下一层由14条街、860余间店面、1个中庭广场、6个区间小广场组成。该工程为全国同类项目中单体最大的人防平战两用工程，2000年6月开工，2002年9月竣工。

绣湖公园西南面和东北面，分别建有商贸文化区及高层住宅区，西南面布置有迎恩门商贸区，沿城中中路至南门街一侧，集中布置高层建筑群体，主要有百货大楼，主楼高24层，高度为94.1米；宽带中心分设一栋公寓楼、一栋商务楼，总建筑面积52260平方米；锦都酒店主楼24层，总高度为93.6米；雪峰商务大厦，主楼22层，总高度为97米。

东北面沿县前街、丹溪路侧有绣湖公寓，主楼24层，总高度85.55米；锦绣家园A幢主楼22层，总高度76米；锦绣家园B幢主楼27层，总高度90米。高层住宅，环湖而居，景致宜人，人居环境极佳，建筑物之间高低错落，层次分明，极大地丰富了中心城区的功能布局和空间形态。

在湖清门地块，建有步行商业街区，该地块是该项目主要的商品房开发用地，步行街采用一间一铺的传统形式布置，区域内的交通以步行为主，并留有休闲的空间。

同时对市行政中心、市政府大楼和市政府广场进行改造建设。市政府广场与绣湖广场同在一条主轴线上，使市政府广场、绣湖广场有机地结合，共同组成城市的政治文化中心。

旧城改造地块内原道路曲折、狭窄，丁字路口多，共有大小道路15条，巷弄37条，改造后形成丹溪北路、县前街、北门街、南门街、广场路和新马路等主干道。对原来杂乱漫流的城南河、城中河、城东河进行疏浚整治，发挥其城市防洪功能。

2003年，市区旧城改造基本完成。众多新的建筑物错落有致，道路交通、绿化、给排水、环境卫生和防洪等市政设施得到改善，一座现代化商贸城市屹立在浙中大地，提高了城镇居民的居住环境和生活质量，营造了良好的投资环境，为经商办厂业主提供了商机。

4

旧城改造时，重建绣湖公园。绣湖公园占地7万余平方米，其中绣湖面积2万平方米，于2001年8月开工建设，2003年1月建成开放。

清嘉庆《义乌县志》载："县治西，有湖广数顷，群峰环列，云霞掩映，烂然若绣，湖因以名。"古时绣湖东南起自湖清门（原朱店街一带），西南至义乌师范一带，东北至石桥头，西北至湖塘西。宋元时，湖区曾构亭榭，植花木，游赏之地，凡二十四处。明初湖"广袤九里三十步，所灌以亩计者至于一千五百而盈"。

明清时绣湖有驿楼晚照、烟寺晓钟、花岛红云、柳洲画舫、湖亭鱼市、画桥系马、松梢落月、荷荡惊鸥等八景。湖心之柳洲又有建于北宋大观四年（1110年）的大安寺塔和大安教寺。绣湖边曾建中山公园。其中大安寺塔西北有中山纪念厅，纪念厅左有抗倭名将戚继光平倭纪念碑，纪念厅右有抗日阵亡将士纪念碑。

重建后的绣湖公园采用江南造园手法，将山、水和亭、廊、榭、舫、台、阁、楼、塔等组合成集自然景观和人文景观于一体的江南风景园林。

公园由园林建筑、园林小品、绣湖环境绿化及水电配套附属设施等构成。园林建筑由华川书舍、义阳楼两大组团及一些景点和功能性建筑组成，其建筑风格系仿明清传统私家园林及浙中民居，分山门、大厅、钟鼓楼、牌楼、六角亭、游艇码头、石舫、垂花门等建筑。湖心岛、曲桥、拱桥、假山、驳岸、溪流、瀑布等园林小品点缀于绣湖周围，岛、桥、山、溪、水浑然一体。

园内恢复了明、清时期的"绣湖八景"。华川书舍院内题写有"绣湖诗词碑帖"及咏绣湖诗词碑刻，由明朝宋濂撰的《华川书舍记》及清嘉庆县志内记载的"绣湖图"。公园内巨石上题有"绣湖"两字，牌坊上写着"绣湖公园"。公园内植有香樟、桂花、银杏、无患子、黄山栾树等树种，配植红枫、桃花、梅花、樱花、紫薇、杜英、白玉兰、二乔玉兰、杜鹃、荷花、毛竹等花木及色叶树种，营造出季相变化丰富的植物景观效果。

义乌市全面实施旧城改造暨市民广场建设，迅速拉开城市框架，使市民广场及绣湖公园成为市民最主要的休闲、娱乐、购物场所，对于大力推进义乌城市化起到重大作用，大大提升了城市的功能和品位，同时也带动四个卫星镇的快速发展。

按照"高起点规划、高标准建设、高效能管理"方针和"大规划、大建设、大提高"的工作思路，义乌对城市化发展作出了总体部署：建设以现有城区为中心，以廿三里、佛堂、上溪、苏溪为卫星镇，以快速通道相连接，点轴式组团发展的新型城市。

旧城改造暨市民广场建设，让城市规模扩大了三分之一，城市集聚和辐射功能进一步增强，并带动了义乌四个卫星镇的快速发展。现代化标志性的市民广场的建成，树立了商城国际形象，优化了投资环境，加快了义乌对外开放的脚步，极大地推动了义乌小商品市场的繁荣和经济社会的持续发展。

实施旧城改造是义乌进入千禧年后产生的最大变化。为建设国际会展城市的需要，2000年3月29日，梅湖会展中心开工，建筑面积46500平方米，高24米。2001年10月竣工。2005年，梅湖体育馆通过竣工验收，分主馆和训练馆两部分，设观众席6000余座。

2000年6月，义乌又一标志性的建筑——时代广场开工，至2002年9月竣工。时代广场主楼高度99.8米（塔楼14.8米未计），总投资2.3亿元，建筑造型气势恢宏，欧式风情精美典雅，是当时义乌最高的建筑物，号称“第一高楼”。大楼由两幢30层商住楼和商业群楼组成，是集商住、购物、娱乐于一体的大型建筑。

在这一时期，还有一些标志性建筑也拔地而起。如2000年11月8日，市建设市场交易大楼（建设大楼）工程开工，至2002年9月30日竣工。2002年8月15日，东方大厦工程竣工，高99.8米，地下1层，地上30层。

第五节　走向国际

1

义乌国际商贸城的开业，“国际化”已成为发展的关键词之一。树立全球视野，放大坐标定位，对标国内外先进城市，义乌持续推进国际城市建设，推动整座城市实现高质量发展。

2003年1月，中共义乌市第十一次代表大会召开。市委书记楼国华作《解放思想，与时俱进，开拓创新，为建设国际性商贸城市而努力奋斗》的报告。

2005年5月，鉴于原城市总体规划提出的城市近期建设目标已提前实现，对城市总体规划进行综合性与针对性的调整。规划以建设国际性商贸城市为目标，形成一个功能、两个网络、五大区块的布局，是这次规划调整的重点。

一个功能是，围绕国际小商品交易服务网络，健全城市的国际性功能，重点体现在小商品交易、生产的国际化，城市对外联系的国际化与城市服务功能的国际化。

两大网络：一是中心体系网络，即义乌城市网络将形成向强中心、多层次、轴状延伸的发展态势。在空间上呈现商务区、市场区、专业街区的复合特点。二是交通网络，即规划期内义乌城市对外交通将形成“两高”“三铁”“一港”的对外交通框架结构。其中“两高”，指杭金衢高速公路、金甬高速公路；“三铁”，指浙赣铁路、杭长客运专线、金甬铁路；

"一港"，指义乌航空港。

五大区块：一是国际商贸城的市场功能是分区的主导功能。二是义乌经济开发区重点建设原浙赣铁路、环城路西南区块，构建开发区沿义乌江的江滨中心设施轴两翼地区。三是扩大苏溪、大陈两镇的空间容量，构筑义北组团城区；由上溪、义亭构成义西片，佛堂、赤岸构成义南片。四是义乌铁路新客站及新货站区块，将义乌货运站定位为浙中地区重要的无水港，义乌客运站定位为义乌城市对外交通集散与换乘中心。五是原浙赣线沿义亭至大陈浙赣铁路旧线，总长 36 千米，采用地面、半地下及局部高架的形式将原浙赣线改造为城市快速路。

2

2005 年，北门街区块改造工程开工建设。北门街区块拆迁范围为东起气象台、骆宾王公园；南靠工人西路；西至新马路西侧约 30 米及解放新村；北至康园路、义乌剧院、新马路菜市场。总用地面积为 19. 08 公顷，被拆迁单位 40 家，被拆迁户 1247 户（水平房 673 户，垂直房 574 户）。截至 2009 年 11 月，顺利完成拆迁工作。在新马路西侧建造了新华书店、电信大楼，原通汇商厦改建成银泰百货、"荷花芯地块"建起了义乌之心等。

2007 年 1 月召开的义乌市第十二次党代会，是在国际商贸城二期全面开业，省委、省政府发文在全省学习推广"义乌发展经验"基础上召开的。这次会议继续强调"国际化战略是'兴商建市'战略的深化和发展"，提出要"又好又快建设国际性商贸城市"，把义乌建设成为全球一流的小商品贸易中心，国际性小商品流通中心、展示中心、创造中心、信息中心和价格形成中心。

走向国际化的万达广场

至 2007 年年底，义乌建成区面积拓展到 73 平方公里，人口 71.6 万人，城市化率为 62%。从 1998 年至 2007 年间，产业加速集聚，城市爆炸性发展，不仅城区外延扩大，城市品位也快速提高，原先的中等城市开始大步向大城市迈进。

2008 年 7 月 22 日，市委十二届四次全会扩大会议作了题为《科学定位，创新提升，跨越发展，全面建设国际商贸名城》的报告，提出着力打造“三中心两高地”，即国际小商品贸易中心、国际小商品创造中心、国际小商品会展中心、区域物流高地和区域金融高地，努力把义乌建设成为国际商贸名城。全会通过了《关于建设国际商贸名城的决定》。

国际商贸名城的基本内涵概述为：面向国际国内两个市场，聚合国际国内两种资源，以小商品为特色，进出口贸易与内贸并重，以“三中心两高地”为核心构架，政治、经济、社会、文化、生态协调发展，综合实力雄厚、城市功能完善、社会秩序和谐、管理体系高效、文化底蕴深厚、生态环境优美、人民生活富裕，在全球具有较高知名度、美誉度。

3

2008 年 9 月 26 日，新编制的《义乌市域总体规划》经市十三届人大常委会第十二次会议审议通过。该规划以国际商贸名城为目标，以小商品为特色，打造国际小商品贸易中心、国际小商品制造中心、国际小商品会展中心、区域物流高地和区域金融高地，形成政治、经济、社会、文化、生态协调发展，综合实力雄厚，城市功能完善、社会秩序和谐、管理体系高效、生态环境优美、人民生活富裕，在全球具有较高知名度、美誉度的商贸城市。

城乡空间发展形态与结构，将形成多中心、多组团、多片区网络型一体化城乡空间格局。以“一带、二群、三中心”为城市中心与市场群结构。“一带”，即沿义乌江城市中心与市场群综合功能带；“二群”，即北面的国际小商品会展、交易、信息、功能设施群和义南面向区域集群经济的生产要素市场群；“三中心”，即依托国际小商品城的信息、会展、金融、贸易中心，老城都市商务商贸中心，义南生产性服务业集聚与要素市场中心。

交通以区域交通枢纽、物流中心、信息枢纽为目标，构筑“一港、两高、四铁、多渠道”的陆空公铁发达的辐射型、内部通畅、安全、高效的交通网络。“一港”，即义乌航空港；“两高”，即杭金衢高速公路、金甬高速公路；“四铁”，即浙赣铁路、杭长客运专线、金甬铁路、金义及浙中城市群轻轨；“多渠道”，即依托南北快速通道即浙赣线快速路、城西—东阳公路、兰溪—上溪—赤岸—武义公路、金义东公路、东内环线北延伸、东内环线南延伸、03 省道、稠佛公路、20 省道、佛堂—赤岸—永康公路、机场路等，加强与周边区域的衔接。

如同一个人的成长，一座城也有自己的成长印记。盘点不同时期义乌城市规划变迁的特点，能让我们看到这座城市的成长轨迹，感受时代变化带来的幸福生活。

随着市场的扩建，整个城市就像一个巨大的拥有无限包容力与张力的星球，在发酵般地飞速膨胀。到了2011年，建成区扩展到了96平方公里。义乌市城乡人民的收入水平名列全省前茅，农村住户家庭人均纯收入达17120.80元，城市居民人均可支配收入达40078元。

而随着义乌市场建设的进一步发展，老百姓潮水般涌向市场，她的肌体也更趋强壮起来。义乌先后荣获了“浙江省文明示范城市”“国家卫生城市”“国家环保模范城市”“国家园林城市”“中国优秀旅游城市”等称号。在改革开放的春风化雨下，义乌犹如一棵蓬勃茂盛的大树，拔节的声音注满了乌伤大地。

从建设“较为发达的中等城市”“初步现代化的中等城市”，到建设“现代化商贸名城”“国际性商贸城市”“国际商贸名城”，在不同的历史时期，义乌的城市规划与建设经历了不同的阶段，义乌城市在不断蝶变。令人振奋的是，沿着这一次次重磅规划望去，这座城市的壮阔发展图景无不精彩纷呈，令人怦然心动，倍感向往。

发展“百万人口城市”，成了义乌新的目标。

第六节　世界商都

1

自党的十八大以来，围绕经济全球化和构建“人类命运共同体”，我国提出“一带一路”倡议，义乌勇立潮头。2013年5月，义乌被联合国亚太经社会列为国际陆港城市，2014年1月，“义新欧”中欧班列在义乌铁路西站首发，成为亚欧大陆互联互通的桥梁和“一带一路”建设的早期成果。

2015年12月4日，习近平主席在南非约翰内斯堡举行的中非企业家大会上指出：“在我曾经工作过的浙江省，有个小城叫义乌，号称世界‘小商品之都’，现在有几千名非洲商人常驻那里，从事中非贸易。”

世界小商品之都，是沉淀在乌伤大地的深厚底蕴，是流淌在义乌人血脉中的强健基因。锚定世界小商品之都的目标，义乌人又开始了新一轮的接力赛跑。

2016年1月，义乌市委十三届十次全会扩大会议提出了“努力建设世界小商品之都，勇当高水平全面建成小康社会标兵”的总任务。

义乌对世界小商品之都的具体定位是：以实体市场转型和电子商务壮大为重点，推进义乌贸易从线下为主向线下、线上并重拓展，从出口为主向出口、进口和转口并重拓展，从商品贸易为主向商品贸易、服务贸易并重拓展，从产品创新为主向产品创新、品牌创新并重拓展，加快培育新业态、市场升级和功能完善，抢占全球贸易链的制高点，从“全球最大的小商品批发市场”转变成“全球小商品贸易中心”。

新一轮的发展基调已定，义乌的新未来已来。新时代的义乌城市建设和发展，必须更加注重满足人民群众日益增长的美好生活需要，着力解决发展不平衡不充分问题。这就需要深入把握新型城市的内涵，积极转变发展理念、创新发展模式、形成特色风貌，努力建设和谐宜居、富有活力、高质量发展的世界小商品之都。

探索世界小商品之都发展之路，在城市建设和生产生活中融入创新、协调、绿色、开放、共享的发展理念，在城市规划、建设和产业发展中都要体现开放发展要求，畅通人流、物流、资金流、信息流渠道，不断优化资源配置，努力把城市建设成为人与人、人与自然和谐共生的美丽家园。城市风貌不仅体现在城市建筑形态等方面，不能片面追求“钢筋水泥森林”的扩张，更体现在城市独特的自然景观与人文素养中，更注重城市特色风貌和人文精神的打造上。

贯彻新发展理念，义乌开启新一轮城市升级行动，古城面貌日新月异。1978 年，义乌尚未建立市场时，县城面积仅 1.28 平方公里。1982 年，义乌城市建成区也仅 2.5 平方公里；1983 年，建成区面积为 2.83 平方公里。20 世纪 90 年代，义乌市场进入快速发展时期，城市用地规模进入飞速发展阶段。

义乌市场成交额每增加 1 亿元，城市建成区面积可增加 114 亩。2001 年，义乌城区面积扩大到 32 平方公里；2010 年，义乌城市中心建成区面积为 90 平方公里；2017 年市场交易额达 1493.2 亿元时，建成区面积已扩张到 103.4 平方公里，较 1982 年增加 100 多平方公里。

城市扩大的本质是人气集聚，从 1982 年义乌人口为 56.84 万，2001 年中心城区人口达到 43 万人，到 2017 年年底，全市常住人口为 183.47 万，15 年净增 126.63 万人。常住人口中户籍人口仅 80 万，外地人口达 103.47 万人，包括来自 199 个国家的外国人。2020 年，义乌建成区 109.4 平方公里，城区人口 130 多万，是全省第 5 座主城区人口超百万城市。

市场就像一座强大的磁场，帮助义乌实现了由一个落后小县城向百万人口大都市的蜕变。

2

新一轮城建拉开了序幕。2009 年起，义乌开始实施打造“三中心两高地”的目标。其中最引人注目的，就是义乌金融高地的象征与载体——金融商务区的规划与建设。在城市和产业迫切需要转型升级的背景下，打造金融商务区这一全新服务平台成为决策中的一项重要内容。

义乌金融商务区规划面积 0.75 平方公里，总建筑面积约 290 万平方米，整个项目分一期和二期两个阶段。建成后的金融商务区突出金融、贸易两大主导功能，兼有酒店、住宅等服务功能，规划建设写字楼、公寓、酒店、商业地产等项目，它将以极大的包容量完整地纳入现代金融市场及相关产业所涉及的全部职能，构建功能强大的区域性金融交易和结算中心，打造义乌的“陆家嘴”。

如今，世贸中心、国信证券、农商银行、稠商银行、福田银座、环球大厦、曙光大楼等一座座摩天大楼均已建成投入使用。金融商务区已入驻金融机构 339 家，金融从业人员 7265 名，金融产业集聚和辐射效应初步显现。

福田银座（A 座、B 座）两幢写字楼于 2017 年 8 月 23 日竣工，总投资 8.6 亿元，现已成功招引企业 80 余家，涵盖了商贸、金融、物流等现代服务业。

2019 年 8 月 2 日，中福广场（A 组团）竣工，总投资 20 亿元，建有 4 栋高层写字楼。8 月 27 日，中福广场（B 组团）通过竣工验收，总投资 12 亿元，建有 3 栋楼层分别 32 层、29 层、38 层的主楼，建筑高度分别为 131.5 米、119.8 米和 156.2 米，属于“高、大、新、特”工程。

中福广场（B 组团）的竣工验收，标志着金融商务区 9 栋大型写字楼全部建成，给更多回归浙商提供优质办公环境，推动义乌战略性新兴产业的培育和发展。

义乌世贸中心有着 215 米的惊人高度，是义乌首个“城市综合体”，总建筑面积 48 万平方米，由一幢 215 高的主楼、三幢 150 米高的副楼及总面积 14.8 万平方米的裙楼组成，2014 年 7 月 30 日结顶，项目总投入达 55 亿元。在原先的设计中，世贸主楼高度为 260 米，然而据军用机场净空管理的有关规定，最多只能造 215 米。建成后足足矮了 45 米，楼层减少了 18 层，但就是以这样的高度，它也成了浙中的第一高楼。

莲都大厦项目位于义乌金融商务区一期地块，建筑高度 167 米，地上 35 层，地下 4 层，项目功能包括办公、酒店及商业等。总投资约 13 亿元，主体工程为 2 幢超高层双子建筑，取义乌莲都两地山海牵手之意，设计灵感源于“两山”理念。

义乌金融商务区

福田街道王牌村、

抱湖塘村，规划建设48幢层高100米以上的大楼。或许是历史的巧合，曾经的“王牌村”正在成为义乌的新“王牌”，当地亮丽的新地标。

站在义乌江南岸的江滨绿廊内向北眺望，几十幢超百米的楼宇在江的对岸拔地而起，与江滨公园内盛开的鲜花、高大的树丛遥相呼应，作为义乌城市新地标的金融商务区正在这里完美打造。这里将成为浙中地区最具活力的商务核心区、最具潜力的金融发展高地，以及现代服务业高度聚集的城市精品区。

奔跑，是一种最美的生命姿态，围绕总部经济、金融产业、国际国内贸易服务、城市商业等方面，一场以北京、上海、深圳为中心的环渤海、长三角、珠三角区域为重点的招商活动在全面展开。目前，入驻义乌丝路金融小镇的企业总数达636家，其中中国民营企业500强2家。以金融商务区为中心，义乌正在全力打造规划面积3.8平方公里的丝路金融小镇，涵盖国际商贸城、金融商务区、国际文化中心等重点区块，布局金融服务、国际都市、文化会展三大功能，打造未来义乌的区域经济核心。

3

一城之美，始于颜值，源自气质。

说到义乌这座城市，除了蓬勃发展的市场经济和日益富裕的群众生活，还有什么？“下飞机前，义乌在我的认知里是一个高大上的美丽城市，下飞机后，我看到的是一个完全不一样的义乌：城区不大，房子不高，道路不宽……”这是以往一些游客对义乌这座城市的初印象。

作为“试金石”，稠城街道的仓后区块成为首个国有土地上房屋征收区块。2016年11月1日，市里发布征收决定和正式征收方案。自此，义乌市启动以5.78平方公里为核心的老城区城市有机更新的“征收战役”。时光静好，义乌留给游客的固定印象正在逐渐打破。

为什么是仓后？其一，城市有机更新是改善民生的需要，仓后脏乱差的居住环境需要有效改善，而城市立体交通建设、骆宾王公园改造等工程，也都涉及仓后区块的征迁。其二，这里情况复杂，具有一定的典型性，很多预想得到或预想不到的、意料之中或预料之外的千奇百怪的事情都能遇到。其三，该区块不少居民改造的意愿比较强烈。

2016年6月1日，《义乌市国有土地上房屋征收与补偿办法》正式实施。11月17日，首户签约，至12月25日签约率达100%。

但，打头阵的仓后区块，开局并不易。对新的补偿政策，很多群众持有“不理解，不支持，不接受”的态度。无论是意愿征询、入户评估，还是签订协议，征收的每个环节都需要群众的支持。如果对方不配合，怎么办？

“理”字开路，“情”字感人，坚持不懈，持之以恒。“依法依规是原则，公平公正是要求，

‘一把尺子量到底’是标准。”可以说，这是工作组人员做通被征迁户思想中的一大法宝。

仓后区块征收时，有位女同志平时作风泼辣。有次到一户被征收户家里谈签约的事，因为一句话，不知道是她没讲清楚还是对方没听明白，那家人的孩子将一杯水直接泼在了她身上。这位女同志很冷静，什么都没说，起身到洗手间，洗去快要流出的泪水，平复下内心，出来像什么事都没发生一样继续与这户人家沟通。

基本上只有上班时间，没有下班时限；白天上门入户，磨破嘴皮算经济账；晚上与住户分析，想尽办法算攻坚账；只要被征收户需要，市征收办、有机更新指挥部、签约处都有工作人员随时待命，凌晨一两点的指挥部往往还是灯火通明；泡面、快餐成了“标配”……对于大多数征收人来讲，这些都是常态。

仓后区块100%的签约率，在义乌城市发展史上是一个历史纪录，一项划时代创举。从某种意义上来说，仓后区块的征收，本质上属于义乌开启国有土地上房屋征收新模式的破冰之旅。

改变，尽显于方寸间。当年，新建丹溪路、城北路、新马路等桥下停车场7个，完成车站路、机场路、诚信大道等上下连接道路8条。

2017年年初，结合城市有机更新、新社区集聚建设等工程，义乌坚持边改造边提升、边拆边建设。在距上次旧城改造15年后，重新启动了5.78平方公里老城区改造项目。

2018年，全市建成区面积103.81平方公里，公园绿地面积1186.88公顷。

2019年7月25日晚上11时30分，下车门区块征收涉及的2974户全部签订征收协议，签约率达100%。同仓后“第一单”一样，这是义乌城市有机更新历史上一个值得被铭记的时刻！

2019年年底，八大区块上的旧房屋均拆完。除了回迁房建设和商品房开发外，征收拆平后的土地还用于一大批公共事业和基础设施配套项目的建设，比如学校新改扩建、社区邻里中心新建、市政路网优化和其他公建项目建设等。

2020年1月17日，义乌城市有机更新首个回迁房项目——卿悦府东区正式交付。该项目总共由7栋17~26层高层住宅和配套商业服务用房组成，规划设计住宅630套。“之前对征迁政策还有所疑虑，现在看来，当初的选择一点儿没错！”拿到自己房子钥匙的不少业主都道出了共有的心声。

2020年3月25日、6月16日，原为湖大塘01地块、02地块的香悦府一区、二区相继交付。这是义乌城市有机更新以来交付的第二个、第三个项目。两个区块共11栋9~15层高层住宅，共安排住宅404套。

新房交付，有机更新继续。

2020年10月12日深夜11点58分，随着当晚最后一户被征收户签字按印，孝子祠区块的签约率达到100%。这是自2016年以来，除零星区块外，义乌启动的第十二个城市有机更新征收区块，也是迄今为止户数最多的一个区块。

老城区最大规模的一次拆迁催生了一个新兴城市的未来。在此之前，义乌先后完成了仓后、湖大塘、向阳上片、向阳下片、通惠、市场、胜利（一）、车站、楼店、下车门、秦塘等十一个大区块的征收，为城市发展腾出了 217.6 万平方米（3267 亩）的土地空间。

驰而不息，久久为功。十二个大区块，共涉及 1.6 万多户的征收。从零星收购到大区块征收，从阻挠反对到支持拥护，敢为人先的义乌干出了城市有机更新的“义乌实践”，义乌转型发展的新布局在徐徐展开。

自绣湖区块旧城改造结束十多年以来，义乌城市建设一直采用“修修补补”方式，特别是老城区基础设施配套差、“低散乱”企业集聚、危旧房多、安全隐患突出，与建设全省第四大都市区和世界小商品之都的目标要求差距很大。

在未完成有机更新前的大多区块，都毗邻绣湖广场，如向阳下片、胜利一区块，或是隔几条街，如仓后、湖大塘、市场以及通惠等区块，满目是嘈杂脏乱的环境、狭小拥挤的街巷。

这些地方在完成有机更新后，展现在眼前的是却是这样一幅景象：十步一景观，百步见绿带；城在绿中，水在城中。美丽的人居环境，铺就了幸福义乌的底色，更是这座城市蝶变新生的开篇，也拥有了让人们驻留的更多理由。“日新月异，神速，奇迹……”

有机更新带来的变化是有目共睹的，群众的获得感则是实实在在的。已实施征收的各大区块内将努力布局高端商业综合体、文旅项目等。其中，下车门未来社区是浙江省首批未来社区建设名单项目之一。同时，城市内的几条大通道也被打通，不断提升城市能级，为建设 300 万规模人口城市提前做好准备。

以人民满意度为标尺，筑牢民生“里子”，撑起城市“面子”。当阔别义乌多年的人再次回到这里，内心即会生发出一连串的“更”字来形容这座城市发生的巨变：城区更新了、楼房更高了、街景更美了、环境更好了……随着时代的变迁和城市功能的不断强大，义乌这座现代化都市发展的亮色不断蓄积，在改革和创新中不断演绎着蝶变新生。

第七节 引“凤”筑巢

1

市场在持续拓展升级，城市在不断扩建增容。城市经济实力的持续增强，城市面貌为之焕然一新，使义乌不但成为各方投资的热土，还成了外商乐意投奔的家园。栽下的梧桐树还引来了大批外商的“筑巢”。

国外芭蕾舞团在义乌演出

不论是“筑巢引凤”，还是“引凤筑巢”，义乌都有足够理由让外国人留下来的“利器”——小商品的价格优势。同时，义乌始终重视对外贸体系的建设和完善，以及对商贸发展提升的引导。在义乌国际商贸城开业后，义乌就在其中建起了韩国商品馆等，联合国难民署在市场设立了采购信息中心，接着又建起了进口商品馆、中国进口商品城，构筑起“买全球、卖全球”的格局。

在义乌市场40余年的史诗般的征途中，义乌人始终保持着领跑快跑的姿态，向着世界小商品之都阔步迈进，在共同富裕的新赛道上领跑示范。“客人是条龙，不来要受穷。”这句义乌谚语，显示了这座城市开放包容的精神内涵。外国商人云集义乌的今天，又为这句谚语注入了新的时代内涵。

在40多年前，在义乌街头如出现一名外国人，会足以引起县城老百姓的围观，而在40多年后的今天，义乌每年签证超过180天的常驻外商就有1.5万人，每年到此采购的外商超过55万人次。其中，义乌在2012年所签发的外国人签证和居留许可数即达到了2.5万，超浙江全省三分之一，甚至远超部分中西部省份的全年签发量。

于是，在2013年5月，全国首个县级出入境管理直属分支机构——浙江省公安厅出入境管理局义乌分局正式成立。它的成立，除享有曾经许可的部分地市级出入境管理部门权限外，还拥有原只属于省一级出入境管理部门才可拥有的部分权限。

40年风雨兼程，40年春华秋实。在数百年前，这些外国人的先辈，见证了中国人沿着古丝绸之路前往中东、欧洲谋求商机；而今，他们又沿着新丝绸之路来到了义乌，在这里寻找财富、生活和梦想。因为包容，义乌始终张开着双臂拥抱这些外国客商常驻这座“没有围墙的城市”经营创业。而有了这些人的涌入，义乌的发展也越来越好，形成了良性循环。

在义乌，各类外语培训机构也是生意兴旺，全市约有10万经营者在“攻”外语，5000多名国外商人参加各类培训“啃”中文。

夜幕初临，义乌街头的各类阿拉伯烤肉摊前开始喧闹起来；不同肤色、不同国籍的人穿梭在人流中，围坐在街边闲聊；餐厅、冰激凌店、咖啡店、理发店前，各种语言的霓虹灯闪烁着，异国风情的香水味和水烟味交织在一起弥漫在空气中……

2

在20世纪80年代末，红楼宾馆地处义乌最繁华的地段，也是义乌数一数二的好宾馆，八方涌来义乌的打工者，下车便来这里“推销”自己。于是，红楼宾馆门前的一块三角地，便俨然成了义乌一个规模不少的劳务市场。然而，红楼宾馆为外人所熟知的，还不是因为这里曾是求职者的“天堂”，更是中东客商集聚的地方。当时的红楼宾馆，有一前一后两幢红楼，中东客商便在此地包客房、开公司、成立办事处，迪尔、希格玛、奥佩德阿曼等各种名称的国际贸易公司挂满了红楼。一个面积并不大的宾馆，就集中了30来家境外企业驻义乌代表处。

1994年，一个名叫哈力德的巴基斯坦人，在红楼宾馆设立了哈桑公司驻义乌代表处。这是首家境外企业驻义机构。在此后的10多年里，全球对义乌小商品的需求迅速增加。借着这股东风，哈力德的生意做得红红火火。就这样，红楼宾馆的名气很快在巴基斯坦，甚至阿富汗、印度的商人圈中传开。从这些国家来的商人，都把这里当成了他们在义乌的第一个落脚点。这里也成了义乌“老外”最多的聚集地。

以红楼宾馆为起点，义乌专门服务阿拉伯商人的宾馆、饭店、商店越开越多。曾在宾馆里中转的部分阿拉伯商人搬进了社区，开启了在义乌的幸福生活。当人们走在鸡鸣山、义驾山等居民区，穿梭于人来人往的义乌国际商贸城内，走进各街头巷尾的中东餐馆里，随处可见阿拉伯商人，这个自古以来最会做生意的群体与商机无限的中国小商品城碰撞，撞出了一片蓝海。做不完的生意、融合的社会氛围，共同构建了强大的磁场，吸引着他们来到义乌栖息。

生活在义乌的阿拉伯商中，开办工厂算是起点比较高的，他们自己投入了成本，承担很大风险，但也获利多多，经过多年经营后大都成了资产千万的富人。不过，在义乌最多的还是开办外贸公司的外国人。这些外贸公司，因为老板有语言和文化优势，帮助了许多跨境商人与中国商户牵线搭桥。还有那些搞电商的伊朗人、搞出口的巴基斯坦人、开餐馆的土耳其人，等等，在义乌的生意都做得风生水起。一些开设餐馆、餐饮店、特产店的阿拉伯商人，他们的生意大多从开一两间小店做起，然后慢慢扩大店铺、开设分店，把生意不断做大。除此之外，在义乌还生活着大量中间商，他们自己不出本钱，凭借汉语能力和对义乌商贸的了解赚取“代购”类服务费。目前常驻在义乌的阿拉拍客商就有 5000 人，中东客商在义乌开办国际贸易公司有 800 多家。

约旦人穆罕奈德虽然不是最早来义乌的那批外国人，但他在义乌的知名度却颇高。2014 年 6 月 5 日，国家主席习近平在中阿合作论坛第六届部长级会议开幕式讲话中提到了他。

习近平主席在演讲中说：“在我曾经工作过的浙江，就有这样一个故事。在阿拉伯商人云集的义乌市，一位名叫穆罕奈德的约旦商人开了一家地道的阿拉伯餐馆。他把原汁原味的阿拉伯饮食文化带到了义乌，也在义乌的繁荣兴旺中收获了事业成功，最终同中国姑娘喜结连理，把根扎在了中国。一个普通阿拉伯青年人，把自己的人生梦想融入中国百姓追求幸福的中国梦中，执着奋斗，演绎了出彩人生，也诠释了中国梦和阿拉伯梦的完美结合。”

“这件事情真的让我觉得自己更爱中国，更爱义乌了，因为我只是一个普通人，但是一个国家的主席竟然能知道我。”穆罕奈德说，“不过我会愿意留在义乌还是因为这里包容、安全，是我看着他一点点从小变大，慢慢变好的，我即使离开一阵子，把家人单独留在这座城市，我也会感到安心，这不是所有城市都能给我的。”

穆罕奈德离开约旦是在 1996 年，这一年他才 18 岁。他和父亲一起去了荷兰，找到一家制衣厂打工赚钱。两年后，父亲回到约旦。而他不想回去。所以，在得知远在泰国开阿拉伯餐厅的叔叔那儿缺人手后，在 1998 年，他即启程去投奔叔叔，开始在叔叔的餐厅帮工。

餐厅的客人主要是去泰国做生意的阿拉伯人。从客人口中他得知，中国成了阿拉伯商人们的新目的地，而从餐厅客人的流量中，他注意到来泰国的阿拉伯人正在变少。于是在 2000 年，他带着叔叔去广州考察，后来开出了餐厅。因为泰国的生意还需要有人顾，所以叔叔对开在广州的那家餐厅主要是负责投钱，而管理的任务就落在了穆罕奈德身上。这也为他 2002 年在义乌开出自己的餐厅打下了基础。

穆罕奈德来到中国后，中国发生了两件大事：北京申奥成功、中国正式加入 WTO。而义乌本地也有了一个大变化，入境义乌的外国人人数自 2001 年起逐年都有大幅度增长：入境义乌的外国人从 2000 年的 3797 人次，增加到 2002 年的 3.12 万人次，一下子翻了近 10 倍。在 2002 年，义乌国际商贸城一期投入使用。

这些变化的数字意味着除了义乌小商品的外贸成交额在不断创新高，这座城市还可以产生许多新的就业和创业机会。穆罕奈德来到义乌开餐厅便是其中的一种。“我听很多客人都说义乌有很多阿拉伯人，我可以去那里开一家餐厅，所以就来义乌看看，看完我就决定开，并把餐厅取名为‘花餐厅’。”他说，他从小就有一个经商梦，想做老板，而来到义乌考察后，他觉得机会来了。

穆罕奈德把他的餐厅开在了稠州路上，餐厅以“花”命名，寓意幸福之花、和平之花。为让自己的餐厅更具阿拉拍饮食文化特色，更适合中东地区的不同口味，他还聘请了也门、约旦、泰国和中国的 4 位厨师，做出了原汁原味的阿拉伯菜。

2005 年 10 月，义乌市成为全国首个也是唯一被授权办理外国人签证和居留许可的县级城市。到 2008 年世界金融危机爆发前，每年入境义乌的外商人数已达 26.6 万人次。“老外”来得更多了，经济文化交流更便捷了，人们的视野更开阔了。

在 2009 年，穆罕奈德又开设了一家“摩线贸易公司”，做起了进出口生意，主要帮助阿拉伯客商联系义乌的水烟制造厂商。最初，他的客户都是去他餐厅吃饭的客人。慢慢地，朋友推荐朋友，贸易公司的客源变得稳定。由此，他也开始慢慢学会了经营餐饮与开办贸易公司两只脚走路，以获得更多的利润。

从 2000 年年初到中国至今，穆罕奈德通过和中国人的交流学习中文，了解中国文化。他还娶了来餐厅打工的安徽女孩刘芳，两人一见钟情，圆满了一桩美好的跨国情缘，把家安在了中国。现在，穆罕奈德和妻子及两个儿子一起生活在义乌。儿子们都在当地一所学校就读，和义乌孩子一起学习。妻子一家人也常来义乌小住。

他的“花餐厅”生意也越做越大，后来就扩大了营业面积，并改了名，将新餐厅的名字取名为“贝迪”。在阿拉伯语里，贝迪同音的单词义为“我的家”，希望每位来餐厅消费的人都有如家的感觉。

义乌不仅仅是穆罕奈德的新家，随着栖居在义乌的外国人的增多，一些外商聚集区出现了。鸡鸣山就是一个群居有较多外国人的社区之一，这里居住着 74 个不同国家和地区的 1388 名境外人员，是个多国籍、多民族、多文化的“联合国社区”。不同文化风俗、各色异国元素在这里交织，成为义乌这座国际化城市的一个缩影。

伊朗商人哈米，把他的家安居在鸡鸣山社区的时代广场。2003 年，怀揣着同样梦想的哈米来到义乌做外贸生意，他同时也是伊朗义乌商会会长。2007 年，哈米和中国籍妻子王喧成立了义乌市首家由外商创办并拥有进出口权的外贸公司，他的办公地点就设在鸡鸣山社区服务中心边上。如今哈米已经在北京、上海和广州开设了分公司，把丝巾服饰、卫浴洁具等贸易做到了亚洲、欧洲和北美洲的许多城市。

繁忙工作之余，钓鱼和赛车是这位伊朗商人的最爱。“我们选择在义乌生活，就要学会适应这里的生活方式，融入这里的生活圈子。”哈米说，“钓鱼培养我做好大生意的定力，而赛车让我永远跟上中国的发展速度，不断抓住新商机。”在平时，哈米还与这里的其他“老外”一起，戴着红袖章，巡逻在大街小巷，主动参与社区管理。他认为，做义工在国外是非常普遍的，参加巡逻也是自身感受幸福的过程，想着自己每天也同样受到这种保护，这让人很安心。

3

说起欧洲嘉世集团总裁佛朗契斯克的义乌之旅，还充满了传奇的色彩。1997 年冬，他在一批从中间商购入的工艺品中发现，这批货做工精致，价格便宜，可就是找不到厂家地址——中间商不让他知道进货地点。又一次，他进了一批水晶球，打开集装箱时意外地发现了一张《义乌日报》。这偶然的发现，使他如获至宝，当即向当地华侨打听。华侨告诉他，义乌是中国小商品的集散地，离上海约 300 多公里。

佛朗契斯克即找来圆规，以上海为中心、半径 300 公里比值为目标，从中国地图上点点画画，终于用放大镜找到了“义乌”。2000 年 4 月，他首次来到义乌，就被庞大的市场、丰富的商品、如潮的人流惊呆了。他感慨地对翻译说：“我做了这么多年生意，跑过世界各地许多集市，但从来没看到过有如此大的市场，这里就是我们采购商品的基地。”

江东街道南苑社区是韩国商人的聚居地。如今，每天在义乌市场采购的韩国商人就达 1000 多人，而篁园服装市场的韩国进口服装城，便是一个韩商集聚地。平时他们大多居住生活在离篁园服装市场不远处的南苑社区。

1993 年，韩国商人文日成经朋友介绍来到义乌，成为第一个涉足义乌市场的韩国商人。在义乌，他学会了中文日常经营用语，并结交了一批朋友，生意越做越大。后来，他又在义乌租了一层楼，设立办公室、接待室、会议室，成立了韩国商会义乌市分会，吸纳了 28 家在义乌的韩国公司为会员单位，每月定期开展业务交流。他说，他深深地爱上了义乌这座城市，就把太太、儿子接到了义乌一起生活，在这里安了家。能为义乌市场的发展做点贡献，为中韩友谊做点工作，这也是他的一大乐趣。

在南苑社区内还形成了一条以韩国美食、服装、用品等业态为主的生活街区，被当地称为“韩国风情一条街”。百来米街区聚集 19 家服装店、28 家美食店、5 家韩国超市、5 家彩妆店等 77 家商铺，不断形成集聚效应并向周边辐射。为了给小区居民营造一个洁净舒适和谐温馨的生活环境，提高社区群众的幸福感和满意度，南苑社区采取了“以外管外、以外调外”模式，成立由国际老娘舅工作室，由韩商会成员、志愿者对中韩居民间的矛盾纠纷进行调处。在每年 12 月，当地还会举办“韩国人之夜”，定期举办韩国商人运动会，以及组织韩商参加捡垃圾美化环境或访贫问苦回馈义乌等公益活动，实现韩商与义乌社会的和谐共生。

中国有句古话：物以类聚，人以群分。这句至理名言对生活在义乌的外国人来说依然适用，生活在义乌的外国商人，他们大多“扎堆”而居。除了以上一些社区，其他还有金城社区，振兴社区等，都是外国人在义乌的理想集聚地。距离国际商贸城五区只有 200 米的楼西塘小区，居住着的外国人超过了400人，他们来自中东、西亚等地区十几个国家，基本上都是在国际商贸城从事外贸生意的。位于商城大道旁的金城社区因距义乌国际商贸城只有约几分钟的车程，便于做生意，而租金相对于“主城区”低了很多，被精明的外国商人看中。

外国客商参加社区活动

外籍人口多，宗教文化多元，国际化程度高，形成了义乌特有的社会现象。在这些外国人眼中，义乌遍地充满了机会。于是，意大利客商佛朗契斯克来了，在义乌设立了嘉世集团办事处；韩国商人文日成来了，不仅在义乌安下了家，还当起了“第二故乡”的“义务宣传员”……不同肤色、不同语言、不同信仰在此汇聚，共同编织起了一个令人惊叹的“多元”义乌。除了经营，在平时他们还会聚在一起吃饭、出游，就像一家人一样。他们在这里齐谋发展，同享天伦，在义乌这座“新移民”城市相互碰撞出了新的火花。

“夫物之不齐，物之情也。”多国文化汇聚，如同一张色彩斑斓美丽和谐的织锦，扮亮义乌这座城市的“颜值”。义乌各政府部门更是扬长避短，因势利导，助力世界商人之家、美国之窗等数十家具有不同风格的丝路文化驿站的建设，各驿站利用自身特点开展丰富多彩的文化交流活动。此外，义乌还依托各外国商会、文化协会等民间组织，打造了新丝路美术展、万国音乐节、丝路音乐节、异国风情文化周、外国人诗词朗诵、外国人社区文化节等众多极具异域风情的特色文化品牌，每年还举办国际马拉松、国际电子竞技大赛、中外商人运动会、外国人足球赛等体育比赛，以满足不同群体的文化体育需求。

栽桐引凤，亲商兴商。世界各国客商飞越重洋来到义乌，在“一带一路”倡议的时代赋能中，义乌城市能级在飞速跃升，并在这里构筑起了一道道独特的异域风光。

2022年10月，全国百座大城市名单首次公布，义乌以118.42万人的城区人口规模上榜2020年全国105个大城市名单，位列第87位，“打败”了全国大部分地级市，跻身大城市行别。

第八章　产业造富

市场，是义乌的“命根子”；产业，是义乌的“压舱石”。

义乌的市场，始终在全国遥遥领先。走进浩如烟海的义乌市场，琳琅满目的小商品如潮水般涌来。市场无限地放大，瞬间就迷失在商品的世界。市场引导员形象地给参观者做了一个比喻：义乌商贸城共有7万多家店铺，如果在每个店铺驻足浏览3分钟，需要1年半的时间才能参观完毕。

在义乌市场，究竟能买到多少种商品？一个受到普遍认可的答案是，只有想不到，没有买不到，浩如烟海的义乌小商品，每一种都能撑起一门生意。这时，一个问号会情不自禁地在心中产生：这些商品都来自哪里？义乌人会以3个三分之一来说明：三分之一来自义乌，三分之一来自浙江省内，还有三分之一来自浙江省外。

商品制造业，一直是义乌经济发展中的一条短腿。在义乌市场开放之初，市场经营户大都依靠代销外地产品赚取差价。庞大的市场若没有强大的制造产业支撑，必然受制于人。如何弥补这条短腿？

在改革开放大潮中，义乌在既无工业基础，又无外部支持的背景下，无中生有，兴起了前所未有的工业发展热潮，依托小商品市场优势，很快诞生出了数以千计的家庭工厂。通过大力实施“以商促工，贸工联动”战略，围绕市场建工业，义乌工业经济从小到大，由弱到强，实现“裂变”，最终形成“前店后厂”“双轮驱动”的初级产业格局，在全球打响了“义乌制造”的品牌。

义乌商人以“买全球货、卖全球货”而著称。以义乌的小商品市场为中心，如今在全市星罗棋布地分布着大大小小的工业区。全球的市场需求反馈到义乌，这些工厂立刻就能响应，制造出物美价廉的商品。从工业区到义乌国际商贸城，开车时间少则5分钟，多则一个小时，这就是义乌小企业与全球市场的距离。

但是，这还不够。近些年来，义乌工业遵循“招商做大增量、整治做优存量”的发展思路，有效培育了战略性新兴产业、高新技术产业、装备制造业，等等。通过引进一个，带来一批，辐射一片，无中生有，平地建起“绿色动力小镇”“世界光明之都”，一幅工业经济蓬勃发展的恢宏画卷展现在了世人眼前：一家家企业由小及大，一个个新兴产业从无到有，既有“顶天立地”的企业占领国际市场制高点，也有“遍地开花”的中小企业助推市场持续繁荣。

义乌的实践证明，小商品也能成就大市场，小县城也能实现大梦想，小地方也在影响大世界。而在“义乌制造”以小见大、以小博大的背后，折射出的是市场与产业的互促互进，创新驱动，由此不断撬动义乌整个经济的高质量发展。

第一节 孵“富”神器

1

义乌人创办小商品市场的过程，其实就是一部“大众创业”的发展史，也是一部全民创富的共同富裕史。小商品市场是义乌人共同富裕的孵化器。

在最初做生意时，他们大多数是亲戚带亲戚、老乡带老乡一起摆地摊，一起找货源，一起做生意；在经商能人的带动下，许多原来不会经商的农民，也大胆地闯入了流通领域，通过这种“传、帮、带”模式，成了新的经商能手，走经商致富之路成了大家的共识。

致富不忘乡亲。在明显的经济效益带动下，义乌人一起创新致富、勤劳致富、先富带后富，在市场大潮中步步为营，慢慢在这一行扎下了根。从事小商品经营和生产，不仅带动了地方经济发展，更是让老百姓的“钱袋子”鼓了起来。

“走南闯北、敢为人先”是义乌人的特性。为了便于经商，每个商人总要在所到之处结交一些朋友，以便在遇到困难时有人帮助。这就是江湖上所谓的“在家靠父母，出外靠朋友”吧。同时，义乌人也把外地朋友带到义乌，让他们配点小商品做点小生意，就这样一个带一个，几万人就带出了几万个。当年在义东区的经商大军就足有几万人。

1970 年，黄昌根办起了做黄泥哨子的家庭作坊。这种东西原料不花钱，只要有力气，黄泥到处有。当时每人一天可制作 500 只，到市场出售，每只 1 分钱，就可收获 5 元。在挣工分的年代，一天劳动只值几角钱，这 5 元的收入自然是相当可观了。

生产队社员知道他会赚钱，都极为羡慕，他也不隐瞒自己的手艺与收益，只要有人，向他求教制作方法，他都一律手把手地教会他们，毫无保留。“反正市场这么大，需求量也大，光我一个人也赚不完泥哨子的钱。”这就是他的想法。

但制作者一多，也就不存在“秘密”，被当时的小组负责人察觉了。一天晚上，这位负责人就带上一批人，挨家挨户地搜，把所有的泥哨子及制作模具全部没收。

但，尝到过甜头的人咋能说歇手就歇手了？因为做泥哨子能赚钱，大家都想重操旧业，却苦于没有了模具，于是暗地里向黄昌根买，因为当时只有他会制作模具，每副 5 元钱。

黄昌根也因祸得福，这种模具半小时内就可做出一副。他与社员们结上了关系后，既帮了大家的忙，自己也好好赚了一笔。

稠城镇出现地摊市场后，黄昌根经营过可去除油污的肥皂，也是自己加工制作的。其制作方法也很简单，用洗油净、铁渍净、增白剂加上普通肥皂，混合熔化后再冷却凝固成块状，切成如橡皮大小的形状，再用纸包装好即可。这种肥皂，成本每块 2 分，批发每块 3 分，零售每块 5 分。

1981 年间，“绍兴袜”在义乌市场上畅销。当时义乌袜厂不多，而绍兴的袜厂很多，他们大多是生产队办的，只要腾出一间队里的房屋或是清理出几间牛棚，安上几台手摇织袜机就成了袜厂。可是，由于当时流通渠道不畅，产品销售途中经常要遭遇到管、卡、压的现象，致使这些小袜厂的产品库存很多。黄昌根的姐姐嫁在诸暨枫桥，他在走亲戚时顺路到绍兴玩，见到街边地摊上到处是卖袜子的，价格也便宜，于是就手痒痒地掏钱买了 40 双袜子，拿到义乌北门街上一出手，赚了 15 元钱。

初战告捷。第二次，他调动了家中所有资金，上绍兴背回 200 双袜子，仍然很快脱手。第三次他就带着侄女一起去绍兴，买回 500 双袜子，赚得的钱与她均分。

当时，黄昌根的本钱小，只能当天进货，当天卖掉，才有本钱再采购下一次的商品。从义乌到萧山中转，到绍兴提了货再返萧山中转回义乌，中间不好脱节，否则第二天进不了市场，就要喝“西北风”了。

有一次，售票员见他背着一个大包，就不给他卖票。于是，他就托人买了一张站台票，混上了车。还没等他找到位子，他的那个大包就把列车长引来了：对不起，罚款！不过，

小商品市场是义乌人共富的孵化器

黄昌根还是暗自庆幸："总算能在天亮后赶回市场了。"

经营袜子生意说难也不难，只要有人肯带路，只要肩背手提一两只大旅行包，就能经营袜子，就能赚到大钱。于是，在市场上立马出现了两三百经营户，大家一起做起了袜子生意。每当市场收摊，大伙就结对坐车到萧山。先花个 9 分钱，下车后在车站饭店吃上一碗光面，然后住在萧山饭店旅馆（每晚住宿费 0.80 元 / 床）。当时，该旅馆的房间几乎被义乌背袜人全包了。

第二天一早，大家或坐汽车，或转乘火车到绍兴，几乎跑遍了绍兴的各个村庄，见袜就采购，然后背回义乌，就有钱赚。

事情就这么神奇！大家有路一起闯，有钱一起赚。

新马路市场建成后，义乌的家庭工厂已有所发展，主要加工童装、旅行用的尼龙布手提袋、腈纶背心、棉毛裤、军装、假领、胸罩等。布料主要从绍兴进，后来又到宁波和东阳的横店一带进货。这时，黄昌根手上也有了一点资金。

经商之苦，是大家都经历过的。因此，作为过来人，每当有人需要帮助，黄昌根就会施以援助之手，大家互帮互助，共同致富。当时，来找他的就有吴金牛、朱桂香，以及他的侄女黄静文等，他们都想进小商品市场摆摊。黄昌根不假思索，一开口就说："行！"

随后，他便忙着为他们申请摊位，探听市场信息，张罗货源，资金不够，由他来垫。他念念不忘把一些贫穷的兄弟姐妹也拉出来闯一闯，特别是在起步阶段，不忘扶他们一程。此后，他转行经营起了腈纶背心与棉毛裤生意，并由自己开办的家庭工厂生产，有 20 多台缝纫机在生产，每天产量可观。

但是，黄昌根觉察到联合、规模经营的好处，于是就联合吴金牛、朱桂香、黄静文、黄逸等 4 人，合伙办了一个家庭加工厂。他们还共同给腈纶背心起了个美好的名字"友谊牌"，以纪念他们合伙的友谊。同时，他把吴金牛的妻子也拉进来搞剪裁，黄昌根去跑原材料。制作出来的腈纶背心就拿到他的摊拉上去销售，局面很快打开。

他们不但自己销售，也有许多客户会找上门来进货。他们坚持薄利多销，每天可出产上万件产品，每人每天的利润也有 150 元至 200 元，多时可达 300 元。干了不到一年，各人都分到了好几万元钱。

城中路市场开放后，他们 5 人手中的资金都不少了，经营能力也增强了，为了各谋更大的发展，这时，黄昌根发话了："现在你们可以独自去闯了！"

大家明白他的意思，他扶了一程，是该自己去闯了。大家好合好散，5 人分开后各自经营，有的做服装，有的办袜厂，后来都成了先富起来的人。

后来，黄昌根又办起了昌根袜厂，共有 18 台手摇织袜机，20 来个工人。到了 1986 年，又改行做布料、服装定型加工生意。当时用的定型机是常州船用设备厂制造的 406 型定型机，每台 2.9 万元。该机的定型花色品种可由自己调整，有长条、方块、月形、波浪式、竹叶花、人字形……由于各型号的品种在市场上均能“各领风骚”一段时间，他就看准市场时兴什么花式就定什么花式，一不走俏马上转换。

在慢慢的摸索中，他对定型产生了浓厚的兴趣，定型机也由 1 台增加到 4 台，由 406 型发展到 215 型，不断上档次、上规模，后又配套增添了转移印花机。他在定型加工的收费上也有自己的一套做法，先免收定型费，等所有定型的活都结束后，再给加工户算总账。如果他们生意好，赚得多的，他收费就高一点，他们也乐意付给他；如果生意不景气，他的加工费也统统下调，他们更乐意接受。

2

义乌，一个在空气中都飘着商机的城市。特别是自改革开放以后，在茶余饭后都能听人家说起谁跟谁一起，从哪里进货，如何闯过了关卡，又如何挣到了大把大把的钞票！有人听后不以为然，以为那是没出路之人的铤而走险；有人听后则羡慕不已，可惜胆子不够大，继续探风听雨，以待时机；还有人听后，手脚就痒了，急于出发，却暂时还找不到门路。

杨村乡的龚牛兰夫妻，便是属于第三类人。1982 年春节，有个亲戚来龚牛兰家拜年，几杯家酿老酒下去，话头便扯开了。

“你现在干什么？”

“种地啊。”

“离城这么近，难道一点也不心动？”对方听了很惊异。惊异之余，便说起了他近来的行当。原来他在做生意，就是在街头摆地摊卖点小百货之类。一年下来，收入也颇为可观。

此刻，龚牛兰夫妻也诚恳地道出了心中所思：“想做生意，可没本钱，又没路数，正犹豫着。”

这位亲戚也很爽快：“本钱不要很大。路数嘛，凭我所能，给你们引路。不要怕，相信自己能闯出一条路子来。以前政策不允许，现在政策有几分松动了。”

经他这么一说，夫妻俩顿时开了窍，开始东拼西凑，筹到了 200 元钱，开始跃跃欲试了。手上紧紧攥着这些钱时，心里却是沉甸甸的：“就这些钱，能闯出一条新路子来吗？”

路，就在脚下。当龚牛兰夫妻加入经商行列时，原来聚集在北门街一带的地摊已经迁移到了湖清门。那简易棚下用空心板和砖头搭成的一溜子摊位，比北门街时要整齐一些，规模自然也大了不少，这就是正式开放后的湖清门小商品市场，逢双开市，逢单休市。廿三里的市场则是逢农历一、四、七开市。

开始几趟出门提货，夫妻俩都由亲戚带着，不辞劳苦地在县城和廿三里之间来回奔波，来去还算顺利。他们每次提的货也不多，货品多是日用百货，摆放在用空心板搭成的摊位上，不多时间，就卖得所剩无几。当然，钱也赚得不多，大概每进一次货，可赚三四十元。

不过，如果在提货途中被拦截扣罚，能不亏本就算不错了。就是不截不扣不罚，如果出门途中花钱大手大脚的，那也不会有什么赚头。所以夫妻俩是能省则省，能走路就不坐车；提货送货，能不雇车就不雇车；一日三餐，也是能填饱肚子就行。实际上，每天都要赶时间，一天能吃两顿也算不错了。

有一段时间，市场上袖套好销，得知是从东阳进的货。因义乌距东阳不远，就骑着自行车去找货源。天蒙蒙亮就起床，准备好钱物，就开始上路了。道路坑坑洼洼的，一路颠簸，只能凭着泛白的亮光，才可辨出延伸着的沙子路，还时刻担心着放在自行车后座上的东西掉落。找到东阳内衣厂，说明来意。该厂负责人说："这些天已有好几批人来要此货，听口音，大多是义乌人，所以仓库中并没有存货。"

没办法，龚牛兰只好再打听别的地方是否还有做袖套的。大清早赶了几十里路找货，每问路人时，他们也都把所知道的信息说了出来。相继到过横店、六石、横锦等地，也确实都有生产袖套的厂家或个体户，却都无存货。

太阳西斜，人也已精疲力竭，肚子咕咕叫，如果再找不到货，这一整天岂不白搭？实在不甘心，坐在路边啃了一个冷馒头，歇了一会，又开始向人打听。正在无奈之际，有位老太太说：佐村有一刚开张的制衣厂也生产袖套。于是立即骑车飞一般地往佐村赶，也不知力气从哪里涌出来。

天从人愿，佐村不但有货，而且有好几种款式，只是价格稍稍贵了些。无论如何，总比没货好！议价付款、领货装车，等一切料理清楚时，天已全黑了。

伴着满天繁星，踏上了归程。夜风拂来，心中也多了几分欣慰：总算不虚此行了。人一放松下来，方知肚子饿了，带来的冷馒头也吃完了，黑夜里前不着村后不着店的，只得走一程，骑一程，累了就坐在路边石头上歇一会。前后歇息了七八次，才把车停在了自家门前，时间已是半夜时分。

妻子在家等得心急，一见龚牛兰回家，心头的石头才落地。这一天，行程 100 多公里，历时将近 20 个小时，其辛苦劳累非亲身经历者难以形容。不过，等天亮后，当这批货一上市，很快就卖完了，净赚了 30 多元，这着实让全家人高兴了几天。

在市场开放初期，货源紧俏，销路不愁，只是取货艰难。路上还要遇上各种关卡、乱收费。

有一次，龚牛兰去黄岩提货，已近年关。前后用了 4 天时间，总算背回了 3 袋塑料纽扣来到义乌车站门口。因天色已晚，北风又紧，他将盛放纽扣的袋子放在显眼处，怕被人顺手牵走，就到马路边找人力三轮车。

几分钟后，三轮车来了，但货却不见了！他被吓出了一身冷汗。站柜台的一位中年人告诉说：“是 3 只旅行袋吗？刚才被戴红袖章的人提走了。”

于是，立即前往检查站认领，检查站的一位男子厉声训斥道：“投机倒把是犯法的，你不知道吗？看你态度尚可，不作没收处理，罚款 25 元，以示惩戒，下不为例！”说着撕下几张罚款单，往桌子上一放，眼光盯着他，“钱！钱呢？”

但龚牛兰身上已没剩多少钱了，不得已又说了许多好话，以求减免点。那男子听后，却不耐烦起来：“是不是还嫌罚得太少……”看他一点通融余地也没有，又怕加罚，便取出钱放在那人手里。单据也没要，心里沮丧极了：“四天四夜啊！白辛苦了。”

肚子虽饿，但已没心思买吃的充饥了，顶着寒风急着往家里赶。妻子早已等候在家门口，见了龚牛兰，忙从锅里端出已经热了几次的饭菜，安慰道：“人回来就好！”看着丈夫闷声不响地吃着饭，她也默默地落下了眼泪。

此后，为了躲避各种乱收费，龚牛兰夫妻俩就合计着在腊月二十八出门，那时检查人员也该回家过年了，就算有检查人员在，较之平常也会宽松一些。当然，这个时候天气也相当恶劣。

备好行李物品，顶着寒风，龚牛兰会同另一位生意伙伴，又往黄岩进发了。坐在车上，听乘客闲聊，多是回家过年的。这一次如人所愿，进货相当顺利。

回家途中，乘坐一辆到仙居的晚班车，打算在仙居宿一夜，次日再回义乌。不料天公不作美，半夜竟下起了雪来。早晨起床一看，白茫茫一片。到车站问询，告知客车已停发。怎么办？要是待在仙居，不但误了生意，开支费用也不能少。两人一商量，决定雇车将货运回义乌。费了很大精力，才找到一辆手扶拖拉机，约定运费 150 元。

拖拉机艰难地在厚厚的雪路上蹒跚而行。开始一段还好，但到了与磐安交界的盘山公路上，艰险接踵而来。因为路滑，上坡时车轮直打空转，两人只得下车一道手推肩扛；下坡时，刹车不灵了，便用绳索绑在车上往后拉，又惊出了一身冷汗。

陡峭的山路，幽深的山谷，一路上，虽然没有了关卡，但两人好像在风雪途中玩命！千辛万苦总算回到了义乌，两人的衣服都湿透了，有气无力的。等次日把货卖了，赚了五六十元。虽然是够辛苦的，但也尝到了甜头。等过了年初一，便又开始出门了。

做生意是要冒风险的，却也能赚钱。生意途中，大家也是一路帮衬。当年，龚牛兰曾跟何海美一起做太阳帽生意，因一时生意不好。何海美就将自己买来的钢丝、边角布料分发给龚牛兰，一天可加工四五百只太阳帽。等何海美卖完了自己的货，又时常帮龚牛兰销售产品。

3

义乌人走南闯北，风餐露宿，但见多识广。而且他们也十分乐意将收集到的信息与大家分享，一起寻找货源，打开销路。从中也让许多濒临倒闭的企业起死回生。

1983 年，篁园村李樟潮第一次尝试做生意，花 2000 元钱到桐庐采购了 5000 双袜子。看着整整两麻袋的袜子，心里却有点发慌：这么多袜子，能卖完？万一亏本了怎么办？结果一个晚上没睡好。

可是，此次生意却很是顺利，把袜子拿到湖清门市场以每双赚 5 分钱的价格出售，不到一个上午就卖完了。“生意这么容易做？”他心里一高兴，下午又赶到桐庐进货去了。但毕竟是刚开始做生意，每次进货从不敢多拿。进货最多的一次，足有 15000 双袜子。不过，进货次数多了，叠加起来数量就大了，桐庐几个客户仓库内的存货被他拿光了，有好几家停产的袜厂也因为他的到来而起死回生了。

在最初的一年多时间内，人在不停地奔忙，货物也是进进出出。每次进了货，都用扁担挑到车站，至义乌下车后，再用扁担挑到家中，也舍不得雇辆双轮车拉。自己的血汗钱怎么舍得乱花？在外吃饭也很随便，吞下一碗面条即可。

就这样，财富越聚越多。到了 1984 年下半年，生意也好做了。李樟潮转到桐乡进货，和两个同乡一起，开始雇用汽车运货。每次进货有七八十个麻袋，每只麻袋装 1000 双袜子，运回来每双赚 1 角钱的利润，几天就能卖光，客户遍及全国各地。这时，他的思想观念也有了转变，觉得当个体户不再是一件不光彩的事了。

做好生意，消息要灵通。虽然当时可以用汽车托运货物了，但为了证实一条信息，在联系货源时，还得靠两条腿勤快，往往一走就是几十里山路。

1985 年，他在新马路市场买了一个摊位，当作经营窗口，并继续到桐乡进货。有一次，听到桐乡的大麻镇、洲泉镇等地有袜，就马上约上同乡，当天一起坐车到附近的崇福镇，晚上住下一打听，却没有汽车通向这些地方，船也时有时无，就决定步行。从次日早上 6 点出发，到达这些地方后转了一圈，生意没谈成，倒走了 100 多里冤枉路。至晚上 9 点回到旅馆，两人早已精疲力竭，连上楼都困难。

俗话说：“在家千日好，出门一时难。”1987 年 6 月的一天，李樟潮到一个叫博陆的地方进货。当地处于一个偏僻的山沟，离车站还有 15 里山路，山坡上满山遍野都是齐人高的桑树林。当时身上带了 3 万元钱，下车时已至晚上 6 点多。考虑到天色已晚，一个人走这绵延十几里的桑林不安全，就决定住宿。可是，仅有的一家旅馆已客满。

正当他着急时，一个看上去像经营旅馆的伙计走了过来，说可以带他去找住的地方，付歇夜费3元。李樟潮即把钱给了对方，跟他七弯八拐来到了一座鸭棚前，指着鸭栏顶端一块横架着的木板说：“晚上你就睡这儿。”李樟潮也傻眼了，竟然会上他的当。可又不敢吭声，只好爬上木板。因为天热，鸭棚环境差，蚊子飞舞，鸭粪臭气熏天，害得一晚没睡。第二天起早，就赶路了。

从1989年开始，李樟潮改到无锡织袜总厂进货。这是一家国家二级企业，初次见面，对方摆出了大厂的架势，说不和个体户发生业务关系，厂长甚至连见都不见。但李樟潮没有气馁，最后先和几个供销员接上了关系，开始小批量进货。到了后来，因义乌市场销路好，对方把囤积的袜子交给了李樟潮，也立马脱销了。

此举最终感动了对方，该厂厂长也愿意接待个体户了，每次给货数量大大增加。有几次，对方甚至把不合标准的产品也推销过来，他便毫不客气地把货退了回去。这样一来，他们对个体户更是刮目相看了。

历史在不断前进，百姓出行条件在持续改善。在20世纪90年代初，随着义乌机场航班的开通，义乌的许多商贩即将飞机当作了交通工具。“乘飞机往返广州、义乌之间，要比火车快60多小时。花200来块钱买这些时间，合算！”他们说。而有的商贩在外做买卖时，与家里联系竟用上“密码”电报。譬如，要家里邮寄童装500件，用“2号，500”的代号。

放开手脚搞活流通，城乡流通渠道的疏通，促进了商品生产的发展。大批农民进入流通领域，活跃在全国各地的供销人员和购销专业户，不但把义乌产品推销出去，还反馈市场信息，把各地的技术、人才和原材料引进来，促使家庭工业的蓬勃发展。

第二节 家庭工厂

1

稠城、廿三里两个小商品专业市场，如同两个“信息窗”，沟通了义乌同全国各地的流通渠道，市场上新产品、新品种琳琅满目，为农民办厂提供了市场行情。当时，有16000多名义乌人围绕小商品市场，常年来往于沿海地区的工业城市和销售市场，来往于老、少、边、穷地区。如在下骆宅乡八脚坎村，仅在广西柳州摆摊经商的就有33户。

市场经营者既在精明地推销着自己的商品，又从全国各地采购原料，从外地贩入货物搞批发。从全国各地的小商品市场上获得商品信息（新工艺、新技术）后，及时将商品信息送回义乌，指导着当地农民选择适销对路的经营项目，创造了获取信息快、组织生产快、销售脱手快、资金周转快为主要内容的商品流通速度。

然而，他们中的许多人也因此放慢了自己的脚步。他们想：如果本地办厂，自产自销该有多好！于是，许多人也学着自己加工生产了，购入机器设备，办起了加工厂，实行自产自销，形成了工商一体的家庭工业。这些购销专业户，当时就带出了16000多家家庭工厂。

这些家庭工厂，将各自加工成的新产品及时投放到市场，销往全国各地；又将从市场上获得的信息，转化为本地的产品优势，进而又转化为商品优势，形成了良性循环。当年，在广州、福建等开放地区的时新商品、新颖款式，不到半个月就能在义乌家庭工厂中出现，成为义乌小商品市场上的抢手货。

义乌市场，就像具有神奇魔力的吸铁石，每天吸引着近4万名农民在这里摩肩接踵，穿梭似的遨游。全市活跃在工业生产、商品流通领域的农民，占全市农村总劳力的38%。“早、新、奇、特”的小商品前出后进，推陈出新，使小商品市场充满活力，商品成交额年年翻番，民间市场的拾遗补阙作用得到了充分发挥。

背靠市场，搞活微观。义乌有关部门坚持把千家万户的商品生产同千变万化的社会需求有机地衔接了起来，由此引导商品生产向“以销定产、产销结合”方向良性发展，特别是围绕小商品市场兴办起来的乡镇企业，既不与大工业争原料，又能满足农村农民生活的需要。1988年，义乌市工业产值达9.6亿元，7年翻三番。其中，乡镇工业企业产值7.3亿元，增长2倍，税收也同步增长1倍。

东风大队农民黄允洁是附近有名的“玩具大王”，他设计生产的塑料玩具在稠城市场上一直很畅销。1984年，“玩具大王”遇到了新挑战，外地产的一种塑料玩具精细灵巧，构思新颖，价格低廉，投放市场后大受欢迎。黄允洁学人之长，补己之短，试制出了一种飞鸟吹球塑料玩具。这种玩具既能吹动一个转球，又能发出声音，仅两个月时间就销售了16万只，产值达16000元。

2

在小商品经营中，义乌人有着独特的经营理念和狼性的经商技巧。他们眼观四路，耳听八方，对信息的捕捉和利用能力，更可说是前无古人。他们知道什么时候一掷千金，什么时候一毛不拔。当淘到“第一桶金”后，他们以敏锐的眼光寻找商机，大胆投入，自己做老板。一旦看准商机，他们敢于在创业或关键时刻孤注一掷，九头牛也拉不回来。

义乌人做生意，还颇具传奇色彩。有一年刚开春，一个年轻商贩在电视气象消息中看到，昆明将下雪。他马上想到，昆明四季如春，人们的衣着一般都比较单薄，这破天荒地下起雪来，正是推销厚衣服的天赐良机。于是，他赶紧向昆明发出一批羽绒大衣。结果，真让他赚了一大笔钱。

何海美在早年就经常一个人往外跑了，然后把大包小包往回背。售票员看到她行李太多，不给卖车票，逼得她只能买黑市票。上火车后，列车员又要阻拦，说她搞“投机倒把”。湖清门市场开放后，她转行卖起了尼龙袜和童装。进入新马路市场后，她改做起了服装生意。

在经商实践中，何海美认识到光到外地进货也不是一个好办法。“如果当地的人们稍加刁难，我们去要货就会变困难了。义乌人经商办市场能走在人家前面，办企业的头脑也不会比人家差，人家能够办成企业，吸引各方人士向他们进货，我们为什么不能？我们也可以让自己的产品走出义乌，走向全国。”何海美这样想着，她也把一部分精力放在了投资办厂上，开始着手兴办自己的企业。

1985年，何海美买来了一台轧花边机，不料因收益欠佳，仅经营了一年就卖掉了。1986年，城中路小商品市场开业，市场上经营服装的人员急剧增加，而与之相配套的服饰加工企业却跟不上形势。尤其是裙子的定型，许多加工户还是惯用手工打褶，再用电熨斗一道道地熨出褶痕。这样的加工办法不但速度慢，质量也不理想。因为裙料的定型速度上不去，市场上裙子的上市量不多。这时，何海美已听说有一种快速定型机器，但不知在哪儿有货源。

有一天，她的一位香港朋友回义乌探亲，穿了一条十分时髦的香港产的百褶裙。这裙子给了她一种新鲜感。她觉得，只要改进一下，制作出来，准能流行。于是她暗暗托人去香港买打褶机。可是这种美国产的打褶机一台就要5万美元，她哪来这么多美元？

碰了这个壁，她就在内地找门路。一次从上海回来，车上在与他人漫谈中，何海美听说江苏苏州绣品厂曾买过一台台湾产的打褶机，带电脑，需12万人民币，因故障闲置不用，一直放在那里“休息”。

真是“踏破铁鞋无觅处，得来全不费工夫”，何海美得知后高兴极了，当即要请这几位“信息员”吃饭，以表示自己的感激之情。回到义乌后，即跟丈夫商量。不料，丈夫却在犹豫，打起了退堂鼓：“这么大的投资，弄不好要吃大亏。还是小打小闹稳当一点。”

可何海美急了，技术不等人。她就找一些经商的熟人，还找了丈夫厂里的领导，都来支持她，一同做她丈夫的工作。伙伴们最终说通了她丈夫，并在朋友的支援下，很快凑足了钱。她马上乘火车赶到苏州。经再三谈判，最后以10万元成交，但约定：等机器能正常使用后才交清余款。

机器运到了义乌，办起了家庭工厂。何海美夫妇即随修理技师一起，轮流守候在机器旁。结果修了3天3夜，机器还是静静地躺在那里，宛如一堆废铁！原先联络的几位合作伙伴纷纷打了“退堂鼓”，修理工也是两手一摊：没办法。

难道这次真的是走进死胡同了？想想自己多年来的经商经历，虽曾经历了不少艰难曲折，但经商的决心都未曾动摇，也总能走出困境。这次她也相信自己能够挺过去，即使是失去了合作伙伴。为了解决资金问题，她又向银行贷了5万元。然后又找到以前为她提供机器信息的那个人，因为那个人的丈夫是上海一家大厂的技术员，请她丈夫到义乌为机器“诊病”。功夫不负有心人，这台定型机终于发出了欢快的声音。

机器动起来了，百褶裙在小商品市场一露面，很快引起轰动，要求加工裙料的经营户也接踵而来。这台机器的确与众不同，它的构造比较复杂，功能多，能自动定型多种花式，而且效率比其他机器要提高几倍。一些经营户对此也是羡慕不已。

兴办企业也给她带来了很好的回报：当年投产，当年就收回了全部投资。在尝到了办厂甜头后的何海美，又力求使加工生产商品步入系列化、规模化轨道，把机器数量增加到了 3 台，形成了印花、定型等多道工序一条龙生产线。

3

义乌市场开放后，许多家庭工厂像何海美等那样，从市场上研究新产品，学习新技术，使产品质量不断提高，品种日益增加，办家庭工厂的人越来越多。

义乌家庭工业经营方式大体可分为两类：一类是单家独户经营，他们自己采购原料，自己加工生产，自己销售产品，产供销基本一体化；另一类是以家庭经营为主，在某些环节上实行联合。

在联合经营中，有的统一采购原料，分户加工，分户销售；有的分户采购原料，分户加工，统一销售；有的统一采购原料，分户加工，统一销售。

家庭工业的主要产品，一般是工艺比较简单的小商品，如小百货、小五金、小塑料、小皮革、小玩具、小针织以及食品、服装、家具、机电配件等：也有的甚至能生产技术难度较大的产品了，如吊扇、可控硅整流器等。

家庭工厂的蓬勃兴起，进一步丰富了义乌小商品市场的商品品种。在 20 世纪 80 年代中期，市场上的小商品品种有 3000 多种，其中本地产品在市场上所占的比例，约达 40%，小商品的价格不断下降。

小商品市场上本县农村加工生产的“本地产品”从无到有，从少到多，到占小商品总量的 40%左右。这些小商品来自全县各地的一万多农户和近百家农村企业。这些加工户和企业都是在小商品市场开放后，通过上市摸准行情，估量了购销形势后发展起来的。

为了大力发展家庭工业，义乌县委、县政府除了纠正过去的一些错误看法，为家庭工业正名以外，还从实践中找到了兴办家庭工业的“催化剂”——开放市场，搞活流通。

通过小商品市场这个“窗口”，还救活了一批原来生产很不景气的社队企业，新发展了加工生产各类小商品的 30 多家社队企业、50 多家农民集资企业。在市场周围的乡村，商业、服务业也发展壮大起来。当时在稠城、廿三里两地，就有主要为小商品市场服务的各种摊贩 70 多个、饮食店 13 家、社队办旅馆 4 家，为一大批农村剩余劳力找到了出路。

4

江东街道九联村是早在 1985 年就受到了中共浙江省委表彰的先进村。当年也是义乌几个工业产值超亿元村之一，被评为金华市级奔小康先进村。九联村的富，富在它的共同富裕，由于隔江相望的小商品市场的兴起，使九联村人发现了商品经济的巨大力量。从 1982 年九联村办衬衫厂与五金电器厂开始，村两委成员几乎每家都有小工厂，并在市场有自己的摊位。前摊后厂的经营方式，使他们看到了“泥腿子”致富的希望。更重要的是，他们立即把致富信息带给村民，并切实帮助村民共同脱贫致富。村干部及时制订了“市场推动加工，加工促进市场”的村经济发展思路。九联人利用小商品市场摊位的“窗口”和“桥梁”作用，不失时机地抓住工业这个振兴农村的关键。

1983 年，龚益民等几名共产党员从外地引进折伞加工技术。在小打小闹中，加工成的折伞出现在小商品市场随即被抢购一空。村干部因势利导，鼓励村民兴办制伞厂。折伞加工缺资金，村集体就为加工户担保贷款，并在水电、原料、产品销售方面积极扶持。折伞加工户由一家变两家，两家变多家，折伞加工业在九联村迅速兴起。到 20 世纪 90 年代初期，就拥有折伞加工厂 50 多家，年产折伞 500 万把以上，光折伞一项年产值就达 5000 万元，可谓家家户户参与折伞加工，随处可见的九联折伞左右着雨具市场。正是有了村里的致富带头人的引领，并抓住了小商品市场这一关键，激发了群众的致富热情，使九联村迅速成为远近闻名的折伞专业村。

1979 年一个春日的下午，上溪镇毛塘楼村的一个小院子里，共产党员楼柏根找来了十多个与其要好的村民，商量一件大事：合伙办一家钥匙厂。大家东拼西凑了 4200 元钱，几天后，两台二手土制铣床和一台冲床搬进了简易的手工作坊，上溪镇第一家钥匙坯厂——义乌县毛塘楼村友谊综合厂悄然开张了。

在村领导的带领下，村民们看到了钥匙坯行业的前景，加之不满足于合伙办厂，纷纷开始独立办厂。几经摸索，村民们不断更新设备，从小冲床到 60 吨大冲床，从旧铣床到全自动设备，至 1994 年，全村新诞生钥匙坯小五金企业 43 家，拥有大小冲床 164 台，铣床 179 台，日产钥匙坯 150 万只，年产铜铝钥匙坯成品 4000 吨，2000 种不同规格的铜铝钥匙坯产品，占据着全国钥匙坯市场销售量的 50% 以上，部分企业生产的特制高档及中档民用钥匙坯产品出口到中国香港、台湾，以及俄罗斯、越南、泰国、缅甸、马来西来、科威特、菲律宾、印度等 40 多个国家和地区。

毛塘楼村人初步实现了家家办厂、人人挣大钱的夙愿，并成为义乌市个私企业十佳专业村。当年，该村创下了年人均工业产值10.89万元、人均纯收入3000元的纪录。部分年逾八旬的老人，每天盒装几个小时钥匙坯也能挣得一个月百多元的工钱。30%的农户都拥有摩托车，有几家企业还添置了小轿车。

1979年，义亭镇杭畴村的三位村民凑足了2000元钱，承包了金华的一个校办袜厂，那里有7台手摇织袜机。第二年，他们回到村里，引进手摇织袜机，办起了针织袜厂。他们还从诸暨请来了一位原在国营袜厂工作过的师傅任技术指导，负责机械维修。他们此举引起了义乌县领导的重视，还特批了3000元银行贷款，以弥补资金的不足。

在他们的带领下，至1983年，杭畴村的针织袜业得到了蓬勃发展，村里大约有100多户从事这个行业。1985年，为适应市场需要，有人投资每台4000余元的“503型”电动织机，专织尼龙袜。于是，村民纷纷淘汰原来的手摇织袜机，全村的袜业生产迎来了新的发展阶段。到20世纪80年代末，又迅速转为“507型”开丝袜针织机，机械的更新又提高到了一个新的层次，一个人可以同时管理2台、4台袜机。

到1992年，杭畴村的针织袜业发展达到了巅峰，有200多户村民办起了个私企业，吸引了3000多名外来建设者在村务工，全村拥有袜机700余台，实现工业总产值6000万元，创税收52万余元，人均收入达到2500元。

一粒电珠虽小，但它却曾给江东街道平畴村带来了光明、富有。

1982年，村民吴桂荣就在湖清门小商品市场摆摊，开始销售的是电珠一类的产品。当时他到湖州的一个知青办的厂里拿电珠卖，看到他们生产加工电珠技术并不难，回来后就学着自己加工。1983年，他自家生产的电珠开始在市场上销售，产品供不应求。平畴村的一些人就跟着吴桂荣办起了电珠厂。他也乐意指导村民兴办电珠厂。

到1995年，该村就发展有46家电珠厂，以每家6个工人每天生产电珠一万粒计算，全村每天至少可以生产电珠100多万粒，这还不包括全村400多户为电珠厂加工生产的数量。他们加工生产的电珠大多在小商品市场上销售，都形成了前摊后厂的格局，平畴也就成了远近闻名的电珠村。

由于电珠加工生产利润低而劳动强度大，许多国营企业亏损严重纷纷停产或转产，但国内外市场对电珠的需求量不断增多，平畴村就抓住了机遇。他们通过“分户加工、集中销售”，使平畴村一时成了生产中心和销售中心，依靠小商品市场的销售网络优势，让平畴村走上了共同富裕之路。

5

廿三里街道郑山头村成为头花专业村，其故事说起来还颇有些传奇色彩。在改革开放前，曾经有 38 个村民挑货郎担，其中有十多名还是党员，人称“货郎党”。

“郑山头，郑山头，一根扁担两只篓；鸡毛换糖赚点钱，买了酱醋没盐油”，这是当时一些村民生活的写照。村民从事敲糖换鸡毛，这是属弃农经商，上面派了工作组，对“38 条扁担”进行了批判，要郑山头村人安心农业生产，严格控制劳力外流。

20 世纪 70 年代末到 80 年代初，一些挑货郎担的不再走村串巷，开始利用湖州生产的纱绸做成头花，除作为鸡毛换糖的商品外，还拿到廿三里小商品市场销售。20 岁就开始闯荡江湖的郑以枫，肯吃苦、爱动脑子，有商品经济头脑，他从挑货郎担中得到启发，几经辗转，购进料子，加工纱绸，卖起了纱绸条子。一开始，他的业务量不多，就在家中加工，生意日益红火后，则把裁剪好的原材料分发到邻近村子，发动那里的男女老少都动手加工。上午他妻子分发材料，他去赶集，等他赶集回来，又马上裁剪、分发材料、收回加工好的成品。

郑山头人见贤思齐，当看到郑以枫丢掉货郎担而卖起纱绸条子获利后，就开始一带二，二带四，不多久，全村人纷纷从湖州绸厂购进纱绸，把加工后的纱绸条变了又变，加弹的、扎边的、印花的、带金丝的、镶金边的、波浪形的，虽然没有达到成花的形状，生意也照样好。他们一大早把大捆的纱条、纱巾用自行车载出去，晚上将装满了钱的皮袋带回来。

1982 年春，廿三里派塘村的李樟弟从广州带回一朵头花，是用纱绸制作的，他买来是给家属戴的。然而，这朵头花被郑山头村的金正海看到后，顿时就怦然动心了，当即决定仿制。但广州货的纱绸质量好，当时在义乌无法进到这种货。他就考虑是否可用平时“鸡毛换糖”所用的湖州红旗绸厂的纱绸替代，经过多次试制，终于获得了成功。

关于这朵“广州之花”，还有另外一个版本，来历颇具故事性。

义乌市场开放之初，商事繁华的广州是义乌人必去的地方，也就是义乌人常说的“跑广州”，其中当然不乏郑山头村人。

20 世纪 80 年代初，有位郑山头生意人在广州的大街上看到走着一位身材苗条的女子，在她头上扎着的那朵红球花特别显眼，立即吸引了这位郑山头人的目光，并痴迷般地跟在她后面欣赏个不停。

后来女子发觉有人跟踪，以为遇上了“采花大盗”，心中不免发慌。为了摆脱跟踪者，就加快了脚步。谁知女子走得快，跟踪的人也走得快，她慢下来，后面的人跟着慢下来，如影随形，没法摆脱。这让她更加惊慌，情急之下，就逃进了附近的派出所，见一民警，就躲在其身后，向民警求助。

此刻，跟在女子后面的郑山头人却浑然不知。直至突然被民警拦住，并大吼了一声：“喂，你是干什么的？”郑山头人才醒悟过来。

“不干什么。”郑山头人被民警弄得莫名其妙。

“你知道这是什么地方吗？”

“我不知道。”

“你好大的胆子，跟踪女人竟跟到派出所里来了。”

“我没看到派出所的牌子。但是，派出所就不能让人进来吗？”郑山头人这时才清醒过来，原来自己不知不觉走进了派出所。

“派出所不是不能让人进来，是这位女子向我们求助了，说你一直跟踪她。这事我们就得管。”

“我又没犯法，你管我什么？”

“那你解释一下，为什么要跟踪她？”

“我不是跟踪她的人，我是被她头上的花迷住了。”

民警一时被他搞糊涂了：“你跟踪她的头花做啥？”

“我是一个生意人，见她头上的那朵头花十分好看，觉得有生产价值，若能制作出来，买的人肯定很多。但她一直走着，让我没法看清。就不知不觉一直跟在了她的后面。”郑山头人说出了缘由，民警才恍然大悟。

原来，这女子是广州大学的一名美术教师，头上的球花是她自己制作的。听郑山头人喜欢自己的作品，心中也感到惊讶，立即赔不是，并摘下了头上的球花送给了郑山头人，还教会了他制作方法。

故事有些传奇色彩，但义乌人对小商品的痴迷，并不是空穴来风。郑山头人欢欢喜喜回到了义乌后，立即进行研制，用萧山绸厂的纱绸仿照了类似的头花。

当然，当时仿制的头花数量极少，可到市场上一试销，给了当时正苦于无法打扮自己的姑娘、嫂子们一个惊喜，销路挺好，价格也不错，每朵可赚 0.5 ~ 0.8 元。后来因纱绸的成本太高，又改用塑料纸加工，同样走俏市场。

郑山头人也是好样的，头花的销售门路打开了，他却不保守，而是毫无保留地把制花技艺传授给了他们所熟悉的人。

到了这年秋天，郑山头村郑朱龙、郑以枫、金益平、郑礼龙等先后办起了头花加工厂，企业规模不大，每家企业也就仅万元资本，产品通过东阳绣花厂推销到了全国各地。经过如此滚雪球式的“生产—销售—生产”，不到两年，每家厂均已有五六万元的资金积累。

加工头花的村民渐渐多起来了。村民潘茂法起先从湖州购买纱绸布料，先用刀裁，后改电烙铁划，制作围巾生意。后来，又开始用纱绸加工头花，招了 20 多个车工，同时兼销围巾。那时的头花产品档次很低，出售价只有六七分钱 1 朵，但利润很可观，销售量也相当大，全国南北各地都有顾客来进货。当年同村人就有七八家跟着做头花了。这些人中有些是自己看清形势跟着做的，也有些是原先帮他加工，看见他生意兴隆后再决定自己生产销售的。

到了 1986 年，潘茂法的资本已有所积累，于是就扩大生产规模，生产以尼龙为原料的蝴蝶花。这个品种一上市，销路很好，客商蜂拥而至，供不应求。到后来潘茂法又改用进口布料生产，产品质量上了一个新档次。通过几年发展，他不仅在经营方面积累了一定的经验，也为自己奠定了一定的经济实力。

人们常说，亲带亲，邻帮邻。由于经济效益不错，在村里一些经营头花致富大户的带动下，村民们纷纷仿效，都七手八脚地做起头花来了：绸花、布花、纱花；喇叭花、蝴蝶花、荷花、梅花、牡丹花；花王、皇冠、明珠……花式花样不断翻新，赤橙黄绿青蓝紫，真可谓应有尽有，制作头花的农户也如雨后春笋般涌现。

义乌市场的知名度越来越大，来义乌的客商也一年比一年多，头花的销路也因此更加广阔。从马尾花、纱绸头带、金丝花、蝴蝶花、扇形头花，到串珠的蝴蝶形头花、烫金布料头花，再到绒布花领头花，每位头花经营户都在苦心研究、试制新品种，不断揣摩将生产何种款式来迎合各地区妇女的佩戴。

头花的式样、品种更新换代之快是其他许多小商品所无法比拟的。每出一种新花样，只能“各领风骚”短时期。有的专心制作高档头花销往经济发达地区，而一般初入门的就只能制作低档花，销往老少边穷地区。如湖南邵东的客商来进货，就只挑价格低廉的；而北京、新疆等地的客商来进货，主要是供应城市居民和边境贸易的，往往以中高档头花为主。

在这一年，潘茂法担任村党支部书记。为了带领全村人走上富裕之路，他力尽所能为村民提供各方面的帮助。比如同村的郑某、余某，他们的脑子都比较灵活，但起步时缺少资金，他就垫给他们每人 3000 元，扶他们上马生产；有的村民跑运输，要买三轮卡车，他也给以资金上的扶持；有的加工户在生产旺季进不到原材料或没有加工机器，他就主动把自己的原材料、机器提供给他们，还手把手地进行技术指导。

同时，村里有 10 多户群众要求参与市场经商，但是办理营业执照十分困难。为了帮助他们解决这一难题，村党支部负责人东奔西跑，恳请有关部门予以支持、解决。到了 1986 年，郑山头村已有三分之二以上农户从事加工或经营头花。

这年年底，郑山头村人在小商品市场上看到黄岩人已在出售新款头花，他们就从摊上买回样品，决计在激烈的市场竞争中一搏。于是，有经营头脑的郑山头村人又七手八脚地做起了类似的头花，花式不断翻新。

在 1988 年年底至 1989 年年初，塑料花生意特别好，成本又低，颜色鲜艳，谁见谁爱。外地人来要货，总是先付定金，只怕拿不到货，可说是加工多少，外地客商要多少。

郑山头村人感到这下发财机会来了。他们夜以继日地干，在通向郑山头的山村小路上，都是送花人；晚上，家家户户灯火通明，忙到十一二点是常事；而到凌晨三四点钟，又要忙着收花、装箱。这样一来，有的干脆晚上就不休息了，经常干个通宵。

郑山头人制售头花，天天要往义乌小商品市场跑，可当时交通很不方便。一开始，他们往返于十多公里的小商品市场和村子之间，靠的是自行车。后来坐上了简易机动三轮车，但依然是晴天一身灰土，雨天一身泥水，费钱费时，也带不了多少货。1986 年年底，村里根据群众要求，向县汽车站打了开通专车的报告，县汽车站专门拨了一辆客车，为该村农民服务。经双方协商，汽车站每天下午把经商的农民送回郑山头村，客车当天在郑山头村宿夜，第二天早晨又把他们接回义乌小商品市场。每个乘客每月出三十六元钱，由村里统一购买月票，农民凭月票乘车。

农民用月票乘车，是大多数的山区人想也不敢想的事，但在郑山头村却成了现实。1987 年元旦，《人民日报》在第 2 版以《经商“专车”》为题，对此事作了报道。

中国太大了，光一个郑山头村做头花，怎么够呢？当郑山头村人自己干不过来时，就送到外村去加工。郑山头村人靠加工头花致富，并带动着附近村的村民走上了这条路。头花加工技术并不复杂，成本低，见效快，家家户户都可以做，头一天进货，第二天就可变成钱。这些人耳濡目染练手，也掌握了头花制作技术，于是在邻近村子也出现了不少头花专业户。

到 1991 年，当年的华溪乡就有 300 多人进入头花市场，经营者遍及附近十几个村庄，形成了以郑山头为中心的头花加工区域。

小小一朵头花，在常人眼中毫不起眼，可在郑山头人手中，却成为一件宝物，使他们叩开了共同致富的大门。

第三节 四轮驱动

1

义乌的社队企业（1984 年改称乡镇企业）发展过程十分缓慢。其中，即使是对于当时的第一大行业——服装企业，在改革开放初期的 1980 年工业普查登记时，对社队企业的服装厂还一律不予登记，不发营业执照。

在苏溪当年有一家村办的服装厂——苏溪公社杜村曙光综合厂（1979 年改为曙光服装厂、后改称义乌市衬衫厂），企业负责人叫陈萍。1977 年，苏溪杜村党支部书记请陈萍为村里办企业，帮助村民脱贫。陈萍在办厂过程中，通过自找业务、自垫路费，克服种种困难，三年后成为全县最大的乡镇企业。自 1981 年开始，曙光服装厂所缴税款占整个义乌财政收入的六十分之一，却一直没有领到营业执照。

办了一家服装厂，却不给发执照，银行也由此不给贷款。义乌县领导及有关部门认为，服装业是投资少、上马快，属劳动密集型行业，能解决劳动力出路，应允许和加快发展。

正因为如此，在没有营业执照的情况下，县农业银行（中国农业银行义乌支行于1979年12月1日建立）仍然给这家服装企业贷款。1982年春，中国农业银行总行通知，对没有执照的乡镇企业一律停止贷款和汇兑业务。怎么办？

义乌县政府通过召开协商会议，认为要支持服装行业。于是，工商部门陆续给服装企业发了临时执照。时任县委书记谢高华在了解到该企业的发展现状后，告诉工商局、银行负责人，应该去调查一下陈萍的情况，要支持他搞服装加工厂。经过调查，工商部门给企业发了执照，银行也同意贷款给陈萍办服装厂。后来，这家企业生产的产品全部出口美国，年产值达1亿元，成为义乌乡镇企业中产值第一、创税利第一、职工工资第一、出口创汇第一的企业。

义乌的乡镇企业就是在这样的艰难曲折中行进的。

1982年4月，义乌有99.5%的生产队都落实了家庭联产承包责任制。由于获得了真正意义上的生产经营自主权，广大农民的生产积极性空前高涨，而随着小商品市场的开放，由此催生和哺育了小商品加工业的发展。联办企业和个体企业（家庭工厂）如雨后春笋般涌现，前店后厂式经营方式很快把企业和市场捆绑在了一起，同步发展。

但是，在义乌市场开放初期，干部群众依然存在一个“怕”字。而作为“原料自己找、生产自己抓、市场自己寻、设备靠淘汰、技术靠退休”的社队集体企业（社办、队办），发展之路更是面临着重重困难，在生产经营和分配形式上都面临着冲击和挑战。

1982年11月，县社企局派出工作组，进驻后宅公社搞试点，推行社队集体企业承包经营责任制。1983年即在全县社队集体企业中普遍推开。一些地方农民群众冲破固有的社队集体企业组织形式，自发组建了农民集资联办企业（股份合作制）和个体企业（家庭工厂）。

绿水青山就是金山银山

1983年9月22日，县委、县政府作出了《关于大力发展社队企业若干问题的决定》；12月13日，县政府批转县社企局作出的《义乌县农村集资办企业暂行规定》，有力地推进了农民集资联办企业的组建。这一年，全县社队企业工业产值达 7897 万元，比 1982 年增长 54.21%。

2

在 20 世纪 80 年代，苏南模式、温州模式、泉州模式、耿车模式等响彻大江南北，成为中国区域经济发展的样板。其中苏南模式与温州模式成为当时的标杆。随着温州模式迅速在各地移植和推广，推动了各地民营经济的蓬勃发展。

义乌乡镇企业如何发展？该选哪种发展模式？面对当时社队企业的发展现状，为了进一步解放干部的思想，义乌从县到乡镇，从部门到企业，接二连三地派出考察调查组，分赴温州、宁波、台州、绍兴，以及苏南等地学习取经。特别是对温台地区的股份合作（集资联办）企业，因组建起步较早，集群性明显，与专业市场接轨，操作较规范，发展也较快，更值得学习和借鉴。

在 1984 年 5 月 7 日至 13 日，县委书记谢高华带领乡党委书记及以上干部，组建了“百人考察团”赴温州学习。这次温州之行，使许多义乌领导认识到，虽然温州的地理环境、历史传统与义乌有很大的相同，但两地人都不安于现状、不墨守成规、不甘于贫困，无论到哪里都能扎根发展，有很强的致富欲望和创业精神。于是纷纷提出要学习温州模式，实行“四轮驱动”（乡镇办、村办、户办、联户办）发展乡镇企业。

1984 年 8 月，县委发出了《关于大力发展家庭工业若干问题的通知》，提出要把家庭工业作为乡镇企业的重要内容来抓，要求围绕市场办工业。从此，“无工不富”的观念逐步被多数人接受，经营更灵活、利益更直接的个体企业（家庭工厂）大量涌现，成为活力最强、发展最快、效率最高的新的经济组织的主体。

在“兴商建县”方针政策的指导下，通过放宽企业审批程序，简化登记手续，在全县掀起了经商办厂热潮，义乌的乡镇企业完成从“两轮并进”（乡镇办、村办）向“四轮驱动”（乡镇办、村办、户办、联户办）转型，加快了乡镇企业的大发展。这一年，全县联办企业发展到了 2132 家，乡镇企业总产值实现 1.52 亿元；个体户达到 14259 户。

实际上，早期的一些市场经历者在实践中也深深感受到，要保持义乌小商品市场的继续发展，就必须采取有力措施和优惠政策，让经营者将手中资金投放到兴办企业中去，从小商品的中转基地转变为小商品生产基地。这样的市场后劲才会足，市场才会更加繁荣兴旺。

在市场的初办阶段，义乌也有这方面的经验教训。纽扣曾是义乌小百货市场起步时的商品主角。在湖清门市场开放后，随着其他档次高的商品的不断流入市场，市场上的各式纽扣变得越来越冷清。而此时，曾在义乌市场进货再往外地推销纽扣的温州人，却创造了全国规模第一的永嘉桥头纽扣市场。究其原因，就是因为义乌人没有兴办自己的纽扣生产企业（当时稠城农协村的金祖方等，虽然也办过胶木扣的生产企业，但最终因产品档次太低而被市场淘汰）。而桥头人从经销转为生产，使产品档次越来越高。

在这一方面，义乌人确实没法与温州人竞争。但是，“吃一堑，长一智”，义乌人在围巾的款式上便引领着行业的潮流。1984 年冬季，义乌就有了用全新工艺生产的褶皱定型围巾——超声波轧边围巾。此围巾的上市可以说是围巾行业中的一次革命，围巾的形状从此不再限于长形、方形、三角形，也不仅限于平板式了，还有那美观整齐的梅花、竹叶、蝴蝶花边，就是用鲜为人知的超声波花边机制成的。这，就是义乌人生产的。

至 1985 年春节前 3 个月，义乌人已经买进了 33 台这样的机器。制造该机器的江苏常州船用设备厂，也一下从义乌人手中挣去了净利润 33 万多元（该厂原是亏损企业）。到了 1986 年，义乌市场又推出了亮光闪闪的金银丝围巾，令人耳目一新，上海、无锡、山西大同等地的几家生产金银丝厂家的产品也被义乌、温州人购买一空。

此后，义乌市场上的围巾一年一个新花样，有过珠光闪闪的点珠围巾、明星围巾、定型围巾、人造丝围巾，以及各式各样的印花方巾等。当时全国各地市场上的围巾大部分是在义乌市场批发的。只要在义乌市场出现某款围巾生意做大了，很快就会有义乌企业生产这种产品并出现在义乌市场。

正因为如此，这让义乌的围巾生意越做越大。

3

当市场不断造就了“致富的奇迹”，吸引着更多的新力量参与到市场建设和经营活动中，于是，这些新力量又进一步促进了市场的发展壮大。如此循环往复，不断推动着义乌整座城市的快速发展，向着实现“兴商建县”目标迈进。

1985 年，《文汇报》上刊载的《小山沟大市场》一文，就描述了这样的一幅景象：除了商贩活跃，义乌还兴起了 2000 多家家庭作坊，加工塑料制品的、做针织工艺的、做鞋的都有。有趣的是，这些作坊往往都有配套的店铺，形成了所谓的“前店后厂”模式。换句话说，老板们的生意做得更大了，但可能自己也要下厂劳动。

老板自己下厂劳动也是很平常的事，因为那时的家庭工厂都是小作坊，况且义乌老板也都是从贫穷起步，靠一步步的辛勤劳作走过来的。

在“四轮驱动”政策的指导下，义乌涌现出了一大批联办企业、个体企业，它们面向市场开发制造小商品，逐步改变了义乌市场中本地产品仅占 20% 以下的偏低局面。例如苏溪大陈的衬衫产业、义西的五金行业、佛堂的皮革皮件、义东的小百货等，都围绕小商品市场的需求加工生产，闯出了具有区域经济特色的生产路子。

从某种程度上说，义乌小商品市场能迅速超过包括武汉汉正街小商品市场在内的其他市场，成为全国市场的一面旗帜，很重要的原因就是义乌有了这样“前店后厂”的模式。这个模式不仅使得义乌的小商品在物流和采购环节成本大幅缩减，有了更大的价格竞争力，也让商户们所从事的买卖逐渐稳定，便于商家自身及市场整体规模的后续扩大。同时，“前店后厂”让生产到销售环节的周期大大缩短，商品流转效率提高。

1987 年 3 月，义乌县第七次党代会召开。会议围绕“逐步完善市场体系”，提出了“在巩固现有的各种专业和综合性市场的同时，积极创造条件开辟生产资料、技术、金融、劳务等生产要素市场”，要“兴工建镇，以贸兴市，有计划地允许部分农民自理口粮，落户城镇经商办企业”，要“立足国内、面向世界”“积极发展对外贸易”。

这一年，全县乡镇企业总产值突破 5 亿元，达到 5.45 亿元，占全县工农业总产值 50.1%，成为全县国民经济重要支柱。

1990 年，义乌深入开展“双增双节”和“品种、质量、效益年”活动，乡镇企业产值首次突破 10 亿元大关，达 11.39 亿元，并有 33 家企业出口创汇，诞生了 3 家中外合资企业。

4

进入 20 世纪 90 年代，义乌一批市场经营大户将经商积累的资金转移到工业领域，就近为市场生产商品，创办了一批紧密依托市场的工业企业，推进了义乌工业企业的迅猛发展，企业数骤增。乡镇企业的产品成为市场的重要供货来源，市场集聚度进一步提高，有力地支撑了小商品集散地的功能发挥。

乘着“积极发展对外贸易”的东风，九联村龚新民开始增加服装加工设备，把服装生意做到了俄罗斯。自 1992 年上半年开始，龚新民转做起了运动衫生意，先批发给新疆客户，再由他们运到俄罗斯出售。

“这个时期的销路一直不错，每套的利润有 30 元至 35 元。这一年我赚了 3 万元。服装生意的季节性很强，我经常要随季节变换而改变加工种类。”龚新民说。在与俄罗斯人做生意的过程中，也使龚新民体会到：必须提高对产品质量重要性的认识；要通过增加和更新设备，增加技改投入，实现规范化生产，拿出自己的拳头产品；要多学一点文化知识，特别是要掌握一些外贸知识，否则在国际市场上要吃大亏。

在这一年，龚新民增加了机械设备，一下购进了 12 台高速缝纫机，并在企业的管理上制定了生产规则，从裁剪师到质检员都作好安排，告诫职工不光要提高产量，更要注重产品质量。凡发现产品有质量问题，立即返工。企业之所以要这样做，也是有着深刻教训的。

外国人要求产品在每个方面都完好无缺。有一次，他跟俄罗斯商人签了份合同，货发出去后，最终货款却不能全部收回，为什么呢？对方说包装不符合标准。还有一次，他已给俄罗斯人发了16万元的货，但货到后，却说质量不合格，硬扣了3万元。

义乌市场的持续繁荣兴盛，有的行业已经走向了国际化，但当时因义乌的产品质量上不去，许多外国人就到福建石狮去进货了。龚新民在狠抓了产品质量两三年后，生意即越来越兴旺，取得了十分明显效果。虽然他的服装价格每件比人家要高出2元，可是客户还是情愿买他的产品，毕竟"质量就是效益，质量就是竞争力"的道理谁都懂。

小商品市场的兴旺催促了小商品生产企业的大发展。一家家乡镇企业、股份制企业和个体私营企业与市场之桥相连，形成了一个环环相扣的产业链。这一条条产业链连成了一条农村工业化的发展道路。全市万余工业企业依托市场发展，数十亿元的商业闲资转入工业领域，把产品质量放在整个工作的第一位，培育起了服装、针织、文体用品、食品、小五金等八大优势产业。

也是在这一时期，义乌"一乡一品""一村一品"的区域性特色工业经济初步形成，并涌现了杭畴村针织袜业、毛塘楼村钥匙坯、王阡村草编、如甫村塑料玩具、莲塘村小五金、龙华村尼龙袋、地横头村制伞、西陈村糖果、苦竹塘村棕棚，以及大陈一、二村的服装加工等130多个小商品制造专业村。这些专业村的不断涌现，产值不断提升，在短短的几年时间内，有的村就成了"亿元村"。

到1992年年底，大陈村有服装企业340家，其中有个体服装企业231家，私营服装企业50家，中外合资服装企业2家。这一年服装工业产值达到18933.26万元，上缴国家税利230万元，名列义乌市村级工业经济之冠。1992年，杭畴村的针织产业发展也达到了巅峰，在这个有200多个家庭的村子，就涌现了200多家个私企业，基本上是每户就有1台袜机，年缴税收53万元。

不过，这时的企业规模小、布局散，同时受工业用地制约，绝大多数企业上规模、上档次、上水平受到限制，与快速发展、大进大出的小商品市场不相适应，产品占整个市场的份额还不高，对市场支撑力度也不够强。

第四节　以商促工

1

如果说义乌率先开放城乡市场是顺应民意之举，那么适时提出"引商转工"战略，彰显的则是政府的韬略和智慧。义乌市政府以超前的眼光提出“引商转工”，为经济发展找到了新的动力，确立了义乌的比较优势。

义乌的工业基础相对薄弱。在市场刚开放的那些年，市场里的小商品大多从全国各地采购，汇聚在义乌市场后再卖到全国各地。专家称这种现象只能存在于市场发展的起始阶段，虽然也合理但是比较低级。市场要发展，就必须以成本更低、手续更简、效益更高的组织形式来替代。只有本土工业的发展，市场有本地工业来支撑，商品就不须非要从广州、福建等地采购，这就节省了成本，提高了效益。

1992年南方谈话揭开了中国改革开放的新篇章，兴起了前所未有的工业发展热潮。市委、市政府敏锐地洞察到，义乌市场产业支撑不足，长此以往根基不牢，于是提出了“围绕市场办工业、办好工业活市场”“大市场带动大产业，大产业支撑大市场”的工业发展思路，鼓励发展小商品制造业。

1992年，市委、市政府在继续推进“兴商建市”的同时，提出了“以商促工、工商联动”的口号，旨在发挥市场已形成的人才、资金、信息、机制等先发优势，引导经商户们把商业资本向工业资本扩展，利用义乌的流通优势扩大产业优势，大力发展与产业市场关联度紧密的小商品加工业，推进工业的规模扩张和产业升级，构筑成“小商品、大世界，小企业、大集群，小产业、大市场”的发展格局。

为此，市政府出台了一系列扶持优惠政策，引导商业资本转向工业制造领域，启动工业区开发建设。

义乌人办工厂，就是以市场为导向，对准销路，生产适销对路产品。经过市场大潮的几番搏击，优胜劣汰，在义乌逐步形成了自己的优势行业、优势企业和优势产品。其中服装、袜业、玩具等行业，都在市场中占据了较大的份额。从义乌市场的发展经验证明，如果不提高本地产品的生产制造能力，就没法快速提供大量的适销小商品，市场的进一步发展就会遭遇“瓶颈”。

为了突破发展中的“瓶颈”，市委组织了各机关部门和乡镇负责人赴江苏、上海的几个县市参观考察。受其启发，市委、市政府于1992年7月23日出台了《关于加快乡镇工业区建设的若干意见》，并作出建设城南工业区的决策，成立城南工业区管理委员会，就坚持集聚开发和对城南工业区及11个乡镇工业小区建设的布局选址、优惠政策、管理服务等方面作出明确规定。

1992年8月8日上午，60多万义乌人民翘首以待的义乌城南工业区（义乌经济开发区前身）迎来了首期工程奠基仪式。同年8月14日，义乌市（义政〔1992〕142号）红头文件下发，给开发区的发展指明了方向：以改革的精神和科学的态度，把城南工业区建设成为一个高起点、高技术、高速度的义乌工业新城，作为义乌小商品加工制造基地、为义乌工业发展提供样板……

1993年3月召开的市第九次党代会提出，要真正把乡镇工业区建设成为推进乡镇企业大发展、大提高的龙头；把城南工业区真正办成全市吸引、利用外资的中心。

从深圳科技园开发公司义乌分公司在开发区奠下第一块基石，到首家进区企业——浙江华昌塑胶有限公司举行开工典礼，再到当年金华市内最大的台商独资企业——东方桂冠纺织品有限公司在开发区购置30亩土地，短短两年时间里，开发区许多新组建的企业在千辛万苦中发展壮大，昔日一些“脸朝黄土背朝天”的农民，都洗脚上田成了农民企业家。

1994年8月，省政府批准城南工业区为省级经济技术开发区，并定名为浙江义乌经济开发区。也是在这一年，市委、市政府又提出“发展、壮大、集聚、提升”的工业发展思路，制定出台了一系列加快工业经济发展的政策，积极引导商业资本转向工业资本扩张，在乡镇企业开展二次创业，实施区域特色经济战略，大力发展以劳动密集型为主的小商品加工业，掀起了创办工业区的热潮。到这年年底，全市开发区面积达到195万平方米，进区企业547家。

在市委、市政府出台的一系列优惠政策的扶持下，义乌经济开发区这个新生儿，也犹如一粒千载难逢的鲜活种子，经历了和煦阳光的普照，渐渐地从义乌西南角的荒山坡上奇迹般地冒出来；义乌城南的这片满目杂草丛生的荒山坡，也抖擞着精神，开始以全新的姿态迎接着八方的投资者。

2

市政府出台的引商促工政策，让一大批经商人员将部分原始积累资本转移到工业领域，创办小商品加工厂，实行产品生产、销售一条龙，使义乌市场中本地产品比例从市场初始阶段的20%，提升到30%。当今一些行业的龙头企业，如“浪莎”“梦娜”“芬莉”“真爱”等一大批企业，都是在“以商促工，工商联动”政策感召下，从经商转到办工业企业上来，并逐步培育成长起来。

“商”与“工”两翼齐展，让义乌市场这只“大鹏”更是扶摇直上。

从1978年开始，宗宅村的宗承英来到广西南宁、柳州一带。每到一地，他就留心哪家要杀鸡了，看看这儿的鸡的“三把毛”长得好不好。遇到杀鸡人家，他就上前去帮他煺鸡毛，以便能马上抢到这“三把毛”。看到人家把鸡毛、破凉鞋之类倒进垃圾桶，他也会跑过去捡回。

南宁当时已有了零碎销售小商品的市场。初到广西，他一开始还挑了一段时间的货郎担，从事敲糖换鸡毛。后来感到有更赚钱的路子，他就干脆扔了货郎担，将小百货装在背包里，做起了小商品生意，这样倒腾了一阵子。因为广西的“三把毛”便宜，每斤才两块多钱，而义乌可以卖到4块。到了第二年，他先把义乌的小百货拿到南宁市场上销售，然后用赚来的钱去收购鸡毛，运回义乌后再卖给收购站，两头都赚钱。

可不久即遇上了麻烦。广西的鸡毛原是出口的，因为义乌人收购价格要高于当地的外贸局，对毛色的要求也低，结果导致鸡毛大量外流，令当地的外贸局收购不足。于是引起了他们的注意，就时常派人来追查义乌人的行踪。一旦被发现，鸡毛就会被没收或强行低价买走。

但总的来说，在1980年前后的这几年内，生意还是做得比较顺手，小百货一脱手，几百块钱就赚到了；而将廉价的鸡毛带回义乌后一转手，又有好几百块可赚，跟本村其他人相比，生意算是不错的。当然，廿三里的有些人做得更好，因为他们刚起步就专做小百货。于是，自1981年后，宗承英也停止收鸡毛，在南宁、柳州一带专门从事小百货批发。

篁园路小商品市场开业后，由于业务量的快速增长，竞争更趋激烈，单纯批进成品已远远不能适应业务需求，必须拥有自己的工厂，才能自己去定义产品，才能进一步做大海内外市场。于是，宗承英开始与山东青岛市一家中外合资企业签订了合约，承包了他们的部分机绣设备，通过付给他们加工费的形式，开始自己加工生产花边。这不仅大大降低了生产成本，而且保证了旺季的货源。

1994年6月初，宗承英又与做袜子的堂弟商量，定下了与港商合资办厂的意向；6月底领取了执照，挂牌成立“浙江梦娜针织袜业有限公司”；7月在徐村乡九联工业区购买了18亩厂房用地；8月初开工建设，以最快的速度建起了厂房，安置了进口机械设备，并决定在次年1月投产，从中也让人真正理解了“时间就是金钱”这句话的含义。

“实际上是市场逼着我们去学。市场迭代这么快，哪有资格停下来，停下来就要退出。”当年许多开始办厂的市场经营户，都曾有过这样的感受。受各种内外因素的冲击，光靠买卖小商品在当年已适应不了形势发展的需要，必须创新经营方式，从单纯依靠产品经营转到兴办企业上来，实现“由店转企”的华丽转身，在变幻无穷的市场中掌握主动权。

1994年，楼仲平用卖塑料产品赚来的钱，买了两台机器，喊上妻子和父亲，3个人就办了一个吸管厂，“有了投入，就陷进去了，不能再换行了”。而后，他的铺子里渐渐只开始卖自家的吸管。

1995年，“翁氏三兄弟”以20台织袜机起步，与港商合资创办了义乌浪莎针织有限公司，打破了高端市场被日本及我国香港、台湾地区的袜子占领的局面。

……

1995年7月，市委九届五次全会扩大会议提出，要加快工业区开发和建设，认真做好引商转工文章，推动工业经济走大发展、上规模、外向型的路子。

从1992年至1996年上半年间，义乌通过实施“以商促工、工商联动”战略，引商转工企业达5000多家，20多亿元商业资本转为工业资本。全市形成了服装、针织、印刷、玩具、文体、食品、日用化工、小五金等八大支柱产业，工业总产值突破120亿元，占全市工业总产值的60%。

3

为进一步落实这一战略，主动适应经济发展新趋势，把握发展新机遇，1996年，市委、市政府根据义乌的实际，又推出“以商促工、贸工联动”策略，依托小商品市场的优势，促使义乌工业大发展大提高。

如何做好贸工联动？具体在“三引”上做文章：一是以市场为导向引导商业资本投向工业领域；二是充分利用市场优势引进资金、人才、技术和先进管理经验；三是把市场机制、市场观念引向工业企业，改组改造国有、二轻企业，加快建立现代企业制度。

以“三引”促进义乌的“二次创业”，“三引”引出“三创”新目标：创几大支柱产业，创一批规模明星企业，创一批名牌拳头产品。

为构建良好的外部环境，义乌市委市政府通过一系列措施，在14个条件较好的乡镇，建立工业小区；为鼓励“以商促工”，陆续出台一系列优惠政策，在用电、用地、子女入学等方面实行优先优惠；对义亭、佛堂等义西南9个经济相对落后的乡镇，实行特殊扶持政策，在信贷、信息、人才等12个方面实行倾斜政策。

在诸多政策的引导下，腰包鼓着的大批商家纷纷要地投资办厂，“前店后厂”“贸工结合”一时成为潮流。商家们充分利用有店面有摊位的市场优势，紧贴市场生产，左右开弓，一批规模大、技术尖、设备新的骨干企业露出尖尖角。1995年八大支柱产业的总产值突破100亿元，占全市工业总产值的55.6%。如服装，以大陈镇为龙头，周边一镇四乡形成了一个生产基地。1995年全市服装工业产值已超过36亿元。

“贸工联动”改变了义乌工业基础薄弱的面貌，奠定了义乌的产业基础，小商品制造企业如雨后春笋般冒出，逐步开创出产销一体化的新局面，形成与专业市场紧密联动的工业产业体系，促进市场与产业比翼齐飞。在义乌小商品市场周围，最多的时候活跃着13000多家生产企业；义乌加工专业村发展非常迅猛，“一乡一品”“一村一品”风起云涌，专业村加工基地近200个。

支柱产业的脱颖而出，在大大增强义乌经济实力的同时，也促进了义乌市场的进一步发展。小商品市场所售商品中，“义乌制造”一度占到四成。其中，小商品城的服装、袜子、小百货三大类商品，1992年义乌本地产品仅占20%上下，到1996年上升到了五成。此时义乌市场的许多小商品，不仅不再从广州等地进货，本土的一些崭露头角的品牌，反而开始大批出口日本、美国等几十个国家和地区。

1997 年，义乌乡镇工业产值达到 210.89 亿元，企业数量达 11071 家，占全市工业企业总数的 99%，其中个私企业占 93%。让义乌人引以为豪的是，在市场开放初期，义乌市场的中高档袜子大多从广州、深圳进货，此后义乌人生产的袜子以自身过硬的质量、价格优势，不但占领了义乌市场，还大量销往广州、深圳。

至 1998 年，义乌有 1 个省级经济开发区，17 个工业小区，对推动义乌经济发展起了积极作用。但由于各镇乡几乎都办工业小区，规模小、布局分散、配套程度低，与城市化的发展要求不相适应。现实又反复提醒人们，企业向投资环境相对较好的中心城镇、城区流动势在必然。

第五节 贸工联动

进入 21 世纪，企业向工业园区集中。为理顺工业经济管理体制，2000 年起，原市经济委员会、二轻工业局、乡镇企业局合并为工业经济发展局。

在新世纪的第一年，也是“十五”计划的开局之年，一句响亮的口号在义乌广为叫响：通过实施开放带动战略，要让“义乌商人走天下，义乌商品遍天下，义乌美名扬天下”。

工业是义乌经济社会发展的支撑，是义乌发展的潜力、希望、后劲所在，工业能否发展壮大，关系到义乌的实力和竞争力。在坚持“发展、壮大、集聚、提升”中，义乌工业经济对商贸业和经济社会的支撑作用明显增强。

2001 年，全市已有工业企业 1 万多家，实现工业总产值 285.34 亿元，完成工业用电量 7.44 亿千瓦时，分别比 1996 年增长了 57.7%、206.2%；并培育了服装、饰品、拉链、毛纺、针织袜业、彩印包装等一批优势行业、块状经济，涌现了“浪莎”“梦娜”“能达利”等一大批行业龙头企业和知名品牌。

在这一年，工业园区开发建设强力推进。至 2001 年年底，“一区五园六小区”引进企业 436 家，其中进区施工企业 371 家，投产企业 217 家。一个“布局合理、梯度开发、优势互补、整体推进”的工业园区开发格局在义乌逐步形成。

经济开发区作为义乌对外开放的窗口，着重培育科技型、外向型企业，充分发挥带动和辐射作用；5 个工业园区作力义乌工业经济集聚、提升的载体，即以苏溪、上溪、佛堂、廿三里四个卫星镇加北苑进行规划，分别建设义北、义西、义南、义东、北苑等 5 个工业园区，规划面积 15 万平方公里，着力吸引集聚规模企业，提高园区开发质量；6 个特色工业小区，集聚特色产业，优化资源衔接，并积极鼓励千家万户发展家庭工业。

2002年，义乌市场迎来正式开放20年。

"脚踏义乌热土，手抓全球商机"。2002年，这句广告语开始遍布义乌的大街小巷。高擎起"打造国际小商品制造中心"的大旗，新任市委主要领导接过"引商转工"的接力棒，要求各级党政组织积极引导商业资本向工业扩展，抓好开发区建设，为工业经济发展提供更大的发展空间。

如果说义乌一直以"买全国货、卖全国货"这只流通之"脚"而独步天下的话，那么这时的义乌正努力做大做强第二只"脚"——小商品制造中心而稳步前行。

"国际性商贸城市要有竞争力，商品就需有竞争力，而这必须依赖生产基地的支撑。"时任义乌市委书记楼国华点中"要害"。义乌交易的小商品70%是外来的，市场销售的主动权握在别人手中，要"物美价廉"就不得不仰人鼻息。于是，义乌提出要打造"国际小商品流通中心、制造中心、研发中心"，破局之意不言而喻。

义乌，正经历着二十年来又一次剧烈的"蜕变"。

2002年，市委、市政府在认真总结"以商促工、工商联动"的成功经验基础上，出台了《关于加快推进"贸工联动"的若干政策意见》。"贸工联动"战略与"以商促工、工商联动"策略在指导思想上是一脉相承的，它是"以商促工、工商联动"策略在新时期的延续和提升。

所谓"贸工联动"，就是要充分发挥市场优势行业带动作用，通过设立专业工业区等途径，集聚壮大特色产业，进一步强化产业支撑，使更多中小企业或进专业园区做大做强，或租标准厂房进行孵化，实现市场带动产业、产业支撑市场，促进市场的持续繁荣。

贸工联动，义乌整合提升制造业的思路日益清晰。这时，义乌把"一区十二园"（原称"一区五园六小区"，至2002年称为"一区十三园"，共有6个工业园区，分别为义乌外商投资工业园区，以及北苑、义东、义南、义西、义北等工业园区；7个特色工业小区，分别为东苑、后宅、荷叶塘、义亭、赤岸、城西、大陈等）统一规划开发为面积各100平方公里的"义西南"和"义东北"两大工业产业带，最终形成以市场为中心，两翼齐飞的格局。

作为工业集聚地的"一区十二园"，是一片涌动的热土。至2002年6月，累计开发面积35平方公里，已引进企业1076家。方圆3.5平方公里的义乌经济开发区，拥有了工业企业300余家，配套服务企业350余家，2001年实现产值45亿元，"浪莎"成为金华市首个中国驰名商标。工业园区的开发建设，改变了原先工业"小、低、散"的局面，对全市产业升级和结构优化，发挥了示范、辐射、带头作用。

在2002年7月召开的市委十届十二次全会扩大会议暨市政府第十次全体会议上，市委书记楼国华强调："要按照把义乌市场培育成为商品交易成本最低、信誉最好、服务最佳、手段最新、信息最灵的国际性小商品集散中心的要求，研究如何实施'外贸拉动、贸工联动、名牌带动、群众推动、政府促动'这'五动'并举，建设国际性商贸城市的具体措施。"

这“五动”中的“贸工联动”，进一步阐明了贸易和产业、市场和工业的关系，是“以商促工”的提高和深化。

2002年10月22日，以国际商贸城一期建成并开业为标志，围绕市场国际化，义乌“引进来走出去”好戏连台：引进发展国际采购商、培训外贸人才，开辟台湾馆、韩国馆、香港精品馆，举办义博会等系列展览会，组织出国参展效果立竿见影，义乌小商品市场进入内外贸双向拉动的快速扩张期。

2002年，义乌的“一区五园七小区”进一步推进，为工业的集聚发展提供了平台，促进了产业的集群发展；义乌的工业蓄势待发，全市有工业企业1.4万家，服装、针织、饰品、彩印、拉链等八大优势产业在全国享有盛名；新增注册商标以每年400只递增。

有人说，义乌市场是工业产业发展的“催化剂”，工业产业是支撑义乌市场发展的“加速器”。市场有了工业支撑，后劲将更足！事实也正是如此。从“以商促工、工商联动”到“贸工联动，贸工一体化”，以工业园区建设为抓手，通过大力推进产业集聚、技术创新和体制创新，行业迅速做大做强。义乌一批工业龙头企业，以及如饰品、服装、袜业、无缝内衣、线带、花边、拉链、工艺品、化妆品、印刷、日用品、毛纺、玩具、文体用品等近20个产业集群的形成和发展，就是通过这个载体的孵化、膨胀、壮大起来的。

小商品制造业的发展壮大，强化了产业支撑，进一步推动了市场的持续繁荣。通过一系列政策的扶持，义乌工业经济得到了快速发展，形成与专业市场紧密联动的工业产业体系，使义乌形成一条独特的商贸业与工业联动发展的路径，有力推动了义乌由小商品集散中心向小商品制造中心的发展。

2003年1月4日，义乌市第十一次党代会召开。这次会议把“贸工联动”列为了今后五年的重要发展战略，通过大力实施“贸工联动”，建设国际性小商品制造中心。

为规范经济开发区和各工业园区的发展，加快国际性小商品制造中心建设，市委、市政府先后出台《关于加快经济开发区、工业园区开发建设的若干政策意见》《关于外商投资工业园区开发建设的若干政策意见》《关于高新技术园区开发建设的若干政策意见》《关于加快工业园区开发建设的若干补充意见》等文件，要求民主科学决策，严把建设项目关，提高开发质量，确保工业园区有序开发。

义乌在打造国际性商贸城市的过程中，通过着力打造小商品的流通中心、制造中心和研发中心，吹响了“小商品，义乌造”的号角。

在“贸工联动”战略的引领下，在2004年、2005年，义乌市政府分别印发了《关于进一步促进工业经济发展的若干意见》和《关于促进工业经济发展的若干政策意见》，提出进一步拓展产业集群发展空间，促进产业提升和产品结构调整，加速科技创新加快外向拓展步伐，提高义乌市工业经济整体素质，增强产业竞争力，构筑小商品先进制造业基地。

推进“贸工联动”，工业用地是保障。为此，义乌规划出200平方公里的产业带，每年安排600亩工业用地增量，设立了高新技术、文化体育用品、拉链等12个专业工业区（亦即产业集群），初步形成了义东北、义西南两大产业带，造就了庞大的中小企业群，逐步培育出了一批能支撑市场和工业经济发展的优势行业，针织袜业、饰品、服装、拉链、工艺品等29个特色鲜明、创新能力强的优势行业迅速成长。其中，袜业、针织内衣、玩具、化妆品、工艺品、饰品、拉链等产业的产销量占全国30%以上，构筑起了“小商品、大产业，小企业、大集群”的工业发展格局。

在“贸工联动”的叠加优势下，义乌还通过调高容积率、建设标准厂房等举措盘活土地存量，在“螺蛳壳里做道场”，腾挪出现代工业的发展空间，大力发展与专业市场关联度紧密的先进小商品制造业。

至2005年年底，全市各类工业企业发展到2.5万家，其中80%以上企业主都从经商开始，商业资本转入工业开发的至少有500亿元。以饰品行业为例，全市饰品生产及经营企业已达3800多家，其产值和产量均占全国饰品业的70%。

第六节　创新创牌

“义乌制造”的横空出世，市场商品能够就地生产、就地销售，从而有效地保证了义乌市场产品的价格优势，解决了商品生产与流通环节、生产商与销售商之间的信息不对称问题，义乌本地产品占市场份额的比例也由20%提升至40%以上。“义乌制造”也改写了小商品在国际市场中的格局，义乌小商品市场外贸业务上升到60%，成为实至名归的国际化市场。

市场带动工业，工业支撑市场，两者形成双向互动、相互依存、共同繁荣，最终变出了一个触角遍布海内外的“义乌经济圈”，走出了一条依托市场发展工业的独特道路，形成了与市场发展紧密联动的工业产业体系，为市场的长盛不衰提供了强大的产业支撑。义乌先后被授予“中国拉链产业基地”“中国制笔工贸基地”“中国化妆品产业基地”“中国袜业名城”等10个国家级产业基地（名城）称号。

2008年7月22日，市委十二届四次全会通过《关于建设国际商贸名城的决定》。建设商贸名城需要品牌支撑。在“义乌制造”蓬勃发展的背景下，品牌价值日益成为影响企业能否在市场上获得竞争优势的重要因素。然而，在巨大体量和规模的制造业发展过程中，义乌还潜藏着创新能力不足、品牌价值低下等问题。这不仅引起了市领导的重视，而且引起了社会各界的关注，并采取了一系列行动。

从商业向工业转型的义乌经济开发区各企业，树立起了较强的品牌意识，更加重视对科技的投入。为了给义乌市工业企业转型升级提供科技示范作用，义乌经济开发区在2008年9月率先成立了科技产业集聚园，2009年开发区与浙江大学合作的“浙江大学义乌创业育成中心”挂牌，先后成立了国家级博士后工作站、虚拟研究院等科技创新服务平台。

至2012年，义乌经济开发区拥有规模以上企业356家，其中上市企业3家；拥有中国驰名商标14个、中国名牌2个、国家免检产品6个；省著名商标13个、名牌7个、商号5个；拥有省级以上名牌商标90余个；各级高新技术、科技型企业及专利示范企业100余家。通过运用高新技术改造提升传统产业，有力地推动了传统产业的转型升级。

从昔日的“买天下货，卖天下货”，到“小商品，义乌造”，义乌制造在市场上所占的份额逐年加大。对于市场经营者来说，他们也已经意识到，无论外界形势怎么变，要提升义乌小商品在全球的核心竞争力，在于改变思维方式，解放思想、改革创新。不知道怎么干，要解放思想；干了干不好，要解放思想；从来没人干过，要解放思想。否则，世界的变化就会跟我们“毫无关系”。

市场也倒逼着义乌的企业主思想的“转型升级”！

在义乌做照明电器生意的黄云龙很在意与世界的联系。在他店铺的玻璃柜台下，铺满了花花绿绿的各国货币。他每次和外商做生意，都会要求对方留下一张本国货币作纪念。在外贸行业摸爬滚打了十几年，黄云龙曾满世界跑，遭遇过路边炸弹袭击，还被抢劫犯用手枪指过脑袋。现在，他则坐在国际商贸城二区的店铺里，每天思考的便是：怎样把自己的照明电器品牌进一步打响，开拓更多市场。

毋庸讳言，义乌小商品一度是低价或低质的代名词。面对新的市场环境，依靠低价换取市场占有率，显然不再是明智之举。意识到这一点的黄云龙，2009年便注册公司，创立自主品牌。现在，黄云龙的品牌在阿富汗等国家

晶科能源（义乌）有限公司生产车间

已经打出了一定的知名度，在当地市场上甚至能与一些国际品牌分庭抗礼。

“以前我们做生意，靠的全都是价格优势，现在肯定走不通。生意要继续做下去，归根结底靠的是品牌。”黄云龙坦言，品牌的优势归根结底是产品的优势，依靠多年来的品牌化经营，使他积累了一批优质的客户。

品牌是企业发展的“刚需”。在现代市场消费从产品导向不断向品牌导向转化的过程中，品牌日益成为企业经营优势的载体，随着义乌制造业的飞速发展，相关企业的经营范围不断从产业链的低端向产业链高端提升，品牌战略也由最初的贴牌战略向自创品牌战略转变。企业纷纷根据自身需求进行合理选择，制定符合自身需要的品牌战略，不断提高产品的知名度和美誉度，提升客户的品牌忠诚度。

走进义乌市场，原本“低价、跑量”的小商品仿佛一夜之间换了面孔：从针头线脑到品牌服饰，从玻璃弹珠到珍珠翡翠，从桌椅板凳到非洲木雕，到处是有创意的产品，一支铅笔也有挑不完的图案，一把雨伞有几十种款式。

“市场没有长盛不衰的商品，只有不断创新，走产品差异化路子，才不会让公司陷入低价的恶性竞争，即便成本上涨，也能从容应付，保持高利润。”中国小商品城商会负责人认为，贴牌路已经不可持续，义乌小商品城在一日千里地推进“品牌化”。

创新、创牌、创信誉……这些对“义乌制造”的新要求，已经在义乌这个庞大的市场内落地生根。围绕这些内生的变化，小商品不再“小”。与前些年相比，义乌通过结构调整、转型升级，现在市场中70%是新产品。这些变化，均非一蹴而就。聚焦新模式、新业态，稳步实现高质量发展。

作为中国外贸出口最大的窗口，窥义乌，可见中国。

第七节　招大引强

市场带动工业，工业支撑市场，这是义乌人走出的一条独特发展路径。

高度繁荣的商贸经济，成就了世界小商品之都的城市品性。义乌对标建设全球先进制造业基地，按照贸工联动和“增量选优、存量提质”发展思路，近年来又把招大引强当作“一号工程”，大抓项目、抓大项目、抓好项目，推动工业经济高质量发展。

优质的空间资源，是产业高质量发展的基础性保障要素。秉承“引进一个大项目、形成一个大产业、打造一个新的高端产业集群”的理念，义乌重点加快发展装备制造业和战略性新兴产业，优质项目接踵而至。五年间，义乌累计引进亿元以上重大项目270个，新增省重大产业项目26个，无中生有打造了光电光伏和汽车装备制造两大千亿级现代制造业集群。

2015年，吉利动力总成项目落子义乌。此后，吉利动力系统在义乌陆续建成浙江锋锐发动机有限公司、浙江义利汽车零部件有限公司、义乌吉利发动机有限公司以及义乌吉利自动变速器有限公司等项目。浙江英伦汽车有限公司基地落成，填补了义乌整车制造的空白。如今，义乌基地已经成为吉利汽车快速发展的强劲引擎，助推义乌打造“绿色动力小镇”的宏伟战略蓝图。

2016年，得知华灿光电要启动新一轮融资，义乌经济技术开发区盛情邀请其回乡发展。最终，华灿光电投资60亿元的项目落户义乌，开启了公司在义乌的新征程。华灿光电项目落地后，又相继迎来了下游的瑞丰光电、木林森等企业，形成LED全产业链；引进爱旭太阳能项目后，又落地了上游的天合光能、晶澳科技等项目。在义乌，世界级光伏光电企业云集，光伏产业“滚雪球”效应逐步显现，打造“世界光明之都”的梦想正一点点照进现实。

扎根这片创业热土，逐渐长成参天大树，重构了义乌工业产业生态系统，新一轮“贸工联动”在不断向纵深发展。义乌科创园、高层次人才创业园、芯片产业园等高品质的产业平台脱颖而出，这些省级智能显示材料“万亩千亿”新产业平台、国家级科技企业孵化器，成为推动义乌工业经济高质量发展新的增长极。

2021年，义乌规上工业产值突破千亿，规上工业增加值增幅达47.4%，位列全省各县（市、区）首位。

与此同时，义乌把加快小微企业园建设作为深化“贸工联动”战略的重要抓手，努力做大共同富裕的“蛋糕”。小微企业虽小，但贡献颇大，它们不但造就了大市场、大外贸，还造就了大城市、大就业，实现了大富民、大和谐。实际上，促进小微企业的健康可持续发展，也是义乌经济保持活力的关键所在。近年来，义乌把小微企业园作为培育企业快速成长的重要载体，为入园企业完善市场、电商、物流、金融、公共资源等配套服务，不断优化中小企业发展环境，成立小微企业发展的成功典范。

坚持特色化、高端化、规范化、精准化定位，多策并举建设培育“专精特新”小微企业园，在义乌建成投用了近百家小微企业园，集聚小微企业近五千家，新增省级小微企业园10个（累计69个），总数列全省第一。在此基础上，义乌重新制定了小微企业园绩效评价办法，建立能进能出的评价机制，并加强针织服装、饰品等优势产业配套园区建设。

当前，与市场紧密相关的传统制造业，正持续瞄准智能制造转型升级。通过数字化设计、智能化生产、智慧化管理、协同化制造，义乌将全面竞逐“数字化、双循环、共同富裕”新赛道，加速数字经济与制造业的融合，构建数字变革高地，打造国内国际双循环战略节点。

2022年5月5日，《2021年中国投资潜力百强县》榜单发布，义乌市位居中国投资潜力百强县第三。上半年，数字经济核心产业制造业新产品产值达到432.01亿元，增长153.9%。数字经济核心产业制造业、节能环保制造业、装备制造业、战略性新兴产业、高新技术产业增加值增速均位居金华第一。以未来工厂为牵引，“传统＋新兴”智造集群新场景正在形成。

华灿光电（浙江）有限公司外景

第九章 “义”起富裕

义乌在哪里？倒退四十年，浙江之外鲜有人知。或许，义乌更多的是借助从这里走出去的陈望道、冯雪峰、吴晗……这些历史文化名人，才让世人对这座地处浙中的县城有一些耳闻。

其实，即使在浙江，人们对义乌的印象，也往往定格在农闲时节，那些迫于生计肩挑货郎担、手摇拨浪鼓，走村串巷从事敲糖换鸡毛的敲糖人辛劳孤独的背影……然而，今天的义乌，当你置身于这个“全球第一超市”时，除了震惊，还是震惊。

翻开义乌的改革开放史，义乌始终把市场作为区域“发展极”来培育和经营，而开拓市场又不能局限于一个狭隘的小天地，必须面向全国乃至全世界。在这座讲究“我赚钱你发财”的城市，他们从不排斥任何来自异国他乡的“淘金客”，始终秉持着“客人是条龙，不来就要穷”的信条，为无数人创造改变命运的机会，“义”心筑梦，“义”同富裕。

从义乌市场的小商品来源看，义乌本地生产的约占三分之一，外地的商品占三分之二。义乌人充分发挥市场的跨区域带动共富效应，开展来料加工业务，提升专业市场的就业增收、创业致富功能；推动市场与数字经济新业态新模式紧密联动，辐射带动浙江省 26 个山区县加快发展；把先发优势转化为先行责任，实施产业帮扶和对口支援，增强市场服务功能，开创了优势互补、长期合作、聚焦扶贫、实现共赢的良好局面。

义乌共富，市场开路。帮助欠发达地区群众共奔致富路，义乌争当浙江共同富裕先行探路的最佳实践地。

第一节 来料加工

1

来料加工被称为“没有围墙的致富工厂”，是广大妇女可发挥能量的重要领域，也是她们在家门口实现共富梦的“助推器”。在义乌农村，家家户户的妇女大多从事过来料加工。

由于来料加工业具有就业门槛低、投资少、风险小、效益好等特点，既符合了农村妇女增收致富、照顾家庭的愿望，又满足了用工需求，而且没有增加厂房等成本投入，开辟了妇女转移就业的新渠道，也较好地解决了留守儿童和留守老人的问题，因此颇受她们的欢迎。

来料加工即通过加工技能和经济业务培训，推动低收入人群进入来料加工业务链条，帮助低收入人群实现来料加工增收的一种“家门口”就业门路。义乌的来料加工有其特殊的含义，指的是义乌市场与其他地区经济对接的一种形式。即由义乌企业或市场经营户提供一定的原材料或半成品，经一些地区政府或经纪人出面组织当地的剩余劳动力，按要求承接加工业务，并收取加工费。

义乌大范围开展来料加工始于2002年。在此之前，外县市已经捷足先登，已到义乌市场寻求来料加工业务了，比如，衢州市在2001年即到义乌市场寻求来料加工，并举行了隆重的仪式；2002年上半年，磐安县又到义乌举行了来料加工洽谈会。外地人群的纷纷介入，这给“家门口”的赤岸镇领导以极大的启发：人家能利用义乌市场的优势，全国乃至全球各地都在用足用好义乌市场的优势，为什么地处义乌市本地的赤岸却不能“近水楼台先得月”呢？

赤岸镇领导的这种想法和前往赤岸搞调研的市委、市政府领导的思路不谋而合。贸工联动、市场带百村、来料加工等，这不正是义乌欠发达地区农民真正走向富裕的又一康庄大道吗？不正是赤岸人孜孜探求的发展快车道吗？其实，勤劳朴实的赤岸人何尝没有想到这一招，只是他们担心市场上的经营户能否信得过自己，肯不肯把小商品加工的业务交给咱们这些老实巴交的山里人？

“只要党委、政府出面牵线搭桥，只要认真地组织好一支群众信赖的经纪人队伍，只要我们真心实意地帮助群众解决不断出现的新问题，来料加工就一定能在赤岸以至在义乌欠发达的其他地方形成一大产业！”赤岸镇党委、政府终于把来料加工提上了重要的议事日程，尽管这项工作不在上级考核项目之中，但它是一项让千家万户得实惠的“民心工程”，因此很有必要去做！

思路明，干劲就足。2002年8月下旬的一天，原本恬静的赤岸镇一下子热闹起来。市领导带领工商、市个体劳协等部门负责人，与赤岸镇领导一起，联合召开了建立小商品赤岸加工基地座谈会。9月6日，市委书记也起来了，带领市工商局、商城集团负责人，以及义乌市场上的经营大户代表，在赤岸举行了有400多人参加的小商品加工基地大型洽谈会。赤岸各村的党支部书记、村主任、经纪人全部到场。朴实的赤岸人，第一次深切地感受到自己真正融入了义乌市场的那种冲动！

群众走富路，干部来铺路。赤岸镇迅速成立由镇委书记任组长的小商品来料加工领导小组，各个行政村也分别成立领导小组，并在全镇范围内选择和组建了一支以群众威信高、有经营头脑、思想素质高的20余位村干部、人大代表、经商办厂能人为主体的小商品加工基地经纪人队伍。商城集团决定，在国际商贸城内无偿提供两间店面，为赤岸镇建立来料加工业务联系窗口。赤岸镇安排两名干部到窗口服务，商城集团派两名商会人员担任他们的业务联络向导，支持窗口开展工作。

在镇政府的宣传引导下，全镇有2000多个农户进入来料加工行列，其涉及面达到了11个行政村。时任雅端村党支部书记的陈光勋，从9月27日起，为本村130余位村民提供钥匙圈加工业务达65万只。时任山盘村党支部书记朱生民当了经纪人后，为200多户村民找到了加工头花、腰带、皮手套、童装等业务。下水碓村原来是个典型的农业村，当时就有200户投入来料加工。农民喜滋滋地说，只要认真做，一个普通农妇一天可以挣四五十元，每月增收1000元以上。

除了镇政府的引导，还有各部门的行动。

在赤岸镇下水碓村，有一对老姐妹，姐姐叫陈菊兰，时年82岁，妹妹陈春兰，时年79岁，两人都从事来料加工业务。陈菊兰加工钩针，一天可以加工6包，赚得加工费7.2元；陈春兰则加工假发辫子，一天可以编500根，一分钱一根的加工费，一天收入就是5元钱。经询问，得知陈春兰家中生活非常艰苦。因家里贫困，女儿女婿每月仅给她5元钱的生活费。如遇庄稼收成不好，连5元钱都没有。后来，老太太托人从义乌市场上找来编织发辫的活计，在自己家中完成，不仅解决了她自己的生活费，缓解了她和女儿女婿之间的关系，她还有余钱为外孙交学费。

这一年，义乌市妇女联合会干部到赤岸镇下水碓村调研时也从中得到启发，来料加工确实是农村妇女增收的一种途径。如果妇联组织能牵线搭桥，让全市农村闲置妇女都加入这个行列，该有多好啊！打铁需趁热。有了想法后，妇联工作人员专门赶到来料加工起步较早的磐安玉山镇学习、考察。

考察回来后，市妇联就当起了市场与贫困妇女之间开展来料加工业务的“红娘”，组织市场妇委会的成员开展送业务、送信息、送技术到山区活动，率先在赤岸镇开展了“城乡妇女手拉手，来料加工促增收”活动。当时，共组织了7名女经营户带着加工产品下乡，送到赋闲在家的妇女手中。没承想，产品只一会工夫就被一抢而空。

“来料加工业的就业门槛低、投资少、风险小、效益好，符合了农村妇女增收致富、照顾家庭的愿望，开辟了妇女转移就业的又一个渠道；从另一层面看，它又解决了各类加工企业的用工需求，而且不需要增加厂房等生产成本投入，是一件双赢的好事。”这就是当年义乌市妇联领导对开展来料加工的初心。通过一段时间的实践，“城乡妇女手拉手，来料加工促增收”大型活动在整个义乌拉开。

在此基础上，市委、市政府也出台了“先富帮后富，市场带百村”政策，使来料加工之火燃烧至义乌山区农村，为带领农村妇女致富起到了积极的推动作用。2002 年 12 月，市领导带着市场贸易发展局、工商局、商城集团和有关镇、街道负责人，在赤岸镇举行“市场带百村、百村连万户”活动现场办公，商城集团和市场贸易发展局当场与山区经纪人签订了来料加工协议。

为了推进“市场带百村、百村连万户”活动，市政府设立了专门的工作班子，商城集团和市场贸易发展局在国际商贸城设立了市场带百村来料加工办事机构，组织山区农民进企业、到摊位洽谈对接，培训小商品加工辅导骨干和经纪人队伍。一些来料加工业务量较大的镇，还专门在国际商贸城设立业务接洽窗口。

政府积极引导，市场带动百村。赤岸、大陈、佛堂、义亭、上溪、廿三里、城西等镇的偏远山区农民全面开展小商品加工业务，为百余个村的数万富余劳动力和家庭妇女提供了就业机会。赤岸镇组建了一支 50 多人的经纪人队伍，全镇有 40 多个村 8000 多人从事小商品来料加工业务，每人每天收入 20 元至 30 元。一批原先生活比较困难、享受政府低保的农民，依靠小商品加工摆脱了贫困。

市场带百村活动，为山区农民开辟了一条致富的门路。据统计，从 2002 年年底至 2005 年，仅义乌本地参与来料加工的镇（街道）就累计创造加工总产值 20 多亿元，参加来料加工的农民群众人均年收入增加 2000 余元。2006 年，义乌约有 3 万劳动力从事来料加工，来料加工费达 8830 万元，从事来料加工的农民人均增收 3000 元。

2

龙华村是义乌十大来料加工基地之一，从事围巾生产加工的时间早、人员多、影响大，货源也相对稳定。全村有本地人口 800 人，外来人口 400 多人，其中就有近半数村民在从事这行业。生意兴旺时，从事加工的村民达 500 多人。随便走进一户农家，就可以看到十余名员工围成一圈，手疾眼快地折叠着围巾，身边有五六台织机在给裁剪完的围巾扎边。满眼尽显着来料加工村所特有的繁忙景象。

“我们村的来料加工点多，已经形成了生产加工一条龙服务。比如，来料加工者大体有自己的分工，裁剪、扎边、折叠等，各工序已经形成了一条完整的产业链。有些农户还自己当起了经纪人，添置了机器，到经营户那里拿来产品自己加工。”该村党支书一边介绍，一边自豪地说：“在龙华村的影响下，附近的新乐、立塘、王界等村庄，也有很多村民在从事围巾加工。围巾生产加工业，让广大村民和外来人员走上了致富路。”

裁剪、扎边、折叠……不过是一瞬间的工夫，一块色彩鲜艳的成品围巾就整整齐齐地装进了塑料袋内。对这些来料加工的农户来说，他们一天的工作就是这样简单而繁忙。一不留神，各自所折叠的围巾数量就会被身边的工友赶超，“嗒嗒嗒”的机杼声充盈着整个大院……

“虽然赚不到大钱，但今年的生意总的来说还比较稳定，每天的收入约有上千元。”走进村民金春其的家中，夫妇俩对于眼前的这项手工活如数家珍，“每条围巾折叠费8分，如果包括裁剪费，就是1角5分。目前除了我们夫妻俩，还请了8名员工帮忙，平均每人每天的工资约是100元。”

走进村民金红云家中，10多名员工正在从事来料加工。来自安徽的杨化翠说，她们每天从上午6点开始出工，直到晚上10点收工，一天的工资可以达到100多元。早在10年前，她们夫妻俩就来到了义乌从事来料加工，现在马上要回家建新房子去了。

在这里，有8台缝纫机正在扎边，尚未加工的原料高高地堆放在庭院中。户主金红云说，他们所加工的围巾以外贸为主。由于他家信守承诺，能及时赶好加工货品，找上门要他加工的人很多。“东阳、兰溪、温州的老板，很多都将货送到我们家来。有很多老板尽管我家一次也没有来过，但依然很放心把货物送来。”

除了本地人，一些外来人员也乐在该村安营扎寨。来自安徽凤阳的陆士秀便是其中一例。陆士秀说，他们已在这里生活10多年了，这来料加工的生意就一直没有停止过。如今他们不但在村里租下了四间三层的一幢房子从事来料加工，还添置了六台缝纫设备。“这小日子过得挺好，目前他们还买了货车和轿车专门到城里去拉货。”村党支书在一旁介绍说。

模特展示来料加工产品

为了争取客源，龙华村的许多村民家中都买了汽车接送货物。有时只有一两包的生意，即使赚的钱还不足开车来回的汽油费，他们也乐意加工。他们把货物分发到村民的手上加工，给村里一些没有固定经济来源的加工户搞点创收。

“在家做手工，一样奔小康！”对于那些从事来料加工业务的人员来说，这句口号是最契合他们生活写照的。从2006年到2010年间，义乌有3万多人从事来料加工业务，累计发放加工费4亿元。来料加工成为农民增收的有效途径。

李根明夫妇从事花类生意经营已经有20多年。“起初我们夫妻在城区沪江路手工制花，从业人员不过三四名；后来把加工点移到乡下，通过送料给农户加工，业务就越做越大。当年在后宅塘李时就有10个村庄上千户村民为我们加工。此后，我们又将业务扩大到城区的一些国营企业，通过来料加工，为这些效益不佳、濒临倒闭的国营企业员工找到了一条生财之路。”据李根明介绍，当时的生产品种相当单一，以布料玫瑰花为主，但一枝“玫瑰花”一年可以为企业赚得几百万元。

李根明是义乌仙航工艺品有限公司的负责人。自1991年开始，“仙航公司”把来料加工业务拓展到了市外。除了义乌农村，还在金东、衢州等地设立加工点；随后，又在江苏睢宁、安徽寿县、江西上饶、河南商丘等地找到了加工点。“随着我市来料加工业的发展，我们在向外拓展加工业务的同时，企业的产品也在不断转型升级，新产品层出不穷，这样一来，为我们从事来料加工业务的人员每天都有事做。”李根明说。

“一些相对贫困的国家和地区，不但劳动力成本低、免征税费，而且还免费提供加工厂房。把产品提供给这些地方的居民加工，也可谓是应对眼下加工费用不断上涨的应急之路。”李根明说，“如今，‘国外’为我们开展来料加工的人员已达到了上百人。每天，我们都可以收到二三十件加工过的成品，销售额达10万元。”

制花业属劳动密集型产业，在目前企业普遍感到招工难的形势下，向外拓展加工业务也不失为一条捷径。但如何强化对来料加工网点的管理也成为企业的突出问题，为此，“仙航公司”加强了对来料加工经纪人和加工人员的免费教育培训工作。

与此同时，“仙航公司”在义乌市妇联及旅游部门牵线下，把前来义乌观光的游客请进了“仙航公司”，让更多的游客了解公司及产品，寻找更多的合作伙伴。同时组织公司骨干到全国各地宣传、推介企业品牌。针对目前企业招工难、成本高的现状，“仙航公司”以增加部分邻省加工基地为突破口，进一步增加了在外加工的数量，确保各种订单能够按时高质量完成。

从当年的白手起家，到成立自己的手工制花企业、拥有近百名企业骨干；从单一的头花品种，到拥有上百台先进生产设备，专业生产超声波轧花花片、小动物、彩绘卡通花片、特种彩边大花片等九大系列上千个品种，“仙航公司”通过遍及国内、远达海外的“来料加工”网络，增强了企业的生产能力、降低了生产成本，企业发展形势越来越好。该公司产品品种之多、销量之大均居亚洲前列，许多产品属国内独家首创，而在国内外为“仙航公司”从事来料加工业务的就有1万多人。

“我们不但拥有规模宏大的生产基地，也拥有庞大的销售网络，拥有一批批大订单。与我们合作，各加工点只需组织工人生产即可，我们长期免费提供生产原材料，保证加工商一年四季有足够的订单加工，有利可享。”李根明充满信心地说。

3

来料加工被视为是精准扶贫的发动机，助力贫困妇女居家增收，义乌与邻县早就开展了这项业务。

磐安县是义乌市结对帮扶单位，也是与义乌市场衔接最早的周边县。1995年，义乌与磐安县签订了来料加工协议，经济欠发达的磐安县可谓是捷足先登，率先与义乌建立了来料加工关系。1998年5月，义乌与磐安建立了结队帮扶联络会，32家磐安企业与义乌经商户签订来料加工协议。

2003年7月1日，在义乌国际商贸城开业不久，磐安县即投入近10万元资金，在国际商贸城租了两个摊位，新设立了磐安县驻义乌来料加工办事处，专门开展以义乌市场为主的来料加工产品业主对接活动。这一年，在义乌梅湖会展中心还成功举办了义乌—磐安来料加工产品推介洽谈会，共设立摊位50个，吸引了近万人参加，签订合作项目共计18个，达成业务意向累计2580万元。

至2005年，磐安县投入来料加工人数达到2.84万人，占该县农业人口的35%。2006年，该县有3万多妇女参加来料加工，占全县农业人口的30%，实现来料加工总收入8000万元，并成为农民增收的主渠道。至2007年，磐安县从事来料加工的人员增加到3.09万人，全县年发放加工工资12116万元，人均增收900多元，占农民人均收入的22%。

该县来料加工经纪人陶新花是其中的典型。她16岁时母亲去世，小时因患小儿麻痹症致残。作为长女，她一个人挑起了扶养三个妹妹的重担。头一回，她从义乌市场买回一个样品，经自己创新把自己加工的饰品卖给经营户，由此走上来料加工的道路。至2007年，她手下已有200多名从事来料加工人员，每个月给员工发放工资达5万多元。

在继磐安县之后，有更多的金华各县市的来料加工联系点被“请进来”，使得这项业务在金华各县市区内全面开花。通过动员欠发达县市的经纪人、加工户主动到义乌市场走一走、看一看，了解义乌来料加工行情，并通过自身努力，在义乌接到更多、更适合的来料加工订单，实现增收致富。有的通过来料加工，由此走上了兴办企业的发展道路。

兰溪市妇女王兰芬便是其中的一位。王兰芬曾是一名欠债50多万元的创业失败者。万般无奈下，她到义乌寻找来料加工业务。“我觉得，当初自己的行为就像‘扫地雷般一个摊位一个摊位地问过去，并在每个摊位都留下自己的联系方式。”王兰芬说。到2005年，王兰芬的加工规模已达到每个月可承接100多万朵头花的业务。有了一定的资金积累后，她决定自己购买材料开发并加工礼品袋销售。2007年2月，由王兰芬担任总经理的兰溪市芬达布艺有限公司正式成立。

武义县把来料加工作为重点工程，全面对接义乌市场，构筑商贸对接平台，促进武义县来料加工业从数量、规模和质量上有明显的提升，来料加工向工业化转变的速度明显加快，形成“义乌市场牵动，县城市场联动，强化政府推动，扩散企业、经纪人、加工户滚动”的来料加工发展格局。至2005年年底时，来料加工已涉及全县18个乡镇街道，从业人员有2.5万余人。加工品种有服装系列、文教用品、旅游休闲用品、五金配件、圣诞礼品、伞链条配件、电动工具、首饰领带、头花、工艺品、玩具、腰带串珠、礼品带等系列产品240多种，基本形成了“一村一品、一村几品、几村一品”的加工新格局，加工费收入过百万元的来料加工专业村逐年在增加。

2007年，婺城区共有经纪人646人，每个行政村都有来料加工基地，从业人员达4.5万人，全年发放加工费3.7亿元。

经过十多年的发展，至2021年，金华市有14.83万人从事来料加工，发放来料加工费15.97亿元，人均年增收达1.08万元。

4

义乌来料加工市内率先开花，香飘墙外。浙江省内的许多县市妇女看到了来料加工的成果后，也在当地妇联的组织及义乌妇联的牵线搭桥下，派人来义乌对接来料加工市场的开发，联系相关业务，为当地农村妇女争取了大批量的来料加工业务。

建德属杭州市，在杭金衢高速公路开通后，建德与义乌之间的经济交往更为密切，并提出主动接轨“义乌商圈”，开展来料加工。2007年，该市从事来料加工业务的人员就达3.1万余人，从业人员涉及各个镇街道。

常山县驻义乌来料加工联络处的黄韵怡说，2007年前，常山县每年发放加工费2亿多元，其中80%来自义乌市场，解决3万多人就业，不少村民们走进家门口的来料加工车间，成为上班族，其中2/3为农村妇女。

丽水市庆元县驻义乌来料加工办事处林曼群说，自2004年开始，她们便参展义博会，10多年来成效显著，不仅承接了大量订单帮助农村妇女增收，而且通过与客商对接培养了一批优秀的来料加工经纪人。

衢州市的来料加工业务蓬勃发展，共形成了具有一定规模的115个专业加工村，形成了钩织、节日灯、串珠饰品、绗缝制品、螺丝装配、竹木制品、雨伞加工等7大特色来料加工产业区。

在其他一些地方，还形成了一批共同致富的示范村，涌现出了“一村一品”“一村多品”

“多村一品”的来料加工格局，如金华市金东区和婺城区的头花、串珠、头圈、假发加工；丽水的工艺品加工；兰溪的织带产品加工；武义的工艺品和服装加工；江西的围巾、饰品加工；安徽的饰品、花加工等。

义乌周边20多个县（市、区）的一大批来料加工经纪人常年活跃在义乌这个大市场上，与义乌市场实现无缝对接。有的则依托义博会、文交会等大型会展平台，向义乌经营户承接来料加工业务，共同为做大来料加工业务发力。

2015年，浙江妇女创客园启动。省妇联与义乌工商学院建立战略合作，联手开展业务培训、创业指导、创业孵化等，成为全国首创。该平台把以来料加工为基础的产品供应和以电子商务为依托的产品营销有机结合，通过拓宽来料加工产品的销售渠道来促进从事来料加工行业的妇女创业增收，带领千万妇女走共同富裕之路。

2018年，丽水市妇联义乌来料加工服务中心落成，相继接待了70余次参观团队，接待参观者1541人，其中接待来料加工经纪人807人。一些年轻的来料加工经纪人走访市场，赴义乌相关企业学习来料加工经营理念、管理经验和加工技能，促使自己得到快速成长。

2022年，义乌妇联持续在服务精准性上发力，聚焦浙江省内山区26县打造“巾帼创共富”孵化基地，点对点开展需求下沉、服务到家、指导培训、项目孵化等精准服务，让来料加工成为带动山区妇女实现共同富裕的有效途径。如在5月26日，在义乌市妇联的牵线下，义乌市一企业将价值400余万元的睡衣加工订单送进磐安县九和乡，让当地留守妇女、老人能够在家门口再就业、再创业。双方约定首批货物于7月25日交付，并通过“义新欧”中欧班列发往欧洲。与此同时，丽水莲都的经纪人则在义乌、莲都两地妇联对接下，与义乌韵之恋饰品、韩尚优品等企业达成了产品加工意向，以时尚百货驱动来料加工转型升级，在带动就业的基础上刺激自主创业，让义乌企业发展的成功经验在莲都落地开花。

5

2005年10月，时任义乌市委书记楼国华收到了一封来自河南省信阳市固始县徐集乡一位农村妇女写来的信。这位叫童静的农村妇女在信中说，固始这个地方，农民人均几分地，完全靠天吃饭。每逢水灾，大多农户只能靠壮年外出打工养家糊口，妇女除了做家务便无事可干，成千上万的劳动力白白闲置。童静自己开超市，出于对乡亲们贫苦生活的同情，她恳求义乌市委、市政府伸出双手拉一把，开展来料加工业务，帮助这里的农民增收脱贫。

童静从哪里得知义乌的来料加工业能促使农村妇女增收？原来，童静在听说安徽省宿州市灵璧县和江苏省徐州市睢宁县李集镇等地家家户户从事手工制作，使农民增收不少的消息后，就马上动身前往探看。几经周折，才知这些手工活都是源自义乌市场。于是，童静又直奔义乌，把自己要求组织来料加工的想法告诉了一些义乌经营户，但因从未合作过，也就无法拉到业务。无奈之下，童静便给义乌市委书记楼国华写了这封信。

楼国华看后深受感动，马上把这封信批示给义乌市妇联及有关部门予以落实。有关部门领导在接到信件后，立即组织相关人员研究，并带上一批义乌老板，技术人员及样品等前往固始县徐集乡考察，奔波了 11 个小时后才到达目的地，在第二天就召集了 40 余名妇女现场培训来料加工技术，然后又通过这些妇女带动其他妇女学技术，扩大来料加工队伍。至 2007 年，河南省参加来料加工的农村妇女已达上万人，每人月增收 400 元的工资。

如果说河南省因与义乌市路程相对较远而人数不多，与浙江省相邻的安徽、江西、江苏等省从事来料加工业务的农村妇女队伍就更加庞大。

江西省上饶市离义乌 2 个小时车程，经济欠发达，人力资源丰富，每年都有大部分年轻力壮劳力走出家门打工，在家中留守的大多为年龄较大、无一技之长的妇女。2004 年夏季，上饶市妇联组织 8 个县市区的妇联主席，专门就来料加工业务到义乌考察。在义乌妇联的牵线下，为该市城乡妇女从义乌市场揽到许多来料加工业务。2006 年，全市已形成一支有 10 万余名妇女参加的来料加工队伍，加工的种类涉及编、织、钩、绣、穿、装、缝等十几大类数百个花色品种，年发放加工费 2 亿多元。

据时任江西省上饶市妇联副主席王莉娜介绍，依托义乌小商品市场，上饶市在下属各镇（街道）开展来料加工业务，从 2004 年至 2006 年 9 月，该市从事来料加工的城乡妇女便发展到 10 万人，从义乌市场上获得 3 个亿的加工收入。

在安徽蚌埠市固镇县，流传着一位全国“双学双比”女能手年赚 400 万元加工费的故事。这个妇女的名字叫章文仙，就是这个其貌不扬的普通农村妇女，通过接轨义乌市场，逐渐发展成有 17 个加工点、319 名妇女参加的来料加工基地。

义乌的来料加工在全国形成了一种“地瓜经济”，即像地瓜藤蔓一样延伸出去，让许多农民群众从中受益。为了更加规范来料加工产业的发展，指导妇女有序转移，自 2006 年开始，全国妇联在义乌成立了全国妇女“市场带千村”项目办公室。

“市场带千村”项目就是依托中国大量的专业市场，就地就近迁移就业，以市场为导向，寻求创业项目和创业岗位。设立该办公室，旨在帮助全国各地妇联按需定向培训来料加工经纪人，建立来料加工联络处，开展来料加工业务对接。

这种免费的培训，其内容主要体现在三个方面：重点免费培训经纪人业务和合同等法律知识、制定来料加工合同示范文本等方式，努力减少和避免来料加工过程中的纠纷和风险；对承揽来料加工业务的经纪执业人员进行培训、考试，合格后进行登记备案，建立经纪人档案，并核发《经纪执业资格证》；对农村经纪人登记办证免除登记费、工本费和管理费，实行“零收费”办证，并专门开辟绿色登记通道。

从2006年开始，每年一届的义博会都举办了大型来料加工精品展示展洽活动，展示了编织、饰品、针织品、工艺品、木质玩具等精美的妇女手工制品，使义博会不仅成了广大参会妇女对来料加工产品的展示会，更是成为全国各地妇联探讨妇女创业增收的交流会。来料加工经纪人不光在展会上收获了订单，还收获了理念和信息。她们说，在义乌参展5天，顶得上自己在老家摸索5年。

通过来料加工，为广大农村妇女带去了市场信息，提供了更多的就业岗位，使许多农村妇女由此走上了致富路。如山东、陕西、甘肃等省部分农村妇女通过主动接轨义乌市场，开展来料加工，承揽了许多来料加工的业务。至2006年，义乌来料加工业务已辐射全国10多个省市，从业妇女达63多万人，获得来料加工费20多亿元。

自2006年到2007年8月底，全国有200余批次妇联干部到义乌参观考察和联系业务，在义乌持续举办了由全国各地妇联推荐的优秀经纪人培训班，掀起了“百万妇女闯市场”的浪潮。各地妇联共推动46700多个村庄或社区开展手工编织等来料加工项目。

2010年，义乌相关部门共组织市场经营户参与来料加工现场对接洽谈会260多场次、签约来料加工项目3600多项。义乌市场经营户共发放来料加工费用近50亿元，解决农村剩余劳动力就业近300万人，并帮助一大批经纪人成功创业，在义乌或当地经商办厂，成为产业带头人。

自全国妇联在义乌设立全国妇女“市场带千村”项目办公室的5年间，江苏省妇联组织了1300多名女经纪人到义乌参加来料加工实务知识、电子商务、项目承接等培训，与义乌经营户开展业务对接。在2010年时，江苏就有80万妇女从事来料加工，人均增收2000元以上；有许多经纪人则通过来料加工买了楼房、汽车，使生活得到了彻底改变，从事来料加工也成了当地脱贫致富的一条有效途径。

承揽业务也需要有一股韧劲。如为了发动广大妇女从事来料加工，江苏省徐州市睢宁县妇联干部陈敏就“六下”义乌，最后才把来料加工业务揽上。在她的努力下，该县涌现出了400多名来料加工经纪人，有两三万妇女从事来料加工，穿珠、钩边、钩针等手工活样样来，一年的加工费就达近亿元。殷莉是睢宁县的一名普通经纪人。她的工作就是从义乌拿回原料，组织低收入妇女手工制造小头饰，每月赚取一两千元的加工费。

生活充实了，妇女收入增加了，还不耽误农活，由此减少了搓麻将等不良现象，妇女的地位也得到提高，有利于促进乡风文明，有力地促进乡村振兴。

6

扎实推进农村农民共同富裕，重点是要让农民富起来，难点在如何让农民持续增收。

来料加工为实现欠发达地区低收入群众的增收搭建了平台，为共同致富提供了路径。

妇女是推动经济高质量发展的“半边天”。但是，根据义乌市有关部门曾作过的一个调研表明，当前农村妇女就业创业主要有“三缺”，缺技术、缺项目、缺资金。调研反映出有35.9%的妇女有进城打工的经历，有31.7%的妇女想外出务工，但有许多妇女都出不去，原因就是要照顾老人和孩子。

农村妇女需要就近就业！而发展来料加工业，既能促进义乌市场的发展，又带动了广大妇女的就业，因此具有积极的示范、带动和指导意义。由于来料加工无须什么设备，无须复杂技术，无须资本投入，只要稍作简单的传授培训，男女老少都可加工，能够解决农村大量剩余劳动力就业，帮助农民致富，是欠发达地区发展当地经济的一条好途径。当地干部群众说：“从事来料加工，在家门口就业，能照顾妈，能教育娃，还有一笔可观的收入，真好！”

一个岗位，不仅仅是一份工资，更能燃起一个困难家庭的希望。在义乌市场就有数十万种商品，其中来料加工产品主要有饰品类、工艺品类、玩具类、节日灯具类等门类的大量品种，有上千种之多。这些产品基本属于劳动密集型产品，其加工环节工艺较为简单，技术含量普遍较低。如彩灯加工、穿珠、发圈头花等，都是只需稍加指导就能学会且无须机器设备的手工活，复杂一些的也仅添加一些简单的工具或设备即可。

因此，为了充分发挥来料加工的平台作用，快速扩大服务范围，提升创新服务效能，义乌市有关部门一改过去坐等“上门客”的习惯，除了积极“请进来”，还组织市场经营户主动“走出去”，捕捉信息、畅通渠道、广泛联系，架起合作桥梁；针对欠发达地区信息闭塞的现状，通过“媒体跨区域联动”对接加工信息等。

在“走出去”行动中，针对来料加工经纪人往返义乌不方便且成本太高等现状，义乌市场经营户、企业带着加工的样品，组团赴一些欠发达县市考察，针对欠发达地区信息闭塞、剩余劳动力多等现状，主动上门，给当地来料加工经纪人和从业者免费送信息、送业务、送技术，帮助他们拓宽视野，架起信息桥梁，实现合作对接。有的市场经营户和企业，还在当地建立起自己的来料加工基地，帮助欠发达地区农民就业增收、创业致富。

2010年，“义乌来料加工万里行”启动，组织单位把首站定在了枣庄市台儿庄区。台儿庄地处苏鲁两省交界处，著名的台儿庄战役就发生在这里。义乌的部分市场经营户及企业，带着待加工的样品到当地考察，对接来料加工点，与当地低收入农民开展来料加工业务合作。此后，台儿庄—义乌来料加工配货专用物流通道顺利开通，在该区共发展来料加工经纪人200余人，从事来料加工者达2.3万人，加工产品种类涉及饰品、玩具、服装、喜庆用品、刺绣、珍珠钱包、钩包等15大类。

这一年，义乌的“来料加工万里行”活动达成加工业务2765.2万元。

党的十八大后，脱贫攻坚战全面打响。义乌来料加工业务辐射到浙江省内各个地区和云南、辽宁、内蒙古、青海等全国25个省、市、自治区，与全国60多个贫困县（市）区签订了来料加工战略合作协议，带动500多万名剩余劳动力实现家门口就业。义乌每年发放来料加工费均超百亿元。

2017年4月，借“来料加工万里行”活动进洛阳之机，义乌与洛阳结成精准扶贫合作单位。此后，义乌市市场监督管理局和来料加工联合会积极协调，组织义乌企业全力支持当地贫困地区开展来料加工业务。义乌市来料加工联合会与洛阳签订了4年26亿元的来料加工战略合作框架协议，在当地建立箱包加工基地和打底裤加工基地，助力精准扶贫、精准脱贫。

结对合作7个多月，成果丰硕。在2017年11月14日的河南《洛阳日报》，刊发了一篇题为《19个义乌来料加工项目，助力伊川脱贫大业》的新闻。文中写道：“义乌来料加工项目开展以来，发展迅速，至此已投产19个项目，辐射19个乡镇……义乌来料加工项目安排1000余名群众实现家门口就业，其中贫困群众657人，目前实现人均月工资1500元。”

至2018年2月，洛阳市有10个县(市、区)主要负责人带队来义乌对接来料加工产业项目，直接参与对接义乌客商500余人次，涉及服装、鞋帽、箱包、玩具、手工艺品加工等多项产业。目前，双方已签订订单73个，加工费近亿元，带动超过4000人就业，帮助当地群众实现人均增收破万元。

来料加工拓展了当地人的创业渠道，改变了以往农村依赖外出打工的就业格局，实现了“家门口”就业。至2018年，义乌来料加工联合会对全国各县市举办来料加工经纪执业资格培训超过100期，培训考试合格发经纪执业资格证3万多人，培训二级经纪人1万多人。

7

随着“互联网+”的拓展，越来越多的妇女投身电商，开展“云上创业”，义乌来料加工不断升级。

这两年，直播经济异军突起，直播和来料加工能擦出怎样的“火花”？手机端如何发布直播、如何打造直播间、如何策划一场直播？

义乌市妇联根据需求，组织了直播业务培训，帮助来料加工经纪人及创业妇女掌握直播带货技能，以直播助推来料加工的转型。两年间，义乌市妇联共举办妇女直播等培训70期，先后打造22家巾帼直播基地、共享217个直播间，通过组成“直播+来料加工”组合，助力产业转型带动女性发展。

“通过借助直播窗口，将精美的瑶绣对外展示，既可带动家乡的产品销售和乡村旅游，又可让民族文化、非遗技艺更好地得到传承和发扬。”作为瑶绣二代，广西瑶族姑娘李素芳在参加了相关培训后，开起民族技艺直播间，与本村的600多名妇女建立合作关系。

2020年9月，“数创义乌，贸易未来”Chinagoods平台上线，入驻平台经营户有5.8万，注册采购商298万，平台日均访问人数24.5万！经营户对货品的要求有哪些？女性劳动力能参与的行业又分布在哪儿？

义乌市妇联以问卷形式，分日用品、婚庆用品、饰品、箱包等8个主要行业，就来料加工需求对义乌市场商户进行全覆盖排摸，收到212家商户的需求反馈，并对其中的56家重点商户逐一走访，10家典型商户进行座谈交流，由此摸清了女性劳动力能参与的市场货源行业分布情况，为实行精准对接帮扶打下了基础。

摸清底数后，义乌市妇联依托小商品城Chinagoods平台，针对商家、经纪人、政府三类用户主体，打造了“巾帼共富工坊”数字化应用场景，在其中设置有“供需接洽、交易支付、信用评价、运行管理、政府服务”等主要功能，并分设有四大板块，较好地实现了全国劳务信息与义乌市场来料加工业务信息的匹配对接。

供需双方通过平台实现在线沟通、接单，完成交易支付，数据可实时统计并沉淀在平台。交易完成后，还可通过平台对双方履约情况、经纪人是否定时定点保质保量完成、商户是否及时支付费用等情况进行信用评价，以促进来料加工行业规范健康发展。

具体而言，在这个数字化应用场景，商户可通过平台及时发布订单需求，经纪人可发布加工需求、承接服务订单。订单发布后，信息可快速到达经纪人端口，电脑、手机App及短信三个终端，进行智能匹配，4小时内快速响应，实现全国劳务信息与加工业务信息的无缝衔接。

“我公司急需100名妇女帮助包装包布夹子，产品业务如下……”义乌市兔矶饰品有限公司在“巾帼共富工坊”上发布需求信息后，平台为其智能匹配了丽水市庆元县的经纪人王卫香。不到4小时，供需解决，订单完成。

2022年，义乌市妇联通过建立“义乌共富联盟”，与全国7省妇联建立了“一对一”结对帮扶机制，为拓宽广大女性就业渠道，促进女性创业就业增添了新动能。

第二节　百县万品

1

在义乌市“百县万品”展销中心“全国巾帼助农创业浙江基地”的直播室，身穿湘西苗族简装的张莉正在为欠发达地区的农产品吆喝做直播推广。在新疆农产品馆，另一场直播带货也正在火热进行中。来自新疆乌什县近30吨纸皮核桃，一进义乌市场即销售一空。

一辆满载着甘肃、云南等地蔬菜的大卡车不断开进“百县万品”门市部，通过这里销往义乌及长三角地区。被誉为蔬菜“贵族”的宁夏菜也开始源源不断运到浙中农副产品物流中心，每天50多吨的新鲜蔬菜很快被市场消化。

新疆的红枣、东北的大米、贵州的腊肉……走进位于义乌的浙中副食品市场3楼的“百县万品”助农帮扶展销中心，一些曾经“养在深闺人不识”的欠发达县市优质农副产品汇集于此，南来北往的采购商们将它们发往各地市场。借助义乌“世界超市”的市场优势，“百县万品”消费助农项目取得了帮助欠发达地区增收、推动共同富裕的初步成效。

市场是义乌经济的命脉，也是民营经济发展的最大引擎。凭借市场这个平台，让义乌实现了“富民强市”的梦想，也形成了以义乌市场为核心的跨区域分工协作网络——义乌商圈。这一商圈已日渐成为全球广大经济主体共建共享的商流、物流、资金流、信息流、创新流大平台，使义乌日益成为中国商品走向全球市场、全球商品进入中国市场的重要“桥头堡”。

如何利用义乌“世界超市”的市场优势，以及通江达海的物流优势，集群发展的市场主体等方面优势，助力乡村振兴，推动区域协调发展，实现共同富裕，这是义乌始终在积极探索的课题。消费助农就是一项有益的探索。

自2020年7月以来，义乌市市场发展集团先后派出6批共33名选品员，深入全国421个经济欠发达县市，驱车行程12余万公里，根据当地特色及市场欢迎度，精选出12673款农副产品、手工艺品在义乌销售。这就是义乌的“百县万品”帮扶工程。

“我们派出去的选品员都是在市场一线的销售或管理人员，他们根据经验先进行海选，采购小部分回去，然后根据销售情况再大批采购。”市场发展集团“百县万品”消费助农展销中心负责人说，“我们的目标就是为欠发达县市打造一个助农的平台，通过源头采购，直接上平台销售，助农户增收致富。”

为此，该展销中心还制订了一套选品机制，先和各个欠发达地区的农业部门联系，了解当地特产，并根据知名度、市场口碑等初步遴选。待确定产品后，再派遣选品小组前往当地对接。综合考虑产品的季节性和市场销售情况，选品组每隔一段时间就会调整选品目录。

“做好产销无缝对接，前期选品最关键。”2020年7月，选品员吴潇翔和同事们千里赴贵州、陕西一线，当地高海拔无污染的蔬菜水果、五谷杂粮最受欢迎。最后，从当地9个贫困县及欠发达县市挑选出近300款农副产品和手工艺品，利用义乌发达的市场和物流体系，助力“黔货出山”。

“在新疆乌什县，核桃是当地老百姓收入的主要来源之一。乌什县地处偏远，这里的核桃曾长期滞销。”核桃经销商方飞东从事干果生意多年，因熟悉新疆市场，也参与“百县万品”的选品工作，先后深入阿克苏、和田等地帮助选品。他对接、引入的新疆纸皮核桃，壳薄肉厚，手轻轻一捏就能打开。一经推出，就被疯抢。

“每一次选品就是一次帮扶，克服一切困难，也要实实在在对接到当地农产品。”四川组选品员黄凯说，选品的过程，可谓一路艰辛，不少选品地区山高路远，遭遇泥石流、山石塌方等是常态，道路中断一困就是一天。但最终，路上的千难万险被克服了，当地的特色农产品也带来了。他们把自己的足迹留在了贫困县欠发达地区的山水之间，把幸福写在当地百姓的笑脸上。

在云南省的欠发达地区，交通十分不便，一路都是盘山公路。云南组的3名选品人，均出现不同程度的高原反应，走两步就呼吸困难，呕吐、没食欲。再加上饮食不习惯，身体极度不适，不过最后还是坚持下来了。

“全厂40多名员工都是残疾人，我特别希望帮助他们，这个产品也不错，可以到市场上试试水。”在考察了吉林省延边自治州龙井市的吉缘工艺品有限公司后，选品员樊亮感叹说，这虽然只是当地的一家小厂，主要从事核桃工艺品加工销售。在知道了企业的实际后，他立即就与对方敲定了订购合约，引入当地用核桃制作的茶叶盒、香炉等工艺品。

义乌在伊通建有万亩水稻种植基地，通过统一提供种子、化肥、农药及技术指导，将基地所产的“放心米”主要销往义乌的70多所学校食堂。当地农民以这种订单形式种植水稻，无疑给他们吃了定心丸，他们种一季水稻就能增收50余万元。

2021年年初，前往甘肃定西的选品员，与当地的技术员一起指导农户改种土豆为娃娃菜，将万亩蔬菜基地所产的娃娃菜全部销往义乌，亩产值翻番。10月初，选品员又转赴云南陆良再建万亩蔬菜基地，指导当地农户种娃娃菜。这样一来，义乌市民几乎全年都能吃到娃娃菜了。

目前，“百县万品”项目已在内蒙古、黑龙江、吉林、甘肃等地建立了6大粮食蔬菜基地。这些基地以市场化运营的“基地+农户+合作社+市场”全产业链模式，带动农户科学化、标准化、规范化种植，生产绿色无公害产品销往义乌及浙中地区，助力欠发达地区齐奔共富之路。

2

“百县万品”，消费助农。来自全国各地的特色商品汇聚在义乌集中销售，这个位于义乌副食品市场3楼的“百县万品”展销中心在2020年年底开业了。当天，“百县万品”微商城小程序也正式上线运营。

“百县万品”消费助农展销中心有展厅面积6100平方米，总投资3000万元。展厅内设有各省展馆 23 个（含浙江省山海协作地区），还设有巾帼巧手专区、非遗文化传承展示区等，展品涵盖了全国 421 个县的特色农产品及手工艺品共 1 万多款。其中，陕西柞水木耳、山西大同黄花菜、新疆阿克苏苹果、榕江葛根粉、河南焦作铁棍山药、四川腊肉、云南七子饼、宁夏枸杞、甘肃西和粉条等产品都一一在列。

“百县万品”项目整合了东西部扶贫协作、对口支援、对口合作、结对帮扶等工作，按照“1+1+X+Y”模式开展消费助农，即“打造 1 个展销中心，开发 1 个电商营销中心，开设 X 个分店、专区、专柜，布局 Y 个全国连锁店”等。当前“百县万品”销售模式主要采用线上和线下进行。线下依托展销中心，线上主要是“百县万品”小程序、“百县万品”抖音号等载体，采取电商直播交易、优质品牌发布、项目孵化推广等，实现产品可追溯、物流可跟踪、消费可体验，为帮扶欠发达地区共同打造一个永不落幕的“农产品博览会”。

2020 年 10 月 18 日，“百县万品”微商城上线。在“百县万品”微商城小程序上，各种产品按照省份归类，方便消费者购买。商品一旦出现问题，可以在小程序后台投诉，并及时得到反馈。

“这是内蒙古的牛肉、山西的白醋、衢州的玉米油……”在展销中心举行的一场“共富厨房 共赴未来”天南地北美食群英汇展场，酒店大厨正通过直播向全国观众介绍食材，展示烹饪流程。“我们希望通过‘共富厨房’直播做菜的形式，把欠发达地区优选食材和新鲜蔬菜推荐出去，形成‘消费助农’品牌化营销模式，更好地帮助乡村地区群众增收致富。”展销中心相关负责人说。

“从现阶段市场反馈情况看，欠发达地区一些当季农副产品，还有一些在海拔高、无污染地区所产的蔬菜水果、谷类、奶制品等，都比较受义乌市场欢迎。”选品员吴潇翔说，“每一次选品就是一次帮扶，奔波万里也值得。”

“百县万品”助农增收致富

新疆乌什的核桃因地处偏远，曾长期滞销。当地核桃经销商方飞东一起参与了义乌市场集团农贸公司的选品活动，双方联合开发的“牛奶味”新疆纸皮核桃，经义乌北下朱村的网红直播带货，两个月就销售出 4 万多公斤。

在“百县万品”展销中心山海协作馆，这里一头牵着省内山区 26 县的地道农产品，一头连接义乌大市场，成为了“共同富裕看‘浙’里”的新窗口。市场发展集团采用线上平台与线下实地考察的双重选品标准，拓宽选品渠道，从浙江山区 26 县挑出 300 余款优质农产品，成立了山海协作馆，带动了山区经济发展。

目前，展销中心与丽水莲都区、遂昌县、淳安县等浙江山区 26 县建立“山海协作”关系，采购了菌菇、有机杂粮、地瓜面、山茶油等 150 余款品牌绿色产品以及玉米、长豆角、四季豆、南瓜、茄子等蔬菜，2021 年销售额超 1000 万元。其中，淳安县下姜村坚持手工打造的地瓜干、山茶油、农家酱、金丝皇菊等 20 余款特色绿色产品深受市场欢迎，2021 年实现销售额超 50 万元。

设在义乌的全国巾帼助农创业浙江基地，依托“百县万品”消费助农项目，在展销中心设立了巾帼巧手专区，推荐各地“妇字号”农产品、手工制品、非遗产品等。专区还以“市场 + 来料加工 + 妇女培训 + 展会展洽 + 人才孵化”的协作模式，搭建东西部妇女长期合作桥梁，开展创意设计、品牌孵化等延伸服务，做好“巾帼脱贫行动”和”乡村振兴巾帼行动”的有效衔接，促进妇女创业就业，助农增收致富。

义乌市直机关工委组建“红色助农富农”党建共同体，通过开展支部共建、专业化志愿服务等，为山区农户提供直播带货、展览宣传、产销对接等方面的针对性指导和服务，推动优质农产品走出大山，加快农户的腰包鼓起来。

义乌搭平台，大伙齐唱戏。在中国（浙江）自由贸易试验区扩展区域挂牌仪式上，义乌“百县万品”助农供应链有限公司获颁营业执照，入驻自贸试验区。而随着品牌知名度和市场认可度的提升，有更多全国经济欠发达县市供应商与“百县万品”消费助农项目合作。“百县万品”消费助农项目每年至少能带动新疆、甘肃、四川等地的千万家庭增收数千万元。

“我们从欠发达地区源头采购，去掉中间商，直接通过‘百县万品’平台销售。而且会根据市场受欢迎程度，调整采购量。”该展销中心负责人说。

3

授人以鱼，不如授人以渔。

打造“百县万品”展销中心的初衷，并不仅仅是为了卖货，更重要的是给欠发达地区群众带去生产、销售理念的全方位转变。为此，主办方在搞一些销售活动时，也会特意邀请一些欠发达地区的农户或相关部门领导前来站台一起“吆喝”。

“宝宝们，我们这款刺绣来自陕西西安，三秦秀丽人儿美，物美价廉质量优……”在展销中心的巾帼巧手专区，主播娜娜在以直播形式向网友推介来自西安的手工刺绣，来自西安的绣娘李华则在一旁充当副播，进行专业讲解。不少网友在评论区纷纷对产品精妙的工艺表示赞叹，屏幕上持续出现点赞的“小红心”。

“通过直播间，很多人看到了我们的产品，也很感兴趣、纷纷下单，没想到东西还能这么卖。”李华一脸欢喜，她说，接下去她将根据一些消费者的留言，对刺绣的内容进行创新。

为了开辟销售新路径，“百县万品”展销中心的各展示区内设置了10多个专业直播间，灯光、音响、化妆间等一应俱全；并组织了来自全国各地的百名主播，分批到各展区直播带货。各地主播带着欠发达县市的供货商上直播、卖土货，成为展销中心里一道亮丽的风景。“主播们不仅为我们传授操作技术，更多的是教会了我们操作方法，我感觉到自己的创业思路豁然开朗。”来自四川的一名直播姑娘不胜感慨。

原先单一零散的对口支援产品有限，效益也有限，通过“百县万品”项目，一些在欠发达县市曾经鲜为人知的优质农副产品，通过借助义乌众多的采购商发往全国各地。由此可以挖掘出了更多欠发达地区的优质产品，通过整合成这样一个全新的展销平台，实现精准帮扶，帮助欠发达地区增收、推动共同富裕。

通过摸需求、建平台、促转型，义乌与结对帮扶地区积极开展合作，利用国家电商示范基地的优势，举办青年电商创业培训班，帮助当地青年借助新方式、新渠道打开销路。在义乌的精心帮扶下，很多欠发达县市的农户已在自家门口开始直播销售。

同时，义乌还与结对帮扶地区深化合作，以“义乌市场+全国产业带”形式共同打造“浙里加工对外协作平台”，通过共建项目开展“造血式”帮扶，为实现缩小地区差距、实现均衡发展贡献义乌力量。

“实施‘百县万品’帮扶项目的初衷，是给欠发达地区群众带去生产、销售理念的全方位转变，最终让他们具备市场竞争力。”义乌百县万品助农供应链有限公司综合部主任田宝庆说，例如，通过指导当地农民采用生态有机种植方法，大大提升了安徽大别山区茶叶品质的稳定性，增加产品附加值。

“精准帮扶，实现共同富裕，更多的应体现在思想和理念上。”市场发展集团负责人说，“十四五”期间，“百县万品”项目将不断拓展助农产品供销渠道，精心打造“多店联动、百群共推、千人直播”体系，助力“双循环”，帮助欠发达地区群众共奔致富路。

第三节　县域融合

对义乌而言，“共富”的要义便是以系统思维带动周边地区群众一起富裕。

“要发展先修路。”改革开放初期的这些墙头标语，折射出义乌老百姓的共富愿景，也烙印在了领导干部的心里。为了让更多偏远农村融入金义都市区，义乌协同东阳、浦江、兰溪3个县市规划跨行政区域“三环”快速路建设。

“三环”快速路主要利用现有国道、省道进行提升改造，途经4县市19个镇街，长约140公里，环内面积1084平方公里。2017年建成通车的4车道长16公里的义兰公路，便是“三环”中的一段。如今，兰溪市横溪镇国庆村成了“三环”的主要受益者，使该村成了远近闻名的来料加工村。

“全村1300多户家庭，有1000多户都在做来料加工。”该村村民倪桂花说，目前村里与40多家义乌小商品生产企业签订了合作协议。义乌的物料源源不断地运进村，加工成衣服、红灯笼、钥匙扣等小商品后，又运回义乌。承接了义乌的来料加工，每年给村民带来了近千万元的收入。

在“三环”的南线，类似国庆村的致富故事也在不断上演。东阳市南马镇距离“三环”南线4公里，该镇龙山村原先有两万平方米闲置厂房，租金每年每平方米只有80元。借助“三环”，义乌的企业过来了，租金就涨到每平方米120元，产生了明显的溢出效应。

义乌是货运集散地，集装箱的堆放一直是个大难题。“三环”逐步打通后，浦江县境内和东阳市境内的闲置空地便被利用起来。东阳市六石街道的物流园和南马镇的红木原木交易市场，如今每天都有几千个集装箱堆在那里。

2019年12月13日，浦江与义乌签订《义浦战略合作协议》，从此走出了一条互惠互利、共建共融的战略合作之路，向着“1+1>2”的区域发展新方向前行。除了义乌和浦江共同提出“义浦同城”的理念，义乌和金东、东阳的合作也在积极推进。2021年7月18日，连接义乌廿三里街道与东阳白云街道，横跨东阳江的义东大桥顺利通车，拉进了义乌和东阳两地间的距离，强化了义东同城化效应，有利于两地加快要素资源整合，推动产业集群发展。

“我们正在建设跨行政区域的城市三环，让更多偏远农村融入都市区，促使广大农民财产性收入显著增值。”义乌市领导表示。自2020年12月开始，仅剩0.7公里的义乌市国道351南延工程开工建设，东阳市与之相接的2.4公里的八华路北延工程也进入征地阶段，由此也意味着4县市精心规划的“三环”全面启动建设。“三环”开建的目的就是打通路网，畅通城乡，迈向共同富裕之路。

第四节 山海协作

义博会“山海协作”展区助力共同致富

山海协作工程，是浙江省为了推动以浙西南山区和舟山海岛为主的欠发达地区加快发展，实现全省区域协调发展而采取的一项重大战略举措。这里的“山”主要指以浙西南山区和舟山海岛为主的欠发达地区，这里的“海”则指沿海发达地区和经济发达的县（市、区）。

2004年10月，中国义乌国际小商品博览会首次设立了“山海协作”区，适当放宽参展条件，展位费优惠50%。来自全省经济欠发达县市的170家企业在这里设立了202个展位。这些企业绝大部分是第一次参加义博会。由此，“义博会”成为连通“山海之间”的桥梁。

那么，“山海协作”的业务内容是什么？它的主要业务有两个：一是推销欠发达地区的产品，扶持当地企业发展，使它们走向国内外市场；二是输出来料加工，让欠发达地区的群众就地就业，获得加工费的收入。

走进义博会的“山海协作”专区，电子电器、日用品、健身器材、针织辅料等商品精彩亮相，还有时尚美观的保温玻璃杯、动感酷炫的家用跑步机、精美绝伦的木雕摆件等，众多中外客商在现场咨询产品、互换名片、洽谈订单等，十分热闹。而在专区的另一侧，有众多妇女在铺布的桌面上开展小商品加工比武活动，穿珠的、扎花的、装配整笔的、领子缝口的，忙个不停。这些来自经济欠发达地区的妇女，通过参加义博会，借义乌市场之力，广拓渠道，带动当地的发展，也使义乌的业主从中受益。

“我4天时间就接了订单58万元，还有意向377万元。”设展在义博会“山海协作”专区内的磐安康翔箱包厂厂长陈龙春喜笑颜开，想不到第一次参展就有这样的收获。远离义乌的衢州市由市政府组织了一个由20多家企业参加的“山海协作”代表团。一家参展企业代表说，能够在义博会亮相，对扩大企业产品知名度，打开外贸市场非常有利。

自此以后，“山海协作”专区便成了每年义博会上最为熟悉的面孔。它不仅帮助欠发达地区生产企业拓展国际国内市场搭建了有效平台，也促进了省内发达地区与欠发达地区项目合作，帮助低收入人群与参展企业牵线搭桥，参与企业生产和从事来料加工，为农民支付工资和加工费，对推动区域经济协调发展、增加就业岗位和非农收入做出了积极贡献。

合作是双赢的。义乌把磐安当作最重要的来料加工基地，并把部分产业向磐安转移；磐安依托丰富的劳动力资源和后发优势，自觉接受义乌产业的辐射和转移，双方开展了多层次、宽领域的合作与交流。义乌众多商家则有了稳定的商品来源，增强了义乌市场的竞争力。

实际上，“山海协作”专区更像是一个孵化器，这是专门给欠发达地区的企业提供自我展示的平台，通过参展义博会帮助企业寻找合作伙伴。等这些企业发展壮大以后，这些企业即去其他展区参展，把山海协作专区的展位留给其他有需要的企业。为了扶持欠发达地区企业参展，“山海协作”专区的展位费用享受减半的优惠政策。

在时代大潮中先富起来的义乌人，当好共同富裕示范区建设的参与者实践者推动者，这既是夯实优势、拓展空间的共赢之举，更是弘扬“先富带后富”的精神。为了打造“山海协作”升级版，念好新时代“山海经”，义乌市深化产业合作，加大消费帮扶力度，将省内山区 26 县全部纳入消费帮扶采购范围，同时在衢江、天台、莲都、仙居等山区县实施“山海协作”特色项目 5 个，至 2021 年累计到位资金 7.05 亿元。

浙江高质量发展建设共同富裕示范区，补上山区 26 县短板是突破口和关键点。让“山”的资源和“海”的优势结合起来，推动构建陆海统筹、山海互济的发展格局——作为“八八战略”重要组成部分的“山海协作”思路，正在不断奏响新的协奏曲。

第五节　对口帮扶

1

全面打赢脱贫攻坚战后，我国迈入巩固拓展脱贫攻坚成果同乡村振兴有效衔接的新阶段。完善“先富带后富”的帮扶机制，是浙江高质量发展建设共同富裕示范区的重要任务，深入实施东西部协作和对口支援是其中要义。近些年来，义乌发挥专长和优势，全力打造对口工作升级版，形成了一批在全国有影响力和显示度的成果、亮点、模式，为全国推动共同富裕先行探路，打造了一批具有义乌特色的金名片，对口工作走在全国前列。

自 2013 年两地结亲以来，义乌对丽水莲都积极开展山海协作，发展“飞地经济”，在产业平台、飞地建设、文化教育、科创合作、乡村振兴等方面进行实打实帮扶，结出了累累硕果，既拓宽发展空间，又先富带动后富，展现了浓浓的山海情深。

自 2022 年以来，为深入推进金华市“百镇共建强基”行动，义乌市江东街道赴磐安县窈川乡开展“党建走亲”活动，双方就围绕如何破解村集体经济薄弱、农副产品营销，以及在生态旅游发展和康养文旅项目建设等方面开展对接、提供帮助。

义乌佛堂镇与磐安尖山镇在“农业双强基地”“老街共建基地”建设方面取得了较好的社会效果。在佛堂镇的牵线搭桥下，义乌市场发展集团与尖山镇就农批市场展销、线上线下销售等方面进行了合作。佛堂镇还联合中国计量大学现代科技学院，指导当地茭白种植技术的提升与品种优化，助力打响尖山茭白农业品牌。

2022 年 6 月 29 日，北苑街道到磐安县仁川开展共建活动，两地达成了投资额达 3.2 亿元的光伏项目投资协议，北苑街道还向仁川镇提供了 50 万元的共建资金和先进的医疗设备。

“选址已敲定，设计、投标等完成后就动工，预计明年年底投用。”作为共建“飞地”项目的福新农贸共富市场，是义乌市福田街道和磐安县新渥街道共建的“重头戏”，该市场占地 4400 多平方米、总投资 1500 万元，通过福田街道资金帮扶、新渥街道资金众筹、18 个经济薄弱村资金入股方式投资建设，计划新建商铺 200 个，批发出售磐安当地农副产品，助山区村民增收致富。

在金华婺城区琅琊镇浩仁村，由义乌市上溪镇资助建设的“共富灶”休闲基地已投入运营，一开业就“一灶难求”。城西街道遴选出 13 个村与浦江县檀溪镇 13 个村结对共建，在美丽乡村建设、民生服务发展、集体经济增收等方面开展交流与合作。廿三里街道开通了发往浦江县岩头镇的“23 路红色巴士”，开展“送红色服务、送共富课程、送治村经验”活动。同时，充分发挥数字经济在推进共同富裕中的重要作用，开设廿三里共富会客厅“红色梦工厂”岩头分会场，为岩头镇从事电商行业的群众开授《直播带货》公益课程。

2

越往西北，大地越是苍茫辽阔。丰水期的岷江江水奔流而过，给川青甘高原物流产业园内的汶川来料加工扶贫车间带来了丝丝凉意。

“幺妹，货来了，我这次给你分配 12000 件，交货日期宽限 2 天，下午让公交车给你送过去。”在汶川县来料加工扶贫车间，杨梅正挨个给各车间主任打电话，分配刚运抵扶贫车间的 4.8 万件泳衣半成品。

杨梅是汶川县来料加工扶贫车间主任，每当发自义乌的来料加工产品一到汶川，便是她最忙碌的时刻。此时的她正招呼着 20 多位当地群众忙于卸货、分拣。一会儿工夫，已有 3 万件加工产品被各乡镇的扶贫车间认领。

这也是义乌克服新冠肺炎疫情的影响，运抵汶川的第 19 批次来料加工产品，总量已经达到了36.7万件。杨梅说，在汶川县水磨、威州、中坝、映秀、高店等乡镇的来料加工扶贫车间，大家对来料加工的热情都很高，纷纷自动前来认领货品。就在前几年，来料加工产业对深处川西北高原的汶川县来说，还是个新鲜“玩意儿”，不知市场前景如何？也不知如何操作数量庞大的订单？

让民众在短时间内知晓、支持、参与来料加工，是来料加工扶贫车间在当地发展壮大的关键。因此，汶川县为调动群众参与来料加工的积极性，开展了广泛的专题宣传，并出台了相关扶持奖励方案，让广大干部群众看到了发展来料加工、建设扶贫车间的好处，激发起全民创业干事的信心。

汶川县因岷江而得名，是全国四个羌族聚居县之一，也是多民族的交汇融合地。为帮助汶川群众加快脱贫奔小康步伐，自2018年以来，义乌即按照“党建+X”的帮扶模式，按照精准扶贫、扶真贫的要求，提出了“来料加工+产业培育”的方式，与汶川签订来料加工产业战略合作协议，帮扶汶川全面承接和培育来料加工产业体系，提升汶川造血功能，促进当地群众就地就近就业增收，实现共同富裕目标。

“大家手上做的货，只要经过了当地留守妇女、建档立卡的贫困户等简单组装、加工，就变成了一件件精细的小商品，有蝴蝶结、无痕内裤、胸花等。”杨梅将一朵胸花拿在手上比画着，为了让当地群众尽快掌握来料加工技巧，她先后多次到义乌接受来料加工专业技术培训，又在汶川县最先建立了来料加工车间。如今，在她的来料加工扶贫车间里，员工大多来自威州镇、绵虒镇建档立卡的贫困户和留守妇女老人。

扶贫帮困单纯靠“输血”只能解一时燃眉之急，要彻底摆脱贫困，归根结底还是要增强当地自身“造血”功能。2019年8月，义乌与汶川签署了来料加工产业战略合作协议，按下两地合作的“快进键”。一个月后，来自2000公里外，满载着义乌来料加工合作项目的首批小商品订单便到达了绵虒镇大禹村，标志着汶川来料加工产业全面启动。

模特服装走秀

威州镇七盘沟村王鹏因意外事故造成右手残疾，是建档立卡的贫困户。自从来料加工扶贫车间建到了家门口，他和附近的村民就来此上班，从事比基尼侧边压紧工序，每月能赚 1500 元，既能上班又能照顾父母，让他对现在的工作很满足。

来料加工产业在汶川落地生根，实现了从无到有，从小到大，从点到面的突破性转变。现在汶川全域设有 35 个来料加工车间，参与加工工人达 1000 余人，人均每月增收超过 1300 元，熟练工每月增收可超过 2000 元。“来料加工 + 产业培育”已成为汶川经济社会发展的新亮点，为全国脱贫攻坚工作提供了可拷贝、可复制的“义乌—汶川东西部协作样板”。

义乌市现有各类网红 6000 多名，各类社交电商服务机构 140 多家，形成了直播培训、内容制作、网红带货等相关产业链。早在 2018 年，义乌就借此优势对欠发达县市开展帮扶，在“中国网店第一村”青岩刘免费举办青年电商创业孵化种子计划培训班。迄今为止，培训班举办了数十次。古羌牧云家庭农场的羌族小伙董益顺作为汶川县相关部门选拔的致富能人，也被选送到这个培训班。

“我参加了在义乌的青年电商创业培训班后，老师全面系统教授了直播、建网店、修图、与客户沟通等技巧，我的产品市场对接理念和实操水平有了很大提高。”董益顺说。回到汶川后，他从一名电商“小白”变成了电商“创客”，注册了淘宝网店，开通了快手、抖音直播账号，把直播间开进了果园里。

通过直播预售，帮助当地果农增收致富，让他成为当地特产甜樱桃的“带货王”，成了一名远近闻名的电商创业“领头雁”。“现在，直播卖货也让甜樱桃跳过中间商环节，并且果子还未下树就已收到订单，果农增收明显。我在果园帮忙直播 1 个月，大约可以销售上千斤，直播收入达到 5000 元，赚得比往年多多了。”董益顺说，樱桃的运输方式采用空运和冷链，能最大限度地保证这份“汶川甜”的新鲜度。由此，董益顺还与周边多个村寨的农户签订购销协议，联系的果园面积有几百亩。

3

巴中市巴州区是新一轮浙川东西部协作义乌对口帮扶地区。义乌市在教育、卫生、文化、商贸物流、电商等各个领域精准选派帮扶干部人才扎根巴州，深入开展结对帮扶工作，助力巴中发展。

“课堂与实地考察相结合，收获颇多，衷心感谢为学员们提供这样的学习机会。”巴中市沙廻坪家味食品开发有限公司负责人何九江，在义乌参加了“义乌—巴州东西部协作共富电商人才培训班”后不禁有感而发。本次电商培训，是结合巴州区需求开展的首个线上直播电商培训，有 260 余人参加了培训，覆盖创业个人、农村专合社、农村电商网点等多个领域。

为了加快推进电商人才培养帮扶工程，输出义乌电商发展培育经验，拓展网上销售渠道，义乌和巴州两地的商务、人社等部门多次组织开展了“互联网+”直播电商创业培训班，组织当地企业开展义巴两地电商直播带货互动活动10余次，带动本地产品线上销售577.8万元。

走进义乌市副食品市场百县万品“巴州馆”，货架上摆满了一排排来自巴州的特色农产品。这个约40平方米的展馆，集展示展销、营销推广、消费体验、直播带货孵化等功能于一体，展示着130余款巴州区农特产品及巴药产品，销量同比巴州区同类产品增长20%以上，在对口省份地区销售额达2700余万元。

与之相对应的，1600多公里外的巴州，作为义乌、巴州东西部协作的一项重要成果，义巴国际商品城开始营业。这是巴中首个以进口商品和义乌好货批发零售的展示交易中心，总面积约5000平方米，一楼为进口商品生活超市，主要经营“爱喜猫”进口品牌；二楼主要为“义乌好货”国货精品批发零售。

巴中的商超缺少进口商品，而国内货品的价格也普遍比义乌零售成本高出10%至20%。为了让巴中市民能更好地享受物美价廉的商品，义乌依托市场资源和产品价格优势，布局建设了义巴国际商品城，由商城集团派出工作人员，从商品采购、货架设计定制、内部软装优化等方面进行指导，让巴中人在家门口就能吃到欧美巧克力、甜点，东南亚的各类干果等，实现线下“全球购”的愿望。

巴州区天马山镇产业基础薄弱，农村闲置劳动力多，亟须就业增收。自2022年以来，义乌福田街道和天马山镇谋划实施了一批协作项目，在来料加工、直播电商等产业协作方面不断结出了新硕果。

“巴州所需，义乌所能”。目前，义乌、巴中两地还开通了直飞航线，开通了“义巴通办”政务服务“直通车”，推动两地政务服务“业务通、系统通、证照通、用户通”。按照“一年起好步，两年见成效，三年大跨越”的可持续发展目标，义乌还在党建、改革、产业、乡村振兴和人才、劳务等方面开展交流合作。借助义乌世界小商品之都优势资源，通过建立“线上+线下、市场+物流+城市+乡村、集聚+辐射”的新型发展模式，将打造一个集实体市场、电子商务、现代物流、人才培养“四位一体”的川陕渝结合部商贸物流中心，系统化，链条式构建浙川双向循环发展体系，持续推动东西部协作，打造东西部协作升级版的“义乌样本”。

第十章 遇见乡村

当夏至的“轰隆”声盖过头顶，嘈杂的雨声放肆而恣意，天地再一次拉开了盛夏炎热的序曲。乡村那满眼醉人的绿色，如一场倾城盛宴，开始浓妆艳抹着登场。当人们行走于义乌的乡村振兴田野，巡视在美美与共的特色田园，那盛夏的别样之美便扑面而来。

夏天是一个默默孕育丰收的时节。它在悄悄地储藏着太阳的能量，在悄悄地孕育着丰收的果实，如同活跃的义乌小商品市场，她在默默地蓄足了能量后，便以磅礴之势尽显非凡。市场带动了义乌的经济发展，推进了义乌的城市化进程，让义乌走出了一条以市场为导向、贸工农结合、城乡一体化兴商建市的道路，也让农民的“钱袋子”鼓了起来。

但是，义乌在创造市场奇迹的背后，诸多发展的不平衡问题也日益凸显。其中，城乡发展不平衡便是最突出的问题。城市的基础设施建设发展既快又好，因其投资者是政府，所以城市里有了林立的高楼、宽广的街道、齐全的设施，还有霓虹的溢彩流光，人称义乌城市像“欧洲”；而与城市形成鲜明落差的是，由于农村的基础设施建设政府投入少，大部分靠农民自己解决，所以农村的公共基础设施远远跟不上城市，不但公共事业发展滞后，民生保障也存在短板，有人戏言义乌农村像“非洲”。

经济发展了，如何让农村也分享改革开放的成果，孵化出一个像城市一样的农村？城乡之间发展不平衡问题如何破解，让城乡居民共享“公共财政阳光”？这是党的执政初心，也是百姓的期盼。在新旧世纪交替之初，义乌即从战略的高度将城乡发展不平衡问题作为一个专题进行调查研究，探索和实践让城乡共同发展、改革成果惠及全体人民的富民强市之路，坚实地迈出了以城带乡、城乡互动、协调发展的步伐。

城里富、乡下穷，这样的尴尬局面在不断得到改变；城里美、乡下亮，这样的城乡新貌在渐渐得以呈现。

城是乡的叶，乡是城的根。以基础设施建设大提升，带动人居环境大改善；以人居环境大改善，带动乡村产业振兴大发展——有序有力推进城乡融合发展，在义乌“融”出了新的风景，让乡村成为人人向往的“诗和远方”。看，这一条条平坦整洁的希望之路，不但连通了城市，连通了“外面的世界”，为乡亲们打开了通往未来的大门，还承载着一个通往乡村振兴、最终实现共同富裕的梦想。

穿行在夏日的乡间，不管你走到哪里，映入眼帘的都是一幅青翠欲滴的景象。那满眼的绿色啊，那醉人的、让人动心的绿色，是自然界最美丽的风景！

第一节 城乡一体

1

自改革开放以来，义乌尊重民众的选择，通过营造良好的市场环境和政策保障，带来了市场的大繁荣和大发展。之后，又审时度势地提出了推动城乡一体化建设。

从着手旧村改造、实施"小五化"（道路硬化、卫生洁化、路灯亮化、家庭美化、环境优化），到推进城乡一体化、统筹城乡综合配套改革，以及从2013年以来同步推进城乡集聚建设和美丽乡村提升，义乌的美丽乡村建设大致历经了这五个阶段。

义乌大陈二村便是最早开始实施旧村改造的村庄之一。初夏时节，走进大陈二村，一排排欧式民宅错落有致，家家户户庭院整洁、树拥花绕。村口的大陈江碧波荡漾，岸边垂柳青青，沿着宽敞、洁净的道路，犹如置身于一个现代化的花园式农村……这一幕幕场景，正是义乌当年最早一批旧村改造后呈现的美景和缩影。

20世纪90年代中期，义乌个体私营经济有了快速发展，部分农村居民的收入水平有了一定的提高。于是，要求改善居住条件的呼声也日渐高涨，一些农村开始探索实施旧村改造。

1996年，市政府出台了《义乌市农民住宅用地管理暂行规定》。但在这一时期，农民要改善居住条件，主要还是以各个村庄自主规划、农户自主建设为主。其中，大陈二村，以及时属稠城街道的宗宅村成为首批试点村。

大陈二村是一个富裕村，共有342户农户，1099人，全村办有78家服装厂，外来民工达6500多人，村民人均收入9000元，村集体经济积累2500万元。村里经济发展了，富裕起来的农民都希望能生活在文明、整洁、优美的环境中。村里便以旧村改造为契机，努力营造美好的生活环境。

旧村改造涉及面广、工作难度大。为使旧村改造顺利进行，村里广泛征求村民意见，经过反复讨论，最后确定方案：经济实力强的农户可以盖单体垂直房，但楼高、屋面和外墙的颜色必须按规划统一；有一定经济实力的村民，允许盖单体别墅，土地实行公开招标，由村里统一设计；经济条件一般的农民则盖连体别墅，由村里统一设计、规划、建造，然后按成本价出售给农户；经济条件较差的缺房户和困难户，则由村集体提供建造统一的套房，每套面积为142平方米，视困难程度和原旧房面积大小，享受缺房户困难补助。补助资金从村土地公开招标出让的收入中开支。

在新村建设中，道路及供电、供水、通信、排污设施由村里统一建设。村民建房按照规划，凭经济实力量力而行，全村安排了100套别墅、52套公寓房。

困难户陈大妈家有4口人，儿子和媳妇身体不好，孙子又要读书，家庭经济比较困难，原先一家人挤在52平方米的旧屋里，生活条件较差，做梦都想要造幢新房。可凭自家的经济实力，怎么盖得起？村里进行了旧村改造，考虑到她家的困难，给予困难补助1.5万多元。陈大妈只付了2900元，就住进了142平方米的新房。新房子除了3间卧室，还有卫生间、厨房和客厅，住得很惬意。

一幢幢红瓦别墅掩映在绿树之中，除了4000余平方米的金桂园广场外，到处是“袖珍绿地”，整个新村成了绿色世界。是旧村改造的新思路、好做法，让村民住上了别墅和公寓式套房，让村民拥有了这么好的环境。村民王荣林一家5口人，建有三层半的楼房，共6个房间，占地128平方米。“以前村里人都抢着搬到城里住，是因为城市的公共基础设施齐全。现在村里也建起了排污管网，垃圾统一处理，公交车开进村里，再加上农村空气好、噪声小，好多人又把家搬回村里了。”王荣林说，“现在，我们的村庄比城里还好呢！”

宗宅村有712户、1528人，村集体经济与私营经济比较发达。村里半数以上农户从事圆珠笔、自来水笔的加工生产，是远近闻名的制笔专业村。自1997年开始，该村开始实施旧村改造试点，当年改造了近200户。

在总结试点村经验的基础上，市政府于1999年出台了义政〔1999〕116号文件《义乌市旧村改造暂行办法》。该116号文件鼓励城中村进行整体拆迁改造，以改变城市脏乱差的环境，保障城市化过程中村民的利益。为此，开发区的城店、大水畈、贝村等村率先进行了村庄改造。通过对城中村的改造，不仅使当地的脏、乱、差环境得到了改变，村民的资产价值和物业收入也提高了几倍，甚至十几倍。同时，也完善了城市化进程中的城与村的关系，有力地

大陈春林的红瓦别墅掩映在绿树丛中

促进了城市化的发展。

“城乡发展不平衡，如同一个瘸子，是永远走不快的。”时任市委书记楼国华曾形象地概括了这种城与村之间的关系。为了加快改变这种关系，市领导班子深入基层进行调研，最终形成了必须把工作重心“从偏重城市的非均衡发展向城乡并重的均衡发展转移”的共识。

城中村集聚改造，是义乌城市发展的需要，也是最大的民生诉求。20 世纪 90 年代，义乌经济发展较快，城区范围内形成了一批开发建设较早的居住区和被城市包围的城中村，其房屋建造技术标准偏低、设计施工水平不高、业主和村民使用安全意识不强、历经自然灾害侵蚀等原因，使用寿命有所缩短，形成城市建设的低洼地。为适应义乌国际商贸城市建设需要，义乌进一步完善农村住房改造政策，加强农村社区化、城市化建设。

针对 116 号文第八条（四）规定：“旧村改造人均总用地不得突破 110 ㎡”，但第八条（二）“城市规划区内的旧村改造按拆建比 1:1 规划”的规定，使得城中村改造总是突破人均用地以保证村民宅基地安置，导致土地浪费现象十分严重。于是，在 1999 年 7 月和 2000 年 11 月，市委、市政府分别提出了推进旧村改造、开展村庄整治及抓紧修编城乡系列规划和 4 个卫星镇开发建设等工作意见。

2001 年 8 月 3 日，市政府重新发布了经修改的义政〔2001〕113 号《义乌市旧村改造暂行办法》。113 号文件进一步规范了村庄改造的用地审批标准、审批程序、组织保障，对旧村改造规划管理、用地审批等作了具体规定，提出了“整体拆（搬）建、村庄整理、村庄撤并”等多种形式引导推进旧村改造。

苏溪镇的苏南村是个移民村，只有 103 户人家，村内“赤膊屋”较多，为此该村主要是实施了“村庄整理”。市里下拨给苏南村专项资金 23 万元，村民自出 10 多万元，对全村房屋进行了统一粉刷，一二层的都加高到四层，房前屋后建起了小花坛和排污设施。村庄虽小，但麻雀五脏俱全：村内的老年活动室、幼儿园、灯光球场等一应俱全。经过村庄整理，使该村的环境面貌得到了彻底改变。

2

经验从实践中来。改善农村的生活环境，让农村农民也能过上富足、美好、充实的生活，这是义乌农民的新追求，也是党执政为民的初心。由于以往一度忽视了农村发展，财政投资倾注城市，市区楼高路宽，快速扩张，农村却少有问津，公用基础设施严重滞后。“年年建新房，不见新农庄”。到头来，农村成了影响义乌发展的“短板”。农村垃圾污水得不到处理，结果虽然城区垃圾污水处理达标了，整个区域生态环境质量还是好不起来。贯穿市区的义乌江，可以石头驳岸，可以岸边绿化，就是无法净化水质，因为有农村溪河汇入的源头污水。

事实让义乌觉悟。农村建设滞后，怎么办？让公共财政的阳光晒向农村！让农民共享改革发展成果！时任市委书记楼国华态度坚定：“以往工作中习惯性的城市思维再不能继续下去了。农村问题不解决，就反映到整个社会系统的不平衡上。义乌必须把工作重心从偏重城市的非均衡发展向城乡并重的均衡发展转移，加快实现城乡经济、社会、环境的协调发展。”

从严峻的现实中，让义乌市领导深切体会到加快农村发展的紧迫性。为了规范和引导农村旧村改造，缩小城乡差别，自2001年起，义乌市结合“村庄整理”，实施了以“小五化”为重点的农村现代化建设。

所谓“小五化”，是指“路面硬化、卫生洁化、路灯亮化、家庭美化、环境优化”的建设。“路面硬化”就是对农村进村道路和村内主干道实现硬面化；“卫生洁化”就是做好农村卫生保洁，饮用水达标；“路灯亮化”就是在农村内的主要路段装上路灯，全年都能照明；“家庭美化”就是要明显提高农民的思想道德水准、文明程度，家庭生活条件和农村群众的生活质量明显改善；“环境优化”就是使村容村貌得到整理美化，四旁绿化率明显提高，严重污染源得到治理。

农村“小五化”建设是一项开创性事业。为了顺利推进这项全新的工作，义乌专门组建了“农村现代化建设领导小组”，由市委常委兼任办公室主任。全市安排2000亩建设用地指标，市财政每年出资1亿元，采用以奖代补的形式补助给各村。各镇、街道也成立了“小五化”办公室，配备了专职干部，并配套补助20%以上资金（每年约配套8000万元），根据各村不同的经济条件，分别进行旧村改造、村庄整理、环境整治和引导农民下山脱贫。加上农村集体经济投入，每年将有2亿多元资金投入农村“小五化”建设。

农村“小五化”建设可以解决一家一户想干又干不了的事，因而成为千家万户的自觉行动。原定160个行政村列入首批试点，到2005年基本建成“小五化”的目标和任务，但农村群众相当踊跃，另有50多个村主动要求提前实施“小五化”。

实施“小五化”，是否只是富裕村庄的权利？义乌在实施农村“小五化”时注意农村特点，遵循的指导思想是“高楼大厦不等于城乡一体化，农村现代化并非城乡一样化”。

由于全市800多个行政村经济条件有好有差，实施农村“小五化”时并没有“一刀切”，而是采取“一村一策”，实事求是地推进旧村改造、村庄整理、环境治理、下山脱贫等办法，有钱没钱都可办事。对“小五化”的补助，也是根据各村经济状况来确定不同的额度。政府财政资金主要补助各村的基础配套工程，各镇、街道也根据自身不同经济状况给予配套补助。

2002年11月，佛堂镇楼村开始实施旧村改造。经过改造后建成了首批28幢造型别致、外观漂亮的农民别墅，每幢占地面积120平方米的三层小楼房，成为当时新农村建设中的一道亮丽风景。楼村有190户农户、650人，是个传统的农业村。该村通过改变传统的农业种植模式，成为远近闻名的蔬菜专业村和工业加工村。

在土地供应趋紧的新形势下，楼村又提出“向空中要土地、建农民高层公寓”的设想。2005 年 9 月 6 日，一幢占地 470 平方米、高 12 层的义乌市第一幢农民大厦破土动工。经过 10 个月的紧张施工，义乌市首幢农民高层公寓——楼村大厦结顶。大厦占地与配套用地不足 1000 平方米，土地利用率比安排农户建垂直房高 5 倍。大楼主要安排的是贫困型、小户型或老年型的农户。

2006 年 8 月 23 日，楼村大厦启用，该村 38 户农户高兴地接过高层公寓钥匙，乔迁新居。楼村五保户盛廷品、王宝玉夫妇第一个入住公寓，村里安排他们住在公寓一楼。这对 70 多岁的老夫妻，以前一直住在老房里，自入住了现代化而又气派的农民公寓后，老两口逢人便说：“做梦都没想到！”

农村建高楼，大大节省了土地。如果按独门独户建，这 40 户农民建房加上道路等面积大概需要 1.5 万平方米土地，建高楼就节约了 1.4 万平方米。而这些农民搬入新楼后，原来的老房子由集体收回拆除，又可腾出 4000 多平方米土地。新楼每平方米造价约 850 元，市、镇两级政府还给了一定的补助，与“有天有地”的房子相比，村民的建楼资金也相对减少。在新楼里，还有配套的健身中心、小卖部等，灯光球场、棋牌室、乒乓球室和小超市一应俱全，还设立了专门的物业管理机构。

3

“小五化”使义乌农村面貌开始发生显著变化，路平了、灯亮了、环境美了，农民心里也跟着敞亮了。整个农村面貌焕然一新，由此也赢得了农民的普遍赞扬。然而面对一片叫好声，义乌市委、市政府清醒地看到，仅仅抓住“小五化”，已不能适应义乌城乡一体化发展的要求。毕竟，这种改造还是低层次的。

为了以城带乡，加快农村发展，统筹城乡交通、排水、电力、卫生、通信、环保、供气等基础设施建设，让农村共享“公共财政阳光”，2003 年 7 月，义乌市在全国率先出台了《城乡一体化行动纲要》。这是经反复调研论证的基础上，为彻底弥合城乡之间的差距，避免重复投资，提高建设档次而出台的一个大胆探索。

这是一个富有远见卓识的探索。该纲要按照市域一体规划理念，把全市 1105 平方公里市域（含所有城乡居民点），不分城市、乡村，统一作出规划，划分为主城区、副城区、城郊区和远郊区 4 块，科学编制统一的产业布局和社区布局规划，分别赋予不同的产业布局和功能，以形成整体优势，并提出“重点建设副中心、大力发展特色镇、积极培育中心村、消灭山区贫困村”的农村城镇化思路，分区推进村庄改造和新社区建设，把工业化、城市化和农业农村现代化有机融合，改变城乡分割建设和差别发展的现状。

《义乌市城乡一体化行动纲要》确定的“四个区、三步走、二十年、一体化”的部署，进一步统筹城乡规划和建设，统筹城乡人口和产业布局，统筹城乡公用事业和基础设施配套，统筹城乡精神文明建设。在总体规划指导下，城乡交通、市场、水电、通信、环保、能源、卫生、教育、农业、工业等都作出一体化安排，整体推进，打破城乡“二元结构”，缩小城乡差别。

该纲要的具体安排为：2005 年完成全市社区布局规划编制和村庄改造试点，启动主城区 12 个城中村的改造和远郊区全部异地奔小康工程，主城区城市框架和副城区主干道路框架基本形成，对已建社区的公共服务设施实现基本配套；2010 年，基本完成主城区“城中村”改造，完成副城区 13 个村庄改造，近郊区 1/4 村庄改造和远郊区异地奔小康工程，其相应社区实现公共服务设施和道路、给排水、供电、通信、环卫、绿化等基础设施基本配套；2020 年完成全市城乡社区建设和发展的任务，市域共享现代文明成果。

义乌的气魄令人惊叹。全市在 2004 年的“三农”资金实际支出 12.5 亿元，2005 年安排“三农”资金 16.8 亿元。这些资金投向农业、水利、交通等九个方面。其中，仅仅农村公路交通，就投入 14460 万元。

至 2005 年，义乌城市化水平达 60%。全市城乡基本实现道路、公交一体化，中心城区至镇（街道）已建成高等级道路，形成“十分钟经济圈”，通村公路全面实现等级化、硬面化。城乡垃圾日产日清，做到网络化收集、无害化处理。

全市 80% 以上的农村劳动力已转移到城镇和第二、第三产业，8.6 万名被征地农民全部有养老保障，46 万名农民参加大病医疗保险，农村“五保”人员集中供养率达 100%；农村居民年人均纯收入 7735 元，在全国名列前茅。乡村百姓开始享受现代城市文明，城市居民也可随时去体味农家之乐。

寺前村就是其中的一个缩影：青石驳岸的池塘碧波荡漾，水面上跳动着四周农户鳞次栉比的别墅的美丽倒影，水池边是彩色瓷砖铺设的灯光篮球场和装设多种运动器材的农民健身园，村里的道路全是宽敞的水泥路，纤尘不染，花木扶疏。置身其中，俨然现代都市，很难想象这是远离义乌城区的后宅街道寺前村。村里共投资 800 多万元兴建基础设施、公益事业，其中超过一半是上级财政转移支付的。村庄住宅搞外墙美化，市里就下拨资金近 100 万元。

江东街道青岩刘村，在 2005 年旧城改造时建起了 200 多幢四层半的楼房，此后赢得了“中国网店第一村”的美誉。

全面建设小康社会最艰巨、最繁重的任务在农村。2005 年 10 月 8 日至 11 日，党的十六届五中全会在北京召开。全会从社会主义现代化建设的全局出发，明确提出了要继续把解决好“三农”问题作为全党工作的重中之重，实行工业反哺农业、城市支持农村，推进社会主义新农村建设的要求。

结合党的十六届五中全会提出的建设社会主义新农村的重大历史任务，2006 年 4 月 17 日，义乌市进一步制定含金量很高的《义乌新农村建设二十条》《义乌市新农村建设十大推进工程》，提出繁荣农村经济、建设农村新社区、推进农民充分就业等要求，并明确到2020年，义乌要成为全国新农村建设先进市和示范区，让农民和市民享受“一体化”待遇。

义乌城乡一体化行动的好处还不止于此。公共财政的阳光洒向农村，以前搬到城里住的人又搬回村里了。村民们说，别看我们这里是乡下，可住的房子，生活的环境，哪样也不比城里差多少。然而，原先的这种有天有地、独门独户的“四层半”农居模式，随着城市的快速发展和土地资源的日益紧缺，这个被称为农民建房的“1.0 版本”遭遇了瓶颈。

结合新农村建设，义乌还出台了《义乌市新农村住房建设实施办法》（义政发〔2006〕55 号）。为了节约和集约利用土地，55 号文件把 113 号文件“以住宅占地”为村庄建设用地的审批依据，调整为“以人均 90 ㎡ +10% 的发展预留用地”作为村庄的建设用地标准。村庄建设用地审批依据更明确，而且比 113 号文件节约 30%~50% 的土地，但也正因为村庄建设用地的明显减少，导致 55 号文件一直难以推行。

现代化的义乌需要“城乡统筹、文明共进”。

第二节　统筹城乡

2008 年 7 月，义乌根据浙江省统筹城乡综合配套改革试点单位的决定，制定了《关于开展统筹城乡综合配套改革试点的实施意见》，提出以“两转一保”（转变生产方式、转变生活方式，推进社会保障一体化）为目标，以农村集体土地产权制度改革为突破口，大力推进农村土地承包经营权合理依法流转、城中村改造、扩权强镇等一系列专项改革，促进农业生产规模化、家庭工业集聚化、社会保障一体化、农民生活市民化、农村住宅小区化、农村服务社区化。

当年 9 月，省政府批复了《义乌市统筹城乡综合配套改革试点总体方案》和《关于开展统筹城乡综合配套改革试点的实施意见》，着力在提升统筹发展能力、实现基本公共服务均等、建立城乡利益协调机制、理顺行政管理体制等方面率先探索，把义乌建设成为带动作用强、统筹水平高、体制机制活的统筹城乡发展先行区，为全省乃至全国统筹城乡发展积累经验。

城乡统筹协调发展

这年年底，各项改革试点全面启动。

从“城市思维”，到统筹经济、社会、文化事业发展，义乌追求城乡文明共进，飞速发展的义乌一时一刻也没有忘记农村、农业、农民。义乌反哺“三农”的力度之大令人赞叹。为了进一步节约和集约利用土地，2009年市政府出台《义乌市城乡新社区建设实施办法》（义政发〔2009〕84号）。该办法首次提出了“高层公寓、功能分区”的概念，提出“城中村改造实行高层公寓为主”的模式安置。

对其建设用地的60%以上用于规划建设高层公寓；镇中村改造实行生产经营、生活居住功能分区。其生活居住建设总用地的50%以上用于规划建设高层公寓或多层及中高层公寓；将人均规划用地调整为“不超过90平方米”；提出了安置系数“高层公寓、标准厂房的安置系数为1:6，多层及中高层公寓的安置系数为1:4.5；高层公寓规划设计时，在实现1:6安置的基础上，允许再规划一定比例的配套用房（一般指裙房），其安置系数最高不超过1:1.5”。

义乌以长远规划、统筹发展的战略思想，抓住市场这一主导财源，构建城乡协调发展的地方公共财政，不但很好地贯彻了国家财政取之于民、用之于民的政策，而且体现了以人为本的科学发展观。

但是，该文件在构建“功能分区”“高低结合”等模式的探索中，一度出现了“村民抵触建高层”现象，以及在“节余土地的利益分配”“高层裙房的产权归属”“高层建筑建设管理”“建设资金”等方面存在新的问题。

在实际工作中，通过不断的加强政策宣传，改进工作方法，经过三年努力，义乌统筹发展机制体制逐步健全，率先探索形成统筹城乡发展的规划建设、基础设施、产业发展、生态环境、社会事业、社会保障和行政管理体系，建立了城乡一体化的政策制度。

第三节 美丽乡村

美丽乡村建设是要给乡亲们造福，不是“涂脂抹粉”、一白遮百丑。义乌市审时度势，从自身实际出发，充分挖掘自然、文化、历史资源，突出精品区块和特色村培育，全面加大美丽乡镇、美丽乡村、美丽家庭创建力度。

2011 年 3 月，出台了《义乌市美丽乡村建设行动计划（2011—2015 年）》，制定了美丽乡村建设的新战略，着力打造宜居、宜业、宜游美丽乡村。这年 9 月，义乌市因成绩出色，获评全省首批美丽乡村创建先进市(县)，获得省奖励资金 1000 万元。

楼西塘村旧村改造项目从 2011 年开始，在义乌市首次采用“高层建筑 + 垂直房”组合模式。从提升农民居住体验上看，高层建筑按照村民合法宅基地建筑占地面积的 1:6 进行安置，人均住房建筑面积由原来的 60 平方米增加到近 200 平方米，增长了约 2.3 倍。在财产性收入方面，高层住户除了房产交易或出租收入外，还享有配套商业、厂房等带来的租金收益，极大地保障了村民的长远生活。在集约节约用地方面，高层建筑也给出了一个令人满意的答案。

楼西塘村的实践为进一步推动旧村改造提供了样板。从 2013 年起，义乌市主动探索分区域保障农民住房模式。在城镇规划红线范围内，推行城乡新社区集聚建设，探索农民以合法宅基地置换国有出让土地高层公寓和产业用房；在城镇规划红线范围外实行农村更新改造，推进美丽乡村建设。

2013 年 7 月 5 日，义乌市出台了义政发〔2013〕43 号《义乌市城乡新社区集聚建设实施办法（试行）》，在原来“高层公寓 + 垂直房”组合模式的基础上，提出了全高层城乡新社区集聚建设模式。

所谓城乡新社区集聚建设，即按照价值置换方式，允许农民退出农村宅基地，实行多村集中联建，以合法宅基地建筑占地面积置换具有完全产权的高层公寓加产业用房、商业用房、商务楼宇、货币等多种形式，推动农村向社区转变，农民向市民转变。

该办法规定，城乡新社区集聚建设遵循“政府主导、农民自愿，科学规划、统筹推进，集约用地、提升品位”的原则展开，其适用的范围为中心城区规划建设用地范围内的所有村庄，具体为《义乌市域总体规划（2006—2020 年）》的远景规划建设区范围，以及需要规划控制的范围。

在规划选址上，新社区集聚建设把地理位置好、交通便利的地块优先用于农民住房建设；

在财政补助上，集聚建设项目实行设计代建补助以及拆除旧房奖励、农户过渡补助、物业费补助等；在权益保障上，参加集聚建设的农户可享受城镇居民养老、医疗、教育等同等权利，并继续享有原村级集体经济组织除宅基地以外的其他权益。

相比“以村为单位、宅基地安置、集体产权、村民自建、多层垂直房建设”的宅基地安置的城中村改造方式，新社区集聚改造方式，村民的宅基地权能更完整、实现宅基地权益的方式更多元，赋予城中村村民更多的财产权利，有利于促进农业转移人口市民化。城市区位级差得到更充分的显现、城市经营绩效得到提升，城镇建设用地利用效率得以提高，促进了城市的转型发展。

城乡新社区集聚建设安置方式的亮点有：实行多村集中联建，打破村域概念，加快改造后的农村向城市社区转型、农民向市民转变；安置采用高层公寓加产业用房、商业用房、商务楼宇、货币等多种形式进行。这样，集聚建设对象既有基本住房保障，也有增加的财产性收入保障。相对于宅基地安置模式，新社区集聚建设可以堪称是一次“城中村改造的革命”。

为了实现宅基地从无限扩张向逐步减量转变，义乌提出了对宅基地总量控制的办法，实行市级、镇街、村级三级管控。村级集体经济组织成员以合法住宅建筑占地面积为基数（每户最高不超过140平方米），按1:5确定置换权益面积，其中3/5为高层公寓面积，2/5为产业用房面积。新社区集聚建设模式比传统“四层半”改造模式节约土地约51%，比村庄现状用地节约36%。

从2013年开始谋划，一期新社区集聚建设实施了佛堂蟠龙花园、稠江香溪印象、城西香溪裕园、上溪上和家园、苏溪安福家园、北苑和聚园、廿三里金麟花园等7个高层公寓安置项目，总投资84亿元，总用地984亩，住宅总建筑面积152万平方米，总套数11885套。

宜居宜业宜游的美丽乡村

美丽乡村建设，产业美是关键。在实施城乡新社区集聚建设中，对城镇规划区范围内的农村由市社区办牵头开展集聚建设改造，美丽乡村建设的工作重心逐步向城镇规划区范围以外的农村倾斜。

为此，义乌提出了突出精品培育的建设思路，以创建“全国新农村建设先进市、示范区”为目标，大力实施村庄整治，积极推进新农村建设和美丽乡村建设，重点落实发展新产业、建设新社区、培育新农民、树立新风尚、建立新体制5项主要任务，建设从“普惠式”向“精品式”转变，管理从“粗放式”向“精细化”转变。

作为义乌农村宅基地制度改革试点，城西街道里界村利用低丘缓坡建新房。该村有420户，其中在山坡地上的56亩用地规划可建房88户。在之后的整体规划上，村里的古建筑、古树等老村貌都完整地保留下来。此后，里界村与流下、前塘村合并成流里塘村，由于该村是改造后的新农村，不少村民在楼顶或是庭院都种有盆栽，数年下来变成了“共富”产业，打造了占地7亩的盆景园。

为了增强规划的引领作用，强化全域规划理念，在充分调研及分析美丽乡村现状条件的基础上，结合城市设计大会战的任务部署，义乌市又提出了美丽乡村提升发展战略，组织开展《义乌市美丽乡村建设提升总体规划》编制。

2015年，在原美丽乡村、新农村建设示范村等创建工作基础上，制定出台了《义乌市美丽乡村精品村、特色村培育建设实施方案》，突出重点开展精品培育，并积极创建在自然生态、人文历史、民居风貌、民俗文化、农林渔业、休闲旅游、基层建设、社会管理等一个或几个方面具有个性特色的特色村。

自启动美丽乡村建设以来，至2015年年底共培育美丽乡村420个，使农村面貌发生质的变化，并实现了“三大转变”：从普惠制建设向精品化培育转变，从分散式改造向集聚式安置转变，从粗放式管理向精细化管理转变。

“别有风怀忘不得，夕阳红树照乌伤。”行走在义乌的乡村田园，一栋栋农家小楼错落有致；一个个文化广场宽敞整洁；一个个不起眼的小村庄实现了华丽蝶变；一幅幅美丽乡村的画卷正向人们缓缓展开……从面子“亮”到里子“美”，从“环境美”到“发展美”，从“一时美”到“长久美”，这里既有着美丽的风景，也有着独特的风情。“美丽乡村”已经成为义乌的一张新名片。

第四节　乡村振兴

义乌是一片美丽的土地，拥有全球最大小商品市场。在兴商建市的进程中，义乌按照市场经济规律，大力实施工商业反哺农业、城市支持农村的举措。

产业是美丽乡村建设的支撑。以城带乡，协调发展，关键是富裕农民、保障农民。为此，义乌出台了《加快农村劳动力向二、三产业转移》政策，鼓励工商企业向农村辐射来料加工业，构筑农民增收的产业保障。市里还专门设立了创造就业岗位奖，凡使用本市农村劳动力 100 人至 200 人的企业，奖励 1 万元；使用 200 人至 300 人的企业，奖励 2 万元；使用 300 人以上的企业，奖励 3 万元。

在义乌 2.3 万家制造企业中，有 1.5 万家在农村，全市有 20 多万农村劳动力向二、三产业转移，从事二、三产业所得占农民人均纯收入的 75% 以上。

针对农业产业层次总体规模小、后劲不足的现状，义乌又出台了加大扶持市内农业龙头企业发展的支农 10 条政策，积极做好土地连片流转，加大对义乌“三宝”（火腿、红糖、南蜜枣）等传统品牌的保护和培育力度，因地制宜发展现代农业，培育壮大美丽经济，高质量构建乡村产业新体系。

产业是美丽乡村建设的支撑

在此基础上，义乌走出了一条市场化、精品化、生态化的良性发展之路，成功创建了多个省级现代农业园区、省级主导产业示范区、省级特色农业精品园、粮食生产功能区，培育了多家国家级农业龙头企业，省级示范性农民专业合作社、家庭农场等，有力地助推了农村产业转型，为乡村产业发展注入活力。

2017 年 1 月，《义乌市加快美丽乡村建设·打造中国众创乡村行动计划（2016—2020 年）》出台。

围绕创建省级美丽乡村示范市的目标，义乌紧扣“众创乡村”主题，深入挖掘农业功能和乡村价值，探索众筹发展新模式，鼓励村民以土地、资金众筹入股农业项目建设，促进农民增收。全市 82 个众筹村累计实现收入超 2 亿元，推动美丽乡村迭代升级，实现了“美丽资源”向“美丽经济”的有效转化。

借势义乌电子商务高地，积极引导农民触网，设立了“淘宝义乌特色馆”，培育了农产品电商平台“绿禾网”，打造了农产品电商集聚服务平台“农创园”，培育了青岩刘、龙回等一大批农村电商精品村，共建成农村电商服务点 580 个，被阿里巴巴研究院认定为全国最大的淘宝村集群。

以星级美丽乡村创建为主要载体，义乌又系统地推进了美丽乡镇、美丽精品线、美丽乡村和美丽庭院四级联创，吹响了建设美丽乡村“升级版”的战斗号角。其中，大陈镇成功创建省级示范乡镇，马畈、缸窑、何斯路获评省级特色精品村。石明堂村、缸窑村分别成功列入省级第四批、第五批的历史文化村落重点村。

至 2017 年，全市实现了 29479 户农户的“住有所居”，其中新社区集聚完成协议签订 5316 户，安置高层公寓 8208 套；解决住房困难户 3010 户，治理改造危房 21153 户。而由义乌首创的宅基地所有权、资格权、使用权“三权分置”上升为中央顶层制度设计，写入了 2018 年中央一号文件。

在义乌，宅基地资格权可通过市场公开配置方式，在本村集体经济组织内部由村集体经济组织进行有偿调剂。通过充分发挥新型城镇化试点、农村改革试验区等国家级改革叠加效应，使义乌的广大农民生活质量明显增强。

从“一处美”迈向“一片美”“全域美”，从“风景美”迈向“发展美”“风尚美”，义乌围绕“中国众创乡村”主题定位，打造出点上精致、线上出彩、面上美丽的乡村风貌与产业内涵。一个个空间优化布局美、生态宜居环境美、乡土特色风貌美、村强民富生活美、人文和谐风尚美、改革创新发展美的新农村呈现在我们的面前，农民的幸福感和获得感不断提升。

第五节　和美家园

城在建，乡在兴。

“美丽乡村”建设十年来，义乌乡村面貌大有改观，但农村的基础设施和公共服务体系还不健全，部分领域还存在一些突出短板和薄弱环节，与农民群众日益增长的美好生活需要还有差距。

美丽乡村建设怎么转型升级，如何打造新时代美丽乡村？“新时代”的美丽乡村，究竟新在哪里？

紧紧围绕把村庄建设成为老百姓最幸福地方的目标，义乌市在美丽乡村建设基础上，于 2017 年提出了和美乡村“七个一”建设要求：一个科学合理的规划，一条干净生态的河流或一座绿色秀美的青山，一片耕作高效的良田和无违建村貌，一个和谐的民风习俗，一个健全的垃圾和污水收集机制，一个可持续的村级集体经济发展路子和富民产业，一个有战斗力的班子，构建“一星级、一星级样板村、三星级、五星级”的星级和美乡村创建体系。

“和美乡村”和“美丽乡村”尽管只有一字之差，但内涵不一、标准更高，美丽乡村强调感官上的“美”，和美乡村则更注重生态美、人文美、协调美，不是千篇一律的美，而是个性特色的美，不是单一的、局部的、外在的美，而是各美其美、美美与共。

和美乡村入画来

围绕“七个一”建设和美乡村的总要求，义乌出台了《高质量打造“中国众创乡村”高水平建设现代化“和美乡村”行动方案》，突出抓好规划在美丽乡村建设中的引领和导向作用，提出了以高质量发展为内核，以农村改革为突破口，全面推进十项重点工程，高质量打造“中国众创乡村”，高水平建设现代化“和美乡村”，实现农业更强、农村更美、农民更富、乡村更“和”。而打造“中国众创乡村”，义乌有得天独厚的基础，身处一座国际化、创新创业氛围浓厚的城市，视野开阔、思路新颖，拥有丰富民间资本的义乌人，不断借鉴引入新业态，并因地制宜地探索出乡村发展的新模式。

城乡关系，用“三农”专家顾益康的话来形容，就是阴阳两极，属于一体两面，对立统一、相生相克。乡离不开城，城离不开乡。因此，这些年，义乌在解决城乡发展不平衡、不充分的问题时，都在努力推动着城市人才、社会资本、公共服务、基础设施向农村延伸。在打造和美乡村中，义乌还提出“1+X+Y”的村庄布局规划，“1”是镇街，“X”是中心村，“Y”是保留村。对城镇规划区范围以内的村庄，实行新社区集聚建设，对城镇规划区范围以外的村庄，实施“美丽乡村”建设和农村更新改造，提升村庄生活品质。“1+X+Y”以外的村，则通过5至10年时间做减法。

一条条干净的水泥路面四通八达、一座座美丽的楼房庭院错落整洁、一波波吸睛的景观小品富有韵味、一张张充满幸福的笑容挂在脸庞……为了常态化、全域化推进农村人居环境整治提升，义乌全面深化推进“千村示范、万村整治”工程，切实落实农村生活垃圾分类每日一查制度，破解垃圾分类日常管理难题，实现行政村农村生活垃圾分类全覆盖，提升了村庄的“颜值”。至2018年年底，义乌创建省、市各级新农村建设示范村99个，完成538个村的村庄整治，启动旧村改造195个，累计建新住房面积1887万平方米，3.7万农户搬入新居，建成了一批“生活宜居、环境优美、设施配套”的美丽村庄，在义乌乡村勾勒出一幅幅美丽的“山水田居”画卷。

“绿树村郭黛瓦、小桥流水人家。”围绕“七个一”建设和美乡村的总要求，义乌把壮大村级集体经济收入作为产业发展一体化的重要抓手，推进一级市级统筹、国企结对项目，二级镇街联建项目和三级村级自主谋划项目的实施，大力发展美丽经济，产业发展一体化迈出新步伐。同时根据各村特色，突出“一村一品”，将具有历史文化价值的古村落和古民宅纳入美丽乡村建设的范围，有效改善农村公共服务，全面提升村庄的内在“气质”。至 2018 年年底，义乌共创建省级美丽乡村示范乡镇 2 个、省级特色精品村 6 个、省美丽宜居示范村 14 个、省级历史文化重点村 3 个，获评“‘两美’浙江特色体验地”，美丽乡村升级版初见成效。创建一星级样板村 53 个，“美丽乡村建设”项目入围全国农村综合改革标准化试点，“和美乡村”建设迈出新步伐。

天人合一，和而不同。“和”文化，既是中国哲学的最高境界，也是传统文化的精髓所在。整洁有序的村容，赏心悦目的绿化，恬静怡人的环境，是新时代美丽乡村的“形”和“貌”，但除了“外在美”，义乌又努力把“和”植入乡村振兴，从文化引领、乡风文明、基层治理等角度丰富“和美乡村”内涵。如今，乡亲们富裕了，兜里的钱多了，为了谋求长远发展之路，义乌将尊老爱幼、互帮互助、淳朴厚道的文明乡风推而广之，丰富老百姓的头脑和精神文化生活，让农村自内而外走上可持续发展之路。

2021 年 7 月，义乌列入浙江高质量发展建设共同富裕示范区首批缩小城乡差距领域试点。按照“一个市 + 片区 + 未来社区 + 未来乡村”的理念统筹推进城乡融合发展，义乌加快城乡有机更新，提升城乡产业发展、要素配置、基础设施、公共服务、文明实践和党建引领的一体化发展水平，为全省乃至全国实现共同富裕作出探索。至 2021 年年底，义乌累计完成城乡更新约 8 万户，常住人口城镇化率 79.7%；全市 442 个行政村经营性收入全部达 20 万元以上，其中经营性收入达 50 万元以上，占比 80% 以上。

作为义乌“84.5 号新政”首个试点村，五一村按照“人车分离、环境优美”模式推进农村有机更新，统筹利用地下空间，以分联立式住宅、垂直房、高层（多层）住宅及产业用房等进行建设。在细节上通过小青瓦、悬鱼等国风元素，精致的浙派民居风格构成了独特的风景，处处散发着粉墙黛瓦的庄重与清新。安置后多余的面积还可入股村集体，村集体整合后用于建设产业用房，到年底还有分红收入。

“多年的老房子拆了建新房，还是这么漂亮的联排，让我们在记住乡愁回味乡愁的同时，感受到了家乡的美丽！”在城西街道五一村，村民望着农村有机更新后拔地而起的一幢幢新房，都盼着能早日入住。

住得好也要生活好。和美乡村建设不仅仅是道路硬化和拆旧房盖新楼，更多的是高标准绿化、亮化和美化工程，房前屋后有花草树木，文化墙点缀其间，文化活动广场上各种体育健身设施，都已经成了义乌市农村的标配。在义乌，村里人也像城里人一样，全面享受着公共服务和生活的便利。“路、水、电、网、气”等城乡基础设施互联互通，基本实现城乡同步规划、同频发展；农村社会事业不断扩面提质，基本实现城乡同标推进、同等享受……

从五一村的变化，不难看出在义乌推进农村有机更新的过程中，农民不仅改善了居住环境，生活生产方式也进一步接轨城市，城乡融合发展之路越走越宽。

第六节 共建精品

1

绘诗画之美，在于规划先行。为了满足群众对发展乡村旅游的精神需求，经过对义乌历史人文、自然风光等各类旅游资源进行统筹分析后，义乌编制了《义乌市美丽乡村建设提升总体规划》，提出了以培育精品村的思路，在建设上从“普惠式”向“精品式”转变、管理从“粗放式”向“精细化”转变。

凝心聚力，共推美丽乡村产业发展。通过充分发挥农民群众的积极性和创造力、积极动员社会力量参与扶持，凝聚起政府、村民、社会等三方力量共同发展美丽经济，一批精品村、特色村、示范村落脱颖而出，如城西街道何斯路村、义亭镇缸窑村、大陈镇马畈村、佛堂镇钟村、后宅街道李祖村等，便是其中的代表。赤岸尚阳、雅端，佛堂倍磊、田心等历史文化村落保护利用与开发初见成效。

马畈农业奇幻乐园以村民众筹方式打造村集体产业，自 2015 年 5 月 1 日正式营业以来，接待游客 110 万人次，实现旅游收入 800 多万元。此后，又通过健全现代化管理制度、深入挖掘当地文化、开展线上线下活动等几方面对乐园进行提升，取得了更为明显的成效。

有了这些典型村庄作示范，进一步增加了政府部门和村民建设美丽乡村的底气。在此基础上，义乌通过以点带面，按照注重彰显人文特质、注重培育特色产业、注重引领示范效应的规划要求，丰富建设内涵、拓展建设领域、提升建设水平，在 2015 年、2016 年间，共认定各类主题的市级特色村 53 个。2016 年，义乌共创建金华市级美丽乡村精品村 10 个、秀美村 17 个；创建金华市级美丽乡镇 2 个；创建省级美丽宜居示范村 11 个。

2

走出了新道路，促进了文旅大发展。要让乡村“风景”变成“产业”，美丽乡村实现向美丽经济的转变，必须打造美丽乡村升级版。

美丽乡村怎么升级？《义乌市美丽乡村建设攻坚实施方案》由此出台，并通过建立美丽乡村建设联席会议制度、市级领导班子成员与各村(线)的联系制度、八大国有集团公司结对共建制度等，由市级领导班子成员与42个美丽乡村精品村、特色村和各精品线等进行1对1联系，现场办公，推动各项工作全面落实。

打造美丽乡村升级版

开展国有公司与农村结对共建，义乌开辟了一条独特而绮丽的发展新路，由此达到了美丽乡村创建工作的优势互补。其间，市政府选取了美丽乡村建设中最主要的培育村或精品线路，与八大国有集团公司建立结对共建制度，鼓励企业发挥自身资源和优势，在规划、技术、人才、信息、管理、市场等方面为美丽乡村提供指导和帮助。由国企牵头按照AAA级景区标准，以精品线为主轴辐射串联全市乡村发展，每条线规划投入10亿元以上，撬动社会投资50亿元以上。

通过吸引国有企业参与乡村旅游、古村落保护开发利用、发展特色农产品等手段，为拓展发展领域、增添发展后劲提供了多元选择和产业支撑，实现村企共建共赢、共同发展。如大陈镇与交投集团达成协议，八楂线、鸽白线精品公路绿化提档改造工程作为浪漫八都风景线的组成内容交由交投集团实施，增加投资近4000万元。

此外，在美丽乡村建设中，还通过鼓励村民、集体以土地、资金众筹入股农业项目建设，引导村集体自建农业公司经营，扩大资金来源渠道；以业态植入、文化再生、旅居结合等乡村振兴项目投资模式，为乡村引入高质量的基础设施、环境友好的旅居产品、创造性的活力人群，激活乡村自主造血的能力和动力，实现乡村文旅的可持续经营。

有了资金的保障，义乌市又专门组建了美丽乡村建设作战指挥部，实行挂牌办公，靠前指挥，一线作战，各部门以现场考察、现场办公、专家座谈等形式，集思广益、精心谋划，讨论解决美丽乡村建设中出现的难点问题，加快推进美丽乡村建设。各镇街围绕实现生态、生产、生活“三生融合”的目标，在深入挖掘文化底蕴、彰显区域特色的同时，结合美丽公路建设，沿交通道路、景区、产业带、山水线、人文古迹进行立面彩化，注重产业植入，促进村庄景观化、环境洁美化、生态景区全域化。

为了培育新的美丽乡村风景带，义乌紧扣“众创”主题，积极挖掘农业的功能和乡村的价值，形成“一村一品”“一村一业”“一村一景”“一村一韵”的个性特色，并按照全国一流、省内领先的要求，充分发挥以农民为核心的联合、众筹、创投等作用，打造独具魅力的乡村旅游目的地和全方位发展的农村示范点，推动乡村从“卖产品”向“卖风景”“卖文化”“卖体验”转变。

全民发动，全域推进，全市提升。在一系列的联合专项行动之下，农村生产、生活、生态环境持续优化，商城大地美丽乡村建设春潮涌动，镇街、村庄万众一心，携手推进，生态农企更如雨后春笋，涌现出了一批好学、耐学、值得学的好典型，而有了这些典型的示范带动，由此推进了全市美丽乡村建设在面上出彩。

人民对美好生活的向往没有“最美好”，只有“更美好”。为全力打造共同富裕基本单元的义乌样板，义乌市开启了迭代升级新时代美丽乡村建设的新征程——全域推进未来乡村建设。结合共同富裕和数字化改革，集成美丽乡村、数字乡村、共富乡村、人文乡村、善治乡村建设，义乌市将以行政村为主体，全域建设未来产业、风貌、文化、邻里、健康、低碳、交通、智慧、治理等乡村振兴应用场景，为乡村开辟造场景、造邻里、造产业的发展空间，让一个个留得住乡愁、看得到未来、安得住幸福的未来乡村释放出共同富裕现代化基本单元的迷人魅力。

3

春天的美，俯拾即是。义乌的乡村，满载着如画的春光。蓝天、白云、五彩的鲜花、花香熏染的微风、春风中流连的人影……踏着美好春光，行走在花开的季节里，三五成群悠游自得，这是春天里最美的一道风景。

文化和旅游兼具精神和物质属性，是实现共同富裕的重要抓手。美丽乡村精品线怎么建？义乌找到了特殊切入点。自 2017 年起，义乌以八大国企作为美丽乡村相关项目的投资建设主体，以股份合作形式，差异化打造了望道信仰、至美大陈、红糖飘香、德胜古韵、人文上溪、画里南江、千年古镇、赤岸西海、多彩华溪、慢养龙祈等十条精品线，向十条精品线注资超 7 亿元，累计实施具体工程项目建设 221 个，撬动社会资本 50 亿元以上，破解镇村美丽乡村建设中资金和人才短板，实现村企共建共赢、共同发展。

“建一条路，造一片景，富一方民。”结合四好农村公路建设，利用红黄蓝三彩地标线将10条精品线进行串联，形成总长超280公里的市域美丽乡村大环线。每条精品线带出沿线20个左右村庄，十条精品线辐射全市200余个行政村，成为乡村振兴的产业线、致富线，长藤结瓜，串点成线，连线成面，辐射全市乡村发展，把全域打造成风景区。

环境美了，项目也跟着来了。十条美丽乡村精品线吸引了47个较大农业产业项目落地，带动200亿元社会资本投向美丽乡村建设，串起了沿线200余个美丽乡村集成发展。沿着美丽乡村精品线，一路上赏的是“一村一韵”的田园风光，品的是生态可口的农家饭菜，住的是传统民俗的农家院落，玩的是各具特色的旅游项目，美丽乡村旅游环线的建设成果让附近群众的获得感和幸福感与日俱增。义乌“国企+乡村精品线”的乡村建设新模式，成功入选第一批国家新型城镇化综合试点经验。

忽如一夜东风来，万紫千红百花开。建设美丽乡村，不仅让游人进入天然、野趣、清新、恬静、自然的五彩世界，更让义乌农民喜上眉梢。通过美丽乡村精品村建设，把沿线的农村变成了景区，把民居变成了民宿，把田园变成了乐园，让乡村旅游产业在阡陌间崛起，让百姓在发展中受益，美丽乡村精品线成了乡村振兴的风景线、产业线、致富线。

“土地平旷，屋舍俨然”“阡陌交通，鸡犬相闻”“黄发垂髫，怡然自乐”……这是东晋陶渊明笔下的《桃花源记》中所描绘的“世外桃源”场景。如今，漫步在义乌乡村道路上，道路宽敞、环境整洁、乡风浓郁，另一幅“怡然自乐”的优美画卷已经铺展开来。人们只要沿着三色线，就可以畅游义乌十条各具特色的美丽乡村精品线：至美大陈线以水为媒，串村成珠；德胜古韵线登高望远，人文荟萃；赤岸西海线花海相伴，山水浪漫……

美好的事物总是让人憧憬，诗与远方的田野，总是让人热血沸腾，等你去探索、寻觅和打卡！

第十一章 精神密码

文化，既是一座城市独一无二的印记，更是一座城市的精髓和灵魂。而义乌，正是一座有着悠久历史和深厚文化底蕴的城市。

《管子·牧民》说：“仓廪实而知礼节，衣食足则知荣辱。”义乌有滋味的生活，既源自人民群众物质生活的极大丰富，同样也源自对打造精神文明高地的孜孜以求，精神富有越来越成为实现共同富裕的突出任务。

经济不是无源之水、无本之木，它的背后是文化。义乌在实施“兴商建市”发展战略的同时，坚持实施“科教强市”、建设“文化大市”，真正把科技作为第一生产力来抓，把教育放在优先发展的地位，大力发展文化、卫生、体育事业，加强精神文明建设，不断提高人民的物质文化生活水平。

一手抓市场繁荣，一手抓市场监管；一手抓转型发展，一手抓文明创建，努力满足人民群众不断增长的精神文化需求，在共同富裕中实现精神富有。人们对精神世界的不断追求，使得为实现精神富有而投入的物质资源越来越多。在城市，各类图书馆、博物馆、文化馆润泽群众心田；乡村间，百姓走入文化礼堂“赶集”，乐享一场场送戏下乡……有品质的文化生活，让共富更加多姿多彩。如今，义乌百姓的获得感、幸福感越来越强，成千上万来自世界各地的人在这里追逐财富、成就梦想，一条通向和谐相处、共同富裕的康庄大道日渐明晰。

共富画卷上，义乌的人文之美、生态之美、和谐之美更加鲜明。

第一节 文化基因

1

文化是一种基因，义乌深厚的文化底蕴是实现精神富有的基础。义乌历史悠久、人文荟萃，文化底蕴深厚。早在新石器时代，义乌就有人类的活动，距今9000年的上山文化晚期——城西桥头遗址，是义乌境内目前发现的最早人类聚落遗址。

义乌，古为于越所聚居。春秋战国时先属越国，后为楚地。至秦王嬴政二十五年（前 222）秦灭楚后，建县名乌伤，属会稽郡。

传承婺剧文化艺术

乌伤县名源于孝子颜乌孝德感乌的故事。南朝宋刘敬叔的《异苑》卷十（《四库全书》本）有这样的记载："东阳颜乌以纯孝著闻，后有群乌衔鼓，集颜所居之村。乌口皆伤。一境以为颜至孝，故慈乌来萃，衔鼓之兴，欲令聋者远闻。即于鼓处置县，而名为乌伤。"这则"颜乌葬父、孝感天地"的故事，就像一股不竭的清泉一直流传至今，滋润着乌伤大地后人的心灵，潜移默化地陶冶着人们的灵魂。

对于"孝义"之义乌，从流传至今的一些民谚、歌谣中也能窥其一二。有谚语称："孝敬公婆自得福，孝敬田地自得谷""敬九十九杯坟头酒，不如敬一杯喉头酒""妻贤夫祸少，子孝父心宽"等。流传于义乌的歌谣则更多，如《仙英哭夫》中有"服侍婆婆服侍公，公婆过辈（去世）再嫁侬"……在《花名宝卷（劝世文）》有"孝敬公婆为第一，自己也要做婆身""在家尽心敬公婆，何用南海拜观音""一心只管行孝道，皇天不负孝心人"，等等。

在如今，义乌又紧扣着"小孝持家、中孝敬业、大孝爱国"的新时代孝义内涵，把孝义文化作为城市治理和建设的重要精神资源。

此外，流传于浙江海宁一带的民歌《马明王》歌词中称："马明王菩萨到府来，到你府上看好蚕。马明王菩萨出身处，出世东阳（郡）义乌县。"从中也可以看出，义乌是蚕文化源头之一。

上述行文中的义乌之前为何都有"东阳"冠名？因为义乌古时曾属东阳郡。秦王政二十五年（前 222）秦灭楚，实行郡县制。大将王翦平定楚江南地，置会稽郡，设 24 个县，乌伤县是其中之一。西汉因秦制。王莽篡汉建立新朝，改乌伤为乌孝。东汉建武初恢复为乌伤，属会稽郡。三国吴宝鼎元年（266），原会稽郡西部分设东阳郡（郡治在长山，今金华），因郡"在金华山之阳，水之东"，故名东阳，乌伤属东阳郡。南朝陈天嘉三年（562），改东阳郡为金华郡，乌伤仍隶属之。

"八邑肇基，是为母县"，义乌自古即为文人雅士荟萃之所。义乌江边的葛仙山，因东晋著名炼丹家和医药学家葛洪曾在此炼丹而扬名。葛洪炼丹期间曾到附近赤岸、尚阳等地，从而获知皇初平（黄大仙）的生平事迹，并据此写下了《神仙传》中“皇初平”一节，称“皇初平者，丹溪人也”。黄大仙最具影响的“叱石成羊”故事，其原型在赤岸镇尚阳的羊印村。

至唐武德四年（621），改东阳郡为婺州，将乌伤县划出置稠州（因稠岩得名），分设乌孝、华川两县。武德七年，废稠州，两县合一改称义乌。此为县名义乌之始，沿袭至今。

义乌以“义”为名，成为一片“尚义崇礼”的土地。

这里有颜乌的孝义，骆宾王的节义，宗泽的忠义；有徐侨的道义，朱丹溪的仁义，义乌兵除暴抗倭的侠义；有朱之锡为民治河的大义，富商修桥铺路的情义，陈望道、冯雪峰、吴晗等志士仁人为民谋福的正义……在建县 2200 多年的悠悠历史长河中，义乌出现了无数受人崇拜的仁人志士，他们的事迹激励了一代又一代的后人。

杭州、海宁的海神庙和潮神庙塑的潮神胡暹，是唐代义乌人。在新昌，有真君祠，祀南宋抗金名将宗泽。江西龙虎山有上清镇长庆坊，祀“金元四大名家”之一的朱丹溪。清朝初年的治河名臣朱之锡，因治理黄河淮河有功，被人称为河神，在山东、江苏、河南等多地，老百姓为他立庙祭祀。

2

岁月苍桑，诉不尽乌伤大地文人骚客的回响。

南朝梁代维摩禅祖师傅大士、“初唐四杰”之一的骆宾王、南宋名臣徐侨、元代“儒林四杰”之一黄溍、明朝《元史》总裁官王袆、一代才女倪仁吉、“直臣”“名师”朱一新；当代著名的教育家、语言学家、《共产党宣言》中文首译本翻译者陈望道，作家、诗人、文艺理论家冯雪峰，杰出的历史学家吴晗等，都以道德文章、民族精神闻名于世，都以正直与风骨名扬中外。

义乌人不但崇文，尚武精神更为义乌先民所推崇，义乌有“天下精兵处”之称、“中国武术之乡”之誉。春秋之际，吴越两国连年征战，义乌人尚武习俗，蔚然成风。清嘉庆《义乌县志》中记载，“无余主越，勾践兴绪，君子六千，爰张越绝”，说的是越国征战，有六千精锐部队是从乌伤地征集的。又载，秦末“项籍夺会稽守符节，调八千子弟渡江而西”，这八千子弟中也有诸多乌伤壮士。

明朝义乌兵英勇善战闻名遐迩。明朝抗倭名将吴百朋，官至刑部尚书，与戚继光生活于同一时代，为抗倭寇、平内乱、固边防立下了不朽功勋，系一代名闻遐迩的儒将。明嘉靖三十八年（1559），戚继光到义乌招募了 3000 人，组成了第一批“戚家军”。后又几次在义乌招兵，共约 26000 人。这支以义乌人为主的“戚家军”，在抗倭战场上所向无敌。

国学经典诵读

义乌的“义”字，蕴含着丰富的内涵。特定的自然环境、文化氛围和长期商业传统的熏陶，熔炼出义乌人特有的群体性格。

2006年4月，浙江省委、省政府做出了在全省推广“义乌发展经验”的决定。在省委、省政府调研组所撰写的“关于义乌发展经验调查报告”的“丰厚底蕴”部分中指出：

义乌人尊崇孝义，他们从孝子与乌鸦的古老传说中开启地方文脉，汲取精神力量；义乌人注重情义，他们常说“客人是条龙、不来要受穷”；义乌人讲求信义，他们在“鸡毛换糖”的经商实践中深深体悟到诚信为本；义乌人深明大义，民族危亡之际有抗金名将宗泽挺身而出，倭寇侵扰之时有“戚家军”的3000名义乌勇士担当重任；义乌人敢闯敢创，义乌民间有句俗语，“天上有金子掉下来，也要你自己走出去捡”；义乌人不欺生、不排外、不仇富，秉持“你发财、我赚钱”的信条，形成了薄利多销、义利并举、诚信为本、重商亲商的商业理念和商贸文化。

义乌人善进取，善开拓，敢冒险，富有商业头脑，有着特殊的经商基因。正是这种“义”字当先的文化基因，既塑造了义乌人“勤耕好学，刚正勇为，诚信包容”的文化精神，也书写了世界第一超市的辉煌篇章；既把义乌商品销售到了全世界，也把义乌精神带到了全世界。

在一些人看来，坐拥全球最大小商品市场的义乌人拥有天时地利，几乎可以“躺”在市场上赚钱。从小小的拨浪鼓到国际性的大市场，义乌人成功地演绎了一个举世无双的财富神话。被称为“无中生有”“莫名其妙”式发展的义乌，当真是得上天眷顾的地方吗？事实上，今天的义乌小商品市场绝不是自上而下“允许”出来的，而是敲糖换鸡毛的农民群体的伟大创造。

从2006年6月份开始，中央有关部门及国内主要媒体对义乌经济社会发展情况予以高度关注，《人民日报》、新华社、中央人民广播电台、中央电视台、《光明日报》、《经济日报》等媒体，相继在重要版面和重要时段同时集中连续报道义乌，而且大部分是头版或头条，把义乌再一次带到了全国媒体的聚光灯下。通过连续刊发长篇通讯、配发评论员文章、邀请专家点评、播出专题报道等形式，生动、全面、客观地记述和评价了“义乌发展经验”，并对义乌的发展从精神层面进行了解读，由此也产生了巨大的影响。

发展市场的道路，是万千义乌百姓的自主选择。这是一种什么样的力量，使小商品征服了大世界，使“穷农民”变成了“富老板”？在一个个创业的故事中，我们可以发现千百年来沉淀在义乌人身上的文化力量，以及这种力量在新时代所焕发的夺目光彩。这正如《光明日报》所刊发的《文化的见识和强力——解读“义乌现象”的精神内核之二》一文中所述：“一夜可暴发成财主，三世难养出一个贵族。”义乌人的经商素质就是经历了多少个“世”的商业文化熏染出来的。这种商业文化渗入义乌人的骨髓，融入他们的血脉，变成他们的行为方式。这种重商文化的基因犹如种子，一有阳光就灿烂，一遇雨露就成长。

3

时代的浪潮，总是带着欢快的情绪，搏击着历史。文化与经济从来就是密不可分的，生产力越发达，经济与文化的关系就越密切。只有发达的经济而没有优越的文化不是真正的强大。

全民终身学习

随着义乌实施“兴商建市”战略取得了巨大成功，老百姓的经济收入在不断增加，物质生活在逐步提高，老百姓对精神文化需求也越来越强烈，对多样化的文化活动变得越来越渴望。义乌在文化建设上也取得可喜成绩，先后获得“中国现代民间绘画画乡”“中国武术之乡”“中国曲艺之乡”“全国文化先进市（县）”“全国文明城市”等荣誉。

毋庸讳言，与快速发展的义乌市场经济相比，对照经济强市的地位和建设文化大市的要求，义乌的文化发展尚滞后于经济发展，迫切需要补齐文化发展短板，丰富人们精神文化生活，提高市民素质和社会文明程度。

2002 年 8 月 15 日，市委、市政府制定《义乌市文化发展纲要》，提出把义乌建成市民素质优良、城市品位一流、教育科技发达、社会文明进步、文化繁荣开放、具有鲜明时代特征和商贸文化特色、在国内外有一定影响的文化名城的发展思路。2005 年 7 月 15 日，义乌市委十一届六次全会作出《关于加快推进文化大市建设的决定》，提出至 2010 年文化发展主要指标、文化事业发展整体水平和文化发展综合实力位居全省前列的奋斗目标。

为了营造有利于文化建设的经济政策环境，义乌对文化事业的财政投入比重逐年增加，大批文化基础设施相继建成，公共文化服务体系更趋完善，“浙江省文化示范村”“东海明珠工程”建设进入新高潮，群众的获得感、幸福感日益增强。2005 年年底，占地面积 133.15 万平方米，所有单体规模都相当于地市级以上水平的大型文化基础设施国际文化中心启动建设，此后相继建成了图书馆大楼、档案馆大楼、会展中心、广电中心、博物馆、美术馆等国际文化中心工程。其中图书馆设计藏书 100 万册，是一个数字化、网络化、多功能、综合性、开放式的新型图书馆，可供 1300 人同时阅览，能满足现代化、信息化、智能化的要求。

政府公共文化投入是城市公共文化建设水平和服务质量的保障。义乌市委、市政府高度重视构建现代公共文化服务体系工作，每年用于基本公共文化服务的财政投入不断增加且增幅较大，年均增长率达 119%，为多元文化共融发展奠定了坚实的财力基础。在建设公共文化服务体系进程中，积极构建市、镇（街道）、村（居）“三位一体”的三级联动公共文化服务体系。公共文化服务体系不断完善，文化馆、博物馆、美术馆、非遗馆、全民健身中心等项目相继建成，投资 24 亿元的义乌大剧院建设如火如荼。

围绕全市文化大繁荣大发展的工作思路，义乌积极推进新时代文明实践中心建设国家级试点，实现农村文化礼堂和新时代文明实践中心全覆盖，成功创建省公共文化服务体系示范区；深入开展文化惠民活动，举办群众性文化活动近 8000 场，有力地推动了当地的农村文化建设；通过举办农村文化节、社区文化节、校园文化节等活动，培育和催生了一批镇（街道）特色文化节庆活动，提升优质文化供给，群众幸福指数逐步提高，城市文明程度不断提升。

农村文化节自 1992 年起每年举办（初名乡镇文化节），是义乌持续时间最久、参与面最广的群众文化活动。文化节通过引进省一级的文艺赛事，如浙江省首届声乐组歌唱类比赛、浙江省十大笑星大赛、浙江省戏剧戏迷大赛、浙江省道情比赛、浙江省版画精品比赛等活动，提升了活动的规格，丰富了示范内容。

同时，义乌还注重挖掘整理村庄生态人居、社会习俗、传统工艺、人物传记等文化遗存，开发拓展了上溪踏青赏花乡村旅游文化节、佛堂镇“十月十”民俗文化节、义亭镇“红糖文化节”、苏溪镇“孝义文化节”、赤岸镇“丹溪养生文化节”、后宅德胜民俗文化节等特色民俗旅游项目。结合清明、花朝、端午、七夕、中秋、重阳、元宵等时令节庆开展采茶、挖笋、酿酒、榨糖、割稻等农事生产体验活动，保护传承具有义乌味道的活态文化和民俗活动，再现淳朴的民风，增强现代人的文化认同感和归属感，实现农业与文化、民俗、旅游的互融共赢。

义乌既注重城乡文化建设的均衡发展，加强对传统文化的传承与保护，又积极把多元文化共融发展理念融入政府出台的有关决定和规划里，提升多元文化共融发展的战略地位，要求扩大文化开放与对外交流，形成了一个国际国内多民族聚集、多元文化共融发展的良好公共文化环境。

文化建设百花竞艳，人民群众文化获得感进一步增强。

第二节 善育优学

1

有着勤耕苦读传统精神的义乌人，历来崇尚教育。1983 年，时任县委书记谢高华就把教育与市场作为加快发展义乌经济的两个启动点。1984 年，义乌县委的第一号文件，就是《关于加强党的领导，加速开创教育工作新局面的决定》，从而迅速掀起了办学热潮，迎来了教育事业新的春天。

国际商贸学校学生在樱花树下轻歌曼舞

1991 年元旦刚过，市委、市政府就召开全市教育工作会议，接着下发了《关于筹集资金改善办学条件的决定》，提出了“人民教育人民办，教育人民办教育，办好教育为人民”的口号，要求“六路进财”，3 年集资 3000 万元，彻底改造学校破旧房。从 1991 年至 1995 年，全市筹集各种捐助办学建设经费就达亿元，市财政投入 2.26 亿元，依法收取教育事业费附加 6638 万元。

到 1997 年，全市校舍总面积 69.34 万平方米，其中新建校舍总面积 5.79 万平方米。在 1995 年全市通过省“两基”评估验收的基础上，1997 年又通过“两基”复查验收，并被评为“两基”工作先进县（市）。

到 2001 年，教育投入高达 5.5 亿元，全面完成破旧校舍的维修改造。全市不但高标准普及了九年义务教育，而且解决了 5000 多名外来人口子女的教育就学问题。教学质量有新的提高，大学学龄人口入学率、高中段入学率比上年分别提高 1.5 个百分点和 4 个百分点，形成了普、特、职、幼、成、高等“六教并举、共同兴旺”的崭新局面，树立了教育强市的良好形象。

2003 年秋季开学（8 月 26 日）前，义乌市政府下发了《义乌市人民政府关于分步实施免费义务教育进一步加强基础教育工作的通知》，提出从当年起义务教育阶段有计划地逐渐减免学杂费，逐步推进实施免费义务教育。

2005 年，出台了《义乌市教育现代化建设纲要》《关于义乌教育改革与发展的若干意见》《义乌市学校布局与建设规划（2005—2010）》和《关于当前教育发展中若干问题的几点意见》，加快推进教育现代化。2006 年，根据义乌市“十一五”规划，制定了《“十一五”期间教育事业发展规划》，提出五年内初步建成体制富有活力、水平适度超前、结构基本合理、总量相对充裕、与义乌市经济社会发展水平相协调并且在全省县市区中居领先地位的现代教育体系。全面实行免费义务教育，基本满足社会群众对优质教育的需求。

城乡教育一体化成果显现。2011 年，城区教育反哺农村，16 所城区优势学校与 41 所农村学校结成教育共同体；新组建城乡联结 3 个教育集团，实施城区教师到乡下支教 3 年，新教师先到农村学校见习 1 年等措施。至 2012 年，教师下派到农村在职支教，有序组织教育共同体开展教育交流蔚然成风。

2

教育是最大的民生工程。为补齐学前教育短板，更好地满足孩子们的就学需求，义乌市实施教育倍增计划，重点聚焦学前教育，先后启动了两轮“百园工程”，以高起点规划、高标准建设，每年将幼儿园建设列入年度十大民生实事，不断加大农村公共服务的供给，因地制宜地实施“一园一品”，完善城乡均等的基本公共服务体系。

城镇职业学校学生烹饪作品展示

2017 年开始，首轮“百园工程”计划开建，在三年内计划投资25亿元，开工建设108所幼儿园，让许多孩子进入新校园、用上新教室，置身于新环境，开启美好教育新里程。“百园工程”完工后，公办幼儿园覆盖义乌市各镇街，可提供3.94万个学位，入园学生覆盖面约53%。

至2018年，义乌市幼儿园已达到了351所。

2021年，义乌市启动第二轮“百园工程”建设。这一年，义乌市实施教育项目50多项，基建投资超10亿元。新启用了26所幼儿园。通过大力发展公办幼儿园和普惠性民办幼儿园，构建“广覆盖、保基本、有质量”的城乡幼儿园体系，实现镇街中心园、片区幼儿园建设年内全覆盖，让孩子们在家门口就能够上幼儿园。

2022年秋季，义乌市新投用幼儿园7年，新增学位2340个。历经五年攻坚克难，“百园工程”迎来圆满收官。

新校园、新环境、新气象，开启美好教育新里程。从高效能管理到高水平推进，铸就了一所所优质的全新校园，孩子们的梦想，在这里扬帆起航……

3

义乌中学是首批省一级重点中学，始于1927年创办的义乌县立初级中学（初名中山中学）。

当年，经义乌县公署核准县议会呈请，以县文庙（孔庙）、明伦堂为场址，组织向社会募捐建筑费，计银圆约15000元，建教室等60余间。聘请留日归国的朱式欧为首任校长。招收首届新生120名。1930年上半年，县立初级中学有7个班，学生356人。暑假，首届88名学生初中毕业。

1931年增设简师班。这年春，著名乡村教育家杨效春偕同楼梦弼先生受聘于县立初级中学，分别担任教务与训育主任，并“浚绣湖，辟农场，将‘健社’存款捐购图书，并增设简师班”，对教育“大力刷新”，使县立初级中学“内容渐渐充实，校誉蒸蒸日上”。

1936年，县立初级中学有初中6个班，1个简师班。抗战时期，学校7次易地上课。1939年11月，建立中共义乌中学党支部。

1952年始设高中部，首届高中新生3个班143名。1953年，学校更名为浙江省义乌中学。1955年，首届高中生103人毕业，毕业率名列全省前茅。

1980年下学期起，义乌中学新招高一年级，改2年制为3年制。

20世纪90年代，新马路与工人路交叉口称得上是义乌老城区最热闹的地方，多条交通要道在此交会，周边汽车站、通汇商厦、信用联社等近在咫尺，周边区块也发生了天翻地覆的变化。

随着城市化进程的不断推进，义乌中学、义乌人民医院的周边环境变得十分逼仄，2001年3月5日，义乌中学新校区开工建设。2002年8月，学校迁入现代园林式新校区。新校园占地28.86万平方米，投资2.1亿元，建筑面积达12.33万平方米，这年秋，新义乌中学招收新生15个班，学生806名。学校现有45个班级，学生2200余人。而承载了几代义乌人回忆的义乌中学旧址则改为义乌四中，如今又新建为绣湖小学教育集团绣川校区。

从泱泱绣湖，到碧波荡漾的黎明湖；从义乌县立初级中学，到浙江省首批一级重点中学、浙江省首批一级特色示范高中；从浙江省状元到全国学科奥赛金牌……90多年来的砥砺奋进，铭刻着一代代义乌人的非凡历程，记载了一代代义乌人与社会齐发展的奋斗足迹。

新校园风光秀丽、人文灿烂，它是传统风格与时代气息的和谐统一，校园布局与自然环境融为一体，功能设施与人本情趣紧密结合，是一所省内领先、全国一流的现代化园林式校园。这里，鸟语花香、草木葱郁、风光旖旎，拥有高标准现代化的教学中心、图书信息中心、体育中心、艺术中心及学生公寓、教师住宅楼、餐厅、超市、多功能阶梯教室等；这里，教学区、运动区、生活区、办公区分布合理，主体建筑风格别致，湖光山色相映成趣。

新校园现代设施齐全，有闭路电视系统、学生电视台、微机室、语言室、多媒体电教室、电子备课室、多功能报告厅、美术室、音乐室、舞蹈室和各学科实验室，网络点遍布校园。红色的塑胶环形跑道镶嵌在绿茵场上，标准的风雨操场、游泳馆、体育馆分布合理。整个校园楼宇错落，回廊相通，氛围融洽，作育英才，体现了“优化育人环境，丰富文化内涵，感受时代精神”的意蕴。

第三节　高等教育

1

随着“兴商建市”发展战略的实施，小商品市场发达繁荣，各类产业蒸蒸日上，新的经济建设格局急切地呼唤着大批高层次的专业人才，而当年在紧紧追赶着时代步伐和市场经济大潮的杭州大学，正进行高等教育改革的试点。共同的历史使命和时代重担，使地方和大学两个社会层面上的领导，不约而同地走到了一起。

1993年2月18日，时任杭州大学校长沈善洪带领校领导班子成员来到义乌，与义乌市市长毛光烈洽谈加强教育科技协作与联合办学事宜。2月19日，毛光烈与沈善洪分别在《关于加强教育科技协作关系协议书》和《联合办学协议书》上签字，协作成立杭州大学义乌分部。

该分部是杭州大学和义乌市政府联合创办的综合性、多功能的地方性大学。由高等学府与地方政府联合办学，这在浙江省还是第一次。它的创建，是高等教育面向经济、面向市场的一次改革和探索。该分部计划从当年开始招收新生，生源以义乌市为主，立足义乌，辐射浙中，面向全省。学业合格者由杭州大学统一颁发毕业文凭。双方商定，先开设经济、师范学科中紧缺专业，培训急需人才，然后逐步扩大开设科目。学制2至3年，待条件成熟再招收本科生，以适应义乌的经济发展对人才的需求。

1993年7月2日，省教委下文批准了义乌市人民政府《关于创办杭州大学义乌分部的请示》。当月，筹建办就完成了200多亩校园的征地任务。校园用地牵涉到城东办事处5个村，城东办事处的干部、群众为了新大学的诞生，甘愿无私奉献，大力支援，充分显示了义乌市社会办学的热情和力量。宗塘村42户折迁，不到两个月就全部完成，征地工作十分顺利。为了加快建设速度，11个建筑工程队“挥戈上马”，展开了劳动竞赛。

9月28日，第一期投资2000多万元（投资总额为1.03亿元）的杭州大学义乌分部校舍破土动工。同时，首届100名新生暂借城北中学教室正式开学，开设财务会计、经济法两个专业（其中经济法、财会专业各50名）。其时，学校基础课程教学与管理等由义乌分部承担，专业课教学由杭州大学各系承担。省人大常委会副主任毛昭晰、省政协副主席薛艳庄出席杭州大学义乌分部的开学典礼。在当日举行的开学典礼上，省教委副主任阮忠训提出：“希望义乌市像办小商品市场一样办好杭大分部，希望杭大像办本部一样办好义乌分部。”

杭大义乌分部是浙江省教育改革的一种尝试，在招生办法上实行学员自费，学籍管理上实行学分制，专业设置上实行按需设科，分配办法上实行双向选择。在暂寄读于新建成的城北中学内，配备有投资50多万元的相当规范化的电脑实验室、语音教学室、专业阅览室和教室。录取的新生对象，都曾参加过全国统一高考，成绩达到计划内自费生的录取分数要求，经省招生办公室批准统一录取。这些学生毕业后，将享受杭大毕业生的同等待遇，逐步实行自主择业和用人单位择优聘用的双向选择就业办法。

1994年9月5日，新学期按时开学，投资1500万元的新校区第一期工程竣工。分校的“硬件”拥有计算机实验室、多媒体语言室等，堪称一流。9月21日，新一届学生注册入学，所有师生暑期迁入新校区，近400名师生（其中学生为93和94两个年级6个专业班级共320名）的教学与生活井然有序。杭州大学义乌分部更名为杭州大学义乌分校。

为了加快培养市场经济急需的人才，杭州大学义乌分校先后开设了经济法、财会、计算机、文秘、经济管理和外语等6个专业。学生一进校门，学校就高标准严要求，提出“吃好‘开口奶’”，加强对学生的思想道德品质教育，实行班主任工作目标责任制，积极引导学生自理自律自强，形成了良好校风。杭州大学本部向分校赠了1万册图书，教学仪器设备不断增添。杭州大学领导还经常带领各系领导到义乌听课，与师生探索教改之路。

商城办大学，雄姿初展。1997年9月，商城集团借助杭州大学义乌分校力量，创办义乌商贸专修学院。该学院是一所以培养实用型、专业型人才为主的专科学校，也是一所以商城集团为主，联合其他法人、自然人共同投资兴办的民办高校，是探索社会化办学和产业化办学的一种尝试。学院采用“宽进严出、教考分离”的新的高教办法思路，专门面向全省高中毕业的私营企业主和市场经营户招生。次年7月，省教育厅正式批准建立。1998年9月19日，浙江省首批高等教育学历文凭考试试点学校之一的义乌商贸专修学院正式挂牌，来自全省各地的首批60名学员参加了简朴的开学典礼。

市场办大学，当时在全国尚属首创。义乌商贸专修学院原定招收90名30岁以上成人学员，由于报考人数多，学院招生办不得不将报名期延长了两天，并向省教育厅申请增设了一个经济管理班，招生人数扩至160名，设立了贸易经济、企业管理和经济管理3个大专班，开设了市场营销学、管理心理学、企业法、社会主义市场经济等14门课程，邀请全省相关学科颇富教学经验的老师，每月集中几天授课。学员中既有靠“敲糖换鸡毛”起家的“老江湖”，也有20世纪90年代新入市的年轻商人，还有依靠市场积蓄了雄厚资本、亦商亦工的私营企业主。这也是有眼光的个体户顺应市场发展要求的必然选择。追求现代营销理念和经营策略，成为义乌小商品市场众多个体经营户的新追求。

2

1998年9月15日，杭州大学与浙江大学、浙江农业大学和浙江医科大学等高校合并组建了新的浙江大学。杭州大学义乌分校办学体制以杭州大学为母体，而今的杭州大学已不存在了，杭州大学的并立撤建，让杭州大学义乌分校面临向何处发展的问题。于义乌而言，这是一个挑战与机遇并存的开始，也让义乌人对于大学的渴望愈加强烈。办还是不办，怎么办？成为了横亘在义乌高校发展面前的一个重要选择。最终，义乌选择了独立办学。

1999年7月，义乌市委、市政府决定合并杭州大学义乌分校和义乌商贸专修学院，开始筹建义乌工商职业技术学院，要让小城圆自己独立办大学的梦。由此，全国第一所由县（市）级政府投资兴办的全日制高等学校，列入国家统一招生计划。同时改革办院投资体制，走民办之路。同年，设置工业民用建筑等6个专业，开始招收新生。

从无到有，这是义乌人引以为傲的大学梦，家门口有了属于义乌人自己的大学，让不少义乌人倍感欣喜和骄傲，可那时候的学校简直可以用“一穷二白”来形容。“夸张到，我们连招生简章都来不及做，却眼瞅着就要开学了。”当时的学校负责人贾少华说。最终，273名新生如约报到，在教学楼前的空地上召开了开学典礼。

2001年2月13日，义乌工商职业技术学院二期扩建工程开工。

2002年1月，义乌市政府决定义乌工商职业技术学院由新成立的义乌市教育产业发展有限公司举办。3月，成立工商管理系等7个系、12个专业，2000名学生，院领导和各系主任全部由知名教育者出任。4月，由省政府组织的验收领导小组在实地察看该学院后认为，学院的各项指标基本符合省政府的验收标准。5月27日，经过两年时间的努力筹建，义乌收到了省政府文件，义乌工商职业技术学院经浙江省人民政府批准，顺利通过摘“筹”验收，正式成立，成为全省首家由县级市创办的大专院校。不久，学院体制由民办转为公办，属省教育厅和义乌市双重领导。

义乌工商职业技术学院留学生在表演

义乌商贸专修学校曾有过自己的辉煌。至2002年4月，义乌工商职业技术学院成人高等教育专业证书班开设了5届，共有700余名学员修完课程顺利毕业。其中，几乎所有的义乌知名企业主都参加了学习，读书求知，自我提高，成为义乌企业主的共同追求。还有200名自2001年入学的学员参加经济管理、企业管理、国际贸易等三个专业的学习，有60余名私营企业主、经商者及其他行业的学员参加了浙江大学研究生课程进修班的学习。2004年，义乌商贸专修学校停办。2005年9月，更名为义乌工商职业技术学院自考学院（义乌自考学院）。

借助义乌国际商贸城的天时地利，学院将“依托市场、服务经济”作为办学宗旨，走出了一条既符合高等教育办学规律，又适应本地经济社会需要的特色办学之路。为适应义乌私营企业对人才“一人能挡多面”的要求，学校给文秘专业的学生增开营销课程，让英语专业的学生学习国际贸易知识，引导旅游管理专业的学生在学好英语的同时学习西班牙语、意大利语等。

2003年5月，阿里巴巴集团投资创办淘宝网，开启电子商务应用新时代。同年9月，工商学院02级计算机3班学生洪犇成了淘宝网第一批吃螃蟹的人，他是学院第一个做淘宝的学生。一台电脑、一台相机，一万元启动资金，洪犇靠着自己的辛勤，以卖户外用品为主，一个月就可净赚两三千元钱。“我白天上课当学生，晚上上网当卖家。一个人住的寝室一半是仓库。学校领导、老师都特别支持，常给我专业性辅导。再加上背靠义乌大市场，看样进货非常方便，我的淘宝店生意一直挺红火。”洪犇说。

为了方便学生网上创业，2008 年 9 月，学校一栋 12800 平方米的教学楼被开辟为“创业园”，为刚走上创业之路的学生们提供了一个集电子商务、仓储、商谈于一体的创业孵化平台。学院免除了“落户”创业工作室学生的房租和水电、网络费用，专门配备了创业指导教师，帮助学生解决各类问题。这一年，学院还在全省率先成立创业学院，是全省首批创业型大学建设试点高校。

这个创业学院，实际上就是电商创业学院。因为进入创业学院的学生，都从事电子商务创业，由此也带动了义乌的电商潮流。同年，该学院的学生就聚集在学院不远处的义乌青岩刘村开启创业路。到了年底，青岩刘村已有 120 家网店。根据 2014 年年底的统计数据，这个村子的网店数量在当年突破 2800 家，创造的产值达到 35 亿元人民币。现在，创业学院设有电子商务、跨境电子商务、商务数据分析与应用、网络营销与直播电商四个专业。这个电商学院和青岩刘村的存在，已成为不少外地人想到义乌闯一闯的新理由。

学校现占地面积 1000 余亩，建筑面积 31.39 万平方米，设有二级学院 9 个，开办招生专业 33 个，学校有正式在编教师 618 人，学生超万人。自 2007 年开始招收国际学生，已累计培养来自五大洲 108 个国家 10000 余人次的国际学生，年均培养留学生 1000 余人次，规模居全国同类院校首位。越来越多的留学生在完成学业后留在了义乌创业、就业，他们在各国之间开展经贸交流、文化交流中发挥了桥梁和纽带的作用，为义乌经济社会发展做出了贡献。

3

义乌人的大学梦，从未止步。

高校是集聚高端要素的重要平台，承担着研发创新型技术、成果和培养创新型人才的重任，是政府和企业开发、运用新技术以及拓展新市场的重要来源。也正因为如此，义乌规划了 6.5 平方公里的双江湖科教园区。

双江湖科教园区位于双江湖畔，重点发展高等教育、职业教育、科技研发、科技孵化等产业及配套产业。园区控规按照“共享共融”，实现城市与大学间的功能共享理念，打造高包容度、高生长性的第三代“产、学、研、生”共融的“义乌模式”科教园区。

双江湖科教园区云集了中国计量大学现代科技学院、研究生院，浙江大学“一带一路”国际医学院，北京协同创新研究院义乌创新园，复旦大学“一院三基地”（“一院”指复旦大学义乌研究院，“三基地”指研究生教育基地、创新创业教育基地、党员干部教育基地）等一批标志性高校项目。

2018 年 10 月 19 日，义乌双江湖科教园区。中国计量大学现代科技学院义乌校区正式

中国计量大学现代科技学院外景

奠基，2020年10月正式开学。这是双江湖科教园区首个引进的项目，是义乌首个国字号大学，也是义乌高校发展的又一崭新起点。义乌校区办学规模近期全日制在校生可达6000名。

中国计量大学现代科技学院二期、研究生院学生宿舍和配套设施工程（一阶段）宿舍楼启用。两幢11层框架结构的宿舍主楼，共432间，可容纳学生1724人，于2022年10月迎来新生。

2020年12月，浙江大学“一带一路”国际医学院（筹）在义乌揭牌并开工建设。浙江大学“一带一路”国际医学院是由浙江大学负责办学和管理的二级学院，是一所服务于国家“一带一路”倡议的高等医学教育机构。按照未来学科发展，将重点打造生殖医学、再生与衰老医学、肿瘤医学、全球健康、中医药学五大学科及医药融合等“X”研究学科，形成“5+X”学科方向。

2021年4月2日，义乌市人民政府与浙江大学共同签署了关于扶持浙江大学医学院附属第四医院发展的补充协议，并共同为浙江大学国际健康医学研究院揭牌，开启校地全面合作新篇章。该研究院于2020年5月在义乌落地，成为首批获批的浙江省省级新型研发机构，重点关注四大学科，包括生殖医学、肿瘤医学、再生与衰老医学以及全科与全球卫生健康研究，将开展高水平的临床转化和前沿性的多学科合作。

浙江大学医学院附属第四医院、浙江大学“一带一路”国际医学院、浙江大学国际健康医学研究院“三院一体”共发展，围绕建设“高水平、国际化、研究型”医学中心的目标，依托浙江大学强大学科资源，从临床需求导向出发，创新人才引育和培养机制，注重激发科技创新活力，致力成为服务新时代全面展示中国特色社会主义制度优越性的重要窗口和高质量发展建设共同富裕示范区的标杆。

2021年12月，浙江大学“一带一路”国际医学院一标段学生公寓结项；二标段的建设全面开启。该项目总建筑面积约为28万平方米，由教学组团、科研组团、行政组团组成。

大学建成后推进教学、研究、临床、培训四位一体，创造人文、绿色、智慧、研究型校园。

2022 年 9 月 21 日，浙江大学“一带一路”国际医学院研究生新生开学典礼暨始业教育在义乌举行，139 名来自全球 6 个国家和地区的学子，通过线上和线下相结合的方式参加开学典礼。

北京协同创新研究院浙江分院项目一期规划用地 100 亩，项目主要为建设集科技研发、转化、高科技产业及创新创业配套空间于一体的创新园。

从无到有，从小到大，义乌平地崛起的双江湖科教园区，国内外优质大学和科研院所相继落地，将为义乌提供强有力的人才和科技支撑，将给义乌城市创新、市场转型提供源源不断的动力和养分，为试验区实现可持续发展和参与“一带一路”建设、长三角一体化战略注入源源不断的新鲜血液。

市场让这片土地始终充满着新的力量，义乌人的大学梦，也将永无休止、不断完善。资源共享、学术碰撞、思想交流……当崭新的大学校园拔地而起，这里会成为无数优秀学子最流连忘返的象牙塔。

第四节　“医”路高歌

共同富裕最生动的图景，是不断提升的民生福祉。在义乌，入学、就业、养老、救助等民生“关键小事”落实落细，可感可触。

城镇职工、城乡居民、被征地农民、流动人口社保互转机制不断完善，义乌城乡居民的社会保障水平不断提高。被征地农民转保职工基本养老保险人数突破 10 万人，被征地农民基本生活保障待遇低档标准、高档标准均得到提升。基本解决流动人口社保关系转移接续问题，与省内外 12 个地市达成“进一家门、办两地事”合作经办。率先开展社保全民参保登记，参保农民转职保一次性补缴有困难的，由银行推出养老专项贷款产品。

低收入群众生活显著改善，低保标准城乡一体。通过实施低收入农户收入倍增计划、特别扶持计划和结对帮扶、异地搬迁等工程，促使低收入群众收入不断提高、生存环境极大改变、生活条件日益改善，实现“消除人均年收入万元以下低收入群体”目标，特困农民每月可享受 120 元的农村最低生活补贴。

富裕后的农民关心身体健康，担心因病致贫。义乌顺应农民意愿，健康义乌建设快速推进，构筑城乡一体化的公共卫生医疗保障体系，形成以财政补偿为主，镇（街道）、社区、医疗机构合理负担的城乡公共卫生基础设施建设投入机制。

自2003年以来，政府财政投入7亿多元资金，用于疾病预防控制、妇幼保健、健康教育、农村水改等农村公共卫生事业，仅农民医疗保险一项，义乌市财政每年就要补贴2000多万元。以大病统筹为主要形式的农村新型合作医疗制度和社区服务制度稳步推进，全市80%以上农民参加了大病医疗保险。

全市14个基层院区达到“优质服务基层行”“社区医院”基本标准，率先实现国家卫生镇全覆盖。乡镇卫生院和社区卫生服务中心基本实现标准化建设，20分钟医疗卫生服务圈基本形成。市民人均期望寿命提高至82岁，人群主要健康指标接近高收入国家水平。

省级医疗资源下沉，义乌与浙江大学合作托管中心医院，共建浙大四院、儿童医院、国际医学院附属医院，百姓在家门口就能享受省医院医疗服务。

2014年10月31日，浙江大学医学院附属第四医院开业。在2019年全国三级公立医院绩效考核中，浙大四院获等级为A+，在全国2413家三级公立医院中排名第114位，是全国最年轻的A+级医院之一。2022年1月，浙大四院通过浙江省第四周期综合等级医院评审，被确定为“三级甲等综合医院”。

2009年，义乌与浙大的市校双方合作历史掀开了崭新的一页：为缓解百姓“看病难、看病贵”问题，浙大四院顺应新医改背景而生，迈出双一流大学异地建设附属综合性医院的创新步伐。4月19日下午，有关领导专家齐聚在杭州望湖宾馆，专门对浙大四院（当时名称为“浙江大学医学院附属义乌医院”）的建筑方案设计举行了论证会。这是浙大首次将附属医院触角伸向杭州以外，义乌医院成为浙江大学医学院附属医院的第七家成员。

浙大四院原先的名称为国际商贸城医院，地处春风大道（原37省道）与商城大道交叉口东北转角区块。经医院运行模式创新，确定由浙江大学与义乌共同建设，将国际商贸城医院定格为浙大医学院附属医院模式。按照有关协议，项目由义乌市政府全额投资，医院管理工作归浙江大学，为浙江大学直属综合性附属医院，集医教研于一体。

按照时任浙大副校长姒健敏的说法，义乌医院要力争在10年内建成达到国家三级甲等综合性医院医疗水平的浙中区域医疗高地，再用大约10年建设成为浙大康复、护理、保健等辅助医疗学科的中心。建成后可满足国际商贸城区域及周边地区70万居民、外商及国内经商者的就医需求。让义乌百姓看病少往杭州、上海跑，在家门口就能享受高水平的医疗服务，并吸引周边地区的百姓往义乌跑。

2009年10月，浙江大学医学院附属义乌医院开工建设。2014年10月31日，浙江大学医学院附属义乌医院（后改为“浙江大学医学院附属第四医院”）在义乌拔地而起。医院占地189.3亩，总投资10亿元，开放床位920张。从此，医院牢牢锁定“三甲标准”，并严格以此规划发展。

经过七年多时间的发展，浙大四院吸引了全球优秀人才，包括国家高层次人才10人，硕博研究生导师 113 人，高级职称 200 余人，医师队伍 83% 都是硕博学历。至 2021 年，浙大四院门诊量达 185 万人次，出院量 6.27 万人次，手术量 2.45 万台，平均住院日 5.69 天。同时，打造了肺部肿瘤中心、生殖医学中心、主动脉夹层中心等特色鲜明的一流品牌专科。

第五节 水权交易

1

作为全球小商品集散地的义乌，在 20 世纪 90 年代经历了经济的高速发展期，建起义乌小商品市场后，吸引了大批商人聚集，常住人口急剧膨胀，形成用水资源紧张的局面。在 1997 年前，居住在城里的人饱尝了喝水之苦：丰水期，义乌江常常洪峰过境；缺水期，上游下来的水质又较差，结构性缺水严重制约了义乌的经济发展。

为此，义乌在 1995 年 2 月开始动工兴建八都水库，实行北水南调，并将其作为一项战略任务来抓。起初，工程从投资、建设到管理，全由政府包揽，这不仅使财政背上了沉重的包袱，而且资金使用效率也不高，水库建设陷入了困境。严峻的现实使义乌市领导认识到，在市场经济条件下搞水利建设，必须走市场化、产业化之路。

为此，义乌市及时调整了水库建设的思路，决定实行项目业主制，按照股份制企业规范要求，组建了由市国有资产经营公司、商城集团等 8 家单位参股的义乌市水资源开发有限公司，全盘负责八都水库的筹资、建设、经营、还贷和资产的保值增值，从而使水库建设由政府行为转为企业行为。同时，还对水库供水价格进行了改革，提高八都水库工程的投资吸引力。

一系列改革，使八都水库由“半拉子工程”转而成为一个投资热点，工程吸纳了大量的社会资金，实现了投资主体多元化和筹资方式多样化。工程的经营管理机制也得到了转换。在资金管理上，业主精打细算，建设管理也上了一个台阶。八都水库的“五自”（自行筹资、自行建设、自行收费、自行还贷、自行管理）建设办法，得到了国家水利部的高度评价。时任水利部有关领导在视察此项工程时指出，“五自”模式在全国水利战线有推广价值。

经过 3 年建设，这个位于大陈江上游、总库容为 3674 万立方米的八都水库，于 1998 年向市区供水，让义乌市民盼了多年的喝好水的愿望成为现实。同时，通过实施从廿三里王大坑、青口南山坑水库应急引水等，艰难地支撑着城市用水。

即便如此，全市的供水情况还是比较严峻，无法满足城市发展需求。为此，市政府多次出面找水利专家论证，是否能在义乌境内寻找建水库的地址，但是客观条件的制约和无奈直接让义乌断了这个念想，转而想到向邻近县市购水。浦江和金东区都在义乌下方，距离远，引水成本高，邻近的东阳是最合适的水源地。义乌将目光投向了东阳的横锦水库。

2

东阳与义乌同属钱塘江重要支流金华江流域，却位居上游，是该流域内水资源相对丰沛的一个县级市。据当时统计，东阳的人均水资源比义乌多88%，境内拥有两座大型水库，其中仅横锦水库的总库容就相当于义乌大小水库加山塘总库容的186%。

1999年1月8日，东阳市和义乌市就两地实现饮用水资源共享问题达成一致意见。当年，东阳城区实际日耗水量只有3万吨左右，而东阳自来水公司日供水能力可达10万吨，从东阳横锦水库引入城的地表一级水大部分白白流掉了。这不但浪费了大量优质水，而且也影响了自来水公司的效益。

在两地五大班子领导考察合作会议上，时任东阳市委书记杨守春主动提出，引入市场机制，通过互惠互利的方式把东阳相对过剩的水引到义乌去，义乌用水难问题解决了，东阳自来水公司的效益也可大大提高。双方就此正式达成意向，早日实现水资源共享。而时任义乌市委书记赵金勇也表示，争取尽快解决东阳公交车直接进宾王市场、火车站停车问题，并积极创造条件，尽早拓宽义乌福田与青口的公路。

时过十余日，义乌与东阳就签订了协议：义乌由东阳引进自来水，东阳的公交汽车可以直接延伸至义乌宾王市场和火车站，并尽快拓宽义东公路，真正实现两市间的资源共享和优势互补。

2000年10月，经过多次磋商，义乌和东阳的党政班子就此事投票表决，在双方均获全

处于丰水期的义乌江

票通过的前提下，双方政府领导出面签订了用水权转让协议。

依照当时的约定，义乌市一次性出资2亿元购买东阳横锦水库每年4999.9（寓意长久）万立方米水的永久用水权。在转让用水权后，横锦水库的所有权不变，水库运行、工程维护仍由东阳负责，义乌按当年实际供水量每立方米0.1元支付综合管理费（包括水资源费）。此外，从横锦水库到义乌的引水管道工程，由义乌规划设计和投资建设，其中东阳境内引水工程的有关政策处理和管道工程施工由东阳市负责，费用由义乌承担。

2亿元向东阳购买永久用水权。2000年11月24日，义乌、东阳两市水资源共享签字仪式举行，开了我国水权制度改革的先河。在当天签订的《供水合同》中这样写道："甲方（东阳市人民政府）同意以人民币2亿元的价格一次性把东阳横锦水库的每年4999.9万立方米的永久用水权转让给乙方（义乌市人民政府）；乙方负责向供水方支付当年实际供水0.1元/立方米的综合管理费……"

"拿2亿元去买水，划算吗？""把近5000万立方米的永久用水权卖了，不会亏吧？"《供水合同》签订后，人们议论纷纷。

"这笔交易是为解决缺水，保持可持续发展最经济的手段。八都水库的建成，虽暂时满足了供水需求，但义乌城市人口在急剧膨胀，到2003年八都水库就不够用了。未来10年，义乌缺水量高达5000万立方米以上。"这是义乌方的回答。

义乌市曾论证过6套方案。结果发现，扩建现有水库填不满"5000万"这个大缺口；而新建水库每立方米水的成本相当高，是从东阳引水成本的8倍。

那东阳方又是怎样来回答的呢？他们也认真算过一笔账，他们称之为"2亿元盘活了3股水"。

这3股水都与地处金华江上游、总库容达2.8亿立方米的大型水库——横锦水库有关。第一，横锦水库除满足东阳城乡用水外，每年还有3000万立方米水白白流入江中；第二，通过横锦水库灌区农业节水和水库扩容，将新增5300万立方米供水能力；第三，东阳市计划在横锦水库不远处的梓溪流域开发水电资源，并将发电后产生的5000多万立方米尾水引往横锦水库。

东阳人说："不管是农业节水还是梓溪引水，每立方米水的成本都只有1元多，而卖出去每立方米就值4元。要是不卖，这些水只好白白流走。"

关于这次水权交易，虽说双方说的都在理，但具体在签订这笔水权交易前，双方都是极为慎重的，前后谈判了一个半月，双方进行了5轮磋商，其中3轮只有一个中心话题："永久性用水权"。

水权包括水的所有权、使用权和经营权。水权是否可以转让、交易？国内有关理论才刚刚提出，实践更是空白。起初，东阳市提出，利用该市新建的自来水厂向义乌提供经过处理的水；后来又提出，是否为买断的水权规定一个时限。

但义乌市认为："买水方案原本就是着眼于城市的长远发展，如果不掌握永久的用水权，以后的水价、水源有可能由不得自己做主，未来发展缺乏坚实的保障。"

道理越辩越明。最后双方逐渐达成共识：水库是企业，水权就是企业的资产。义乌市花2亿元买水库的水权，就好比是出资参与水库的资产重组，而谁都承认企业入股或参与重组的资产是没有年限的。再说，两个城市唇齿相依，水权交易对双方都是有百利而无一弊……

最后，经两市五大班子领导就这桩交易举行投票表决，获全票通过。

2亿元水权交易为市场机制在不同区域、不同领域合理配置水资源提供了借鉴。时任水利部副部长索丽生说，东阳市与义乌市水权交易的成功实施，在步入市场方面意义重大。对于东阳和义乌两市来说，不仅会让东阳人进一步思考如何进行水资源的节约、配置、开源，也让义乌市慎重考虑如何节约、利用好这些买来的水。

2002年1月28日，东阳横锦水库引水工程正式开工。

2004年12月31日，东阳—义乌横锦水库引水主体工程全线完工。

2005年1月6日，全长35.47公里、概算投资2.79亿元的引水工程正式完工并举行通水典礼，清冽甘甜的东阳横锦水通过引水管道汩汩地流向义乌。

"水来了，水来了！"仪式现场掌声雷动，欢呼声此起彼伏。"渴"了多年的义乌市民从此告别每天拿桶接水的日子。

3

随着一声清脆的响声，江东街道永和村文化礼堂厚重的大门被缓缓打开，村党支部副书记吴玲香拿着笔记本准备走进礼堂时，还是忍不住回头看向外面那条通向远处的大路，想要努力让自己的心情平复，眼神中满是留恋和不舍。

吴玲香所在的江东街道永和村，是双江水利枢纽工程的核心区，全村1200亩土地均被纳入了征收范围。随着2020年11月21日双江水利枢纽工程正式开工，像永和村这样的项目施工核心区，村民们已陆续搬离故土，以实际行动助力工程建设。

双江水利枢纽工程，义乌百姓期待了20年，市委市政府谋划了20年。在义乌江与南江汇合口下游约2公里处，将出现一个库区规划总面积5.95平方公里、年供水量可达7309万立方米（设计日均供水规模20万立方米）的人工湖。工程总投资约36亿元，总工期为36个月，开挖水域面积4.91平方公里。它，将是值得义乌人期待的"后花园"。

慢不得，也等不起。为把蓝图早日变为现实，工程建设快马加鞭。2017年，义乌市双江湖建设开发指挥部（现为义乌市双江湖新区管理委员会）成立，双江水利枢纽工程也从"幕后”走向“台前”，围绕项目的调研、规划、审批等各项工作快速推进。紧扣开工时间节点，多项工作并联开展，移民安置规划工作圆满完成，创造了全省领先的“义乌速度”。

为什么要建双江水利枢纽工程？归根结底又回到了水资源紧缺上来。义乌是一个典型的缺水城市，人均水资源占有量仅为433立方米，不足全国人均水平的1/5。随着全市经济社会的快速发展，外来人口的剧增，用水量继续呈快速增长态势，人均水资源占有量将进一步下降。从东阳买水，到市域水资源综合调度，再到中水利用，都是为了解决义乌当前和长远水资源紧缺问题，保障人民群众的基本用水需求。

义乌最初提出双江水利枢纽工程建设构想，就是想通过充分利用丰沛的过境水资源，提高义乌江调蓄能力，根本性解决水资源保障问题。除了解决城市供水问题，双江水利工程所在区域为规划中心城区范围，现状防洪能力仅为10年一遇，不能满足未来城市发展的防洪排涝需求，而双江水利枢纽工程的双江人工湖、沿线堤防的建设，把周边地区的防洪标准提高到50年一遇。

水利不兴，逐梦不止，兴水路上，义乌人执着追梦。为解决全市的缺水问题，义乌经过了多年的考察比较，认为在义乌江与南江汇合口下游处修建双江水利枢纽工程。之所以选择在义乌江和南江交汇处，也是符合义乌实际情况的。

在这里，双江湖与大学城同生同长、同荣同兴，在竞逐“数字化、双循环、共同富裕”三大新赛道上，合力擘画美好愿景。

第六节　城市绿肺

1

山因林而秀，城因绿而美。绿化，从生态环境改善的角度来说，是发展所需，更是民之所盼。景观提升、新建公园、绿道改造……桩桩件件，事虽不大，却关系着市民的幸福感，体现着城市的“管理力”。

一江春水，穿城而过；江滨两岸，绿意盎然。千百年来，义乌江逶迤而行，在钟灵毓秀的浙中荡起无边的诗意。循着一缕风岚，梦似草一样疯长，与你相约在最美的季节，在义乌这片改革开放的沃土落笔成韵。

世界那么大，我想去看看。然而，当人们在寻找远方的海市蜃楼时，却逐渐忘却了身边的世外桃源。是的，远方的景色自有它的撩人心弦之美；但近景，其实更有一番风情和韵味。踏入义乌这座国际性商贸城市，人们想到的便是义乌的市场，熙熙攘攘，好不热闹，却不知这里竟然有一方净土。处于闹市中，寻找义乌江滨的这一片清净之地，让我们找到了心中世外桃源的模样。

义乌是一座绿意盎然的城市，始终将绿色发展理念和生态优先战略贯穿于经济社会发展全过程，曾获得国家生态市、国家森林城市、国家园林城市、国家环保模范城市等多项国家级生态环保荣誉，如今正在争创“国家生态园林城市”，满目苍翠、处处皆景的城市风光，将义乌打造成为一座“城在绿中、人在画中”的山水生态城市，实现家门口就有一个可以休憩、晨练、游玩的“后花园”。

春夏秋冬，沿江而行，休闲游憩，美不胜收，江滨绿廊成为群众休息、游玩、健身的重要场所。在义乌这个寸土寸金的城市，能给后代留下这片绿荫，那也是领导们的得意之作。与几任义乌市领导闲聊，问他留给义乌老百姓最大的财富是什么？那就是给义乌江两岸留下了足够的绿化空间，当年要是把这一片空间留给房地产，虽然可以造就更多的GDP，但整座城市就是另外一番模样了。这一条镶嵌在城市中的绿肺，极大地提升了城市的品位。

其实，古时的义乌江畔便布满了绿柳。一到暮春，江边堤柳“春尽枝头留不得，随风散作雪花飞”，杨柳在晨风中“轻歌曼舞”，江中流水一平如镜。而在古时，西江桥之上称东江，西江桥至钓鱼矶称西江，东江有东江廊桥，西江有钓鱼矶、西江阁，风光旖旎。

如今的江滨绿廊，分布于义乌江两岸，城区段东起阳光大道，南至环城路，全长约12.5公里，总面积405万平方米，是义乌市民休闲游憩和健身的场所。江滨绿廊建设资金，主要是政府投资，在部分地段，以政府免费转让50年经营权为条件吸引业主投资开发。

1993年，随同江滨路工程建设，义乌江两岸的绿带征地拆迁工作启动。1995年进行大规模的河道治理、防洪堤建设。1996年4月，江滨绿廊绿化工程正式动工。通过十多年的建设，江滨主题公园沿江自西向东，东侧依次为钓鱼矶公园、银岸草暖园、香雪报春园、乌越桂子园、

义乌江两岸绿意盎然

稽水春晓园、樱花园棕榈岛芳草地、体育中心公园；西侧依次为稠江街道建设的江滨绿廊一期、江滨绿廊二期、义乌乐园、商业文化园、花鸟世界园、体育游憩园及江滨主题公园一期、江滨主题公园二期。

上述江滨绿廊的每个公园，早在十年前已经建成，每个公园各具特色。其中建成义乌江东侧的绿化带长 6.1 公里，义乌江西侧绿化带长 6.4 公里，绿化带宽 24 米至 400 米，占地 124.28 万平方米的绿廊。长长的绿廊，堪称浙江省距离最长、面积最大、投资最多的江滨绿化带，成为义乌市最亮丽的一道风景线。

有人说，穿义乌城而过的这长长绿色飘带，犹如挂在义乌母亲河胸前的一串翡翠。这话一点不假。但它更是义乌城市新鲜空气的制造源。专家经过试验测定，生长良好的草坪进行光合作用时，1 平方米每小时可吸收二氧化碳 1.5 克，同时制造出氧气，1 公顷森林制造的氧气可供 1000 人呼吸。

这里的每个公园，都实行开放式管理，在两岸分别以一条绿道相连，穿桥而过，供人们竞走、健跑，充分发挥了绿廊的功能。那开阔的视野、优美的环境、新鲜的空气，不论春夏秋冬、清晨傍晚，都游人如织，成了大家锻炼、乘凉、休闲的好去处。初春时节，绿廊上空风筝飞舞，把蓝天白云衬托得更加美丽。

在各个公园里，除了繁茂的花草树木，还有亭台楼榭，既有水池花坛，又有城市雕刻，可以曲径通幽，又可傍江垂钓，还有茶室供你品茗娱乐，文化内涵十分丰富。各种生活设施，相当齐全。而且，各个公园，各有特色。

2

商业文化园位于东江桥与篁园大桥之间，篁园服装市场前。公园以义乌江为主题，以草坪绿色植物为主，广场、铺装、雕塑、情趣小品相融合，于 1997 年 10 月开放。在西岸篁园大桥与南门大桥之间的花鸟世界园，以自然式布局为主，将绿地、建筑小品、园路有机融为一体。公园中央设一露天舞台，园中布置有一系列花坛，体现公园主题。绿化以常绿树种为基调，内植香樟、桂花、石楠、白玉兰等，沿江步道边栽种垂柳。于 1999 年 8 月建成。

义乌乐园是儿童游玩的场所，园内名贵花木众多，建有铸铜城雕《神骏凌云》。内设广场、假山群、综合茶楼、豪华波浪、激流勇进、卡丁车赛场、高空观缆车、科普馆、动物表演场，还有疯狂过山车及高科技橄榄球等。你带了小孩到那里玩一玩，一定会大开眼界，大增乐趣，留下美好的记忆。

樱花园地处义乌江东岸宾王大桥与东江桥之间，仿日本园林建筑风格，以僧都广场、枯山水、石献灯笼、层峦滚球、中流砥柱、白石滩及日本木屋“茶寄楼”（茶道馆）为主要景观。

游客在义乌江畔骑行

植物以樱花、红枫及草坪为主，配以垂丝海棠、贴梗海棠等蔷薇科植物，极尽樱花之妩媚和玫瑰花落英缤纷之美。在枯山水庭园周围种植各种独立形乔木和添景形乔木，如黑松、杜英、扁柏等，以此来衬托枯山水的完美景致。僧都广场有四级跌落瀑布，周边则配置四季竹和黑松，点缀花灌木及铺地柏，以青苔为地被植物。园内有以两轮月亮为背景、两位古人品茗畅叙的“问茶”石雕。卵石铺砌的羊肠小道将各景点相连接，于2003年4月11日竣工开放。

芳草地由欧式庄园广场、欧式亭、大草坪等组成。在高大的黎巴嫩雪松下，布置多条色彩鲜艳的模纹色块，造型整齐、美观。其东南边有混杂林区，树种多样，高低起伏，疏密有致。棕榈岛由棕榈桥与芳草地相连，半圆形护岛河与义乌江相通。

棕榈岛岸边以太湖石浆砌假山。岛内灯塔是主景，立有白色花岗岩雕刻的犀牛、上山虎石雕。“棕榈岛”植物以棕榈为主，配以芭蕉、剑麻、杜鹃等热带植物和花灌木。树下置大小不一的鹅卵石，形成典型的热带风景园林。于2002年12月竣工。

稽水春晓园位于义乌江东岸东江桥与篁园大桥之间，公园分雕塑广场、模纹花带、春晓广场、花瓣亭广场四大景区。广场中随意点缀花岗岩抽象雕塑。模纹花带是个呈半椭圆形的花卉植物带，线条优美，造型壮观。花瓣亭造型酷似一朵盛开的野花，广场上五座同样的花瓣亭呈弧线排列。该公园于2000年8月建成开放。

乌越桂子园位于义乌江东岸篁园大桥与中江大桥之间，园内建有未来广场。未来广场以层层错落的金桂为背景，以音乐喷泉松柏、四季鲜花以及雕塑《鱼跃龙门》《书山有路》为轴线，增添广场的艺术灵魂。广场南面为龙潭山，遍植桂花，“清芬一日来天阙，世上龙涎不敢香”，公园因此得名。龙潭山背建有旱冰场，为市民健身场所。

香雪报春园位于义乌江东岸南门大桥与中江大桥之间，以梅“俏也不争春，只把春来报”得名，植物以松、竹、梅为主，配以樟、合欢、桂花等。园内有扇形广场、梅花广场、五角广场、义乌四城门亭等公园景观。扇形广场内设有铜铸雕塑“醉卧”。园路西侧紧靠义乌江，沿岸有青石、铁索栏杆，配植垂柳。江滨靠近中江大桥侧建有4座仿古小亭，东南西北各名为“迎春”“翠嶂”“绿波”“迎韶”。园路东侧基念山山顶竹林中的双亭，名为“岁友伴月亭”。园路两侧《闻鸡起舞》《爷孙乐》《弟子求教》等雕塑。于 2002 年 7 月建成开放。

银岸草暖园位于义乌江东岸丹溪大桥与南门大桥之间，有一条赤塘溪将公园分成南北两园。入口两侧立有朱雀、玄武、青龙、白虎纹雕刻图案的 4 根圆柱，中间以花坛相隔。在南门大桥一侧，有风雨吹香轩，以诗“亭亭古轩对大江，雨洗风飘老吹香”取意，为饮茶对弈之处。南园建有草坪式球场，有结香廊、蔷薇廊，还有外语角。园内植物以常绿草坪为主，间植银杏、茶花、桂花、杜鹃、茶梅、红花檵木、金叶女贞、龟甲冬青等乔灌木和花卉植物。

钓鱼岩又名钓鱼矶。钓鱼矶公园因钓鱼矶而得名。明代邑人虞德烨《重创钓鱼岩一峰塔记》云：“去邑治五里许，隔水东南，群峰迤逦，临江而抱邑，峰绝突兀，巨石锁之，是谓钓鱼岩，峭壁急湍，林木蓊郁，是通邑奇观也，岩故有塔，与绣湖远近映带。”公园入口建有高约 8 米的《天马腾空》铸铜雕塑和仿古茶楼。过仿古式石砌拱桥沿江侧近百余台阶而上，便进入公园主景钓鱼矶，它高约 40 米，险峻陡峭，兀立于义乌江畔。临水峭壁上有摩崖石刻“春潭瑞石——熊人霖题”（现残存“潭”“石”“题”字，每字高约 60 厘米）。钓鱼矶上有一峰塔，塔的东侧，一排仿古亭廊，古色古香，幽雅别致。山上植物茂盛，保留原有林木，新植雪松、桂花、杨梅、银杏等基调树种，配以蜡梅、紫薇、杜鹃、月季等灌木，绿荫葱茏，鸟语花香。2003 年，在公园西侧建拦江大坝一座，为廊桥式结构，气势宏伟，横截江水成人工湖。沿江垂柳、碧桃、梅花与江水相影映。

江滨绿廊内的各大公园，大多在 2000 年前后建成。但随着时代变迁，公园内的一些设施陆续老旧破损，通过不断升级改造，为城市增加绿意。而随着义乌江两岸旧村改造，以及城市化发展步伐的加快，江滨绿廊又开始不断向两头延伸。如江滨绿廊城北路段，整体结构以“一轴两带三节点”布局，为市民和游客提供游憩、休闲、玩乐的公共绿地。江滨绿廊下傅段，以生态江滨绿廊为基调，融入海绵城市设计，体现“江滨生态廊，休闲慢生活”的设计理念，是一个以杜鹃花为主题的公园，也是义乌新建的一个智能文体公园，每到春天，园里的三十余种数十万朵杜鹃花会竞相绽放。公园建有义乌首个能测反应、心率、握力、肺活量等数据的户外智能体质检测站，为市民健身作参考。

至今，江滨绿廊上已建有 20 多个公园。为了打造循环、迂回、复合的义乌江生态廊道目标，义乌市有关部门对江滨绿廊 35 公里进行统一规划，提出了以链串珠、多元立体的策略打造绿道，提升功能设施，对公园进行绿地有机更新，新建部分绿地健身路径，逐步完善夜景照明适宜夜游，将一个个散落在江滨绿廊上的公园，形成一道亮丽的生态景观，让市民享受更多的绿色“福祉”。

江滨绿廊的白天是美丽的，江滨绿廊的夜晚更诱人。那座座跨江大桥，如宾王大桥、篁园大桥，气贯长虹，为江滨绿廊增添了宏伟气势。特别是到夜间，桥上华灯齐放，更是五光十色，美不胜收。看看江滨绿廊的夜景，那美丽的灯光和绿色交相辉映，商城多姿多彩的夜晚让人流连忘返。

3

在“绿水青山就是金山银山”的理念指导下，2019 年 9 月 10 日上午，义乌植物园全面开工建设。

义乌植物园原称幸福湖湿地生态公园（城市绿肺），占地 840 公顷，是华东地区规模最大的植物园，也是展示义乌“城市绿肺”建设及生态发展成果的重要窗口。园内有多个农庄、农田、水库和村庄，以及幸福湖国际会议中心等，是一个集有机农场生产、水利生态、文化休闲、运动康体、生态体验于一体的生态公园。

植物园内的这些农庄，便是义乌在 20 世纪 90 年代“引商强农”的产物。原先在这里的十余座农庄，几乎家家树木葱郁，苍翠挺拔，为打造今天的植物园打下了很好的基础。

从“鸡毛换糖”到培育全国最大的小商品市场，义乌农民依托市场，在浙中创造了发展农村经济的奇迹。农民腰包鼓了，政府财力强了，这为农业快速、良性发展提供了雄厚的物资基础。

当年被称为城北小流域的这片土地，原是一片植被稀少、杂草丛生、水土流失严重的红壤低丘缓坡荒地，被人们称为义乌的“北大荒”。1996 年年初，一部分在市场经营中初步完成了资本原始积累的工商户，有意投资现代农业开发领域。义乌市因势利导，把分属 3 个乡镇的约 1.26 万亩面积的城北小流域确定为义乌市农业经济开发区，制定了一系列优惠政策，鼓励、引导工商户进区开发，提出要按照农业产业化和现代化的要求，把农业开发区建设成设施一流、品种优良、产品高档、农工贸一体化、产科游相结合的现代农业示范区。

向日葵花开义乌植物园

根据这一建设思路，当地将整个园区划分为种植业区、养殖业区、旅游观光农业区和农副产品加工区，并完善配套了道路、水利、电力、通信等基础设施，同时还在区内推行农用土地使用制度改革。

"栽下梧桐树，自有凤凰来"。引进的20多家农业开发企业开发的土地面积都在100亩以上，开发总面积5000多亩，两年间投放资金1.5亿元，创办了十几家充满现代气息的农庄。他们依托科研单位、大专院校、生产主管部门，引进种、养、加等技术和人才，提高项目的科技含量。这里，传统的农业开始转向无土栽培芹菜、无公害茶叶、河豚养殖等科技含量和产品附加值较高的现代农业，集休闲、娱乐、旅游于一体的观光农业也开始有了经济效益。

二十余载磨一剑，今朝出鞘试锋芒。义乌，早已不是当初的城市；当年的城北小流域，见证着这座城市的发展过程！一幢幢高楼拔地而起，城市面貌焕然一新，在时代的变迁中，义乌坚决摒除携带雾霾增长的GDP，拒绝没有生机和活力的"寂静的春天"，努力让义乌的天更蓝、水更绿、空气更清新。特别是在创建国家生态园林城市的过程中，义乌人爱绿护绿、厚植绿意，打造出了一座绿意盎然、绿色满眼、绿树成荫、绿水绕城的秀美之城，用最遒劲的画笔把美丽写在了蓝天大地上。

2019年3月19日，幸福湖城市绿肺区块的原陶然农庄在农地经营权转让合同上签下名字、摁上红手印，完成了国有农用地上的首户签约。"建设城市绿肺区是利国利民的好项目，我希望这个项目可以早日开发落地，让大家都能享受8.4平方公里的城市绿肺。"拿着签约合同的王先生表示，生活在幸福湖区块二十余年，他深知"天然氧吧"的独特魅力，也十分支持城市绿肺这项惠民工程。至7月2日上午，福田农庄在《农庄经营权收回协议》上正式签字，标志着历时半年的幸福湖绿肺区十余家农庄政策处理工作胜利完成，这也标志着遗留多年的私人农庄彻底告别了历史舞台，但留下的这片绿荫却托起了群众美好生活的新希望。福田农庄曾是义乌当时最大的水上游乐场所，"建设城市绿肺区是为了改善义乌的人居环境，提高居民绿色感受度和幸福指数，这对于自己和后代都是一件造福的好事。"这就是业主的心声。

打造"城市绿肺"，义乌植物园整体设计定位为根植生态基底，整合原有场地资源，改善公园水环境，两侧同步植入义乌文化元素，进而打造成集科普教育、市民休闲、会议等于一体的综合性城市植物园。

如今，走在新建成的义乌植物园，园内拥有10.3公里生态绿道，两侧景观绿化总面积约40万平方米。一条"红黄蓝"三色线串联起园内的建设湖、红旗湖、幸福湖3个水库，沿线依托原有生态建有花谷梯田、梅林撷趣、层林尽染、梧桐揽樱、荷风桂柳、海棠春晓、花海霞烟、彩林绿丘、栾风田园、榉林望堤等十大特色景观。三色线中的红色代表红色信仰的真理大道，黄色代表开放共享、共赢发展的经济腾飞大道，蓝色代表青山绿水、诗情画意的生态文明建设大道。

在红旗湖区块的月季园附近，放眼望去，一大片姹紫嫣红的月季花在明媚的阳光下美得耀眼。月季园内，种植有大花月季、藤本月季、微型月季等40多个品种，约20万株月季。园内还有一个由月季搭建而成的迷宫。建设湖区块包含月季园、桂花园、樱花园、百草园、珍稀植物园、湿生植物园等六个植物专类园。幸福湖区块以作物园为主，建成开放的40万平方米绿化景观，与徒步健身的市民、盛开的向日葵花田、湿地上起飞的白鹭，共同构成了春意盎然的自然美图。

2021年6月，植物园建成并开放全省首条5G智慧跑道，该跑道沿途部署了10个计时点、3组智慧大屏、2组智慧存包柜，利用物联网、人脸识别、大数据等技术，为健身的市民免费提供存取包、计时打卡、成绩排名、心率测试等服务。智慧跑道还具备活动运营、绿道管理、智慧办赛等多种功能，支持跑步、骑行等赛事活动，满足参与者全天候、自助式参赛。

植物园建成投用，不仅提升了义乌城市环境、市民生活品质，也让义乌走出了一条通过生态文明建设助力广大市民实现精神富裕的新路子。建设中的植物园，还将在传统观光农田的基底上，植入蔬菜园、观光花田、土壤故事园、植物迷宫、户外拓展、水上运动及滑草运动等多重功能，营造多空间游览路径，创造一个开阔舒适、活力科普的特色作物王国。

第七节 招才引智

开放的发展环境，大力吸引着海内外高端人才，为提升义乌的国际吸引力增添浓墨重彩的一笔。来自江苏无锡的郭振荣便是其中的一位。他自美国威廉玛丽学院取得应用科学系博士学位后，带着数码印花技术来到义乌创业。

在选择项目落地时，郭振荣考虑过自己的家乡，也去过杭州下沙经济开发区，但最终选择了义乌。在与一些义乌纺织业的老板接触后发现，佛堂镇已有成规模的纺织企业群，这里有一群老板表现出了对于新技术的需求，尽管当时的市场前景还不明朗，但他们愿意花几百万购买机器设备开发新产品，因此，他认为这里就是他的应用技术市场。

和当年闯荡商海时敢于冒险一样，当新技术摆在了他们的眼前，义乌人同样有着非凡的勇气和自信。郭振荣选择了义乌，因为他看到了能让自己的技术在这里快速推广的机会。于是，其他的人才也来了，他们携带着各种新技术，在义乌找到了试验田。

义乌人敢闯的个性让整个城市表现出了一种包容性，吸引着各种人才的落户。除了像郭振荣这样的海归人才有浙江省“千人计划”作支撑，其他的各色人才在创业过程也得到了义乌市各级政府的支持。如在郭振荣创业初期，他的厂房曾出现了断档，老厂房到期，新厂房还一时无法搬进，在4个月的空档期，义乌政府部门给他免费提供过渡厂房使用权。

从粗放式增长向集约高效增长转型，义乌企业对人才的渴求与日俱增。登录义乌市政府官网，一眼就能看到首页的导航栏里有一个叫“人才引进”的按钮。这个链接对应的是义乌各行各业的实时人才招募信息。从这些信息中不难看出，义乌的企业现在需要包括设计、技术、环保、创新的各类专业人才。

近年来，义乌坚持人才优先发展战略，涵养聚天下英才而用之的胸怀，编织会聚天下英才的网络，付出“众里寻他千百度”的不懈努力。围绕事业发展锻长板、补短板、强弱项而不拘一格选拔使用人才，义乌全面构建“引育用留”人才生态链，在吸引大学生就业创业上更是频出实招。

自2020年以来，义乌持续通过“走出去+请进来”“线上+线下”双轮驱动，吸引全国各地的大学生前来就业创业。近三年引进大学生10万人以上，每年新增大学生3万人以上，是浙江省近十年人口增长最多的县市。

为了打造就业创业政策“升级版”，义乌持续推进政策加码，积极营造大学生“零成本”创业生态，在全国率先实现按月发放最高2000元的大学生生活补贴，对应邀来义乌的大学生给予报销交通费和提供7天免费食宿。同时，通过建设大学生公寓、发放人才购房补贴、租房补贴等措施，近五年义乌已为6000多名人才累计发放购房补贴近20亿元。

对在创业过程中有资金需求的大学生，义乌将给予一次性创业补贴和创业担保贷款，让初创者放开手脚，轻装上阵。义乌还开辟了创业孵化基地和创业园区，致力打造创业就业的“蓄水池”，并给予重点支持，打好政策“组合拳”，最大化集中资金、场地、信息、服务等创业要素，促进创业项目成功孵化、成长壮大，让人才“安家”更“安心”。

义乌被称作“空气中都弥漫着商机的城市”，市场主体达80万户，相当于10个义乌人中有3个是老板，成千上万来自世界各地的人在这里追逐财富、成就梦想。没有哪座城市能像义乌一样将大与小的逻辑演绎得如此淋漓尽致：“小县城，大名气；小商品，大市场；小企业，大集群；小老板，大财富”。

据第七次全国人口普查数据，2020年，义乌市常住人口185.94万人，比2010年第六次人口普查时（123.4万人）增长50.68%，义乌成为浙江省人口最多的县市。10年间，义乌人才数量从20.4万增至34.5万，专业技术人才从5.8万增至10.6万。

为了推进经济和产业转型，义乌正在全力引进更多高端人才，让这座城市蕴含更深厚的内生动力。在巩固针织袜业、流行饰品、无缝织造、化妆品、玩具等20多个优势行业的基础上，近五年义乌累计引进亿元以上重大项目270个。

90后的安徽人张奕是浙江大学物理系博士，2018年来到位于义乌的华灿光电（浙江）有限公司，目前从事芯片的外延研发。张奕所在的华灿光电是义乌重点打造信息光电集群的龙头企业。该公司在义乌共有 8 名全职博士，2 名教授级高工。

人才招得进、留得住，更要培养人才。义乌高等院校缺乏，本地培养输出人才能力较弱，义乌试图打破这一困局。近几年，义乌引进落地了中国计量大学现代科技学院、浙大“一带一路”国际医学院、复旦大学义乌研究院等多个高校院所。其中，已经有 3000 余名中国计量大学的本科生、研究生在义乌新校区就读。

培育人才就是造就未来。义乌正积极构建人才培养、引进、使用等一体化政策激励体系，努力为更多人实现自我价值创造机会与条件，让义乌这座城市变得更加吸引人、留住人、成就人、凝聚人，为高质量发展建设共同富裕示范区提供坚实的人才支撑和智力支持。

第十二章 文明同行

义乌是一座建在市场上的城市，也是一座共享美好和谐生活的全国文明城市。“勤耕好学，刚正勇为，诚信包容”的义乌精神，如春风化雨般深深地融入到了这座城市的血脉中，赋予了这座城市独特的气质和品格，滋养着百姓的致富梦想。

国民之魂，文以化之；国民之魄，文以铸之。实现以文化人，以文铸人，义乌坚持以阵地建设为画纸，以文明引领为画笔，以队伍建设为画架，以文化活动为颜料，多管齐下推进新时代文明实践活动，持续唤醒了流淌在民众血脉中的共同富裕基因，彰显出强大的生命力和持久力。

开展多彩的文明实践活动，带动了居民身边的阵地建设。包括横塘公园义乌新时代文明实践中心建设在内，义乌在硬件设施上近三年投入超 2 亿元，实现了农村文化礼堂和新时代文明实践中心的全覆盖。通过全方位打造文明实践新阵地，高质量打造学习传播党的理论和文明新风的大众平台，高水平谋划培养时代新风的精神家园和开展志愿服务的共享舞台，辐射带动全域精神文明建设提档升级，绘就共同富裕的精神底色。

开展多彩的文明实践活动，壮大了多元化的志愿服务队伍。全市 1250 余支志愿服务队伍、近 200 个优秀志愿服务项目，广泛开展进单位、进农村、进社区、进学校、进市场、进企业等“六进”志愿服务活动；“真理的味道非常甜”望道理论宣讲志愿服务团、红色直播间、红货郎、乡音大喇叭等队伍，以音视频制作、短视频直播、乡音大喇叭等多种方式扩大宣传覆盖面，聚力提升群众文明素养。

开展多彩的文明实践活动，构建了基层多元共治建设体系。义乌是新时代文明实践中心建设国家级试点市，是省公共文化服务体系示范区，将农村（社区）的宣传活动、365 便民服务、利民举措、志愿服务、文化礼堂等各项工作集成到了新时代文明实践站，构建了不同人群间动态共享性的公共文化服务体系。通过依托缸窑村、李祖村等一大批特色新时代文明实践站，打造了 10 条乡风文明示范带，构建了乡村 15 分钟文明实践服务圈。

开展多彩的文明实践活动，拓展了志愿服务的内容。老百姓喜闻乐见的文化艺术展演，在全市各类各级公共文化设施如火如荼地开展。行走在义乌城乡的文明实践阵地，一场村歌赛、一堂致富课、一项春泥计划、一次文化走亲……大小活动日复一日，不曾停歇；义乌还策划了“我们的节日”“我们的节气”“外国人过中国节”“诚信立身礼”等系列活动，展示了义乌厚重的人文历史和国际化城市风尚。文明乡风、良好家风、淳朴民风吹遍乡村大地，丰富着基层群众的精神文化生活，凝聚着他们一起向未来的磅礴力量。

共同富裕是全体人民的共同富裕，是人民群众物质生活和精神生活都富裕，当文明成为城市管理者的主动追求、成为城市生活者的自觉意识，城市发展就能做到内外兼修，生活富足与精神富有就能相得益彰，富裕图景与文明图景就能交相辉映，共同富裕的精神富有色彩，层层渲染。

第一节 精神殿堂

1

沿着“物质富裕”与“精神富有”的道路奋力前行，文化礼堂是其中的一个重要载体，她不仅成为所建各村百姓的聚集地、精神栖居地，还吸引了周边村居群众的参与。自2013年启动建设，义乌农村文化礼堂依据“一村一品”“一村一特”的目标定位，以深入挖掘历史人文资源为标本，出台了《义乌农村文化礼堂“建管用育”实施办法》，推动文化礼堂的可持续发展。至2021年，全市建成农村文化礼堂323家，组建文化团队1000余支，累计开展文化、礼仪、形势政策宣讲等活动超万场。义乌获评全省首批农村文化礼堂建设先进县（市、区），“农村文化礼堂星级动态管理办法”“周周有戏”入选全省农村文化礼堂创新案例。

白天，村民在家门口的文化礼堂看书、下棋、健身、听讲座、欣赏老物件；晚上，村民在礼堂内观看演出、观看电影，“浙风十礼”在这里尽情展现，活动丰富的文化礼堂，正悄然改变着义乌城乡居民的精神生活。这一座座沉淀着历史、浸润着文化、展示着各村如乐如诗如画般乡土人文和原生态民族风情的文化礼堂，宛如一条条精神脉络，将一个个村庄的文化延伸开去，闪烁着各自独特的光芒。

文化礼堂，精神家园。建设文化礼堂，义乌把握着这样一个原则：礼堂要优先选择在人气旺的各村居活动中心，不能偏离百姓的聚集习惯，要从村庄整体氛围的营造，老祠堂、老会堂的修建，礼堂各活动场所标识设计等方面下苦功，重在细节中体现文化品位。

为确保每一个细节都体现出文化的品位，义乌始终坚持内容为王、质量为上，通过整合资源，抽调了50多名文艺骨干，蹲点到各建设村，帮助挖掘提炼村史文化、创作书画作品、指导礼仪活动。各实施镇街全面落实宣传委员、宣传干事、文化站长、驻村干部齐抓共管。

在资金筹集中，采取“村居自筹、能人捐助、市财政奖补、镇街财政配套”的措施。

杨街文化礼堂演出

市财政安排专项资金，通过以奖代补的形式，扶持农村文化礼堂建设。待验收合格后，每个农村文化礼堂按照不同星级分别给予30万元至60万元的奖励补助。同时鼓励引导民营企业、村里能人捐资建设。在开建时的2013年，市级财政即投入了1280万元，用于扶持农村文化礼堂建设；各镇街按照市财政奖励补助标准给予50%~100%的配套补助。

文化礼堂聚“人气”，离不开专职人员的组织和管理。义乌为建成的文化礼堂都配设了“文化导师”，建立时政宣讲员、文体辅导员、科普指导员、文明督导员、文物普查员、舆情信息员、网络评论员、法制宣传员等“八大员”队伍，确保组织、管理，充实、调整技术指导队伍。各镇（街道）明确一名干部负责文化礼堂工作，并配备文化礼堂专（兼）职管理人员，负责日常工作。

为使农村文化礼堂持续发挥作用，义乌探索实施了星级动态管理办法，对已建成的农村文化礼堂每年进行复核，复核情况不理想的，给予降低星级、停发奖励补助、减发活动经费补贴等措施。同时，建立“黑名单”制度，对在农村文化礼堂建设中弄虚作假、运行不正常的相关行政村，建立“黑名单”，取消当年义乌市农村文化礼堂建设领导小组成员单位所有行政奖励补助资格。

一座祠堂，就是一部家族变迁史。在义乌，一座文化礼堂即称得上是一个民俗博物馆。在尊重原有宗祠建筑风格和祠堂功能的基础上，有关村庄还对祠堂进行了改建，增设了图书馆、电子信息室、书画室、棋牌室等文体场所，增购了书籍、电脑、电视机等，以丰富文化礼堂的内涵。

那些遍布在义乌农村的祀庙、会馆、戏楼等经重新包装后，一时成了广大百姓的精神殿堂，成了文化礼仪活动的传习所，使群众实实在在感受到益处。类似大陈镇马畈村、赤岸镇雅端村等一座座仿古建筑，经改建后，门外的广场增加了健身和篮球运动等小广场，文化礼堂的内墙成了介绍村史村情、乡风民俗、崇德尚贤的宣传长廊。

新建的礼堂同样文化味浓。在大陈红旗村，文化礼堂内设有农家书屋、村史博物馆、红旗剧场等。在北苑曹道村，文化礼堂是一座新建的仿古建筑，内有乒乓球桌、羽毛球场等，除了可以举办各类比赛，也成了音乐表演、村民健身的好场所。走过沿山而建的木栈道，穿过一个个景观小品，呈现在眼前的是一座坐落于云端的开放式设计的景观平台，四周迷人的景象令人心旷神怡，这是大陈镇义北村的农村文化礼堂，看着处于四周群山环抱中的景观礼堂，仿佛看到这里一览无余的四季景色。

朗朗上口的村规民约，古色古香的民俗风物馆，相互辉映出一种别样的古色古韵之美；升国旗、表彰最美村民、朗读村规民约……在义乌各文化礼堂内，那最感动人的，是沉浸在其中浓厚的诗意化的文化氛围；那质朴的、清新的、平实的、自然的“民族风”，让人感到耳目一新。这里流淌着的，是一方淳厚的、含蓄的、和谐的、多彩的乡风，是别开生面的“精神家园”。

这分布于全市各地的300余家文化礼堂，唤醒了沉潜于乡野民间的文化自觉意识，凝聚起积淀于乡民意识深处的家园故国情怀，激发出蕴藏在百姓心中的文化创造热情。

2

建设文化礼堂的标准是“五有三型”，即有场所、有展示、有活动、有队伍、有机制，学教型、礼仪型、娱乐型。尽管标准相同，但在实施过程中，义乌严格按照“一村一色”“一堂一品”的要求，注重挖掘义乌历史文化名人，提炼义乌本地元素，依托不同的村落文脉，挖掘地方特色文化，因地制宜地打造了一批习礼尽孝型、勤耕好学型、刚正勇为型、诚信包容型等富有个性的文化礼堂，让各村文化礼堂在五彩缤纷的特色中尽情绽放。

义乌是一座以“孝义”命名的城市，在文化礼仪的活动上，“孝”文化元素如春风化雨，文明力量得到彰显。在每年的重阳节期间，义乌各文化礼堂纷纷开展形式多样的重阳敬老礼仪活动、孝义文化节活动，弘扬中华民族尊老孝亲的传统美德。后宅街道鹤田村将“二十四孝”作为文化礼堂展陈的重要组成部分。曹道村负责人深有感触地说：“孝是传统文化，每年重阳节村里都会举办敬老活动，现在有了文化礼堂，观看演出、赠送寿饼等各种敬老礼仪活动就更多了。”

“勤耕好学”是义乌人的精神体现。这种“勤劳”的精神在文化礼仪的活动上随处可见。义亭镇缸窑村，从北宋开始烧窑制陶，村里将一所闲置的旧祠堂改建成了文化礼堂，即把制陶工艺、陶制器皿等都“请进”了文化礼堂。上溪镇祥贝村，是浙中西部较典型的农耕村落，穿蓑衣、弹棉花、编草鞋等绝活在文化礼堂里得以重现。

犁、耙、水车、纺车……这是赤岸镇雅端村的文化礼堂所展示的部分内容。这些渐渐淡出人们视野的农耕器具，都是村民们以前用过后淘汰下来的，听说要建博物馆，都自发从家里拿过来了。“随着时代的发展，很多我们曾经使用过的物件消失了，现在把这些家伙物什集中起来展示，目的是给年青一代看看，因为在这些器具上无不带着时光走过的痕迹。”

义乌人自古重视文教，好学向上，学必从优。大陈镇杜门村在文化礼堂建设中以“书香杜门”为特色，通过对“杜门书院”修缮和梳理，历史沿革、文化古迹、典型人物等都将在这里得到展示。城西街道石明堂村通过挖掘王羲之的精神世界，突出“书画之乡”的特色。该村还邀请了当地书画家、诗人云集在石明堂村，举办了“石明堂村首届修禊节暨第二届书画节”。

诸如此类的特色文化礼堂不胜枚举。考古专家在城西街道桥头村发现了距今约万年的早期新石器文化遗址，文化礼堂将此进行展示。大陈镇宦塘村，上溪镇仙溪村，赤岸镇雅端村、柏峰村，佛堂镇盛村、桥西村，苏溪镇联合村和稠江街道柯村等文化礼堂，都展现了各具当地特色的耕读文化。

义乌人生性耿直，有尚武习俗，宁折不弯。特别是名噪一时的“戚家军”，为平息倭乱做出了不朽贡献。三千义乌兵奉调北上，戍边修长城，义乌“兵样”著名于世，流芳千古，刚正勇为、保家卫国，成了义乌人的光荣传统。因此，在各村的文化礼堂中，人们都能看到义乌人勇于担当、可歌可泣的“壮士”事迹。

福田街道下娄店村被称为“革命红色堡垒村”，抗日战争时期就有 21 人参战。该村的文化礼堂以抗日英雄为主题，充分展示了本村的红色革命史。大陈镇马畈村以远征军老兵邵银泰、邵继舜的英勇事迹为特色，赤岸镇鱼曹头村的“金则讲堂”以中华人民共和国成立前鱼曹头革命军（对外称“红军”）的创建人朱金则来命名，苏溪镇联合村专设了“血色丰碑”展陈栏……先烈们抛头颅、洒热血换来了今天的幸福生活，让我们谨记历史，奋发图强，为实现中华民族伟大复兴的中国梦而奋斗。

义行天下，诚信吉祥。在农村文化礼堂中，也有许多村凸显这方面的特色，江东街道青口村、九联村，佛堂镇倍磊村，廿三里街道埠头村、如甫村，福田街道下西陶村，城西街道桥头村，稠江街道黎明村等文化礼堂，以义乌人诚实守信、兼容并蓄的文化特色进行重点展示。

走进佛堂镇鲁雅村文化礼堂，该村始太公在捡到兰溪客商“捎马袋”（挎在肩上背的钱袋）原物奉还的故事在这里得到了延续，人们从内心敬佩义乌先贤的诚信之风。在赤岸镇柏峰村文化礼堂中的“四知讲堂”里，则叙说着“天知地知你知我知”拒收黄金的先贤故事。诚信仁义成为历代义乌人的基因，得以世代传承。

从“身有所栖”到“心有所寄”，文化礼堂不仅成为各村村民文化活动的场所，更是传承历史文化、引领“美丽乡村”建设的活的灵魂。当我们走进一座座文化礼堂，那里的老物件、那里的老照片、那里的先贤故事是否留住了你的脚步？那里童音绕梁的启蒙礼、深深鞠躬的敬老礼、18 岁的成人礼、村干部庄严的就职礼可曾拨动了你的心弦？我们融入其中，义乌人的精气神在这里凝聚；我们涤荡着心灵，传统美德在这里栖息传承；我们的乡愁就此安放，以此滋养人们的心灵。

3

“梦想无大小，实干最重要。心往一处想，劲往一处使……”这是大陈镇马畈村 18 名青年的成年礼带来的精彩片段。但见在该村的文化礼堂里，18 名年满 18 岁的青年整齐地诵读《中国梦》祝词，声音铿锵有力。

台上演得热热闹闹，台下看得津津有味。礼敬国旗、齐唱国歌、成人授礼、礼敬祖国、礼敬父母、礼敬师长……看到这些，村民徐兴高鼓着掌说：“这挺有意思，文化礼堂为我们生活增添了许多乐趣。”参加了成人礼的钱剑文、钱剑武孪生兄弟则说，这样的成人礼庄严而神圣。

这样的情景在义乌各村的文化礼堂随处可见。为了更好地让传统文化“种”进文化礼堂，传统礼仪“走”进农民心里，义乌各农村文化礼堂结合中华民族传统节日和重要节庆假日，开展了祈福迎新、敬老礼、开蒙礼、成人礼等活动。

在城西街道桥头村，灯火把文化礼堂点缀得艳丽多彩，异常美丽，首届敬老节在这里举行。6 位 90 岁以上老人被簇拥上台，晚辈为老人鞠躬、敬茶、穿新鞋、献寿桃寿面，“家有一老，犹如一宝”的敬老场面温馨感人。习“礼”尽“孝”，就这样润物无声地回到了人们身边。

文化礼堂聚“人气”，各村充分挖掘当地特色文化，整合各方资源，以志愿精神为纽带，做靓乡村文化团队，开展富有本村特色的文化礼仪活动。早上在广场健身，中午在图书室看书，下午写字画画，而晚上跳起了《最炫民族风》……这些活动形式成了许多拥有文化礼堂村庄村民们的追求。而在一些村庄，如雅端村设立了小麻痢大舞台，各式各样的表演活动层出不穷，马畈村成立了微信群联谊会，一有活动就通过微信群联系开展……依托文化礼堂平台，各村的文化团队显得更加生机勃发。

说起文化礼堂的活动组织，大陈镇红旗村让人羡慕。“新一届两委”就职宣誓仪式，就设置了唱国歌、集体宣誓、履职创业承诺、村民投愿望卡等活动。而新当选的村干部，还为年满 60 周岁的老干部举行了退休仪式。在文化礼堂的广场上，每周都会有一群妇女在晚昏时分兴高采烈地打着腰鼓唱着歌，红旗剧场上的文艺活动、红旗讲堂上的“‘鸡毛换糖’再出发”、文化下乡活动……一盘接一盘的文化“家常菜”被摆放在文化礼堂这个大餐桌上……

文化礼堂融合了传承传统文化、弘扬主流价值、丰富文体活动等功能，不仅满足了各村村民举办节庆、文体活动的需求，还能让村民了解村史村情、乡风民俗、崇德尚贤、美好家园等相关内容，成为当地公共文化服务的重要平台和巩固引领基层群众思想主流的重要阵地，成了各村的文化综合体。各村积极发挥好群众在文化礼堂建设和运行管理中的主体作用，提高文化礼堂的利用率，确保文化礼堂活动常演不断。

义乌市皮肤病医院、復元私立医院、商城妇产医院3家医院与稠江街道官塘下、春联、上崇山、柯村、黎明、童店这6个文化礼堂分别签订结对协议，医院将定期、持续为结对文化礼堂输送免费体检、健康宣传、大型义诊、文艺下乡、医患互动等各项活动，为老百姓送上贴心、方便的医疗服务。

作为村民最主要的文化活动场所，义乌各村通过延展文化礼堂的服务领域，促使诸如居家养老、学习讲堂、电商服务、避灾场所、医疗服务、文体活动中心、非遗民俗文化展示等全部进入文化礼堂服务菜单，实行“一条龙”服务，实现了“一堂多用”，不仅提升了文化礼堂的功能，也确保了全天候礼堂服务功能的实现。

为了满足人们对文化活动多样化的需求，义乌还通过文化走亲活动，加深村与村之间的交流，以及跨县、跨市的交流；通过选拔组织乡音宣讲团、开设微型党课，寓教于乐，让居民们在身有所栖后心有所寄；通过组织各村居、学校、市场、企业等创作演唱“村歌”“校歌”“企歌”等，唱响主旋律，讴歌新时代。

“也许我们无法阻止村庄的变迁，但我们可以聚集她的精髓，让她在文化礼堂里栖居并得到传承，以此滋养人们的心灵。”义乌市委宣传部领导曾用此诗意的语言来阐述文化礼堂建设的意义。义乌的实践证明，文化礼堂建设只有符合民意，才能真正成为村民想唱就唱的梦想舞台；只有体察民意，符合老百姓的意愿，做老百姓喜欢做的事，才能受到群众欢迎，成为本村老百姓的聚集地。

文化礼堂，一个最能牵动人心的名称，一个能让我们诗意地栖居、诗意地融入、诗意地享受其中的场所。当你来到这里，启蒙礼、成人礼、敬老礼等将为你逐一呈现，综合培训、图书阅览、春泥活动、体育健身等一应俱全，读书会、球类比赛、文艺表演、乡土活动演绎成一片片文明的风景……各村以这些群众认同和喜闻乐见的方式，不断充实文化礼堂活动内容，为实现共同富裕凝聚文化力量。

第二节 移风易俗

1

进入了“大雪”节气，气温渐次走低，但阵阵寒风阻挡不了良缘喜事的暖意，年轻人纷纷将自己的人生大事提上了日程。随着人们生活条件的改善，农村人在城里办酒席的现象相当普遍，不为别的，就是为了让婚事更体面。但在赤岸农村，人们却把眼光投向了各农村文化礼堂，把酒宴设在了自家门口，图的不仅仅是方便、省开销，而且同样有品位、显体面、更热闹，个性化的婚礼仪式在这里得到充分张扬。

实际上，让“婚事回到农村办”，这正是赤岸镇在新时代文明实践中着力推进的一项重要内容，因受到了百姓的欢迎、接地气，由此上升为全市试点。利用当地各种优质资源，发动组织各种志愿服务力量，以各文明实践站点为阵地，赤岸镇一年就在各农村文化礼堂举办各种宴席超百场。自从把各种红白喜事引进各文明实践站点操办后，不但把群众的人情负担减了下来，遏制了“攀比风、奢靡风、低俗风”，也把社会的文明之风树了起来，形成节约光荣、铺张可耻的良好风尚。

“一拜天地，二拜高堂，夫妻对拜……”在赤岸镇尚阳村文化礼堂内灯笼高挂、红毯铺地、喜气盈盈，一场传统的中式婚礼正在这里上演。在上百名村民的齐声祝福和见证下，一对新人以传统拜堂仪式喜结连理，步入婚姻殿堂。

相比于现代婚礼的浪漫，传统中式婚礼更显礼仪的庄重，拜天地、拜花堂、敬茶水等习俗，把传统婚礼特有的喜庆热闹和浓浓的乡土气息融合在一起，加上文化礼堂古色古香的现场环境的衬托，洋溢出浓浓的乡土气息，喜庆又接地气。

每一个文化礼堂，都是乡村文化精神新地标；每一个文化礼堂，都是新时代文明实践的主阵地。在赤岸镇，各村的文化礼堂更是移风易俗的主战场。

“赤岸镇通过用足用活文化礼堂，不断丰富其功能和内容，开展新时代文明实践的宣教、礼仪活动、最美评选、志愿者服务等，使之成了基层道德、文化、公益、理论、文明的驿站。”据赤岸镇领导介绍，该镇通过借助文化礼堂这一平台，高站位开展移风易俗试点工作，并组织开展了乡村婚博会、家宴厨神大赛等活动，让文化礼堂成为移风易俗走入寻常百姓家“最后一公里”的主阵地。

婚丧嫁娶是人们生活中的大事。根据多次调研和座谈，群众普遍都非常认可移风易俗工作，认为在农村文化礼堂办红白喜事，能有效遏制大操大办、铺张浪费、盲目攀比的奢修之风，不仅能节省一大笔开支，也更有仪式感。于是，回农村办红白喜事、满月、祝寿等喜事新办形成了风尚。

中式传统婚礼秀

“一开始，白喜事基本上在农村操办，祝寿、升学宴等也较多，但婚事在农村文化礼堂操办的比例还偏低。”赤岸镇领导在调查后认为，其主要原因除了在思想观念上还未得到及时转变、环境氛围的营造上还不够浓郁外，农村礼堂的配套设施不够完善等方面也是一大因素。为此，赤岸镇通过党员、村干部带头引领，青年和乡贤积极倡议，特别是随着赤岸农村文化礼堂的数量的增多和档次的提升，这个问题逐渐得到了破解。

请到赤岸山盆、薛乔、尚阳等村看看，这里的文化礼堂太热闹了，真是喜事连连，而且办得极具特色。薛乔村支书说起村文化礼堂的活动，更是一脸的自信：“今年以来，我村两个大型文化场所的活动是长年不断，农民丰收节和清明节、端午节、中秋节、重阳节等重要节日的活动都在这里举办，启蒙礼、壮行礼、敬老礼等也是盛演不衰。其中，村民谁家有个红白喜事，第一个想到的地方就是文化礼堂。办白喜事，主要放在老的大会堂，办红喜事则放在新改造的宗祠内。到村文化礼堂摆家宴已成为村里一条不成文的规定，半年时间已经举办了各类宴席 10 余场。”

山盆村的大型活动场所也有两处：一处是村里的大会堂，另一处是该村的宗祠。这两处的场所都十分大气宽敞，而且都有现成的舞台，可同时摆 60 多桌宴席。“修宗祠花了 250 多万元，修缮和改建大会堂花了 120 多万元，资金是按照三级配套筹集的。”山盆村党支部书记说，自文化礼堂投入使用以来，村里已经举办了多场婚礼，举办红白喜事各有不同的场所，其活动场次更是让人惊艳。由于硬件环境不错，一些附近村庄的群众也赶来借用场地。

在文化礼堂喜事新办，正在悄然改变着村民的生活。让老百姓以最节省的成本，办一场有品位的婚礼，已成为赤岸镇移风易俗的工作重点。

据山盆、雅治街等村干部介绍，其实在村文化礼堂（大会堂）办婚事有着多年的传统。后来因为人们的生活条件改善了，许多农村人办婚事就转向了到佛堂或义乌城区去了。但如今农村环境改善了，硬件也上了档次，文化礼堂成了人们身有所栖、心有所寄的精神家园，于是人们又把婚事重新放在村里办，并成了大势所趋。

“你看，在城里办婚事，搭个舞台也要上万元；而在村文化礼堂，这些都是现成的，也不用大巴车将老人孩子迎来送往。关键是，农村是个广阔天地，这里有专业的厨师为你打理，有表演队伍前来助兴，任何个性化的仪式都可以由着你来展示。在家门口办婚宴，图的不就是这份热闹吗？”山盆村党支部负责人说。农村文化礼堂的兴建，正好提供了一片文化沃土，让不合时宜的旧习俗在潜移默化中改变，在润物无声中植入民淳俗厚的新风尚。

节俭是中华民族的传统美德，移风易俗绝非一日之功。为了有效刹住攀比炫富风气，赤岸镇特别定下“铁规矩”，制订了“婚丧新办”倡导计划，在文化礼堂内举办宴席规定了酒席数量、贺喜礼金等标准，不用高档烟酒，力求简单节俭。对此，农村厨师也是移风易俗的推动者，该镇数十名农村家宴厨师与镇政府签订了移风易俗承诺书。

“我们结合农村实际，以‘回到农村办婚礼’为突破口，把文化礼堂建成群众‘移旧风、易陋俗’的主阵地，引导村民从‘讲排场、比气派’的陋习转变到‘比文化、比家风’的新风尚，让文明之花盛开绽放。赤岸镇已建成的30余家文化礼堂均能提供农村红白喜事宴席和舞台表演，其中有三分之一的文化礼堂甚至有2个以上场地供村民使用，全镇的文化礼堂吸引力与日俱增。”赤岸镇党委负责人说。

2

让文化生根，让文明落地，让喜宴回到农村办，关键是要有能摆放宴席的场所。根据省、市关于新时代文明实践工作文件精神，村级新时代文明实践站设在文化礼堂或村办公楼，镇级新时代文明实践所设在文化站。为此，赤岸镇进一步加大了对文化礼堂的建设力度，不断提升和增加新建文化礼堂的数量，让文化礼堂成乡风文明建设的主阵地。

“作为一项重要的民生工程，我们在年初即把文化礼堂建设工作列入了19个村的村两委工作军令状，前后12次组织各新建礼堂村书记、主任以及管理员参观、学习、培训，并主动邀请宣传部、文旅局、文联、市志办等专家和乡贤代表，对每一个村文化礼堂设计方案进行评审。”据赤岸镇党委负责人介绍，“在每年的春节过后，镇政府即举办文化礼堂建设推进会议，对优秀文化礼堂和管理员进行表彰，开展了正反两方面的经验交流，通过鼓励先进，鞭策落后，补上农村文化的短板。”

在修葺一新的文化礼堂内，分布着端本学堂、冯泽芳院士纪念馆、乡村记忆馆、戚家军纪念馆、乡贤会客厅、阅读吧、书画室，以及村情展陈室等……走进赤岸镇乔亭村文化礼堂，这里的各项文化设施一应俱全，良好的硬件设施一跃而成当地的文化新地标。“这个文化礼堂由端本学堂、2个祠堂和大会堂改建而成，是三星级文化礼堂。”乔亭村支书说，自从村里有了这个文化礼堂，各种演出便常演不断，因为村里原有多支文艺队伍，文化礼堂就成了村民的文化主阵地。

为金婚老人举办集体婚礼

在赤岸镇各村行走，到处都可看见类似被改建和新建的文化礼堂。“文化礼堂的蓬勃发展离不开一个良好机制。”赤岸镇党委负责人说，一方面，赤岸镇简化了对文化礼堂建设的审批流程，并积极引进优秀设计单位，每周集中一次处理在文化礼堂建设中遇到的困难和问题；另一方面，镇政府每月要对建设进度落后村约谈，对全镇农村文化礼堂实行分档差异化奖补，并设立各村竞争榜，突出赞赏用得好管得好的礼堂，鞭策活动组织薄弱礼堂，以提高文化礼堂的建设效率和质量，带动全镇文化礼堂建设良性发展。

赤岸人文旅游资源丰富，在农村文化礼堂建设中，赤岸镇明确了建设方向，要求通过挖掘和传承农村优秀文化资源，结合各村特色自然资源和产业进行建设，力争做到“一村一色、一堂一品”。从目前赤岸镇各村文化礼堂的建设看，无论是新建的，还是由老宗祠、古书院、闲置校舍等改建而来的，都十分注重主流文化与乡土文化、传统民俗文化和现代文明的融合创新，让优秀传统文化得到弘扬和激活，并涌现了乔亭、山盆、下水碓、上吴、莱山等一批优秀文化礼堂。其中，下水碓文化礼堂还通过结合本村特色产业，专门开辟了杨梅展陈馆。

“建设文化礼堂不仅要增数量，更要提质增效，着力在文化礼堂的建筑风格、展示内容、活动样式、模式机制等方面形成特色。”赤岸镇党委负责人说，为了确保新建成的文化礼堂外形风格更加美观、功能配套更加齐全、文化内涵更加丰富、活动开展更加规范、群众参与更加广泛，镇政府在建设门槛上严格把关、在建设进度上严格督查、在检查验收上严格标准，以期让每个文化礼堂均成为“接地气、聚人气、扬正气”的文化新地标，增强乡村文化活力。

“我们这些文化礼堂的品质都不低哟，大多是按三星级以上标准建设的！”该镇的宣传委员不无得意地说。实际上，赤岸镇的经济基础在义乌算是比较薄弱的，但这些文化礼堂为何能有如此大的魅力？“一方面，镇政府是下了决心的，拿出了很大一块资金来补助支持各村的文化礼堂建设；另一方面，又积极团结乡贤力量去解决一些资金、资源问题。如乔亭村乡贤会即捐了50多万用于文化礼堂建设和管理。”赤岸镇党委负责人说。

在高标准建好农村文化礼堂的同时，赤岸镇还在如何管好上下了功夫，在义乌市率先出台了《文化礼堂运行管理考核制度（试行）》，实行每半月召开工作例会，推行文化礼堂“红黄旗”月考制度，每周排摸各站点供需菜单，开展订单式服务，对文化礼堂管理员实行末位淘汰制，由此探索出了一套农村文化礼堂的长效管理体系，在各文化礼堂中形成了比学赶帮超的良好氛围。“我们对文化礼堂建设落后村进行了约谈，年内共调整了6名不能胜任文化礼堂工作的管理员。倒逼之下，使得全镇农村文化礼堂工作焕然一新。”赤岸镇党委负责人说。

喧闹而热烈的文化活动有着强烈的感染力，在文化礼堂的建设中走在前列的村居同样具有极大的带动作用。同样生活在农村，为何人家搞得一片红火，自己的村庄却悄无声息？老百姓这么一比较，自然给村干部形成了工作压力。走进薛乔村文化礼堂，660多平方米由宗祠改建的文化礼堂不仅宽阔敞亮，外墙立面粉刷一新，而且各种设施一应俱全。据村支书介绍，自从有了文化礼堂，薛乔村的各项文化活动便是精彩纷呈，这无形中给邻村造成了压力，有了压力就有了动力。邻村乔亭村甚至喊出了“要建设全镇最优秀文化礼堂”的口号。

“今年各村全面铺开建设文化地标，以打造农村文化礼堂‘建管用育’一体化建设样板为目标，高品质推进新时代文明实践阵地建设，实现农村文化礼堂建设质的飞跃。”据赤岸镇党委负责人介绍，目前该镇43个行政村（社区）基本实现文化礼堂全覆盖和新时代文明实践站管理人员全覆盖，并配备舞台、讲堂、宴请、健身、图书室、乡贤会客厅等设施，高标准建成各村新时代文明实践站，让群众足不出户就可以享受到最优质的文化大餐。

3

记忆深处，在农村长大的孩子几乎都期盼着村里有人结婚，第一图热闹，第二可以抢到喜糖或者喝上喜酒，全村人都来沾沾喜气！而如今，按照“一村一品”的要求，赤岸各村的文化礼堂给婚礼提供了举办的场所，简单高效够得上城市里大酒店的婚礼了，大家在家门口一起喝喜酒也觉得更加有意思。

但是，要让婚丧嫁娶等红白喜事引流到农村办理，光有硬件的改善是不够的。为了扎实推进移风易俗工作，让文化礼堂成为设办宴席的新阵地，赤岸镇制定了《推进移风易俗工作方案》，印发了《赤岸镇农村红白喜事指导手册》《赤岸镇各村文化礼堂红白喜事服务指南》《乡村家宴商家指南》等资料，并专门成立了由各村支书、党员、村民代表及乡贤人士组成的红白喜事理事会。通过完善台账登记，召开该镇移风易俗现场推进会，与党员干部签订承诺书等手段，标准化推进移风易俗工作。

在餐饮服务、婚庆服务、志愿者服务等方面，赤岸镇进行了有益探索。除了完善各村的场地外，还针对农村市场提升婚庆、摄影、婚服、喜庆用品等一条龙配套服务。如在尚阳举办的全省首个乡村婚博会上，在尚阳老街共开设了50多家婚嫁喜庆用品、赤岸特色美食和非遗文化产品等店铺，场地全部免费供商户使用。同时，还招募了20余家婚庆参展商，包括婚礼策划、礼服定制、婚纱摄影、蜜月旅游、婚车租赁、黄金珠宝、喜糖喜酒、家电装修等，所有商家均提供农村服务套餐。活动持续了十天时间，有十多对新人在婚博会上与商家达成了合作意愿，迎来游客10万人次，营业额超过60万元。

在农村办婚宴，也可以把现场布置得更具个性化，以增强在农村办婚礼的仪式感。为此，结合各农村文化礼堂的现状，赤岸镇又举办了婚庆展，选取了老厅堂、大会堂和新建礼堂等不同场所开设了不同的展厅。在尚阳老街和雅端村等地，即个性化布置了5个中式、西式的展厅，以及以“情侣”“爱情”为主题的6处网红打卡点。在雅端村举行了金婚老人集体婚礼，这些都吸引了不少年轻人。同时，赤岸镇还结合美丽乡村精品线建设，个性化提供了传统中式婚礼、草坪婚礼、玻璃栈道求婚仪式、篝火晚会等项目，既丰富了农村婚礼的形式，也营造出了在农村文化礼堂举办婚礼的浓郁喜庆氛围，满足了青年群体追求个性化的需求。

“变则通，通则久”，民风民俗同样需要在传承中不断更新和变化。为了进一步推进喜事宴席平民化消费，赤岸镇还加强了对家宴厨师和婚庆服务公司的管理，专门举办了农村家宴厨神大赛，全镇数十名农村家宴厨师还签订了移风易俗承诺书，要求在保证进货渠道正规、确保食品安全的前提下，厨师们将根据宾客定下的桌数，建议户主办酒席采用不超过300元的山珍海味，积极倡导光盘行动。

“前些年，农村的红白喜事大操大办，满满一桌菜吃得少剩得多，不仅浪费还增加了户主经济负担。现在我们主动向户主宣传节俭办酒席，得到了大家的认同和支持。”从事农村家宴烹饪多年的陈师傅说，通过移风易俗，每桌宴席的菜品和用品租赁费用加在一起一般在800元至1200元不等。如果宴请二三十桌，和在酒店办婚宴相比，新人能节省下8万至20万元费用。

新时代文明实践的主体力量是志愿者，赤岸镇各种婚庆等活动的举行也离不开志愿者的支持。赤岸镇已发展民间志愿者700多人，并成立了镇、村两级多支移风易俗志愿者服务队。他们通过结合婚庆行业协会联合倡议等内容，开展了形式多样、通俗易懂的移风易俗巡演和实例讲解等，积极向群众普及移风易俗理念、简办婚丧嫁娶仪式，共树文明新风。

新时代文明实践的成效体现在民生实事、工作现场、群众笑脸上。赤岸镇通过政府搭建平台，建设和完善红白喜事的举办阵地，吸引商家提供与农村市场相匹配的喜庆用品，办婚事的有婚庆公司的一站式服务，办丧事的有家宴中心的一体化办理，在各文化礼堂都有能力提供一整套完善的供应链解决方案，让人民群众有了更多获得感、幸福感，努力打造移风易俗的“赤岸模式”。

第三节 五福临门

1

在全市率先完成500人口以上农村文化礼堂全覆盖，率先实现群众性文化活动全域、全时、全民、全龄全覆盖……盛夏的季节，福田街道新时代文明浪潮不断涌起，一件件流动的“红马夹”活跃在各村社区，志愿服务不断为百姓幸福生活加码，新时代文明实践成果在激荡着这片福泽之地，滋润着广大干部群众的心田。

忙碌的生活总是让人倍感“丰富多彩”。福田街道坚持“个性化”“精准化”“常态化”的发展理念，以新时代文明实践所、站为主阵地，紧扣群众需求，开展各种志愿服务活动，不断推动新时代文明实践到村、进户、见人、走心，着力打通宣传群众、教育群众、关心群众、服务群众的“最后一公里”，人民群众的幸福感、获得感、安全感显著增强。

2022年6月30日，福田街道新时代文明实践所新址启用，标志着福田宣传思想文化工作迈上了新台阶。新址占地约1250平方米，总投资500多万元，坐落于福田街道办事处4楼。当天，在实践所内开展了微党课、红色情景剧、“共同富裕”书画沙龙、“福”包制作、伦巴舞蹈教学等活动，让广大群众乐享新时代文明实践惠民大餐。

新投用的新时代文明实践所分为一院（福田学院）三台（梦想芸台、书画茶台、手作工台）四馆（初心馆、印象馆、悦读馆、群艺馆）五室（同心荟室、红心直播室、五福工作室、福音悦耳宣讲室、童萌活动室）六田（志愿田、康宁田、和气田、红心田、匠心田、亲心田），并整合了福田街道的社会组织服务中心、综合文化站、图书分馆、社工站等基层公共服务阵地和资源，引进文宣、协会等部门入驻，实现多领域、多维度、多功能一体化运作。实践所数字化程度高，多媒体及现代技术的多层次运用，为数字化赋能提供更多可能性和发展空间，实现了所、站、点三级体系的互联互通互动。

“相比以往，新所进一步整合了资源，创新了机制，将新时代文明实践工作与街道抓党建、抓治理、抓服务有机结合起来，不断创新构建文明实践综合体。”福田街道相关负责人表示，为打造新时代文明实践建设共同体，福田街道采取“1+X+Y”星级管理模式，即街道文明实践所通过下沉辖区优秀文明实践站运营长X个，开展精品特色项目扶持、文明

福田街道新时代文明实践

实践联建活动等辐射带动周边 Y 个薄弱文明实践站。对辖区文明实践站“建管用育”工作实行月评制度，年底进行星级评定，依星级考核等级给予相应文明创建补助，以此激励推动新时代文明实践工作走实走深。

福田街道率先在义乌实现了 500 人口以上村庄文化实践站全覆盖，辖区内现有 46 个新时代文明实践站点。通过主动邀请当地乡贤共同参与指导，与村干部、村资料整理小组成员、村内老同志开展交流，查阅当地有关资料，挖掘本地特色文化。

在传承优秀文化资源的基础上，挖掘出了如下娄店村的“红色文化”“孝文化”，下西陶村的“婺剧文化”，下骆宅村的“鸡毛换糖”和“码头文化”，九如堂村的“清廉文化”，前黄宅村的“民艺文化”，祖科塘村的“铁艺制作非遗文化”，楼西塘村的“和合文化”，建成了一批如陶界岭村的“党建”“南枣非遗”主题馆，东大鲁村的“革命史料陈列馆”，宗宅村的“千年家风馆”，罗店村的“豆腐文化”“消防科普”主题馆等，真正做到“一村一品”。

在大力推进新时代文明实践站建设中，各地依托建有的文化礼堂，传承好当地乡村文脉，相继建立了过溪楼“微关爱”实践基地、宗宅千年家风馆、长春社区少数民族服务站、振兴社区外国友人服务站、浙大四院的“医路相伴”志愿服务站等特色村级（单位）实践点，开辟了“百姓大舞台”“文化礼堂·红色学堂”等项目。其中，在“文化礼堂·红色学堂”项目中，包含了“党建、文体活动、农家书屋、儿童乐园、志愿服务、和谐家园和对外交流”

六大板块，植入“民情驿站”、谈心谈话、纠纷调解、健康检测功能，通过活动功能的拓展，形成新时代文明实践站点的新格局。

诚信社区新时代文明实践站设有党建长廊、志愿服务站、人大联络站、调解室、民情议事厅、自助图书馆、DIY 工坊、小舞台、声乐室、社团室、儿童活动室、健身房、多功能舞蹈房、专业街流动党支部活动室和大型会议室等场所。下骆宅实践站内则设有调解室和谈心室，当老百姓家里有矛盾、邻里有纠纷时，人们首先就会想到这里，来这里敞开心扉地聊聊天谈谈心等，在工作人员的努力下，成功解决了不少矛盾纠纷。其中有一对婆媳，因关系紧张上诉到了法院，最后在调解室工作人员的开导下，双方相拥言和。

陶界岭新时代文明实践站内设有民情驿站，目的就是“解民忧、谋民利、化民怨”，并成功解决了一些实际问题。如村内因为往银海路方向无道路规划，群众意见反响大，民情驿站工作人员按工作流程逐级向上反映，最后通过人大提案，与相关部门沟通协调后，道路的规划及农用地转用问题得以成功解决。

除了在各村设立了实践站点，福田街道还积极创新工作方法，成立了文明实践的特色阵地。如为打通调解“最后一公里”，福田派出所牵头法院、司法、市场监管、综合行政、国土等部门，在片区警务室的基础上，挂牌成立了“调解大联盟”工作室。为深化“枫桥经验”，创新少数民族服务管理机制，让少数民族同胞更好地融入本地生活，福田街道建立了少数民族服务站。

这些文明实践站点的设立，不但让群众开展活动有了场所，每当群众家中有了矛盾纠纷，即可以来到这些文明实践站点，努力把矛盾化解在萌芽状态，把工作做到群众身边，由此也推动着文明实践由“进村”向“入户”深化、由“见人”向“走心”深化，不断增强人民群众的归属感、向心力和凝聚力。

当人们行走在福田街道的各个村落时，那一座座风格独特又各具人文底蕴和内涵的文化实践站点是最为显眼的。在各文明实践站点洋溢出的浓郁文化气息、文明新风，成为当地留住乡愁的记忆馆，展示才艺的舞台，也成为当地新时代文明实践的主阵地。

每一个文明实践站点，犹如一道道亮丽的景观，矗立在福田这块充满活力的“福泽之地”，传承保护着千百年来的乡村文脉，成为农村宣传思想文化工作的新阵地、新窗口、新名片。它们又如一座座默默守望着乡愁的乡土文化“加油站”，为乡村振兴凝神、聚气、铸魂，将一个个新时代文明实践站点串联起来，犹如新时代乡村文化自信的种子，不仅让基层群众身有所托，更是心有所寄。

2

围绕文明实践“人从哪里来”“由谁来干”的问题，福田街道通过整合各领域人才资源，整合志愿者协会、各类志愿服务队伍、社会公益组织等服务资源，在街道层面，组建了新时代文明实践志愿服务分队，将机关干部、党员团员、社工、志愿者等纳入其中，下设理论宣讲、文明风尚、教育关爱、文化惠民、卫生健康、生态环保等志愿服务队，向各村文明实践站、实践基地提供专业指导、队伍培育和活动孵化等服务。

在福田街道的各村、社区的文明实践站，分别组建有党员志愿者、平安志愿者、文化志愿者、巾帼志愿者、青年志愿者等五大类志愿服务队伍，构建起了上下贯通、供需对接的文明实践志愿服务队伍体系，共组建了新时代文明实践特色志愿服务队伍150余支、招募志愿者1万余人，并统一购置配发了志愿服装，各部门、各单位志愿服务队、村级志愿服务队和社会志愿服务组织广泛参与，汇聚起强大的群众力量，把新时代文明实践活动“办在百姓家门口”“走进百姓心坎里”。

福田街道党员志愿者的服务内容相当丰富，如开展垃圾分类、五水共治、文明创建、平安创建、困难帮扶、代跑代办等。在商城社区，“两新”党员志愿者依托丝路金融小镇党群中心，开展创业孵化器、相亲交友、法律咨询等活动，为丝路金融小镇企业开展服务，为创业者提供孵化器服务。

在福田街道全宅村的村口，有一块由党员干部专门为村里独居老人和困难群众开辟的爱心菜园——全宅村爱心农场。透过竹篱笆看菜园，种着花菜、白菜、番茄等，把整个菜园染得绿意盎然，成为村口亮丽一景。“原先这里长满了杂草，堆满了杂物，影响美观。为了把它充分利用起来，村两委带着党员和爱心帮扶团成员，自筹资金8000多元，对这一亩多地进行了平整，种上时令蔬菜。”该村村支书说，“整个菜园分成不同的责任田，平时由5位党员负责。他们根据季节以及老人的喜好规划种植。到了采摘时间，党员干部们共同参与劳动，将采摘的蔬菜送至

外国朋友在义乌植物园骑行

独居老人和困难群众家中，让他们品鲜。”

福田街道的平安志愿者分布广，分布在各村社的平安志愿者队伍共有 54 支 800 余人。他们的主要职责便是经常性地开展治安巡逻，化解当地矛盾纠纷，并涌现出了“老娘舅”调解志愿者队伍、“快递小哥”平安志愿者队伍、“调解大联盟”团队、新疆少数民族服务站团队等。

在福田街道“调解大联盟”工作室，由当地派出所、司法所、廿三里法庭分别安排一名调解员常驻。对于需要其他联动部门参与的矛盾纠纷，常驻调解员将通过“在线矛盾纠纷多元化解平台”进行分流派单，确保调解方法的严谨性、调解力量的专业化，进而实现调解资源效用最大化，打造共建共治共享的现代治理格局成效明显。

福田街道的文化志愿者队伍最为庞大。经过对辖区内的资源整合，组建了阵容强大的文化共同体。他们的主要职责便是在辖区内开展文化体育活动、舞蹈培训、文明城市创建、环境卫生整治宣传等服务。如各村结合当地的地域特色，分别组建了舞狮、舞龙、打鼓、手工艺、书法、舞蹈等多支精品文化队伍。他们在各村文化实践站点登台亮相，说政策、讲理论，种文化、送文明……几乎天天有小活动、周周有大活动。广大志愿者还结合当地实际，举行了迎新祈福礼、钻石婚集体庆贺礼、新任干部就职礼、七岁开蒙礼、新兵壮行礼、重阳敬老礼、集体祝寿等礼仪活动，让群众在家门口就能享受到各种优质的文化资源和公共服务。同时，他们还结合义乌的全国文明城市创建和打造“诚信义乌”等中心工作，创设了“诚信立身”等特色礼仪，做亮做强“礼仪”这张名片。

在福田街道福田社区挂牌成立了义乌市首家社区少工委，通过完善青少年服务阵地、整合服务资源，创新服务项目，积极为社区青少年和少先队员快乐生活、健康成长、全面发展提供更广阔的实践空间，让孩子们开心地走进多彩社区，常态化开展社区少先队活动，用爱心助梦成长。

随着人们生活水平的不断提高，人们对志愿服务的需求也越来越高、越来越多样化和个性化。志愿服务作为一种社会公益性事业，在福田街道发展迅速，如何最大限度地满足社会和广大人民群众对志愿服务日益增长的需求？福田街道通过建立志愿服务微信“朋友圈”这个指尖公益平台，有效地扩充和壮大了志愿服务队伍、凝聚起更多向上向善的力量，并通过创新志愿服务项目、延伸志愿服务链条，让爱心吹拂城乡的每一个角落。

“现如今，有越来越多的志愿服务组织在不断探索和尝试‘互联网＋’志愿服务工作新模式，有越来越多爱心力量在不断涌入，福田街道的志愿服务‘朋友圈’在日渐壮大，服务对象和人群越来越多，为社会送去的温暖与关怀越来越多，传递爱的故事越来越广。数万份志愿力量汇集一处，爱心便呈几何式传递和扩散开来，唱响了志愿服务福田、服务义乌的最强音。”福田街道有关负责人说。

3

福田街道志愿者队伍众多，有这么多的优秀志愿者队伍和志愿服务项目，怎样确保把服务内容送到群众的心坎上，实现供需无缝对接？他们以满足群众的新需求、新期待为出发点和落脚点，用好用活“志愿者”这个新时代文明实践的红色小马甲“文明密码”。

在线下，分别在理论宣讲、文体艺术、科学普及、教育教学、社会慈善、普法宣传、社会救助、健康服务、便民服务、文明劝导、网络文明等领域成立了志愿者团队，做到供需精准、供给有效。线上，则通过广泛征集基层群众的服务需求，努力打造汇集有各种公共服务阵地资源和活动资源的服务供给平台、文化传播平台，致力实现“菜单式”供需对接。通过线上、线下并举，组织开展接地气、聚人气、暖民心、解民忧的志愿服务，构建起了线上线下融合发展的志愿服务体系。

成立新时代文明实践站，组建特色志愿队伍，因地制宜开展经常性、面对面、农村群众喜闻乐见的文明实践活动，促使福田街道的文明实践聚人气、接地气、有底气。在福田街道就活跃着一支这样的“乡音宣讲团”队伍，这支由120余人组成的志愿者队伍，汇聚了当地各领域的人才资源。在平时，只要各村的文明实践站点有需要，群众即可按需点单，他们便会深入到基层，送文化精品节目进村，用群众喜闻乐见的文娱形式传播新时代好声音，丰富群众精神文化生活。

春风化雨浸润百姓生活。在福田街道文联下属的各个协会团队，还相应成立了文学、书画、诗词楹联、健康卫生、文艺（策划）等5个乡贤志愿服务工作站，培育了一个个富有当地文化特色的村庄。为了开展好村歌的传唱活动，打响福田街道的村歌品牌，乡贤志愿者发挥自己所长，开展以“乡土文化和乡村情怀”为内容的村歌创作，使每个村庄都拥有了各自的村歌。

哪里有群众，哪里就有新时代文明实践志愿服务阵地；群众在哪里，志愿服务就开展到哪里，文明实践就延伸到哪里，为群众提供多元化、精细化服务。新时代文明实践活动改善了乡风，汇聚起更强大的文明“磁场”，通过各种先进文化的引领作用，让老百姓在受到先进文化、文明乡风的教育教化中提升整体素质。

每年的暑假，为期半个月的青少年“微关爱”夏令营在福田街道过溪楼村、下娄店村、下骆宅村、下西陶村、下兆村、东大鲁村、联平村等7个村同步开展，参与者有国际商贸城经营户及外来务工人员的子女等。而为他们提供免费辅导的，是来自浙江理工大学经济管理学院社会实践团队的40名大学生支教志愿者。“微关爱”夏令营至今已在福田街道举办了6年，目前累计超千人次的少儿从中受益。

浙大四院“医路相伴”志愿团队是一支由医务人员及社会热心人士组成的志愿者队伍。

该团队秉承“奉献 友爱 互助 进步”的志愿服务精神，坚持开展健康教育、义诊，以及为患者导医、从事外语翻译等志愿服务，目前注册志愿者超过了1700人，该团队被列入2018年7月浙江好人榜。其中，微笑行动更是将浙大四院的关怀和问候传递到国内外，为唇腭裂患儿重拾微笑。

虽然没有工资、没有补贴，但对哥伦比亚商人马利来说，他的“洋街长”却当得有滋有味。为增进与外商之间的沟通和交流，抓住外商中的“关键少数”，福田街道在外商聚集较多的工人北路、长春六街等路段邀请了三位“洋街长”参与日常管理。他们每个星期执勤一到两次，主要工作便是劝导小贩不要占道经营，面对一些外商朋友也不留情面。在他们的积极参与下，当地的多条主干道发生了可喜变化，许多管理难题也得到了及时解决，并在外商中产生了良好的示范效应。

“到村进户、见人走心”。福田街道的志愿者队伍，按照“贴近群众需求，在服务群众中引导和凝聚群众”的工作理念，推出了“我为群众解难题”“文明实践微实事”等惠民利民举措，通过实行群众“点单”、文明实践站点“派单”、志愿服务组织“接单”等模式，串起文明实践“供需链”，将志愿服务真正扎根基层，送到群众的心坎上，不断扩大文明实践活动的覆盖面和吸引力。

文明，以文化人，成风化俗，以德润心。从站点辐射到多方合力，从思路破解到实践成型，那充满了“泥土味儿”的理论宣讲在走街入村，那传递“人情味儿”的志愿服务已遍地开花，那满载“地方味儿”的文化活动更是异彩纷呈……一颗颗新时代文明实践的“种子”生根发芽，以各种方式融入福田老百姓的生活，文明实践一路繁花、花香馥郁，迸发出了强大的活力与生命力。而随着福田街道新时代文明实践新址的启用，“地方＋高校”的新时代文明实践合作模式也将开启，福田街道正全力打响“五福义家”（人文之福、兴旺之福、康宁之福、生态之福、和合之福）实践品牌，让文明实践成为推动福田创新发展的新引擎，惠民聚心的新平台，乡风文明的新动力，基层治理的新窗口。

这一曲文明赞歌，我们必须高唱。

第四节 “北苑路径”

1

圆柱形的三层楼房窗明几净；香樟芳草在房前屋后环绕着一周，围成了一座宁静的院子……这幅景象并不是哪户百姓民居，而是北苑街道新时代文明实践所。

北苑街道新时代文明实践所是按照特级标准打造的综合性服务场馆，是一个集中宣传践行新思想的新平台、倡导弘扬文明新风的新载体、激发聚合群众力量的新阵地。通过发挥新时代文明实践所的带动和引导功能，发动组织志愿服务力量，形成以阵地资源为依托，以志愿队伍为基础的新时代文明实践平台，在辖区常态化开展以“学习科学理论、践行主流价值、培育乡风文明、传承优秀文化、加强人文关怀”为主要内容的“五大实践”。

北苑街道是义乌新兴发展的主城区。这里既有繁荣兴旺的工商业，文化建设同样亮丽多彩，散发着清新的泥土芳香。穿梭于熙熙攘攘的北苑街头，你可以在这里感受到文化与现实撞击得来的美感，体会到文化带来的融合活力。

北苑之美，美在充满魅力的城市美景，美在润物无声的文化浸润。在经济快速发展的同时，北苑街道坚持文化建设与中心工作同抓共管、同频共振、同向发力，加大了对农村文化阵地建设、产品供给、活动开展的力度，突出综合文化站、文化礼堂“凝聚文化、传承文化”的载体作用，深入实施文化惠民工程，以文化基础设施建设提升城市内涵，厚植“品质新城”的文化建设沃土。在2018年成功创建义乌首个省级文化强镇。

为了满足人民群众对文化的热切期望，北苑街道以综合文化站为阵地，以队伍为依托，以活动为支撑，打造新时代文明实践所，以16个社区为基础布局打造新时代文明实践站，并选择联信书院、杨街文化礼堂等有代表性的场所建设新时代文明实践点，全面构建起新时代文明实践所、实践站、实践点三级联动体系，致力于繁荣农村文化、培育文明乡风、建设优美环境，持续深入推进农村精神文明建设，让新时代文明实践工作在辖区内落地开花，让生活在这里的人们体会到了城市四季变化的惬意，也让生活在这里的人们有了更多的认同感、归属感。

北苑街道综合文化站总建筑面积6000多平方米。但见一楼的多功能厅、健身房、美术室、舞蹈房等一应俱全，其中健身房占地200平方米，配置有台球桌、乒乓球桌、跑步机、哑铃等高级运动健身设施。二楼有音乐室、北苑岁月文化展厅，其中岁月文化展厅占地280平方米，通过该展厅全方位展示北苑街道的历史人文特色及建设发展成就，以及开展各种形式的展览展示活动。三楼有北苑街道图书分馆、少儿阅读室、志愿者之家、电子阅览室、新华书店北苑分店等。图书分馆藏书12000册，拥有专业电子自助式图书借阅机器；志愿者之家配置有标准化的培训桌椅以及多媒体设备等硬件设施。

一应俱全的文化设施为生活增添了一抹亮色，它丰富了生活情趣，让生命更加充盈而舒展。作为服务广大市民的综合性文化机构和公共文化设施单位，综合文化站的投入运营便是北苑街道高标准打造文化阵地的一个缩影，为北苑街道的文化建设注入了生机和活力。在这个集文化宣传、文艺娱乐、科普培训、体育健身等功能于一体的综合文化站内，一站式的配套设施让辖区居民在家门口即能享受到便捷的“文化大餐”，成为大家汲取知识、提升修养的良好场所。

文化阵地的创建不仅丰富了人民群众的精神文化生活，还极大地提升了北苑居民的文化素质，净化了村风民风，增强了北苑居民的“家”的归属感。除了综合文化站的建设，北苑街道在村居、社区文化场所全覆盖的基础上，完成四季文化家园及曹道、杨街、留雅等各文化礼堂的打造，新增了一批“悦读吧”“朗读亭”等。而北苑街道也是较早实现农家书屋全覆盖的镇街，被评为“全省农家书屋工程建设先进单位”。

“我们坚持以文化精品创树北苑品牌，在公共大型文体场所建设方面也是独树一帜。”据北苑街道党工委负责人介绍，该街道通过结合社区更新改造、新农村建设、市政配套完善等城市建设工作，持续加大文化基础建设投入，建有火车头公园、丹溪公园、莲塘公园、凌云公园等累计超40万平方米的大型露天休闲活动场所，配套设置有篮球场、羽毛球场、门球场、排球场等130余处，健身路径百余条。

2021年的最后一天，义乌首个“体育+文化+商业”跨界融合综合体——鸿翔·万体广场正式启幕，广场内拥有标准室内恒温泳池、篮球场、网球场、乒乓球馆等，极大方便了周边居民的运动健身活动。位于广场天台的空中足球、篮球场也为这座体育文化综合体增添了不少魅力。对于体育爱好者而言，能在广场天台踢上一场空中足球，不仅是一种全新的尝试，也是一种幸福的体验。

在新时代文明实践所参与剪纸活动

传承优秀文化，打造精神家园，需要实打实的行动，更需要“为官一任，造福一方”的职责担当。北苑街道对新时代实践所、实践站、实践点三级体系的扎实推进，以及一系列文化为民、文化惠民、文化乐民的生动实践，让老百姓看书不再少、看戏不再远、休闲不再难，文化生活变得越来越丰富，日子过得越来越有滋味。

2

“志愿”是新时代文明实践最有温度、最有价值体验、最有道德情感的热词，志愿者是新时代文明实践的主体力量。北苑街道的新时代文明实践，在志愿者身上得到充分体现。

为了开展好志愿服务活动，北苑街道全方位组建了各具特色的志愿服务队伍，吸纳各行各业的志愿者成员，其中有来自党政机关、事业单位的干部工作员，有从事文化、文艺工作的专业人才，有生活、奋斗在北苑的外籍友人和少数民族同胞，还有来自五湖四海的新义乌人等。他们在日常生活中以理论宣讲、政策解读、文明倡导、传统礼仪、文化惠民、非遗传承等为主题，并涌现了一批开展志愿服务的“拳头产品”。比如，由外籍友人发起创立、致力于推广文明出行理念的四季社区“Heads up”志愿队伍，便是义乌志愿服务的一个品牌。

常态化开展暖心志愿服务，不仅受到了广大群众的欢迎，也让更多的人参与到新时代文明实践活动中来。在众多志愿者队伍中，有约20支志愿服务团队具备较强的文艺创作能力，近2年创编艺术类节目100个以上。其中，北苑街道文化志愿者中队，在“志愿汇”登记注册的人数约有1000人，居全市同类型志愿队伍之最。广大志愿者通过开展书法绘画、文艺表演、文化传承等方面的志愿服务活动，为群众提供丰富的文化大餐。

“我作为一个文化带头人，今后要排出更多更好的作品，把群众文化业余生活搞得更加丰富多彩。”这是省排舞协会会员徐元艳担任北苑街道文化导师的“开场白”。此外，中国传统工艺美术大师万少君、省杰出教师王鸿、非遗传承人许美芝、青年作曲家范家军、省杰出义工金利宾等，都是北苑街道文化导师队伍中的一员，还有一批金华市级以上的非遗传承人，他们将共同成为北苑街道新时代文明实践的重要力量。

捞仔，本名吴立群，北苑街道前洪村人，中国流行乐坛十大音乐人之一。在得知北苑综合文化站开馆后，他特地从北京送来了祝福，祝愿北苑街道在文化建设事业上取得的累累硕果，也表达了积极为家乡做贡献的美好意愿。

坚持以满足人民群众精神文化需求为出发点和落脚点，打造北苑文化地标，这是北苑街道在加快推进综合文化站建设运营中要致力实现的目标。为了做实文化强镇，提升文化素养，丰富文化生活，北苑街道十分注重培育、引导志愿服务工作，由此凝聚了一批懂文化、爱文化的中坚力量，打造了一批活跃且有战斗力的文化队伍。如北苑街道合唱团、北苑街道艺术团、北苑街道枫火民乐团、北苑街道摄影社、北苑街道文学社、北苑街道书画社等。他们为擦亮北苑街道的省级文化强镇招牌付出了积极的努力。

北苑街道新时代文明实践所还入驻了两个市级中心——义乌市青年社会组织服务中心、义乌市青少年综合服务中心。这是团市委领导下的培育、扶持、孵化社会组织，提供公益性、综合性服务的专业机构。辖区还拥有一批品牌书院、艺术展馆、名师工作室、收藏品专业街等，通过整合部门、团体的资源，深入开展文明实践宣讲活动，组织百场文艺表演进村社，形成了多形式文化互促共融的良好局面。而更多服务机构的入驻，必将进一步助推北苑街道志愿服务、公益事业的发展，用“共建、共享、共管”的理念诠释“文化家园”的魅力所在。

3

文明，在实践中升华；文化，在交流中绽放。为全面推进新时代文明实践活动，加强基层宣传思想文化工作和精神文明建设，打通宣传、教育、服务群众的“最后一公里”，北苑街道多措并举，盘活用好各级各类资源，如通过整合市文明办、文联、文旅等部门资源，开展文明创建、服务点单、文化下乡、非遗巡演等实践；通过整合展馆、协会、商会等企业资源，开展艺术展览、古玩房交会、文化惠民等活动，把精神食粮送到老百姓面前。辖区内的联信书院，向市民开放文澜阁馆藏《四库全书》，协助社区开办“四点半学堂”；“双童吸管”成立全球首家吸管博物馆，并倡导全员垃圾分类等，所有这些，都成为北苑街道文明实践的生动体现。

“品质新城”，在各种文化的浸润中变得更加美丽。这是一片充满神奇魅力的文化沃土，北苑街道在村、社区的文化建设方面取得了新突破，复兴社区、丹溪社区、曹道村先后被评为全国文化先进社区、省级文化示范村、金华市文化示范村，另有十余个村居、社区被评为义乌市级文化示范村。在文艺创作上，涌现了《军民鱼水情》《杨街腰鼓》《夸北苑》《婆婆妈妈一家亲》等一批弘扬主旋律、汇聚正能量、提振精气神、群众喜闻乐见的文化精品。在活动的举办上，北苑街道坚持品牌引领、项目带动，形成“群文荟萃，魅力北苑”文艺展演、丹溪社区邻居节、建设社区老人运动会、文明创建你我同行等系列文化活动品牌。

针对不同群体、不同年龄段的居民，北苑街道还利用各自文化阵地，开展了启蒙礼仪、排舞大赛、文化走亲、歌唱比赛等文体活动上百场。作为省五星级的崇德社区留雅文化礼堂，内设的悦读吧有藏书 2300 多册，全天候对外开放；香溪大讲堂可容纳近 200 人；老年活动中心、健身房全天开放供社区内老年人娱乐、交流；健康小屋每月定期进行给老人量血压、血糖等医疗咨询服务；乡村印社与杭州西泠印社对接开展书法作品创作；大剧院不定期开展文艺演出，室外小型广场面积达 1069 平方米，晨、晚跳广场舞、练太极拳的舞姿飘逸，动作轻快有活力。

作为省五星级的杨街文化礼堂，每年“村晚”由村民自己导演、自己参演、自己欣赏，并已成为全体杨街村民最为盼望最为享受的视觉盛宴。除了丰富的文娱活动，村文化礼堂还非常注重思想教育、形势宣讲活动，不时举办反邪教、卫生、消防、急救、法律、育儿、营养等主题的知识讲座。另外，还在文娱演出活动中穿插诸如现场有奖问答、派发知识小册子等，寓教于乐。

在北苑街道，军营文化、校园文化、企业文化等精彩纷呈。通过与部队结对共建，联袂开展“军民一家亲”“老兵慰问会演”等活动，深情演绎了军民团结的鱼水深情，营造了爱国拥军的良好氛围。在校园文化建设方面，北苑街道与学校共建开展“垃圾分类荣辱榜”“文明出行进校园”“暑期春泥计划”等活动，弘扬时代新风。前洪小学开设了草编文化课程，让全体师生共同学习草编技艺，传承非遗文化，演绎出别样的精彩。

为了让群众投身到更多的文体活动中去，北苑街道还根据群众需求发布了“我们的节日”服务清单，在传统节日为群众送上文化大餐，使节庆活动开展得有声有色。如四季社区与生活在辖区的少数民族同胞一起开展了迎清明非遗项目展示活动；复兴社区开展了“共话团圆，共度佳节”中秋联谊活动。这些活动的举行，不仅满足了广大群众的精神文化需求，加深了邻里交流，还融入了社区的基层治理、建设发展等工作内容，常态化拓展了文明实践格局，由此增强了文明实践服务的持久力。

为迎接党的二十大胜利召开，北苑街道不仅在各文化礼堂都举办了各种文娱演出，还利用各文化阵地举办了剪纸、书画展等。通过贯穿全年的群众性文化活动，进一步丰富群众的精神文化生活，带动辖区干部群众通过参与各种活动重温时代变迁，感受幸福生活、展望美好未来。

文化滋润文明，才能望见乡愁。新时代文明实践所和综合文化站的有机融合，让北苑街道的文化阵地建设有了更多的项目支撑；丰富的活动、新颖的形式，也让文明实践工作更贴近实际，更入脑入心。

随着更多的舞蹈、民乐队等文体队伍和精通书画、摄影的居民文艺骨干入驻北苑综合文化站，这里的志愿者队伍在不断发展壮大。他们将以此为阵地开展基本训练、专业交流和节目排练，积极投身于公益文化惠民演出，让文明之花深深根植于这片土地，浸润人们的心田，让广大群众有更多的获得感和幸福感。

第五节 “义集”实践

1

稠城街道依托新时代文明实践所和 13 个社区新时代文明实践站，积极整合各类活动场所、志愿队伍、社会组织和资金资源，定位群众“需求点”，坚持“开门搞活动”，初步形成群众“愿意来、主动来”的良好局面，建立起“幸福亲民”的品牌和口碑。

2019年3月，稠城街道入选浙江省民政厅公布的第二批省级社区治理和服务创新实验区，提出了打造“义集”的目标任务。

“义”是指讲文明、守规则、重诚信、走正道；“集”为集合、汇集，是凝聚与融合。所谓“义集”，从字面上理解相当于一个公益集市，是一个以“公益人人可为”为主题的交易市场，也是一个居民共同参与基层善治的公益平台。

在新时代文明实践的引领下，借助“义集”这个公益平台，实现不同层次类型的社会组织“在地化发展”、规范化运作，实现资源配置、文化融合、关系协调等三元协同的良好发展局面，达到促进基层善治的目标，这便是“义集”倡导的理念。这也成为稠城街道新时代文明实践的主要探索和路径。

2019年11月，“义集”开门迎客。稠城“义集”地处骆宾王公园附近的通惠立体停车场一楼。它的主要特色是征集民需民求、汇集民意民智、召集义行义举、募集义工义款，为社会组织创新服务形式和服务内容搭建平台，为群众提供精准、精细服务。

为整合现有社会组织，培育新的社会组织，实现资源配置最优化、服务居民效能最大化，“义集”向社会公开招聘，吸引了15家社会组织签约入驻，包括茗悦优雅女子学堂、初心工坊、“一家一”家庭教育等，有20余家市级部门、社会单位和注册社会组织合作参与共建共享。同时，又公开征集了一批社区微治理公益创投项目，内容涉及文化服务、文明创建、特殊关爱、亲子教育、健康养生、金融防诈等多个领域。

涓滴小流成江海，平凡“义集”惠民生。稠城街道通过搭建“义集”这个公益平台，用公益创投助力社会公益组织茁壮成长，当这些社会组织达到了一定的规模和能力，即可以更具专业化、规模化地服务群众，为一颗颗正在发芽的“公益种子”注入了生机。在稠城“义集”，累计开展公益活动近百场，服务群众数千人次，一系列“接地气”的公益项目的开展，为居民提供了量身定制的服务需求，也为义乌探索出一条让公益组织走进社区，参与基层社会治理的新路径。

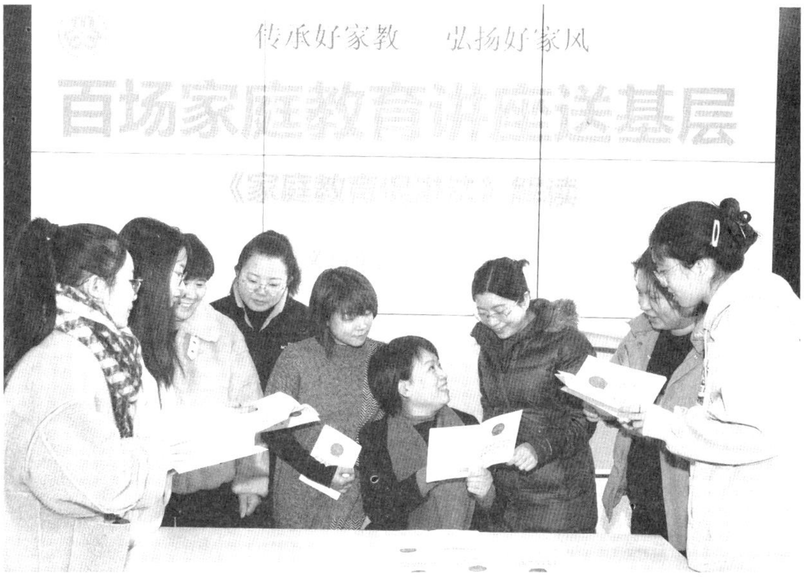

在稠城“义集”为居民解读《家庭教育促进法》

2020年6月3日，以“团检合作”为基础成立的义乌市未成年人检察社会支持中心落户“义集”。该中心集司法社工培育、未成年人犯罪预防、合适成年人选派、涉罪未成年人帮教、困境儿童救助、未成年人权益维护等职能于一体，旨在凝聚社会力量，在青少年权益维护、困境儿童帮扶关爱、预防未成年人违法犯罪等方面发挥着重要作用，使得未成年人保护工作成为一项系统性工作，让社会各界形成一个合力来共同推进。

新冠肺炎疫情防控期间，为满足居民个性化需求，“义集”召集了志愿者协助社区开展志愿服务云培训，积极引入社会组织开展线上教学活动，并通过开设“青少年心理热线”，疏导青少年心理问题等，精准服务居民。疫情防控进入常态化后，广大社会组织又以“义集”为平台提升社区服务能力，在党和政府与群众之间架起彩虹桥，为基层善治赋能，唱响了新时代文明实践的“好声音”。

如何提升外卖商家的健康素养，让居民吃得健康又美味？2021 年 2 月，以服务“互联网订餐主客体”为对象的“厨帮训练营”在宾王社区开营。该项目是 2020 年稠城街道的公益创投项目，主要聚焦外卖食品安全，通过“构建外卖食安各方协同共治”的手段，促进社区居民与商家参与社区自治，提升其自我管理、自我教育、自我服务能力，营造良好的社区环境。该项目自实施以来，通过一系列的集中培训、入户指导、日常监督等行动，不但大大提升了外卖商家的健康素养，受众面也在不断扩展，从义驾山小区的 220 多家商户，发展到宾王社区的 400 多家商户，让提升健康素养和食品安全意识成为更多人的自觉行为。

2

这是一座有着 1500 平方米面积的文明实践场所，场内分布有展陈展示、学习教育、邻里议事、文体活动、便民服务、社会组织服务等六大功能区，各场地之间开放、共享，实现多功能复合高效利用，长期向居民免费开放。

这便是投资 600 余万元、于 2020 年开放的稠城街道新时代文明实践所。自从该场所投入运行后，日常培训、讲座论坛、太极瑜伽、书法绘画、品茶听琴、亲子阅读……新时代文明实践活动有序开展，从儿童青少年到老年人，都能在这里找到适合参与的活动。

文明实践活动开展得好不好，关键看志愿队伍建得强不强。自 2021 年以来，稠城街道新时代文明实践所以志愿服务为抓手，搭建“线上 + 线下”两大活动平台，成立“16+N”支志愿服务队，制定 34 大类项目活动菜单。文明实践所还通过“志愿汇”App，会聚了 383 名实名注册的志愿者，4 家志愿服务公益组织，发起活动 103 场，累计信用有效时数超 2270 小时。

在新时代文明实践中心建设中，稠城街道创新方式方法，突出本地特色，走好“群众路线”，通过以群众“点单”、志愿者“接单”的“文明菜单”形式开展精准服务，举办了各类文艺活动、读书活动、防范诈骗、公益宣讲、移风易俗等活动，让更多居民在家门口就能享受到各类便捷的文明实践服务，让志愿服务既“接天线”又“接地气”。

“作为一名‘朝阳之音’宣讲团文明宣讲员，我将遵守纪律，听从指挥……”2020年8月7日下午，义乌稠城街道新时代文明实践所举行了一场“朝阳之音”文明宣讲团成立授旗仪式，40名稠城街道辖区内小学生参与宣誓。

居民参加社区文化节活动

他们作为“小宣讲员”，也是志愿服务队伍中最年轻的群体，实践所为他们开展口才、礼仪等培训，而他们则对辖区内遇到的不文明行为进行及时劝导、跟进处理，以自己的行动带动更多的人加入文明宣讲，真正实现了从“服务对象”到“参与对象”的良性转变。

做活志愿服务，是让新时代文明实践在当地落地生根、开花结果的重要途径，也能让场地在短时间内“活”起来。目前，稠城街道新时代文明实践所已初步形成群众“愿意来、主动来”的良好局面，建立起“幸福亲民”的品牌和口碑。

3

文明实践活动的生命力和凝聚力在于接地气。近两年来，稠城街道依托新时代文明实践所和13个社区新时代文明实践站，积极整合各类活动场所、志愿队伍、社会组织和资金资源，充分发挥社区各自优势与特点，把群众需要作为“主打产品”，不断加强特色党群志愿服务队伍建设，以“一社一品”为抓手，为社区居民提供精准化精细服务。

绣湖社区实践点推出“一小时·时光”绣湖课堂项目，围绕“人文绣湖”理念开展系列主题活动，构筑社区多元文化交流平台。如今，这里已成为小区群体需求的联结点，有事没事会来这里坐坐，邻里关系也因此逐渐变得更为融洽。“绣湖讲堂”是绣湖社区的一个公益项目，集公益、文化、体验、社群于一体，围绕“人文绣湖”理念开展系列主题活动。每月组织两个场次以上的社区公益活动，内容涵盖阅读、非遗体验、自然课程、社会关爱等，为社区居民提供内容丰富的志愿服务活动。

词林社区“橙心帮”志愿服务团队由“网格员 + 党员 + 志愿者”组成，为居民提供大件垃圾回收、泥水施工、水电维修、缝补衣服、缝补鞋、保洁、修锁换锁配钥匙等服务。同时，还通过定期组织爱心商家为居民提供免费理发等服务。对参与社区志愿服务和邻里互助志愿服务的居民，可获得相应的“帮帮币”，并兑换相应的物业服务或者爱心物资，实现爱心的“双向循环”。

孝子祠社区的“老兵再出发”志愿服务团队，通过组织抗战老兵进社区、进学校宣讲，把大道理变成小故事、把义乌话融入普通话，结合身边的人与事，阐述家事国事天下事，让群众感兴趣、听得懂、做得到。目前，辖区内拥有小巷管家、蓝天鹅艺术团、“和事佬”调解志愿者服务队等 12 个社会组织，分别活跃在社区服务的第一线。

在通惠社区，新天地志愿服务队通过开设“益堂好课”，志愿者家庭参加文明实践活动，可通过积分兑换课程或者课时，由此也促使了社区内志愿服务的常态化。社区的“红色相帮”团队，通过自己的一技之长为居民提供一系列便民服务，普及防诈骗、垃圾分类等相关知识。借助“荷花芯”商圈党建联盟力量，把“童趣市集”公益品牌打造成一个居民自我展示、邻里互动交流、商户参与共建的平台，产生了孩子有收获、商家能受益、社区有活力的社会效应。

宾王社区依托未来社区邻里场景中的“平台 + 管家”智慧服务体系，为社区居民提供“E 生活・24 小时管家”服务，如共享雨伞、共享工具包、家庭维修、智能手机使用指导、寄存服务、快递代收、房屋租赁、共享充电等。社区还通过对社区达人的挖掘、寻访、培训、服务和组织活动，将居民需求与未来社区服务相连，营造繁华与宜居交融的全维生活场域，打造“出入相友，守望相助”的社区生活共同体。

群众在哪里，新时代文明实践就延伸到哪里。稠城街道以群众需求为导向，打造众多特色志愿服务品牌和优质项目，并以楼宇、小区、商圈、网格为辐射支点，串点成线不断拓展为民服务覆盖面，将志愿服务深入到社会的“末梢神经”，形成各具特色的“15 分钟文明实践服务圈”，释放新时代文明实践工作的“最大化效应”。

第六节　幸福来敲门

1

幸福的日子总是不着痕迹地到来了。

“您好，我们是幸福来敲门！”这是江东街道南苑社区的党员志愿者与群团骨干一起，向社区居民上门征集意见来了。一声暖心的问候，往往会撞击人们心灵的最深处。通过开展这种“幸福问卷”式的调查和问题排摸，一个个民众关心的问题便在社区干部脚踏实地的苦干中迎刃而解了。

因此，每当“幸福来敲门”时，南苑社区的居民一听到门口这熟悉的声音，便会欣喜地打开大门。社区的党员干部们怀着真诚而来，带着问题离开。于是，当社区破损的路面被修复平整了，社区的居民感到的是一种幸福；当居民们发现附近的绿化种植面积又增加了，不但增“颜值”，而且“气质”更好，他们感到的是一种幸福；当居民们发现公园内的配套设施更全了，优美的生态环境、多样的健身功能、齐全的配套设施，为广大居民健身、休闲、娱乐提供了一个就近、方便的好去处，社区的居民感到的是一种幸福；当发现社区党群服务中心又增设了公共书吧可借阅书籍，他们同样感到的是一种幸福……因为，这些文体设施和场所，不仅建在百姓的身边，更建在了百姓的心中。

幸福来敲门！不仅在南苑社区，在江东街道的鸡鸣山、五爱等社区，都开展了类似的活动。虽然幸福对于每个人来说，都有各自不同的理解，但对幸福的渴望和追求是永无止境的。在一声声幸福的敲门声中，一个个崭新的平台增加了，一个个创新的阵地启用了，一个个鲜活的载体设立了……也是在一声声幸福的敲门声中，很多老旧小区通过改造整治后，旧貌换了新颜，环境得到了很大改善，居民的获得感和幸福感不断增强。在江东这片土地上，新时代文明实践的“矩阵”已经铺开，一股股文明实践清风，正在这里由内而外地焕发出新的生机。

其实我们都与幸福为邻，你在右边，幸福在左边。如果谁有更多的问题，那么就请面带微笑让幸福来敲门吧。

江东街道的“幸福来敲门”活动，“始于群众需求，终于群众满意”。南苑社区面积达 1.1 平方公里，有住宅楼 118 幢，户籍人口 4000 余人。在日常生活中，社区党员干部入户走访，是再平凡不过了。

“但是在以往，大多党员干部走进居民家中，大多是发个通知，要求社区居民做什么事，或开展宣传之类的活动。现在，我们一改以前的做法，将要居民做改成上门为居民服务，送幸福上门。通过上门征求意见，让老百姓出卷，社区当答卷人，社区要做些什么，请居民来出题。同样是上门服务，但主角变化了，由此也取得了意想不到的效果。”南苑社区负责人说。

“我们在上门征求意见时，有住户反映安装天然气管道走向不当，导致邻里纠纷。在社区介入调查后，第二天即把该问题做出了圆满解决。还有住户反映，小区内没有埋设污水管道，致使当地污水横流，社区了解情况后，当日即召开了现场会，第三天把污水管道的埋设落到了实处。在前陈小区，绿化过于密集，不仅影响到了路灯的照明，即使在白天，也会影响到许多住户的采光。听到居民的诉求后，社区即召开了议事会，借来了登高车，对小区内的260多棵遮天蔽日的大树进行了修剪，并对小区进行了全面改造，新增了150个停车位，受到了社区居民的一致好评。

一次次的“幸福来敲门”，让社区居民反馈的问题都得到了妥善处理，在群众“没想到问题解决得这么快”的赞扬声中，让“幸福来敲门”成为一句当地的流行语，成为颇受当地群众欢迎的一项活动。

通过听取群众的意见，南苑社区对辖区进行了全面的改造，改造工程包括管沟开挖及铺设、路面破除及恢复、绿化种植及养护等。改造完成后，在南苑社区党群服务中心还增设了公共书吧，增设了公园配套设施，加强了社区内环境的整治，使社区的生活环境得到了彻底改善。试想，这样的“幸福来敲门”，还有谁不愿意开门呢？

居民事，不管大小，都要尽力帮助解决。因此在南苑社区，只要党员志愿者上门征求意见，老百姓都愿意开门了。因为，“幸福”对于每个人来说都是不会拒绝的。其实，不仅是在南苑，在鸡鸣山社区、五爱社区等，“幸福来敲门”活动，都促使社区的基础设施得到了完善，社区的环境得到了根本改善。近三年来，江东街道先后对临江、鸡鸣山、东洲、五爱、南苑等社区进行了改造，惠及辖区内住宅居民23197家，完成建筑面积2551余万平方米，从而有力地改善了当地老旧小区的基础设施，也提升了当地居民的生活水准。

社区的基础设施改善了，群众的笑脸也就多了。在改善当地的基础设施的同时，江东街道还围绕新时代文明实践活动，在临江社区增设了春晓书苑、在塔下洲社区新建了一峰书院、在青岩刘开设了江东图书分馆等阅读场所，在商苑社区建设了城市公园等惠民场所，方便附近居民的生活体验。此外，该街道还在各村和社区打造了一大批上档次的文化礼堂、文化家园，使各地文明实践的阵地建设得到显著改变。

“这样的文明实践阵地增加了，基础设施夯实了，新时代文明实践活动就有了自己的立足点，也提升了当地群众的获得感和幸福感。”江东街道负责人说。

邻里文化艺术周户外瑜伽体验

“幸福都是奋斗出来的”。老百姓的需求，便是街道办事处努力要去做的。为了收集居民需求，江东街道的一些社区还在线上组建了“幸福来敲门”微信群，开展“幸福连连看”活动，群众有困难可以实时给党员发微信，群众的需求会在第一时间得到回应。同时，一些社区还通过资源整合，形成“幸福微实事”的项目清单，并通过开展“幸福体验官”等一系列“幸福”项目，汇聚“幸福力量”推进社会治理创新，实现党群服务精准化。

2

乌越桂坊是江东一条充满着生活情调的慢生活街区，经过改造后被赋予了一个新的身份：江东街道彩虹联盟新时代文明实践点——彩虹公益街。

彩虹公益街由群团组织、社会组织、爱心商家共同参与，通过开展公益展演、爱心送书香等活动，共同为社区居民提供志愿服务。在江东街道已打造了一批诸如乌越桂坊、樱花街等彩虹公益街区，并选聘了各自的红色街长，在服务商家需求的过程中引领社区居民、商家、消费者主动参与文明城市创建。

和时代韵脚，倡文明新风。打造彩虹公益街，便是江东街道为做大“彩虹联盟”而增设的一项“彩虹行动”。为了充分发挥和利用好社区内的有效资源，江东街道给予社会组织公益创业平台和社会组织提供了最优渥的成长土壤，先后引进了 8 个市级社会组织，培育了 8 个社会组织，成立了 64 个学雷锋志愿服务站，构建了“街道—社区—居民区”三级志愿服务培育站点。为推进志愿服务工作的项目化、品牌化，推进全域志愿活动，在 2018 年 5 月，江东街道以“彩虹”为名，在街道工会、团委、妇联、科协及社会组织的共同参与下，组建了“1+7+X”的彩虹联盟志愿服务共同体。

“红色代表党组织，蓝色代表工会，橙色代表团委，粉色代表妇联，湖蓝色代表科协，黄色代表社会组织，绿色代表国际志愿者。”江东街道负责人解释说，在这个 1+7+X 联盟体系中，各数字所代表的即是 1 个党群彩虹联盟，7 支七彩志愿服务总队，X 支多彩特色化、专业化志愿服务队，包括工青妇及科协等群团组织，由此打破“单兵作战”的做法，同时积极吸纳社会组织参与，夯实群团服务，形成联动“伙伴”机制，不断提高服务力、提升凝聚力、扩大影响力。

城市中那道美丽的彩虹，是他们的身影！为给广大群众精心“配餐”，“彩虹联盟”着力在体现地方特色上建专业队伍，指导各地和各志愿服务大队开展群众最喜爱的活动。各志愿服务队结合群众需要“做特色餐”，立足阵地实行“对口定餐”，结合文明实践开展“志愿送餐”。如三溪堂杏林志愿服务队充分发挥中医保健的优势，组织党员志愿者开展健康讲座、医疗保健、中医文化宣传等活动，并派出党员志愿服务队进农村、进社区开展“送健康、送服务、送关爱”活动。新光康疗志愿服务队集聚了大批“忠实粉丝”，志愿者帮居民按摩、推拿、拔罐和针灸等。邻里互助志愿队，依托“邻里文化节”，倡导文明乡风、和睦邻里。

还有一些志愿者服务团队则开展了对农村空巢老人、留守儿童、困难群众、残疾人等关爱帮扶，加强社会救助。

成立彩虹联盟，开展彩虹行动，是江东街道在群团改革方面做出的积极探索。在江东街道党工委的带领下，为了让生活在江东的居民每天都能看见“彩虹”，街道不断壮大了“彩虹行动”的志愿服务力量，探索建立了彩虹积分银行，先后培育了青春“啄木鸟”找茬团等16支专业化、特色化的志愿服务队，开展了数千场的“彩虹行动”，打造了红领论坛、一峰学堂、洲上集市、七彩江东、彩虹之翼等60个活动品牌。通过整合资源、凝聚力量、抱团服务，“彩虹联盟”把分散的党群资源凝聚成合力，打造党群志愿服务共同体，实现了党群精准服务，满足了居民对高品质、精细化服务的需求。

为了撬动更多专业的资源力量把服务送到群众家门口，“彩虹联盟”围绕“红色星期六”周末课堂等主题，开办了党群“彩虹超市”。在这个公益集市上，东河肉饼、豆腐包、冻麻糖等义乌名小吃摊位一应俱全，对米、油、面粉、糕点、蔬菜等实行低价义卖，理发、补鞋、义诊、家电维修、法律援助等志愿服务集中开展。如美发工匠魅力之星志愿服务队为群众免费剪发、“小青姐姐”志愿服务队现场教学制作东河肉饼、城市有爱公益协会举办爱心书籍漂流，来自真爱集团党总支、红辣椒党支部、利达针织党支部、欧迪党支部等“两新”党组织的党员开展了心理咨询、法律维权、美妆培训、剪纸DIY等服务活动，巨星艺术、乡音艺术等志愿服务队则在现场开展了文艺演出，丰富的服务让现场笑声不断。广大志愿者通过参加志愿积分兑换奖励的形式，让志愿服务不仅有速度、更有温度。

小善之举，大爱为之。“彩虹联盟”的广大志愿者通过树立奉献、友爱、互助、进步的时代新风范，以自己的微薄之力关爱他人，服务社会，让他们在一次次文明实践中完成

细流汇聚江河，小善成就大爱

了能力的提升，灵魂的历练和升华。

“多亏大家帮忙寻找销路，要不然损失就大了……”东上村低保户王琛辉看着自家果园的水果一篮一篮被售出，心中的石头终于落地了。因为王琛辉身体欠佳，听天气预报说暴风雨天气即将来临，为了帮助该户能赶在暴风雨来临之前摘完水果，东上村村党支部立即组织党员和妇女志愿者，帮助王琛辉户及时采摘了水果，并逐袋分装。而江东街道的“红色速递”中心又连夜组织了各基层党组织、妇联、人大代表联络站帮助“吆喝叫卖”，各社区党群服务中心立即对接建立了社区“销售点”，从采摘、包装，再到运输和销售，开展一条龙服务，最终将黄花梨全部销完。

聚焦群众关键小事，江东街道各村社都组建了这样一支“红色速递”服务队，为村民提供“代跑”服务，打造了“15 分钟便民服务圈”，让城市中这道美丽彩虹，成了共同富裕的“红色引擎”。他们用自己的行动，用心用情用功解决群众最急最忧最盼的紧迫问题，让人民群众感受到幸福就在眼前，在身边。

城市中的这道彩虹，真的好美！

3

群众在哪里，文明实践活动就延伸到哪里。

开放包容的营商环境吸引了世界各国商人在义乌创业生活，在江东街道辖区内就居住着来自全国各地的 23 万外来建设者，远远超过了本地 9 万户籍人口，其中包括 40 多个少数民族共 1.7 万余居民。此外，还有来自 105 个国家和地区 3300 多名常驻外商。在江东街道“彩虹联盟”志愿服务共同体中，就组建有各种外来志愿者服务队伍。

2017 年，能歌善舞的维吾尔族姑娘吐送尼莎·肉孜买提来到义乌，她精通多种语言，热心于公益事业。在五爱社区和江东派出所等单位的支持下成立了“阿依乐·莎莎”工作室，通过开设文化课堂、文明打卡、服务代办、平安守护等系列活动，打造居民身边的民生服务“便利店”，得到了社区各族群众的广泛好评。

在城西街道分水塘村，“阿依乐·莎莎”少数民族工作室组织了辖区内 50 余名少数民族同胞，兴致勃勃地参观了陈望道故居及其当年翻译《共产党宣言》时所居住的柴房，开展了以“望道寻春”为主题的促进民族团结红色之旅活动，从中也真切感受到“真理的味道”是甜的。在何斯路村薰衣草基地，大家又席地而坐，伴着明媚的春光，分享美食，载歌载舞。2019 年 9 月 28 日，阿依乐国学公益讲堂如期开班，来自五爱社区的 30 多位少数民族儿童与当地儿童，同学传统文化，同吟国学经典，齐声祝福祖国。

五爱社区有本地人口 3000 多人，外来人员 1.3 万人左右，其中少数民族同胞就占了

1600多名，在社区内开设了近100家民族餐厅。在各种志愿服务团队的积极参与下，各民族群众以文化清风促民族融合，让各族群众像石榴籽一样紧紧抱在一起，演绎着多元生活的不同精彩。

一花独放不是春，万紫千红春满园。鸡鸣山社区同样是一个多元化社区，这里除了生活着31个省份的2.5万名外来人员外，还吸引了来自74个国家和地区的1300多名境外人员，不同国家、不同肤色、不同语言的人会聚在这个“联合国社区”内，他们相互尊重、相互借鉴、相互融合，奏响了一首首姹紫嫣红的“交响曲”。

“为了充分发挥社区党建引领作用，我们成立了‘1 + X + Y’党建联盟，‘1’是指社区党委，‘X’是指20多家共建单位，‘Y’是指数量众多的社会组织。”据鸡鸣山社区负责人介绍，这里还先后成立了全国首个社区境外人员服务中心、“国际老娘舅”等涉外服务机构，各方形成了合力。其中，始于2012年的“乐众惠民”党群志愿服务工程，通过各志愿服务站认领服务方式，目前已累计开展志愿服务2.73万小时，服务6万多人次，解决问题3400多个。

为了满足社区居民多样化需求，鸡鸣山社区还成立了中外居民之家委员会，吸纳境外人员共同做好涉外纠纷调解、治安巡逻、政策宣传、商务办理等工作，引导境外人员参与志愿服务和社区治理，促使“洋居民”爱上义乌、融入义乌、共享义乌，成为中外文明交流融合的使者。伊朗客商哈米便是其中一位外国志愿者。

“如果外国人发生纠纷，看到是中国人来处理问题，有些外国人会下意识认为中国人会偏袒中国人。如果换成外国人来做同样的事情，外国人不会有太多顾虑，还会感到很亲切。”哈米讲述着自己的纠纷调解经验。

商苑社区青岩刘曾被称为“中国网店第一村”，区域内从业人员3万人，日均出单12万票。这里不但云集了全国创客，还居住着204名境外人员。为了做强电商产业，青岩刘党组织组建了义乌市首支专业化的“红色速递”服务队：聘请50名创业成功的党员志愿者担任“红色导师”，围绕“党建引领创业创新路”这一主题，大力推行“导师 + 创客”服务，为创客量身打造“红色课程”，两年多时间累计服务创业者1.8万余人次，培育孵化近百个项目。

通过整合创业资源，“红色速递”服务队在线下成立了青岩刘创业学院，在线上开设了“中国网店第一村”公众号，累计开展创业培训、创业沙龙、创业大赛等200余场，并承办了浙江省创业导师培训高级研修班，累计培训180余名创业导师。来自全国各地的网店初创者，有了创业导师们的一路护航，告别了“单打独斗”，实现“抱团创新”，在创业之路上少走了许多弯路，筑牢了根基。同时，服务队还为陕西延安、四川汶川培训电商人才，帮助当地代销苹果等农产品，释放“大众创业、万众创新”的最强因子。

文明只有姹紫嫣红之别，绝无高低优劣之分，提升城市文明程度是我们美好的向往和不懈的追求。在构建人类命运共同体的时代呼唤下，生活在这片土地上的人们，只有以海纳百川的胸怀、开放包容的心态、和煦春风般的热情，携手共进、同向共行，用文明实践扮靓美丽风景，才能让开放包容的文明之花香飘大地，结出累累硕果！

“您好，请开门。”伴随着敲门声响起，如今在江东街道已有更多的志愿者加入到了“敲门行动”的志愿服务中，出现在了辖区内的各个村头巷尾、社区楼道间。他们有个共同的名字，叫作幸福。

后 记

2023年，中国将迎来改革开放45周年。说实话，我们这代人与小商品市场都有种特殊的情结，不仅因为她是义乌经济发展的龙头，更因为大家同样是市场发展的见证者、亲历者、受益者，与义乌市场相伴成长。沐浴在改革开放的浩荡春风里，敢为天下先的义乌人遵循“兴商建县”的战略，在确立了以市场为发展“龙头”的地位后，从此就有了为之奋斗的创业舞台。那些在“商贸立市”历史进程中发生的幕幕往事、点点回忆，既见证着历史，也照亮着我们的前程。

野蛮生长的市场容易夹杂着较多的市场乱象，小时候我就耳闻了我哥参与贩卖小商品时的艰难经历，火车未至义乌站即将所捎回的小商品往车窗外扔，以逃过车站的检查，等下车后再捡回。在市场正式开放之初，我已读初中，也曾目睹了当年“马路市场”的情景。有一次，学校组织学生远足，到山口傅（今名青溪）附近的义乌机场看战斗机。从乡下到机场足有30华里，师生们全程步行。因当时我叔全家已搬至城里住，使我这个乡下人进城走亲戚时，对市场就有了更多的接触机会。趁参观机场的机会，我婶不但拉我看了湖清门市场，还热情地带我参观了红星剧院、义乌剧院等（当年文化活动匮乏，对这些新建的文化场馆颇感兴趣）。

而我对县委书记谢高华的认识，却并非始于他对开放市场做了什么，而以“铁腕”抓计划生育的四项手术著称，因为我妈就是在这一时期被抓去做了绝育手术的。当年全县都在狠抓计划生育，医院病房紧张，便腾出了当地公社空房作为临时“病房”。我白天在公社守着我妈，经常可以听到县里如何抓计划生育的事。

市场搬至新马路后，家中添了一辆转手的旧自行车，进城走亲戚时方便多了。从西门尖再沿着新马路直达火车站附近的亲戚家中，路上正好穿过停满了“三轮卡”的新马路市场门口。在市场搬至城中路后，我在城里读高中时寄宿在了地处五岔路口的哥哥单位宿舍。哥哥每天回乡下与嫂侄团聚，他便让我骑着自行车带他至西门尖搭乘公共汽车。从五岔路口沿城中路一路向西，每天都要路过小商品市场门口。

因此，打从我读中学开始就几乎见证了小商品市场的成长。在杭州读大学后，更是当过几年的“小商贩”。我从城中路小商品市场进货（货品有明信片、背心、袜子、手套等），再带到杭州的各校贩卖，或在校园内摆地摊，或挨家上学生宿舍推销。但也有学校管得严的，不让卖。有一次到附近的护士学校学生宿舍叫卖，一位学生干部模样的女孩说："再不走，就喊宿管阿姨了！"我被吓得一脸懵逼，赶紧溜……

当时什么商品最走俏？明信片！在元旦、春节送祝福，是大多学生都爱干的事，不过这类商品季节性很强。1990 年北京亚运会，这是中国第一次举办的综合性国际体育大赛。在亚运会开幕前后的这段时间，有一种印有"北京亚运会"的背心很受同学们欢迎。回想起这段往事和经历，如果大学毕业后不在体制内工作，现在或许就是一个小老板了。

参加工作后不久，又调到报社当了一名记者，这时篁园市场已经起来了，就经常走进市场采访，更是见证和记录了市场的迭代发展。

转眼间，义乌市场正式开放已走过了 40 多个春秋。经过 40 多年的栉风沐雨、迭代升级，义乌市场早已蜚声海内外。今天的义乌，已经成为全球小商品市场的重要风向标、小商品制造走向全球的重要门户、贸易业态创新的重要策源地、融入国内国际双循环的重要节点、共同富裕先行示范的重要平台、中外文化交流的重要窗口。重温义乌市场建设历程的这些场景，如今依然历历在目，记忆犹新。

和浙江数以千计的商品市场一样，正式开放义乌市场可以被理解为是改革开放大潮涌动下的必然。但是，降生时间不是最早的义乌市场，凭什么最终登顶了中国市场之巅？尊重群众首创、坚持市场化方向和力行党政有为相结合，是义乌经验的精髓，而共同富裕更是成为义乌市场最为耀眼的特质之一。义乌人以市场这个"利益共同体"为平台，在一次次市场变革中，一次次将机会牢牢把握在了自己手中，走出了一条"大富小富""同步富裕""普遍富裕"的独特道路。

经历便是最好的写作素材。都说岁月不饶人，可咱也不能白白地饶过岁月，任它渐行渐远。作为市场迭代发展的见证者，从此也就有了写作这部作品的理由。好的经历留住美好，不好的经历得到感受，在生命旅程中的每次经历，都成了写作这本书的宝贵财富，加上义乌市场所具有的知名度，前人早已在这方面积累了丰富的资料。在写作中，除参考了部分市场创业者的回忆文章以外（有参与拍板决策的领导干部，也有与市场一起成长起来的个体经营户和民营企业主），还引用了诸多历史资料。对此，对有关作者表示诚挚的谢意！

记录一座城、弘扬时代魂。从当年的货郎担到路边摊，从"四个允许"到"兴商建县"，从"划行归市"到云端销售，从"买卖全国"到"买卖全球"，从国贸自贸改革到全面融入服务新发展格局，义乌市场在持续迭代升级中交出了一份耀眼的答卷。本书在写作中即以此为主线，着重记录了 40 年来义乌市场发展历程中那些敢为人先的人和事，以及市场带给各行各业产生的变化，记录了"共赢共富"在义乌的生动实践。

有人说，如果把义乌市场 40 多年的发展史，比喻为一曲豪迈激扬的交响乐，那么每一段历程都是一篇华彩的乐章，每一个成果都是一个响亮的音符。但是，如果要用文字来谱写这样一个个响亮的“音符”，“演奏”出优美的篇章，无疑是一份劳心伤神的事。况且，搜集史料也不是一件容易的事，甚至是件痛苦的事，因为有许多史料真伪难辨，所记录的时间和事件并不一致，有的甚至在同一篇文章中都自相矛盾。为甄别真伪，只能查阅更多的资料。经过了近一年时间的努力，最后成书时竟有50多万字，最后只能忍痛删去了三大章节，成了现在这个模样。

书稿完成后，有幸得到了市委宣传部、市场监管局、商城集团、党史研究室、农业农村局、市场发展委等有关单位的帮助，并安排人员抽出宝贵时间对此书进行了审阅。在此，谨向所有热情关心支持本书出版的领导和同志们表示衷心的感谢！因时间较紧，本书肯定还存在这样那样的问题或不当之处，敬请读者提出宝贵意见。